JOSUA UND SALOMO

SUPPLEMENTS

TO

VETUS TESTAMENTUM

EDITED BY
THE BOARD OF THE QUARTERLY

VOLUME LVIII

JOSUA UND SALOMO

EINE STUDIE ZU AUTORITÄT
UND LEGITIMITÄT DES NACHFOLGERS
IM ALTEN TESTAMENT

VON

CHRISTA SCHÄFER-LICHTENBERGER

E.J. BRILL

LEIDEN · NEW YORK · KÖLN

1995

The paper in this book meets the guidelines for permanence and durability of the Committee on Production Guidelines for Book Longevity of the Council on Library Resources.

ISSN 0083-5889
ISBN 90 04 10064 4

PRINTED IN THE NETHERLANDS

Für Katharina Helena

אשרי האישה אשר לה בת
היא משמחת את לבה יום ולילה

INHALT

VORWORT

Die folgenden Studien zum Thema "Josua und Salomo" haben eine längere Vorgeschichte. Erste Anregungen gingen von den Vorbereitungen für ein Proseminar über das Josuabuch aus (1985).

Die fortlaufende Beschäftigung mit der Thematik 'Nachfolge' und die Gespräche mit Prof. Dr. Rolf Rendtorff, der meine Arbeit in all den Jahren begleitet hat, bewogen mich, eine Habilitationsschrift zu dem Thema "Josua und Salomo. Eine Studie zu Autorität und Legitimität des Nachfolgers im Alten Testament" zu entwerfen. Die Studie wurde im Mai 1991 der Theologischen Fakultät der Universität Heidelberg eingereicht und im Juni 1992 als Habilitationsschrift angenommen. Den Gutachtern Prof. Dr. Rolf Rendtorff, Prof. Dr. Bernd Janowski und Prof. Dr. Hans Peter Mathys habe ich zu danken für Anregungen und hilfreiche Beobachtungen. Prof. Dr. André Lemaire möchte ich danken für weiterführende Hinweise und die Aufnahme der Arbeit in die Reihe Vetus Testamentum Supplementum.

Die Untersuchungen sind für den Druck Anfang 1994 überarbeitet und gekürzt worden. Neuere Literatur wurde nur berücksichtigt, soweit sie die vorliegende Argumentation berührte.

Die Durchführung dieses Projektes wurde ermöglicht durch ein Habilitationsstipendium der Deutschen Forschungsgemeinschaft. Prof. Dr. Dr. Siegfried Herrmann und Prof. Dr. Rolf Rendtorff, sowie den Fachgutachtern der Deutschen Forschungsgemeinschaft sei in diesem Zusammenhang für ihre bereitwillige Unterstützung des Antrages gedankt. Die Arbeit hätte ohne die von der Deutschen Forschungsgemeinschaft gewährte ökonomische Basis nicht geschrieben werden können.

Ohne die Gespräche mit Freunden und deren Unterstützung vielfältigster Art im Alltagsleben wären die Studien nicht vollendet worden. Besonders herzlich danken möchte ich Prof. Dr. Abraham Malamat (Jerusalem), France Piché (Montréal) und Günter Tomasini (Heidelberg). In die Geheimnisse der EDV haben mich Hartmut Honig (Frankfurt) und Dr. David Trobisch (Heidelberg) eingeweiht. Dr. David Trobisch hat mir dazu noch die Mühen der Formatierung und des Layouts des Textes abgenommen. Beiden sei für ihre Geduld und Hilfsbereitschaft gedankt.

Prof. Dr. Norbert Lohfink SJ war alle Zeit ein bereitwilliger Zuhörer, aufmerksamer Leser und kritischer Förderer meiner Studien. Verdeutlichungen wesentlicher Punkte wurden von ihm angeregt. Ihm gebührt mein besonderer Dank. Die Entwicklung der vorliegenden Argumentation ist erheblich gefördert worden durch die Diskussion mit den Kollegen. Danken möchte ich Prof. Dr. Georg Braulik (Wien), Prof. Dr. Karlheinz Deller (Heidelberg), Prof. Dr. Johannes Floß (Aachen), Dr. Gordon Mit-

chell (Capetown), Prof. Dr. Bernhard Lang (Paderborn), Prof. Dr. Edward
Noort (Groningen), Prof. Dr. Eckhart Otto (Mainz), Prof. Dr. J. Alberto
Soggin (Rom) und Prof. Dr. Hartmut Waetzoldt (Heidelberg).

Die Mitarbeiter und Mitarbeiterinnen der Universitätsbibliothek Heidelberg haben durch ihre bereitwillige Unterstützung bei der Literatursu-
che mir viel Zeit und Nerven gespart, stellvertretend für alle möchte ich
Frau Annette Holz, Herrn Dieter Klein und Frau Johanna Schmiedt erwähnen. Anne-Christin Brahms und Susanne Kosslers teilten die Mühsal
des Korrekturlesens mit mir. Ihnen allen gilt mein Dank.

Unsere Tochter Katharina Helena lernte gerade Laufen, als ich be-
gann, mich auf das Thema "Nachfolge" einzulassen. Als sie erste Gehver-
suche im Alphabet unternahm, erblickten "Josua" und "Salomo" das Licht
der Öffentlichkeit. Mit Abschluß der Druckfassung neigt sich ihre Grund-
schulzeit dem Ende zu. In den dazwischen liegenden Jahren hatte sie oft
Anlaß, auf die Konkurrenten um Zeit und Aufmerksamkeit ihrer Mutter
eifersüchtig zu sein, und sich gegen sie zu behaupten ("ich schreibe aber
mal Bücher, die Spaß machen"). Katharina Helena hat durch ihre for-
dernde Unbeschwertheit, ihr Lachen und ihre Zuversicht wesentlich zum
Gelingen meiner Studien beigetragen. Ihr ist diese Arbeit gewidmet.

Heidelberg, im Juli 1994   Christa Schäfer-Lichtenberger

EINLEITUNG

Überlegungen zur Themenstellung

Die biblische Historiographie hat dem Thema "Nachfolge/Nachfolger" eine beachtliche Aufmerksamkeit gewidmet. Das Thema bestimmt die Komposition der Saul- und David-Geschichten im 1.Samuelbuch als Erzählungseinheit und die Konstruktion der sogenannten Thronfolgegeschichte. Das Interesse an der Kontinuität von Nachfolge wird sichtbar in der Ausführlichkeit, mit der kritische Situationen beim Thronwechsel in Israel und Juda dargestellt werden[1]. Darüber hinaus dürfte es die Strukturierung der Königsgeschichte beeinflußt haben. Die Schlußnotizen zur Regierungszeit des jeweiligen Königs bestätigen diesen Sachverhalt. Sie enden in der Regel mit der Aussage: PN regierte an seiner Statt. Nachfolge als zeitliches Verknüpfungsprinzip strukturiert die Landnahmezeit - den Übergang von der Führung durch Mose zur Führung durch Josua, die Weiterführung des Priesteramtes durch Eleasar nach dem Tode Aarons - ebenso wie das Leben im Lande in der Richter- und Königszeit. Die Erzählungen über den Propheten Elija und seinen Schüler und Nachfolger Elischa[2] werden gleichfalls von diesem Thema bestimmt.

Aus soziologischer Perspektive betrachtet, weisen die genannten Nachfolgebeziehungen unterschiedliche Strukturen auf. Zwei Hauptformen scheinen den biblischen Verfassern zur Verfügung gestanden zu haben: die 'Vater - Sohn Nachfolge' und die nicht genealogisch determinierte Nachfolge. Beide lassen sich auch als reguläre und irreguläre Nachfolge voneinander abgrenzen. Unter bestimmten Umständen kann die 'Vater - Sohn Nachfolge' ebenfalls irreguläre Züge annehmen. Dieser Fall tritt ein, wenn die Wahl eines bestimmten Sohnes aus der Zahl verfügbarer Nachfolger mit gleich- oder gar höherwertigen Ansprüchen erwartungswidrig ist. Die irreguläre Form der Nachfolge ist im Gegensatz zur herkömmlichen 'Vater - Sohn Nachfolge' begründungsbedürftig, da sie nicht aus sich heraus einsichtig ist. Dieser Sachverhalt wird evident, vergleicht man die reguläre Nachfolge, die in der monarchischen Geschichte Israel - Judas dominiert, mit den irregulären Formen der Nachfolge, die in der Zeit der Richter und ersten Könige die Regel bilden.

---

[1] Vgl. 1.Kön 12; 16,8ff; 2.Kön 9-10; 2.Kön 11.
[2] Vgl. 1.Kön 19,19-21; 2.Kön 2,1-18.

Die regulären Nachfolgeverhältnisse werden in den alttestamentlichen Texten formelhaft umschrieben[3]. Die Darstellung irregulärer Nachfolgebeziehungen kommt nicht mit formelhaften Behauptungen aus, sondern begründet mehr oder minder ausführlich die Eignung des Nachfolgers für seine neue Position und betont, durch Offenlegung aller Umstände seiner Ernennung, daß Recht und Ordnung dabei bewahrt bleiben. Im Zentrum derartiger Beweisführung steht die Demonstration der Autorität des Nachfolgers und der Legitimität seiner Nachfolge[4]. Das besondere Interesse der vorliegenden Untersuchung gilt den biblischen Texten zu irregulären Nachfolgebeziehungen. Diese Erscheinung ist in bestimmten Teilen des Deuteronomistischen Geschichtswerkes (DtrG) so dargestellt worden, daß man geradezu von einer Orientierung der Verfasser an einer bestimmten Vorstellung von einem "Nachfolger" reden kann.

Drei Führungsgestalten aus der Geschichte Israels scheinen unter dem Aspekt irregulärer, d.h. begründungsbedürftiger Nachfolge von den Bearbeitern der Traditionen und den Verfassern der Texte besondere Beachtung gefunden zu haben: Josua, Salomo und Elischa[5]. Zwei dieser Gestalten, Josua und Salomo, verkörpern die Kontinuität politischer Führung in einer Zeit politischer und gesellschaftlicher Wandlungen. Hingegen dient Elischa dazu, die Kontinuität der JHWH-Prophetie und der nur durch sie garantierten Orientierungssicherheit in religiös bewegter Zeit zu veranschaulichen. Die Darstellung dieser drei Gestalten ist wesentlich durch die Funktion bestimmt worden, die ihnen als Nachfolger großer Vorgänger zugeschrieben wird. Die Ausgestaltung der Figuren unter diesem Aspekt verrät, daß die Verfasser dem Thema Nachfolge/Nachfolger eine hohe theologische und alltagspraktische Relevanz beimaßen. Die facettenreiche literarische Darstellung dieser Figuren und ihre Vorführung in verschie-

---

[3] Vgl. u.a. 1.Kön 11,43; 14,20; 14,31; 15,8; 15,24; 15,28; 16,6.

[4] Vgl. zu Josua u. a. Num 27,12-23; Dtn 31,1-8; zu Salomo 1.Kön 1-2; zu Elischa 1.Kön 19,16.19-21; 2.Kön 2,1-18. Die Vasallenverträge Asarhaddons mit medischen Fürsten, denen zufolge letztere auf Assurbanipal als Thronnachfolger verpflichtet werden, könnten als ein Beispiel für eine irreguläre Thronnachfolge durch einen jüngeren Sohn gelesen werden, vgl. die Diskussion bei D. J. Wiseman, The *Vassal Treaties* of Esarhaddon, in: Iraq 20, 1958, 1-99, insbes. 6-8. Eberhard Otto (*Legitimation* des Herrschens im pharaonischen Ägypten, Saec. 20. 1969, 385-411; insbes. 389-96) weist auf die ägyptische Vorstellung von der Legitimation durch die Wirksamkeit des Königs hin, der eine erhebliche Bedeutung neben der Legitimation durch das Erbe zukam.

[5] Die Gestaltung der Ablösung Samuels durch Saul wird durch die Betonung der Diskontinuität im Charakter der Führung Israels bestimmt, so daß von einer Nachfolge nicht die Rede sein kann. Die Figur Sauls scheitert erwartungsgemäß, theologisch wie soziologisch betrachtet. Ein Übergang der Führung von Saul auf David findet soziologisch nicht statt, wie die in 2.Sam 2,1-4 und 2.Sam 5,1-3 vorausgesetzten Verhandlungen zeigen. Theologisch betont ein Text wie 1.Sam 16 die Diskontinuität zwischen Saul und David und die Kontinuität zwischen Samuel und David, ohne daß letzteres David als Nachfolger Samuels erscheinen läßt. Die soziologische Basis der beiden letzten Figuren ist zu verschieden, als daß von Nachfolge gesprochen werden kann. Daher fallen diese Beziehungen, ungeachtet des Übergangs der Autorität, weder unter den Begriff der regulären noch der irregulären Nachfolge.

denen Rollen als verantwortlich Handelnde weist auf das besondere Interesse der Verfasser an den so beschriebenen Problemlösungen hin. Die Hauptfunktion der dem jeweiligen Charakter auf den "Leib" geschriebenen Rolle scheint darin zu bestehen, daß der Träger der Rolle des Nachfolgers idealtypisch gesellschaftliche Übergangs- und Krisensituationen meistert. Dieser Sachverhalt läßt erkennen, daß die literarischen Schöpfer der Nachfolgefigur ihre eigene historisch und gesellschaftlich partikulare Situation widerspiegelten in der zugrunde gelegten literarischen Konzeption einer "Gesellschaft im Übergang" bzw. einer "Gesellschaft in der Krise".

In 'Josua' und 'Salomo' begegnen wir dem Typus des Nachfolgers, der in gelungener Weise zwei einander heterogene Begabungen in sich vereinigt: Charisma und institutionelle Kompetenz. Daher überrascht es nicht, daß beide Gestalten ihren jeweiligen literarischen Ort in einer Zeit haben, die explizit durch Auf- und Umbrüche charakterisiert wird. 'Josua' und 'Salomo' sind als ihre Epoche überragende Autoritätspersonen konzipiert worden, die dank ihrer außergewöhnlichen Begabung die Voraussetzungen schaffen für eine dauerhafte und zukunftsweisende Bewältigung der mit dem anstehenden Wandel der Gesellschaft verbundenen Probleme. Sie wirken in Krisenzeiten, historisch und soziologisch vorstellbaren oder solchen, die nur auf dem Hintergrund einer theologisch begründeten und historiographisch ausgeführten Fiktion[6] beruhen. Die ihnen von den biblischen Verfassern zugedachten literarischen Rollen orientieren sich weniger an den Maßstäben historischer Plausibilität und den entsprechend konstruierten Situationen, als an der ihrer Gestalt zugedachten Aufgabe, beispielhaft Grundsatzentscheidungen für das Leben Israels im Lande mit und unter JHWH zu treffen und auszuführen.

Elischa, die dritte Figur in der Reihe der großen Nachfolger, unterscheidet sich in mancherlei Hinsicht von Josua und Salomo. Zwar bezeichnet sie ebenfalls, soziologisch betrachtet, einen Übergang, den von einzeln auftretenden Wanderpropheten wie Elia zu in Gruppen organisierten Propheten[7], doch betrifft Elischas Wirksamkeit nicht mehr ganz Israel. Der von dieser Figur markierte Übergang betrifft einen strukturellen Wandel innerhalb einer Gesellschaftsgruppe und ihres Verhältnisses zur Gesellschaft, nicht indes den Wandel der Gesellschaft als Gesamtheit. Die 'Josua' und 'Salomo' eigentümliche Verbindung von charismatischer Führungsbegabung und institutioneller Kompetenz ist 'Elischa' so nicht zugeschrieben worden. Der Geltungsbereich der Autorität Elischas ist anders bestimmt, sie erstreckt sich primär auf den religiösen Bereich. Elischa

---

6 Zur Rolle der Fiktion in der Historiographie vgl. H. White, Auch *Klio* dichtet oder Die Fiktion des Faktischen. Studien zur Tropologie des historischen Diskurses, Stuttgart 1986, darin insbes. Der historische Text als literarisches Kunstwerk (101-122), Historizismus, Geschichte und die figurative Imagination (123-144), Die Fiktionen der Darstellung des Faktischen (145-160).

7 Der Prophet Samuel gehört als Prophet beiden Kategorien an, vgl. u.a. 1.Sam 9-10 und 1.Sam 19,18ff.

ist zu einer religiösen Orientierungsfigur entwickelt worden, die Gehorsam auch in anderen Bereichen einfordern kann. Politisch wird diese Gestalt in Bezug gesetzt zur Revolution Jehus, der sie nach Ansicht mancher biblischer Verfasser (2.Kön 9,1-10) die religiöse Legitimation verliehen hat.

'Elischa' steht in einigen Texten, anders als 'Josua' und 'Salomo' für die Ansprüche, die eine Gruppe an die Gesamtheit erhebt. 'Josua' und 'Salomo' hingegen repräsentieren als politische Autorität die Gesamtheit. Aus den genannten Gründen werden 'Josua' und 'Salomo' den Gegenstand der folgenden Untersuchung bilden. Die Gestalt 'Elischa' gehört nicht in den so bezeichneten Kontext[8].

Josua, Salomo und Elischa sind nicht die einzigen alttestamentlichen Gestalten, die als Nachfolger auftreten und die idealtypisch durchbuchstabiert werden. Doch scheinen sie diejenigen zu sein, deren Bild als Nachfolger in der biblischen Überlieferung ausgemalt und durchgehend anhand theologischer Kriterien gestaltet wurde. Dieser Sachverhalt läßt sich so nicht aufzeigen für Figuren wie Eleasar, den Nachfolger Aarons (Num 20,23-29)[9], Jerobeam I., den Nachfolger Salomos (1.Kön 11,26-40) und Davids[10], Hiskia, den Nachfolger des Ahas (2.Kön 16,20) und Davids[11] oder Josia, den Nachfolger Amons (2.Kön 21,25f) und Davids[12].

Das hier zutage tretende Interesse an der Bestimmung des Nachfolgers ist historiographisches Ordnungsprinzip und zugleich theologische Klassifikation, die Orientierung ermöglichen soll. In der prong cierten Behandlung jener für die Existenz Israels entscheidenden Übergangssituationen werden die Gegebenheiten sichtbar, die eine jede auf Kontinuität des Alltagslebens bedachte soziale Gemeinschaft berücksichtigen muß. Die Wahrnehmung von Führungsfunktionen jedweder Art muß auch für die

---

[8] Die Untersuchung der biblischen Überlieferung zu Elischa bleibt einer nachfolgenden Studie zu diesem Themenkreis vorbehalten. Die Überprüfung der Angemessenheit der Nachfolgerthese für das Verständnis der Elia - Elischa Nachfolgebeziehung und deren spezifische theologische Struktur erfordert eine Auseinandersetzung mit der von Walter Dietrich (Prophetie und Geschichte, 1972) in die Forschung eingebrachten These eines prophetisch orientieren dritten Deuteronomisten. Eine derartige Ausweitung der Thematik ist im Rahmen der vorliegenden Studie nicht durchführbar. Einiges zur Konzeption des Nachfolgers Elischa in den Texten 1.Kön 19,16.19-21; 2.Kön 2,1-18 habe ich in dem Artikel 'Josua' und 'Elischa' - eine biblische Argumentation zur Begründung der Autorität und Legitimität des Nachfolgers (ZAW 101, 1989, 198-222) angedeutet.

[9] Die Beziehung Aaron - Eleasar folgt weitgehend dem Vorbild der Erbfolgeregelung, weicht indes von der regulären Nachfolge insofern ab, als eine weitere menschliche Autorität (Mose) auf göttliche Anordnung den Übergang regelt.

[10] Historisch ist Jerobeam I. der Nachfolger Salomos in der Herrschaft über Israel, theologisch wird er sowohl in 1.Kön 11,38 (Verheißung eines beständigen Hauses wie David - vgl. 2.Sam 7,16) wie in 1.Kön 14,7-9 (Rücknahme der Verheißung) in eine Nachfolgebeziehung zu David gestellt.

[11] 2.Kön 18,4-7 zieht explizit die theologischen Verbindungslinien zwischen Hiskia und David aus und beschreibt Hiskia als in der Nachfolge Davids stehend.

[12] 2.Kön 22,2 stellt Josia in eine theologisch definierte Nachfolgebeziehung zu seinem Vorfahren David.

kritische Situation gewährleistet sein, die beim Tod oder Rücktritt des Leiters einer Gemeinschaft eintritt. Dieser Fall stellt die Gruppenangehörigen vor die Wahl, entweder die bisherigen Leitungsfunktionen auf eines oder mehrere andere Mitglieder zu übertragen oder sich als Verband aufzulösen. Je vielfältiger die das Alltagsleben stabilisierenden Funktionen waren, die der bisherige Leiter wahrgenommen hatte, desto wahrscheinlicher wird die Wahl eines Nachfolgers. Die Wahrscheinlichkeit wird zur Notwendigkeit, wenn der erste Führer des Verbandes die für dessen weitere Existenz unerläßlichen Ziele (z.B. Eroberung eines Siedlungsgebietes/Verstetigung der Organisationsformen) nicht erreicht hat.

Diese Situation sahen die biblischen Verfasser sowohl beim Tode Moses wie beim Tode Davids als gegeben an. Israel hatte, als Mose starb, das Ziel des Exodus aus Ägypten, die Landnahme in Kanaan, nicht erreicht. David hingegen hinterließ ein politisch geeintes Reich, doch war die Frage der Kultuseinheit und des damit verbundenen Baues eines Haupttempels noch offen. Die Bewältigung der Probleme war aus deuteronomistischer Sicht fundamental für die Existenz Israels in Kanaan. Mose und David hinterlassen ihren Nachfolgern die Lösung dieser Aufgaben.

Der Tod des Charismatikers wirft die Frage nach einem Nachfolger auf. In verwandtschaftlich organisierten Gruppierungen erlauben im wesentlichen genealogische Kriterien die Auswahl eines Nachfolgers. Sie versagen jedoch, wenn der Verband sich aus gleichrangigen Verwandtschaftssegmenten konstituiert hat oder das vorhandene Sozialgefüge der Gemeinschaft durch untereinander nicht ausgeglichene Loyalitätsbeziehungen bestimmt wird. Das Auftreten von Prätendenten mit genealogisch gleichwertigen Nachfolgeansprüchen führt zur Ausdifferenzierung eines Nachfolgemechanismus, dessen einzelne Momente sich aus den Erfordernissen der zu besetzenden Position und ihrer Begründung innerhalb des sozialen Gefüges ergeben. Alle Kriterien, die sich hieraus ableiten lassen, versuchen eine möglichst weitgehende Übereinstimmung zwischen Person und Position zu erreichen. Daher sind sie unter beiden Aspekten generalisierbar. Die Frage nach der Person, die als Nachfolger geeignet ist, stellt sich als jene nach der Autorität des Kandidaten. Die Besetzung der Position durch einen bestimmten Kandidaten hat zur Voraussetzung, daß die Legitimität der betreffenden Auswahl nachweisbar ist. Autorität und Legitimität sind Bestimmungsmomente jeder Nachfolgeregelung.

Die Gestalt des Vorgängers spielt bei der Nachfolgeregelung eine bedeutsame Rolle. Der Vorgänger ist der erste in einer Reihe von Autoritätsgestalten. Der Erste begründet die Führungsautorität, auf die alle nachfolgenden Autoritäten sich berufen, solange sie beanspruchen, Nachfolger zu sein. Daher kommt der Autoritätsbeziehung zwischen dem Ersten und dem Zweiten besondere Wichtigkeit zu. Diese Beziehung wird zum Modell für Nachfolge, an dem künftige Nachfolgeentscheidungen sich orientieren können. Der Zweite kann in doppelter Hinsicht in einer Autoritätsbeziehung zum Ersten stehen; zu Lebzeiten beider ist er dem Ersten untergeordnet und nach dem Tode des Ersten ist die Berufung des

Zweiten auf die Autorität des Ersten konstitutiv für seinen eigenen Autoritätsanspruch[13].

Eine in dieser Weise bestimmte Beziehung strukturiert das Verhältnis von Mose - Josua und jenes von David - Salomo. Kennzeichnend für diese Konstellation ist, daß der zweite Partner innerhalb der Beziehung als Gestalt ganz von der Nachfolgefunktion bestimmt wird. Zwischen dem Ersten und seinem Nachfolger treten weder Autoritäts- noch Kompetenzkonflikte auf. Die Autorität des Nachfolgers wie die Legitimität seiner Nachfolge in die vom Vorgänger bezeichnete Position werden paradigmatisch aus der Beziehung zu letzterem begründet. Die Paare Mose - Josua und David - Salomo stehen am Anfang einer Reihe von Inhabern zentraler Herrschaftspositionen. Auf Mose - Josua folgen die Richter, auf David - Salomo die ununterbrochene Kette israelitischer und judäischer Könige.

Die Frage nach den theologischen Inhalten, die als Vorgaben die Nachfolgebeziehungen bestimmt haben, liegt nahe. Es ist nicht wahrscheinlich, daß die Gestaltung der Bilder dieser Nachfolger das Ergebnis zufällig zusammenwirkender Faktoren im Prozeß der Traditionssammlung ist. Die Probleme der Begründung menschlicher Autorität und der Legitimation der Herrschaft von Menschen über Menschen sind vor allem innerhalb des Deuteronomiums Gegenstand der Reflexion geworden. Den Ausgangspunkt aller deuteronomischen Überlegungen bildet die aller menschlichen Autorität vorausgehende und ihr übergeordnete Autorität Gottes.

Die Einsicht, daß die Kontinuität von Autoritätsbeziehungen Voraussetzung für den Bestand einer Gemeinschaft ist, hat zur Entstehung des Verfassungsentwurfes Dtn 16,18-18,22 geführt. Die darin enthaltenen Gesetze über den König und den Propheten sind Ausdruck des Bemühens, die Existenz politischer und gesellschaftlicher Strukturen unter Wahrung des absoluten Vorranges der göttlichen Autorität zu garantieren. Innerhalb des Deuteronomiums sind göttliche und menschliche Autorität sorgsam geschieden, aber in Bezug zueinander gesetzt. Die dtn Argumentation zielt darauf ab, die "Autorität" als Orientierungsgröße sozialer und politischer Beziehungen zu versachlichen. Die Verkündigung der Tora markiert den Punkt in der Geschichte Israels, an dem Person-Autorität im Prinzip von Sach-Autorität ablösbar wird. Neue Orientierungsgröße ist die Tora. Das erste Gebot wird zum Gradmesser einer Lebensführung, die an der Tora ausgerichtet ist und zur theologischen Leitlinie der Darstellung der Geschichte Israels. In der Tora sind die Kriterien enthalten, die die jeweilige Realisation des Konstruktes "Nachfolger" wesentlich präformieren.

Die Existenz einer neu begründeten Organisation und die Kontinuität des damit verbundenen gesellschaftlichen Alltagslebens entscheiden sich an der Person des Zweiten. Als Modell zur Veranschaulichung für die Notwendigkeit und Zweckmäßigkeit der Tora im täglichen Leben Israels

---

13 Beide Aspekte können in der literarischen Reflexion historisch verbürgter Nachfolgebeziehungen unterschiedlich gewichtet werden und so Raum geben für die der Theorie widerstrebenden Überlieferungen.

ist die Figur des Zweiten, also des ersten Nachfolgers des Begründers einer Gemeinschaft, eher geeignet als die des Ersten. 'Josua' und 'Salomo' sind Realisationen dieser Vorstellung vom Zweiten. Beider Bild ist entstanden auf dem theoretischen Hintergrund eines Idealtypus "Nachfolger", der traditionale Mechanismen der Delegation von Autorität mit charismatischen Ereignissen verknüpft. Die wohlüberlegte und literarisch subtil ausgeführte Zusammenführung zweier unterschiedlicher Rationalisierungsrichtungen der Veralltäglichung des Charismas ist die Basis, auf der die theologische Idee von der im Alltag zu verwirklichenden Herrschaft JHWHs über Israel ihren Vorrang gegenüber den von diesem Alltagsleben ausgehenden sachlichen wie sozialen Zwängen behaupten kann.

Die folgende Studie untersucht die These, daß die Figur des Nachfolgers eine literarische Schöpfung am Deuteronomium orientierter Kreise ist, die dazu dient, die Notwendigkeit der Einhaltung der Tora für den Bestand Israels und die Praktikabilität ihrer Gebote im Alltagsleben zu veranschaulichen. Die im Bild des Nachfolgers enthaltene Führungskonzeption kann als ein Modell für die politische und soziale Reorganisation Judas betrachtet werden. Die Texte über Josua und Salomo bilden den Gegenstand der Untersuchung, da beide Gestalten den Typus des aufgabenorientierten Führers verkörpern und auf dem Kontinuum "Nachfolge" entgegengesetzte Pole bezeichnen. 'Josua' verkörpert als Nachfolger die Idealvorstellungen der biblischen Verfasser. 'Salomo' hingegen wird als Anti-Ideal entworfen, als Nachfolger, der nach Vollendung des Werkes seines Vorgängers vom rechten Pfad der Nachfolge abweicht. Rekonstruktion und Vergleich der Gestalten 'Josua' und 'Salomo' dienen dazu, den theologischen Argumentationen nachzuspüren, die die Bilder beider geprägt haben.

Zum Stand der Forschung

Die folgenden Darlegungen verfolgen ausschließlich das Ziel, die Position der skizzierten These innerhalb der Diskussion um den Deuteronomismus näher zu bestimmen[14]. Die der "Nachfolger-These" inhärenten theologi-

---

14 Vgl. hierzu die Überblicksartikel von H. D. Preuß, Zum deuteronomistischen *Geschichtswerk*. ThR 58. 1993. 229-264.341-395 und H. Weippert, Das Deuteronomistische *Geschichtswerk*. Sein Ziel und sein Ende in der neueren Forschung, ThR NF 50. 1985. 213-249, und die früheren Überblicke von E. Jenni, Zwei Jahrzehnte *Forschung* an den Büchern Josua bis Könige, ThR NF 27. 1961. 1-32. 97-146, sowie von A. N. Radjawane, Das deuteronomistische *Geschichtswerk*. Ein Forschungsbericht, ThR NF 38, 1974, 177-216; vgl. ebenfalls N. Lohfink, Zur neueren *Diskussion* über 2.Kön 22-23, in: Ders. (ed.), Das Deuteronomium. Entstehung, Gestalt und Botschaft, BEThL 68, 1985, 24-48; R. Albertz, Die *Intentionen* und die Träger des Deuteronomistischen Geschichtswerks, in: R. Albertz/ F. Golka / J. Kegler (eds.), Schöpfung und Befreiung. Für Claus Westermann zum 80. Geburtstag. Stuttgart 1989, 37-53; E. Cortese *Theories* concerning Dtr: A Possible Rapprochement, in: C. Brekelmans / J. Lust (eds.), Pentateuch and Deuteronomistic Studies. Papers Read at the XIIIth IOSOT Congress Leuven 1989, BEThL 94, Leuven 1990, 170-190;

schen Annahmen sollen in Beziehung gesetzt werden zur literarischen Abfassungszeit der Texte und ihrem soziologischen Hintergrund. Betrachtet
man den Idealtypus des Nachfolgers als eine Antwort bestimmter Überlie-
ferungskreise auf die Frage, wie die deuteronomische Lehre mit den Erfordernissen des Alltagslebens bei der Um- und Neugestaltung der judäischen Gesellschaft in Einklang zu bringen sei, dann basiert der Versuch
der Rekonstruktion des Idealtypus "Nachfolger" auf Vorannahmen zum historischen und soziologischen Hintergrund der Texte ebenso wie zu ihrer
literarischen Entstehung.

Soziologisch verweist uns der Typus des Nachfolgers auf eine gesellschaftliche Umbruchsituation, in der grundlegende Fragen nach der Verfassung des Volkes sich neu stellen. Die Lage ist bestimmt durch das Auftreten von fundamentalen Spannungen zwischen den traditionalen Organi-
sationsmechanismen der Gesellschaft und der Anerkennung ihrer Ordnung, d.h. die Legitimität der bisherigen Ordnung ist im höchsten Grade
fraglich geworden[15]. Solche Bedingungen stellen die klassische Ausgangslage für das Auftreten von charismatischen Führern und der von ihnen inspirierten Bewegungen dar. In dieser Hinsicht stehen die alttestamentlichen Schriftsteller, die überlieferte Traditionen unter dem Eindruck der
gegenwärtigen gesellschaftlichen Krise reflektieren, vor einem doppelten
Dilemma. Das Auftreten von Charisma ist vom menschlichen Willen unabhängig[16]. Gesellschaftsentwürfe, die die Kontinuität einer Gemeinschaft
über die Anfangsgeneration hinweg einkalkulieren, lassen sich nicht auf
einer Ressource wie Charisma aufbauen, die für die menschliche Planung
als Mittel nicht verfügbar ist. Konzeptionen, die Charisma einplanen, bleiben notwendig utopisch und verzichten von ihrem Ansatz her auf Realisierung. Andererseits ist für die Begründung einer neuen Ordnung Charisma

---

H. Weippert, Geschichten und Geschichte: Verheißung und Erfüllung im deuteronomistischen Geschichtswerk. in: J. A. Emerton (ed.), Congress Volume Leuven 1989. VT.S 43.
1991. 116-131; A. Moenikes, Zur *Redaktionsgeschichte* des sogenannten Deuteronomistischen Geschichtswerks. ZAW 104. 1992. 333-348. Zu Josua vgl. H.-J. Zobel, Art.: *Josua*/Josuabuch, TRE 17, 1988, 269-278, und zu Salomo vgl. A. Jepsen, Art.: *Salomo*,
BHHW III, 1966, Sp. 1651-1653.

[15] Vgl. hierzu S. N. Eisenstadt, *Revolution* und die Transformation von Gesellschaften.
Eine vergleichende Untersuchung verschiedener Kulturen, Opladen 1982, insbes. 31-34.63-
125.

[16] Grundlegend zum Auftreten von Charismatikern sind immer noch die Ausführungen
von Max Weber, Wirtschaft und Gesellschaft, 1976[5] (*WuG*), insbes. 140-142.654-681. Ein
Versuch, die Entstehung des archaischen Staates in verschiedenen Gegenden der ameri-
kanischen, asiatischen, vorderasiatischen und mittelmeerischen Antike soziohistorisch mit
dem Aufkommen von Charisma in Beziehung zu setzen, liegt in der Studie von S. Breuer
(Der archaische Staat. Zur Soziologie charismatischer Herrschaft. Berlin 1990) vor. Breu-
ers Ausführungen zu Mesopotamien beziehen sich im wesentlichen auf die sogenannte Su-
siana und Uruk im 4. bis 2. Jt. v. Chr. Die soziologische Ausgangsbedingung für die judäische Gesellschaft des ausgehenden 7. Jh. v. Chr. ist indes nicht die Entstehung des Staates,
sondern der drohende Verlust der Eigenstaatlichkeit und der sich anbahnende Zusammenbruch der bisherigen Organisation des Alltagslebens. Aus soziologischer Sicht sind keine
vergleichbaren Prozesse bei der Transformation der judäischen Gesellschaft zu erwarten.

als anfänglich Autorität setzende und Legitimität vermittelnde "Instanz" unverzichtbar[17].

Theoretisch läßt sich dieses Problem im Rahmen eines retrospektiven Geschichtsentwurfes lösen, der für die Situation des Übergangs zwei Entwicklungsphasen der Gemeinschaft vorsieht: eine von einem Charismatiker initiierte Verbandsbildung im Anfang, die in dem darauffolgenden Stadium von einer neuen Ordnung garantiert wird. Die Einführung der neuen Gesellschaftsverfassung wird durch den Charismatiker initiiert und von dessen Nachfolger durchgeführt. Den ersten Teil eines derartigen Geschichtsentwurfes finden wir in der vorpriesterschaftlichen Exodustradition[18]. Mose ist der Charismatiker par excellence, dessen Wirksamkeit eine neue sozio-religiöse Verbandsbildung Israels ins Leben ruft. Der zweite Teil dieser Konzeption findet sich in den Rahmenpartien des Deuteronomiums und im Buch Josua.

Literarisch ist diese Geschichtskonzeption erst ausgeführt worden im Rahmen des Deuteronomistischen Geschichtswerkes. Die Entwicklung des Führungskonzeptes, das der Figur des Nachfolgers Josua zugrundeliegt, setzt die dtn Sammlung und eine Sammlung der Exodus-Traditonen voraus. Der Entwurf der Figur Josua als Leitbild dürfte wahrscheinlich auf einer literarischen Ebene mit der Reflexion dieser Traditionen im Deuteronomismus liegen. Die Konstruktion des Übergangs von einem charismatisch geleiteten Verband zu einer Gemeinschaft, die durch eine schriftliche Verfassung konstituiert und zusammengehalten wird, sowie die Verortung dieses Geschehens an einem genau bezeichneten Punkt der Geschichte Israels, des Übergangs Israels ins verheißene Land, ist das Werk Dtr's.

Die Texte zu Josua und Salomo reichen von Ex 17 bis 1.Kön 11. Martin Noth hatte in seinem Werk "Überlieferungsgeschichtliche Studien" (1943) den Einsatz des DtrG in Dtn 1-3 und dessen Ende in 2.Kön 25 gesehen. Das Opus schreibt er einem Verfasser Dtr zu, der in der Mitte des 6. Jh. v. Chr. in Juda lebte. Die Möglichkeit einer dtr Redaktion von Teilen des Tetrateuchs wurde in der Forschung seit Julius Wellhausen[19] von vielen erwogen und ist in etlichen Studien zu einzelnen Kapiteln bzw. größeren

---

17 Zu Charisma als typische Anfangserscheinung jeglicher Herrschaft vgl. M. Weber, *WuG* 147.670, zu Charisma als Ursprungselement von Tradition vgl. insbes. E. Shils (*Tradition* Chicago 1981), der von einem "inherently normative element in any tradition of belief which is presented for acceptance" spricht (ebenda 23). Den normativen Anspruch der Tradition setzt Shils dann in unmittelbaren Zusammenhang mit dem Auftreten von Charismatikern und deren "charismatic gift of capacity and scope of imagination in envisaging what has not been done, thought, or seen before." (ebenda 228).

18 Damit wird hier nicht behauptet, daß die literarische Tätigkeit dieser Verfasser die Exodustradition geschaffen hat, bzw. daß diese Tätigkeit erst mit den Mose-Erzählungen einsetzte, vgl. hierzu R. Smend, Die *Entstehung* des Alten Testaments, Stuttgart 1984³, 63-69.

19 J. Wellhausen, Die *Composition* des Hexateuchs und der historischen Bücher des Alten Testaments (1876-78), Nachdruck der Auflage von 1885, Berlin 1963; vgl. insbes. 64.79.86.94 Anm.2.

Textzusammenhängen aufgezeigt worden[20]. "Durch deuteronomistische (dtr) Arbeit hat offenbar auch der Pentateuch seine vorpriesterschriftliche Endgestalt bekommen"[21]. Diese Position wird in den Einleitungen zum Alten Testament bedacht[22] und mit zunehmend positiver Tendenz vertreten[23]. In neueren Untersuchungen deutet sich eine Unterscheidung an zwischen der dtr Redaktion der Bücher Dtn - 2.Kön und der ihr nahestehenden dtr Redaktion des Tetrateuch, die entweder als protodeuteronomisch oder als Dtn/Dtr-Nachfolger begriffen wird[24].

Gänzlich in Bewegung geraten sind die Auffassungen über die dtr Redaktionstätigkeit in den Büchern Dtn - 2.Kön. Die von Martin Noth behauptete Einheitlichkeit von Werk und Verfasser wird von nicht wenigen Forschern inzwischen in Frage gestellt und zugunsten der Annahme von zwei[25] oder gar drei aufeinanderfolgenden Redaktionen verworfen[26]. Die Ermittlung der Schichten nach dem jeweiligen Leitmodell ist noch nicht abgeschlossen. Zugrunde gelegt wird entweder eine Aufteilung in redaktionell miteinander verbundene Blöcke oder die Aufeinanderfolge durchlaufender Schichten. Dissens besteht ferner über ihre Abgrenzung gegeneinander und ihren Verlauf. Die literarkritische Scheidung wird durch die Prämisse belastet, daß sie eng miteinander verwandt sind. "Die Späteren fügen, was sie zu sagen haben, dem vorhandenen Wortlaut ein. Jeder zeigt sich bis in die Einzelheiten des Wortlauts hinein als Schüler seiner Vorgänger - darum ist ihre Unterscheidung oft so schwierig..."[27].

---

[20] Vgl. u.a. W. Fuß, Die sogenannte *Paradieserzählung*, 1968; Ders., Die deuteronomistische *Pentateuchredaktion* in Exodus 3-17, 1972, BZAW 126; M. Weippert, *Fragen* des israelitischen Geschichtsbewußtseins, VT 23. 1973, 415-442, insbes. 432f;
S. Mittmann, *Deuteronomium* 1,1-6,3 literarkritisch und traditionsgeschichtlich untersucht, 1975, BZAW 139, insbes. 170ff; P. Weimar, *Untersuchungen* zur Redaktionsgeschichte des Pentateuch, 1977, BZAW 146, insbes. 169f; E. Blum, Die *Komposition* der Vätergeschichten, WMANT 57, 1984, insbes. 362ff.

[21] So R. Smend, *Entstehung*, 1983³, 63.

[22] So O. Kaiser, *Einleitung* in das Alte Testament, 1984⁵, insbes. 57.

[23] Vgl. u.a. R. Smend, *Entstehung*, insbes. 62-69; R. Rendtorff, Das Alte *Testament*. Eine Einführung, 1983, insbes. 171ff; J. A. Soggin, *Introduction* to the Old Testament, 1989³, insbes. 143ff.

[24] Vgl. hierzu E. Blum, *Studien* zur Komposition des Pentateuch, BZAW 189, 1990, insbes. 164ff; J. Van Seters The So-called Deuteronomistic redaction of the Pentateuch, in: J. A. Emerton (ed.), Congress Volume Leuven 1989, VT.S 43, 1991, 58-77.

[25] So u.a. F. M. Cross, The *Themes* of the Book of Kings and the Structure of the Deuteronomistic History, in: Ders., Canaanite Myth and Hebrew Epic, 1973, 219-273; R. D. Nelson, The Double *Redaction* of the Deuteronomistic History, 1981; B. Peckham, The *Composition* of the Deuteronomistic History. HSM 35, Atlanta GA 1985; I. W. Provan, *Hezekiah* and the Books of Kings. BZAW 172. Berlin/New York 1988.

[26] So u.a. A. Jepsen, Die *Quellen* des Königsbuches 1956²; Smend, *Entstehung*, insbes. 111-125; W. Dietrich, *Prophetie*; T. Veijola, Die ewige *Dynastie*, 1975; A. D. H. Mayes, The *Story* of Israel between Settlement and Exile, 1983; M. O'Brien The Deuteronomistic *History* Hypothesis: A Reassessment. OBO 92. Freiburg/Göttingen 1989.

[27] So R. Smend, *Entstehung*, 124.

Zwar sind innerhalb bestimmter Grenzen[28] das Schichtenmodell und
das Blockmodell miteinander kompatibel, wie die Arbeiten von Mayes[29]
und N. Lohfink[30] zeigen, doch liegt kein allgemein konsensfähiges Kom-
promißmodell vor, das bei der Exegese eines bestimmten Textes als Ori-
entierungsrahmen vorausgesetzt werden könnte. So überrascht es nicht,
daß nicht wenige Forscher an der Nothschen Rekonstruktion des DtrG
festhalten[31] bzw. die Vorstellung einer einheitlichen dtr Redaktion als Ar-
beitshypothese beibehalten[32].

Als Abfassungszeit wird von den meisten Forschern das 6. Jh. v. Chr.
betrachtet; eine leichte Präferenz für die Ansetzung der dtr Hauptredakti-
on in der Mitte des 6. Jh. ist erkennbar[33]. Die judäische Gesellschaft ver-
lor in dieser Zeit zweimal durch Deportation ihre Führungselite, dazu einen erheblichen Teil der technischen Intelligenz, erlebte die totale militärische Verheerung des Landes, die Zerstörung von Hauptstadt und Tempel, den Verlust der Eigenstaatlichkeit und den Zusammenbruch der
Wirtschaft. Diese Erschütterungen, die in ihren Auswirkungen mehrere
Generationen andauerten, bildeten den Hintergrund der dtr Redaktions-
und Autorentätigkeit. Ein Zustand allgemeiner Instabilität der Gesell-
schafts- und Wirtschaftsstrukturen kennzeichnet diese Periode. Vom Tode
Josias bis zum Beginn der persischen Oberherrschaft befindet sich die judäische Gesellschaft in einer 'kritischen' Verfassung. In dieser Zeit kann
sie als 'Gesellschaft in der Krise' gleich 'Gesellschaft im Übergang' begriffen werden. Diese Situation des Überganges von einer Form soziopoliti-
scher Organisation zu einer anderen, die von sozioökonomischen Umwäl-
zungen begleitet wird, ist aus soziologischer Perspektive die wesentliche
Voraussetzung für das Interesse der biblischen Autoren an der Kontinuität
von Nachfolgebeziehungen und für die Entstehung der Konzeption des
Nachfolgers.

---

[28] Vgl. hierzu H. Weippert, *Geschichtswerk*, 247.

[29] Mayes, *Story*.

[30] N. Lohfink, *Kerygmata* des Deuteronomistischen Geschichtwerks, (1981), Nachdruck
in: ders. *Studien II*,125-142.

[31] So u.a. U. Köppel, Das deuteronomistische *Geschichtswerk* und seine Quellen. Die
Absicht der deuteronomistischen Geschichtsdarstellung aufgrund des Vergleichs zwischen
Num 21,21-35 und Dtn 2,26-3,3, 1979; M. Rehm, Das *erste* Buch der *Könige*. Ein Kommentar, 1979; Ders., Das *zweite* Buch der *Könige*. Ein Kommentar, 1982; H. D. Hoffmann, *Reform* und Reformen, 1980; R. Polzin, *Moses* and the Deuteronomist. A Literary Study of
the Deuteronomic History, 1980; Ders., *Samuel* and the Deuteronomist. A Literary Study
of the Deuteronomic History: I Samuel, 1989; K. Koch, Das *Profetenschweigen* des Deuteronomistischen Geschichtswerks, in: J. Jeremias/ L. Perlitt (eds), Die Botschaft und die
Boten, FS H.W. Wolff 1981, 115-128.

[32] Vgl. u.a. M. Weinfeld, *Deuteronomy* and the Deuteronomic School, 1972; ders.
Deuteronomy 1-11, AncBib 5. New York 1991 (= *Dtn 1-11*); S. Timm, Die *Dynastie* Omri.
Quellen und Untersuchungen zur Geschichte Israels im 9. Jh. v. Chr., FRLANT 124, 1982;
S. L. McKenzie,The *Trouble* with Kings. The Composition of the Book of Kings in the
Deuteronomistic History. VT.S 42. Leiden/New York 1991.

[33] Vgl. u.a. Jepsen, *Quellen*, 94; Noth, *ÜSt*, 91; Smend, *Entstehung*, 124; Mayes, *Story*,
133ff.

Die Frage, ob für den Entwurf des Nachfolgers eine bestimmte dtr Redaktion, die Angemessenheit eines Zwei- bzw. Drei-Redaktorenmodells einmal zugestanden, in Anspruch genommen werden kann, stellt sich zwar, sie ist indes beim gegenwärtigen Stand der exegetischen Forschung zum Deuteronomismus nicht beantwortbar. Bisher ist für den Textbereich Dtn - 2.Kön der exegetische Nachweis einer durchlaufenden zweiten oder dritten dtr Schicht nicht gelungen ist. Es fehlt der literarkritische Minimalkonsens. Die Vorstellung vom "Nachfolger, der den Übergang gestaltet", ist ein inhaltlich definiertes Konzept, das nicht ohne weiteres identifizierbar ist anhand formaler Kriterien, deren Vorliegen für den Nachweis der eindeutigen literarkritischen Scheidung miteinander eng verwandter Schichten unabdingbar ist. Daher wird in den folgenden Studien aus heuristischen Gründen an der Vorstellung einer dtr Redaktion festgehalten. Die Fiktion eines Dtr[34] ermöglicht die Einbeziehung aller thematisch relevanten Texte; sie verhindert also, daß nur der These entsprechende Texte zur Untersuchung ausgewählt werden. Nicht ausgeschlossen wird durch die Fiktion einer dtr Redaktion die literarkritische Differenzierung von Schichten innerhalb einer Perikope.

Zum methodischen Vorgehen

Das Thema ist angeregt worden durch soziologische Studien, die die Erscheinungen von Kontinuität/Diskontinuität und Charisma/Tradition und deren Niederschlag in Gesellschaftschaftsstrukturen[35] analysieren. Der

---

[34] 'Dtr' ist in dieser Untersuchung Chiffre für eine Autorengemeinschaft, die möglicherweise über mehrere Generationen wirkte. Mit N. Lohfink (Die *Gattung* der "Historischen Kurzgeschichte" in den letzten Jahren von Juda und in der Zeit des Babylonischen Exils.<1978> wieder abgedruckt in: ders. *Studien* zum Deuteronomium und der deuteronomistischen Literatur. Bd 2. SBAB 12. Stuttgart 1991. 55-86; ebenda 73-81) möchte ich an die Schafaniden und ihre Anhänger denken. Die von Rainer Albertz (*Intentionen*, insbes. 47ff) entwickelten Vorstellungen zur Trägergruppe und ihrer Zusammensetzung sind gleichfalls zu bedenken. Der Beginn der literarischen Tätigkeit dieser Gruppierung wird aber spätestens nach dem Tode Josias eingesetzt haben, als sich abzeichnete, daß sein Nachfolger Jojakim innen- wie außenpolitisch die josianische Politik nicht fortsetzte.

[35] Ein Überblick über die Forschungsdiskussion kann hier nicht geboten werden. Die wesentlichen Anregungen für die Themenstellung dieser alttestamentlichen Studie sind ausgegangen von den Schriften Max Webers, jenen von S. N. Eisenstadt und jenen von E. Shils; vgl. u.a. Max Weber, Gesammelte Aufsätze zur Wissenschaftslehre (1951[2]) (= *GAW*), darin: Die Objektivität sozialwissenschaftlicher und sozialpolitischer Erkenntnis (146-214), Kritische Studien auf dem Gebiet der kulturwissenschaftlichen Logik (215-296); Ders. *WuG*, darin: Die Typen der Herrschaft (122-176, insbes. 122-124.130-158), Religionssoziologie (245-381), Rechtssoziologie (387-513, insbes. 441-456), Soziologie der Herrschaft (541-868, insbes. 580-687); S. N. Eisenstadt, The Political *Systems* of Empires (1963[1]; 1969[2]), insbes. 13-32.115-155.309-360; Ders., *Tradition*, Wandel und Modernität (1979), insbes. 145-224.325-367; Ders., *Revolution* und die Transformation von Gesellschaften (1982), insbes. 1-185; E. Shils, *Center* and Periphery (1975); Ders., *Tradition* (1981). Den

Topos "Nachfolger", der kein soziologischer Begriff ist[36], wurde gewählt, weil der Nachfolger die Übergangsstelle von einem Stadium einer Gesellschaft zu einem anderen markieren kann. Zudem impliziert der Begriff eine ideelle Beziehung zwischen dem Nachfolger und seinem Vorgänger. In der Vorbereitung der Nachfolge, der Begründung der Legitimität des Nachfolgeprinzips und der Autorität des Nachfolgers werden die Faktoren erkennbar, die konstitutiv für den Aufbau des den biblischen Texten inhärenten theonomen Weltbildes sind. Die Nachfolgekonzeption folgt theologischer Logik, gleichzeitig trägt sie den Erfordernissen des Alltagslebens einer Gemeinschaft Rechnung, insbesondere den Bedürfnissen nach Orientierungssicherheit und Stabilität sozialer Organisationsformen.

Für den Gang der folgenden Studie bedeutet dieses, daß zunächst im Abschnitt I.A eine Analyse der Hauptbegriffe "Autorität", "Legitimität" und "Nachfolge/Nachfolger" erfolgt. Die Begriffe und ihre Inhalte entstammen der griechisch-römischen Vorstellungswelt[37]. Innerhalb dieses Kulturraumes hatte die Selbstreflexion der Gesellschaft ein Abstraktionsniveau erreicht, das in den alttestamentlichen und in den altorientalischen Schriften so noch nicht nachweisbar ist[38]. Die drei Begriffe dienen hier als heuristische Mittel zur Annäherung an inhaltlich verwandte Argumentationen in den alttestamentlichen Texten.

Hauptgegenstand der Exegesen sind alttestamentliche Texte aus dem deuteronomistischen Überlieferungsbereich im weitesten Sinne. Die theologischen Vorgaben des Deuteronomismus sind im Deuteronomium dargelegt. Die Exegese der für das Thema "Nachfolger" relevanten deuteronomischen Aussagen wird daher im Abschnitt I.B im Mittelpunkt stehen. Die Auswahl der deuteronomischen Texte bestimmt sich danach, ob das Thema "Menschliche Autorität im Verhältnis zur Autorität Gottes" Gegenstand ihrer Ausführungen ist. Methodisch liegt das Schwergewicht bei der Analyse der Texte auf der Entwicklung der Textgestalt. Ziel der Analyse ist jedoch die Ermittlung einer synchronen Textebene, die kohärente theologische Argumentationen bietet. Die für die Interpretation angestrebte Textgestalt ist jene, die für die dtr Redaktion nachweisbar ist, die nicht mit der kanonischen Endgestalt verwechselt werden darf.

Gegenstand des zweiten Hauptteiles der Studie sind alle Pentateuchtexte, in denen Josua erwähnt wird, und aus dem Josuabuch neben Jos 1 jene

---

Studien von K. S. Newman (*Law* and Economic Organization, 1983), von A. Wildavsky (The Nursing Father. *Moses* as a Political Leader, 1984) und M. Walzer (*Exodus* and Revolution, 1985) verdanke ich wichtige Anregungen für die Anwendung theoretisch-soziologischer Fragestellungen auf antike Gesellschaftsformen.

[36] Das Stichwort Nachfolger fehlt in den gängigen soziologischen Lexika und Wörterbüchern.

[37] Für den Begriff Nachfolger wird auf den griechischen Begriff διαδόχος bzw. den lateinischen Begriff successor zurückgegangen.

[38] Vgl. hierzu E. Otto, *Legitimation* des Herrschens im pharaonischen Ägypten, Saec 20, 1969, 385-411. Im Akkadischen ist bis jetzt ein Wort für "Nachfolger" nicht sicher nachweisbar - mündliche Mitteilung Prof. K. Deller.

Texte, in denen Josua in einer Nachfolgebeziehung zu Mose gesehen wird. Die Texte werden unabhängig von der erkenntnisleitenden These in der Reihenfolge ihrer kanonischen Anordnung exegetisch untersucht. Dieses Vorgehen ist eine Art Vorprüfung für die Hypothese, daß die scheinbar einander widersprechenden Aussagen über Josua im Tetrateuch[39] eine Grundierung bieten für das Bild vom Nachfolger Moses im Deuteronomium und im Josuabuch. Sind bereits die zum Deuteronomismus zu rechnenden Josua-Texte des Tetrateuch Teil der Vorbereitung der literarischen Nachfolgekarriere Josuas, dann sollten die priesterschaftlichen Texte nicht nur eine Reflexion der dtr Nachfolgekonzeption verraten, sondern ebenfalls im Falle divergierender Ansichten den Ausgleich mit ihr suchen.

Die Figur des Nachfolgers Josua, so wie sie uns in Dtn 31 und Jos 1 entgegentritt, müßte als Ergebnis der Argumentation der vorausgehenden Josua-Texte von Ex - Dtn verständlich zu machen sein. Hat die Nachfolgekonzeption literarisch tatsächlich so durchgreifend zur Gestaltwerdung "Josuas" beigetragen, dann ist zu erwarten, daß die Gestalt 'Josua' bis zum Ende der ihr in der dtr Version des Josuabuches zugeschriebenen Wirksamkeit sowohl die sie auszeichnende Aura des Nachfolgers Moses bewahren wie gleichzeitig in ihrer Nachfolgebeziehung zu Mose verharren wird, d.h. ihre Autoritätsposition in wesentlichen Entscheidungen als eine von Mose delegierte und von JHWH legitimierte ausgewiesen wird.

Der dritte Hauptteil der Studie wendet sich der Figur Salomos im DtrG zu. Gegenstand der exegetischen Analyse sind alle Texte der Salomo-Überlieferung von 2.Sam 12,24f bis 1.Kön 11. Ziel der Exegesen ist die Herausarbeitung der vordtr Salomo-Überlieferung, soweit sie von Dtr aufgenommen worden ist, und ihre Interpretation durch Dtr. Nachdtr eingefügte Überlieferungen, spätere Ausmalungen und Harmonisierungen widersprüchlicher Züge des Salomo-Bildes werden für die Rekonstruktion der Relation JHWH - David - Salomo und die Nachzeichnung des Bildes vom Nachfolger Davids nicht berücksichtigt.

Dtr waren bei der Gestaltung der Salomo-Überlieferung Grenzen gesetzt. Wesentliche Daten und Ereignisse waren ihr vorgegeben, darunter solche wie die Herkunft Salomos aus einer skandalösen Ehe Davids, die merkwürdigen Umstände der Erhebung Salomos auf den Thron, die von Salomo zu verantwortenden Morde an seinen innenpolitischen Gegnern nach dem Thronantritt, der von Salomo geförderte Kult anderer Gottheiten. Demgegenüber wies die vordtr Überlieferung Salomo die Einführung einer neuen rationalen staatlichen Organisationsform zu, kannte ihn als bedeutenden Bauherrn und Tempelerbauer, sowie als weisen Richter. Salomo galt als international renommiert, Angriffskriege waren von ihm nicht bekannt. Wahrscheinlich betrachtete man die salomonische Regierungszeit als eine Epoche allgemeinen Wohlstandes.

Die Überlieferungslage gestattete Dtr, das Bild Salomos in negativer wie in positiver Hinsicht auszumalen. Es wird zu untersuchen sein, wie Dtr

---

[39] Vgl. hierzu H.-J. Zobel, *Josua*, 269-272.

die durchaus gegensätzlichen Elemente des vordtr Salomo-Bildes in seine
Vorstellung vom Nachfolger Davids integriert hat. Das dtr Endurteil über
Salomo ist eindeutig negativ. Dagegen steht die ebenso eindeutig positive
Bewertung des salomonischen Tempelbaus durch Dtr. Es ist zu fragen, wie
Dtr diese widersprüchlichen Beurteilungen Salomos mit seiner Darstel-
lung der salomonischen Zeit vereinbart. Zu überprüfen ist, ob das dtr
Ideal eines Nachfolgers die theologische Argumentationsebene bildet, auf
der dtr Geschichtskonzeption und vordtr Tradition sich treffen.

ERSTER TEIL

BEGRIFFSKLÄRUNG UND ALTTESTAMENTLICHE
BEZUGSBASIS DER BEGRIFFE

A. Begrifflichkeit

Auctoritas - Autorität

Die Begriffe Autorität und Legitimität werden in der geisteswissenschaft-
lichen wie in der sozialwissenschaftlichen Diskussion unter recht unterschiedlichen Gesichtspunkten thematisiert. Bevor sie in dieser Studie als
heuristische Begriffe verwendet werden, ist formal wie inhaltlich eine nähere Bestimmung unumgänglich. Da Autorität zu den Faktoren gehört, die
bei der Anrechnung der Legitimitätsgründe der Nachfolge zu berücksichtigen sind[1], ist der Begriff der Autorität vor jenem der Legitimität Gegenstand meiner Überlegungen.

Verfasser von Lexikonartikeln des Stichwortes 'Autorität' pflegen den
römischen Ursprung des Begriffes zum Ausgangspunkt ihrer Darlegungen
zu machen[2]. Arbeiten wie jene von Arendt[3], Rabe[4] und Sternberger[5],
aber auch jene von Friedrich[6] oder Eschenburg[7] entfalten das Konzept
Autorität, indem sie ihre Ausführungen mit dem lateinischen Begriff
auctoritas beginnen. Der historische Rückgriff führt meist dazu, daß die

---

[1] Vgl. Max Weber zur traditionalen und charismatischen Herrschaft *WuG*, 130ff.140ff;
ferner T. Parsons, On the *Concept* of Political Power, in: Proceedings of the American
Philosophical Society 107 (1963), 232-262, bes. 243f; E. Shils, *Charisma*, Order and Status,
Am Sc Rev 30 (1965) 199-213; ders., *Tradition*.

[2] Vgl. Th. Ellwein, Art. *Autorität*, in: EKL 1 (1956) 275f; R. Hauser, Art. *Autorität*, in:
Herders Staatslexikon 1 (1957) 808-826; H. Thielicke, Art. *Autorität*, in: RGG[3]. I. 1957. 792-
794; W. Veit/ H. Rabe/ K. Röttgers, Art. *Autorität*, in: HWPh 1 (1971) 724-733; J.
Miethke/ R. Mau/ E. Amelung/ H. Beintker, Art. *Autorität*, in: TRE 5 (1980) 17-51; G.
Hartfiel/ K.-H. Hillmann, Art. *Autorität*, in: Dies., *Wörterbuch* der Soziologie, KTA 410
(1982[3]) 58-59; D. Ritschl, Art. Autorität, in: EKL. 1 .1986[3]. 346-348.

[3] H. Arendt, What Was *Authority*?, in: C.J. Friedrich (ed.), Authority, Nomos 1 (1958)
81-112.

[4] H. Rabe, Art. Autorität, in: *GGB* 1 (1972) 382-406 ; ders., *Autorität*. Elemente einer
Begriffsgeschichte, Konstanzer Universitätsreden 21, Konstanz 1972.

[5] D. Sternberger, *Autorität*, Freiheit und Befehlsgewalt, Tübingen 1959.

[6] C. J. Friedrich, *Authority*, Reason, and Discretion, in: Ders., (ed.), Authority, Nomos
1 (1958) 28-48.

[7] Th. Eschenburg, Über *Autorität*, Frankfurt/M.(1965[1]) 1976[2].

diesem Begriff inhärenten kritischen Bestimmungsmomente im Wege der Nachzeichnung in der Begriffsgeschichte undeutlich werden. Autorität verkommt zum an der reinen Vorfindlichkeit von Hierarchien orientiertem Ordnungsbegriff[8]. Die folgenden Überlegungen versuchen, den römischen Ursprüngen des Begriffes und seiner Verwendung nachzugehen, seine Ordnungsfunktion hervorzuheben, dabei aber das in der Vorstellung von auctoritas enthaltene kritische Prinzip zu bewahren.

Das Wort auctor, wörtlich: jemand, der vermehrt - auctoritas bezeichnet die Eigenschaft des auctor[9] -, ist ursprünglich als Terminus in der Sprache des römischen Zivilrechts belegt, der verschiedene Rechtsvorgänge unter einem bestimmten Aspekt präzisiert. Auctor ist der Verkäufer einer Sache, die rechtmäßig sich in seinem Besitz befunden hat. Seine auctoritas muß der Verkäufer in dem Augenblick beweisen, in dem von dritter Seite die Rechtmäßigkeit des Besitzes des Käufers bezweifelt wird. Der Verkäufer und auctor muß entweder seinen Anspruch durchsetzen - gegebenenfalls auch prozessual - und so für den Käufer den Besitz der Sache sichern oder er muß, falls er unterliegt, dem Käufer Schadenersatz leisten. Der auctor tritt in eigener Sache zugunsten einer dritten Partei als durch seine Haftbarkeit besonders qualifizierter Zeuge auf.

Eine weitere Verwendung des Begriffs, die um die Vorstellung der Gültigkeit kreist, findet sich im politischen Bereich. In der Zeit der römischen Republik lag die potestas beim Magistrat und der Volksversammlung, die auctoritas dagegen beim Senat[10]. Auf Antrag der Magistrate gefaßte Beschlüsse des populus mußten dem Senat zur Beratung und Bestätigung vorgelegt werden. Die Aufgabe der patres bestand darin, die Beschlüsse auf ihre Übereinstimmung mit der politischen und religiösen Tradition des römischen Staates zu befragen[11]. Wurde diese festgestellt, so gab der Senat den Beschlüssen seine auctoritas. Rechtlich gebunden war der Magistrat an den Rat des Senates nicht, doch galt die Ausführung eines Volksbeschlusses ohne auctoritas des Senates als unvereinbar mit der römischen Tradition[12].

Die Gesichtspunkte der Tradition und der freiwilligen Unterordnung unter den auf Kenntnis der Tradition beruhenden Rat wurden zu bestimmenden Momenten in der sich herausbildenden Struktur des römischen Rechtswesen. Die streitenden Parteien pflegten sich von rechtskundigen Männern Rat geben zu lassen, bevor sie gemeinsam vor den Richter traten. Diese sogenannten Responsa der Ratgeber wurden dann den Rich-

---

8 Vgl. u.a. Hauser, *Autorität*; K. Rahner, *Autorität*, in: Christlicher Glaube in moderner Gesellschaft, Teilband 14, Freiburg/Basel/Wien 1982, 5-36.

9 R. Heinze, *Auctoritas*, in: Ders., Vom Geist des Römertums, Leipzig/Berlin 1938, 1-24, ebenda 3.

10 Heinze, *Auctoritas*, 12; Th. Mommsen, Römisches *Staatsrecht*, Handbuch der Römischen Altertümer, III,2. 1888[3]. Nachdruck Graz 1953, 1033.

11 Mommsen, *Staatsrecht*, 1037.1041.

12 Mommsen, *Staatsrecht*, 1034; vgl. auch Eschenburg, *Autorität*, 10 (1976[2], 12); Arendt, *Authority*, 100ff; Rabe, *Autorität*, 9.

tern, die in der Regel als gewählte 'Beamte' Laien in juridicis waren, zur
Entscheidung vorgelegt. Je bedeutender die auctoritas der als Zeugen zitierten Respondenten war, desto höher waren die Chancen seiner Partei,
ein Urteil in ihrem Sinne zu erwirken. Augustus - der seine Position im
Senat beschrieben hatte als "praestiti omnibus auctoritate, potestatis
autem nihil amplius habui quam qui fuerunt mihi quoque in magistratu
collegae"[13] - institutionalisierte die auctoritas im Rechtsbereich. Er verlieh
hervorragenden Respondenten das Privileg der Rechtsbelehrung, d.h. sie
konnten nun ex auctoritate principis respondieren[14].

Die aus der Tradition begründete Autorität, die politischen, juristischen
oder religiösen Sachverstand beinhaltet, gehörte zu den Grundwerten der
römisch-republikanischen Verfassungswirklichkeit. Konstitutiv für die
römische Auffassung von auctoritas sind mehrere Faktoren. Der auctor
zeichnet sich in einem bestimmten Bereich durch überlegene Sach-
kenntnis aus, die im Zweifelsfalle nachzuweisen oder zu bezeugen ist. Der
auctor wird um Rat gefragt, d.h. er erteilt nicht von sich aus Rat. Der
Ratsuchende wählt den auctor aus, sofern er nicht von der Natur der Sache her feststeht; er kann sich seinem Rat anschließen oder nicht.
"Entscheidungsfreiheit war an Beratungszwang gebunden."[15]

Der Charakter dieser Art von Autorität ist durch das Fehlen von Entscheidungsmacht und Befehlsgewalt geprägt. Ihre normative Existenz erweist sich im Herrschaftsvollzug. Entschlüsse, die auf der Basis von Autorität gefaßt werden, bedürfen zu ihrer Realisierung der Kooperation aller
Beteiligten. Das Autoritätsprinzip als politische und gesellschaftliche Regel ist Ausdruck spezifischer historischer Machtverhältnisse wie zugrunde-
liegender Gesellschaftsstrukturen. Im öffentlichen Leben bezeichnet auctoritas die politische Position des Senates gegenüber populus und Magistrat, im privaten Alltagsleben die persönliche Eigenschaft, die einem
Bürger zugeschrieben werden kann. Eine Ableitung der persönlichen Autorität aus der Amtsautorität war nicht gegeben. Die Ansätze zur Schaffung von Autoritätspositionen unabhängig vom Senat gehen bezeichnenderweise von der Person des Augustus aus und begründen die neu geschaffene Position des juristischen Sachverständigen aus der Autorität des Prin-
ceps.

Autorität als heuristischer Begriff
Begriff und Konzeption der Autorität gehören in der politischen Geschichte des Abendlandes ebenso wie in den innerkirchlichen Auseinandersetzungen zu jenen Leitwerten, die, nie aufgegeben, entsprechend den wan-
delnden Gesellschaftsbedingungen fortgeschrieben wurden[16]. Die gegen-

---

[13] Heinze, *Auctoritas*, 1.
[14] Heinze, *Auctoritas*, 15.
[15] Eschenburg, *Autorität*, 21; zum consilium vgl. Mommsen, *Staatsrecht*, I, (1887³)
Nachdruck Graz 1952, 307ff.
[16] Eine hervorragende Nachzeichnung dieser Begriffsgeschichte bietet Eschenburg,
Autorität. Zur Destruktion der grundlegenden politischen Idee der auctoritas durch die an-

wärtige sozialwissenschaftliche Diskussion zeichnet sich durch mangelnde Distinktion der einzelnen Elemente des Begriffs aus; vor allem die drei Pole der Autorität - Träger, Subjekt, Gebiet[17] - und ihre Relationen zueinander werden nicht hinreichend voneinander geschieden[18]. Das Forschungsinteresse konzentriert sich auf Autorität als Merkmal einer gesellschaftlichen Position und das Funktionieren positionell gegebener Autorität[19]. Die Begriffe Macht, Autorität und Herrschaft werden häufig synonym gebraucht[20].

'Autorität' ist in der sich mit Prozessen wie Einflußnahme und Machtausübung befassenden sozialwissenschaftlichen Diskussion so etwas wie ein begrifflicher Passepartout geworden[21]. Die zunehmende Diffusität des Autoritätskonzeptes geht einher mit einer Konzentration der Untersuchungen auf die Sozialisationsbedingungen[22] und den Prozeßcharakter von Autorität[23], dessen situationale und kommunikative Aspekte[24]. Die jeweils spezifische Situation, in der sich Autorität ereignet, wird zum Er-

---

tike wie mittelalterliche christliche Theologie vgl. vor allem J. Fueyo, Die *Idee* der 'auctoritas'. Genesis und Entwicklung, in: Epirrhosis. FS C. Schmitt, Bd I, Berlin 1968, 213-235; zur Neuzeit vgl. Rabe, *GGB*. Bd 1. 399ff.

17 Vgl. dazu unten S. 21ff.

18 Vgl. u.a. M. Hennen/W.-U. Prigge, *Autorität* und Herrschaft, EdF 75, Darmstadt 1977; R. L. Peabody, Art. *Authority*, in: IESS. 1. 1968. 473-477.

19 Vgl. insbes. die Studie von H. Hartmann, Funktionale *Autorität*. Systematische Abhandlung zu einem soziologischen Begriff, Stuttgart 1964.

20 Bereits Max Weber hat Autorität und Herrschaft gleichgesetzt, vgl. ders., *WuG*, 122f; 544. Vgl. u.a. R. Martin, The *Sociology* of Power, London 1977, ebenda 75ff; E. A. Hoebel, *Authority* in Primitive Society, in: C. J. Friedrich (ed.), Authority, Nomos 1 (1958) 222-234. Ob sich in den sozialwissenschaftlichen Publikationen der angelsächsische Sprachgebrauch niedergeschlagen hat - vgl. Webster's New World Thesaurus (ed. by C. Laird, New York 1982) 'authority = power based on right' -, das an der Empirie orientierte Erkenntnisinteresse oder beides zusammengewirkt haben, mag hier offen bleiben. Als Beleg für die letztere Vermutung soll hier die umfangreiche Abhandlung von G. Lenski, (*Macht* und Privileg. Eine Theorie der sozialen Schichtung, stw 183, Frankfurt/Main 1977 [engl. Ausgabe: Power and Privilege. A Theory of Social Stratification, New York 1966]) eines der soziologischen Standardwerke, dienen, vgl. hier die Aussagen über authority in der englischen Version (E) mit jenen in der deutschen Version (D), z.B. E 51/D 79, E 59/D 91, E 124/D 172, E 128/D 178, E 136/D 188, E 139/D 192, E 186/D 251, 'authority' umfaßt hier ein Bedeutungsfeld, das von auctoritas über Macht bis zu Amtsgewalt, Herrschaft reicht.

21 Zu Autorität als allgemeinen analytischen Konzept in der klassischen Soziologie vgl. R. Robertson, *Aspects* of Identity and Authority in Sociological Theory, in: R. Robertson/ B. Holzner (eds), *Identity* and Authority: Explorations in the Theory of Society, Oxford 1980, 218-265.

22 Den Anstoß gaben die Untersuchungen der Frankfurter Schule im Exil unter dem Eindruck der 'Autoritätsgläubigkeit' im Nazireich, insbesondere wegbereitend war T. Adorno, *Studies* in the Authoritarian Personality (1950), in: Ders., Gesammelte Schriften Band 9-1: Soziologische Schriften II. Erste Hälfte, Frankfurt/M. 1975, 143-509.

23 Vgl. Robertson/Holzner, *Identity*.

24 Vgl. H. Popitz, *Phänomene* der Macht: Autorität - Herrschaft - Gewalt - Technik, Tübingen 1986, ebenda 7ff; J. Habermas, *Theorie* des kommunikativen Handelns. Bd.I: Handlungsrationalität und gesellschaftliche Rationalisierung; Bd.II: Zur Kritik der funktionalistischen Vernunft, Frankfurt/M.(1981[1]) 1985[3], bes. Bd. I, 410ff; Bd. II, 53ff; 69ff.

kenntnisgrund von Autorität, so daß die Entfaltung jener durch die Hete-
rogenität sozialer Beziehungen bedingten Aspekte von Autorität zwangsläufig zur Unterscheidung von verschiedenen Arten von Autorität führt[25].
"To what extent these are different kinds of authority remains an open
question."[26]

Als heuristischer Begriff ist 'Autorität' in seiner modernen Bedeutungsvielfalt, die nur ein Indikator der erhöhten Komplexität der sozialen
Beziehungen ist, zur Erfassung sozialer Beziehungen in literarischen Texten, die antike Gesellschaftsverhältnisse widerspiegeln, nicht geeignet.

Die inhaltliche Nähe zwischen der dtn/dtr Herrschaftsvorstellung und
dem Konsensusprinzip der altrömischen Republik spricht dafür, den Begriff Autorität in dieser Studie im Sinne der republikanisch-römischen
Tradition zu verwenden. Zwar dürfte sich der Komplexitätsgrad der römischen Gesellschaft jener Zeit rein quantitativ von jenem der judäischen
Gesellschaft unterscheiden, doch die zugrunde liegenden Strukturen sind
nicht so different, daß auf eine qualitativ abweichende Gesellschaftsform
zu schließen wäre[27].

Der Begriff auctoritas ist seiner Verwendung nach eindeutig, und geeignet, soziale Beziehungen, die auf ungleicher Verteilung von Macht beruhen, in all ihren Relationen präziser zu erfassen. Zudem erlaubt diese
Interpretation eine Unterscheidung von Machtverhältnissen, die auf Herrschaft gründen, von jenen, die auf sozialem Einfluß beruhen. Damit erweist sich Autorität im Sinne von auctoritas begrifflich geeignet zur Beschreibung von Machtbeziehungen, in denen der Inhaber der Machtposition seine Macht nicht durch Herrschaft verwirklicht, sondern sie aus herrschaftsfremden Motiven, z.B. Liebe, beschränkt und bei den seinem Einfluß Unterworfenen auf Überzeugung setzt. Der Begriff Autorität erlaubt
in dem Relationsdreieck JHWH-Tora-Israel wie in jenem von JHWH-
Tora-Mose eine Beschreibung aller möglichen Relationen, ohne die Unterschiede der Positionen zu verwischen.

---

[25] Vgl. u.a. bei Hartmann (*Autorität*, 10) die Unterscheidung von funktionaler und re-
präsentativer Autorität; das Wörterbuch der Soziologie (G. Hartfiel/ K.-H. Hillmann ed.
1982) zählt folgende Arten auf: abstrakte, demokratische, formale, informelle, kollegiale,
natürliche, persönliche, professionelle Autorität (84f). Daß diese Sicht sich durchgesetzt
hat, zeigen die Ausführungen von Hennen/Prigge, *Autorität*, 81ff.

[26] Peabody, *Authority*, 473.

[27] Zur Methodik vgl. K. Eder, Zur *Systematisierung* der Entstehungsbedingungen von
Klassengesellschaften, in: Ders. (ed.), Seminar: Die Entstehung von Klassengesellschaften,
stw 30, Frankfurt/M. 1973, 15-29; ders., Zur logischen *Struktur* des evolutionären Prozesses
der Entstehung von Klassengesellschaften, ebd. 215-221; C. Schäfer-Lichtenberger, *Stadt*
und Eidgenossenschaft im Alten Testament. Eine Auseinandersetzung mit Max Webers
Studie "Das antike Judentum", BZAW 156, 1983, ebenda 33ff, 137ff. Ein gutes Beispiel
vergleichender kulturhistorischer Analyse bietet die Studie von H. G. Kippenberg, *Religion*
und Klassenbildung im antiken Judäa, StUNT 14,(1978[1]) 1982[2]; vgl. ebenfalls T. Parsons,
Gesellschaften. Evolutionäre und komparative Perspektiven,(engl. 1966) Frankfurt/Main
1975 .

Zur formalen Struktur von Autorität

Der Begriff Autorität findet in dieser Studie seine idealtypische Prägung an der römisch-republikanischen Tradition. Zur schärferen Distinktion soll das aus historischem Material gewonnene Modell formal strukturiert werden. Die Darlegung der logischen Struktur dient der Bestimmung der typischen Charakteristika, die unabhängig von historischen Inhalten sind[28].

Der Begriff Autorität kennzeichnet eine dreistellige Relation, die Beziehung zwischen einem Träger der Autorität und einem Subjekt[29] der Autorität, die durch ein beide verbindendes Gebiet vermittelt wird.

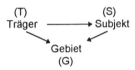

Einschließlich Umkehrungen enthält die Relation Träger-Gebiet-Subjekt formal sechs zweistellige Relationen, sachlogisch, da die Träger-Subjekt-Beziehung asymmetrisch ist, nur fünf Relationen. Zu bedenken ist auch, daß die Umkehrungen einen anderen Charakter haben als die direkten Beziehungen. Die Umkehrungen von S-G und T-G, also G-S und G-T, sind nur sinnvoll, wenn G quasi 'hypostasiert' wird und so gegenüber T und S als übergeordnete Größe fungiert. Doch bleibt zu fragen, ob G dann nicht in den Rang eines absoluten Grenzbegriffes erhoben wird und die sachlogische Struktur sprengt.

Bestimmt man die drei Termini der Autorität näher, so ergibt sich, daß das Gebiet der Autorität eine Klasse von nichtrealen Gegenständen ist, nämlich Sätze/Aussagen über Sachverhalte umfaßt[30]. Wertungen, sofern sie die Kennzeichen von Sätzen enthalten, gehören mit zum Gegenstandsbereich der Autoritätsbeziehung[31]. Aus ihnen ableitbare Weisungen sind nicht mehr Teil des Gebietes der Autorität. Träger und Subjekt sind als bewußte Einzelwesen auffaßbar. Die Zuschreibung von Autorität an den Träger durch das Subjekt setzt voraus, daß der Träger über mehr Kompetenz im Gebiet G verfügt als das Subjekt sich selber zubilligt, und daß die Aussagen von T über G nach Überzeugung von S wahrhaftig[32] sind. Kompetenz und Wahrhaftigkeit begründen Autorität. Die T-S Autoritätsbeziehung ist irreflexiv und im selben Gebiet asymmetrisch und transi-

---

28 In der Darlegung der formalen Logik folge ich J. M. Bocheński, *Was ist Autorität? Einführung in die Logik der Autorität*, Freiburg 1974.

29 Der Begriff "Subjekt" ist hier in seiner logischen Bedeutung verwendet worden, er bezeichnet die Person, die der Autorität einer anderen unterworfen ist.

30 Bocheński, *Autorität*, 30f.

31 Bocheński, *Autorität*, 67f.

32 Wahrhaftig sind die Aussagen von T, wenn sie seiner Erkenntnis des Sachverhaltes entsprechen. Erkennen des Gegenstandes G und Aussage darüber müssen übereinstimmen (vgl. Bocheński, *Autorität*, 60f). Es soll Kongruenz zwischen geäußerter Ansicht/Rede über G und nicht geäußerter Meinung/Gedanken über G bestehen.

tiv. Autorität ausgeübt wird erst dann, wenn T über G eine Mitteilung mit
Anspruch auf Angemessenheit an S macht und S diese als Behauptung
über G für sich anerkennt. Die begründbare Anerkennung der Mitteilung
von T durch S ist konstitutiv für die Autorität, die T in Hinblick auf S zukommt. Fehlt das Moment der Freiheit, das in der Möglichkeit der Ablehnung der Mitteilung liegt, dann sprechen wir von Zwang und Herrschaft,
nicht von Überzeugung und Autorität.

Die Wahrscheinlichkeit jedes zu G gehörenden Satzes wächst für S
durch die Aussage von T. Die Annahme eines autoritativ geäußerten
Wertsatzes erhöht zunächst nur die Wahrscheinlichkeit seiner sozialen
Akzeptanz. Die Entscheidung über das soziale Handeln wird von ihr nur
indirekt beeinflußt in Richtung auf wachsende Konformität des Handelns.
Die Annahme der Autorität ist entweder begründet durch direkte Einsicht
in die Richtigkeit der Mitteilung oder eine Schlußfolgerung, die sich aus
der Verallgemeinerung einer Erfahrung ergibt[33]. Dabei kann diese Erfahrung sich auf den Träger der Autorität selbst beziehen, auf die Kenntnis
des Sachverhaltes oder auf die Klasse, zu der der Träger beansprucht zu
gehören.

Jeder Mensch ist in wenigstens einem Gebiet, dem der Aussagen über
die eigene Befindlichkeit, eine Autorität für alle anderen Menschen. Daher ist eine auf alle möglichen Gebiete und Subjekte sich erstreckende
menschliche Autorität logisch nicht möglich. Diese sogenannte absolute
Autorität kann nur behauptet werden, wenn der Träger der Autorität Gott
ist. Gott markiert den Grenzbegriff der Autorität. Die Autorität Gottes
bleibt in unserem Sinne Autorität, solange Gott als Träger der Autorität
auf die in der Absolutheit liegenden Chancen zur Manipulation und zum
Zwang verzichtet. Für den Fall, daß Gott sich dieser Chancen nicht begibt,
würde die Ausübung der absoluten Autorität in die Ausübung der absoluten Macht umschlagen[34].

---

[33] Die Annahme eines autoritativ geäußerten Satzes als Folge eines irrationalen Ent-
schlusses ist zwar logisch möglich - vgl. Bocheński, *Autorität*, 61f. - aber mit der Vorstellung
einer theologisch begründbaren Ethik nicht vereinbar. Es wird sich zeigen, daß nicht einmal die Annahme der Autorität Gottes durch Israel den Grundsatz der Begründbarkeit von
Autorität durchbricht.

[34] Bocheńskis Unterscheidung zwischen epistemischer und deontischer Autorität
(*Autorität*, 49ff) läßt diesen Unterschied zwischen Autorität einerseits und Macht/Herr-
schaft andererseits verschwinden. Bocheński konstruiert - von der Sachlogik des Inhaltes
der Klassen idealer Gebilde geleitet (Sätze und Weisungen) - zwei Arten der Autorität, die
epistemische, deren Gegenstandsbereich Wissen über etwas ist (Aussagen), und die deontische, deren Gegenstandsbereich Befehle zu etwas sind (Weisungen). Die deontische Autorität Bocheńskis ist aber der Sachlogik ihres Inhaltes wegen identisch mit dem Gegenstandsbereich der Herrschaft. Die prinzipielle Differenz zwischen Herrschaft und Autorität
wird verwischt, subsumiert man beide unter den Begriff Autorität. Die Bestimmung der
Positionen Moses und Josuas in Abgrenzung jener von David oder Jerobeam ist mit der
Unterscheidung von deontischer und epistemischer Autorität nicht hinreichend umschrieben. Die erkennbaren Differenzen erfordern auch eine begriffliche präzisere Erfassung der
jeweiligen Position.

Anmerkungen zum Verhältnis von Macht, Herrschaft und Autorität
Die Logik der Autorität gehorcht anderen Prinzipien als die Logik der Macht. Macht wird in den Sozialwissenschaften seit Max Weber[35] als elementare Form sozialer Verhaltensbeeinflussung verstanden[36]. Der Machtanspruch, darin dem Anspruch auf Autorität ungleich, behauptet sich auch gegen Widerstand. Macht konkretisiert sich in Herrschaft und heißt "die Chance, für einen Befehl bestimmten Inhalts bei angebbaren Personen Gehorsam zu finden"[37].

Strukturprinzip jeder Herrschaftsbeziehung ist die Über- und Unterordnung der Teilhaber dieser Beziehung. Das Grundmuster der Autoritätsbeziehung ist dagegen geprägt von der prinzipiell freiwillig erfolgenden Anerkennung des Trägers der Autorität (T^a) durch das Subjekt der Autorität(S^a). S^a kann eine Aussage von T^a verwerfen, ohne daß T^a dieses mit einer Sanktion beantwortet[38]. Da Aussagen Sachverhalte betreffen, verliert eine Aussage für T^a nicht ihre Gültigkeit, wenn sie von S^a nicht angenommen wird. Die Beziehung T^a - G wird hiervon nicht tangiert. Die Autoritätsbeziehung enthält im Gegensatz zur Herrschaftsbeziehung ein Höchstmaß an Freiheitsgraden für das Handeln von S^a.

Gegenstandsbereich der Herrschaftsbeziehung sind Weisungen. Weisungen beziehen sich auf Sachverhalte, die durch das mit ihnen gebotene Handeln erst noch geschaffen werden müssen. Ihre Nichtausführung durch das Subjekt der Herrschaft(S^h) stellt die Gültigkeit der Weisungen auch für den Träger der Herrschaft(T^h) in Frage und berührt den Aspekt der T^h-G-Beziehung, was die Kompetenz von T^h in Hinblick auf G betrifft. In der Herrschaftsbeziehung ist die T^h-G-Beziehung vom Verhalten des S^h abhängig[39]. Die T^h-G-Beziehung ist durch die Verweigerung von S^h bedroht, T^h's Identität als Inhaber einer Machtposition ist infragegestellt. Aus der Logik der Herrschaftsbeziehung folgt, daß T^h ein doppeltes Interesse an der Stabilisierung der T^h-G-Beziehung hat und die Nichtbefolgung einer Weisung durch S^h sanktionieren muß.

Das Bestehen der Herrschaftsbeziehung verpflichtet S^h zum Handlungsgehorsam, nimmt damit die Entscheidung über das Handeln S^h ab.

---

35 *WuG* I, 28f.

36 Vgl. auch T. Parsons, *Authority*, Legitimation, and Political Action, in: Ders., Structure and Process in Modern Societies, Glencoe, Ill. 1960, 170-198; P. M. Blau, *Exchange and Power in Social Life*, New York 1964, 222; D. Easton, A System Analysis of Political Life, New York 1965; P. M. Blau, Art. *Social Exchange*, in: IESS 7 (1968) 452-458; R. A. Dahl, Art. *Power*, in: IESS 12 (1968) 405-415; K. Röttgers/ K. Lichtblau/ W. Goerdt/ H. Rodingen/ W. E. Mühlmann/ A. Seigfried/ R. Hauser, Art. *Macht*, in: HWPh V (1980) 585-631, 611.

37 M. Weber, *WuG* I, 28.

38 Die Kürzel S^a und T^a bezeichnen im folgenden das Subjekt bzw den Träger von Autorität, die Kürzel S^h und T^h das Subjekt bzw den Träger von Herrschaft.

39 Auf diesen Sachverhalt hat bereit Wilhelm von Auvergne hingewiesen: "Omnis potestas, excepta Dei potentia, servitus est." Wilhelm von Auvergne, *Opera* Omnia, Tomus Primus, Paris 1674, unveränd. Nachdruck Frankfurt/M. 1963, 932. Das Zitat erscheint im Druck als Randbemerkung.

Die Existenz der Autoritätsbeziehung grenzt zwar faktisch, nicht aber
theoretisch, die Entscheidungsmöglichkeit von S^a hinsichtlich des Handelns ein, fordert S^a aber noch die eigene Zustimmung zu einem konkreten Handeln ab. Der Herrschaftsprozeß nimmt seine Bewegung von T^h
aus, das Gefälle des Autoritätsprozesses verläuft von S^a zu T^a hin; denn
nur das Interesse von S^a an einer Aussage von T^a über G setzt diese Bewegung in Gang. Im Fall der Herrschaft erzwingt das Interesse von T^h die
Ausübung von Herrschaft. Verliert dagegen S^a das Interesse an der Mitteilung von T^a, so kann S^a von sich aus die T-S-Beziehung aufgeben. Dagegen kann S^h die S-T-Beziehung nur gegen den Widerstand von T^h beenden. Autorität und Herrschaft folgen in wesentlichen Momenten einer dif-
ferenten Sachlogik, die im idealtypischen Fall beide Begriffe zu Gegentypen werden läßt.
  Legt man dieses Verständnis von Autorität zugrunde, lassen sich Autoritätsbeziehungen eindeutig von Machtverhältnissen unterscheiden. Autorität beruht auf sozialem Einfluß, ist aber nicht erzwingbar. Macht dagegen beinhaltet die Möglichkeit, innerhalb einer sozialen Beziehung den
eigenen Willen gegebenenfalls gegen Widerstand durchzusetzen. Die beiden Begriffe Macht und Autorität können so als Gegentypen konstruiert
werden. Machtverhältnisse, die auf Herrschaft gründen, stehen jenen gegenüber, die auf sozialem Einfluß beruhen. Nur die letzteren werden hier
unter der Bezeichnung 'Autoritätsbeziehung' gefaßt. Autorität in diesem
Sinne ist geeignet zur Beschreibung von Machtbeziehungen, in denen der
Inhaber der Machtposition seine Macht nicht durch Herrschaft verwirklicht, sondern die Durchsetzung seiner Ziele durch die Überzeugung der
seinem Einfluß Unterworfenen zu erreichen sucht.

Überlegungen zu Begriff und Erscheinung von Legitimität

Die Entwicklung des Begriffes Legitimität
Das Phänomen "Legitimität" ist historisch früher nachweisbar als die es
bezeichnende Begrifflichkeit. Das lateinische Adjektiv legitimus, das dem
erst im mittelalterlichen Latein vorkommenden Substantiv legitimitas zugrundeliegt, steht in enger Beziehung zu dem Substantiv lex[40]. Der Begriff
entstammt der altrömischen Jurisprudenz[41] und spielt dort u.a. in Ausdrücken wie 'heres legitimus' und 'imperium legitimum' eine bedeutsame

---

[40] Im Thesaurus Linguae Latinae Vol. VII (1970-1979) ist das Substantiv nicht verzeichnet, dagegen in J. F. Niermeyer (Mediae Latinitas Lexicon Minus, Leiden 1976) und
in Du Cange, Glossarium mediae et infimae latinitatis, Bd. 5, Nachdruck der Ausgabe
1883-1887, Graz 1954 . Vgl. D. Sternberger (Art. *Legitimacy*, in: IESS 9, 1968, 244-248,
245), der daraufhinweist, daß das Substantiv in den mittelalterlichen Quellen selten verwendet wird.
[41] Vgl. T. Würtenberger, Die *Legitimität* staatlicher Herrschaft. Eine staatsrechtlich-
politische Begriffsgeschichte, Berlin 1973, 32f.

Rolle[42]. Als 'heres legitimus' gilt in der dortigen Rechtsdiskussion der Intestaterbe gemäß den Vorschriften des Zwölftafelrechtes[43]. 'Imperium legitimum' meint dagegen die an Recht und Gesetz gebundene Herrschaft des Königs, bzw. in republikanischer Zeit der betreffenden Amtsinhaber[44]. In diesen und ähnlichen Wendungen verweist 'legitimus' auf ein menschlicher Verfügung entzogenes Urrecht, von dem her soziale und politische Beziehungen zu ordnen sind. Darüber hinaus wird so der im Alltagsleben bestehende Vorrang faktischer Verhältnisse und die implizit aus ihm erwachsende rechtliche Willkür durch den Geltungsanspruch dessen, was 'legitimum' ist, begrenzt[45].

Die im altrömischen Recht in wesentlichen Punkten formal bestimmte Idee dessen, was legitim ist, wurde inhaltlich erst gefüllt in der scholastischen Diskussion der Begrifflichkeit. Vor allem die Auseinandersetzungen um die Thronnachfolge innerhalb des "Heiligen Römischen Reiches Deutscher Nation" hatten zur Folge, daß alternative Konzeptionen von Legitimität entworfen wurden. Tolomeo von Lucca mißt legitime Herrschaft daran, ob sie nach dem Gemeinwohl trachtet, Gerechtigkeit verwirklicht und ihre Gewalt wohlwollend gebrauche[46]. Die Idee, daß der Konsensus des der Herrschaft unterworfenen Volkes die Legitimität der weltlichen Gewalt mitkonstituiere, wird von Wilhelm von Ockham in die Debatte eingebracht[47]. In der Goldenen Bulle wurde dann das 'imperium legitimum' der Kurfürsten an die männliche Primogenitur geknüpft, die den 'heres legitimus' verlangt. In der Bestimmung des 'heres legitimus' als erstgeborenen Sohn liegt ein erster Schritt zur Vorstellung vom Gottesgnadentum der Monarchie verborgen. Implizit wird jedoch damit eine Recht und Gesetz vorgeschaltete göttliche Instanz, die funktionell jener

---

42 Der rein technische Gebrauch des Adjektivs wird hier nicht weiter erwogen, vgl. dazu Würtenberger, *Legitimität*, 33f.

43 Vgl. A. Watson, The Law of *Succession* in the Later Roman Republic, Oxford 1971, 178f; ders. *Rome* of the XII Tables. Persons and Property, Princeton N.J. 1975, 66ff. Würtenberger, *Legitimität*, 34f.

44 Vgl. hierzu Th. Mommsen (*Staatsrecht*, Bd. II,1, 10f), der auf die fest verankerte Vorstellung von imperium legitimum in der römischen Verfassung ab urbe condita hinweist. Mommsen verweist auf Sallust. Sallust hebt hervor, in seinem Exkurs zur Gründung Roms in De Catilinae coniuratione VI, daß die Ureinwohner, mit denen die Trojaner zusammensiedelten "sine legibus, sine imperio" gelebt hätten, während die aus dieser Verbindung entstandenen Römer dann zwar die Regierungsform des Königtums hatten, doch als "imperium legitimum"; in: W. Schöne/ W. Eisenhut (eds), Sallust, De Catilinae coniuratione, in: Sallust, Werke und Schriften, (1950¹) 1975⁵, 14.

45 Th. Mommsen hat die auf das Zwölftafelrecht verweisende Formelsprache herausgearbeitet (ders., Gesammelte Schriften, III, 1907, 356ff.) und dieses als ursprüngliche Norm bestimmt (a.a.O., 364ff.); vgl. auch F. Wieacker, *Lex publica*, Gesetz und Rechtsordnung im römischen Freistaat, in: Ders., Vom römischen Recht, Stuttgart 1961², 45-82, 45ff.

46 Vgl. Würtenberger, *Legitimität*, 40f.

47 Vgl. Würtenberger, *Legitimität*, 43f.

des römischen Zwölftafelrechts[48] entspricht, in die Diskussion eingebracht.

Damit sind bereits alle wesentlichen inhaltlichen Elemente, die die
Auseinandersetzungen um diese Konzeption bis in die Neuzeit hinein bestimmten[49], genannt worden; sieht man davon ab, daß im Zuge der Säku-
larisierung Naturrecht und (bzw. oder) Vernunft die Position Gottes einnehmen[50].

Verwendung und Funktion des Begriffes

Der Begriff "Legitimität" wird seit seinem Auftreten normativ verwendet
und bezeichnet im weitesten Sinne die Rechtmäßigkeit einer sozialen
Ordnung oder einer politischen Herrschaft[51]. Der Sache nach kann von
der Legitimität einer Ordnung[52] nur dort gesprochen werden, wo diese auf
ihr vorgeordnete, absolut gesetzte, Wertmaßstäbe bezogen wird. Das aus
dem Vergleich zwischen Wert und Ordnung entstehende Konzept der Legitimität ist vor allem Kennzeichen jener Ordnungen, die mit dem Anspruch auf Verbindlichkeit auftreten[53]. Legitimität ist nicht eine Eigenschaft, die jeglicher Ordnung als Ordnung zukommt, sondern ein Konstrukt und zugeschrieben, d.h. Ergebnis eines Kommunikationsprozesses
zwischen zwei Parteien über eine dritte, in sich komplexe "Größe". Je nach
Perspektive der Legitimität einfordernden Seite läßt sich Legitimität als

---

[48] Das Zwölftafelrecht wurde durch die einsetzende interpretatio bereits im 4. Jh. v.
Chr. zu einer Form von rechtlich fixierter normativer Ordnung, wie aus der Kommentie-
rung hervorgeht, vgl. die von S. Riccobono (ed.) (*Fontes* iuris Romani antejustiniani, Bd. 1,
Florenz 1941, 26ff.) vorgelegte Sammlung. Zur Wandlung des Zwölftafelrechts und seinem
Normativwerden vgl. M. Kaser, Die *Beziehung* von lex und ius und die XII Tafeln, in: Studi
Donatuti II, Milano 1973, 523-546, insbes. 539ff.

[49] Vgl. G. Dux, *Strukturwandel* der Legitimation, Freiburg/München 1976, 153ff; H.
Popitz, *Prozesse* der Machtbildung, Recht und Staat in Geschichte und Gegenwart, Heft
362/363, Tübingen (1968[1]) 1976[3]; D. Sternberger, *Herrschaft* und Vereinbarung. Eine
Vorlesung über bürgerliche Legitimität (1964), in: Ders., Herrschaft und Vereinbarung,
Schriften III, 1980, 113-134, 113ff.

[50] Die ihrer jeweiligen historischen Bezugssituation verhafteten Inhalte insbesondere
jene der säkularen Legitimitätsvorstellung tragen zur Erhellung der alttestamentlichen
Texte so wenig bei, daß auf ihre Darstellung hier verzichtet werden kann und auf die entsprechenden Ausführungen von Würtenberger, *Legitimität*, 45ff, verwiesen sei. Vor allem
die neuzeitlichen Thematisierungen, die mit einer kulturhistorischen Bedingtheit von
Grundnormen politischer und sozialer Ordnung rechnen und diese hinsichtlich ihrer Geltung dem Konsensus einer wie immer auch beschriebenen Allgemeinheit unterstellen, sind
ihrer höheren Komplexität und der abweichenden Begründungsstruktur wegen als Ver-
gleichsbegriffe hier nicht geeignet.

[51] Zur Definition vgl. die Artikel von Sternberger, *Legitimacy*; F. A. Frhr. von der
Heydte, *Legitimität*, in: Herders Staatslexikon V, 1960, 333-335; H. Hofmann, *Legalität*,
Legitimität, in: HWPh V, 1980, 161-166; G. Hartfiel/ K.-H. Hillmann, Wörterbuch der So-
ziologie, 1982[3], 429-430.

[52] "Ordnung" bezeichnet hier im folgenden sowohl eine soziale Ordnung wie eine Herrschaftsordnung.

[53] Vgl. Würtenberger, *Legitimität*, 18f.

Geltungserfahrung einer Ordnung[54] oder als Herrschaftsberechtigung[55] bestimmen, sozialpsychologisch betrachtet aber als Gehorsamsmotivation und Herrschaftsanspruch[56].

Die Typisierung von Legitimitätsvorstellungen nach Geltungsgründen ist von Jellinek in seinen rechtsphilosophischen Überlegungen zur Staatslehre unter dem Aspekt der Rechtfertigung des Staates entworfen worden[57]. Max Weber führte diese Sichtweise in die soziologische Analyse von 'Legitimität' ein, reduzierte aber den Geltungsbereich des Typus. Er entwickelte im Wege der Bestimmung verschiedener Arten von Gehorsamsmotivationen eine Typologie der Legitimität und unterschied sie dem Charakter ihrer Geltungsansprüche nach in traditionale, charismatische und rationale Typen. Die so gewonnenen Typenbegriffe setzen aber inhaltlich den aus der Verfassungswirklichkeit des ausgehenden 19. Jh. stammenden Begriff von Legitimität voraus und beschreiben nur einen Aspekt des Legitimationsprozesses aus der Perspektive derer, die der Herrschaft unterworfen sind. Eine kritische Betrachtung von Geltungs- und Anwendungsbereich dieser Typologie bieten die Überlegungen von Friedrich[58], Karsten[59] und Brunner[60]. Die Ergebnisse der Untersuchung von Speer[61] lassen es geraten sein, die Typenbegriffe traditionale, charismatische und rationale Legitimität nicht instrumental außerhalb ihres historischen Entstehungszusammenhanges zu verwenden. Der Vorbehalt, der hier gegenüber einer ahistorischen Instrumentalisierung der Weberschen Typenbegriffe zu machen ist, gilt gleichermaßen für die von Nachfolgern wie Kritikern seiner Theorie vorgelegten unterschiedlichsten Typisierungen von Legitimität nach Geltungsgründen[62].

---

54 Vgl. hierzu P. Graf Kielmansegg, *Legitimität* als analytische Kategorie, in: PVS 12 (1971) 367-401, 368.

55 Max Weber, *WuG*, 19f.

56 *WuG*, 122ff.

57 G. Jellinek, Allgemeine *Staatslehre*, 1913[3], 184ff.

58 C. J. Friedrich, Die Legitimität in politischer Perspektive, in: PVS 1 (1960) 119-132, 124ff.

59 A. Karsten, Das *Problem* der Legitimität in Max Webers Idealtypus der rationalen Herrschaft, Diss. Hamburg 1960, 15ff.

60 O. Brunner, *Bemerkungen* zu den Begriffen "Herrschaft" und "Legitimität", in: Festschrift für Hans Sedlmayr, München 1962, 116-133, 125ff.

61 H. Speer, *Herrschaft* und Legitimität. Zeitgebundene Aspekte in Max Webers Herrschaftssoziologie, Berlin 1978, 86ff.

62 Vgl. u.a. T. Parsons, *Authority*, 1960, 170ff; C. J. Friedrich, Political *Leadership* and the Problem of Charismatic Power, in: Journal of Politics 23 (1961) 3-24; D. Easton, A *System* Analysis of Political Life, New York 1965, 286f; O. H. von der Gablentz, Religiöse *Legitimation* politischer Macht, in: C. J.Friedrich (ed.) Sprache und Politik. FS D. Sternberger, 1968, 165-188, 165ff; W. von Simson, Zur *Theorie* der Legitimität, in: H. S. Commager/ G., Doecker, (eds.), Festschrift für Karl Loewenstein aus Anlaß seines 80.Geburtstages, Tübingen, 1971, 459-473, 459ff; J. R. Wood, Legitimate *Control* and 'Organizational Transcendence', in: Social Forces 54 (1975) 199-211, 199ff; V. Murvar, *Patrimonialism*, Modern and Traditionalist: a Paradigm for Interdisciplinary Research on Rulership and Legitimacy, in: Ders. (ed.), Theory of Liberty, Legitimacy and Power, London

Die Funktion von Legitimität ist, unabhängig von ihrem jeweilig historisch determinierten Inhalt, die Ermöglichung eines Konsensus über die
geltende Ordnung und Garantie ihrer Stabilität[63] und Kontinuität im Alltagsleben[64]. Insofern kommt jeder in der Alltagspraxis auf diesem Hintergrund sich auf Dauer behauptenden Ordnung Legitimität zu, auch wenn
diese nicht konzeptualisiert wird. Problematisiert wird Legitimität, wenn
zwei Voraussetzungen erfüllt sind: die Erkenntnis, daß Ordnung immer
nur die Praxis einer ihr theoretisch vorangehenden Wertvorstellung ist,
und eine Krisensituation, die Zweifel an der adäquaten Wertverwirkli-
chung innerhalb der Ordnung entstehen läßt[65]. In diesem Sinne ist Legitimität keine auf neuzeitliche Sozialordnungen und staatliche Verfassungen begrenzte Eigenschaft, sondern historisch bereits dort vorhanden, wo
eine aktuelle Ordnung an ihrem Anspruch gemessen wird, was nicht erfordert, daß zugleich konkurrierende Weltbilder oder alternative Werthierarchien einander gegenübergestellt werden müssen[66]. Legitimität wird
nicht auf der Ebene mythologischer Weltbilder problematisiert. Hier sind
die der Orientierung dienenden Normen Widerspiegelung des Kosmos.
Der gelingenden Einfügung in den Kosmos steht nicht unrechtmäßige
Herrschaft, sondern Versagen, d.h. falsche Herrschaft, gegenüber.

1985, 40-85, 70ff. Vgl. auch den Überblick zur neueren Legitimationsforschung in der Soziologie bei F. W. Stallberg (*Herrschaft* und Legitimität. Untersuchungen zur Anwendung
und Anwendbarkeit zentraler Kategorien Max Webers, Meisenheim am Glan 1975, 111ff)
und M. Kopp/ H.-P. Müller, *Herrschaft* und Legitimität in modernen Industriegesellschaften. Eine Untersuchung der Ansätze von Max Weber, Niklas Luhmann, Claus Offe, Jürgen
Habermas, München 1980.

[63] Zu Legitimität als Stabilisationsfaktor einer Ordnung vgl. V. Burkolter-Trachsel, Zur
Theorie sozialer Macht. Konzeptionen, Grundlagen und Legitimierung, Theorien, Messung,
Tiefenstrukturen und Modelle, Bern/Stuttgart 1981, 96ff.

[64] Zu der implizit hier gesetzten anthropologischen Dimension - Weltoffenheit des
Menschen und sein Bedürfnis nach Orientierungssicherheit - vgl. die Ausführungen von P.
L. Berger/ T. Luckmann (Die gesellschaftliche *Konstruktion* der Wirklichkeit, Frank-
furt/M. 1970, 105ff), die auf die identitätsstiftende Funktion symbolischer Sinnwelten hinweisen, die gebunden ist an die Zuschreibung von Legitimität. Dux (*Strukturwandel*, 17f.)
sieht das Aufkommen der Legitimationsproblematik in engem Zusammenhang stehen mit
der Verfügbarwerdung der Sozialordnungen.

[65] Vgl. G. Ferrero (*Macht*, Bern 1944, insbes.208ff), der von einem Stadium der Vor-
legitimität spricht. Vgl. H.-P. Zedler, Zur *Logik* von Legitimationsproblemen. Möglichkeiten der Begründung von Normen, München 1976, 25ff; H. Eckstein/ T. R. Gurr (*Patterns*
of Authority. A Structural Basis for Political Inquiry, New York 1975, 197ff) verweisen auf
den Zusammenhang von Performanz von Herrschaftsstrukturen und Problematisierung
von Legitimität.

[66] Diese beiden Ebenen werden von Jonas in eins gesetzt, wenn er insbesondere der
griechischen Antike jegliche Legitimitätsvorstellung abspricht (F. Jonas, *Sozialphilosophie*
der industriellen Arbeitswelt, Stuttgart 1960, 69ff). Die These bewegte Hennis zu der Behauptung über "die Irrevelanz des Problems der Legitimität in Antike und Mittelalter" (W.
Hennis, *Legitimität* - Zu einer Kategorie der bürgerlichen Gesellschaft, in: P. Graf Kielmansegg (ed.), *Legitimationsprobleme* politischer Systeme, PVS 7. 1976. 9-38, 22).

Vorstellungsebenen von Legitimität
Legitimität als Geltung begründende Konzeption kann auf drei Vorstellungsebenen betrachtet werden: auf der Ebene von konkurrierenden Weltbildern oder Werthierarchien, auf der Ebene alternativer Wirklichkeitsverfassungen und auf der Ebene von konkreten Herrschaftsansprüchen[67]. Die Konkurrenz zwischen den verschiedenen Vorstellungen kann sowohl Resultat der Unvereinbarkeit von Grundnormen wie auch konkurrierender Auslegung ein und derselben Norm bzw. der Ableitung eines konkreten Anspruches aus einer vorgegebenen Ordnung sein[68].

Die Ebene unvereinbarer Weltbilder wird in der klassischen antiken Staatsphilosophie noch nicht problematisiert. Legitimität ist ein Kennzeichen des von Plato konzipierten Idealstaates, auch wenn diese Eigenschaft seines Idealstaates bei ihm nicht auf den Begriff Legitimität gebracht wird. Platon setzt in seiner Vorstellung eines idealen Staates alternative, von dem Idealstaat abweichende, Herrschaftsordnungen voraus. Sein Entwurf der Staatsverfassung wie auch der Vergleich mit Alternativen beruht auf den vorgeordneten Werten "jeder Bürger soll gemäß seiner Natur sich einordnen können"[69] und "Gerechtigkeit"[70]. Das Auseinandertreten von politischer Ordnung und Gesellschaft, ein Begleitphänomen der Durchsetzung der Demokratie in der griechischen Polis, führte dazu, daß erstmals systematisch nach der dem Bürger angemessenen politischen Ordnung gefragt wurde[71].

Aristoteles folgt durchaus dem von Platon entworfenen, an Normen orientierten Begründungsmuster von staatlichen Verfassungen in seinem Entwurf einer Typologie[72]. Kriterium der Unterscheidung zwischen den als gut qualifizierten Verfassungen (Königtum, Aristokratie, Politie) und jenen als schlecht klassifizierten (Tyrannis, Oligarchie, Demokratie) ist die

---

67 Vgl. zu dieser Unterscheidung die Ausführungen von Kielmansegg, *Legitimität*, 387ff.

68 Ein Teil der begrifflichen Verwirrung, die die soziologische Diskussion des Begriffes Legitimität auszeichnet - vgl. u.a. die Aufsätze von Hennis, *Legitimität*; J. Habermas, Legitimationsprobleme im modernen Staat, in: P. Graf Kielmansegg (ed.), *Legitimationsprobleme*, 39-61, und die Debatte zwischen H. Girndt, Simons und Habermas, in: P. Graf Kielmansegg (ed.), *Legitimationsprobleme*, 62-80 -, dürfte auf die mangelhafte Unterscheidung der Vorstellungsebenen zurückzuführen sein. Auch die diesbezügliche Diskussion zwischen N. Luhmann (*Legitimation* durch Verfahren, Neuwied 1969) und J. Habermas (*Legitimationsprobleme* im Spätkapitalismus, es 623, Frankfurt/M. 1973) verdankt einen Teil ihrer theoretischen Sterilität dem Umstand, daß der eine Legitimität aus der Perspektive ihrer faktischen Herstellung betrachtet, während der andere sie im Lichte wahrheitsfähiger Prinzipien sehen möchte.

69 Plato, Polit. 368b-372c.

70 Plato, Polit. 432b-434d; vgl. ebenfalls 545c-576b.

71 Vgl. hierzu H. Schaefer, Politische *Ordnung* und individuelle Freiheit im Griechentum, in: F. Gschnitzer (ed.) Zur griechischen Staatskunde, WdF 96, Darmstadt 1969, 139-160, 139ff. Zum Wandel der Nomos-Auffassung beim Übergang von der Aristokratie zur Demokratie vgl. V. Ehrenberg, Von den *Grundformen* griechischer Staatsordnung (1961), in: Ders., Polis und Imperium. Beiträge zur Alten Geschichte, Zürich/Stuttgart 1965, 105-138, 130ff.

72 Aristoteles, Politeia III.1278b-1279a.

Orientierung der Verfassungsform am allgemeinen Nutzen[73]. Der Bezug
der Verfassungen auf jeweils übergeordnete Normen ist konstitutiv für
seine Typologie. Die konkreten Ausprägungen der Verfassungen mißt Aristoteles am Kriterium der Legalität[74].

Der von Plato und Aristoteles vorgetragenen Diskussion vergleichbar
ist jene um die Wende des 7.Jh.v.Chr. in Israel, die dann zu den alternativen Verfassungsentwürfen von Ez 40-48 und Dtn 16,18-18,22 geführt hat.
Sowohl die klassischen griechischen wie die alttestamentlichen Vorstellungen sind rationale Entwürfe von gesellschaftlichen Ordnungen, die instrumental auf übergeordnete Werte bezogen sind[75].

Auf einer dritten Ebene, die den beiden beschriebenen untergeordnet
ist, stellt sich das Problem der Legitimität als jenes der Frage nach der
Rechtmäßigkeit eines konkreten Herrschaftsanspruches. In dieser Form
begegnen wir ihm schon in den Rechtfertigungsversuchen der Herrschaft
Urukaginas von Lagasch (ca. 2350 v.Chr.). Urukagina verweist nicht nur
auf seine Berufung durch den Gott Ningirsu, sondern legitimiert seine
Usurpation zusätzlich damit, daß er das Recht für die sozial Schwachen
wiederhergestellt hat.

Urukagina beschreibt die sozialen Mißstände der Zeit vor seiner Herrschaft als eine
Art von schlechter, sich eingebürgert habender Sozialordnung, der demonstrativ und detailliert seine Reformmaßnahmen gegenübergestellt werden. Nach Aufzählung der Aus-
beutungsverhältnisse und vor der Schilderung der Reformen folgt eine dreifache Begründung seiner Reformen. Urukagina beruft sich auf seine Erwählung zum König durch Ningirsu, verweist darauf, daß der Gott ihm die Zustimmung der Bewohner von Lagasch verschafft hat und ihm durch einen zusätzlichen Auftrag zu den dann im folgenden aufgezählten sozio-ökonomischen Maßnahmen aufgefordert hat[76].

Die Legitimation eines konkreten Herrschaftsanspruches ist ein spezifisches Problem der Regelung von Herrschaftsnachfolge. Unter diesem
Aspekt tritt es in der israelitischen und judäischen Königsgeschichte in all

---

[73] Aristoteles, Politeia III.1283b-1283a; IV.1288b-1289a.

[74] Aristoteles, Politeia III.1282b; IV.1289a.

[75] Vgl. hierzu Kielmansegg, *Legitimität*, 387.

[76] Text und Übersetzung in H. Steible, Die altsumerischen Bau- und Weihinschriften,
Wiesbaden 1982, Teil I, 288ff. Uru'inimgina 4-5, vgl. insbesondere col 7,8-26 und col 11,31f;
12,1-5; zu den Reformen Urukaginas vgl. insbesondere B. Hruška, Die *Reformtexte* Urukaginas. Der verspätete Versuch einer Konsolidierung des Stadtstaates von Lagaš, in: P. Garelli (ed.), Le *Palais* et la Royauté, Paris 1974, 151-161; zum Königtum und seiner Legitimation durch göttliche und menschliche 'Instanzen' vgl. C. Wilcke, Zum *Königtum* in der
Ur III-Zeit, in: P. Garelli (ed.), ebenda 1974, 175-201, insbes. 180-183; I. M. Diakonoff,
Some *Remarks* on the "Reforms" of Urukagina, RA 52. 1958. 1-15, 10. H. Frankfort
(*Kingship* and the Gods, Chicago 1958³, 231ff.) vermerkt, daß in Mesopotamien das Königtum immer als soziale Institution galt und das Bewußtsein, daß es einen Anfang in der Geschichte gehabt hatte, allgemein verbreitet war. Die Legitimation durch die Götter fand ihren Ausdruck in vielfältigen Inthronisationsriten, vgl. dazu J. Renger, Art. *Inthronisation*,
RLA. V. 1976-1980. 128-136, 128ff. In diesem Kontext bemerkenswert ist auch der Prolog
des Rechtskodex von Lipit Eschtar, der von der Etablierung einer gerechten Gesellschaftsordnung redet, vgl. TUAT I, 24f. Vgl. E. Cassin/ J. Bottéro/ J. Vercoutter (eds.), Die Altorientalischen *Reiche* I. Vom Paläolithikum bis zur Mitte des 2. Jahrtausends, Fischer
Weltgeschichte Band 2, Frankfurt/M. 1965, ebenda 80.84.

jenen Situationen auf, in denen mehr als ein Prätendent für die Nachfolge des Königs in Frage kommt. Die Konzeption der Legitimität tritt hier nur in den Verfahren in Erscheinung, die den Zugang zu der Herrschaftsposition regeln. Sie stellt die Möglichkeit bereit, Konflikte zu regeln, die bei der Besetzung von Positionen entstehen, ohne diese Positionen selber dabei zu tangieren[77]. Die Legitimationsfrage stellt sich innerhalb der biblischen Überlieferung nicht nur für die Könige, sondern auch für die Propheten[78]. Das Gesetz über den König (Dtn 17,14-20) hat sein Pendant in dem Gesetz über den Propheten (Dtn 18,9-22). Beide Gesetze präformieren eine Nachfolgeregelung, deren Legitimitätsprinzipien in der Begründung ihres Anspruchs auf Gehorsam enthalten sind.

Die analytische Unterscheidung von drei Ebenen der Geltungsvorstellungen der Legitimität einer Ordnung[79] - Normen/Ordnung/konkreter Anspruch - ermöglicht nicht nur eine differenziertere Betrachtung der historisch differierenden Konzepte von Legitimität, sondern auch eine genauere Analyse der auftretenden Legitimationskonflikte, die auf allen Ebenen auftreten können. Allen Legitimitätsvorstellungen gemeinsam scheinen, unabhängig von der Ebene auf der sie sich konstituieren, zwei Strukturelemente zu sein: die Voraussetzung einer nicht mehr diskutablen vorgeordneten Norm[80] und der Gedanke an eine Begrenzung der Herrschaftsgewalt, der nicht nur im römischen Staatsrecht fundamental ist, sondern sich gleichfalls in der frühen griechischen Verfassungsgeschichte[81] abzeichnet wie in den Bestimmungen der beiden alttestamentlichen Verfassungsentwürfe[82]. Ez 40-48 und Dtn 16,18-18,22 sind die ältesten erhaltenen Verfassungskonzeptionen in der Geschichte des Abendlandes.

---

[77] Kielmansegg (*Legitimität*, 383) verweist auf diese wichtige Leistung der Legitimität herstellenden Verfahren.

[78] Unter dem Aspekt der Legitimität sind noch die Positionen von Priestern und Richtern zu nennen. Sie werden hier nicht weiter in die Untersuchung einbezogen, da die für sie geltenden Nachfolgeregelungen anderen Prinzipien folgen. Zudem wurde in den erzählenden biblischen Texten eine ausgeführte diesbezügliche Figur des Nachfolgers, die paradigmatische Züge trägt, so für sie nicht entwickelt. Ein Vergleich der Führer der zweiten Generation, Josuas und Eleasars, zeigt, daß Josua als Typus gestaltet wurde, während Eleasar in seinen Auftritten mehr oder minder Chiffre bleibt für die Mitspracheforderungen der von ihm repräsentierten Priesterschaft.

[79] Kielmansegg (*Legitimität*, 387ff) hat im Anschluß an die Unterscheidung von ursprünglicher Legitimität einer Herrschaftsordnung und abgeleiteter Legitimität einer Herrschaftsordnung die analytisch wichtige Differenzierung dieser drei Ebenen eingeführt.

[80] Vgl. Würtenberger, *Legitimität*, 36ff.

[81] Vgl. hierzu G. Busolt, Griechische *Staatskunde*, Dritte, neugestaltete Auflage der "Griechischen Staats- und Rechtsaltertümer". Erste Hälfte: Allgemeine Darstellung des griechischen Staates, Handbuch der Altertumswissenschaft IV/1.1, München 1920, 346ff; V. Ehrenberg, Der *Staat* der Griechen, Zürich 1965², 27ff.53ff.

[82] Karl Jaspers (Vom *Ursprung* und Ziel der Geschichte.(1949); Neuausgabe München 1983, insbes. 19-42) hat in die Geschichtsphilosophie den Begriff der Achsenzeit eingeführt, um die auffälligen Synchronismen in den Weltbildern der Antike zwischen 800 und 200 v.Chr. zu beschreiben. Vgl die kritische Diskussion des Konzeptes bei A. Assmann, *Einheit*

Vorstellungen zur Nachfolge in der Antike

Die antiken Vorstellungen zur Nachfolge stehen, wie die modernen Konzeptionen, in einem engen Zusammenhang mit dem Erbrecht, selbst wenn sie diesem nicht verhaftet bleiben. Der Erbe ist im idealtypischen Sinne Nachfolger des Erblassers, seines Vorgängers, da er mit Übernahme des Erbes in Rechte und Pflichten des Verstorbenen eintritt und so das von diesem begonnene Werk fortsetzt. Rechtsgeschichtlich betrachtet ist Vererbung die Grundform von Nachfolge überhaupt[83]. In der Differenzierung einer Erbfolgeordnung kommt es dann zu einer nach genealogischer Nähe zum Erblasser bestimmten Erbrangordnung von potentiellen Nachfolgern.

Num 27,1-11 präsentiert eine Erbfolgeordnung, die nicht nur ihrer inhaltlichen Bestimmungen, sondern ebenfalls des gewählten fiktiven Kontextes wegen, rechtshistorisch interessant ist. Denn hier wird die Vererbbarkeit von Rechtsansprüchen konstatiert, sofern der Erblasser sie nicht bei Lebzeiten verwirkt hatte. Die vorgeschlagene Sukzession ist durchaus vergleichbar jener, die das Zwölftafelrecht vorsieht, "Si intestato moritur, cui suus heres nec escit, adgnatus proximus familiam habeto. Si adgnatus nec escit, gentiles familiam [habento]."[84] Folgt man den Überlegungen von Daube[85] dann verdankt die Bestimmung des Zwölftafelrechts ihre Entstehung dem Fehlen eines suus heres. Hierin wäre sie vergleichbar der Anordnung von Num 27,8-11, die gleichfalls erst beim Nichtvorhandensein eines Sohnes greift.

Römische und griechische Konzeptionen

Die Verwendung der erbrechtlichen Termini "successor" und "successio" scheint erst in der Spätzeit der römischen Republik die Nachfolge in politischen Ämtern zu beschreiben, doch geschieht dies überwiegend in literarischen Kontexten[86]. Denn die übliche Bezeichnung kontinuierlicher Amtsnachfolge ist in der politischen Alltagspraxis "designatio" bzw. "designatus", während Nachfolge in außerordentliche Führungsämter wie imperator oder dictator ad hoc geregelt wurde und eine Analogie zum Muster der unmittelbaren successio des Erbfalles nicht auftreten konnte. Die politischen Strukturen verhinderten, daß der Nachfolger im Amt die Züge eines Erben annehmen konnte[87].

---

und Vielfalt in der Geschichte: Jaspers' Begriff der Achsenzeit neu betrachtet. in: S. N. Eisenstadt (ed.), Kulturen der Achsenzeit. Bd II.3. 330-340, Frankfurt/Main 1992.

[83] Vgl. hierzu R. Bovensiepen, Art. *Rechtsnachfolge*, in: Handwörterbuch der Rechtswissenschaft IV (1927) 711-715; M. Kaser, Römisches *Privatrecht*, München 1989[15], 299ff.

[84] So V.4-5. Text nach S. Riccobono (ed.), *Fontes*, Vol. I: Leges, Florenz 1941, 38. Vgl. H. Hausmaninger/ W. Selb, Römisches *Privatrecht*, Köln 1989[5], 406ff.

[85] D. Daube, The *Preponderance* of Intestacy at Rome, in: Tulane Law Review 39 (1964/65) 253-262, 255ff; vgl. dazu A. Watson, The *Law* of Property in the Later Roman Republic, Oxford 1968, 51f; ders. *Succession*, 176ff.

[86] Nach Maßgabe der bei K. E. Georges/ H. Georges (Ausführliches Lateinisch-Deutsches Handwörterbuch aus den Quellen zusammengetragen und mit besonderer Bezugnahme auf Synonymik und Antiquitäten unter Berücksichtigung der besten Hilfsmittel, unveränd. Nachdruck der 8., verb. und verm. Aufl., Darmstadt 1988) angeführten Stellen und in Anbetracht der Ausführungen von T. Mommsen (*Staatsrecht*, I. 578ff). zur Bestellung von Nachfolgern in der Magistratur und der hierfür entwickelten Formelsprache.

[87] Vgl. Mommsen (*Staatsrecht*, II.2, 1143ff) zur Nachfolge im Prinzipat.

Die griechische Sprache kennt zwei Wörter für nachfolgen, im mehr räumlichen Sinne ἀκουλουθεῖν und in mehr symbolischen Sinne ἕπτεσθαι. Sie bezeichnet den Nachfolger jedoch nicht als ἀκόλουτος sondern als διαδόχος. Das zum semantischen Feld 'Nachfolge' gehörende Wort κληρονόμος = Erbe ist nicht in Verbindung mit διαδόχος gebräuchlich[88]. Nachfolger in staatlichen Leitungsämtern können διαδόχοι genannt werden[89]. Wohl seit Diodorus[90] bürgerte sich die Betrachtung der Nachfolger Alexander des Großen unter dem Titel οἱ διαδόχοι ein. Sotion schrieb eine Philosophiegeschichte unter dem Gesichtspunkt der διαδοχή[91]. Abfolge und geistige Abhängigkeit insbesondere der späteren Leiter der verschiedenen Zweige der griechischen Philosophie und ihrer Institutionen von dem Begründer der Denkrichtung und Schuleinrichtung werden unter diesem Gesichtspunkt betrachtet. Die Kontinuität der betreffenden philosophischen Lehre und die Ungebrochenheit ihres Geltungsanspruches dokumentiert sich nach Meinung spätantiker Philosophiehistoriker und Biographen in einer lückenlos aufweisbaren Sukzession[92].

Die Leiter der Philosophenschulen sind in doppelter Hinsicht Nachfolger: als ehemalige Schüler der ihnen vorangegangenen Lehrer bewahren und geben sie deren Ideen weiter. Die Authentizität der Lehre hängt an der Schüler-Lehrer-Sukzession. Mit Übernahme der sozioökonomischen Leitungsaufgaben rücken sie sichtbar in die Position des Vorgängers ein. Sie werden zu Fortsetzern des Lebenswerkes der Vorgänger auch im äußerlichen Sinne. In der Gestaltung ihres eigenen Werkes sind sie weitgehend an das vom Vorgänger überlieferte Ideal des Begründers der Schule gebunden. Da sie normalerweise erst nach dem Tode des Vorgängers zum Oberhaupt und zur neuen Orientierungsgröße der Schulrichtung werden, trägt ihre Nachfolge nicht nur Züge eines geistigen Vermächtnisses, sondern hat den Charakter einer Erbschaft. Ihre Auswahl dürfte im wesentlichen von dem Grad ihrer Annäherung an die vertretenen philosophischen Prinzipien wie an die aus der Leitungsposition sich ergebenden

---

[88] Vgl. W. Foerster, Art. κληρονόμος, συγκληρονόμος, κληρονομέω, κατακληρονομέω, κληρονομία, in: ThWNT III (1938) 766-767 zu κληρονόμος und G. Kittel, Art. ἀκολουθέω, ἐξ-, ἐπ-, παρ-, συνακολουθέω, in: ThWNT I (1933) 210-216, 210f zu ἀκολουθεῖν und ἕπτεσθαι.

[89] Vgl. Herodot, Historien 5,26 (ed. J. Feix, 1963); Xenophon, Anabasis 7,2.5 (ed. Leipzig 1858).

[90] Vgl. Diodorus Siculus I,1.3 (ed. C. H. Oldfather, LCL, vol. I, 1933); XVIII,1.6; XVIII,4.2 (ed. R. M. Geer, LCL, vol. IX, 1947); ferner Plutarch, Vitae Parallelae, Vol. III,1: Demetrios 18.3 (ed. C. Lindskog/ K. Ziegler, rev. ed. K. Ziegler, Bibliotheca Scriptorum Graecorum et Romanorum Teubneriana, Leipzig 1971²). C. A. Turner (Apostolic *Succession*, in: H. B. Swete (ed.), Essays on the Early History of the Church and the Ministry, London 1918, 197-214, ebenda 197) diskutiert, wenn auch mit Vorbehalt, die Möglichkeit, daß die Bezeichnung διαδόχοι bereits im Titel der Schrift des Hieronymus von Cardia stand.

[91] Vgl. W. von Kienle, Die *Berichte* über die Sukzessionen der Philosophen in der hellenistischen und spätantiken Literatur, Diss. phil. Berlin 1961, 79ff.

[92] Vgl. von Kienle, *Berichte*, 92ff.

diesbezüglichen Anforderungen an den Lebenswandel bestimmt worden sein.

Zwischen einem Nachfolger im römischen Sinne und jenem aus der griechischen Sprachwelt bestehen deutliche Unterschiede. Der successor wird im wesentlichen anhand formaler Kriterien bestimmt. Die Nachfolgeregelung weist seine Position als zugeschriebene aus. Die Idee der successio wird wohl konstitutiv für Rechtsnachfolge/Rechtserwerb überhaupt, wird aber nicht in den politischen Bereich übertragen. Modellfall von successio ist die hereditas. Die griechische Antike bietet ein facettenreicheres Bild. Darauf deutet bereits das Vorhandensein der beiden Verben ἀκολουθεῖν und ἕπτεσθαι hin. κληρονόμος und διαδόχος sind in der Regel nicht austauschbar und werden anders als heres und successor gewöhnlich nicht zur Umschreibung derselben Position verwandt. In der Vorstellung der successio richtet sich die Aufmerksamkeit mehr auf die Person des Nachfolgers, jene dagegen von der διαδοχή verweist eher auf den Gegenstand der Nachfolge. Dem korrespondiert, daß das griechische διαδόχος ein positiv qualifizierender Titel für Führer unterschiedlicher Lebensbereiche wurde, betrachtete man dieselben im Verhältnis zum Vorgänger. Das Interesse an der Aufrechterhaltung des Lehrbetriebes der Philosophenschulen dürfte mit dazu beigetragen haben, daß Nachfolge inhaltlich definiert wurde, d.h. über die weiter zu tradierende Sache[93].

Der Gedanke der Nachahmung des Vorgängers und der Angleichung an dessen Vorbild durch den Nachfolger weist eine größere inhaltliche Nähe zum Konzept der διαδοχή als zu dem der successio auf[94]. Idealtypisch lassen sich die Vorstellungen von der successio und der διαδοχή als Kontinuität in der Zeit und als Kontinuität in der Sache/Idee gegenüberstellen. Die jeweils vorherrschende Perspektive bringt mit sich, daß unterschiedlichen Momenten innerhalb der Nachfolgekonzeption Gewicht eingeräumt wird.

Nachfolgestrukturen in frühantiken jüdischen Verhältnissen

Eine griechischen Philosophenschulen ähnliche Lehreinrichtung[95] entstand im jüdischen Lehrhaus[96], dessen Anfänge in der persischen Zeit zu

---

[93] E. Bammel (Jesu *Nachfolger*. Nachfolgeüberlieferungen in der Zeit des frühen Christentums, StDel, 3. Folge, I, Heidelberg 1988, 22f) weist daraufhin, daß auch der Staat ein Interesse an den Nachfolgeregelungen haben konnte und nennt den unter Ptolemäus IV. von den Eingeweihten der Dionysosreligion verlangten Nachweis einer Traditionskette der Träger übermittelter Mysterien.

[94] In dieser Untersuchung werden die Beziehungsmuster zwischen Vorgänger und Nachfolger weitgehend aus diachroner Perspektive betrachtet. Nachahmung wie sie im Verhältnis zwischen Lehrer und Schüler, Charismatiker und Jünger verwirklicht wird, hat M. Hengel (*Nachfolge* und Charisma, BZNW 34, 1968, 23ff) behandelt unter den Stichworten Berufung und Bekehrung und so die Verhältnisse in den griechischen Akademien, den rabbinischen Lehrhäusern wie auch zelotisch-militaristischen Kreisen thematisiert.

[95] Vgl. M. Hengel (*Judentum* und Hellenismus. Studien zu ihrer Begegnung unter besonderer Berücksichtigung Palästinas bis zur Mitte des 2. Jh.v.Chr., WUNT 10, Tübingen

suchen sind[97]. Als Tora-Autorität anerkannte Lehrer, die als "die Weisen" bezeichnet wurden, sammelten in diesen Lehrhäusern Schüler um sich. Zwar folgten die Schüler dem jeweiligen Lehrer nicht nur sinnbildlich in der Lehre, sondern orientierten sich im konkreten Alltagsleben an seinem Vorbild[98], doch ist eine Institutionalisierung dieser Schülerkreise über den Tod des Meisters hinaus nicht vor der Zeit Hillels und Schammais nachweisbar[99]. Das Gebot der Unentgeltlichkeit der Tora-Lehre und die Praxis der Weisen, ihren Lebensunterhalt nicht durch Unterricht zu bestreiten, dürfte erheblichen Einfluß darauf gehabt haben, daß sich keine den Tod des Meisters überdauernde Organisation seines Schülerkreises herausbildete. In dieses Bild fügt sich gut ihre ausschließliche Bezeichnung als Schüler. Eine vom jeweiligen Oberhaupt unabhängige Lehrorganisation scheint sich in jüdischen Akademien erst nach der Zerstörung des zweiten Tempels etabliert zu haben[100]. Die um Tora-Überlieferung und ihre Auslegung sich bildenden Kreise weisen ein hohes Maß an Anarchie im Hinblick auf ihren Organisationsgrad auf[101]. Der Sachverhalt steht in merkwürdiger Relation zu einer offenkundig über Jahrhunderte gelingenden Weitergabe eines dem Inhalt wie Umfang nach fest "umschriebenen" mündlichen Stoffes. Eine im Wege persönlicher Sozialisation[102] tradierte Lehre bedurfte zu ihrer Sicherung solange nicht formaler Nachfolgerege-

---

1973[2], 143ff) zur Entwicklung des jüdischen Lehrsystems und dem Vorbild der griechischen Rhetorenschule (ebenda 149).

[96] Nach Hengel (*Judentum*, 145f. Anm. 160) taucht der Terminus erstmals bei Ben Sira auf.

[97] Vgl. E. Schürer, The *History* of the Jewish People in the Age of Jesus Christ (175 B.C. - A.D. 135). A New English Version Revised and Edited by G. Vermes/ F. Millar, Vol. II, 1979, 333f; N. Efrati/ A. Rothkoff, Art. Bet (Ha)-Midrash, in: EJ 4, 751-752, 751. D. M. Goodblatt (Rabbinic *Instruction* in Sassanian Babylonia, Studies in Judaism in Late Antiquity 9, 1975) hat die amoräischen Traditionen, die in Auslegung von 2.Kön 21,14-16 die Entstehung von Toraschulen in Babylonien in die Zeit nach der ersten Einnahme Jerusalems verlegten, untersucht. Er kann zeigen, daß diese Überlieferungen im wesentlichen von der Tendenz bestimmt sind, den Vorrang der babylonischen Gelehrtenschulen gegenüber den palästinensischen zu behaupten (14ff). Davon unberührt bleibt aber Drazins Argument, daß Esra und Nehemia eine Ausbildung in der Tora erhalten haben müssen. Insbesondere die Bezeichnung Esras als סופר verweise auf ein Schulsystem (N. Drazin, *History* of Jewish Education From 515 B.C.E. to 220 C.E., During the Periods of the Second Commonwealth and the Tannaim, Baltimore 1940, 40ff).

[98] Vgl. A. Schulz, *Nachfolgen* und Nachahmen, StANT 6, 1962, 19ff.

[99] Vgl. E.E. Urbach, Art. Sages, in: EJ 14, 636-655, 643.

[100] Vgl. M. Beer, Art. Academies in Babylonia and Erez Israel, in: EJ 2, 199-205, 199f.203.

[101] Diese im Lehrhaus befindlichen Tradenten frührabbinischer Überlieferung und die dem Lehrhaus nahestehende Kreisen bieten im Hinblick auf ihre Organisation das genaue Gegenbild zu jener im Tempeldienst fest organisierten Priesterschaft.

[102] Der als Ordination dienende Ritus der Handauflegung schloß diese Phase ab und ermöglichte dem vormaligen Schüler bereits zu Lebzeiten seines Lehrers die Tora-Lehre eigenständig weiter zu verbreiten; vgl. D. Daube, The New *Testament* and Rabbinic Judaism, London 1956, insbes. 231f; H. Mantel, *Ordination* and Appointment in the Period of the Temple, in: HThR 57. 1964. 325-346, insbes. 336f.340f.

lungen und deren Umsetzung in eine den Alltag überdauernde sozioökonomische Organisation, wie Lehrhaus und Tempel die für ihre Überlieferung unerläßliche "Grundausstattung" bereit hielten.

Die Überlieferung der mündlichen Tora bis zu ihrer Aufzeichnung
wurde, darin dem Nachweis mancher griechischer Philosophietradition
vergleichbar, auf eine vermeintlich bis zu Mose führende Traditionskette
von Tora-Lehrern zurückgeführt (so Pirke Aboth), ohne daß diese Männer
als 'Nachfolger Moses' betrachtet wurden[103]. Da alles Interesse auf dem
Inhalt der Überlieferung ruhte, standen diese Tradenten gleichsam auf einer Ebene mit Mose, was die mündliche Tora betraf. Ihr Verständnis als
Nachfolger Moses hätte eine Abwertung der mündlichen Tora gegenüber
der schriftlichen Tora bedeutet.

Der hohe Rang, den die rabbinischen Lehrer der mündlichen Tora ein-
nahmen, wird durch eine talmudische Erzählung illustriert, die das Verhältnis zwischen mündlicher und schriftlicher Tora zum Inhalt hat, das am
Beispiel der Beziehung zwischen Mose und R. Akiba ben Joseph dargestellt wird. Mose überrascht bei einem seiner Treffen mit JHWH diesen
dabei, wie er Krönchen für die Buchstaben der Tora herstellt. Danach befragt, verweist JHWH Mose darauf, daß dereinst R. Akiba ben Joseph
über jedes Häkchen der Tora unzählige Lehren vortragen werde. Den
neugierig gewordenen Mose läßt JHWH dann einen Blick in die Zukunft
werfen. Mose findet sich im Lehrhause unter den Schülern R. Akibas wieder, vermag aber nicht ihrer Unterhaltung zu folgen und ist darüber sehr
bestürzt. An einer Stelle wird schließlich R. Akiba von seinen Schülern gefragt, woher er das wisse. Darauf erwidert R. Akiba, das sei eine Mose am
Sinai offenbarte Lehre. Da wurde Mose beruhigt (Men 29b).

Die alttestamentliche Begrifflichkeit
Nachfolger spielen zweifellos in der alttestamentlichen Überlieferung eine
bedeutsame Rolle, doch hat das biblische Hebräisch für diese Erscheinung
kein eigenes Substantiv ausgebildet[104]. Freilich kommt die in den Verheißungen der Vätergeschichten auftauchenden Umschreibung זרע אחרי der
Vorstellung des Nachfolgers recht nahe. Diese Appositionsverbindung bezeichnet den leiblichen Nachkommen eines Patriarchen, der, wenn auch
genealogisch in erheblicher Distanz zu diesem, in seine Rechte und Pflich-

---

[103] Ein Indiz hierfür ist auch die Terminologie in Pirke Aboth I. Die Beziehung zwischen den namentlich genannten Gliedern der Traditionskette wird regelmäßig durch קבל
Piel hergestellt. Die Bezeichnung eines Rabbi als des יורש seines Vorgängers scheint im
Talmud nicht vorzukommen (unter Zugrundelegung der Talmudkonkordanz von Kasowski). Vgl. Schürer, *History*, II, 358ff; H. Mantel, The *Development* of the Oral Law during the
Second Temple Period, in: M. Avi-Yonah/Z. Baras (eds), Society and Religion in the Second Temple Period, WHJP VIII. Jerusalem 1977, 41-64.325-337, ebenda 40ff.
[104] Vgl. O. Schilling, Amt und Nachfolge im Alten Testament und in Qumran, in: R.
Bäumer/ H. Dolch (eds.), Volk Gottes. Zum Kirchenverständnis der katholischen, evangelischen und angelikanischen Theologie. FS J. Höfer, Freiburg 1967, 199-214, 202.

ten eintritt und die ihm gemachten göttlichen Verheißungen 'erbt'[105]. Entsprechende Wendungen finden sich mit Ausnahme von 2.Sam 7,12 nur im Pentateuch[106].

Die betreffenden Texte, in denen derartige Aussagen eine bedeutsame Rolle spielen, weisen eine Reihe von Übereinstimmungen auf. In allen Aussagen wird die Bezugsgröße, d.h. der erste Empfänger der Zusage genannt. Die Präposition אחרי ist immer durch Suffix auf die Bezugsgröße zurückbezogen. Die für die Bezugsgröße gemachte Aussage wird als gültig für den 'Samen' hingestellt. Der Verweis findet sich in der Regel in direkter Gottesrede (Gen 9,9; 17,7-10.19; 35,12; Ex 28,43; Num 25,13; Dtn 1,8). Die Abweichungen davon sind durch den literarischen Kontext bedingt. In Gen 48,4 zitiert Jakob die Gottesrede aus Gen 35,12. In Dtn 4,37 und 10,15 liegt Moserede vor, die auf JHWHs Befreiungshandeln an Israel verweist und dieses aktualisiert[107]. 2.Sam 7,12 ist durch Prophetenmund geäußerte Gottesrede. Die Verheißungen beziehen sich immer auf ein bereits geschehenes Handeln JHWHs, dessen Andauern für die späteren Nachkommen verbürgt wird, oder auf eine Zusage, die erst für diese Nachkommen in Erfüllung geht. Ex 28,43; Num 25,13 und 2.Sam 7,12 unterscheiden sich von den übrigen Aussagen in einem nicht zu vernachlässigenden Punkt. Sie konstatieren Sonderrechte einer einzelnen Gruppe/Familie gegenüber Gesamtisrael. Ex 28,43 schreibt eine Sonderpflicht fest.

Dem Ausdruck liegt die Vorstellung zugrunde, daß zwischen den 'Vätern' und dem 'Samen' nicht nur eine physische Kontinuität besteht, sondern bedeutsamer noch eine Kontinuität der in der Beziehung zu JHWH

---

105 Vgl. F. J. Helfmeyer (Die *Nachfolge* Gottes im Alten Testament, BBB 29, Bonn 1968, ebenda 3ff), der den Aspekt der Nachahmung betont. Sicher sind die Patriarchen für die späteren Nachkommen (d.h. die Leser der Texte) Vorbild im Hinblick auf ihre Gottesbeziehung, doch ist der aus den Bundesverheißungen resultierende Rechtsanspruch gegenüber den Bewohnern des Landes nicht zu überhören.

106 Gen 9,9; 17,7-10.19; 35,12; Ex 28,43; Num 25,13; Dtn 1,8; 4,37; 10,15. R. Rendtorff (Das überlieferungsgeschichtliche *Problem* des Pentateuch, BZAW 147, Berlin 1976, 42ff.) hat die Struktur der Landverheißung in der Genesis auf ihre Formelhaftigkeit untersucht und gezeigt, daß verschiedene Entwicklungsstadien zu unterscheiden sind. Demnach gehören die Aussagen mit זרע אחרי traditionsgeschichtlich einem späten Überlieferungsstadium an. Helfmeyer (*Nachfolge*, 4) und Weinfeld (*Deuteronomy*, 78) halten diese Akzentuierung für eine typische Wendung P's; vgl. ebenfalls H.D. Preuß, Art. זרע zær'a, in: ThWAT II (1977) 663-686, 677f. S. E. Loewenstamm (The Divine *Grants* of Land to the Patriarchs, JAOS 91. 1971. 509-510, 509) weist daraufhin, daß altorientalische Parallelausdrücke erst in späten Dokumenten auftauchen.

107 Zur Beweisführung in Dtn 4,32-40 vgl. G. Braulik, Die Mittel deuteronomischer *Rhetorik* erhoben aus Dtn 4,1-40, AnBib 68, Rom 1978,insbes.63f. Zum Verhältnis von Dtn 4,37 und 10,15 vgl. die Ausführungen von D. W. Skweres (Die *Rückverweise* im Buch Deuteronomium, AnBib 79, 1979, 112f, insbes. 112 Anm. 455), demzufolge die Identifizierung der 'Väter' - Generation hier offen bleibt. Dagegen zeigt N. Lohfink (Die *Väter Israels* im Deuteronomium. OBO 111. Freiburg/Göttingen 1991), daß in Dtn 4,37 eine Kurzzitation aus Gen 17 vorliegt und Dtn 10,15 Assoziationen an Gen 17 aufrufe, daher beide dtn Aussagen auf die Erzväter zu beziehen seien (ebenda 70-72).

Stehenden. Es gibt nicht nur eine so verfaßte Gemeinschaft in der Zeit,
sondern auch eine alle Zeiten übergreifende Gemeinschaft[108]. JHWH
vermittelt diese Kontinuität zwischen Abraham und Söhnen und Israel in
Moab. Israel tritt die Nachfolge von Jakob an. Der Anspruch Israels auf
das Land besteht nicht, weil er im Wege der Erbnachfolge genealogisch
gesichert werden kann, sondern weil JHWH Abraham einen Wechsel auf
die Zukunft ausgestellt hat und Israel sich mit dem "Samen nach Abraham" identifizieren kann. "In der Nachfolge Abrahams stehen"[109] wird
im Selbstverständnis Israels zum Ausgangspunkt der eigenen Identität, im
Verhältnis nach außen zu den Völkern zum Rechtsanspruch auf das Land.
    Interessant ist innerhalb der so bezeichneten Vorstellung auch das
Verhältnis von räumlichem und zeitlichem Aspekt. Die Wortgruppe זרע
אחרי betont den Aspekt der Nachfolge in der Zeit. Hier wird die Beziehung zwischen Vätern und späteren Nachkommen im Sinne von Vor- und
Nachzeitigkeit geordnet. Doch werden beide nicht nur zeitlich in eine
Reihe gebracht, sondern auch ideell. Nicht nur erfährt der Spätere, was
dem Früheren zugesagt wurde, der Spätere wird auch hinsichtlich seines
Verhaltens gegenüber der in die Wirklichkeit eingehenden Zusage am
Verhalten des Früheren gegenüber der reinen Zusage gemessen. Zeitlich
folgt der Nachkomme dem Stammvater, räumlich aber bewegt er sich unter neuen Bedingungen auf derselben Ebene. Räumlich stehen beide auf
einer Ebene. Die Relation zum Raum hat aber für den Späteren aufgrund
der Ereignisse in der dazwischen liegenden Zeit einen anderen Charakter,
den der unmittelbaren Beziehung zu JHWH erhalten, implizit den einer
direkten Verpflichtung. Das von JHWH gegebene Land ist die Größe, die
die in der Zeit zwischen Israel und den Patriarchen bestehende Nachran-
gigkeit aufhebt und in eine Gleichrangigkeit verwandelt.
    "Erben" stellt innerhalb des Privatbereiches die Grundform alttesta-
mentlicher Nachfolge dar[110]. Die entsprechende Begrifflichkeit, נחל, ירש
und die Derivate dieser Wurzeln, wird nicht auf politische, ökonomische
oder in sonstiger Weise öffentlich relevante Nachfolgebeziehungen übertragen[111]. Das Verb 'nachfolgen' im Sinne eines terminus technicus exi-
stiert nicht, doch kann eine Reihe von Verben, die in der Regel mit der
Präposition אחרי verbunden sind, diese Bedeutung annehmen. Hervorzu-

---

108 F.J. Helfmeyer (Art.: אַחֲרֵי, ThWAT I. 1973. 220-224, ebenda 221) redet davon, daß
zeitliche Nachfolge hier "eine Art Schicksalsgemeinschaft" begründe.

109 Vgl Ez 33,24.

110 Num 27,1ff; 36,1ff; Dtn 21,15-17.

111 Bammel (*Nachfolger*, 13) sieht in der Übernahme öffentlicher Aufgaben durch den
Erben einen wesentlichen Anlaß für das Auseinandertreten von Erbe und Nachfolger. Die
Unterschiede in der Terminologie dürften jedoch andeuten, daß ähnlich wie in der römischen Gesellschaft nicht miteinander vereinbare Vorstellungen über Erbschaft und Nachfolge vorhanden waren.

heben ist an erster Stelle die Wendung הלך אחרי[112], daneben spielen die Verben היה, עזר, יצא, ירד, נטה und die Präpositionalverbindung לרגל/ברגל eine Rolle[113]. Alle Ausdrücke nehmen Verhältnisbestimmungen zwischen Personen ungleichen Ranges vor[114]. Sie zeigen ein Gefolgschaftsverhältnis im militärischen[115] und im politischen Bereich[116] an, können auch auf eine Beziehung zwischen Herr und Knecht hinweisen[117]. Nachfolgen wird hier zu einem Ausdruck der Stellung von Personen und Gruppen zueinander. Die so umschriebenen Positionen implizieren eine Rangordnung in der Zeit[118].

Keine derartige Rangordnung liegt überall dort vor, wo der Nachfolger in die Position seines Vorgängers nach dessen Tode gelangt. In diesen Fällen ist für die Bezeichnung einer bestimmten Person als Nachfolger die vorausgehende Beziehung zum Vorgänger Voraussetzung. Das einzige Beispiel von Nachfolge unter Propheten, das Verhältnis zwischen Elija und Elischa, bietet ein paradigmatisch gestaltetes Modell mit nicht genealogisch beeinflußter Nachfolgeregelung. Nach 1.Kön 19,16 soll Elischa von Elija gesalbt werden לנביא תחתיך[119].

In der politischen Sphäre ist die Dokumentation von Nachfolgebeziehungen Ausdruck der Kontinuität von Herrschaft und Herrschaftsverband. Entsprechende Vermerke finden sich bereits in den Mitteilungen über die sogenannten kleinen Richter[120]. Ri 3,31 wird der auf Ehud folgende Rich-

---

112 Vgl. dazu Kittel, ThWNT I, 211ff; Schulz, *Nachfolgen*, 17ff; G. Sauer, Art. הלך hlk gehen, in: THAT I (1971) 486-493 , 490ff; F. J. Helfmeyer, Art. הלך hālaḵ, in: ThWAT II (1977) 415-433 , 424ff; ders., Art.: אַחֲרֵי, ThWAT I. 1973. 220-224.

113 Vgl. dazu die Ausführungen von Helfmeyer, *Nachfolge*, 6-76, der das semantische Feld 'nachfolgen' in Hinblick auf die biblisch-hebräischen Termini untersucht hat.

114 Gleichfalls können diese Termini zur Bestimmung des Gottesverhältnisses dienen. Ihr theologischer Gebrauch, der vom Gesichtspunkt der Nachahmung Gottes und des Gehorsams gegenüber Gott bestimmt wird, wird hier nicht näher behandelt, da hier ausschließlich menschliche Nachfolgebeziehungen untersucht werden. Zu den als Nachfolge bezeichneten Gott-Mensch-Beziehungen vgl. die Untersuchung von Helfmeyer, *Nachfolge*, 77ff und H. Kosmala, Nachfolge und Nachahmung Gottes. I. Im griechischen Denken, in: ASTI 2 (1963) 38-85; II. Im jüdischen Denken, in: ASTI 3 (1964) 85-110; wiederabgedruckt in: Ders., Studies, Essays and Reviews II, 1978, 138-231. Ebenfalls nicht weiter erwogen werden die Aussagen, die ein rein räumliches Nachfolgen/Hinterhergehen meinen. Dazu dürften auch jene Stellen gehören, in denen das Verhältnis von Mann und Frau tangiert ist, wie Gen 24,5.8.39.61; 1.Sam 25,24f; Ruth 3,10; Cant 1,4, in die Helfmeyer (*Nachfolge*, 73f) ein Rangverhältnis hineinliest.

115 Vgl. hierzu Helfmeyer (*Nachfolge*, 14ff) und die von ihm beigebrachten altorientalischen Parallelen.

116 Vgl. Helfmeyer, *Nachfolge*, 36ff.

117 Vgl. Helfmeyer, *Nachfolge*, 6ff.

118 Das akkadische alāḵu (w)arki wird ähnlich gebraucht wie das alttestamentliche הלך אחרי, vgl AHw. I. 32 No 12 und CAD. I,1. 320 No 4 und Helfmeyer Art. אחרי.

119 Vgl C. Schäfer-Lichtenberger ('Josua' und 'Elischa' - eine biblische *Argumentation* zur Begründung der Autorität und Legitimität des Nachfolgers, ZAW 101. 1989. 198-222. ebenda 210ff) zum Autoritätsverhältnis Elia-Elischa.

120 Martin Noth hat die Schemata in Ri 10,1-3 und 12,8-15 herausgestellt und sie für eine Überlieferung aus vorstaatlicher Zeit erklärt (Das *Amt* des "Richters Israels" (1950) in:

ter eingeführt mit ‏ואחריו היה שמגר‎. Ri 10,1 heißt es ‏ויקם אחרי אבימלך‎
‏תלע‎ ... und in Ri 10,3 dann ‏ויקם אחריו יאיר‎. Dagegen werden die auf
Jephta folgenden Richter in Ri 12,8.11.13 jeweils vorgestellt mit den Worten "PN ‏וישפט אחריו‎". Diese Kontinuitätshinweise finden sich nur für die
kleinen Richter. Nirgends wird einer der großen Richter in eine Nachfolgebeziehung zu einem anderen Richter gesetzt. Die Bemerkungen, die bestimmte Richter vordergründig in eine rein zeitliche Reihenfolge zu bringen scheinen, sind nicht wertfrei. Sie differenzieren die Richter, die als
Herrscher[121] jeweils einen Neuanfang für Israel setzten (Othniel, Ehud,
Deborah, Gideon, Abimelech, Jephta, Simson) von jenen, die als in deren
Nachfolge stehend betrachtet wurden (Schamgar, Tola, Jair, Ibzan, Elon,
Abdon). Die formelhafte Einleitung unterscheidet zwischen charismatischen Richtern[122] und solchen Richtern, deren Position traditional begründet war. Der subtile Sprachgebrauch spiegelt das wider, was aus soziologischer Perspektive eine Selbstverständlichkeit ist: ein Charismatiker
kann kein Nachfolger sein. Nachfolgebeziehungen zwischen den Richtern
werden verbal umschrieben. Das Verhältnis der beiden Größen zueinander wird immer durch die Präposition ‏אחרי‎ als zeitliche Folge definiert.

Die Schlußnotizen[123] zu den Regierungszeiten der Könige von Israel
und Juda spiegeln eine typische Nachfolgesituation wider. Diese Formeln[124] konstatieren den Übergang der Herrschaft von dem verstorbenen

ders., Gesammelte Studien zum Alten Testament II, 1969, 71-85; 74f.81. Vgl. auch ders.,
Überlieferungsgeschichtliche Studien. Die sammelnden und bearbeitenden Geschichtswerke im Alten Testament,(= *ÜSt*) 1943, 20ff, ebenda 52 Anm. 1). Richter hat dagegen auf die
Noths Schlußfolgerung zugrundeliegende ungeprüfte Hypothese des 12-Stämmebundes in
vorstaatlicher Zeit hingewiesen, das Vorliegen zweier Parallelformen nachgewiesen und
dazu gezeigt, daß sich die Sukzessionsangaben auf Präposition und Jahresangabe beschränken. Sein Vergleich mit dem Königsschema läßt die Entstehung des Richterschemas in
Analogie und Abhängigkeit von ersteren wahrscheinlich werden (W. Richter, Zu den
Richtern Israels, in: ZAW 77. 1965. 40-72, 41ff).

[121] Zum Verständnis von ‏שפט‎ vgl. H. Niehr, *Herrschen* und Richten. Die Wurzel šp ṭ im
Alten Orient und im Alten Testament, FzB 54, Würzburg 1986, ebenda 84ff, 127ff.

[122] Ausnahme ist hier Abimelech, der eigentlich nicht in die Reihe der Charismatiker
gehört. Da die Überlieferung ihn mehr oder minder als Usurpator betrachtete, der zufolge
ja sein Vater Gideon das dynastische Prinzip für sich und seine Söhne abgelehnt hatte, zudem eine Tradition über seine Machtübernahme vorlag, war ein einfacher Anschluß mit
‏ואחריו‎ z.B. nicht möglich.

[123] Es handelt sich um folgende Texte: 1.Kön 11,43; 14,20.31; 15,8.24.28; 16,8.10.22.28;
22,40.51; 2.Kön 1,17; 8,24; 10,35; 12,22; 13,9.13; 14,16.19-21.29; 15,7.10.14.22.30.38; 16,20;
20,21; 21,24; 23,30.34; 24,6.17. Vergleichbare Notizen finden sich in diesen Kontexten noch
für drei ausländische Könige, Hasael von Damaskus (2.Kön 8,15), Benhadad ben Hasael
von Damaskus (2.Kön 13,24) und Asarhaddon ben Sanherib von Babylon (2.Kön 19,37).

[124] Bereits Begrich hat diese Schlußaussagen als formelhaften Bestand der Rahmennotizen der Königsbücher nachgewiesen (J. Begrich, Die *Chronologie* der Könige von Israel
und Juda und die Quellen des Rahmens der Königsbücher, BHTh 3, 1929). Nach Noth
(*ÜSt*, 73; Noth, *Könige*, 326f) sind Einführungs- und Abschlußformel Teil des dtr Rahmen-
werkes; vgl. auch E. Würthwein, Die Bücher der Könige. Das erste Buch der Könige. Kapitel 1-16, ATD 11.1, (1977[1]) 1985[2], 146 (= *Könige I*), und T. Veijola, Das *Königtum* in der
Beurteilung der deuteronomistischen Historiographie. Eine redaktionsgeschichtliche Un-

König zum neuen König und betonen die Kontinuität von Herrschaft und Herrschaftsverband. Ihr Fehlen deutet immer auf Unterbrechungen in der Herrschaftsnachfolge hin, zumindest aus der Perspektive ihrer Verfasser[125]. Diese Notizen, deren erster Teil Aussagen über das Ende des verstorbenen Königs enthält[126], verknüpfen in der Schlußaussage Vorgänger und Nachfolger stereotyp durch den Ausdruck וַיִּמְלֹךְ PN תַּחְתָּיו[127].

Die Formel für die Könige Asarja von Juda (2.Kön 14,21), Josia (2.Kön 21,24), Joahas (2.Kön 23,30), Eljakim/Jojakim (2.Kön 23,34) und Mattanja/Zedekia (2.Kön 24,17) wird abgewandelt in PN תחת ... וַיַּמְלִיכוּ / וַיַּמְלִיכֻהוּ. Die Variationen tragen den besonderen historischen Umständen dieser Thronnachfolgen Rechnung. In den Schlußbemerkungen zur Regierungszeit Davids findet sich diese Formel für Salomo nicht, dagegen jedoch als Willensbekundung Davids in 1.Kön 1,35. Verkürzt ist die Aussage für Omri in 1.Kön 16,22. Die fehlende Erwähnung Athaljas in den die Regierungszeit Ahasjas von Juda abschließenden Aussagen von 2.Kön 9,28f. ist Ausdruck der Illegitimität ihrer Herrschaft aus der Sicht der Verfasser. Die so literarisch entstandene Unterbrechung legitimer Herrschaftsnachfolge führt dann dazu, daß auch Joas ben Ahasja nicht in einer Schlußformel seiner Vorgänger genannt werden kann. Bemerkenswert ist, daß dieser Kontinuitätshinweis wohl bei Usurpatoren wie Baesa, Simri, Schallum, Menahem, Pekah und Hosea steht, nicht sich aber für Jehu findet. Der Textbefund könnte ähnlich zu deuten sein wie jener für die großen Rich-

tersuchung, AASF B, 198, Helsinki 1977, 92). Anders dagegen A. Jepsen (Die *Quellen* des Königsbuches, Halle (1953[1]) 1956[2], 30ff), der auch die Rahmennotizen als Bestandteil einer in der Zeit Hiskias verfaßten synchronistischen Chronik betrachtet.

125 Die Überlieferungen zur Herrschaft Athaljas in 2.Kön 11 zeigen, daß die so angedeuteten Unterbrechungen der Herrschaftsnachfolge in der historischen Realität nicht vorkamen. Das Fehlen der Rahmennotizen ist ein literarisches Stilmittel, die Illegitimität ihrer Herrschaft anzudeuten, vgl. C. Levin, Der *Sturz* der Königin Athalja. Ein Kapitel zur Geschichte Judas im 9. Jh. v. Chr., SBS 105, 1982, ebenda 11; S. Timm, Die *Dynastie* Omri. Quellen und Untersuchungen zur Geschichte Israels im 9. Jahrhundert vor Christus, FRLANT 124, 1982, ebenda 297.

126 Begrich (*Chronologie*, 190ff) hat für diesen Teil fünf Variationen aufgezeigt. Die historischen Schlußfolgerungen, die er dann in Hinblick auf die von ihm angenommenen, den Königsbüchern zugrundeliegenden, fünf Chroniken zieht, werden zu Recht von S. Bin-Nun (*Formulas* from Royal Records of Israel and of Judah, in: VT 18. 1968. 414-432, 418ff) in Frage gestellt, deren Lösung jedoch ins andere Extrem - die Schlußeintragung wäre vom Nachfolger vorgenommen, daher kann das Rahmenwerk als Bestandteil der Königsannalen gelten - geht. Jepsen hat versucht zu zeigen, daß die Variationen der Eingangsformeln so geringfügig sind, daß sie durchaus als Ausdruck eines Schemas verständlich sind (Jepsen, *Quellen*, 40f Anm. 1).

127 Außerhalb der Königsbücher und der Parallelstellen der Chronik findet sich diese Formel noch in Gen 36,32-39 (der Aufzählung der vorisraelitischen Könige von Edom) und in 2.Sam 10,1. Zu Gen 36,31ff vgl. J. A. Soggin, Das *Königtum* in Israel. Ursprünge, Spannungen, Entwicklungen, BZAW 104, Berlin/New York 1967, 124f; Bin-Nun, *Formulas*, 428ff; J. R. Bartlett, The Edomite *King-List* of Genesis xxxvi 31-39 and 1 Chron. i 43-50, JThS, N.S. 16, 1965. 301-314. M. Weippert, (Edom. Studien und Materialien zur Geschichte der Edomiter auf Grund schriftlicher und archäologischer Quellen, Diss. theol. Tübingen 1971, 473f) weist auf die Verwandtschaft der edomitischen Königslisten mit dem Schema der kleinen Richter hin und argumentiert überzeugend, daß auch im Fall der edomitischen Königslisten das Sukzessionsschema gegenüber dem Überlieferungsinhalt sekundär ist. C. Westermann (*Genesis*. 2. Teilband: *Genesis* 12-36, BK I/2, Neukirchen-Vluyn 1981, 688) macht darauf aufmerksam, daß die Verwendung des verbalen Schemas in diesem Text eine "gegenüber dem Vorangehenden neue Form politischer Macht" anzeigt.

ter. Charismatiker setzen einen Neuanfang und nehmen nicht die Stelle des Vorgängers ein.

Derart geprägte Wendungen beschreiben die Herrschaftsnachfolge von Salomo-Rehabeam (1.Kön 11,43) bis zu Jojachin-Zedekia (2.Kön 24,17). Da sowohl dynastische Thronnachfolge wie Herrschaftsnachfolge durch Usurpation so bezeichnet werden, liegt der Schwerpunkt dieser formelhaften Äußerungen auf der Kontinuität der Herrschaft. Vergleicht man die Kontinuitätshinweise mit den Übergangsnotizen im Richterbuch, dann fällt auf, daß nur die letzteren die Präposition אחרי verwenden, bei den anderen jedoch immer תחת steht. Die Könige werden im Gegensatz zu den Richtern nicht unter überwiegend zeitlichen Gesichtspunkten in Bezug zueinander gesetzt. Die Präposition תחת deutet auf die Identität der Positionen von Vorgänger und Nachfolger hin, so daß ihr Fehlen eine Bewertung des Nachfolgevorganges beinhaltet. Von diesem Muster weichen sowohl die Dynastieverheißung in 2.Sam 7,12 wie auch die Mehrzahl der Aussagen über die David-Salomo-Nachfolge ab. Hier finden sich je nach Erzählebene drei unterscheidbare Formulierungen: ישב על ימלך אחרי, כסא[128] und ימלך תחת.

Die Thematisierungen der Saul-David bzw. Ischboschet-David Nachfolgebeziehung sind frei von formelhaften Anklängen[129]. Die Darstellung dieser Nachfolgebeziehungen folgt offensichtlich anderen Prinzipien als die jener in den Königsbüchern. Ähnlich differenziert wie die Beschreibung der Saul-David Nachfolge ist noch jene der Mose-Josua Nachfolge. In beiden Fällen werden Figuren als Nachfolger entworfen, die durch die Art und Weise wie sie vor dem Auge des Lesers entstehen, sich als Nachfolger empfehlen. Die differenzierte Argumentation bedarf nicht des Rückhaltes durch eine formelhafte Sprache. Weder David noch Josua werden mittels Verbalaussage + Präposition אחרי oder תחת in eine Nachfolgebeziehung zum Vorgänger gesetzt. Der Übergang der Führung von Mose auf Josua erinnert an ein Puzzle, das sich allmählich aus vielen Stei-

---

[128] Der Ausdruck ist Leitmotiv in 1.Kön 1-2 und taucht in den Königsbüchern außer in Hinblick auf Salomo (1.Kön 1-2; 3,6; 8,25) nur noch für Simri (1.Kön 16,11); Joas ben Ahasja (2.Kön 11,19) und Jerobeam II. (2.Kön 13,13) auf. Weinfeld (*Dtn 1-11*, 355) rechnet die präzisierende Aussage ישב על כסא דוד zur deuteronomischen Phraseologie. In neuassyrischer Zeit wurde in Königsinschriften und Annalen sowohl die reguläre Thronnachfolge wie auch die durch Gewalt erzwungene mit der Wendung ina kussî wašābu beschrieben (so D. O. Edzard/ M.-J. Seux, Art. *Königtum*, in: RLA. VI. 1980-1983. 140-173, ebenda 151). In der neubabylonischen Chronik 1 scheint ina kussî wašābu eine geprägte Formel für den Regierungsantritt zu sein, vgl. Chronik 1,i.2.10.13.16.23.28.31.32.40; 1,ii.5.23.31.35.45; 1,iii.9.12.16.27.33.38; 1,iv.33; die Textangaben nach A. K. Grayson, Assyrian and Babylonien Chronicles, Texts from Cuneiform Sources 5, Locust Valley N.Y. 1975, 70ff (= *ABC*). Zum formelhaften Charakter dieser Aussage vgl. G. Buccellati, The *Enthronement* of the King and the Capital City in Texts from Ancient Mesopotamia and Syria, in: Studies Presented to A. Leo Oppenheim, Chicago 1964, 54-61. J. Renger (Art. *Inthronisation*, RLA V. 1976-1980. 128-136, 135) weist daraufhin, daß die Einsetzung von Vasallenkönigen durch den assyrischen König gleich lautete: NN ina ON kussê šūšubu. ישב על כסא ist eine Entsprechung der assyrischen Wendung.

[129] Vgl. u.a. 1.Sam 15,28; 16,1; 20,31; 22,7f; 24,21; 2.Sam 2,4.6; 5,13.

nen unter den Augen des Betrachters bildet. Das Fehlen jedweder an andere Nachfolgebeziehungen anklingenden Formelsprache ist bemerkenswert.

B. Alttestamentliche Textbasis

Autorität Gottes und politische Verfassung aus der Sicht des Deuteronomium

In der Einleitung ist dargelegt worden, daß das Deuteronomium die theologischen Vorgaben für die deuteronomistische Theologie enthält. Nachdem das Vorverständnis der Begriffe Autorität, Legitimität, Nachfolger für ihre Verwendung in dieser Studie geklärt ist, sollen die dtn Abschnitte, die die so bezeichneten Phänomene zu fassen suchen, untersucht werden. Das Verständnis von Autorität wird im wesentlichen durch die Erörterung der Muster, die die Beziehungen zwischen JHWH - Mose - Tora - Israel - Josua bilden, gewonnen. Das Thema Nachfolger wird dabei am Rande gestreift, da die entsprechenden, Josua betreffenden, dtn Aussagen Gegenstand ausführlicher Exegese im zweiten Hauptteil der Arbeit sein werden[130].

Die Frage nach der Legitimität der politischen Ordnung Israels steht im Hintergrund der Verfassung von Dtn 16,18-18,22. Nach einer Auseinandersetzung mit den in der Forschung als Indikatoren der literarischen Abfassungszeit betrachteten dtn Überschriften und den historisierenden Gebotseinleitungen folgt die exegetische Diskussion von Königsgesetz (Dtn 17,14-20) und von Prophetengesetz (Dtn 18,9-22). Beide Gesetze befassen sich in besonderer Weise mit dem Problem der Kontinuität von Führung und begründen die Legitimität der Führungsposition von König und Prophet. Die beiden Positionen bezeichnen ihrer Struktur nach heterogene Führungsämter. Die legitime Ausübung von Königtum und Prophetentum und ihr Bezug zur Tora wird zu bedenken sein.

Göttliche und menschliche Autorität im Deuteronomium

Autoritätsstrukturen
Die Autorität Gottes und seines Anspruches an Israel gehört zu jenen Themen, die alle Aussagen des Deuteronomium mitbestimmt haben[131]. Das Deuteronomium kann als Werbeschrift für die alleinige Autorität

---

130 Vgl. dazu unten S. 167-189.

131 Die folgenden Ausführungen beruhen auf den Überlegungen, die ich ausführlicher an anderer Stelle geäußert habe, vgl. C. Schäfer-Lichtenberger, Göttliche und menschliche *Autorität* im Deuteronomium, in: C. Brekelmans/ J.Lust (eds.), Pentateuch and Deuteronomistic Studies. Papers read at the XIIIth IOSOT Congress. Leuven 1989, Leuven 1990, 125-142.

JHWHs über Israel gelesen werden. Das hier entworfene Konzept von
göttlicher Autorität begnügt sich nicht damit, stereotyp das erste Gebot in
die Überlieferung einzubringen. In dieser Schrift wird ein Verständnis von
Autorität entfaltet, das seinen Ausgang von dem ersten Gebot nimmt und
eine von dieser Leitlinie inspirierte Lebensordnung für Israel vorstellt.

Im Vordergrund der folgenden Überlegungen steht der Versuch, das
deuteronomische Verständnis von Autorität offenzulegen. Dieses wird
deutlich in der Art und Weise, wie die Relationen zwischen JHWH-Mose-
Israel-Josua und der Tora in Dtn 1-3 und Dtn 31-34 beschrieben werden.
Der Charakter von Autorität wurde oben im Sinne der altrömischen auctoritas definiert, als bestimmt durch das Fehlen von Entscheidungsmacht
und Befehlsgewalt. Entscheidungen, die sich auf Autorität berufen, bedürfen zu ihrer Verwirklichung der Kooperation aller Beteiligten. Eine Autoritätsbeziehung in diesem Sinne wird von drei Faktoren bestimmt: 1)
Freiwilligkeit der Beziehungsaufnahme, 2) Haftbarkeit der Autorität be-
anspruchenden Person/Institution, 3) Anspruch auf Gültigkeit ihrer Aussagen in bezug auf den zuvor bezeichneten Gegenstand.

Dieses altrömische Verständnis von Autorität scheint jenem zu entsprechen, das das Gottesbild, so wie es uns in den Rahmenpartien des Deuteronomiums entgegentritt, geprägt hat. Hier wird ein - mittels Mose - mit
Israel argumentierender und um es werbender Gott vorgestellt, der das
Volk für sich zu gewinnen sucht und immer wieder auf bereits geschehenes Handeln an und für Israel zurückverweist[132], um seine Zustimmung
für ein künftiges Leben mit und unter ihm zu erlangen. Der um Israels
Liebe werbende JHWH führt nicht seine Macht vor, sondern beruft sich
auf seine, aus dem göttlichen Handeln erwachsene, Autorität. Dieser Begriff von Autorität erlaubt m.E. eine Beschreibung aller möglichen Relationen in den Beziehungsdreiecken JHWH-Israel-Tora und JHWH-Mose-
Tora, ohne die Unterschiede der Positionen aufzuheben.

Der Begriff Autorität kennzeichnet eine dreistellige Relation, die Beziehung zwischen einem Träger der Autorität und einem Subjekt der Autorität, die durch ein verbindendes Gebiet vermittelt werden.

---

[132] Vgl. auch N. Lohfink (*Gott* im Buch Deuteronomium, in: J. Coppens (ed.), La Notion biblique de Dieu, BEThL 41, 1976, 101-126, ebenda 112f), der diese Aussagen auf das
frühe Deuteronomium beschränkt sehen möchte, während später auch andere Elemente
hinzuträten.

Die dreistellige Relation JHWH-Mose-Tora ist durch Delegation erweiterbar. Dieses soll am Beispiel der Beziehung JHWH-Mose-Tora-Israel[133] gezeigt werden.

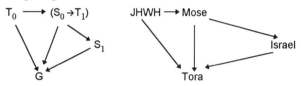

Als Gebiet der Autorität gilt hier die Tora. JHWH ist in bezug auf die Tora Autorität für Mose. Mose ist, da von JHWH delegiert, Autorität in bezug auf die Tora für Israel[134]. Mose befindet sich Israel gegenüber in einer Autoritätsposition, die formal vergleichbar ist jener, in der sich JHWH Mose gegenüber befindet. Aus der Delegation der Autorität an Mose ist ablesbar, daß die Autoritätsrelation für Israel in Hinblick auf die Tora immer nur eine vermittelte sein kann. Wird die Position Moses in bezug auf die Tora in seiner Relation zu Israel absolut gesetzt, so ist zu erwarten, daß nach dem Tode Moses eine andere Größe diese Position zwischen Israel und JHWH im Hinblick auf das Gebiet 'Tora' einnimmt. Alle nachmosaischen Autoritätsrelationen, in denen Israel Subjekt der Autorität ist, müßten dann über diese dritte Größe begründet werden. Wir werden sehen, daß die deuteronomische Tradition diese Größe ספר התורה nennt.

Eine Ausnahme von dieser Regel sind jene Autoritätsbeziehungen, die sich am Typus der Beziehung JHWH-Mose orientieren, d.h. alle charismatisch begründeten Beziehungen. Innerhalb des Deuteronomiums haben wir nur ein weiteres Beispiel für diesen Typus von Beziehung. Dtn 18,9ff versucht für den Propheten eine moseähnliche Gottesbeziehung zu konstruieren. Singulär in mancherlei Hinsicht ist auch die einzige, von Mose selber delegierte Autoritätsbeziehung, die Weitergabe der Führungsautorität an Josua. Sie stellt aber keinen eigenen Typus dar, sondern ist nur ein Sonderfall des ersten Typus, wie sich noch zeigen wird. Der erste Typus der Autorität, der durch Delegation und Subdelegation charakterisiert ist, kann zum Aufbau einer Hierarchie führen, deren Eigentümlichkeit die Rückbindung des delegierten Autoritätsträgers (T_1) an den ursprünglichen Träger der Autorität (T_0) ist. Diese Rückbindung erlaubt die Kontrolle

---

133 Das Schema verkürzt einen komplexeren Sachverhalt zugunsten der Darstellung der Logik der Autoritätsrelationen. Ein Teil der Tora, der Dekalog, ist Israel ohne Vermittlung offenbart worden. Die Größe 'Tora' bezeichnet hier genau betrachtet nur die Gesetze von Dtn 12-26. Das Wort 'Tora' ist allerdings nach "dtr Sprachregelung" auf Mose bezogen, daher bietet sich die Aufnahme dieser Sprachregelung hier an: vgl. hierzu N. Lohfink, Das Deuteronomium: *Jahwegesetz* oder *Mosegesetz*? Die Subjektzuordnung bei Wörtern für 'Gesetz' im Dtn und in der dtr Literatur, ThPh 65, 1990, 387-391, insbes. 388.

134 Diese Autoritätsrelation könnte ein charakteristisches Kennzeichen der dtr Fassung des Dtn sein, wenn man mit N. Lohfink annimmt, daß das Gesetzbuch des Josia noch nicht als Moserede stilisiert worden war, vgl. ders., *Jahwegesetz*,390f.

des Trägers der Autorität (T$_1$) durch das Subjekt der Autorität (S$_1$). Der
zweite Typus der Autorität, der charismatische, ist mangels Delegations-
möglichkeit als reiner Typus hierarchiefeindlich.

Die Beziehungen zwischen JHWH-Mose-Israel und der Tora
Zunächst wollen wir die deuteronomischen Aussagen über die Beziehungen zwischen JHWH-Mose-Israel und der Tora daraufhin befragen, ob sie
die logische These von der mittelbaren Relation Israels zur Tora bestätigen. Die These, daß für Israel der Zugang zur Tora nur über Mose möglich ist, enthält die Annahme - solange Mose nicht als "Gott" bzw. als Ursprung der Tora gilt - , daß Mose seinerseits der Autorisation für die Verkündigung der Tora bedarf.

Betrachtet man alle deuteronomischen Texte, die davon sprechen, daß
Mose Israel die Gebote der Tora mitteilt, so stößt man auf das Faktum,
daß in der deuteronomischen Moserede der Hinweis auf die göttliche Legitimation selten[135] fehlt. Autorität in bezug auf die Tora wird von Mose
an keiner Stelle innerhalb des Deuteronomiums an eine andere Person
delegiert. Nirgendwo spricht Mose in diesem Kontext von 'wir'.

Die Untersuchung der entsprechenden Passagen in Dtn 1-3 zeigt ferner,
daß Mose keine Autorität aufgrund eigenen Handelns besitzt. Moses Autorität wird immer durch JHWH legitimiert[136]. Der Aufbruch vom Sinai
erfolgt auf Befehl JHWHs an Mose (Dtn 2,2ff)[137]. Der Bericht von der
gehorsamen Ausführung schließt sich an[138]. Die Struktur 'JHWH befiehlt
Mose, dem Volk etwas zu befehlen - Mose befiehlt dem Volk und alle führen den Befehl aus' prägt die Erzählungen über die Eroberungen des
Ostjordanlandes[139].

Die Paränese von Dtn 4,1-40 ist nicht nur ein Lehrstück über Israel und
die Tora, sie ist gleichfalls eine Abhandlung über das komplexe Zu-, Mit-

---

[135] Innerhalb der dtn Überlieferung handelt Mose nur in Dtn 1,9ff und Dtn 4,41ff ohne
explizite göttliche Autorisation. Allerdings ist Mose in beiden Fällen durch die - in der vorausgesetzten fiktiven Erzählsituation dem Volk noch nicht bekannte - Tora (Dtn 16,18ff
und Dtn 19,1ff) autorisiert. Vgl dazu Schäfer-Lichtenberger, *Autorität*, 134f.

[136] Vgl. insbesondere Dtn 1,3.6; 2,2ff; 3,18 und dazu Schäfer-Lichtenberger, *Autorität*,
129-131

[137] In Dtn 2,2 macht die Redeeinleitung deutlich, daß der Aufbruchbefehl Mose von
JHWH mitgeteilt wurde und Mose diesen an das Volk weitergibt. Dtn 1,6-8 formuliert
יהוה אלהינו דבר אלינו und läßt Israel direkt von JHWH angesprochen sein. Diese Aussagen setzen keine Sonderposition Moses voraus; es handelt sich um die einzigen innerhalb
des Dtn, nach denen JHWH außerhalb der Dekalogmitteilung direkt zu Israel spricht, vgl
hierzu Lohfink *Väter Israels*, 65-67.

[138] Vgl. N. Lohfink (*Darstellungskunst* und Theologie in Dtn 1,6-3,29, Bibl. 41. 1960.
105-134), der im einzelnen zeigt, wie die überlieferte Tradition hier in den Dienst der deuteronomistischen Theologie gestellt wird.

[139] Vgl. I. Zatelli (La *Comunicazione* verbale nel "Deuteronomio" in Rapporto all'-
espressione del divino, in: Atti e memorie dell'Academia Toscana di scienze e lettere La
Colombaria Vol. XLIV. Nuova serie XXX. 1979. 3-13), die in ihrer Untersuchung auf die
Korrespondenzen zwischen linguistischer Komplexität und jener der Beziehungen hingewiesen hat.

und Gegeneinander von JHWH-Mose-Israel auf dem Hintergrund der Tora[140]. Die einleitenden Worte in 4,1f verlangen Israels Gehorsam für die חקים und משפטים, die Mose lehrt. Den Schluß- und Höhepunkt der Einleitung bildet der Befehl לשמר את־מצות יהוה אלהיכם אשר אנכי מצוה אתכם. Damit ist klar, daß Mose gebietet, dieses aber nur, weil die חקים und משפטים JHWHs מצות sind[141]. Die Autoritätsrelation - Träger = JHWH, Subjekt = Mose, Gebiet = folgender Rechtssatz - wird in fast allen Promulgationssätzen betont[142].

Aussagen wie Dtn 4,4a ואתם הדבקים ביהוה אלהיכם und Dtn 4,7 כי מי־גוי גדול אשר־לו אלהים קרבים אליו כיהוה אלהינו בכל־קראנו אליו[143] betonen zwar die Unmittelbarkeit der Gottesbeziehung Israels, tangieren aber nicht Moses Autoritätsposition[144]. Die Skizzierung des Horeb-Geschehens in Dtn 4,10-14 zeigt ein ähnlich eigentümliches Ineinandergreifen von mittelbarer und unmittelbarer Gottesbeziehung Israels. JHWH selber schreibt für Israel den Dekalog auf (Dtn 4,13) und weist dann Mose die Position des Gesetzeslehrers zu, der חקים und משפטים Israel zu lehren hat. Die חקים und משפטים sind hier Auslegung des Dekalogs[145]. Die Tora Moses ist nicht unmittelbare göttliche Offenbarung[146].

---

[140] Die von G. Braulik vorgelegte Analyse zu Dtn 4,1-40 (Die *Mittel* deuteronomischer Rhetorik erhoben aus Dtn 4,1-40, AnBib 68, Rom 1978) bildet den Ausgangspunkt der folgenden Überlegungen. Braulik hat m.E. schlüssig die Einheitlichkeit dieses Abschnittes nachgewiesen, an der gegen S. Mittmann (*Deuteronomium* 1,1-6,3 literarkritisch und traditionsgeschichtlich untersucht, BZAW 139, 1975, 115ff - zu seinen Argumenten vgl. die Entgegnung von G. Braulik, *Literarkritik* und archäologische Stratigraphie, Bibl. 59, 1978, 351-383) und die neuere Studie von D. Knapp (*Deuteronomium* 4, GTA 35, 1987; vgl. hierzu die Rezensionen von N. Lohfink, ThR 84, 1988, 279-281 und G. Braulik, Literarkritik und die *Einrahmung* von Gemälden, RB 96, 1989, 266-286) festzuhalten ist.

[141] Vgl. G. Braulik, Die *Ausdrücke* für "Gesetz" im Buch Deuteronomium (1970), in: Ders., Studien zur Theologie des Deuteronomiums, Stuttgart 1988, 11-38, hier 13f; ders., *Mittel*, 15f; zum Promulgationssatz als Stilmittel vgl. N. Lohfink, Das *Hauptgebot*. Eine Untersuchung literarischer Einleitungsfragen zu Dtn 5-11, AnBib 20, Rom 1963, 59ff.

[142] Nur in Dtn 4,44 und Dtn 13,1 wird die Rechtsquelle JHWH nicht genannt. Beide repräsentieren nicht den reinen Typus des Promulgationssatzes. 4,44 ist zudem ein erzählendes Stück und keine berichtete Rede. In 13,1 ist nur allgemein von דבר die Rede, nicht von einer spezifischen Rechtsbestimmung. Braulik (*Ausdrücke*, 19) vermutet, daß von der Endredaktion her gesehen, der Ausdruck das ganze Gesetz bezeichnet.

[143] G. Braulik (*Weisheit*, Gottesnähe und Gesetz. Zum Kerygma des Deuteronomium 4,5-8, (1977), wieder abgedruckt in: Ders., *Studien* zur Theologie des Deuteronomiums, SBAB 2, Stuttgart 1988, 53-94; ebenda 79f) hat darauf hingewiesen, daß die Wendung קרא אל יהוה im Deuteronomium außer an unserer Stelle nur noch in Dtn 15,9 und Dtn 24,15 auftaucht. Dtn 15,9 und 24,15 wird JHWHs Hilfe gegen ungerechtes Verhalten anderer angerufen, da dort קרא על יהוה steht, dagegen ist die in den Psalmen geläufige Wendung קרא אל יהוה innerhalb des Dtn in 4,7 singulär. Lohfink (*Endgestalt*, 38ff) hat die sozialen Aspekte der "Nähe Gottes" für Israel präzisiert und dabei hingewiesen auf das altorientalische Motiv "Schrei des Armen zu Gott". Das Motiv ist gleichfalls in Ez 22,22f.26 belegt.

[144] Dagegen schränken die Aussagen von Num 12,2 die Autorität Moses direkt ein, indem sie den exklusiven Charakter der Mose-JHWH-Beziehung offen in Zweifel ziehen.

[145] Vgl. G. Braulik, *Weisheit*, 61f.

Diese Erzählungsskizze legitimiert den Anspruch des Dekalogs gleichermaßen wie die Position des Tora-Lehrers Mose. Israel ist Ansprechpartner
Gottes und wird zum Zeugen seines Mose erwählenden und autorisieren-
den Handelns. Die Aussonderung Moses ist Voraussetzung für die Gabe
der Tora, die wiederum allein Basis einer Verstetigung des Gottesverhältnisses Israels wird. Die enge Verknüpfung von Mose und Tora bedeutet aber nicht, daß innerhalb des Beziehungsdreiecks JHWH-Israel-Mose,
die Tora als Gabe Moses an Israel bezeichnet werden kann. Die חקים und
משפטים, die Mose verkündet, werden durchweg als Gebote JHWHs bezeichnet[147].

Die Darstellung der Grundstruktur der Beziehungen zwischen JHWH-
Mose-Israel stimmt in Dtn 4 und Dtn 5 überein. Doch wird in Dtn 5 über
die Entstehung der Autoritätsrelation Mose-Israel eine differenziertere
Sicht vertreten als in Dtn 4. Dtn 5,4 betont, JHWH habe am Horeb von
Angesicht zu Angesicht mit Israel geredet. Diese Behauptung stellt Israel
als Ganzes ausdrücklich Mose gleich, von dem es wiederholt heißt, daß
JHWH von Angesicht zu Angesicht mit ihm redete (Ex 33,11; Dtn 34,10).
Die folgende Bemerkung אנכי עמד בין־יהוה וביניכם בעת ההיא להגיד
לכם את־דבר יהוה (Dtn 5,5) scheint diese Behauptung ein Stück zurück-
zunehmen, da Mose in dem Geschehen einen Ort zwischen Israel und
JHWH zugewiesen bekommt. Doch kann man fragen[148], ob nicht die Betonung des 'Wir' in den Aussagen von Dtn 5,2 und Dtn 5,3 die Gegenüberstellung von Israel und Mose in ein 'ihr' und 'ich' in Dtn 5,4f nach sich ziehen mußte. Die Autoritätsrelationen zwischen diesen drei Größen könnten aber auch als Vorstellung im Hintergrund der Bewegung vom 'wir'
zum 'ihr' und 'ich' stehen[149]. Das die Mitteilung des Dekalogs abschließende Wort legt den Akzent im Rückgriff auf Dtn 5,4 darauf, daß JHWH
zur ganzen Versammlung gesprochen hat.

Nach der Bekanntgabe des Dekalogs wird Mose dann auf Wunsch des
Volkes aus der Position des reinen Zwischenträgers entlassen und zum

---

[146] Dtn 5,31 vertritt die Gegenposition - die durch Mose mitgeteilte Tora ist gleichfalls
göttliche Offenbarung, vgl dazu unten S. 49f.

[147] Vgl. מצותיו Dtn 4,40; 8,2.11; 13,5.19; 26,18; 27,10; 28,1.15.45; 30,8.10.16 / מצותי
5,10.26; auf Mose bezogen 11,13.

[148] So mit Lohfink, *Hauptgebot*, 145ff.

[149] Die von G. Seitz (Redaktionsgeschichtliche *Studien* zum Deuteronomium, BWANT
93, 1971, 45) und A. D. H. Mayes (*Deuteronomy*, NCBC 1979, 166) in Anschluß an J.
Hempel (Die *Schichten* des Deuteronomiums, Beiträge zur Kultur- und Universalgeschichte 33, 1914, 104f) behauptete Diskrepanz innerhalb der Aussagen von Dtn 5,2-5 ist das Ergebnis verschiedener Perspektiven, die hier vom Autor bewußt vorgeführt werden. Die zuerst von A. Dillmann (Die Bücher Numeri, Deuteronomium und Josua, *KEH 13*, 1886²,
265f) gegen die interne Kohärenz des Stückes vorgebrachten Argumente sind mit guten
Gründen von Lohfink (*Hauptgebot*, 145ff) bestritten worden, dessen Analyse die Einheitlichkeit von Dtn 5,2-5 wahrscheinlich werden läßt.

Vermittler sui generis befördert (Dtn 5,23-31)[150]. Der Ablauf der Unter-
redungen zwischen Mose und den Vertretern Israels sowie jener zwischen
JHWH und Mose verdeutlicht, daß das Volk keine Autorität an Mose delegieren kann. Seine Vertreter verzichten auf ein allen Israeliten zuste-
hendes Vorrecht - die Tora unmittelbar von JHWH mitgeteilt zu bekommen (Dtn 5,25b) - zugunsten eines höherwertigen Gutes, des Leben ihrer
Angehörigen (Dtn 5,25a.26). Israel kann Mose zum Hören abordnen (Dtn
5,27), doch die Verkündigung der Tora durch Mose kann Israel nicht au-
torisieren.

Laut Dtn 27,1 verpflichten dann Mose und die Ältesten Israels das Volk
auf die Einhaltung der Gesetze. Die Erklärung, Israel sei JHWHs Volk
geworden, wird gemeinsam von Mose und den Priestern gesprochen (Dtn
27,9). Mose handelt in der Szene von Dtn 27 zusammen mit den für die
jeweilige Sphäre zuständigen Repräsentanten Israels: die Ältesten sind für
das Funktionieren der Gesellschaftsordnung zuständig, den Priestern obliegt die sakral-rituelle Sicherung dieser Gesellschaftsordnung. Beide
Gruppen von Funktionsträgern werden durch ihr gemeinsames Auftreten
mit Mose in ihrer jeweils spezifischen Aufgabenstellung hinsichtlich der
Verwirklichung der Tora legitimiert. Sie werden zu Garanten der Kontinuität der Tora[151] und so mit in die Verantwortung genommen. Moses
außergewöhnliche Mittlerposition wird durch die Aufteilung seiner Position auf zwei unterschiedliche Gruppen von "geschäftsfähigen Respektperso-
nen Israels"[152] in ihrer Singularität hervorgehoben.

Israel ist innerhalb des Autoritätsdreiecks Mose-Israel-Tora nicht Träger der Autorität, sondern Subjekt der Autorität. Israel stuft seine Position
hinunter und beläßt Mose dort, wo sie gemeinsam zuvor standen. Nur die
Zustimmung JHWHs bewirkt, daß aus der neu definierten Position Moses
eine Position der Autorität gegenüber Israel wird. Diese Autoritätsrelation

---

[150] Vgl. Lohfink, *Hauptgebot*, 147f; G. Braulik, Die *Abfolge* der Gesetze im Deuteronomium 12-26 und der Dekalog, in: N. Lohfink (ed.), Das Deuteronomium, BEThL 68,
1985, 252-272, hier 252.

[151] N.Lohfink (Die *Ältesten* Israels und der Bund. Zum Zusammenhang von Dtn 5,23;
26,17-19; 27,1.9f und 31,9. BN 67. 1993. 26-42) sieht die Priester (Dtn 27,9) in Stellvertre-
tung Gottes handeln (ebenda 34). Dtn 27,9f bezieht sich ebenso wie 27,1 auf die Doppel-
erklärung von 26,17-19 zurück. Der Verfasser von 26,17-19 hat eine höchst komplexe und
durchdachte gegenseitige Anerkennungserklärung formuliert, wie N.Lohfink gezeigt hat;
vgl ders., Dt 26,17-19 und die "*Bundesformel*" (1969), Nachdruck in: ders., *Studien* zum
Deuteronomium und zur deuteronomistischen Literatur *I* (SBAB 8, Stuttgart 1990, 211-
261). Auf diese Weise ist es ihm gelungen, den Sachverhalt - das Verhältnis JHWH-Israel
wird von keiner Person vermittelt und begründet- sprachlich unmißverständlich wiederzugeben. Dtn 26,17-19 setzt für die Begründung des Gottesverhältnisses Israels keine Mittlerfigur, auch nicht Mose, voraus. Dtn 26,17-19 kann auf den Aussagen von Dtn 1,6-8 und
Dtn 5,2-4.23a aufbauen, die ebenfalls die direkte Ansprache Israels durch JHWH (1,6-8)
und seinen Bundesschluß ohne einen Vermittler belegen. In Dtn 27,9 werden die Priester
nicht wegen des Rückbezuges auf Dtn 26,17-19 neben Mose gestellt, sondern ebenso wie in
27,1 die Ältesten Israels zur Wahrung der Kontinuität.

[152] So die Formulierung von L. Perlitt *Bundestheologie* im Alten Testament. WMANT
36. Neukirchen-Vluyn 1969, ebenda 78.

entsteht, sowie der Träger der Autorität, JHWH, den delegierten Träger der Autorität, Mose, in dessen Position bestätigt (T_1)und entsprechend dem veränderten Gefüge handelt. So ist es kein Zufall der Überlieferung, daß nicht Mose auf den Vorschlag der Volksvertreter antwortet, sondern gleich JHWH, dessen nicht-verbales Verhalten (er hat schweigend zugehört) wie die verbale Reaktion (er antwortet zustimmend) den Wunsch des Volkes legitimieren (Dtn 5,28). Der hierauf folgende doppelte Befehl JHWHs an Mose trägt der veränderten Beziehung Rechnung (Dtn 5,30f). Die neue Beziehungsstruktur ist damit festgelegt.

Mose wird von Gott als die Autorität für Israel auf dem Gebiet der Tora eingesetzt. Träger der Rechtsautorität ist JHWH; Moses Autorität ist delegiert[153]. Die fundamentale Differenz zwischen der Horebszene von Dtn 4,9-14 und jener von Dtn 5,23-31 wird durch die Logik der Autoritätsrelationen deutlich[154]. In Dtn 4,9ff wird der Sachgröße Tora Gültigkeit für Israel zugesprochen, weil JHWH Mose in die Position des Auslegers des Dekalogs einsetzt. Die Tora ist Moses Auslegung des Dekalogs. Logisch betrachtet ist sie ein Untergebiet des Dekalogs[155]. JHWH delegiert einen Teil seiner Autorität im Rechtsbereich an Mose, der hier selbständig handelt. Die Tora wird durch Mose legitimiert. In Dtn 5,23ff steht die Offenbarung der Tora neben jener des Dekalogs. Beide sind ihrem Charakter nach unmittelbare göttliche Offenbarung. Mose wird, da er allein des Empfangs der Tora gewürdigt wird, gegenüber Israel privilegiert. JHWH spricht hier für den Bereich Tora seine Autorität ungeteilt Mose zu. Die Lehre der Tora legitimiert Mose, nicht Mose die Tora.

Tora und Buch der Tora

Die Autorität, die Mose auf dem Gebiet der Tora wahrnimmt, wird nicht an eine benennbare Figur weitergegeben. In Sachen Tora findet sich kein ebenbürtiger Nachfolger für Mose[156]. An die Stelle einer entsprechenden Tora-Autorität wie Mose tritt der ספר התורה. Zwischen der Mose mündlich gegebenen Tora und der schriftlich aufgezeichneten Tora läßt die Überlieferung einen 'Freiraum'. Mose erhält keinen Auftrag JHWHs, die Tora aufzuschreiben[157]. Dieser 'fehlende' JHWH-Befehl dürfte weder eine Lücke in der Überlieferung signalisieren noch ein Fehler sein. Der unvermittelte Übergang von einer Form der Tora in eine andere wird eher

---

153 Vgl. N. Lohfink, Die ḥuqqîm ûmišpāṭîm im Buch Deuteronomium und ihre *Neubegrenzung* durch Dtn 12,1, Bib. 70. 1989. 1-30; hier 9.

154 Lohfink (*Neubegrenzung*, 13) verweist auf die Akzentverschiebung zwischen den Aussagen von Dtn 4,14 und Dtn 5,31.

155 Vgl. auch Braulik, *Abfolge*; ders., Zur Abfolge der Gesetze in Deuteronomium 16,18-21,23. Weitere *Beobachtungen*, Bibl. 69 (1988) 63-92.

156 Zum Verhältnis der Figur des Mose und der in Dtn 18,15ff skizzierten Gestalt des Propheten vgl. dazu unten S. 93ff.

157 Die gelegentlich so gedeutete Aussage von Dtn 31,19 bezieht sich nur auf das Moselied, vgl. dazu unten S.180ff.

theologischen Motiven entspringen[158]. Galt die Tora als göttlich inspiriert, dann lag es nahe, die Art ihrer Schriftwerdung im Dunkel zu lassen[159].

Dtn 31 berichtet, daß Mose im Angesicht des Todes zwei Dinge regelt: seine Nachfolge im Hinblick auf die militärisch-politische Führung Israels (31,7f) und die Sicherung der Tora-Überlieferung, indem er die Tora aufschreibt (31,9). Dieses Exemplar wird den Repräsentanten Israels - Priestern und Ältesten - übergeben. Aus dem Umstand, daß ein Torabuch zwei Parteien ausgehändigt wird, zivilen und kultischen Autoritätsträgern, ist die Tendenz erkennbar, keiner dieser beiden Parteien ein Monopol auf die Tora und ihre Auslegung zuzusprechen, beide aber für ihre Einhaltung verantwortlich zu machen[160]. Priester und Älteste erhalten das Recht zur Torainterpretation[161].

Die Relation JHWH-Mose-Israel wird für das Alltagsleben im Lande abgelöst durch die Relation JHWH-Torabuch-Israel. Was es heißt, entsprechend dem Willen Gottes zu leben, das erfährt man nach dem Tode Moses aus dem ספר התורה, der noch innerhalb der deuteronomischen Moserede (28,61; 29,20) als Quelle von Unheil und Heil (30,10) für Israels Leben vorgestellt wird. Das Tora-Buch ist die neue Orientierungsgröße, nach der sich Israel zu richten hat[162].

Tora-Buch und Führungsautorität

Es dürfte ein wohlbedachtes theologisches Kalkül dahinter stecken, daß Josua nach deuteronomistischer Sicht die göttliche Legitimation erst zugesprochen wird, als das Tora-Buch vorliegt und Mose tot ist (Jos 1)[163]. Kennzeichen der Position Josuas ist die unlösliche Verknüpfung des cha-

---

[158] Vgl. J. Gold (*Deuteronomy* and the Word: The Beginning and the End, in: R. Polzin (ed.), The Biblical Mosaic, SBL Semeia Studies 10, 1982, 45-59, hier 48f), der die Zuschreibung der Tora an Mose als Versuch interpretiert, der Idolatrisierung des geschriebenen Textes vorzubeugen.

[159] Die verschiedenen Aussagen über den Verfasser und Schreiber des Dekalogs, nach Ex 24,4; 34,27f schreibt ihn Mose auf, nach Ex 24,12; 32,15f; 34,1 schreibt JHWH selbst, deuten an, daß dieser Umstand im Kreis der Tradenten Gegenstand höchst kontroverser theologischer Diskussion gewesen sein wird.

[160] Schon Dillmann (*Deuteronomium, KEH 13*, 387) wies darauf hin, daß es hier nicht um die Aufbewahrung des Buches geht, sondern um den Auftrag an die Autoritäten, das Buch zu verlesen. Von der Aufbewahrung des 'Urexemplars' der Tora ist erst in Dtn 31,25f die Rede. Dabei kann die ausführliche Benennung der Priester in Dtn 31,9 als Leviten und Träger der Tora durchaus der Möglichkeit einer Differenz zwischen der in 31,9 und der in 31,25f bezeichneten Gruppe vorbeugen wollen. Die neuerdings von J. Buchholz (Die *Ältesten* Israels im Deuteronomium, GTA 36, 1988, 17f) wieder vorgebrachten Argumente gegen die Ursprünglichkeit beider Parteien beruhen zum einen auf einem Mißverständnis des Geschehens, zum anderen auf den auch literarkritisch nicht haltbaren Analogien, die er in Dtn 27,1 und Dtn 21,5 sucht. Die von ihm postulierte Diskrepanz zwischen den Aussagen von Dtn 31,9 und Dtn 31,24-26 besteht jedenfalls im Text nicht, so daß auch nicht von einem Wechsel der institutionellen Zuständigkeit die Rede sein kann.

[161] Nach Dtn 17,9 ist der Richter neben den Priestern zur Toraauslegung befugt. Die lokale Gerichtsbarkeit wurde in der Regel von den Ältesten ausgeübt. Für die Unabhängigkeit der Ältesten als Richter war das Recht auf selbständige Auslegung der Tora unverzichtbar.

[162] Zur Delegation der Führungsautorität von Mose auf Josua und der Rolle der Tora vgl. unten S.175ff.

[163] Vgl. ausführlich unten S.190ff.

rismatischen Moments mit dem institutionellen Element. Dieses ist aber
so schwach ausgeprägt, daß die biblischen Verfasser nicht versuchten, eine
dementsprechende Verbindung zwischen Josua und den Retter- und Rich-
tergestalten zu schaffen. Aus der Beauftragung Josuas durch Mose läßt
sich keine Sukzession im Führungsamt ableiten. Die Verpflichtung eines
künftigen Herrschers auf eine Art von Verfassung, d.h. die Begrenzung
seiner Rechte und Festlegung seiner Pflichten, wird innerhalb der alttestamentlichen Überlieferung mehrfach angedeutet, wie die Vorgänge bei der
Wahl Jephtas (Ri 11,8-11), der Erhebung Sauls (1.Sam 10,25) und Davids
(2.Sam 5,3) zeigen.

Am reinsten tritt die Absicht, Herrschaft von Menschen über Menschen
zu beschränken und allgemeiner Kontrolle zu unterwerfen, im dtn Verfassungsentwurf Dtn 16,18-18,22 zutage. Die 'demokratische'[164] Beschnei-
dung politischer Macht ist Ergebnis der Zielsetzung einer Theologie, die
sich strikt an dem ersten Gebot orientiert. Deuteronomische Theologie ist
Theorie des ersten Gebotes, eine Theorie die in ihrer Anwendung auf die
Gesellschaftsordnung die absolute Priorität des לא יהיה לך אלהים
אחרים על פני veranschaulicht. Diese Vorstellung dürfte, geistesge-
schichtlich betrachtet, am Ursprung der Entwicklung des abendländischen
Rationalismus gestanden haben.

Der Verfassungsentwurf im Deuteronomium

Der Verfassungsentwurf im Dtn 16,18-18,22 regelt alle wesentlichen Bereiche des öffentlichen Lebens und klärt die Zuständigkeiten. Im Gegensatz zu der in Ez 40-48 enthaltenen Verfassungsutopie[165] hat dieser Entwurf durch die Aufnahme in die Tora besondere Dignität und Verbindlichkeit erlangt. Die Meinungen über die Komposition und literarische
Zuordnung des dtn Verfassungskonzeptes gehen in der Forschung weit
auseinander[166]. Im Rahmen unserer Thematik ist die Zuweisung von Dtn
16,18-18,22 an einen vorexilischen, exilischen oder nachexilischen Autor

[164] Der dtn Verfassungsentwurf unterscheidet sich in dieser Hinsicht deutlich von der
gelegentlich als Verfassung bezeichneten Thronfolgeordnung des Telipinu, zum Text vgl.
TUAT I, 464-470, ebenda A II,36-45 und Hoffmann, I., Der *Erlaß* Telipinus. Heidelberg
1984, ebenda 33 (Vs.II, § 28f,36-45) und 86-91. Zur Klassifizierung der politischen Konzeption des Deuteronomiums vgl. jetzt F.Crüsemann "*Theokratie*" als "Demokratie". Zur politischen Konzeption des Deuteronomiums. in: K. Raaflaub. Anfänge politischen Denkens in
der Antike. Schriften des historischen Kollegs 24, München 1993, 199-214.
[165] Vgl. hierzu J. H. Ebach, *Kritik* und Utopie: Untersuchungen zum Verhältnis von
Volk und Herrscher im Verfassungsentwurf des Ezechiel (Kap. 40-48), Diss. theol., Hamburg 1972.
[166] Vgl. u.a. G. Seitz, Redaktionsgeschichtliche *Studien* zum Deuteronomium, BWANT
93, 1971, insbes. 200ff.231ff; N. Lohfink, Die *Sicherung* der Wirksamkeit des Gotteswortes
durch das Prinzip der Schriftlichkeit der Tora und durch das Prinzip der Gewaltenteilung
nach den Ämtergesetzen des Buches Deuteronomium (Dtn 16,18-18,22). (1971). in: ders.
Studien I 305-324; U. Rüterswörden, Von der politischen *Gemeinschaft* zur Gemeinde.
Studien zu Dtn 16,18-18,22, BBB 65, Frankfurt/M. 1987

von erheblicher Bedeutung; damit wird eine Vorentscheidung über die Beziehung zwischen Königsgesetz und Salomo-Bild in den Königsbüchern gefällt, ebenso wie über jene Beziehungen zwischen Prophetengesetz sowie der Stilisierung der Propheten und ihrer Auftrittsszenen in den Büchern Samuel - Könige. Gleichfalls tangiert ist die Figur Josuas, die in ihren charakteristischen Eigenschaften und Verhaltensweisen ein Kontrastprogramm zur Gestalt des Königs anbietet.

Zur Diskussion steht die Frage, ob die dtn Verfassung, insbesondere mit ihren beiden für das politische und soziale Leben Israels wichtigen Gesetzen, dem Königsgesetz und dem Prophetengesetz, ein Programm darstellt, das den Grund gelegt hat für die Ausgestaltung von Figuren wie Josua, Salomo und Elischa. Erweist sich der dtn Verfassungsentwurf als literarisch später als diese Figuren, wäre dieser eher als theoretische Abstraktion literarisch fixierter Traditionen zu begreifen. Unabhängig davon bleibt die Möglichkeit einer komplexen Wechselwirkung zu erwägen, die zwischen historisch überlieferter Tradition, der literarischen Gestaltwerdung der genannten Figuren und der im Königsgesetz wie im Prophetengesetz sich kristallisierenden theologischen Reflexion traditioneller Bilder im Angesicht der konkreten politischen und gesellschaftlichen Gegenwart des Verfassers dieser Gesetze stattgefunden haben mag.

Die literarische Zuordnung der dtn Verfassung entscheidet sich im wesentlichen an der Annahme/Verwerfung der These, daß zwei Überschriftensysteme das Deuteronomium strukturieren und an der Bewertung der historisierenden Gebotseinleitungen als Indiz für die Abfassung der so eingeleiteten Gebote in vorexilischer Zeit. Beide Thesen sind seit der Studie von Gottfried Seitz[167] als Belege für die vorexilische Abfassung der dtn Verfassung betrachtet worden, ohne daß die Annahmen von Seitz einer entsprechenden Überprüfung unterzogen wurden[168]. Dies soll hier nachgeholt werden. So wird noch vor einer Exegese von Königsgesetz und Prophetengesetz eine Befragung jener Argumente, die das Vorliegen von zwei Überschriftensystemen im Deuteronomium begründen, sowie eine Analyse und Zuordnung der Gebote mit historisierender Einleitung erfolgen.

Die Stellung des Verfassungsentwurfes innerhalb der deuteronomischen Gesetzessammlung

Das Überschriftensystem im Deuteronomium
Die These, daß im Dtn ein Überschriftensystem vorliegt, das dieses als eine Sammlung charakterisiert, wurde bereits von Kleinert[169] vertreten. Nach Kleinert sind diese Überschriften bzw. Unterschriften in Dtn 1,1;

---

167 G. Seitz, *Studien*.

168 Vgl. Lohfinks Beurteilung der Seitz'schen Hypothesen zum Überschriftensystem in: ders., *Neubegrenzung*, 1 Anm.2.

169 P. Kleinert, Das *Deuteronomium* und der Deuteronomiker. Untersuchungen zur alttestamentlichen Rechts- und Literaturgeschichte, Bielefeld 1872, 167.

4,44; 28,69 und 33,1 zu finden. Seine Beobachtung, daß die einleitenden Worte der Titel miteinander korrespondieren - Dtn 1,1 beginnt mit אלה, Dtn 4,44 mit וזאת, Dtn 28,69 mit אלה und Dtn 33,1 mit וזאת - stützt die Annahme, daß diese Überschriften erst bei Zusammenstellung der zwischen ihnen stehenden Kapitel verfaßt worden sind.

In seinen "Redaktionsgeschichtlichen Studien zum Deuteronomium" greift Seitz[170] diese Beobachtung auf und versucht, indem er zusätzlich Dtn 4,45; 6,1 und 12,1 einbezieht, zwei redaktionsgeschichtlich unterscheidbare Überschriftensysteme zu konstruieren. Die Reihe A (4,45; 6,1; 12,1) charakterisiere ein früheres Stadium der Redaktion als die Reihe B (1,1; 4,44; 28,69; 33,1). Die sogenannte "dtn Sammlung", das frühere Stadium, setzt Seitz in die Zeit Josias an[171]. Zweifellos handelt es sich auch bei den Titeln der Reihe A um Überschriften, die auf einen größeren Teil der folgenden Ausführungen vorausblicken. Zu fragen ist, ob Reihe A, insbesondere 4,45, unabhängig von Reihe B entstanden ist, ob diese drei Titel untereinander verknüpft sind und ob beide Systeme als Bestandteil voneinander abgrenzbarer Redaktionsschichten nachweisbar sind.

Reihe A unterscheidet sich zwar durch den Doppelausdruck החקים והמשפטים von Reihe B, aber diese Wendung findet sich häufig im Dtn und dient als Struktursignal. Durch Dtn 5,1; 11,32; 12,1 und 26,16 werden so zwei Inklusionen gebildet, die die Großstruktur 5,1-26,16 markieren[172]. Die Erwähnung in Dtn 6,1 bezieht sich über 5,31 auf 5,1 zurück. 6,1 setzt חקים und משפטים in Apposition zu מצוה, bietet also eine nähere Bestimmung dieser Gruppe. Nun hat Lohfinks Analyse von Dtn 5,27-6,3 für diesen Textzusammenhang eine konzentrische Struktur nachgewiesen[173]. Die Aussage von Dtn 6,1 kann wohl noch als Einleitung zum folgenden Text betrachtet werden, nicht aber als Schichtgrenze[174]. Somit kann 6,1 kaum als außerhalb des Kontextes von Dtn 5 und Dtn 6 entstandene eigene redaktionelle Überschrift gelten.

Die Übereinstimmungen zwischen den beiden Reihen hinsichtlich der in ihnen enthaltenen Aussagen wie auch ihrer syntaktischen Struktur sind größer als die Abweichungen zwischen ihnen. Die Glieder beider Reihen fangen sowohl mit וזאת wie auch mit אלה an. Die Stichworte Mose und Israel finden sich in Reihe B wie auch in in Reihe A. Der Relativsatz אשר צוה יהוה charakterisiert Dtn 6,1 wie Dtn 28,69. Dtn 4,45 und Dtn 33,1 haben beide בני ישראל. Syntaktisch folgt - mit Ausnahme von Dtn 12,1 -

---

170 G. Seitz, *Studien*, 23ff.

171 Seitz, *Studien*, 303ff. W.Thiel (Rez. von G. Seitz, Redaktionsgeschichtliche *Studien zum Deuteronomium*, BWANT 13, Stuttgart 1971, ThLZ 97, 1972, Sp.825-827, insbes. Sp.827) weist in seiner Rezension auf die Fragwürdigkeit dieser Datierung hin, da die Berührungen zwischen dtn Sammlung und Jer auf die dtr Redaktion Jeremias zurückgingen.

172 Vgl. N. Lohfink, *Hauptgebot*, 57; und ders. *Neubegrenzung*; zu Bedeutung und Funktion des Doppelausdrucks im Dtn vgl. auch G. Braulik, Die *Ausdrücke* für "Gesetz" im Buch Deuteronomium, (1970), in: = ders., *Studien*, 1988, 11-38.

173 Lohfink, *Hauptgebot*, 66-68.

174 Lohfink, *Hauptgebot*, 142f.150f.

immer auf einen Nebensatz ein relativ mit אשׁר angeschlossener Verbalsatz mit dem Verb im qatal. In Dtn 12,1 folgt auf den Nebensatz ein mit
אשׁר angeschlossener Verbalsatz mit Verb im yiqtol. Zudem befinden sich
die Überschriften des System A nicht auf derselben Sprecherebene. "4,45
steht im auktorialen Text, die beiden anderen Stellen hingegen innerhalb
einer zitierten Moserede."[175] Diese Beobachtungen sprechen eher dafür,
daß Zwischen- und Hauptüberschriften einer Hand angehören.

Zudem sollte man bei einem System erwarten, daß die einzelnen Elemente des Systems in Beziehung zueinander stehen. Reihe A wird nur
durch den Doppelausdruck als Reihe konstituiert, der jedoch nicht typisch
ist für diese drei Aussagen. Darüberhinaus finden sich keine gemeinsamen
Stichwörter, Anspielungen inhaltlicher Natur oder syntaktische Parallelen.
Es läßt sich zeigen, daß das erste Element der Reihe A, Dtn 4,45, keine
selbständige Überschrift ist. Dtn 4,45 ist die Fortsetzung von 4,44. Die allgemeine Aussage von 4,44 wird in 4,45 präzisiert durch החקים
והמשׁפטים[176]. Der Doppelausdruck steht hier in Apposition zu הערת[177].
Dieses Stichwort weist nicht nur voraus auf Dtn 5,1ff[178] sondern auch auf
Dtn 26,16-18, wenn es den folgenden Text als Grundlage einer Vereidigung konkretisiert[179]. Eidesleistung und Selbstverfluchung können ineinander übergehen[180], daher dürfte Dtn 4,45 auf Dtn 27 vorausweisen. Dtn
4,46 kann als Fortsetzung von 4,45 gelesen werden, da sachlich präzisiert
wird, welche konkrete Situation während des Exodus gemeint ist, nicht je-

---

[175] Lohfink, *Neubegrenzung*, 1 Anm.2
[176] Daß Dtn 4,44 und 4,45 im Verhältnis vom Allgemeinen zum Konkreten stehen, hat
schon A. Dillmann *Deuteronomium KEH 13*, 261, gesehen.
[177] So mit LXX, die noch kein waw las. Vgl die ausführliche Diskussion der textkritischen Problematik bei Lohfink (*Neubegrenzung*, 2).
[178] So Lohfink, *Hauptgebot*, 58; vgl. auch P. Buis, Rezension von G. Seitz, Redaktionsgeschichtliche Studien zum Deuteronomium, BWANT 93, 1971, in: ThPhil 48 (1973), S.243.
Nach Braulik (*Ausdrücke*, 63f. = *Studien* 35f.) bezeichnet es das gesamte Gesetz.
[179] Vgl. hierzu K. Watanabe (Die adê-*Vereidigung* anläßlich der Thronfolgeregelung
Asarhaddons, Baghdader Mitteilungen, Beiheft 3, 1987, 9ff), deren Untersuchung zeigt,
daß das assyrische adê ein aramäisches Lehnwort ist und nicht Vertrag bzw. Vertragsfor-
mular bedeutet, sondern die Vereidigung von Bündnispartnern - Bündnis im weitesten Sinne des Wortes. Die Analysen von A. Lemaire/ J. M. Durand zur Etymologie und Semantik
von adê lassen für die Verwendung des Begriffes im Aramäischen und Hebräischen an eine
eingeschränktere Bedeutung denken.ʿdy bzwʿedut "sont essentiels des pactes faisant
appel aux "grands dieux" des contractants com "témoins",... Cet appel aux divinités-témoins
est essentiel aux adê..." (dies., *Appendice* I. Un problème d'équivalence semantique Assyro-
Hebraique. in: dies. Les Inscriptions Araméennes de Sfiré et l'Assyrie des Shamshi-ilu.
HEO 20.Genève/Paris 1984, 91-106; ebenda 105). Zum Zusammenhang von ערת und adê
vgl. C. van Leeuwen, Art. עד ʿēd Zeuge, in: THAT II (1976) 209-221, 219; T. Veijola, Zur
Ableitung und Bedeutung von HEʿID I im Hebräischen. Ein Beitrag zur Bundesterminologie, UF 8, 1976, 343-351, bes. 346ff; Simian-Yofre/ H. Ringgren, Art. עוד ʿwd, in: ThWAT
V (1986) 1107-1130, 1109f. N. Lohfink erwägt die Möglichkeit, daß ערדות "Lehre" bedeutet,
mithin eine ältere Bezeichnung für den später "Tora" genannten Korpus wäre, vgl. ders.
ʿd(w)t im Deuteronomium und in den Königsbüchern, BZ 35. 1991. 86-93, insbes. 92f.
[180] Vgl. das Beispiel bei Watanabe, *Vereidigung*, 167 und dies., *Vereidigung*, 28f.

ne am Horeb, sondern die in Moab. Die Aussage ist notwendig, um alle Mißverständnisse auszuschließen[181].

Seitz' Behauptung, daß Dtn 5,1 die ursprüngliche Fortsetzung von 4,44 sei, beruft sich auf seine Annahme, daß in Reihe B auf die Überschrift immer unmittelbar eine Redeeinleitung folge[182]. Dieser Sachverhalt läßt sich aber bereits für 1,1 nicht nachweisen, da die Redeeinleitung erst in 1,5 steht[183]. Die Redeeinleitungen von Dtn 29,1 und Dtn 33,2, die den diesbezüglichen Überschriften Dtn 28,69 und Dtn 33,1 folgen, unterscheiden sich deutlich voneinander, sie haben nicht dieselbe Funktion. Von der Reihe A bleibt nur die Überschrift in Dtn 12,1, die für sich allein schwerlich ein Überschriftensystem bilden kann[184]. Einzig die Überschriften der Reihe B sind durch formale und inhaltliche Bezüge untereinander verbunden. Synchron betrachtet sind sie ein untereinander verbundenes System von Überschriften[185].

Ein älteres Überschriftensystem, das sich nur auf den Grundbestand des Dtn von Kapitel 5-26 bezieht, ist nicht nachweisbar. Als Anhaltspunkt für die Zurechnung der historisierenden Gebotseinleitungen zu einer bestimmten Redaktionsschicht bzw. einem frühen Stadium der Gesetzessammlung sind Dtn 4,45; 6,1; 12,1 im Sinne von Seitz[186] nicht verwendbar.

Die historisierenden Gebotseinleitungen

Die historisierenden Gebotseinleitungen[187] sind 25 untereinander recht verschiedenen Gesetzen vorgeordnet. In unterschiedlichen Aussagen wer-

---

[181] Die Aussagen von Dtn 4,44-46 beziehen sich auf jene in Dtn 1,1.5 zurück.

[182] Seitz, *Studien*, 26. Seine Argumentation geht von den Überschriften in Dtn 28,69 und Dtn 33,1 aus, denen unmittelbar eine Redeeinleitung folgt. Der Umstand, daß Dtn 5,1 eine Redeeinleitung ist, kann die Zusammengehörigkeit von Dtn 4,44 und 5,1 und die literarische Sekundarität von Dtn 4,45-4,49 in diesem Kontext allein nicht begründen. Die Argumentation von Seitz setzt hier voraus, was er zu beweisen hätte.

[183] Die Einleitungen Dtn 1,1-5 und Dtn 4,44-5,1 laufen in ihrer Argumentation parallel, stimmen aber nicht völlig überein. Dtn 1,1-5 präzisiert lokal und temporal die Angaben von Dtn 4,44ff. Die vage Ortsangabe in Dtn 4,46a stimmt mit jener in Dtn 3,29 und Dtn 34,6a fast völlig überein. Die Anspielung auf den Todesort Moses dürfte nicht zufällig sein. Die Ortsangaben in Dtn 1,1b sind geographisch präziser als jene von Dtn 4,46, doch enthält Dtn 1,1b keine Anspielungen mehr auf den Todesort Moses. Es ist gleichfalls zu bemerken, daß in Dtn 1,3b die Autoritätsbeziehungen zwischen JHWH-Mose-Israel genau definiert werden, während Dtn 4,44-5,1 dadurch auffällt, daß die Größe 'JHWH' fehlt und folglich das Autoritätsverhältnis Mose-Israel nicht geklärt wird. Differenzen wie wechselseitige Bezüge zwischen Dtn 1,1-5 und Dtn 4,44-5,1 machen wahrscheinlich, daß diese beiden Stücke unterschiedlichen Autoren zu verdanken sind.

[184] Einige inhaltliche Anspielungen auf die Aussagen von Dtn 12,1 finden sich in Dtn 4,1.

[185] Die Entsprechungen zwischen Dtn 1,1-5 und Dtn 4,44-49, sowie die Wiederaufnahme des Stichwortes תורה in Dtn 4,44 zeigen, daß diese beiden überschriftartigen Einleitungen diachron nicht auf derselben Ebene stehen. So schon Kleinert, *Deuteronomium*, 168 Anm. 1.

[186] Seitz, *Studien*, 97ff.108ff.

[187] Der Sache nach wurden sie schon von P. Diepold (*Israels* Land, BWANT 95, Stuttgart 1972, 91ff) als eigene Gebotsgruppe erkannt, der auch darauf hinweist, daß die tempo-

den die Gesetze durch strukturell ähnliche Vor-Sätze eingeleitet, die Gültigkeit und Vollziehbarkeit des Gesetzes an das Hineinkommen in das Land - und gegebenenfalls das Wohnen im Lande - binden.

Da sowohl dem Königsgesetz wie auch dem Prophetengesetz im Deuteronomium eine historisierende Gebotseinleitung vorgeschaltet ist, beide aber unterschiedliche syntaktische Strukturen aufweisen, sollen alle 25 Vorkommen einer vergleichenden Analyse unterzogen werden. Syntaktische Unterschiede, Variation der Hauptaussagen unter Verwendung weniger geprägter Wendungen, weite Streuung (von Ex 12,25 bis Dtn 27,2f.) bei gleichzeitig ungleicher Konzentration in einzelnen Partien der Bücher Ex - Dtn lassen vermuten, daß sie weniger als Zeichen einer "Disposition des Gesetzeskorpus für ein bestimmtes Stadium der Entwicklung"[188] des Dtn denn als Indices der Entwicklung einer theologischen Vorstellung zu deuten sind, die nicht bruchlos einer Redaktion zugerechnet werden können. Ihr gehäuftes Vorkommen in den Rahmenpartien des Dtn sowie der Umstand, daß über 50 % der historisierenden Gebotseinleitungen in den Büchern Ex bis Num vorkommen, charakterisieren sie nicht gerade als "strukturbildende Elemente des Ur-Dtn"[189].

Allen historisierenden Gebotseinleitungen liegt die Fiktion zugrunde, daß Israel sich zum ersten Mal im Land niederläßt. Die Reflexion bestimmter Gebote im Lichte dieser Vorstellung hat dazu geführt, daß eine heterogene Gruppe von Gesetzen, die den Kult ebenso betreffen wie die Regulierung der öffentlichen Ordnung, nur sub conditione immigrationis aufgenommen worden sind. Da nur 25 von über 600 Geboten der Tora unter die Erfüllung dieser Bedingung gestellt wurden[190], sollte aus den in

rale Vorordnung nicht temporal zu verstehen sei, sondern der Versuch, eine theologische Entsprechung zwischen göttlichem Handeln und menschlichem Tun aufzuzeigen (93). Seitz (*Studien*, 71 Anm.51), prägte dann den Begriff, wobei er von Lohfinks (*Hauptgebot*, 113ff.) "kleiner Gebotsumrahmung" ausging.

[188] So Seitz, *Studien*, 97.

[189] So Seitz, *Studien*, 110. Hält man mit Lohfink (*Hauptgebot*, 121ff), Ex 12,24-27a und Ex 13,1-16 für protodtn, dann bleibt noch die Frage offen, warum protodtn geprägte Wendungen sich überwiegend in dtr Stücken des Dtn und nicht in eindeutig dtn Partien finden.

[190] Vgl. auch die unter den Rabbinen einsetzende Debatte über die Frage, welche Gesetze außerhalb des Landes Geltung besitzen. So Mischna-Traktat Menahot IX,1; M Temurah III,5; M Hallah IV,11; Gemara TB zu Temurah 21a; Mischna Traktat Kiddušin I,9. Sifre Deut § 59 (ed. H. Bietenhard/ H. Ljungman, *Sifre* Deuteronomium, Judaica et Christiana 8, Bern 1984, 208) unterscheidet in der Auslegung von Dtn 12,1 zwischen Gesetzen, die am Lande haften und solchen, die an die Person gebunden sind. S. Safrai (The *Land* of Israel in Tannaitic Halacha, in: G. Strecker [ed.], Das Land Israel in biblischer Zeit, 1983, 201-215, 205) hält die Konzeption der 'landabhängigen Gesetze' für eine spätere Reflexion einer alten Vorstellung von der exzeptionellen Heiligkeit des Landes Israel. Aus dem in der Mischna vorhandenen Kriterium 'landabhängiges Gesetz' kann nicht gefolgert werden, daß alle landabhängigen Gesetz im MT durch die historisierenden Gebotseinleitungen gekennzeichnet sind. In der Mischna sind bereits Gesetze einbezogen (vgl. Hallah IV,11), die keine historisierenden Gebotseinleitungen aufweisen, so die Bestimmung über die Erstgeburten Dtn 15,19ff. Vgl. auch N. Lohfink (Zum rabbinischen *Verständnis* von Dtn 12,1, in: Die alttestamentliche Botschaft als Wegweisung. FS H. Reinelt, Stuttgart 1990, 157-161) zu der

diesen Gesetzen vorausgesetzten Sachverhalt erkennbar sein, welcher in ihnen liegende Umstand die Einführung der Bedingung erforderte. Ein für alle vorliegendes Merkmal ist nicht nachweisbar[191]. Doch lassen sich Gemeinsamkeiten zwischen einigen Gesetzen aufzeigen, die diese inhaltlich in einem oder mehreren Punkten übereinstimmen lassen.

Es gibt eine Gruppe von Gesetzen, die einmalige, nur nach der Landnahme zu treffende Maßnahmen anordnen, die jedoch in ihrer Wirkung andauern. Es handelt sich um folgende Gesetze: die Festsetzung der Landesgrenzen in Num 34,2f; die Anordnung, Segen und Fluch nach der Jordanüberquerung auf Garizim und Ebal zu legen in Dtn 11,29f; sowie die Anweisung in Dtn 27,2f, nach der Jordanüberquerung Steine aufzurichten, auf die die Tora zu schreiben ist.

Zwei Gesetze, die Passahbestimmung von Ex 12,25 und jenes über das Fest der ungesäuerten Brote Ex 13,5f, beziehen sich auf vor der Niederlassung geübte Bräuche, die von der Überlieferung in der Exodustradition verankert worden sind. Die Konditionalisierung garantiert hier ihre Ausübung unter veränderten Lebensbedingungen.

Diesen nahe stehen jene Gesetze, die das erste Gebot in Konfrontation mit den Landessitten einschärfen bzw. auslegen. Das Gebot der Alleinverehrung JHWHs konfligiert offenbar mit der hier bekämpften Überzeugung, daß die Einwanderer religiöse Landessitten zu übernehmen und die Landesgötter zu verehren hatten[192]. Ex 13,11ff. betont, daß das Erstgeburtsopfer JHWH darzubringen ist. Ex 23,23ff verbietet die Verehrung der Landesgötter[193] und gebietet die Zerstörung nichtjahwistischer Kultsymbole. Num 33,51f befiehlt die Zerstörung von 'kanaanäischen' Kultstätten und Kultsymbolen. Dtn 6,10ff und Dtn 8,7ff gebieten, JHWH nicht zu vergessen. Dtn 6,10ff wird das Vergessen gleichgesetzt mit 'anderen Göttern hinterherlaufen', in Dtn 8,7ff jedoch mit 'seine Gebote nicht beachten'[194]. Dtn 7,1ff schärft das Banngebot und Bündnisverbot ein. Dtn 12,29ff weist darauf hin, daß auch nach Ausrottung der Landesbewohner eine Weiter-

---

später einsetzenden rabbinischen Diskussion, die die Geltungseinschränkungen aufzuheben suchte.

191 Seitz (*Studien*, 100) hält hingegen die Auseinandersetzung mit den kanaanäischen Bewohnern für den durchgehenden Zug. Doch das trifft weder für Ex 12,25 (Passahbestimmung) noch für Num 34,2f (Festsetzung der Landesgrenzen) oder für Dtn 19,1ff (Asylstädte) zu.

192 2.Kön 17,25-28 belegt das Vorhandensein dieser Vorstellung in nachexilischer Zeit, vgl. E. Würthwein, *Könige II*, 398.

193 Die Formulierung אלהיהם bezeichnet nicht einfach 'andere Götter' - eine Wendung, die in den historisierenden Gebotseinleitungen nicht vorkommt -, sondern konkret die Götter der namentlich zuvor genannten Vorbewohner.

194 Sieht man mit Lohfink (*Hauptgebot*, 192ff), in Dtn 8,7ff einen weiterführenden Kommentar zu Dtn 6,10ff, dann ist die hier vorherrschende Tendenz zur 'Entmythologisierung' bzw. 'Entsakralisierung' offenkundig. Vgl. ebenfalls M. Weinfeld, On *'Demythologization* and Secularisation' in Deuteronomy, in: IEJ 23. 1973. 230-233 und ders., *Dtn* 396f.

führung ihrer religiösen Praktiken verboten sei[195]. Dtn 18,9ff sieht wie ein Auszug aus einem Verzeichnis 'kanaanäischer' Kultfunktionäre aus[196]. In Israel werden diese Kultfunktionäre mit Berufsverbot belegt, ihre Funktion wird aber akzeptiert, Kontakt mit der Gottheit zu gewährleisten. Der Prophet tritt als einziger Vermittler an ihre Stelle.

Die Abfolge der Gesetze mit historisierender Gebotseinleitung, die das erste Gebot auslegen, scheint einer internen Logik zu folgen. Ex 13,11ff erklärt die Verehrung von Fruchtbarkeitsgöttern für überflüssig, bzw. macht sie gegenstandslos. Ex 23,23ff schreitet auf dieser Linie weiter, wenn die Verehrung sämtlicher Landesgötter verboten wird. Num 33,51f räumt mit der materialen Erbschaft der Götter auf. Dtn 6,10ff greift noch einmal auf Ex 23,23ff. zurück, aktualisiert und weitet die Bestimmung insofern aus, als jetzt nicht nur die Verehrung der Landesgötter, sondern anderer Götter generell verboten wird. Dtn 7,1ff untersagt jegliche vertragliche Beziehung zu den Völkern, die andere Götter verehren[197]. Dtn 8,7ff setzt die Erfüllung der vorausgegangenen Verbote voraus und füllt die entstandene Lücke positiv - Halten der Gebote JHWHs - aus, darin durchaus vergleichbar Ex 13,11ff und Dtn 18,9ff. Dtn 12,29ff und Dtn 18,9ff antworten auf die Frage, ob bei aller vorausgegangenen Radikalität die Errungenschaften dieser nunmehr vernichteten religiösen Zivilisation nicht wenigstens zu bewahren wären, und verneint sie ohne Einschränkung. Dabei bleibt Dtn 18,9ff nicht bei der reinen Negation stehen, sondern macht ein Alternativangebot.

Eine vierte Gruppe von Gesetzen wird durch jene Bestimmungen gebildet, die ein längeres Wohnen im Lande und im Einzelfall Land- und Viehwirtschaft als ökonomische Basis voraussetzen. Lev 14,33ff behandelt die bei Hausaussatz zu beachtenden Vorschriften. Lev 19,23ff legt fest, daß die Früchte der Obstbäume drei Jahre nicht berührt werden dürfen, im vierten Jahr sind sie JHWH zu weihen, und erst im fünften Jahr für den allgemeinen Verzehr freizugeben. Lev 23,10ff bestimmt, daß die Erstlingsgarbe JHWH darzubringen sei. Lev 25,1ff verkündet die im Lande zu haltende Ordnung des Sabbatjahres. Num 15,1ff verlangt, daß bei freiwilligen Opfern eine bestimmte Menge vegetabilischer 'Beigaben' mitzuopfern sei. Num 15,17-21 ordnet an, daß von dem ersten Brotmehl, JHWH eine Gabe darzubringen sei. Dtn 26,1ff befiehlt, daß alle Erstlingsfrüchte des Landes JHWH zu weihen. Num 35,10ff und Dtn 19,1ff gebieten, daß Asylstädte

---

[195] Diese scheinbar - nach Dtn 7,1ff. - überflüssige Bestimmung belegt mit dem fingierten Selbstgespräch in Dtn 12,30b, daß die Verfasser mit der Überzeugung zu rechnen hatten, daß es von den Bewohnern unabhängige Landesgötter gab, die auch unabhängig von der jeweiligen Bewohnerschaft zu verehren waren. Das setzt jedenfalls die Frage in 12,30b voraus. Die bestimmte Antwort in 12,31a nimmt der Frage die verborgene Spitze, wenn sie die Übertragung der kanaanäischen Kultsitten auf JHWH verbietet.

[196] Vgl. J. Renger, *Untersuchungen* zum Priestertum in der altbabylonischen Zeit, ZA 58 .1967. 110-188; ZA 59. 1969. 104-230; und ders. (Örtliche und zeitliche *Differenzen* in der Struktur der Priesterschaft babylonischer Tempel, in: Le temple et le culte, 1975, 108-115) zu den einzelnen an babylonischen Tempeln und in ihrem Umfeld ausgeübten Berufen.

[197] Zum Verständnis von חרם in Dtn 7 vgl. C. Schäfer-Lichtenberger, *Bedeutung* und Funktion von Ḥerem in biblisch-hebräischen Texten, in BZ 38/1, 1994; zum Verständnis der Komposition von Dtn 7 vgl. dies., *JHWH*, Israel und die Völker aus der Perspektive von Dtn 7, in BZ 39, 1995.

auszusondern seien[198]. Dtn 12,20ff, die Freigabe der Schlachtung, gehört unter dem Aspekt 'längeres Wohnen im Lande' noch zu den gerade angeführten Gesetzen der vierten Gruppe, ebenso wie das Königsgesetz Dtn 17,14ff. Sieht man einmal davon ab, daß Dtn 12,20ff als einziges Gesetz aus der gesamten Reihe der HG-Gesetze[199] die Zentralisation des Kultes ausdrücklich voraussetzt[200], so hebt sich dieses Gesetz noch durch einen anderen Umstand, den es mit Dtn 17,14ff gemeinsam hat, von der Grundkategorie 'Gesetz' ab. Dtn 12,20ff wie Dtn 17,14ff kleiden eine Erlaubnis in das Gewand eines Gesetzes. Als letztes Glied der Reihe bleibt Dtn 11,31f übrig, das in Gebotsform allgemein das Halten der vorgelegten Bestimmungen fordert.

Die HG-Gesetze lassen sich unter verschiedenen Aspekten zu Gebotsgruppen zusammenstellen. Fragt man z.B. nach dem Sprecher dieser Verordnungen, so ist bemerkenswert, daß alle in den Büchern Lev und Num gesammelten Bestimmungen dieser Art sowie Ex 23,23ff als JHWH-Rede[201] auftreten, die übrigen Exodus- und Deuteronomiumbelege als Moserede stilisiert sind.

Ein Aspekt, der für das Verständnis von Dtn 17,14ff erheblich ist, ist jener, der die Gesetze danach unterscheidet, ob sie eine Handlung/Unterlassung zwingend als unmittelbare, quasi automatische Folge der Landnahme/Landgabe vorschreiben, so fast die Mehrheit der außerdtn Gesetze und die meisten der dtn Gebote, oder ob diese Handlung nur zu erfolgen hat, wenn ein vorausgehender Sachverhalt feststellbar ist. Dabei gilt, daß die Herbeiführung dieses Sachverhaltes nicht Gesetz ist. In diese Kategorie gehören neben dem schon erwähnten Königsgesetz Dtn 17,14ff auch Dtn 7,1ff; 12,20ff; Lev 14,33ff; 19,23ff; 23,10ff und Num 15,1ff.

Lev 14,33ff umschreibt den möglichen Sachverhalt in V.34b mit ונתתי נגע צרעת בבית אחזתכם ארץ, ein Umstand, dessen Eintreten weder menschlichem Einfluß unterliegt noch wünschbar ist. Lev 19,23ff ist nur anzuwenden für den Fall ונטעתם כל עץ מאכל(V.23aβ). Lev 23,10ff wird die Anwendungssituation konkretisiert וקצרתם את קצירה(V.10a). Num 15,1ff macht das vegetabilische Opfer zu einem Zwangsopfer, das fällig wird, wenn ein freiwilliges Schlachtopfer dargebracht wird[202]. Die in Num 15,1ff aufgezählten Opfer gehö-

---

[198] In der historisierenden Gebotseinleitung von Num 35,10 findet sich weder die Landgabe- noch die Landnahmeformel, sondern die Formel vom Jordanübergang. Hier ist von der Wahl der Asylstädte diesseits und jenseits des Jordans die Rede, die Landgabe-bzw. die Landnahmeformel wäre auf dem Hintergrund der Fiktion 'Israel im Ostjordanland, bereit zur Einwanderung ins Westjordanland' dem Sachverhalt nicht angemessen. Da Dtn 19,1ff nur von drei Asylstädten redet, die Landgabeformel vorgeschaltet ist, dürften die drei Städte westjordanische sein.

[199] HG-Gesetze = Gesetze mit historisierender Gebotseinleitung.

[200] Dtn 17,15aß kann als Anspielung an das Zentralisationsgesetz gelesen werden.

[201] Zur Stilisierung als JHWH-Rede und ihrer legitimatorischen Funktion vgl. R. Rendtorff, Die *Gesetze* in der Priesterschrift, FRLANT 62,(1954[1]) 1963[2], 67ff.

[202] H. Holzinger (*Numeri*, KHC IV, 1903, 61), hält die Bestimmungen von Num 15,1ff für eine Nacharbeit zu Lev 2. Lev 2 redet nur von vegetabilischen Opfern, legt ihre Menge aber nicht fest. Dagegen finden sich blutige und unblutige Opfer in Lev 6 unverbunden nebeneinander. Ez 46,5ff kennt auch vegetabilische Beigaben zu blutigen Opfern. Die Kombination der Opfer von Lev 6 in Num 15,1ff scheint Num 15,1ff als Folgebestimmungen zu

ren zu denen, deren Darbringung vom Willen der Kultteilnehmer abhängt[203] . Nicht in das Belieben der Kultteilnehmer sind dann die Modalitäten dieser freiwilligen Opfer gestellt. Die Bestimmung von Dtn 7,1ff ist vollziehbar, wenn JHWH die in V.1b (ונשל מפניך גוים־רבים) und V.2a (ונתנם יהוה אלהיך לפניך) angekündigten Ereignisse hat eintreten lassen. Dtn 12,20ff setzt das Zentralisationsgesetz voraus und geht dann von der Möglichkeit der Gebietsausweitung durch JHWH aus. Angesichts der dadurch gewachsenen Entfernung zum Heiligtum wird die Möglichkeit konzediert, daß das Heiligtum vom Wohnort des Israeliten für das 'alltägliche' Schlachten zu weit entfernt ist. Sofern dann jemand doch Fleisch essen möchte, obwohl ihm eine Schlachtung am Heiligtum aus äußeren Gründen nicht möglich ist, darf er an seinem Wohnort schlachten. Da JHWH selber durch die Erweiterung des Siedlungsbereiches die Unmöglichkeit geschaffen hat, Fleisch entsprechend sakral-ritueller Tradition im täglichen Leben zu genießen, wird diese Tradition für nicht mehr bindend erklärt. Der Israelit, der Fleisch nach wie vor sakral-rituell essen will, muß sich an seinem Wohnort vegetarisch ernähren.

Dtn 17,14ff folgt einer vergleichbaren Argumentationsstruktur wie Lev 14,33ff; 19,23ff; 23,10ff; Num 15,1ff; Dtn 7,1ff und 12,20ff. Auf die Nennung der Bedingung im yiqtol folgt die Landgabeformel[204]. Dtn 12,20; Lev 14,34; 19,23 und Num 15,3 nennen darauf einen weiteren Umstand, dessen Eintreten Voraussetzung für die Anwendung der folgenden Bestimmung ist. Diese Aussagen erfolgen im waw-qatal. In Dtn 17,14 werden zunächst mit ירש und ישב Landnahme und Niederlassung ausdrücklich als Folge und Voraussetzung genannt.

Eine ähnliche Betonung der Zweiseitigkeit des Geschehens findet sich noch innerhalb der Reihe der historisierenden Gebotseinleitungen in Dtn 11,31; 12,29; 19,1 und 26,1. Die Wendung von 26,1 ist wörtlich mit jener von 17,14 identisch. An den übrigen Stellen wird die Aussage - bedingt durch den Kontext - grammatisch leicht variiert.

Angesichts der selektiven Verwendung dieser geprägten Aussage fragt man sich, ob die Herausstellung der Niederlassung bzw. des Wohnens damit zusammenhängt, daß die so eingeleiteten Gebote eine vollzogene Niederlassung voraussetzen, d.h. sie gelten nicht unmittelbar nach Betre-

dem Zentralisationsgesetz auszuweisen; so mit G. B. Gray, A Critical and Exegetical Commentary on *Numbers*, ICC, (1903), Nachdruck Edinburgh 1976, 171. Die Bestimmung, daß jedes freiwillige Schlachtopfer mit vegetabilischen Beigaben, deren Menge genau festgelegt wird, zu versehen sei, dürfte dann der Sicherung der Versorgung der Priester mit vegetarischer Nahrung dienen. Vgl. R. Rendtorff, Studien zur Geschichte des Opfers im Alten Israel, WMANT 24, Neukirchen-Vluyn 1967, 189f.

[203] Vgl. R. Rendtorff, *Leviticus*, BK III/1, 1985, 66. עלה und זבח sind Apposition zu אשה ליהוה. Das אשה bezeichnet die Kategorie von Opfern, die freiwillig gegeben werden, d.h. die nicht Bestandteil der Liturgie des Festkalenders sind. Vgl. ebenfalls J. Hoftijzer, Das sogenannte *Feueropfer*, in: FS Baumgartner, VT.S 16, 1967, 114-134, 114ff; R. Rendtorff, *Levitikus* 63ff. Mit נדר und נדבה und מעד werden die Anlässe bzw. Ursachen des betreffenden אשה erläutert. Daß es sich nicht um spezielle Opferarten handelt, zeigen die Ausführungen u.a. in Lev 7,16; 22,21; 22,18. Vgl. auch die Artikel von O. Kaiser (נדר, nādạr, nædær, in: ThWAT V, 261ff) und J. Conrad (נדב ndb, in: ThWAT V, 237ff).

[204] Vgl. Num 15,2. In Dtn 12,20 wäre die Landgabeformel nicht angemessen, der Rückverweis hat hier vergleichbare syntaktische Funktionen. Dtn 12,20-25 dürfte eine spätere, restriktive Ergänzung zu Dtn 12,15 sein, so mit D. W. Skweres, *Rückverweise*, 71. 72 Anm. 306, 171f.

ten des Landes. Dtn 19,1f, die Aussonderung der Asylstädte, setzt voraus, daß sämtliche Israeliten seßhaft geworden sind, ansonsten wäre der Sinn des Gesetzes, jedem Israeliten in etwa vergleichbarer Entfernung ein Asyl zu garantieren, nicht einlösbar. Die Aufforderung, alle Gebote zu halten, in Dtn 11,31, ist, da es Gebote wie 19,1f oder 26,1f gibt, die eine gewisse Zeit der Niederlassung implizieren, auch nicht sofort nach der Jordanüberquerung zu verwirklichen. Dtn 12,29ff, das Verbot, die religiösen Landessitten nach der Ausrottung der Landesbewohner weiterzuführen, setzt gleichfalls die Situation der 'Ruhe im Lande' voraus. Die ausdrückliche Erwähnung des Wohnens im Lande dürfte den Zeitpunkt des Inkrafttretens der betreffenden Bestimmung präzisieren.

Das Königsgesetz tritt, anders als die Opferbestimmung von Num 15,1ff, erst nach der Seßhaftwerdung in Kraft. Der Zeitpunkt allein, ab dem ein Gesetz Geltung erlangt, besagt von sich aus noch nichts über seine Anwendung. Wie Num 15,3 zeigt, muß unter Umständen eine weitere Bedingung erfüllt sein, bevor das Gesetz ausgeführt werden kann. Lev 23,10aγ kennt eine Num 15,3 funktionell vergleichbare Klausel und formuliert sie syntaktisch entsprechend der Aussage von Num 15,3aα. Dtn 17,14 ebenso wie Dtn 12,20; Lev 23,10 und Num 15,3 konstatieren, daß ein spezifischer Sachverhalt vorliegen muß, bevor die folgende Bestimmung vollzogen werden kann. Der Adressat des Gesetzes wird in Dtn 12,20 wie in Dtn 17,14 mit einem Wunsch zitiert, dessen Erfüllung die auf das Zitat folgenden Bestimmungen regulieren sollen. Anders betrachtet heißt das, die Anwendung der Bestimmung wird davon abhängig gemacht, daß der Angesprochene den betreffenden Kasus überhaupt eintreten lassen will. So wie ein der fleischlichen Nahrung abholder Israelit durch Dtn 12,20ff nicht zum Fleischverzehr verpflichtet wird, so wenig wird ein der Monarchie abgeneigtes Israel zur Königswahl gezwungen[205]. Daß an beiden Stellen nach dem Muster argumentiert wird "Falls du so und so denken solltest, dann hast du wie folgt zu reagieren ...", zeigt das Zitat der ausdrücklich als Gedanken gekennzeichneten Aussage von Dtn 8,17, das genauso wie Dtn 12,20 und Dtn 17,14 mit ואמרת eingeleitet wird.[206]

Überlegungen zur Struktur der historisierenden Gebotseinleitung
Etwas über die Hälfte der historisierenden Gebotseinleitungen (13) findet sich in den Büchern Ex-Num, der Rest im Dtn. Von den 12 dtn Stellen

---

205 Der vermeintliche Widerspruch zwischen Dtn 17,14ff und 1.Sam 8,4-10 hat schon früh unter den jüdischen Kommentatoren zu einer immer wieder aufgenommenen Debatte geführt, vgl. N. Leibowitz, *Studies* in Devarim, Deuteronomy, Jerusalem (1980¹) 1986⁵, 176ff. Die Debatte läßt sich bis zu den Tannaiten zurückverfolgen - vgl. Sanh. 20b. R. Nehoraj interpretierte Dtn 17,14ff als Konzession an die menschliche Natur. Abravanel nimmt in seinem Kommentar das Argument Nehorajs auf und baut es aus, vgl. Isaac Abravanel, On the Pentateuch, Jerusalem 1979, 166f. Leibowitz, *Studies*, 179, folgert: "Scripture does not record here an absolute command to appoint a king, but merely permission to appoint one, ...".

206 Neben Jes 14,13 die einzigen Gedankenzitate, die so eingeleitet werden im Alten Testament.

kommen nur 5 innerhalb von Dtn 12-26 vor. Angesichts der Gesamtzahl der in Ex-Num wie in Dtn 12-26 gesammelten Gesetze kann die historisierende Gebotseinleitung nicht als typische dtn Gebotseinleitung betrachtet werden. Die relative Konzentration in den Rahmenpartien des Dtn gibt Anlaß zu der Vermutung, daß sie nicht Kennzeichen des dtn Grundbestandes ist[207].

Die Streuung in den Büchern Ex-Num stützt diese Beobachtung. Die formale und inhaltliche Analyse ihrer Struktur wie ihres Kontextes kann die Frage, ob in Ex-Num dieselben Verfasser, was den Gebrauch dieser Formel betrifft, an der Arbeit waren wie in Dtn, beantworten helfen. Untersucht man die syntaktische Struktur dieser geprägten Wendung[208], so fällt auf, daß sie fast immer[209] aus einem mit כי eingeleiteten Vordersatz[210] besteht, dem in der Regel ein mit אשר beginnender Relativsatz folgt[211].

Der Vordersatz ist in der Regel ein Verbalsatz mit einem Verb im Hiphil-yiqtol + Subjekt JHWH (Ex 13,5; 13,11; Dtn 6,10; 7,1; 11,29; 12,20; 12,29; 19,1) oder im reinen yiqtol (Ex 12,25; Lev 14,34; 19,23; 23,10; 25,2; Num 15,2; Dtn 17,14; 26,1; 27,2). Die Hiphilform des Verbs בוא verweist durch das Suffix der 2. Ps. Sing. auf das Objekt Israel (Ex 13,5; 13,11; Dtn 6,10; 7,1; 11,29; 12,20; 19,1), worauf als Subjekt JHWH (Ex 13,5; 13,11) bzw. יהוה אלהיך (Dtn 6,10; 7,1; 11,29) folgt. In allen Verbalsätzen mit den Verben בוא und עבר folgt gleichlautend darauf die Angabe אל (ה)ארץ[212]. Tentativ werden im folgenden - ausgehend von der ersten Aussageeinheit der historisierenden Gebotseinleitungen - drei Reihen unterschieden. Merkmal der Reihe I ist x-yiqtol/Grundstamm. Kennzeichen der Reihe II x-yiqtol/hiphil. In Reihe III steht als erste Aussage ein Nebensatz. Die Klassifizierung ist rein heuristisch und besagt noch nichts über Beziehungen und Abhängigkeiten zwischen den Reihen aus. Die Frage, ob hier - erzähltechnisch betrachtet - nur Varianten einer Form vorliegen, oder ob gerade aus der Perspektive des Erzählers die Notwendigkeit zur Bildung mehrerer Schemata entstand, kann erst beantwortet werden, wenn die

---

[207] Dieser Sachverhalt wird evident, setzt man das absolute Vorkommen der historisierenden Gebotseinleitung in den Rahmenpartien und jenes in Dtn 12-26 zu der aus der Zahl der Gesetze sich ergebenden potentiellen Verwendbarkeit der Formel in Bezug. Da die Zahl der Gesetze in Dtn 1-11; 27-34 erheblich geringer ist als in Dtn 12-26, steht die Häufigkeit des Auftretens von historisierenden Gebotseinleitungen im umgekehrten Verhältnis zur Zahl der vorkommenden Gesetze, die Dichte der Verteilung ist in den Rahmenpartien höher.

[208] Syntaktische Probleme dieser und auch anderer Texte konnte ich im Gespräch mit Prof. Johannes Floß (Aachen) klären.

[209] Ausnahme: Num 15,17 und Dtn 27,2.

[210] Vor dem כי steht in wenigen Fällen das Aufmerksamkeitssignal והיה, so in Ex 12,25; 13,5; 13,11; Dtn 6,10; 11,29; 26,1.

[211] Ausnahmen: Dtn 8,7 folgt eine Apposition, Num 34,2 ein asyndetischer Nebensatz, Num 33,52 und 35,11 folgt im w-qatal die Gebotsbestimmung, Ex 23,24 desgleichen, doch steht hier x-yiqtol.

[212] Sofern keine nähere Bestimmung zu ארץ folgt, ist es determiniert, Ausnahme Ex 23,23.

Varianz innerhalb eines Schemas geklärt ist und die Strukturen der vermeintlich divergierenden Formen verglichen sind.

Von den 18 x-yiqtol-Sätzen haben 13 das Verb בוא (Ex 12,25; 13,5; 13,11; Lev 14,34; 19,23; 23,10; 25,2; Num 15,2; Dtn 6,10; 7,1; 11,29; 17,14; 26,1). Vier der x-yiqtol-Sätze werden mit anderen Verben gebildet, zweimal mit כרת hiph. (Dtn 12,29; 19,1), einmal mit רחב hiph. (Dtn 12,20) und einmal mit עבר (Dtn 27,2). Die beiden ersten Verbalsatz-Aussagen von Dtn 12,29 und 19,1 sind wörtlich identisch. Der Aufbau dieser beiden Aussagen und jener von Dtn 12,20 ist der Struktur von Reihe II ähnlich (Verb im Hiph. + Subjekt יהוה אלהיך). Dagegen knüpft Dtn 27,2 an die Reihe I an, wenn auf die Nennung des Objekts את הירדן die Aussage אל הארץ mit der Landgabeformel fortgesetzt wird.

Lev 14,33f; 23,9f; 25,1f; Num 15,1f; 15,17f; 33,50f; 34,1f; 35,9f. unterscheiden sich von den übrigen historisierenden Gebotseinleitungen dadurch, daß dem Vordersatz eine Redeeinleitung und eine Redeaufforderung vorgeschaltet sind.

Eine bemerkenswerte Variation des Schemas bietet Ex 23,23. Der Einleitung nach gehört es zu den x-yiqtol-Sätzen, aber nicht Israel, sondern 'mein Bote' ist Subjekt. Diese inhaltliche Veränderung der Aussage erzwingt die Erweiterung durch eine Hiphil-Verbform (waw-qatal) + Suff. 2. Ps. Sing. Das vom Schema vorgegebene אל הארץ ist hier durch eine Aufzählung der kanaanäischen Völker ersetzt. Der Formulierung der Aussage von Ex 23,23 dürften jene der Reihen I und II vorausgegangen sein. Ex 23,23 trägt alle Anzeichen einer Mischform an sich.

Sieben historisierende Gebotseinleitungen sind als Nebensatz formuliert, mit Ausnahme von Num 15,18 liegen Partizipialkonstruktionen vor. Eine partizipiale Abwandlung der Reihe I haben wir in Dtn 8,7. Num 33,51; 35,10 und Dtn 11,29 beschreiben die als Bedingung gesetzte Situation mit den Worten אתם עברים את הירדן. Num 33,51 und 35,10 nennen das Land 'Kanaan', was sie in die Nähe der Umschreibung von Ex 13,5 und 13,11 'Land des Kanaaniters' bringt. Die Anschlüsse variieren, lassen in Num 33,51 und 35,10 aber noch das Vorbild beider Haupttypen erkennen.

Dtn 18,9 beginnt mit כי אתה בא, Num 34,2 mit כי אתם באים. Diese partizipialen Wendungen reflektieren den Sprachgebrauch der Reihe I. Der Nebensatz von Num 34,2aβ entspricht der Aussage des Verbalsatzes von Lev 14,34aα. Dtn 18,9 hat auf der Verbalsatz-Ebene seine engsten Parallelen in Dtn 17,14 und 26,1.

Landnahmeformel - הארץ אשר אתה בא שמה - und Landgabeformel הארץ אשר יהוה נתן לך - sind nicht gleichmäßig verteilt. Die Landgabeformel ist ein weiteres Erkennungszeichen für die Reihe I. Als partizipialer Nebensatz steht sie in Lev 14,33; 23,10; 25,2; Num 15,1; Dtn 17,14; 26,1; 27,2. Sie fehlt in Lev 19,23[213]. Ex 12,25 hat die yiqtol Version der Landgabeformel. In der Reihe der partizipialen historisierenden Gebotseinleitungen schließt die Landgabeformel an das Stichwort הארץ nur in Dtn 11,31 und Dtn 18,9 an. In der Reihe II kommt die Landgabeformel nur einmal in Dtn 19,1 in einer dem Kontext angepaßten Abwandlung vor. Charakteristisch für diese Reihe ist das Vorkommen zweier Ausdrücke, der Landnahmeformel in Dtn 7,1; 11,29 und 12,29, sowie einer geprägten, aber weniger formelhaften Wendung über den Väterschwur JHWHs und seines Inhaltes, die sich in Ex 13,5; 13,11 und Dtn 6,10 findet. Die Ausgangsform dieser Wendung findet sich in Ex 13,5 ארץ ... נשבע לאבתיך לתת לך. Dtn 6,10 erläutert 'deine Väter' durch die Namen der

---

[213] LXX hat sie!

Patriarchen. Ex 13,11 dehnt den Väterschwur auf das angeredete 'Du' aus ארץ ... נשבע לך ולאבתיך und verwandelt die Infinitivkonstruktion in ein waw-qatal ונתנה לך[214].

Zum Grundbestand der historisierenden Gebotseinleitungen gehören zwei aufeinander bezogene Aussagen, deren erste regelmäßig die ihr entsprechende zweite nach sich zieht[215]. Sie thematisieren das Beziehungsdreieck JHWH-Israel-Land. Das Vorliegen der Doppelaussage und die Ausprägung zweier Landformeln zeigt, daß das Land die Größe ist, über die das Verhältnis JHWH-Israel beschrieben wird.

Die syntaktische Struktur der Aussagen hängt davon ab, von welchem Punkt des Dreiecks der Erzähler die beiden anderen Punkte in den Blick bekommt. Ist der Ausgangspunkt JHWHs Handeln an Israel (yiqtol/hiph.), dann kann im Gegenzug die Aussage über Israels Reaktion folgen (Dtn 7,2; 11,29; 12,29). Die Ausgangsperspektive kann jedoch beibehalten werden in der zweiten Aussage durch den Verweis auf den Vätereid (Ex 13,5; 13,11; Dtn 6,10). Das von der ersten Aussage als zukünftig gesetzte Beziehungsfeld wird so substantiell historisiert. Die potentielle Möglichkeit der Nichtverwirklichung der Zukunftsaussage wird minimalisiert dadurch, daß der Handlungsschwerpunkt bei JHWH verbleibt und nicht, wie bei Weiterführung der ersten Aussage durch die Landnahmeformel auf die Seite Israels verlagert wird. Aus dieser Perspektive betrachtet, scheint es logisch, daß in Dtn 8,7 die eigentlich hier zu erwartende Landnahmeformel fehlt und an passender Stelle in 8,10bβ die Landgabeformel steht. Denn in Dtn 8,7 wird ein Gedankengang eingeleitet, der in 8,14 sein Ziel mit der Warnung vor Selbstüberschätzung und Hybris Israels erreicht. Die Doppelaussage von Dtn 19,1, in der die Landgabeformel steht, im Gegensatz zu der Doppelaussage von Dtn 12,29, die in ihrer ersten Aussage identisch mit jener von Dtn 19,1 ist, belegt, daß diese Kombination die theologische Aussage "JHWH ist derjenige, der handelt" hervorheben soll.

Setzt der Erzähler, wie die Beispiele der Reihen I und III veranschaulichen, mit Israels Handeln ein, dann folgt in der Regel[216] die Landgabeformel und damit die Hinwendung der Aufmerksamkeit zu JHWH (Dtn 17,14; 26,1; 27,2; Ex 12,25; Lev 14,34; 23,10; 25,2; Num 15,2/ Reihe III: Dtn 11,31; 18,9; Num 15,18). Zu denken gibt, daß die Landgabeformel mit Ausnahme von Ex 12,25 (hier steht sie situationsangepaßt im yiqtol) syn-

---

[214] LXX hat in ihrer Vorlage offenbar das erste לך nicht gelesen, das waw-qatal aber gehabt, wie ihre Unterscheidung in der Übersetzung zwischen 13,11 und 13,5 zeigt. Die Buchstabenfolge läßt eine Dittographie, auch wenn man die verschiedenen Kursivschriften berücksichtigt, wenig wahrscheinlich erscheinen. Bei einem Abschreiberversehen im hebr. Text wäre das לך wohl eher hinter לאבתיך geraten. Die Position von לך direkt hinter נשבע deutet auf eine Entwicklung der theologischen Vorstellung, so wie sie sich in Ex 13,5 darstellt, hin. Die Umwandlung der Infinitivkonstruktion ist nicht nur stilistisch motiviert, sondern löst den 'Automatismus' zwischen Schwur und Landgabe auf.

[215] Das ist in 18 von 25 Nennungen der Fall.

[216] In Reihe I fehlt die Landgabeformel nur in Lev 19,23; in Reihe III jedoch in Num 33,51; 35,10; Num 34,2 hat eine andere, die Passivität Israels betonende Aussage.

taktisch immer im x-qotil steht. Damit dürfte nicht nur die Gegenwart des
Sprechers angezeigt sein, sondern theologisch die Vorrangigkeit der
Landgabe JHWHs vor der in der ersten Aussage im yiqtol berichteten
Landnahme Israels.

Die Beispiele Ex 23,23 (Reihe I) und Num 15,18 (Reihe III), deren syntaktische Struktur vom Grundmuster abweicht, verdeutlichen, daß die Zweigliedrigkeit der historisierenden Gebotseinleitungen zu ihrer Grundstruktur gehört. Num 15,18 stellt die Balance zwischen menschlicher und göttlicher Handlung dadurch her, daß die Landnahmeformel, in
der sonst immer Israel als handelnd beschrieben wird, zwar übernommen, aber die Aussage, grammatisch entsprechend abgewandelt, auf JHWH übertragen wird.

Ist die 'duale' Perspektive charakteristisch für die historisierenden Gebotseinleitungen, dann dürften die Abweichungen von der ihr zugrundeliegenden theologischen Vorstellung ein Merkmal späterer Entwicklung
sein. Das Fehlen der üblichen assoziativen Aussage in Dtn 8,7; Lev
19,23ff; Num 33,51f; 34,2f; 35,10f kann - da das Stichwort ארץ auftaucht -
als Abbreviatur[217] der Langform der historisierenden Gebotseinleitungen
gedeutet werden[218]. Sowohl Dtn 12,20ff. wie auch Ex 23,23ff. haben keine
formelhafte 'Landaussage'. Die beschriebene Ausgangssituation weicht
von der Situation ab, die in den übrigen historisierenden Gebotseinleitungen vorausgesetzt wird; zudem fehlt das Stichwort ארץ. Daß
die Formulierung von Ex 23,23ff[219] eher den Endpunkt einer Reihe von
historisierenden Gebotseinleitungen markiert, zeigt zum einen die Abwandlung der Doppelaussage, zum anderen die einseitige Perspektive sub
specie angeli.

An die zweigliedrige Formel der historisierenden Gebotseinleitungen
können sich weitere Aussagen anschließen. Läßt man die bereits behan-
delten Fälle außer Betracht, in denen ein Sachverhalt spezifiziert wird,
beziehen sich die zusätzlichen Äußerungen häufig auf das den Relativsatz
bestimmende Objekt des x-yiqtol Satzes.

Das Land wird seiner Vorzüge wegen gepriesen - Ex 13,5aß; Dtn 6,10b-11; 8,7b-9 - bzw.
durch Stichworte näher gekennzeichnet, so in Ex 13,11a; Lev 14,34; Num 15,2bα; 33,51b;
34,2aß, oder (und) die Relation Israels zum Land durch die Stichworte ירש und ישב bezeichnet, Dtn 7,1b; 11,29b (ירש) und Dtn 11,31b; 17,14aß; 26,1b. Die auf das Land abge-
stimmte Terminologie wird in Dtn 12,29aßb und 19,1ab auf die גוים übertragen, die hier im
zweiten Glied der Formel die Stelle des Landes einnehmen.

---

217 N. Lohfink (Zur deuteronomischen *Zentralisationsformel*, in: Bib. 65. 1984. 297-329,
ebenda 297ff) hat anhand der Zentralisationsformel diesen Vorgang für den Wandlungs-
prozeß formelhafter Aussagen wahrscheinlich gemacht.
218 Die LXX die 'Kurzform' von Lev 19,23 so gedeutet und durch die theologisch sach-
gerechte Aussage "ἣν κύριος ὁ θεὸς ὑμῶν δίδωσιν ὑμῖν" ergänzt.
219 Ex 23,23ff ist Teil des Epilogs des Bundesbuches. Ex 23,22b-25a gilt seit J. Wellhausen (*Composition*, 91) als eine Zutat. Spätere Kommentatoren wie B. Baentsch (Exodus -
Leviticus - Numeri, *HAT* I/2, Göttingen 1903, 210), H. Holzinger (*Exodus*, KHC II, Tübingen 1900, 102) sehen in diesen Versen einen dtr Zusatz, G. Beer (*Exodus*, HAT I/3, Tübingen 1939, 121) eine im Stil von D gehaltene Einlage. Auch B. Childs (*Exodus*, OTL,
(1974[1]) 1987[6], 486) betont den redaktionellen Charakter des Epilogs. M. Noth (Das zweite
Buch Mose. *Exodus*, ATD 5, 1959, 256) redet von "deuteronomistischem Gepräge".

Die erläuternde 'Umkleidung' der Objektaussage der historisierenden Gebotseinleitungen scheint die Regel zu sein. Als Ausnahmen fallen Lev 23,10ff; 19,23ff; 25,1ff; Num 15,17ff; Dtn 18,9ff und Dtn 27,2f auf. Dtn 12,20ff und Ex 12,25 haben einen Rückverweis anstelle weiterer Ausführungen zum Land.

Ex 23,23ff nimmt - wie schon bei anderen Gelegenheiten beobachtet - eine Zwischenposition ein, da das allgemeine Objekt 'Land' hier bereits im zweiten Glied der historisierenden Gebotseinleitung durch die ausdrückliche Benennung der Vorbewohner abgelöst wurde. Auch der Einkleidung von Ex 13,5f merkt man das Mischgewebe an. Das Stichwort 'Land' wird bereits zwischen dem ersten und dem zweiten Glied der Formel durch Hinweis auf die Vorbewohner charakterisiert und im Anschluß an das zweite Glied der Formel stellt ein asyndetischer Nebensatz die guten Gaben des Landes vor. Dtn 8,7ff hat die ausführlichste Beschreibung des Landes; diese Assoziationskette hat die zweigliedrige Grundstruktur der historisierenden Gebotseinleitung aufgebrochen, aber nicht ganz aufgehoben. Eine variierte Landgabeformel, zu erwarten wäre eigentlich die Landnahmeformel, erscheint unmittelbar vor der Gesetzesaufforderung in V.10bß.

In der Regel folgt auf die Ausführungen die Gebotsaufforderung. Syntaktisch überwiegen die Befehle im waw-qatal-x (Dtn 11,29; 11,32; 26,2; 27,2; Ex 12,25; 13,5; 13,12; Lev 14,35; 19,23; 23,10; 25,2; Num 15,4; 33,52; 34,3; 35,11)[220]. An drei Stellen ergeht die Aufforderung im Imperativ השמר לך und folgendem x-yiqtol (Dtn 6,12; 8,11; 12,30). Num 15,19 kommt bloßes yiqtol vor. An allen übrigen Stellen steht die Anweisung im x-yiqtol (Ex 23,24; Dtn 7,2; 12,20; 19,2; 17,15; 18,9). Die x-yiqtol Sätze sind syntaktisch recht unterschiedlich strukturiert. Invertierte Verbalsätze - Dtn 19,2; 12,20 - finden sich neben solchen, in denen ein Infinitiv abs. vorangeht - Dtn 7,2; 17,15. Dtn 18,9 und Ex 23,24 wird das Verbot durch durch לא eingeleitet.

Es bliebe zu untersuchen, ob jene historisierenden Gebotseinleitungen, die als zweites Glied eine Aussage über den Vätereid haben (Ex 13,5f; 13,11ff; Dtn 6,10ff), die übrigen x-yiqtol/hiph. Aussagen der Reihe II als Vorlage voraussetzen. Folgt man der inhärenten Logik der theologischen Vorstellung, dann hätte diese ihren ersten Ausdruck in den x-yiqtol/qal Sätzen der Reihe I gefunden. Denn verdankt die Doppelaussage ihre Entstehung dem theologischen Verständnis von der Vorrangigkeit des göttlichen Handelns, so war diese im ersten Glied der historisierenden Gebotseinleitungen Reihe II bereits gewahrt, diese Form hätte keiner Erweiterung bedurft. Die strukturelle Analogie, die zwischen den Aussagen der Reihen I und II entstanden ist, läßt sich ihrer Entstehung nach leichter erklären, wenn die Formbildung ihren Ausgang von den Aussagen der Reihe I nahm. Die historisierenden Gebotseinleitungen der Reihe III bilden keinen eigenen Strukturtypus aus.

Auf die Entwicklung des theologischen Gedankenganges bezogen, ergeben sich vier verschiedene Formen:

1. - x-yiqtol Aussage + RS[221] (Landgabeformel)
2. - x-yiqtol/hiph. Aussage + RS (Landnahmeformel)
3. - x-yiqtol/hiph. Aussage + RS (Vätereid)

---

[220] Es wurde nur jeweils die erste Aufforderung berücksichtigt.
[221] RS = Relativsatz

4. - Variationen und 'defizitäre' Aussagen.

Die Reihe I kennzeichnet den Ausgangspunkt dieser Vorstellung. Die Aussagen auf der Ebene des vierten Stadiums setzen nur jene der beiden ersten Stadien voraus. Sie können auf demselben Niveau liegen wie diese. Der Umfang der Textbasis und die hier durchgeführte kontextunabhängige Analyse, ausschließlich am einzelnen Strukturtypus orientierte Exegese, erlaubt angesichts der in allen Aussagen durchgehaltenen theologischen Konzeption keinen verläßlichen Schluß auf die Anzahl der beteiligten literarischen Hände. Die Entstehung der beiden Grundtypen (x-yiqtol + Landgabeformel und x-yiqtol/hiph + Landnahmeformel) läßt sich nicht zwingend verschiedenen Autoren zuschreiben. Anders zu beurteilen sind die Abweichungen und Variationen, die in einem zweiten und möglicherweise dritten Stadium erfolgten. Doch ist es in einigen Fällen möglich, die Formenvielfalt als literarischen Ausdruck des Festhaltens an der theologischen Idee vom absoluten Vorrang göttlichen Handelns vor dem menschlichen Verhalten, aufzufassen.

Zusammenfassung der Argumentation

Die Überschriftensysteme im Deuteronomium
1. Die These, daß mit jeder Überschrift eine neue Schicht beginne, übersieht, daß eine derartige Markierung von Textabschnitten ein übliches literarisches Stilmittel ist.
2. Es sind keine zwei Überschriftensysteme nachweisbar, da die Übereinstimmungen zwischen beiden Reihen größer sind als die Abweichungen.
3. Dtn 4,45, das erste Element der Reihe A, ist keine selbständige Überschrift.
4. Dtn 6,1 kann keine Schichtgrenze markieren, wie seine Kontextgebundenheit zeigt.
    Ein älteres Überschriftensystem, das den Grundbestand von Dtn 5-26 gliedert, ist nicht nachweisbar. Damit können die verbleibenden Überschriften nicht mehr als Indikatoren der Differenz von dtn Sammlung und späterer dtr Bearbeitung gelten.

Die historisierenden Gebotseinleitungen
1. Das Vorkommen der historisierenden Gebotseinleitungen von Ex 13,5f bis Dtn 26,1f ist Ausdruck der Entwicklung einer theologischen Vorstellung. Falls sie sich als Zeichen einer redaktionellen Kompositionsschicht nachweisen ließen, würde diese sich von Ex 13 bis Dtn 26 erstrecken.
2. Die Verteilung der historisierenden Gebotseinleitungen zeigt, daß ihr Vorkommen kein Charakteristikum von Dtn 12-26 ist, da sich hier nur 5 von insgesamt 25 Nennungen finden. Dieses ist evident, da die Zahl der Gesetze und damit die statistische Wahrscheinlichkeit in diesem Textbereich höher ist als in den anderen vergleichbaren Bereichen.
3. Literarisch lassen sich zwei Gruppierungen bestimmen.
    1) Stilisierung als JHWH-Rede - Ex 23,23ff: Lev und Num (10x)
    2) Stilisierung als Mose-Rede - Ex und Dtn (15x)

Von der Grundaussage her lassen sich gleichfalls zwei Gebotsreihen unterscheiden.

1) Die gebotene Handlung ist allgemein verbindlich und zwingend (Mehrzahl der Fälle - 19 von 25).

2) Die gebotene Handlung ist nur bedingt geboten und nicht zwingend, wenn die Voraussetzungen nicht vorliegen - Lev 14,33ff; 19,23ff; 23,10ff; Num 15,1ff; Dtn 7,1ff; 17,14ff.

4. Die überwiegende Mehrheit der historisierenden Gebotseinleitungen weist eine zweigliedrige syntaktische Grundstruktur auf, die auf dreifache Weise variiert werden kann.

5. Rhetorisch und inhaltlich ist eine 'duale' Perspektive für diese historisierenden Gebotseinleitungen kennzeichnend. Zugrunde liegt die Vorstellung, daß göttliches Handeln und menschliches Verhalten sich wie actio und reactio verhalten. Alle Aussagen bestimmen als Ausgangspunkt des Geschehens den göttlichen Partner. Syntaktische Variationen der Grundaussagen verfolgen das Ziel, diese Aussagestruktur festzuhalten.

Der Sachverhalt zeigt, daß die historisierenden Gebotseinleitungen nicht als Mittel der Disposition des Gesetzeskorpus im Dtn verstanden werden können. Sie sind eher Ausdruck theologischer Reflexion der Gebote unter der Prämisse des Landbesitzes und aus der Situation des Exils zu verstehen. Die historisierenden Gebotseinleitungen stellen die betreffenden Gebote unter einen entsprechenden Gesetzesvorbehalt. So gekennzeichnete Gesetze gewinnen ihre Gültigkeit erst nach der Niederlassung im Lande. Die Frage, ob die historisierenden Gebotseinleitungen ursprünglich bereits ein Bestandteil des jeweiligen Gesetzestextes waren oder nicht, ist nicht generell beantwortbar. In dieser Hinsicht ist jedes mit einer historisierenden Gebotseinleitung beginnende Gesetz für sich zu überprüfen. Jedenfalls sollte die Möglichkeit, daß Präambel und eigentliche Gesetzesbestimmung auf einer literarischen Ebene liegen, grundsätzlich in Betracht gezogen werden.

Königsgesetz und Prophetengesetz - Eckpfeiler der deuteronomistischen Verfassung für Israel

Die beiden für die politische Organisation einer israelitischen Gesellschaft unter der Tora wichtigsten Gebote, Königsgesetz und Prophetengesetz, können nicht bereits ihrer historisierenden Gebotseinleitung wegen, deren Vorhandensein sie von den anderen Verfassungsbestimmungen unterscheidet, einer vorexilischen Sammlung zugeschrieben werden. Sowohl für das Königs- wie für das Prophetengesetz stellt sich unabhängig von diesem Sachverhalt die Frage, ob sie zum Grundbestand des Dtn gehörten, oder im Zuge der dtr Überarbeitung im Mittelteil ihren Platz fanden. Die bisherigen Überlegungen zu den historisierenden Gebotseinleitungen un-

terstützen die von Lohfink[222] aufgestellten und von Braulik[223] untermau-
erten Thesen, daß diese Bestimmungen Teil eines dtr Verfassungsentwurfes sind. Neuerdings wird vorgetragen, daß diese beiden Gebote dtn oder
in ihrem Kern gar vordtn und mehrfach redaktionell bearbeitet worden
seien[224]. Daher werden im folgenden beide Gebote auf ihre interne Kohärenz und redaktionelle Zugehörigkeit untersucht.

Redaktion und Komposition von Dtn 17,14-20
Zwei Positionen beherrschen die literarkritische und redaktionsgeschichtliche Beurteilung des Textes[225]. Die eine geht davon aus, daß ein älterer
Gesetzestext aus vorexilischer Zeit in exilischer und nachexilischer Zeit
überarbeitet worden ist[226]. Dagegen geht die Behauptung der Einheitlichkeit des Textes einher mit seiner Datierung in die Exilszeit[227], sofern er
nicht als Teil eines josianischen Reformprogrammes betrachtet wird[228].
Die folgende Analyse wird dabei jenen Untersuchungen, die aufgrund
textinterner Merkmale die Uneinheitlichkeit des Königsgesetzes behaupten, mehr Aufmerksamkeit widmen, als jenen, die ihre Argumentation im
wesentlichen mit einer bestimmten Vorstellung darüber untermauern, was

---

[222] N. Lohfink, *Sicherung*; ders., *Gewaltenteilung*. Die Ämtergesetze des Deuteronomiums als gewaltenteiliger Verfassungsentwurf und das katholische Kirchenrecht, in: Ders.,
Unsere großen Wörter, 1977, 57-75.

[223] G. Braulik, *Abfolge*; ders., *Beobachtungen*.

[224] Vgl. R. P. Merendino, Das deuteronomische *Gesetz*. Eine literarkritische, gattungs-
und überlieferungsgeschichtliche Untersuchung zu Deuteronomium 12-26, BBB 31, 1969,
180.186. Nach U. Rüterswörden (Von der politischen *Gemeinschaft* zur Gemeinde. Studien
zu Dtn 16,18-18,22, BBB 65, 1987) haben dtr Redaktoren die historisierenden Gebotseinleitungen eingefügt, aber auf eine in der Vorlage vorgegebene dtn Form zurückgegriffen
(ebenda 58). Wenig später argumentiert er jedoch, daß 17,14 dtn Herkunft ist (66), was er
gleichfalls für die Rahmung Dtn 18,9f behauptet (82), ähnlich argumentiert F. García
López, Un *profeta* como Moisés. Estudio crítico de Dt 18,9-22, in: Simposio Biblico
Espanol (Salamanca 1982), Universidad Complutense (1984) 289-308; ders., Le *roi* d'Israël:
Dt 17,14-20, in: N. Lohfink (ed.), Das Deuteronomium, BEThL 68, Leuven 1985, 277-297.

[225] Der masoretische Text ist textkritisch nicht zu beanstanden. Vgl. die Zusammenstellung der geringen Abweichungen bei Rüterswörden, *Gemeinschaft*, 50ff und die Diskussion
dort.

[226] So A. Dillmann, *KEH 13*, 321ff; C. Steuernagel, Das *Deuteronomium* übersetzt und
erklärt, HK I,3,1, 1923², 118f; K. Rabast, Das apodiktische *Recht* im Deuteronomium und
im Heiligkeitsgesetz, Berlin 1948, 10f; K. Galling, Das *Königsgesetz* im Deuteronomium, in:
ThLZ 76. 1951. 133-138, Sp. 136f; A. Alt, Die *Heimat* des Deuteronomiums (1953), in:
Ders., KS II, 1953, 250-275, 264f; P. Buis/ J. Leclercq, Le *Deutéronome*, Sources Bibliques,
1963, 132ff; G. von Rad, Das fünfte Buch Mose. *Deuteronomium*, ATD 8, 1964¹, 1978³, 85f;
Merendino, *Gesetz*, 179ff; Seitz, *Studien*, 231ff; Mayes, *Deuteronomy*, 271ff; García López,
Roi; Rüterswörden, *Gemeinschaft*, 52ff; F. Foresti, *Storia* della redazione di Dtn. 16,18-
18,22 e le sue connessioni con l'opera storica deuteronomistica, in: Teresianum 39/1 (1988)
1-199, 104ff.

[227] So A. Bertholet, *Deuteronomium*. Übersetzt und erklärt, KHC V, 1899, 18f; J.
Hempel, Die *Schichten* des Deuteronomiums. Ein Beitrag zur israelitischen Literatur- und
Rechtsgeschichte, Beiträge zur Kultur- und Universalgeschichte 33, 1914, 238f.

[228] So A. Caquot, *Remarques* sur la "loi royale" du Deutéronome 17,14-20, Semitica 9.
1959. 21-33.

ein König in vorexilischer Zeit an Einschränkungen zu akzeptieren bereit war.

V.14 beschreibt die Situation, deren Eintreten zur Anwendung des in V.15ff notierten Gesetzes führen kann. Zwei Aspekte werden dabei betont: 1. die endgültige Niederlassung im Lande (14aβ) und 2. der durch diesen Zustand aufkommende Wunsch nach einem König (14bα).

Der erste Aspekt wird in folgenden Gesetzen mit historisierenden Gebotseinleitungen betont: Dtn 12,29ff; 19,1f; 26,1ff. Alle Gebote haben das ständige Wohnen im Lande über einen längeren Zeitraum, mindestens eine Ernteperiode, als Voraussetzung. Dieser Zustand ist in den Kultbestimmungen mit historisierenden Gebotseinleitungen (Lev 14,33ff; 19,23ff; 23,10ff; 25,1ff; Num 15,1ff; 15,17ff; 35,10ff) nicht extra erwähnt, obwohl sie zweifellos gleichfalls eine längere Verweildauer voraussetzen. Fragt man, warum diese vier dtn Gebote die Seßhaftigkeit betonen, kommt man zu dem Schluß, daß das ihnen Gemeinsame darin liegt, daß hier mit der Seßhaftigkeit ein neuer Brauch verknüpft bzw. verboten wird. Die betreffende Institution gilt in diesen Texten als scheinbar zwangsläufig mit der Etablierung im Lande verbunden. Die Texte beziehen zu ihr Stellung, indem sie jene verbieten (12,29ff), gebieten (19,1f; 26,1ff) oder erlauben (17,14ff).

Der zweite Gesichtspunkt, ein aus den Umständen der Seßhaftigkeit entstehendes Begehren, wird auch in dem Gebot Dtn 12,20f. hervorgehoben. Das כי in Dtn 17,14 und 12,20 ist temporal und konditional zu verstehen[229]. Die w-qatal bezeichnen ein fortlaufendes Nachzeitigkeitsverhältnis der angezeigten Sachverhalte. Der Fügungswert von waw kann als gleichordnend und konnektiv betrachtet werden. Die Kondition wirkt damit in Dtn 17,14aβ-bα weiter[230]. Alle notierten Sachverhalte stehen unter der in der Einleitung genannten Bedingung. Die in 17,15 und 12,20b folgenden Bestimmungen sind nur anwendbar, wenn alle als konditional gesetzten Sachverhalte erfüllt worden sind. Die ausdruckslose Fügung der Bestimmungen in 17,15 und 12,20b deutet an, daß die in 12,20a und 17,14 skizzierten Sachverhalte jenen von 17,15 und 12,20b syntaktisch nicht untergeordnet sind.

Der Eingangsteil beider Gebote spiegelt ein dtr Frage-Antwort-Schema wider[231]. Die Grundstruktur des Musters besteht aus Rede-Gegenrede bzw. Frage-Antwort. Auf das Zitat einer Israel in den Mund gelegten Aussage folgt gleichfalls als Zitat die Erwiderung. In der die Antwort provozierenden Rede wird eine mögliche Situation in der Zukunft dargestellt. Beispiele innerhalb des Dtn für ein vollständiges Schema sind Dtn 6,20-25, das Lehrgespräch zwischen Vater und Sohn, und Dtn 29,21-27, die Fragen künftiger Generationen und der Völker nach den Ursachen des einen eingetretenen Unheils. Dieses rhetorische Stilmittel ist Ausdruck des paränetischen Interesses des Verfassers und fördert die Identifikation zwischen Sprecher und Adressaten des Textes. Innerhalb des dtn Gebotsteiles kommt es noch in Dtn 18,21f vor. Anklänge an dieses Schema sind auch in Dtn 4,6f; 8,17f; 30,12f vorhanden. Die Verteilung der Belege innerhalb des Dtn und des DtrG (2.Sam 11,20f; 1.Kön 9,8-9) weist es als dtr aus[232].

---

[229] P. Joüon, *Grammaire* de l'Hébreu Biblique, Rom 1947, § 166p.

[230] Briefliche Mitteilung Prof. Johannes Floß, Aachen.

[231] B. O. Long (Two Question and Answer *Schemata* in the Prophets, JBL 90. 1971. 129-139) hat dieses Schema herausgearbeitet; vgl. auch J. W. Whedbee (A *Question*-Answer-Schema in Haggai 1. The Form and Function of Haggai 1,9-11, in: Biblical and Near Eastern Studies. FS W. LaSor, 1978, 184-194) und W. Vogels (The Literary *Form* of "the Question of the Nation", EeT 11. 1980. 159-176).

[232] Vgl. Long *Schemata*, 130f.137f. Vgl. ebenfalls Jer 22,8f und dazu W. Thiel Die deuteronomistische Redaktion von *Jeremia 1-25*, WMANT 41. 1973, 295ff. Die Anwendung des Schemas ist nicht auf die Gerichtsverkündigung beschränkt, sondern scheint ein gattungsunspezifisches literarisches Stilmittel zu sein, das der Identifikation des Adressaten mit der Botschaft dient.

Dtn 17,14 und 17,15 sind zusammengehörende Teile eines als dtr aus-
gewiesenen rhetorischen Schemas[233]. Das Argument, V.15 sei dtr überarbeitet[234], kann allein eine literarkritische Unterscheidung nicht begründen. Zu bedenken ist Forestis Argument[235], der Anfang von V.15bα
(מקרב אחיך) gehöre einer zweiten dtr Hand an, da diese Worte das בו
des vorausgehenden Satzes spezifizierten und infolgedessen die Bedeutung der Aussage von V.15bα verminderten. Folglich gehöre V.15bβγ einer noch späteren Stufe an. Daß בו durch מקרב אחיך erläutert wird, ist
Ausdruck einer Denkbewegung und schwerlich Argument für seine literarische Sekundarität. Ohne diese einleitenden Worte wäre die Aussage
תשים עליך מלך eine stereotype Wiederholung von V.15aα. Der Parallelismus der Aussagen von V.15bα und V.15bγ - die erste Aussage formuliert den Sachverhalt positiv, die zweite negativ - spricht gegen die Zuschreibung an verschiedene Hände. Der Vorschlag von García López[236],
V.15b sei des Vokabulars wegen insgesamt als spätdtr Einschub zu werten,
auch störe er den syntaktischen Zusammenhang zwischen V.15a und V.16,
setzt die Behauptung eines nicht nachweisbaren vordtr Textes für V.14f
voraus. Der postulierte syntaktische Zusammenhang zwischen V.15a und
V.16 entsteht in der Vorstellung von García López, daß die Konjunktion
רק nur an den bereits eingeschränkten Sachverhalt von V.15a syntaktisch
anschließen könne. Der Anschluß an V.15b sei aber nicht möglich, da
V.15b den Sachverhalt nochmals eingrenze. Letztlich läuft sein Argument
darauf hinaus, dem Bearbeiter an dieser Stelle syntaktisches Unvermögen
zu bescheinigen. Da die von García López bemängelte gleiche Verwendung von רק in Dtn 12,13-16 anzutreffen ist, dürfte sein Argument hinfällig sein[237].

Die Aussagen von V.15 betreffen die einzuhaltenden Grundsätze bei
der Einrichtung des Königtums. Die Aussagen von V.16ff beziehen sich
auf die Ausübung des Amtes durch den jeweiligen König. V.15 schränkt
die Wahlfreiheit des Volkes unter zwei Gesichtspunkten ein. Die V.16ff
definieren Rechte und Pflichten des Königs in der Praxis. Die Sachverhalte von V.15 und jener von V.16ff sind nicht identisch. Allerdings wirft die
Aussage von der erforderlichen göttlichen Legitimation des Königs
(V.15aß)[238] die Frage nach den Grenzen königlicher Macht auf. Insofern

233 Vgl. auch Foresti, Storia, 115.
234 So H. J. Boecker, Die Beurteilung der Anfänge des Königtums in den deuteronomistischen Abschnitten des 1. Samuelbuches. Ein Beitrag zum Problem des "deuteronomistischen Geschichtswerks", WMANT 31, 1969, 49 Anm. 1; Merendino, Gesetz, 180; Mayes,
Deuteronomy, 271; García López, Roi, 283f.
235 Storia, 108.
236 Roi, 285f.
237 In Dtn 12,13ff knüpft das mit רק angeschlossene Verbot von V.16 an mehrere vorausgehende Einschränkungen des in V.13-15 dargelegten Sachverhaltes an.
238 Soziologisch läßt sich diese Forderung genausowenig wie der diesbezügliche Vorwurf von Hos 8,4 in Sinne eines rein charismatisch konstituierten Königtums verstehen.
Eher verbergen sich dahinter der enge Zusammenhang zwischen menschlichem Bedürfnis
nach einer Ordnung und der Funktion des Charismas in dieser Ordnung. Die Legitimation

wird ein aus der Vorstellung von V.15aß ableitbarer Schluß auf die absolute Macht des Königs in den V.16ff für nichtig erklärt. V.15aα läßt den Kreis potentieller Bewerber offen. V.15baß setzt ihm Grenzen. Eigentlich werden damit die Möglichkeiten göttlicher Designation eingeschränkt. Die Verbindung der beiden Aussagen V.15aß und V.15bα enthält nicht nur die Zusage, daß JHWH keinen Fremden als König über Israel erwählen wird, sondern stellt für Israel als conditio sine qua non fest, daß nur ein Israelit König werden kann[239]. Jeder Anspruch eines Fremden auf den Thron ist hinfällig.

Die folgenden Bestimmungen über die Amtsführung des Königs geben die Anredesituation auf[240]. Das Zurücktreten der Anredesituation ist sachlich bedingt, denn hier werden Richtlinien erlassen, deren Einhaltung nicht mehr die Adressaten des Gesetzes betrifft, sondern eine dritte Partei. Darin liegt ein wesentlicher Unterschied zum Richterspiegel von Dtn 16,19[241].

Der Subjektwechsel in V.16, die Unterscheidung zwischen סוסים und סוס, sowie die Reihung der Prohibitive in V.16f sind für viele Exegeten Anlaß, in V.16f. einen älteren Überlieferungskern zu suchen[242]. Der Subjektwechsel in V.16 erklärt sich aus dem Zitatcharakter von V.16baß[243]. Das Verbot wird begründet durch einen Rückverweis auf ein JHWH-Wort[244].

---

aller Inhaber von Machtrollen ist davon abhängig, wie weit sie den Zusammenhang zwischen der von ihnen vertretenen weltlichen Ordnung und einer über Zeit und Situation hinaus als gültig gesetzten transzendentalen Ordnung glaubhaft machen können. Vgl. hierzu E. Shils, *Charisma*, Order and Status, Am Soc Rev 30. 1965. 199-213, 203ff.

[239] Da Steuernagel diese Zusage bereits in V.15aß liest, hält er V.15baß für sekundär (*Deuteronomium*, 118).

[240] Rüterswörden (*Gemeinschaft*, 60) vermerkt dies als Indiz einer zweiten Hand.

[241] Der Richterspiegel wird gelegentlich als Vorbild eines in Dtn 17,16f. konstruierten "Königsspiegels" betrachtet, vgl. Rabast, *Recht*, 11. E. Gerstenberger (*Wesen* und Herkunft des 'apodiktischen' Rechts, WMANT 20, 1965, 68) redet von einem Amtsspiegel.

[242] Vgl. Rabast, *Recht*, 11; F. Horst, Das *Privilegrecht* Jahwes. Rechtsgeschichtliche Untersuchungen zum Deuteronomium, (1930), wieder abgedruckt in: ders., Gottes Recht. Studien zum Recht im Alten Testament, TB 12, 1961, 17-154; ebenda 137; Steuernagel, *Deuteronomium*, 118; Gerstenberger, *Wesen*, 68; Merendino, Gesetz, 180f; Seitz, *Studien*, 233; Rüterswörden, *Gemeinschaft*, 60f; Foresti, *Storia*, 109f.

[243] So bereits von Horst (*Privilegrecht*, 137) im Anschluß an Hempel (*Schichten*, 238) erkannt. Skweres (*Rückverweise*, 193 Anm. 869) verweist auf den Numeruswechsel zwischen Dtn 5,28 und Dtn 18,16 als Parallele.

[244] Skweres (*Rückverweise*, 193f.) hält eine Beziehung zwischen Dtn 28,68 und Dtn 17,16 für evident, kommt aber zu dem Schluß, daß wahrscheinlich Ex 14,13 der gemeinsame Bezugstext ist. D.J. Reimers hält hingegen Ex 14,13 für die Ausgangsbasis von Dtn 28,68, das wiederum in Dtn 17,16 zitiert werde, vgl ders. Concerning *Return* to Egypt: Deuteronomy xvii 16 and xxviii 68 reconsidered, in: J. A. Emerton (ed.), Studies in the Pentateuch. VT.S 41. 1990. 217-229.

Läßt man sich nicht von den Konnotationen, die das Stichwort "Prohibitiv" begleiten, die Denkrichtung vorgeben[245], sondern sieht in der Aussage von V.16aα[1] eine ungewöhnliche Einschränkung der Militärpolitik des Königs, dann ist die Begründung dieses Verbotes durch eine göttliche Weisung nicht erwartungswidrig[246]. Der König wird hier in einem Bereich Restriktionen unterworfen, der traditionell allein seiner Verfügungsgewalt unterstand und für den er ex officio Experte war. Nachdem sich in der Militärtechnik Kriegswagen[247] und später Reiterei[248] durchgesetzt hatten[249], greift die Bestimmung von Dtn 17,16aα[1] dieses nicht im Grundsatz an, sondern verfügt nur Rüstungsbeschränkungen[250]. Ein derart uner-

[245] Diese lassen sich auf den Nenner bringen: Prohibitive sind kurz, einprägsam und haben keine Begründung.

[246] So Rüterswörden, *Gemeinschaft*, 60.

[247] Vgl. zu Streitwagen Y. Yadin, The Art of *Warfare* in Biblical Lands in the Light of Archaeological Discovery, London 1963, ebenda 86ff; zur Organisation der ägyptischen Streitwagentruppe vgl. A. R. Schulman, The Egyptian *Chariotry*: A Reexamination, in: Journal of the American Research Center in Egypt 2 (1963) 75-98; ebenfalls M. A. Littauer/ J. H. Crouwel, Art. *Kampfwagen* (Streitwagen). B. Archäologisch, RLA V (1976-80) 344-351.

[248] Die Reiterei ist Bestandteil des assyrischen Heeres seit Assurnasirpal II. (883-859), vgl. ANET, 275f. (Streitwagen und Kavallerie erwähnt als Beute); vgl. auch Littauer/Crouwel, *Kampfwagen*, 349f. Ab dem 8. Jh. übernehmen im assyrischen Heer berittene Truppen die traditionelle Rolle der leichten Streitwagen. In den spätbabylonischen Königsinschriften spielen die Streitwagen fast keine Rolle mehr, bis dann unter Neriglassar (539-536) nur noch Kavallerie erwähnt wird; vgl. W. Farber, Art. *Kampfwagen* (Streitwagen). A. Philologisch, RLA V (1976-80) 336-344, ebenda 339; M. A. Littauer/ J. H. Crouwel, Wheeled *Vehicles* and Ridden Animals in the Ancient Near East, HO, Abt. 7, Bd. 1, Abschnitt 2, B, Lfg. 1, 1979, 138f. Im assyrischen Heer setzte sich die Reiterei im 7. Jh. durch. Unter den Achämeniden hatte die Reiterei militärisch die Streitwagentruppe ersetzt; vgl. Littauer/Crouwel, *Vehicles*, 154ff; vgl. auch B. Brentjes, *Kriegswesen* im Alten Orient, in: Altertum 32. 1986. 133-142, hier 140. Das recht langsame Vordringen der Reiterei in der assyrischen Armee dürfte nicht nur mit technischen Schwierigkeiten zusammengehangen haben, wie meist angenommen wird (vgl. Littauer/ Crouwel, *Vehicles*, 96f.), sondern gleicherweise mit sozialen Vorurteilen. Reiten galt dem sozialen Prestige lange als abträglich. Vgl. D. R. Ap-Thomas (All the King's *Horses*. A Study of the Term פרש [I Kings 5.6 [EVV., 4.26] etc.), in: Proclamation and Presence. Old Testament Essays in Honour of G. H. Davies, London 1970, 135-151, 141), der eine entsprechende Aussage aus Mari (ARM VI, 76; 22f.) zitiert, und A. Malamat (*Mari* and the Early Israelite Experience, The Schweich Lectures on Biblical Archaeology 1984, Oxford 1989, 80), der die Abwertung des Reitens auf Pferden mit den unterschiedlichen ethnischen Schichten der Gesellschaft von Mari in Zusammenhang bringt. Zu beachten ist auch, daß die soziale Position des Streitwagenkämpfers durch die beiden ihm beigefügten Adjutanten sichtbar herausgehoben bleibt, während jene des Reiters kaum mehr von der gleichfalls berittenen Knappen unterscheidbar ist. Das Risiko des Reiters, getroffen zu werden, ist höher als das des Streitwagenkämpfers, da der sogenannte Schildknappe ihn nicht mehr wie im Streitwagen unmittelbar decken kann.

[249] Vgl. auch H. Weippert, Art. *Pferd* und Streitwagen, BRL[2] (1977) 250-255; F. J. Stendebach, Art. סוס sûs, ThWAT V (1986) 782-791, bes. 786ff.

[250] M. Weinfeld (*Deuteronomy*, 281) sieht als Motiv hinter dieser Einschränkung die aus der Weisheit stammende Überlegung, daß der Sieg von JHWH und nicht von Streitwa-

hörter Vorschlag muß unanfechtbar begründet werden. Diesen Zweck erfüllt die Berufung auf den ausdrücklich geäußerten Gotteswillen. Da die biblische Überlieferungstradition in Hinblick darauf eindeutig ist, bedarf das hier zitierte JHWH-Wort nicht eines wörtlich mit ihm identischen Bezugstextes[251]. Diese unmißverständliche Äußerung des Gotteswillens ist nicht nur angesichts der bisherigen Militärpraxis "Söldner gegen Pferde" notwendig, sondern auch in Hinblick auf die Rolle, die Ägypten als Zufluchtsort in der Tradition spielt[252]. Dtn 17,16aα^2-bß bringt die konträr auslegbaren Ägypten-Geschichten auf eine Linie. Eine Militärpolitik, die einen Teil des Volkes in die Sklaverei zurückführt, aus der JHWH es befreit hat, widerspricht dem ausdrücklich formulierten Gotteswillen.

Der Einwand, der Singular von סוס in V.16aß stehe im Gegensatz zum pluralischen Gebrauch[253] von V.16aα^1, ist hinfällig angesichts des gleichen Sprachgebrauches in 2.Kön 6,14f. Der Wechsel vom Plural zum Singular deutet eine inhaltliche Bedeutungsverschiebung an. Das סוס von V.16aß bezeichnet die Kavallerie insgesamt[254]. Die Aussage von V.16aß ist also keine Wiederholung von V.16aα$_1$, sie zieht dagegen das Fazit aus dem Verbot V.16aα^1 und seiner politisch motivierten Begründung[255] in V.16aα^2. Da eine politische Motivierung allein nicht ausreicht, um ein

gen/Pferden garantiert werde. Die mögliche theologische Motivation ändert nichts an der realen Auswirkung dieser Bestimmung. Selbst wenn man die Verheißung Hoseas (Hos 1,7) und die Vorwürfe Assurbanipals an Tirhaka, dieser habe zu sehr seiner eigenen Macht vertraut als jener des Gottes Assur (K. M. Streck, *Assurbanipal* und die letzten assyrischen Könige bis zum Untergang Niniveh's II, VAB 7, 1916, 6f., I,56-57), als Beleg der rein theologischen Intention in Dtn 17,16aα^1 ansieht (so Weinfeld, *Deuteronomy*, 368), so bezeugt dieses nur eine recht allgemein verbreitete Vorstellung über die von menschlichen Machtinstrumenten unabhängige Macht des Gottes. Da in Dtn 17,16aα^1 jedoch nur für eine Beschränkung der Rüstung und nicht für einen totalen Verzicht auf Rüstung plädiert wird, dürfte nicht die theologische Aussage, sondern die politische Absicht diese Forderung bestimmt haben.

251 S. R. Driver, A Critical and Exegetical Commentary on *Deuteronomy*, ICC, 1902^3, 211) weist in diesem Zusammenhang auf Num 14,3f hin und den dort geäußerten Wunsch des Volkes, nach Ägypten zurückzukehren. Er bemerkt, daß das folgende Geschehen die dem Wunsch entgegenstehende göttliche Absicht unmißverständlich ausdrückt.

252 Nach Gen 12,10ff ist Ägypten Zufluchtsort für Abraham; nach Gen 46,3f erhält Jakob von JHWH den Befehl, nach Ägypten zu ziehen. Aber Gen 26,2 wird Isaak verboten, nach Ägypten zu ziehen. Gen 26,2 gehört zu einem System von Quer- und Rückverweisen innerhalb der Genesis, das Teil einer exilischen Komposition der Vätergeschichte ist, vgl. E. Blum, Die *Komposition* der Vätergeschichte, WMANT 57, 1984, 298ff. und R. Kilian (Die vorpriesterlichen *Abrahams-Überlieferungen*. Literarkritisch und traditionsgeschichtlich untersucht, BBB 24, 1966, 203), der von einer späteren literarischen Bearbeitung spricht.

253 Merendino, *Gesetz*, 180.

254 Vgl. Caquot, *Remarques*, 27; zur kollektiven Deutung von סוס vgl. u.a. die Stellen Ex 14,9; 14,23; 15,19; Jos 11,4; 1.Kön 20,1. Wenn vom Pferdehandel mit Ägypten die Rede ist, dann findet sich das der Sache angemessenere סוסים, vgl. 1.Kön 10,28; Jes 31,1; Ez 17,15.

255 N. Lohfink (Hos. XI 5 als *Bezugstext* von Dtn. XVII 16, in: VT 31, 1981, 226-228) verweist auf Hos 11,5 als möglichen Bezugstext für das Verbot, nach Ägypten zu ziehen.

traditionell verankertes Recht des Monarchen zu begrenzen, schließt sich
in V.16b das theologische Argument an. Die ausführliche, aus zwei Perspektiven gegebene Begründung des Verbotes ist unerläßlich, da sie nicht
aus der Sache selber ableitbar ist und ihr im Gegenteil sogar widerspricht[256].

Der Verweis auf ein ausdrückliches Gotteswort und dessen Zitat ist der
dtn Argumentation da geläufig, wo es gilt, ein Gebot oder Verbot zu legitimieren. Die Anführung des JHWH-Wortes als direktes oder indirektes
Zitat erfolgt dort, wo im weiteren Sinne kritische Situationen der Geschichte Israels berührt werden[257]. Der Bezugstext wird bei der Wiederaufnahme kontextbedingt abgewandelt[258]. Die Aussage V.16bß hat in der
Abfolge der Argumente von V.16f eine zentrale Position. לא תספון לשוב
בדרך הזה עוד kann als Zusammenfassung von V.16a.bα ebenso gelesen
werden wie als "Überschrift" von V.17. Diese Aussage hat überleitenden
Charakter. Sie verbindet die Aussagen von V.16 und V.17 miteinander.
Das, was bisher üblich war und gewohnheitsmäßig galt, wird durch Dtn
17,16f außer Kraft gesetzt[259].

Das Verbot, sich einen umfangreichen Harem zuzulegen, legt der In-
nen- und Außenpolitik des Königs Fesseln an. Die königlichen Heiraten
waren ein allgemein übliches Mittel, innenpolitisch dauerhaft Interessen-
und Machtkoalitionen zu bilden. Die Bindung einflußreicher Sippen durch
Heirat an das Königshaus stellt deren partikulare Interessen in den Dienst
der Dynastie. Die betreffenden Sippen erlangen für sich mehr Einfluß,
wenn sie auf den Rückhalt einer ortsfremden mächtigen Sippe zählen
können. Dazu müssen sie aber die Interessen dieser ortsfremden Sippe
mitvertreten. In traditionalen Gesellschaften ist der Harem des Königs ei-

---

[256] In diesem Umstand liegt ein weiterer prinzipieller Unterschied zwischen den sachlichen Voraussetzungen des Richterspiegels in Dtn 16,19 und jenen eines vermeintlichen
Königsspiegels. Dtn 1,17 ist eine Weiterführung von 16,19. Eine Begründung der Prohibitive in 16,19 erfolgt nur dort, wo sie nicht selbstevident sind.

[257] Innerhalb des Dtn finden sich entsprechende Aussagen in 1,35 (Num 14,23); 9,12
(Ex 32,8); '10,9' (Num 18,20); 17,16 (Ex 14,13); '18,2' (Num 18,20); 18,17 (Dtn 5,28); 20,17
(Dtn 7,2 - aber Moserede); '26,19' (Ex 19,5f); '29,12f' (Ex 19,5f); 31,2f (Dtn 3,27f); '31,7'
(Dtn 1,37f); 31,20 (Gen 12,7 et par); 34,4 (Gen 12,7 et par). Die Bezugstexte sind den Ta-
bellen von Skweres (*Rückverweise*, 228.232), entnommen und geringfügig anders abge-
grenzt worden, wo dies inhaltlich erforderlich war. Die Apostrophierung deutet an, daß das
Zitat variiert wurde im Dtn-Text. Im weiteren Sinne gehören alle diese Zitate zu der
Gruppe der Rückverweise. Die Studie von Skweres hat gezeigt, daß sich hierbei um ein typisches dtn Stilmittel handelt, das aber häufiger in den Rahmenpartien des Dtn angewen-
det wird als im Gesetzesteil (ebenda, 78f.197f).

[258] Vgl. Skweres, *Rückverweise*, 84f.

[259] Zum Verständnis von דרך vgl. auch Dtn 5,33; 11,28; 28,68; Ri 2,17.22; zu den theo-
logischen Implikationen dieser Terminologie vgl. A. Kuschke, Die *Menschenwege* und der
Weg Gottes im Alten Testament, StTh 5. 1952. 106-118, und F. Nötscher, *Gotteswege* und
Menschenwege in der Bibel und in Qumran, 1958, ebenda 21f. zu Dtn 17,16. Die "Weg"-
Terminologie ist die Außenseite der Vorstellung von der göttlichen Führung Israels; vgl.
Nötscher, *Gotteswege*, 32ff. Zu den Varianten der dtn Phraseologie vgl. Weinfeld, *Deutero-
nomy*, 332f.

nes der Mittel, um innenpolitisch divergierende Machtgruppierungen zum Ausgleich zu bringen[260]. Innenpolitische Heiratskoalitionen konnten durchaus über das Verwandtschaftssystem zur "Domestifikation" königlicher Machtausübung führen[261]. Außenpolitisch motivierte Heiraten bergen in sich einen nicht kontrollierbaren Machtzuwachs des Königshauses. Die Verbindung mit einer ausländischen Herrschersippe stärkt innenpolitisch die Position des Monarchen und bietet ihm zusätzliche Ressourcen zum Ausbau seiner Stellung.

Die Limitierung des königlichen Harems ist in einem als Gesellschaft von Geschwistern projektierten Israel das Gebot der Stunde. Doch impliziert diese politische Forderung einen erheblichen Eingriff in die Rechte der Königssippe. Sie bedarf einer überzeugenden und zwingenden Motivierung. Eine ausreichende Begründung liefert die Aussage von V.17aß ולא יסור לבבו. Die Breviloquenz dieser Aussage[262] läßt die Art der Abweichung offen. Die im Dtn übliche Wendung סור מן הדרך ist vermieden worden. Das mag mit der betreffenden Aussage von V.20aß zusammenhängen, kann aber auch als intendierte Leerstelle verstanden werden, die die denkmögliche Kardinalsünde des Königs nicht "beschreien" will[263].

---

[260] Zwei der salomonischen Provinzgouverneure sind als Schwiegersöhne Salomos überliefert worden (1.Kön 4,11.15). Auch die Zusammensetzung des Harems Davids scheint lokale Gesichtspunkte zu berücksichtigen (2.Sam 3,2ff). Die Diskussion von Dtn 17,17 in der Mischna (Sanh IV,2f.) begrenzt die Zahl der Frauen des Königs auf 18 und begründet dies mit der Idolatriegefahr. Dagegen scheint die Auslegung dieser Stelle in der Tempelrolle von Qumran (57,15-19 - Y. Yadin (ed.), The *Temple Scroll*, Vol. II: Text and Commentary, Jerusalem 1983, 258) auch den innenpolitischen Gesichtspunkt mit zu bedenken. Denn hier wird der König nicht nur als einziger Israeliten die Monogamie verbindlich vorgeschrieben, sondern darüberhinaus bestimmt, daß er nach dem Tode seiner Frau nur eine Frau aus der Familie seiner verstorbenen Frau heiraten dürfe. Zum Verhältnis von Mischna und Tempelrolle bezüglich Dtn 17,17 vgl. A. Ammassari, Lo *statuto* matrimoniale del re di Israele (Deut 17,17) secondo l'esegesis del "Rotolo del Tempio" (57,15-19) e le risonanze neotestamentarie (Ef 5,23-33; Apoc 21,9-10), in: Euntes Docete XXXIV/1. 1981. 123-127, 124f.

[261] Die Heiratspolitik der türkischen Sultane scheint von ähnlichen Erwägungen bestimmt worden zu sein. Bis zur Zeit Suleymans des Prächtigen (1520-1566) war es üblich, daß der Sultan nur ausländische Prinzessinnen heiratete; vgl. J. Matuz, Das osmanische *Reich*. Grundlinien seiner Geschichte, Darmstadt 1985, 88. Nach 1520 lassen sich überhaupt nur noch drei legale Heiraten der Sultane nachweisen (so A. D. Alderson, The *Structure* of the Ottoman Dynasty, Oxford 1956, 94ff). In der Regel waren die Partnerinnen des Sultans Sklavinnen, die nach der Geburt eines Kindes den Status einer Freien erlangen konnten, ohne daß dieses mit einer Legalisierung im religionsgesetzlichen Sinne verbunden worden wäre. Die Heiratspolitik des Sultans verminderte den Einfluß einheimischer vornehmer Familien auf seine Politik.

[262] Rüterswörden (*Gemeinschaft*, 60f.) nimmt dies als Indiz für die literarische Sekundarität der Aussage.

[263] Entsprechende Aussagen wie סור מאחרי יהוה finden sich in dtr Texten, vgl. u.a. 1.Sam 12,20 und 2.Kön 18,6; Jer 32,40 steht diesen Aussagen nahe.

Die Leerposition weckt im Hörer/Leser sowohl die Erinnerung an die dtn Aussagen, daß das Herz ungeteilt bei JHWH zu sein habe[264], wie auch an jene Forderungen, den rechten Weg der Gebote nicht zu verlassen[265]. Der Verzicht auf eine nähere Bestimmung des Objektes kann als Anspielung auf die unterschiedlichen Sichtweisen der Gottesbeziehung verstanden werden.

Beide Vorstellungen gehören zum festen Argumentationsbestand der dtn Paränese. Im DtrG wird das Verhalten Israels[266] wie das des Königs durch סור negativ[267] oder positiv[268] qualifiziert[269]. Die Verknüpfung beider Aussagen in einer Wendung ist selten. Innerhalb des Dtn findet sie sich nur noch in Dtn 4,9. Darüberhinaus ist sie noch belegt in Jer 4,4; 17,5; Ez 6,9 und Ps 101,4. Von der Formulierung her sind Jer 17,5 und Ps 101,4 sprachlich enge Parallelen zu Dtn 17,17aß. Jer 17,5 wie Ez 6,9 sind theologisch eine Zuspitzung der betreffenden dtn Aussage, daß Israel nicht vom Wege JHWHs abweichen solle. Das Herz als Kriterium der Beziehung zwischen Israel und JHWH spielt überwiegend in den Rahmenpartien des Dtn eine bedeutsame Rolle[270].

Die Aussage von V.17aß lenkt die Aufmerksamkeit auf die zwangsläufig eintretenden religionspolitischen Folgen. Ein durch zahlreiche verwandtschaftliche Loyalitäten in seiner Innenpolitik gebundener König wird auch differierenden religiösen Gruppierungen und deren Ansprüchen Rechnung tragen müssen; dazu kann auch die angemessene Verehrung anderer Götter als JHWH gehören.

V.17a kann als Anspielung auf Salomos Harem oder Ahabs Heirat gelesen werden, seine Aussagen erschöpfen sich aber nicht in historischen Anspielungen. Sowohl die Darstellung der salomonischen Heiratspolitik und ihrer religionspolitischen Konsequenzen wie auch die Heirat Ahabs legen das zwar nahe[271], doch werden die Aussagen verkürzt, bezieht man sie, geleitet durch die dtr Schilderungen in 1.Kön 11,1ff; 16,31 ausschließlich auf ausländische Heiraten der Könige. Die in diesem Kontext prononciert vorgebrachte dtn Forderung, allein JHWH zu verehren (denn so und nicht anders läßt sich die Kurzformel V.17aß verstehen), belegt, daß auch bei innerisraelitischen Heiraten unterschiedlichen religiösen Traditionen Tribut zu zollen war. Die Bedeutung, die den Ehefrauen in religiöser Hinsicht zugemessen wird, dürfte weniger Wirkung weiblicher Attraktivität und männlicher Verführbarkeit sein, als Ausdruck eines funktionierenden Verwandtschaftssystems und divergierender religiöser Loyalitäten israelitischer Sippen. Die Warnungen von Dtn 7,3f sind ganz von der Fiktion bestimmt, nur fremde Ehepartner seien Nicht-JHWH-Anhänger. Demgegenüber scheint Dtn 13,6ff die Alltagsrealität widerzuspiegeln: einheimische Ehe-

---

264 Dtn 4,29; 5,24; 6,5; 10,12; 11,13; 13,4; 26,16; 30,1f.6.10; vgl. H.-J. Fabry, Art. לב leb, ThWAT. IV. 1984. 413-451, hier 430; vgl. auch die inhaltlich vergleichbare Forderung von Dtn 18,13.

265 Dtn 5,29; 9,12.16; 11,28; 17,11; 28,14; 31,29.

266 2.Kön 17,22.

267 2.Sam 22,23; 2.Kön 18,6; 22,2.

268 2.Kön 3,3; 10,31; 13,2.11; 14,24; 15,9.18.24.28.

269 Als Kriterium spielt es in Jos 1,7 eine Rolle, vgl. dazu unten S.196ff.

270 Vgl. u.a. Dtn 4,9; 6,6f; 11,16; 11,18; 28,65; 29,3; 29,17f; 30,1f.6.10.

271 Vgl. M. Noth, *Könige*, 244ff; 354ff.

partner können zum Abfall von JHWH verführen. Die Auslegung des Textes in der Mischna trägt diesem Realismus Rechnung[272].

Das vierte Verbot für den König (V.17b) setzt seiner Steuerpolitik Grenzen. Eine fast gleichlautende Aussage findet sich in Dtn 8,13. Hier jedoch gilt das Anwachsen von Silber und Gold als Ausdruck des Segens JHWHs, der mißverstanden Anlaß zu menschlicher Hybris geben könnte. Die Verheißungen von Dtn 8,13 sind sorgfältig so formuliert, daß eine menschliche Mitwirkung nicht zu Sprache kommen muß, ein Ergebnis der theologischen Beweisführung, die nur so ihr Ziel in 8,18 הנתן ... אלהיך לך כח יהוה לעשות חיל erreichen kann. Dtn 8,13 kann daher unter keinen Umständen als Aufforderung zur aktiven Mehrung des Reichtums verstanden werden. Vermögen und sonstiger Reichtum sind Geschenk JHWHs. Diesen Gedankengang setzt Dtn 17,17b voraus, wenn die diesbezüglich denkbaren wirtschaftlichen Eigeninitiativen des Königs limitiert werden. Aus der theologischen Perspektive von Dtn 8,10ff[273] und der auch im Königsgesetz festgeschriebenen 'Gesellschaft von Geschwistern' ist die Bestimmung von Dtn 17,17b notwendig. Die vor allem in der Steuerpolitik enthaltenen Chancen der Bereicherung werden als illegitim dargestellt.

Dtn 17,17b lehnt nicht alle dem König durch seine zentrale Position zuwachsenden Vermögenschancen ab, will sie aber wegen der damit verbundenen Gefahren für den Zusammenhalt der Gesellschaft minimiert wissen. V.17aß fungiert als Begründung für V.17aα und gleichzeitig als Überleitung zu V.17b. Reichtum und Harem, d.h. die Funktionalisierung vielfältiger Verwandtschaftsbeziehungen und die Ausnutzung ökonomischer Privilegien wie es das Recht zur Steuereinziehung darstellt, führen dazu, daß der König sich vom Pfade des Gesetzes, mithin von JHWH abwendet. Diese zentrale Sorge der Verfasser des Königsgesetzes ist ausgedrückt in den apodiktischen Aussagen von V.16b und 17aß. Die beiden Begriffe דרך und סור bringen ihre Intentionen auf den Nenner. Der דרך הגוים (Jer 10,2)[274] wird nach Dtn 17,15-17 Israel nur bedingt zugestanden und mit Kautelen versehen. Auf die negative Absicherung gegen dieser Institution inhärente Gefahren folgt der Verweis auf die positive Orientierungsmöglichkeit. Der König steht nicht nur unter dem Verdikt לא יסור לבבו; denn ihm wird eine positive Leitlinie, die recht beachtet, das Abweichen verunmöglicht, gezeigt[275].

272 Vgl. bSanh 21a.
273 Diese theologische Vorstellung ist sicher älter als ihre Verschriftlichung in Dtn 8,10ff. Das Verhältnis der schriftlichen Texte steht hier nicht zur Diskussion.
274 Die Zuordnung der Aussagen ist umstritten, vgl. die Diskussion der Argumente bei W. Rudolph, *Jeremia*, HAT 12, 1968³, 71ff; Thiel (*Jeremia 1-25*, 17.288) hält das Stück für eine postdtr Zufügung.
275 Bereits Bertholet, *Deuteronomium*, 55, hat darauf hingewiesen, daß die positiven Bestimmungen von 17,18f. die notwendige Kehrseite der negativen seien.

Die in der Forschung vertretene Position, die V.18f. seien Ergebnis einer dtr Überarbeitung des Königsgesetzes[276], stützt sich auf drei Argumente. Im Vordergrund steht die Behauptung, die V.18f. unterbrächen den Textzusammenhang zwischen V.17 und V.20[277]. Vorausgegangen war die Annahme, die V.18f. setzten den Text von Dtn 31,9 voraus[278]. Hinzu kommt das neuerdings vorgetragene Argument, "daß die mit היה beginnenden historisierenden Gebotseinleitungen zu den späten Schichten des Deuteronomiums zu rechnen sind."[279] Die vermeintliche literarische Kontinuität zwischen den Aussagen von V.17 und V.20 ruht auf der Vorannahme, V.20a könne zwar als Schlußfolgerung direkt an die Aussagen von V.17 anknüpfen, nicht aber an jene von V.18f. Die Aneinanderreihung mehrerer finaler Konsekutivsätze, die durch die Konjunktionen למען und לבלתי aneinandergefügt sind, ist syntaktisch möglich. Dtn 17,19f ist nicht das einzige Beispiel[280].

Inhaltliche Gründe der Art, daß die V.17b vorgesehene Vermögensbeschränkung nur durch das in V.20aα genannte Motiv legitimiert werden könne, liegen nicht vor. Das Verbot in V.17b ist ausreichend vorbereitet durch die Aussagen von V.16bα und V.17aß. Es bedarf keiner weiteren Absicherung. Zieht man Dtn 8,10ff als Analogie heran, dann ist zu bedenken, daß Dtn 8,14 als Objekt der Selbstüberhebung JHWH hat, während Dtn 17,20aα als Objekt die Israeliten bestimmt. Diese Differenz belegt, daß der ursprüngliche Kontextbezug von 17,20aα ein anderer als jener von 8,14 ist. Das Beispiel von 8,10ff könnte eher die These stützen, daß die V.18f den Text von V.16f weiterführen. In der Argumentation von 8,10ff folgt auf die Gegenüberstellung von 'Hybris - Heilsgeschichte - Hybris' am Wendepunkt die Aufforderung von 8,18 וזכרת את יהוה. Die Funktion, die die Erinnerung in 8,18 für den einzelnen Israeliten übernimmt, hat nach 17,18f die Kopie der Tora für den König sowie deren ständige Lektüre. Der König kann wegen der narrativen Logik der Fiktion 'Moserede' nicht auf sein 'Mitdabeigewesensein' angesprochen werden. Da es gilt, seiner Hybris genau wie jener des einzelnen einen Riegel vorzuschieben und ein Gegenmittel anzugeben, ergeht die Bestimmung von 17,18f.

Ein Vorgriff auf die Aussagen von Dtn 31,9 liegt in 17,18f nicht vor. Der dtn Gesetzesvortrag war von Anfang an dazu bestimmt, schriftlich fixiert

---

[276] Vgl. neuerdings wieder Merendino, *Gesetz*, 181f; Seitz, *Studien*, 234; Mayes, *Deuteronomy*, 273; García López, *Roi*, 296; Rüterswörden, *Gemeinschaft*, 63f; Foresti, *Storia*, 110.112.

[277] So zuerst Steuernagel, *Deuteronomium*, 1898[1], 67.

[278] So zuerst J. Wellhausen, *Composition*, 192.

[279] So Rüterswörden (*Gemeinschaft*, 63), der sich auf Seitz' Ausführungen (*Studien*, 57) beruft. Abgesehen davon, daß an der angegebenen Stelle bei Seitz keine Rede von den historisierenden Gebotseinleitungen ist, behauptet Seitz zwar (96f), daß die historisierenden Gebotseinleitungen die Disposition des Gesetzeskorpus in einem bestimmten Stadium charakterisiert haben, doch hält Seitz dies für "ein verhältnismäßig frühes Stadium der dtn Gesetzessammlung" (109).

[280] Vgl. Ex 8,18; Jos 11,20; Jes 65,8; Jer 44,7f; Ez 20,9.14.22 - Thiel (*Jeremia 26-45*, 94.97) weist für Jer 44,7f auf den dtr Charakter der Phraseologie hin.

zu werden[281]. Die schriftstellerische Technik, ein Geschehen nur in seinen
für den derzeitigen Stand der Erzählung relevanten Punkten zu streifen,
ist nicht ungewöhnlich. Auch setzt die Angabe von 17,18f genau betrachtet
nicht das so in 31,9ff erzählte Ereignis voraus, sondern nur das Faktum einer von levitischen Priestern zu verwahrenden schriftlichen Tora.

Die kürzlich von Rüterswörden[282] entdeckte vermeintliche historisierende Gebotseinleitung von 17,18 liegt dort nicht vor. Die Aussagen von
V.18 entsprechen weder inhaltlich noch formal dem Typus 'Gebot mit historisierender Einleitung'[283]. כ והיה leitet eine Aussage über einen künftigen Zustand ein[284], dessen Eintreten die anschließend beschriebene/
vorgeschriebene Maßnahme nach sich zieht. In den Rechtstexten kann die
Differenzierung bzw. Spezifizierung der Ausgangssituation eingeleitet
werden mit והיה bzw. כ והיה[285].

V.18f schließen an den Text von V.16f an. Der syntaktische Neueinsatz
mit כ והיה ist inhaltlich bedingt. In den V.18f wird die Situation von V.15
weitergeführt und konkretisiert. In den V.16f wird gleichfalls die Situation
von V.15 weitergeführt, doch wird sie hier verallgemeinert. Die Pflichten
des Königs werden in V.18f positiv beschrieben und seine erste Regie-
rungsmaßnahme - der König muß eine Abschrift der Tora für sich erstellen lassen[286] - wird festgelegt. Die vornehmste Pflicht des Königs beinhaltet gleichzeitig sein Recht gegenüber den levitischen Priestern auf un-
gehinderte Zugangsmöglichkeit zu einer im Heiligtum verwahrten Schrift.
Die Aussagen von V.16f zielen auf die Grundsätze des Regierungsgeschäf-
tes ab und grenzen Rechte und Privilegien des Königs negativ ein. Dage-

---

281 So mit Dillmann, *Deuteronomium*, *KEH 13*, 323f.
282 A.a.O.
283 Vgl. Lohfink, *Hauptgebot*, 113f; Seitz, *Studien*, 95ff und vgl dazu oben S.56ff
284 Vgl. W. Gesenius/ E. Kautzsch, Hebräische Grammatik, (= *GK*). 1909[28], § 112y.
Vgl. König, *Lehrgebäude*, § 401n.
285 Vgl. u.a. Lev 13,19; 14,9; Dtn 20,2.9.11. Merendino (*Gesetz*, 115) weist daraufhin,
daß והיה im Dtn üblicherweise zur Weiterführung eines Sachverhaltes gebraucht wird.
286 Schriftkundigkeit des Königs muß nicht vorausgesetzt werden. Denkbar ist, daß
hinter dieser Formulierung das Postulat steht, der König solle schrift- und lesekundig sein.
Eine an künftige Könige gerichtete Anweisung des Telipinu ("Sieh nach in der Tafel" (A II,
48), TUAT I, 469) scheint eine derartige Forderung zu vertreten. Assurbanipal (669-630)
rühmt sich in unterschiedlichen Kontexten, selber Schreiben gelernt zu haben; vgl. Streck,
Assurbanipal, col. I 31f; L[4] Vs 13.17f; D. D. Luckenbill, Ancient Records of Assyria and
Babylonia (= *ARAB*) II, Chicago 1927, § 767; 986; S. Langdon, Sumerian and Babylonian
Psalms, Paris 1909, 176ff; S. S. Ahmed (Southern *Mesopotamia* in the Time of Ashurbanipal, The Hague/Paris, 1968, 41f.) berichtet, daß Asarhaddon die gelehrte Ausbildung seines Sohnes anordnete. M. A. Dandamayev (The Social *Position* of Neo-Babylonian Scribes,
in: Schriften zur Geschichte und Kultur des Alten Orient 15, 1982, 35-39, ebenda 39) in-
formiert darüber, daß im 6. Jh. zwei Angehörige des Geschäftshauses Egibi als Schreiber
fungierten; ein Umstand, aus dem geschlossen werden kann, daß Schriftkundigkeit zu den
wünschenswerten Fähigkeiten in der Oberschicht gehörte. Zur Schreiberausbildung, deren
sozioökonomische Position und ihren vielfältigen Tätigkeiten vgl. H. Waetzoldt, Der *Schreiber* als Lehrer in Mesopotamien, in: Joh. G. Prinz von Hohenzollern/ M. Liedke (eds.),
Schreiber, Magister, Lehrer, Schriftenreihe zum Bayerischen Schulmuseum, 8. 1989. 33-50.

gen verlangen die Bestimmungen von V.18f nicht nur eine Anerkennung der Verfassung durch den König[287], sondern auch Kenntnis, Beachtung[288] und Ausführung der Verfassung[289].

Der König wird, das zeigt die fügungslose Reihung der Infinitivbestimmungen in dem finalen Konsekutivsatz von V.19b an[290], ausdrücklich und unwiderruflich auf die Tora festgelegt[291]. Die dem König anbefohlene Praxis der Tora (V.19b) wird ihn davor bewahren, sich zum Herren über Israel aufzuschwingen (V.20aα) und vom mosaischen Recht[292] abzuwei-

---

[287] Vgl. O. Bächli, *Israel* und die Völker. Eine Studie zum Deuteronomium, AThANT 41, Zürich 1962, 90.

[288] Bedenkt man, daß in Anbetracht der Forderungen von Dtn 6,7; 11,19; 29,11 und 31,13 die Vermittlung der Tora als Bestandteil der Erziehung der Kinder gilt, dann kann das entsprechende Grundwissen auch für den König vor seinem Herrschaftsantritt vorausgesetzt werden. Dtn 17,19a spricht dann nicht von seinem privaten Studium der Tora, sondern bezieht sich eher auf das laute Vorlesen der Tora durch den König (zu ב קרא = lesen aus = vorlesen vgl. Jer 36,8; Neh 8,18). Liest der König aber nicht nur täglich in der Tora, sondern liest aus ihr täglich öffentlich vor, dann dokumentiert er im Erwerb der Kenntnis der Tora seine Anerkenntnis der Tora in Wahrnehmung seiner offiziellen Rolle als Herrscher. Zum Verständnis von קרא = öffentliches Vorlesen vgl. C. J. Labuschagne, Art.: קרא qr' rufen, THAT II, Sp.666-674, insbes. 672; Schauerte/ F.L. Hossfeld/ E. M. Kindl/ U. Dahmen, Art.: קרא qārā', ThWAT VII (1990), Sp.117-147, insbes. Sp.133ff. Eine mit zahlreichen Zitaten belegte Darstellung der antiken Lesepraxis als Vorlesepraxis bietet J. Balogh, Voces Paginarum: Beiträge zur Geschichte des lauten Lesens und Schreibens, Philologus 82, 1927, 84-109; 202-240.

[289] Das Recht zur selbständigen Auslegung der Tora erhält der König nicht, er wird nur zum Lernen der Tora verpflichtet. Hüter und Ausleger der Tora sind die Priester und die Ältesten Israels, vgl. dazu oben S. 51f.

[290] Der Ausdruck החקים האלה steht nach Merendino (*Gesetz*, 181) in einer sonst nicht belegten Reihung mit התורה הזאת. Daher könnte er seiner Meinung nach ein späterer Zusatz sein. Versteht man ihn aber mit Braulik (*Ausdrücke*, 25) als einen ausdrücklichen Rückverweis auf die Bestimmungen des Königsgesetzes, dann kann diese Verdeutlichung im Sinne eines "also auch diese Bestimmungen" bereits aus der Feder des Verfassers von V.19 stammen.

[291] Die verschiedenen Aspekte der Gesetzesbeobachtung sind detailliert aufgezählt. Fast alle in diesem Kontext üblicherweise verwendeten Verben tauchen auf; vgl. Lohfink, *Hauptgebot*, Tabelle III, 299ff. Die Vorstellung, daß die Furcht Gottes zu lernen sei, findet sich innerhalb des Dtn in 4,10, 14,23 und 31,12f. Weinfeld (*Deuteronomy*, 279 Anm. 6) weist auf eine neubabylonische Parallele aus der Zeit Nabopolassars hin. שמר ועשה ist eine im Dtn häufig gebrauchte Wendung, die auch in dtr Aussagen vorkommt (vgl. Weinfeld, *Deuteronomy*, 336 No 17a). Bezogen auf die Tora findet sich der Ausdruck noch in Dtn 28,58; 29,28; 31,12; 32,46, daneben in Jos 1,7 und Jos 23,6. Die Gleichsetzung von 'Lernen der Furcht Gottes' mit 'Halten und Tun der Tora' ist explizit nur in Dtn 17,19 und 31,12 belegt. Zu bedenken ist der Einwand von Horst (*Privilegrecht*, 137), התורה הזאת in V. 18 beziehe sich nur auf das Königsgesetz, der gleiche Ausdruck in V.19 meine dagegen das gesamte dtn Rechtsbuch. Allerdings sprechen die Anweisungen, den Text auf eine Rolle zu schreiben und ihn regelmäßig zu lesen, dafür, daß es sich um einen längeren Text handelt. Das Königsgesetz allein dürfte schwerlich eine Rolle füllen. Ginge es nur darum, dem König das betreffende Gesetz einzuprägen, so wäre sicher auch ein weniger weiser König als Salomo in der Lage gewesen, es auswendig zu lernen. Die Notwendigkeit einer Abschrift spricht gegen die Vermutung von Horst.

[292] Zum Verständnis von מצוה hier vgl. Braulik, *Ausdrücke*, 26ff.

chen (V.20aß)[293]. Als positive Folge wird dem König und seinen Söhnen[294] eine lange Herrschaftsdauer verheißen (V.20b).

Rüterswörden[295] sieht in der Aussage von V.20b, da mit בקרב ישראל die Anredesituation des Gesetzes verlassen werde, unter Heranziehung von byblitischen Königsinschriften[296] eine Anspielung auf ähnlich lautende israelitische bzw. judäische Königsinschriften; denn in den phönizischen Inschriften sei gleichfalls eine Verbindung des formelhaften Wunsches vom "Langmachen der Tage" mit dem Wunsch nach andauernder Herrschaft belegt. Als weitere Belege zieht er die Inschrift einer aramäischen Grabstele aus Tel Nerab[297] und Zeile 7 des aramäischen Teiles der assyro-aramäischen Königsinschrift aus Tel Fekherye heran[298]. Die Analogien dienen Rüterswörden dazu, seine These zu untermauern, daß V.20 Teil einer vordtr Fassung des Königsgesetzes sei[299].

Einzuwenden ist, daß bereits seine, den Rekurs auf die phönizischen und aramäischen Inschriften ermöglichende Beobachtung, V.20b falle aus der Anredesituation heraus, nicht zutreffend ist. Die Anredesituation wird aus sachlich zwingenden Gründen bereits ab V.16 aufgegeben. Der formelhafte Wunsch vom "Langmachen der Tage" ist auch im Akkadischen belegt[300]. Die geographisch und zeitlich über erhebliche Räume sich erstreckenden Belege gestatten ohne den Nachweis einer entsprechenden israelitischen bzw. judäischen Inschrift keine Datierung einer biblischen Aussage wie sie in Dtn 17,20 vorliegt. Ein Vergleich der phönizischen Inschriften KAI 4,3ff; 6,2ff; 7,4f; 10,8f mit Dtn 17,20 zeigt, daß eine wichtige Differenz vorliegt. Die phönizischen Inschriften weisen alle die formelhafte Wendung auf: ושנתו על גבל (Königsname) ימת (Gottesname/Götternamen) תארך/יארך. Die Inschrift von Tell Fekherye verknüpft in ihrer assyrischen Version den Wunsch nach langem Leben (Zeile 10f)[301] nicht unmittelbar mit dem bezüglich der Dauer der Herrschaft (Zeile 21)[302]. In der aramäischen Version folgt zunächst der Lebenswunsch (Zeile 7f), dann mit einigem Abstand, wie in der assyrischen Version, der Wunsch bezüglich der Herrschaftsdauer (Zeile 13), dem dann aber in Abwandlung der Phrasen aus Zeile 7f (*wlm'rk : ywmwh / wlkbr : snwh*) nochmals ein Wunsch nach Lebenslänge in Zeile 14 (*wlm'rk : hywh*) folgt[303]. Beide Wünsche sind in fast allen Inschriften zwar aneinander gereiht worden, aber auch deutlich unterschieden. Diese Unterscheidung liegt in Dtn 17,20b nicht vor. Dtn 17,20b betont mit der Wendung יאריך ימים על ממלכתו die Herrschaftszeit nicht die Lebenszeit, letztere ist nur implizit angesprochen. Eine Angabe des Gottes, der die Herrschaftszeit lang dauern lassen wird, fehlt in Dtn 17,20 im Gegensatz zu den altorientalischen Inschriften. Aus der Perspektive des 1.Gebotes ist die Nennung JHWH in

---

[293] Diese 'Verhaltensformel' wird in Dtn 5,32 und 28,14 gleichfalls auf die mosaische Tora bezogen. Dtn 17,11 wird sie im Zusammenhang mit einer Rechtsentscheidung verwendet, deren Nichtbeachtung allerdings mit der Todesstrafe bedroht ist. Ebenfalls mit Bezug auf die Tora findet sie sich in Jos 1,7 und 23,6. 2.Kön 22,2 dient diese Formel dazu, Josia positiv mit David zu vergleichen.

[294] Merendino (*Gesetz*, 181) merkt an, daß die Worte הוא ובניו ein Zusatz sein könnten, gibt dann aber dagegen zu bedenken, daß hier eine bereits an anderer dtn Stelle vorliegende Motivverbindung (Dtn 5,32f) - 'Nichtabweichen vom Gesetz - langes Leben' - an den neuen Zusammenhang angepaßt worden sei.

[295] Ders. *Gemeinschaft*, 64f.

[296] Vgl KAI 4,3f; 6,2f; 7,4ff; 10,9.

[297] Vgl KAI 226,3.

[298] Die Inschrift ist ediert und übersetzt von A. Abou-Assaf/ P. Bordreuil/ A. R. Millard, La *Statue* de Tell Fekherye et son inscription bilingue assyro-araméenne. Paris 1982.

[299] Ders. a.a.O. 65f.

[300] Vgl. die Stellenangaben in CAD I.2. 223f No 16a zu arāk ūmē.

[301] Vgl. Abou-Assaf, *Statue*, 13f.17f.

[302] Vgl. Abou-Assaf, *Statue*, 17.

[303] Vgl. Abou-Assaf, *Statue*, 23.

Dtn 17,20 überflüssig. Außerdem hat die Wendung בקרב ישראל keine Entsprechung in
den herangezogenen altorientalischen Inschriften. Die betreffenden können m.E. die Behauptung, daß in V.20b ein vordtr Text vorliege, nicht stützen.

Das Königsgesetz besteht aus fünf Abschnitten. Nach der Einleitung
(A) in V.14, in der die Voraussetzungen des Gesetzes notiert werden, folgt
die Hauptbestimmung des Gebotes (B) in V.15, die dann in zwei verschiedenen, aber einander ergänzenden Richtungen negativ (C) in V.16-17 und
positiv (D) in V.18-19 entfaltet wird. Aussagen warnenden und ver-
heißenden Charakters beschließen das Gesetz in V.20 (Teil E). Die Teile
C und D behandeln Untergebiete von Teil B. Die Ambivalenz der Schluß-
passage spiegelt die gegenläufige Perspektivität der Teile C und D wider.
Die Schlußaussage greift darüberhinaus durch Wiederaufnahme des
Stichwortes אח auf die Ausgangsbestimmung V.15b zurück. Auch werden
zwei zentrale Begriffe des Mittelteils aufgenommen und ausgeführt (20aß
→ 17aß) bzw. betrachten durch den Bezug auf die Ausgangsbestimmung
(20aα → 17aß + 15b) diese unter dem, durch das Gesetz entstandenen,
neuen Aspekt. V.20aα klärt das Verhältnis des aus der Mitte seiner Brüder gewählten Königs zu seinen Wählern, indem der Gesichtspunkt der
Bruderschaft, d.h. der Gleichrangigkeit zwischen dem König und seinen
Wählern hervorgehoben wird. Damit versöhnt V.20aα die einander widerstrebenden Sichtweisen des Königtums, wie sie die Teile C und D durchblicken lassen. Monarchie und Bruderschaft sind miteinander vermittel-
bar, sofern der König sich an die vereinbarten Regeln hält und nicht vom
Pfade des mosaischen Rechtes weicht. V.20a nimmt den Begriff סור aus
V.17aß auf und stellt ihn in einen das gesamte Recht umfassenden Kontext. Der König ist diesem Recht genauso untergeordnet wie jeder andere
Israelit, das betonen die geprägten Wendungen von V.19b und V.20aß. Als
einzige Belohnung wird ihm und seinem Haus eine lange Herrschaftsdauer in Aussicht gestellt (V.20b). Die für jeden Gesetzesfrommen[304] bestehende Verheißung "langes Leben" gilt indirekt auch für den spezifischen
Fall des Königs.

Die semantische Struktur des Textes ist durch ein Netz von stichwort-
artigen Beziehungen bestimmt. In V.14a wird die Situation des Adressaten
beschrieben וישבת בה, von dem König heißt es nach seiner Wahl und
Inthronisation כשבתו (V.18aα). Der Aussage Israels in V.14b, die mit
ואמרת beginnend zitiert wird, wird die Aussage JHWHs in V.16b entge-
gengehalten, die mit ויהוה אמר anfängt. Die Forderung Israels aus V.14b
wird in ihrem ersten Teil aufgenommen (15aα) und im Stil des Dtn charakteristisch umgewandelt (Erwählung JHWHs/Einführung des Begriffes
אח 15aß/15bα) und festgeschrieben; letzteres geschieht durch die pointierte Gegenüberstellung von אח und נכרי in V.15bß. In V.16 werden unter dem Stichwort שוב eine dem König verbotene Unternehmung

---

[304] Das betonen die auf die Tora als ganze bezogenen Aussagen von Dtn 4,40; 6,2 und
11,9. Dtn 4,26 und 30,18 setzen die Nichterfüllung und Verkürzung der Lebenszeit gleich.
Nur gelegentlich wird die Ausführung einzelner Bestimmungen (Dtn 5,16; 22,7; 25,15)
durch die Verheißung langen Lebens motiviert.

(V.16aα²) und ein dem Volk untersagtes Vorhaben (V.16bß) behandelt. Die Phrase von V.17aß ולא יסור לבבו wird unter verschiedenen Gesichtspunkten in V.20aα (רום לבבו) und V.20aß (סור מן המצוה) entfaltet. Die Wendung לא ירבה strukturiert den Mittelteil des Gesetzes und hebt ihn als Abschnitt heraus (V.16aα.17aαb). Bemerkenswerterweise taucht hier die durchaus angemessene Funktionsbezeichnung מלך nicht auf, ein Phänomen, das wohl den egalitären Tendenzen des Gesetzes Rechnung trägt. Die Wurzel מלך erscheint erst wieder dort, wo sie funktionell unumgänglich ist (V.18aß.20b). Das Fehlen des Wortes מלך in den V.16.17.19 und die Verwendung des Ausdrucks כסא ממלכתו (V.18aß) bzw. ממלכתו (V.20b) deuten an, daß der König durch Position und Funktion von den übrigen Israeliten unterschieden ist, aber nicht hinsichtlich seines Status als Person. Die Begriffe אח und מלך werden einander nur in V.15bα gegenübergestellt, wo es sachlich unvermeidbar ist. Der Begriff מלך wird dann fallengelassen, der des אח aber weitergeführt (V.16bα.20aα). Die beiden letzten Worte des Gesetzes בקרב ישראל verweisen assoziativ auf das מקרב אחיך (V.15bα) zurück. In dieser Hinsicht fällt auf, daß die Verheißung so formuliert ist, daß nicht von einer Herrschaft *über* Israel die Rede ist, sondern von einer Herrschaft *inmitten* Israels[305]. Da der Ausdruck מלך על ישראל gebräuchlich ist und wertneutral verwendet werden kann[306], wird der Verzicht auf ihn die gegen eine absolute Herrschaft gerichtete Tendenz des Gesetzes ausdrücken.

Redaktion und Komposition von Dtn 18,9-22

Die literarkritische Analyse des Abschnittes[307] erhielt wesentliche Anstöße durch die von Dillmann vorgetragenen Thesen, die V.9-14 seien eine Reproduktion älterer Bestimmungen von D, der im Anschluß daran die V.15-22 zur Eingliederung der Prophetie unter die öffentlichen Gewalten geschrieben habe[308]. Diese Beobachtung Dillmanns, die eher traditionsgeschichtlich von ihm begründet wurde[309], wird bei Steuernagel zum Ausgangspunkt seiner literarkritischen Untersuchung des Textes. Nach Steuernagel haben wir in den Versen 10-12a ein von Dr übernommenes selbständiges Gesetz vorliegen, das von ihm durch die V.9 und 12b gerahmt wurde. Unter Benutzung der weiteren Quelle Pl und eines vielleicht ursprünglich selbständigen Prophetengesetzes hat Dr dann die V.13-22 verfaßt[310].

305 Die entsprechenden Passagen in 1.Sam 8; 10,17ff und 1.Sam 12, die sich durch eine negative Bewertung des Königtums auszeichnen, sprechen immer von מלך על ישראל. Das Stichwort König fällt dagegen nicht in 1.Sam 9,16; 10,1 und 2.Sam 7,8. Die Verheißung von 2.Sam 7,13 lautet וכננתי את כסא ממלכתו und 1.Kön 2,4 formuliert noch zurückhaltender לא יכרת לך איש מעל כסא ישראל.

306 Vgl. die Aussagen in 2.Sam 2,4; 5,3; 1.Kön 11,37; 14,14.

307 Der masoretische Text ist textkritisch nicht zu beanstanden, vgl die Diskussion bei Rüterswörden, *Gemeinschaft*, 77f.

308 Dillmann, *Deuteronomium, KEH 13*, 221ff.

309 Driver (*Deuteronomy*, 221ff.) beläßt sie auf dieser Ebene.

310 Steuernagel, *Deuteronomium*, 1898¹, 69.

In der zweiten Auflage seines Kommentars von 1923 betont Steuernagel, daß die V.13-15 als Einleitung des Prophetengesetzes geschrieben sei-
en. Das Prophetengesetz betrachtet er als selbständige Vorlage[311]. Die
Position Steuernagels hat die Diskussion des Prophetengesetzes bis heute
bestimmt. Dies gilt nicht nur für seine Erkenntnis, daß mehrere Wachs-
tumsstadien vorlägen, sondern gerade auch für die von ihm gezogenen
Grenzlinien zwischen den einzelnen Stufen. Die Mehrheit der späteren
Kommentatoren setzt seine Argumentation voraus[312]; das gilt insbesondere für jene, die mit geschärftem Blick eine vermeintlich alte Tradition auf
ihren Kern zerlegen[313]. Die Abweichler von dieser forschungsgeschichtlichen Linie sehen entweder die Grenzen zwischen den einzelnen Schichten
anders verlaufen[314] oder sie halten den vorliegenden Text für ein in sich
einheitliches paränetisches Stück[315]. Die folgende Exegese wird jenen Argumenten, die die Abgrenzung mehrerer Schichten innerhalb von Dtn
18,9-22 begründen, mehr Aufmerksamkeit zu widmen haben als jenen, die,
das Schichtenmodell voraussetzend, vermeintlich neuere oder auch ältere
Gesteinsproben nachgewiesen haben.

Seiner Einleitungsformel nach gehört das Prophetengesetz zur Gruppe
der Gesetze mit historisierender Gebotseinleitung. Inhaltlich und formal
entspricht die historisierende Gebotseinleitung von Dtn 18,9 dem Grundtypus, sie weicht nur grammatisch von der üblichen x-yiqtol Form ab, da
einleitend x-qotil steht. 18,9a kann als temporaler Nebensatz zu 18,9b aufgefaßt werden[316]. Die Abwandlung der Grundform dürfte das Ziel verfolgen, die strikte Gleichzeitigkeit der Handlungen von V.9aα und V.9b her-

---

[311] Steuernagel, *Deuteronomium*, 1923², 121f.

[312] Vgl. u.a. Hempel, *Schichten*, 225.234f; G. Hölscher, *Komposition* und Ursprung des
Dtn, ZAW 40 (1922) 161-255 , 203f; Rabast, *Recht*, 11f; Seitz, *Studien*, 235ff; Mayes, *Deuteronomy*, 279ff.

[313] So J. L'Hour, Les *interdits* To'eba dans le Deutéronome, in: RB 71 (1964) 481-503,
489ff; Merendino, *Gesetz*, 192ff; García López, *Profeta*, 295ff; Foresti, *Storia*, 128ff. Preuss
(*Deuteronomium*, 119) hat grundsätzliche Zweifel an einer vordtn To'eba-Sammlung an-
gemeldet: "Die... Sammlung soll sich mit ihren Bestimmungen und Abgrenzungen gegen
kanaanäische Kultpraktiken wenden. Dies trifft für 12,1; 22,5 und 25,13-16 jedoch nicht zu.
Die to'ebā-Formel macht ferner zumindest in 17,1 und 23,19 den Eindruck eines Zusatzes.
Die Texte finden sich innerhalb des Dtn an sehr disparaten Orten und lassen in ihrem je-
weiligen Kontext kein klares Gliederungsprinzip erkennen, und auch die Bezugnahmen der
Formel auf Tat oder Täter sind unterschiedlich..." (ebenda,119).

[314] So Buis/Leclercq (*Deutéronome*, 137ff), die nur die beiden Abschnitte V.9-13 und
V.14-22 unterscheiden möchten. Dagegen sieht J. Blenkinsopp (*Prophecy* and Canon. A
Contribution to the Study of Jewish Origins, Notre Dame/London, 1977, 38ff.) die Grenzlinien zwischen V.9-20 und V.21-22 verlaufen. Rüterswörden (*Gemeinschaft*, 85ff) arbeitet
als aufeinanderfolgende Stadien die Blöcke V.9-15, V.16-20 und V.21-22 heraus.

[315] So Bertholet, *Deuteronomium*, 58ff; von Rad, *Deuteronomium*, 13.88f. und P. C.
Craigie, The Book of *Deuteronomy*, NIC.OT, 1976, 260.

[316] Analog den Beispielen, die Joüon, *Grammaire*, § 166f. bietet, vgl. H. Irsigler, *Einführung* in das Biblische Hebräisch. *I*: Ausgewählte Abschnitte der althebräischen Grammatik, ATS 9/1, (1978¹), 1981², 161.

auszustellen[317]. Die syntaktische Verknüpfung von V.9a und V.9b unterstreicht die absolute Geltung des Gebots und schneidet jede Diskussion
über einen Gültigkeitszeitpunkt im Verlauf der Landnahme oder danach
ab[318].

Die historisierenden Gebotseinleitungen des Grundtypus sind in der
Regel keine redaktionellen Einleitungen übernommener Gesetze[319], son-
dern Vordersätze, in denen eine notwendige Voraussetzung für die Ein-
haltung des Gesetzes genannt wird. Das Vorliegen einer historisierenden
Gebotseinleitung kann für sich betrachtet nicht als Indiz redaktioneller
Rahmung eines älteren Gesetzestextes gewertet werden[320].

Die nähere Erläuterung der Bestimmung von V.9b in V.10f. wird von
vielen Kommentatoren nicht als ursprüngliche Fortsetzung des Textes betrachtet. Begründet wird dieses mit der rhythmischen Form[321], den unterschiedlichen Inhalten von V.10-12 und V.15-18[322] und neuerdings mit dem
Hinweis auf syntaktische Anschlußprobleme[323]. Die genannten Anschlußprobleme ergeben sich allerdings nur, wenn man die zusammenhängenden
Aussagen von V.9 auf zwei Hände verteilt. Die These, in V.10-12a liege
ein altes vordtn Toʿebagesetz vor, setzt voraus, daß dieses Gesetz bereits
durch die Begründung von V.12a ausreichend motiviert ist. Aus den V.10-
12a geht nicht hervor, warum diese Praktiken von JHWH verabscheut
werden[324]. Diese notwendige Information findet sich nur in den V.9b[325]

[317] Dieser Sachverhalt spricht auch gegen die Annahme von García López (*Profeta*,
295f), V.9a und V.9b gingen auf verschiedene Verfasser zurück. Das Argument der Bezie-
hungslosigkeit von הגוים הם V.9b wurde von Rüterswörden (*Gemeinschaft*, 82) durch den
Hinweis auf die Ferndeixis (Bezug auf Dtn 17,14) entkräftet. Zum Vorkommen dieser
Phrase in dtn/dtr Texten vgl. Weinfeld, *Deuteronomy*, 343 No 6.

[318] Diese auffällige Konstruktion unterscheidet Dtn 18,9 von Dtn 17,14 signifikant.
Vergleichbare syntaktische Formen liegen vor in Num 33,51ff; 34,2ff und 35,10ff; Gesetze,
die auch den Aspekt der Gleichzeitigkeit von Landnahme und Inkrafttreten des Gebotes
betonen. Die Formel ist nicht so singulär, wie García López (*Profeta*, 295) annimmt. Auch
an diesen Stellen handelt es sich um inhaltlich bedingte Variationen der Grundform der
historisierenden Gebotseinleitungen.

[319] Vgl. dazu oben S.56ff.

[320] So Seitz, *Studien*, 239ff; Foresti, *Storia*, 128f.

[321] Rabast (*Recht*, 11f) wies als erster auf die rhythmische Struktur der Verse 10f hin,
setzte für seine Analyse aber bereits Steuernagels Annahme eines vorgängigen Toʿebage-
setzes (ders., *Deuteronomium*, 1898[1], 69) voraus.

[322] So Hempel, *Schichten*, 235ff; Steuernagel, *Deuteronomium*, 1923[2], 121; beide gehen
von zwei Gesetzen aus, die durch die V.9.12b-14 redaktionell miteinander verbunden worden sind. Hölscher (*Komposition*, 203) argumentiert, von geringen Unterschieden abgesehen, ähnlich. Auf dieser Linie folgen ihnen dann Merendino, *Gesetz*, 193f; Seitz, *Studien*,
239; Mayes, *Deuteronomy*, 279.

[323] So Foresti, *Storia*, 129.

[324] T. J. Lewis (*Cults* of the Dead in Ancient Israel and Ugarit, HSM 39, 1989) kommt
in seiner Studie hinsichtlich der auch in Dtn 18,10f inkriminierten Praktiken zum Totenkult
zu dem Schluß, daß diese Teil des in Israel geübten Kultes waren; vgl. ders. 102ff.123f;
ebenfalls J. Tropper (Nekromantie. Totenbefragung im Alten Orient und im Alten Testament. AOAT 223. Kevelaer 1989, 189ff), Th. Podella (Sôm - Fasten. Kollektive Trauer um
den verborgenen Gott im Alten Testament. AOAT 224. Kevelaer 1989, 103ff), H.Niehr

und V.12b. Hier werden die untersagten Praktiken den Völkern zugeschrieben, mit denen Israel (nach Dtn 7,2f) keinerlei Beziehung eingehen
soll. Die verabscheuungswürdigen Kultpraktiken der Völker werden als
Ursache ihrer Vertreibung aus dem Lande betrachtet. Das, was für JHWH
Anlaß ihrer Vertreibung war, darf schlechterdings innerhalb der Beziehung JHWH - Israel keine Rolle spielen. Der Bezug auf die Völker ist für
das Verständnis von יהוה תועבת in V.12b unerläßlich. Da nach Dtn 12,29-
31 generell die Übernahme von Kultbräuchen der Völker verboten ist,
dies auch dort mit Hinweis auf das Kinderopfer begründet wird, müssen
andere Riten, die fremder Herkunft verdächtig sind, gleichfalls verwerflich
sein[326]. Es ist auffällig, daß die Ausübung dieser Kultpraktiken nicht in
Zusammenhang mit der Verehrung anderer Gottheiten gebracht wird. Die
Auseinandersetzung mit den Kulten anderer Gottheiten wird hier indirekt
über die Ablehnung ihrer Verehrer geführt. Gerade der erste verbotene
Ritus מעביר בנו ובתו באש ist nach alttestamentlichem Zeugnis der Gottheit Molech gewidmet[327]. Der Beginn der Aufzählung mit dem "Kinderopfer"[328], einem nach Meinung der Verfasser eindeutig nichtjahwisti-

(Ein unerkannter Text zur Nekromantie in Israel. Bemerkungen zum religionsgeschichtlichen Hintergrund von 2.Sam 12,16a. UF 23. 1991, 301-306).

[325] Weinfeld (*Deuteronomy*, 268) weist darauf hin, daß ein vergleichbarer Ausdruck 'ein
Greuel für Gott' sich in der Lehre des Amenemope finde und auch die babylonische Kult-
sprache ihn kenne (a.a.O., 269 Anm. 1).

[326] Auf den inhaltlichen Bezug zwischen Dtn 12,29-31 und 18,10aß hat Seitz (*Studien*,
152.239) hingewiesen. Als Begründung für den redaktionellen Charakter von 18,10aß reicht
dieser Bezug nicht, selbst dann nicht, wenn man mit Seitz 12,31bß für redaktionell und Zusatz aus 18,10aß hält. 12,31bß dient als besonders illustratives und eindeutiges Beispiel für
das vorausgehende, allgemein gehaltene, Verbot. Es handelt sich nicht um einen redaktionellen Zusatz im Sinne Seitz', eher um Anzeichen eines, aus paränetischen Motiven peu à
peu sich entwickelnden Systems von Abgrenzungen gegenüber nun für illegitim erklärten
Kultpraktiken, wobei dieses System Ergebnis einer Überarbeitung des Dtn sein könnte.

[327] Vgl Lev 18,21; 20,2-5; 2.Kön 23,10; Jer 32,35

[328] Zur Diskussion dieser Praxis vgl. M. Weinfeld (The *Worship* of Molech and the
Queen of Heaven and its Background, UF 4. 1972. 133-154) und O. Kaiser (Den Erstgeborenen deiner Söhne sollst du mir geben. Erwägungen zum *Kinderopfer* im Alten Testament,
in: Denkender Glaube. FS C. H. Ratschow, 1976, 24-48), die beide erhebliche Zweifel an
der Faktizität dieser Opfer anmelden. Weinfeld (*Worship* 144ff.) sieht in diesen Riten eine
Weihung und Unterstellung des Erstgeborenen unter sakrale Autorität, vergleichbar den
assyrischen Praktiken, auf die K.-H. Deller (Rezension von R. de Vaux, Les Sacrifices de
l'Ancien Testament, Or 34, 1965, 382-386, 385f.) hingewiesen hatte. Tropper (*Nekromantie*,
233-236) sieht einen mit Reinigungsriten verbundenen Weiheritus für die Gottheit
Mālik/Moloch in dieser Praxis. Kaiser läßt akzidentielle Kinderopfer gelten und sieht eine
Übung dieses Brauches in der späten Königszeit als gegeben an. Er vermutet, ausgehend
von Ex 34,19a eine dahinterliegende mythologische Vorstellung der Zusammengehörigkeit
von Gottheit und Erstlingen. S. Ribichini (*Beliefs* and Religious Life, in: S. Moscati (eds.),
The Phoenicians, Mailand 1988, 104-125, 120ff.) bezweifelt angesichts der erheblichen
Ausmaße inzwischen ausgegrabener phönizischer Thophet-Stätten das regelmäßige Vorkommen von Kinderopfern im phönizischen Kulturraum. Er verweist auf die hohe damalige Kindersterblichkeit und den zu ihrer Bewältigung entwickelten Kultriten. In ihrer neueren Untersuchung diskutieren S. Moscati/ S. Ribichini (Il *sacrificio* dei Bambini: un ag-

schen[329] und besonders greulichen Kultbrauch, ist nicht zufällig, sondern dient dazu, alle folgenden, mit dieser Opferart in eine Reihe gestellten Praktiken gleichermaßen als dem JHWH-Kult fremd zu diskreditieren. Das an der Spitze der Greuel stehende Kinderopfer in V.10 ist sachlich genauso notwendig wie die zweckdienliche Erwähnung der Völker in V.9b und V.12b[330].

Zum Erstgeburtsopfer

Ex 13,11-13 reserviert für die Zeit nach der Landnahme das Opfer der tierischen Erstgeburt für JHWH, schreibt aber die Auslösung der männlichen menschlichen Erstgeburt und jener des Esels vor. Lev 18,21 verbietet das Kinderopfer und nennt es 'Opfer für Molæk', so will es auch 2.Kön 23,10 verstanden wissen. Dagegen rechnet Ez 20,25f das menschliche Erstgeburtsopfer unter die von JHWH Israel zu seinem Verderben gegebenen Rechtsbestimmungen. Ez 20,31 stellt dann klar, daß derartige Opfer Götzendienst sind, desgleichen der Vorwurf in Ez 23,37. An der letzten Stelle taucht unmittelbar im Kontext auch die Klassifizierung als to'eba auf wie in Jer 32,35, wo diese Verfehlungen in gut 'dtr' Sprache gegeißelt und als ausdrücklich nicht von JHWH angeordnet benannt werden[331]. Ein entsprechender Vermerk begleitet auch die Anprangerung dieser Praxis in Jer 7,31[332] und Jer 19,5[333]. Die prophetischen Anklagen sowie das Gesetz von Ex 13,11-13 lassen erkennen, daß das Kinderopfer von seinen Praktikanten durchaus als Bestandteil des JHWH-Kultes

---

giornamento. in: Accademia Nazionale dei Lincei. Rom 1991. N.266. Problemi attuali di scienza e di cultura. 3-44) die Gegeneinwände und verweisen u.a. auf neuere pathologische Untersuchungen, deren Ergebnisse andeuten, daß die beigesetzten Kinder bereits vor ihrer Verbrennung tot waren. (vgl dies. *sacrificio*, 8ff). Da in zahlreichen Fällen sich die Reste von tierischen Erstlingsopfern fanden, vermuten Moscati/Ribichini, daß auf den sogenannten Tophets eine Vielzahl sakraler Riten ausgeführt wurden. Die archäologischen Untersuchungen von Helga Seeden von Kinderbegräbnissen im Libanon sprechen gleichfalls gegen die Annahme phönizischer Kinderopfer. Viele Kinderskelette wiesen Zeichen embryonaler Unterentwicklung auf, die Häufung von beigesetzten nicht lebensfähigen Früh- und Fehlgeburten ist bemerkenswert. Seeden weist in diesem Kontext ausdrücklich auf ethnografische Informationen hin, die die Existenz von Kinderfriedhöfen in Syrien und im Libanon in der Neuzeit belegen. ("Archäologische Neuigkeiten: Evidence for Child Cemeteries and Burial Customs from Tyre and Nustell. Vortrag, 39.Rencontre Assyriologique, Heidelberg, 9.7.1992). In der christlichen Tradition waren ungetaufte Kinder bis in die Neuzeit von der Bestattung auf geweihten Boden ausgeschlossen. Sie mußten außerhalb des Kirchfriedhofs beigesetzt werden.

[329] 2.Kön 23,10 ordnet diesen Brauch der Gottheit מֹלֶךְ zu. Ein Kult eines Totengottes Milku ist für Ugarit belegt, vgl.P. Bordreuil, À propos de *Milkou*, Milkart et Milk'Ashtart. in: E. M. Cook (ed.) Sopher Mahir, FS S. Segert, Winona Lake/Indiana 1990, 11-21, ebenda 14-16.

[330] Diesen Sachzusammenhang haben jene Forscher übersehen, die der Meinung sind, V.10aß sei ein späterer Zusatz, da die Aussage inhaltlich nicht hierher gehöre, so im Anschluß an Hölscher (*Komposition*, 203) u.a. L'Hour (*Interdits*, 490f.), Merendino (*Gesetz*, 193), Seitz (*Studien*, 237f), Mayes (*Deuteronomy*, 280), Foresti (*Storia*, 130).

[331] Der Textzusammenhang gilt als nichtjeremianisch - vgl. Rudolph, *Jeremia*, 207; J. Bright, *Jeremiah*, AncB 21 (1965[1]), 1984[2], 298. Nach Thiel (*Jeremia 26-45*, 98f.) ist Jer 32,34f Teil der D-Bearbeitung des Jeremiabuches.

[332] Rudolph (*Jeremia*, 54.59) hält den ganzen Abschnitt für dtn bearbeitet; Thiel (*Jeremia 1-25*, 128ff; 222f.) sieht hier seinen D am Werk.

[333] Rudolph (*Jeremia*, 125ff.) spricht von dtn Bearbeitung; vgl. auch Thiel, a.a.O.

angesehen werden konnte[334]. Sein Verbot geht einher mit der Perhorreszierung als Molæk-Opfer (Lev 18,21; Jer 32,35; 2.Kön 23,10) bzw. als Baals-Opfer (Jer 19,5) und der Diskriminierung als ausländische Opfersitte (2.Kön 16,3; 17,8.15.17; 21,2.6.9). Die Brandmarkung als fremder Brauch sowie als Motiv JHWHs für die Vertreibung der Völker durch JHWH findet sich nur im Kontext dtr geprägter Landtheologie.

Die theologische Tendenz der Bemerkungen zum Kinderopfer weist auf einen sich herausbildenden Konsens der biblischen Verfasser hin, dieses Opfer als nichtjahwistisch abzulehnen. Die unterschiedlichen Motivierungen können als Indiz eines noch im Fluß befindlichen Meinungsbildungsprozesses verstanden werden.

Gerade das Kinderopfer, als die von der Tradition am eindeutigsten markierte, wider JHWH gerichtete Praxis, schien besonders geeignet, eine Aufzählung illegitimer Kultpraktiken zu eröffnen[335]. Die mit ihm in einem Atemzug genannten Verfahrensweisen werden allein dadurch, daß sie in seine Nähe gerückt werden, obsolet. Eine ähnliche Funktion scheint dem an zentraler Stelle plazierten Verbot der Zauberei (מכשף) zugedacht zu sein, das sich bereits im Bundesbuch Ex 22,17 findet. Dtn 18,10-12 systematisiert[336] aus negativer Perspektive auf Alltagsbedürfnissen basierende religiöse Handlungsweisen[337] unter dem gemeinsamen Nenner 'Ursache des Untergangs der Völker', kann dabei aber positiv Elemente aus der prophetischen Verkündigung aufnehmen[338] und auf ein jahwistisches Verbot[339] zurückgreifen, um illegitimes religiöses Alltagsverhalten auszugrenzen[340].

V.9b-12 skizzieren den dunklen Hintergrund, vor dem dann die einzig legitime Möglichkeit Israels, von sich aus mit seinem Gott Kontakt aufzu-

---

[334] Gen 22 und Ri 11,30ff setzen die Möglichkeit akzidentiellen Kinderopfers im JHWH-Kult unpolemisch voraus. Zu Gen 22 vgl. Blum, *Komposition*, 326ff.

[335] Vgl. Horst, *Privilegrecht*, 148.

[336] Vgl. Tropper (*Nekromantie*, 241f) zum kolometrischen Aufbau der 7 Prohibitive in Dtn 18,10f.

[337] Ein Indiz für die Alltäglichkeit dieser Bräuche ist die Aufnahme der betreffenden Verbote in Lev 20,1-9. Zum Verhältnis von Dtn 18,10-11 und den Verboten in Lev 20,1-9 vgl. Cholewiński, A., *Heiligkeitsgesetz* und Deuteronomium. Eine vergleichende Studie, AnBib 66, Rom 1976, ebenda 255-258. 279-283.

[338] Mi 5,11; Jes 8,19; 47,9.12; Ez 20,26. Darauf hat bereits Bertholet (*Deuteronomium*, 59) hingewiesen.

[339] Ex 22,17.

[340] Das Verhältnis zwischen Dtn 18,10-12 und 2.Kön 16,3; 17,17; 21,6 bedürfte einer gesonderten Untersuchung. Die Stellen in den Königsbüchern könnten als Auszüge des Deuteronomiumtextes und damit als bewußter Rückverweis auf die gesamte Reihe gelesen werden. Als weitere Deutungsmöglichkeiten bieten sich an: "Der Deuteronomiumstext könnte eine Art Generalisierung der vorliegenden Stellen aus den Königsbüchern sein. Oder Deuteronomiumstext und die Stellen aus den Königsbüchern könnten die gleiche Bearbeitungsschicht darstellen." (Briefliche Mitteilung Prof. N. Lohfink). Bemerkenswert ist schon, daß an allen erwähnten Stellen das Kinderopfer die erste Position einnimmt, hier also als assoziatives Stichwort fungieren könnte. Vgl. Lohfink (*Kerygmata*, 96f), der m.W. als erster auf Erweiterungen des dtn Gesetzbuches und deren Zusammenhang mit entsprechenden Aussagen der Königsbücher hingewiesen hat.

nehmen, in um so helleren Farben aufscheint[341]. Vermittelt wird der
Übergang zwischen der Untersagung jener Praktiken, deren Ausübung das
Verhältnis JHWH - Israel negieren würde, und einer beide Teile ver-
pflichtenden Zusage durch die begründete Forderung in V.13f[342]. Die
Aussage von V.13 תמים תהיה korrespondiert mit jener von V.10aα לא
ימצא und stellt die positive Seite dieses Verbotes dar. V.13 schließt den
Gedankengang von V.9b-12 ab[343] und bietet eine positive Perspektive der
Beziehung JHWH - Israel, von der aus auch eine neue Basis, die sich von
der in V.9b-12 inkriminierten radikal unterscheidet, erkennbar wird[344].
Die Begründung der Forderung aus V.13 erfolgt wiederum aus der einander ergänzenden göttlichen und menschlichen Perspektive.

V.14a führt das Verhältnis Israel - Völker aus der Sicht Israels[345] unter
dem Aspekt der Landnahme als Lehrbeispiel für Israel an, dabei wird
stichwortartig Bezug genommen auf die detaillierten Aufzählungen von
V.10f. V.14a systematisiert die Aussagen von V.10-12 unter der Überlegung 'religiöse Praxis der Völker[346] und ihre Implikation für Israels Landnahme'. V.14b setzt thetisch Israel gegen die Völker[347] ab und benennt die
Basis dieses Andersseins, das von JHWH gesetzt wird. V.14b beschreibt
die Voraussetzung für die Forderung von V.13. Die Feststellung ואתה לא

---

341 Vgl. Rütersworden (*Gemeinschaft*, 80), der diesen Zustand als Argument gegen eine ursprüngliche Verbindung von Priestergesetz und Prophetengesetz betrachtet. Die Abfolge in Dtn 18, legitime Kultfunktionäre, illegitime Kultfunktionäre, legitimer religiöser
Mittler läßt auf eine bewußte Komposition des Kapitels und Zuordnung der Teile zueinander schließen, vgl. Craigie, *Deuteronomy*, 260.

342 Auf den vermittelnden Charakter dieser Aussagen wies bereits Dillmann (*Deuteronomium, KEH 13*, 329) hin.

343 Seitz (*Studien*, 239f.) und Mayes (*Deuteronomy*, 282) halten den Vers des Ausdrucks
תמים und des vermeintlich summarischen Charakters wegen für einen späteren Zusatz, der
zudem keine Verbindung nach vorn oder hinten habe. Foresti (*Storia*, 132) folgt ihrer Argumentation, wobei er seinerseits betont, der Übergang zwischen V.12b und V.13 sei zu
brüsk, andererseits aber gerade V.13 als redaktionelle Brücke zwischen V.12b und V.14
verstanden wissen möchte.

344 García López (*Profeta*, 298) hat auf den synthetischen Charakter des V.13 in Hinblick auf die Verse 16-19 hingewiesen. Auf der Kompositionsebene sieht er in der Aussage
von V.13 ein positives formelhaftes Gegenstück zu den Aussagen ממרים הייתם עם יהוה
von Dtn 9,7.24 und Dtn 31,27.

345 So erklärt sich der Subjektwechsel hinsichtlich des Aussageinhaltes der V.12b und
14a, der Ausdruck der Perspektivität der Verfasser ist. Dasselbe Phänomen liegt beim
Subjektwechsel der Aussagen über diesen Sachverhalt in Dtn 9,3-5 vor. García López
(*Profeta*, 297f) möchte die Aussagen daher verschiedenen Verfassern zuweisen. Vgl. dagegen Rütersworden, *Gemeinschaft*, 82; Seitz, *Studien*, 240 Anm. 276. Lohfinks Analyse von
jrš qal und jrš hiph. (Art. ירש jāraš, ThWAT III, 1977-82, 953-985) zeigt, daß im qal
(Sp.957) des Verbs die Bedeutung der Rechtsnachfolge zentral ist, während die dtr Belege
im Hiphil die Bedeutung annehmen von 'jemanden vernichten, so daß sein Besitz übernommen werden kann' (Sp.961).

346 Vgl. hierzu H. Hoffner, Ancient *Views* of Prophecy and Fulfillment: Mesopotamia
and Asia Minor, JETS 30. 1987. 257-266.

347 A. Cholewiński (*Heiligkeitsgesetz*, 257f) hat darauf hingewiesen, daß der in V.14
wiederkehrende Gegensatz als strukturbildendes Element zu betrachten ist.

כן (V.14bα) ist die Bedingung der Erfüllbarkeit des לא ימצא (V.10aα).
Außerdem verweist die Aussage נתן לך יהוה[348] zurück auf die einleitende
Vorbemerkung הארץ אשר יהוה אלהיך נתן לך des Gesetzes in V.9a[349].
Das Land und seine Landesbewohner als Israel sind gleichermaßen Gabe
JHWHs[350]. Die Aussagen von V.13 und V.14b beschreiben die Identität
Israels, als deren einzige Basis die Beziehung JHWH - Israel gilt. Die ne-
gative Abgrenzung der Identität verläuft nur indirekt über die Absetzung
von den religiösen Sitten der Völker, da letztere nur unter dem Gesichts-
punkt ihrer Beziehung zu JHWH in den Blick geraten.

Die formelhaft wirkende Aussage ואתה לא כן ist innerhalb des Alten Testaments lexi-
kalisch singulär. Doch finden sich sowohl in den dtn Rahmenpartien wie auch bei Jer und
Ez häufig imperative Aussagen[351], die mit ואתה eingeleitet werden. Semantische Parallel-
len dieser Aussage liegen vor in Num 12,7; 2.Sam 23,5; Ps 1,4. Allen ist gemeinsam, daß das
Subjekt des Satzes seinem Charakter nach, der evident ist, so scharf von einer Gegnergrup-
pe unterschieden wird. Hiob 9,35, das semantisch in diese Reihe gehört, werden sogar zwei
entgegengesetzte Zustände innerhalb einer Person durch das formelhaft einleitende כי לא
כן geschieden.

V.15 führt den Gedankengang von V.14 weiter, der Absage von V.14b
entspricht die Zusage von V.15a. Dem Hören der Völker auf die Wahrsa-
ger wird Israels Hören auf die Propheten gegenübergestellt. Die inhaltlichen Entsprechungen nach dem Schema Negation - Position der beiden
Verse lassen sich nur aus einer einheitlichen Konzeption des Textes erklären[352]. Die komplexe Konstruktion von V.15a[353] verführt manche Exegeten - in der Nachfolge Steuernagels[354] - zur literarkritischen Auflösung der
Komplexität[355].

---

[348] Zur syntaktischen Konstruktion vgl. *GK* § 143bc, die masoretische Akzentsetzung
läßt sich auch als Ellipse verstehen, vgl. Joüon, *Grammaire*, § 167r.

[349] Der Ausdruck in V.14b könnte eine Übertragung der Landgabeformel auf Israel
sein, vgl. hierzu Num 32,7.8; Dtn 2,12; 3,18; 8,10; 12,1; 28,52; Jos 2,9; 2,24, wo das Verb
gleichfalls im qatal steht. Vgl. ebenfalls Foresti (*Storia*, 133), der noch eine Korrespondenz
zwischen dem כי אתה (V.9a) und dem ואתה (V.14a) vermerkt.

[350] Vgl. die semantisch verwandte, intentional aber gegenteilige Aussage über Jerusalem in Ez 15,6.

[351] Ein Imperativ im formalen Sinne liegt nicht vor. Imperative mit Subjekt Gott sind
im Dtn nach den Ausführungen von C. Westermann nicht vorhanden, vgl. ders. *Bedeutung
und Funktion des Imperativs in den Geschichtsbüchern des Alten Testaments*, in: R. Mo-
sis/ L. Ruppert (eds.), Der Weg zum Menschen: Zur philosophischen und theologischen
Anthropologie. FS Alfons Deissler. Freiburg i.B./Basel/Wien 1989, 13-27, ebenda 23f.

[352] Der Numeruswechsel in V.15b bot schon Steuernagel (*Deuteronomium*, 1898[1], 70)
Anlaß, diesen Satz als Zusatz zu betrachten. Ihm folgten neuerdings Merendino, *Gesetz*,
197; García López, *Profeta*, 299, und Foresti, *Storia*, 136. Rüterswörden (*Gemeinschaft*, 85)
hält dagegen, daß V.15 so aber seinen Rückbezug auf V.14 verlöre und der Plural in V.15b
beeinflußt sei durch das ישמעו von V.14a.

[353] Nach Joüon (*Grammaire*, § 155.o) ist das Objekt aus emphatischen Gründen vorgezogen.

[354] Steuernagel, *Deuteronomium*, 1898[1], 70; 1923[2], 121.

[355] So Horst, *Privilegrecht*, 148 Anm. 366; García López, *Profeta*, 299; Foresti, *Storia*,
135.

Die Aufzählung der Erkennungsmerkmale des Propheten "aus deiner Mitte", "aus deinen Brüdern" und "mir gleich" führt zu einer kunstvollen rhetorische Figur. Der Prophet wird, in deutlich voneinander abgesetzten, doch konzentrischen Kreisen umschrieben. Zunächst stammt er nur aus der Mitte der Adressaten; daß dieser Kreis nicht identisch mit Israel sein muß, zeigen die Ausführungen in Num 11,4 und Dtn 29,9f. Darauf wird der Kreis eingegrenzt auf die Vollisraeliten, um schließlich den kleinst möglichen Kreis, den Träger der Autorität, Mose zu nennen. Dieses Kriterium ist Zielpunkt, aber nicht Höhepunkt der Argumentation in V.15aα. Es hebt Mose und den Propheten dermaßen heraus, daß es umgehend der Legitimation bedarf. Die Absicherung schließt sich nahtlos an in dem יקים לך יהוה אלהיך von 15aß.

Diese Formel hat Anlaß zu den unterschiedlichsten Spekulationen über den/die zugesagten Propheten geboten[356]. Sei es, daß man meinte, hier würde ein messianischer Endzeitprophet nach Art des Elijah verheißen (so bereits Act 3,22)[357], es läge eine Vorstellung von der Sukzession sich ablösender JHWH-Propheten vor[358] als einer Art dauernder Institution[359] oder daß man gar von einer Kontinuität des "mosaischen Prophetenamt des Mittlers" sprach als einer sakralen Institution[360]. Manche Forscher begnügen sich damit, die Figur des Propheten nach Dtn 18,15ff negativ von jener des Mose abzugrenzen[361]. Schließt man sich aber Perlitts[362] Argumentation an, daß diese Formel "nur term. techn. für das ubi et quando necesse est" sei, und bedenkt, daß die zugesagte Mittelsperson ersatzweise eintreten soll für alle nach V.10-12 abzuschaffenden mantischen Vermittler[363], die ja tagtäglich beansprucht wurden, dann wird nur ausgesagt, daß der eines Vermittlers bedürftige Israelit diesen zu seiner Zeit auch finden wird[364]. Angesichts der abzulösenden Magier, Zauberer und sonstiger Therapeuten und der nach wie vor im Alltag alle Zeit an-

[356] Sofern man die Frage nach dem Verhältnis Mose - verheißener Prophet nicht literarkritisch löste, vgl hierzu u.a. B. Chiesa, La *Promessa* di un Profeta (Deut. 18,15-22), BeOr 15 (1973) 17-26; U. Rüterswörden, *Gemeinschaft*, 76ff; F. Foresti, *Storia*, 128ff.

[357] Eine interessante Deutungsvariante dieser Vorstellung bietet R. Polzin, *Moses and the Deuteronomist. A Literary Study of the Deuteronomic History*, New York 1980. Polzin möchte die Aussagen von Dtn 18,15.18 als eine Selbstaussage von Dtr verstehen möchte. "The "prophet like Moses" is the narrator of the Deuteronomic History, and through him, the Deuteronomist himself." (ebenda 61). Polzins Identifizierung des verheißenen Propheten mit Dtr setzt ein Prophetenverständnis voraus, das innerhalb des DtrG noch nicht belegt ist. Der Prophet als Schriftsteller ist eine Figur der nachexilischen Jahrhunderte.

[358] Bertholet, *Deuteronomium*, 59; L. Perlitt, *Mose* als Prophet, EvTh 31. 1971. 588-608, ebenda 597. Ch. Seitz (*Mose* als Prophet. Redaktionsthemen und Gesamtstruktur des Jeremiabuches, BZ 34, 1990, 234-245) vermeint in Jeremia den letzten der Propheten in der Sukzession, die sich am Dtn und der dtn Mosegestalt orientiere, zu sehen, (Vgl. ebenda 239ff).

[359] Dillmann, *Deuteronomium*, KEH 13, 329.

[360] So H.-J. Kraus, *Gottesdienst* in Israel, München 1962², 130; E. W. Nicholson, *Deuteronomy and Tradition*, Oxford 1967, 77.117.

[361] vgl. u.a. H.-J. Kraus, *Gottesdienst*, 128ff; G. von Rad, *Deuteronomium*, 88f; R. P. Carroll, The *Elijah*-Elisha Sagas: Some Remarks on Prophetic Succession in Ancient Israel, VT 19 (1969) 400-415, hier 401ff.

[362] Perlitt, *Mose*, 597.

[363] Steuernagel, *Deuteronomium*, 1923², 121.

[364] Eine schöne Illustration dieses Eventualfalles bietet 1.Sam 9,5ff.

fallenden Problemfälle, darf wohl mit einer Vielzahl von Propheten zur gleichen Zeit in
unterschiedlichen Orten gerechnet werden.

Die Zielsetzung von V.15aα נביא כמני ist aus dem Kontext nicht ableitbar. Allerdings wird die Erwartung durch die thetische Bemerkung
ואתה לא כן (V.14bα) in gewisser Hinsicht vorbereitet. Der Umstand, daß
Israel aus der Sicht JHWHs eine Ausnahme unter den Völkern darstellt[365], erhöht die Erwartungen an den Vermittler zwischen Israel und
JHWH. Der Vermittler ist die Ausnahme von der Ausnahme. Die Definition erfolgt in drei sorgsam aufeinander abgestimmten Schritten : ein Prophet → aus deiner Mitte → aus deinen Brüdern → mir gleich. Der Prophet
wird durch die Auswahlkriterien in unmittelbare Nähe zu Mose gesetzt.
Das entscheidende Kriterium ist die implizit im "mir gleich" enthaltene
Aussage "JHWH wird ihn berufen für Israel", eine Aussage die dann explizit und fügungslos auf dieses Kriterium folgt. Implizit und explizit wird
die Berufung eines Propheten so allen menschlichen Institutionen entzogen.

Die Verheißung setzt in V.15aα mit dem Wort נביא ein, verweilt bei Israel (Objektsuffixe V.15a) und schließt mit der Wendung יהוה אלהיך. In
kurzen und prägnanten Wendungen wird hier das Beziehungsgefüge 'Pro-
phet-Israel-JHWH' umrissen. Der Prophet steht nur deswegen in einer
Sonderbeziehung zu JHWH, weil JHWH zu Israel eine besondere Beziehung hat. Die Berufung des Propheten ist Teil der Berufung Israels[366].
Theologisch erreicht die Zusage von V.15aα ihren Höhepunkt in V.15aβ.
Die anschließende Aufforderung in V.15b אליו תשמעון "fällt" notwendig
von der Höhe der Argumentation in die paränetischen Niederungen der
Praxis zurück. Diese Spannung, zwischen hochdifferenzierter theologischer Aussage und der auf Anwendung bedachten vereinfachenden Paränese, ist typisch für die dtn/dtr Verfasser.

Die Ausführungen der V.16-18 werden durch die Intention geleitet, das
Kriterium "Prophet wie Mose" zu begründen und zu legitimieren. Insofern
erhebt sich V.16 auf eine neue Argumentationsebene, die aber inhaltlich
und logisch der Vorstellung von V.15 verhaftet ist. Die vorgeführten
Überlegungen sind unerläßlich[367], bedenkt man die Vielfalt der Mose-
Überlieferung, deren einzelne Traditionen die Figur Mose unterschiedlich
gewichten und beurteilen. Die nicht rezensierte vordtr Moseüberlieferung
trifft in Dtn 18,15 auf eine normativ gesetzte Mose-Figur, die sich in dieser

---

365 Dtn 7,6; 14,2 und Ex 19,5f.

366 Dieser Grundgedanke liegt dem Berufungsbericht Moses in Ex 3 ebenso zugrunde
wie auch der theologischen Reminiszenz in Hos 12,14.

367 Weder der inhaltliche Rekurs auf Dtn 5,20ff noch die Aufnahme der Stichwortver-
bindung ביום הקהל aus Dtn 9,10 und 10,4 begründen für sich die Sekundarität von V.16-
18, wie Seitz (Studien, 240) und ihm folgend Rüterswörden (Gemeinschaft, 85) annehmen.
Die elaborierte Wortstatistik von García López (Profeta, 300f.) führt nicht über sein Vor-
Urteil hinaus. Derartige Indizien sind für sich allein nicht aussagekräftig, solange gezeigt
werden kann, daß der Text V.16-18 integraler Bestandteil der Argumentation von V.15-19
ist.

Funktion nicht als logische Summe der einzelnen Faktoren der Überlieferung ableiten läßt. 'Mose' als Norm jeglicher prophetischer Mittlerfigur
bedarf einer expliziten theologischen Begründung, zumal die Verheißung
des künftigen 'normativen Propheten nach Art des Mose' sich nur auf ein
Mosewort berufen kann. Die Aussagen von Dtn 18,15 sind Teil der Moserede. Es handelt sich bei ihnen nicht einmal um das Zitat einer JHWH-
Verheißung.

V.16-18 stützen nach Art eines Schriftbeweises die Zusage von
V.15a[368]. Dem Rückverweis auf Dtn 5,25[369] liegt eine subtile Exegese von
Dtn 5,20ff zugrunde. Die dort beschriebene Offenbarungsszene am Horeb
wird hier nicht nur auf ihre wesentlichen Punkte reduziert, sondern so se-
lektiv wiedergegeben, daß der Zusammenhang zwischen der Zusage von
18,15a und dem Horebgeschehen nach 5,20ff evident wird. Die Verheißung wird als einzig mögliche Antwort JHWHs auf das dortige Verhalten
des Volkes präsentiert.

Bereits der syntaktische Anschluß ככל אשר שאלת (V.16a) hebt die
Entsprechung zwischen dem Handeln JHWHs und jenem des Volkes hervor. JHWHs in V.15a zugesagte Wirksamkeit יקים לך is nach V.16a die
Re-Aktion auf die Initiative des Volkes. Als Beleg wird unmittelbar darauf
die Rede des Volkes zitiert (16b). Die Zuordnung der Aussagen von V.16a
und V.16b suggeriert einen direkten Dialog zwischen JHWH und Israel.
Auffällig sind an unserer Stelle weniger die inhaltlichen Kürzungen des
Dialoges aus 5,24-26, die kontextbedingte Abwandlungen sind, als die Reduzierung der Gesprächsparteien auf zwei, JHWH und Israel. Mose bleibt
nach der Szene von 18,16 außen vor. Nach 5,20-27 findet diese erste Ge-
sprächsrunde ausdrücklich zwischen Israels Vertretern und Mose statt, die
ihn unmißverständlich zu ihrem Vertreter gegenüber JHWH bestimmen.
JHWH bleibt in dieser Phase des Gespräches im Hintergrund. Der Verzicht auf die Erwähnung Moses in Dtn 18,16 erhöht den legitimatorischen
Charakter dieser Aussage. So wird JHWH zum direkt anrufbaren Zeugen
der Bitte des Volkes. Gleichzeitig wird der nach Dtn 5,20-31 vorgesehene
gleitende Übergang zwischen Mose als Führer Israels und Mose als Verkünder der Tora aufgehoben. Beibehalten wird nur der letztere, und das
unter dem neuen Aspekt נביא[370]. Diese Beschränkung auf einen Zug der
Mose-Figur und das Fallenlassen dieser Figur als einer gesellschaftlichen
Größe sichert die göttliche Prärogative. Es verhindert zudem, daß die
Rollen "weltlicher Herrscher" und "geistlicher Leiter" nach Moses Tod

---

[368] So ausdrücklich von Rad, *Deuteronomium*, 89.

[369] Skweres (*Rückverweise*, 76f.) hat aufgewiesen, daß Dtn 5,25 der Bezugstext für Dtn
18,16 ist.

[370] Ein prophetisches Verständnis der Figur Moses in der israelitischen Exodustradition belegt auch Hos 12,14. Die Stelle wird in der Forschung gewöhnlich auf Mose bezogen;
vgl. W. Rudolph, *Hosea*, KAT 13/1, 1966, 231; H. W. Wolff, Dodekapropheton 1: *Hosea*,
BK 14/1, 1976³, 281; Perlitt, *Mose*, 599; sowie die Diskussion der neuesten Literatur bei A.
de Pury (*Osée* 12 et ses implications pour le débat actuel sur le Pentaque, LeDiv. 151. 1992.
175-197), zur Gleichsetzung von Prophet und Mose in Hos 12,14 vgl. ders. 203 Anm. 75.

weiter auf Dauer in einer Person zusammenfallen können, und so eine Position unkontrollierbarer Machtvollkommenheit entstehen kann. Einer Stereotypisierung der Position Moses im Alltagsleben Israels wird wirksam vorgebeugt. Die "Wiederholung" der Rede der Volksvertreter als wörtliche Rede in V.16b läßt diese Aussagen als Beglaubigung der Behauptung von V.16a erscheinen. Das Volk wird hier als Zeuge für sich selbst vor Gott angerufen[371]. Daneben ermöglicht gerade die Wiedergabe als wörtliche Rede den bruchlosen Übergang zum Zitat der JHWH-Rede, die in V.17 anschließt.

Die Ausblendung der Person Moses aus dem Geschehen bereitet die Abstraktion von der 'konkreten' Horebszenerie vor und dient der Interpretation dieses Ereignisses als theologischer Begründung der Zusage von V.15a. Der legitimatorische Effekt erhöht sich nur, wenn die Forderung des Volkes direkt zwischen den beiden Hauptbeteiligten verhandelt wurde. Da Mose nach V.15a schon als Kriterium für künftige prophetische Vermittler eingeführt worden ist, würde jede Erwähnung seiner sonstigen Führungsfunktionen der theologischen Begründungsabsicht von V.16f entgegenlaufen. Hinzu kommt, daß so die Beschränkung des Mose ähnlichen Propheten auf seine Hauptfunktion - Vermittlung zwischen JHWH und Israel in außergewöhnlichen Situationen des Alltagslebens zu gewährleisten - um so klarer hervortritt. V.17 kann dann nicht nur auf die den Handlungsablauf von Dtn 5,20-27 und jenen von 5,28b-31 verbindende Feststellung von 5,29a verzichten, sondern muß dieses um seiner theologischen Absicht willen auch tun.

An dieser Stelle kann der Verfasser von Dtn 18,17 nunmehr den Text von Dtn 5,28 wörtlich[372] übernehmen und in seine Dienste innerhalb eines neuen Sinnzusammenhanges stellen. Nachdem so endlich die Bezugsbasis erreicht ist, läßt der Verfasser JHWH die Aussagen von Dtn 5,28ff weiterführen. V.18a erscheint dann das, was zunächst nur eine Behauptung im Munde Moses war (V.15a), als Zusage JHWHs, die bereits am Horeb ergangen ist. Die Auflösung der rhetorischen Figur von V.15a in V.18a entspricht der neuen Funktion der Aussage. Hier soll nicht mehr Spannung gesteigert, sondern das theologische Ergebnis der Argumentation gesichert werden. Ihren 'theologischen Gipfel' erreicht die Zusage JHWHs mit der Beschreibung des Verhältnisses zwischen JHWH und Prophet als göttlicher Sprecher und menschliches Tonband (V.18bα)[373], wonach noch

---

[371] Vgl. Dtn 4,3.9ff; 30,19; 31,19

[372] Die Auslassung des Redeanfangs von V.28b geht zu Lasten des neuen Kontextes. Man kann mit Braulik (*Deuteronomium* II, 136) von einem "Musterbeispiel situationsgerechter und zugleich authentischer biblischer Exegese" sprechen.

[373] Die zum Teil wörtlichen Übereinstimmungen zwischen Jer 1,7.9 und Dtn 18,18b sind nach Thiel (*Jeremia 1-25*, 65ff.) ein Zitat aus Dtn 18,18b. H. Utzschneider (*Hosea, Prophet vor dem Ende. Zum Verhältnis von Geschichte und Institution in der alttestamentlichen Prophetie*, OBO 31, 1980, 146ff.) hat gezeigt, daß die durch diese Metapher ausgedrückte theologische Vorstellung der Gottunmittelbarkeit des Propheten bereits von Hosea aus der Tradition übernommen worden ist. Braulik (*Deuteronomium II*, 136) be-

die unvermeidlich (in diesem Kontext) banal erscheinende Klärung der Beziehung Volk - Prophet folgt[374].

In einem "Nachsatz" schreibt V.19 noch innerhalb der zitierten JHWH-Rede die Sanktion für diejenigen Israeliten fest, die prophetisch übermittelte JHWH-Worte mißachten. Das einleitende והיה setzt einen relativen Neuanfang[375], inhaltlich kommt ein noch nicht behandelter Aspekt des Sachverhaltes aus V.18 zur Sprache, die Reaktion der Hörer und die möglichen öffentlichen Sanktionen. Die Absetzung mit והיה[376] verdeutlicht, daß das Verhalten des Hörers und nicht das des Propheten nun zur Debatte steht; JHWH wird den betreffenden zur Verantwortung ziehen[377]. Anders als in dem strukturell vergleichbaren Kasus von Dtn 17,12f. - Ungehorsam des dem Gesetz unterworfenen Israeliten - sieht Dtn 18,19 keine Bestrafung vor. Die Zuständigkeit wird bei JHWH belassen[378]. Gehorsam gegenüber dem Prophetenwort ist, das unterscheidet die Situation von jener einer Rechtsentscheidung, nicht erzwingbar. Dem Propheten werden alle Mittel zur Ausübung von Macht, d.h. zur Umwandlung von Autorität in Herrschaft, vorenthalten.

Der ungehorsame Hörer geht frei aus, doch wird an der Haftbarkeit des ungehorsamen Propheten festgehalten. Die Äußerung von V.20 schließt die Anwendbarkeit der Bestimmung von V.19[379] auf den Propheten - der Prophet als Beispiel eines Mannes, der nicht auf die Worte des Herrn hört

merkt zum Abhängigkeitsverhältnis von Dtn 18,15.18 und Jer 1,9: "Daß Jahwe 'einen Propheten erstehen läßt'(15.18) findet sich (neben Am 2,11) nur in dem wahrscheinlich authentischen jeremianischen Vers Jer 29,15" ... daß "Dtn 18,18 sich an Jer 1,9 orientiert, legt Jer 5,14 nahe...". Das Vorhandensein einer vorhoseanischen Tradition über die Gottunmittelbarkeit des Propheten, ihre Aufnahme in Jer 5,14 und Jer 29,15, lassen unabhängig von der Beziehung zwischen Dtn 18,15.18 und Jer 1,7.9, daran denken, daß der Verfasser von Dtn 18,15ff diese Tradition aufgreift und systematisiert.

[374] Das Gefälle der Argumentationsstruktur von V.18 entspricht jenem von V.15.

[375] Seitz (*Studien*, 241f.) betrachtet dieses als Indiz eines redaktionell verursachten Bruches. García López (*Profeta*, 301) demonstriert dagegen die inhaltliche Verflochtenheit des V.19 mit V.18. Es liegt eine für Gesetzestexte typische casus pendens Konstruktion vor; vgl. dazu W. Groß, Die *Pendenskonstruktion* im Biblischen Hebräisch. Studien zum althebräischen Satz I, ATS 27, 1987, 98f.

[376] Syntaktisch vergleichbare Konstruktionen innerhalb des Dtn finden sich noch 12,11 und 21,3. Dtn 17,12ff, das einen strukturell vergleichbaren Fall behandelt - Nichteinhaltung des Gesetzes und öffentliche Sanktionierung - wird nur mit והאיש eingeleitet.

[377] García López (*Profeta*, 301) weist auf die gleichlautende Aussage in Dtn 23,33 hin, ein Fall, in dem die öffentliche Erzwingbarkeit eines freiwilligen Gelübdes versagt wird. Die hier vorliegende Tendenz, religiös begründete Ansprüche nicht mit weltlicher Gewalt durchzusetzen, ist für beide Texte typisch.

[378] Von einer Verschärfung der Paränese (so Seitz, *Studien*, 242) kann hier keine Rede sein.

[379] Nach Groß (*Pendenskonstruktion*, 178) zeigt der Anschluß von V.20 mit אך an V.19, daß sich der Gegensatz auf den gesamten Satz bezieht.

- aus. Ein Prophet, der sich anmaßt[380] im Namen des Herrn zu reden, ohne dazu beauftragt zu sein[381], der redet im Namen anderer Götter[382].

Der mit ואשר anknüpfende zweite Relativsatz in Dtn 18,20 bietet ebenso wie der erste
אשר-Satz eine Erläuterung des Subjektes הנביא. Die Subjekte sind in beiden Relativsätzen
identisch. Der zweite Relativsatz expliziert den ersten[383]. Eine und dieselbe Erscheinung
wird unter verschiedenen, in der Natur der Sache liegenden Gesichtspunkten thematisiert,
dabei ist die zweite Handlung implizit in der ersten bereits enthalten, sie zieht notwendi-
gerweise die zweite nach sich. Es ist möglich von der ersten Handlung auf die zweite zu
schließen, d.h. ihr virtuelles Vorhandensein zu unterstellen. Außer in Dtn 18,20 liegt dieser
Sachverhalt in Num 27,17; 1.Sam 12,6 und Dan 1,4 vor. Die an Objekte anknüpfenden
ואשר...אשר Verbindungen in Num 12,11; Dtn 23,5; Jes 52,15 und Jer 44,23 setzen gleichfalls die Identität des Explicandum voraus. Auch in diesen Aussagenverbindungen bringt
der zweite Relativsatz eine Erläuterung zum implizit im ersten Relativsatz bereits umrisse-
nen Phänomen. Es liegt für alle zitierten Fälle ein waw explicativum vor[384]. In den betreffenden Aussagen werden verschiedene Handlungen/Sachverhalte expliziert, aber sie sind
keine Alternativen im Sinne eines 'entweder x oder y'. In keinem Fall ist die Wiedergabe
des waw durch ein disjunktives 'oder' geboten.

Eine weitere Bestätigung dafür, daß in Dtn 18,20 ein waw explicativum vorliegt und
nicht ein waw adversativum, findet sich in dem Faktum, daß bisher kein altorientalischer
Text bekannt wurde, der belegt, daß ein und derselbe Prophet im Namen von zwei Gottheiten auftritt[385]. Ein Prophet redet nicht einmal im Namen Hadads und ein andermal im
Namen Ischtars. Die Strafvorschrift in Dtn 18,20b hält mit ihrem expliziten ומת הנביא
ההוא an der Identität des Propheten fest. In der atl Rechtssprache wird aber immer, wenn
zwei Personen zu verurteilen sind, sei es derselbe Fall oder zwei ähnliche Fälle, dieses auch
explizit festgestellt[386]. Dtn 18,20 parallelisiert aber "ohne Auftrag im Namen JHWHs reden" mit "im Namen anderer Götter reden". Die zweite Aussage erläutert, wie jemand
überhaupt als Prophet reden kann, wenn er nicht von JHWH zu seiner Mitteilung autorisiert wurde.

Dieser Theo-Logik zufolge spricht ein Prophet nie von sich aus, sondern immer im Auftrage einer Gottheit. Ist der Prophet nicht von JHWH
beauftragt, dann bleibt nur die Möglichkeit, daß dieser Prophet im Namen
anderer Götter und Göttinnen predigt. Die Gleichung ermöglicht die Anwendung des Prophetengesetzes von Dtn 13,2ff[387]. Der Fall des Propheten

---

380 Die von Seitz (Studien, 241f.) konstatierten Übereinstimmungen zwischen 18,19f
und 17,12f sprechen wohl dafür, daß derselbe Verfasser hier formuliert. Solange man nicht
von 17,8ff her das Vorurteil mitbringt, daß 18,9ff analog der Seitz'schen Analyse von 17,8ff
überarbeite sein müsse, gibt es keinen Grund, die Stichwortübereinstimmung als Beleg einer Bearbeitung von 18,9ff zu werten.
381 Jer 14,14 und Jer 29,23 enthalten fast wörtliche Zitate aus Dtn 18,20, was der Analyse von Thiel zufolge (a.a.O., 185ff.) Ergebnis der D-Redaktion des Jeremiabuches wäre.
382 Das waw in V.20aß lese ich als gleichordnend und nicht adversativ, wie bisher üblich
unter den Kommentatoren.
383 Vgl ebenfalls Num 27,17; 1.Sam 12,6; Dan 1,4.
384 Vgl GK § 154 Anm.1b.
385 Vgl. E. Noort, Untersuchungen zum Gottesbescheid in Mari. Die 'Mariprophetie' in
der alttestamentlichen Forschung. AOAT 202.Neukirchen-Vluyn 1977, insbes. 69-75.
386 Vgl. dazu Lev 20,10-18; Dtn 13,2-6; 22,22; 22,23-27.
387 Hölschers Ansicht, daß Dtn 13,2ff und Dtn 18,14ff nicht von demselben Verfasser
stammen (Komposition, 203f.), beruht zwar auf dem vom ihm so gesehenen Widersprüchen
zwischen den beiden Gesetzen, ist aber nicht a priori von der Hand zu weisen. Dtn 18,20
scheint Dtn 13,2ff vorauszusetzen, worauf die Gleichung 'vermessener Prophet = Prophet

von Dtn 18,20 stellt gegenüber dem Fall von Dtn 13,2ff den anderen Ex-
tremtypus illegitimer Prophetie dar. Dtn 13,2ff und Dtn 18,20 sind Darstellungen zweier Extremfälle[388] von falscher Prophetie. Die dazwischen liegenden Fälle "erschließen sich... von den eingeführten Prinzipien her."[389]
Der zu verfolgende Prophet von 13,2ff. beglaubigt zwar seine Worte durch
Taten, tritt aber offen als Prophet anderer Götter auf. Der Prophet von
18,20 handelt dagegen unter dem Schutz der Maske des JHWH-
Propheten[390]. Demnach wäre illegitime Prophetie entlarvbar als solche,
die vorgeblich im Namen JHWHs ohne seinen Auftrag gesprochen wird,
also eigentlich im Namen der anderen Götter erfolgt. Diese Definition
muß im Hörer die Frage wach rufen, woran dieser illegitime JHWH-
Prophet zu erkennen sei.

Mit V.20 kommen die JHWH-Rede und der in V.15 begonnene Gedankengang zunächst an einen Schlußpunkt, wie der Wechsel von der Moserede zum Hörerzitat in V.21 zeigt. V.15-20 ist eine aus Mosewort, Rückverweisen, Zitaten und Quasizitaten unterschiedlicher Gesprächspartner
kunstvoll gestaltete Argumentation[391]. Die Verschachtelung der verschiedenen Redeebenen bildet den Hintergrund, auf dem das neue
JHWH-Wort (V.18) ergehen kann. Der ganze Text gibt sich durch das
prononciert herausgestellte Auftreten Moses als Sprecher in V.15 als Moserede zu erkennen. Innerhalb dieser Moserede wird dann eine zurücklie-
gende Äußerung des Volkes zitiert und daraufhin JHWHs Antwort wiedergegeben, die, ohne daß dieses im Kontext erkennbar ist, weitergeführt
wird, so daß sie jetzt den vorliegenden Kasus betrifft. V.17-20 sind Zitat
einer JHWH-Rede an Mose, das von Mose vorgebracht wird. Die Beglaubigung eines Mosewortes durch eine auf JHWH zurückgeführte Äußerung, die wiederum als Mosewort überlieferbar ist, dessen 'Faktizität'
aber gesichert wird durch Benennung des Volkes als Zeuge, sowie das

anderer Götter' hindeutet. Das Verhältnis zwischen diesen beiden Texten erinnert an jenes
zwischen Dtn 5,20ff und Dtn 18,16-18. Die Untersuchung von P. E. Dion (*Deuteronomy* 13:
The Suppression of Alien Religous Propaganda in Israel during the Late Monarchical Era.
in: B. Halpern/ D. W. Hobson (eds), Law and Ideology in Monarchic Israel. JSOT.S 124.
Sheffield 1991, 147-216) stützt diese Überlegungen. Dion kommt zu dem Ergebnis, daß
Dtn 18,2-18 aus josianischer Zeit stammt.

388 E. Otto (*Rechtssystematik* im altbabylonischen 'Codex Ešnunna' und im altisraelitischen 'Bundesbuch'. Eine redaktionsgeschichtliche und rechtsvergleichende Analyse von
CE §17; 18,22-28 und Ex 21,18-32; 22,6-14; 23;1-3.6-8, UF 19.1987.175-197) hat gezeigt, daß
hinter der Beschränkung auf Extremfälle und ihre Darstellung ein Prinzip professioneller
Rechtssystematik steht. Der juristisch geschulten Anwender kann aus den Extremfällen alle
anderen Fälle ableiten.

389 So Braulik, *Deuteronomium II*, 138.

390 So schon von Horst (*Privilegrecht*, 149) bemerkt.

391 R. Polzin (Reporting *Speech* in the Book of Deuteronomy: Toward a Compositional
Analysis of the Deuteronomic History, in: Halpern, B./ Levenson, J. D. (eds.), Tradition in
Transformation, FS F. M. Cross, Winona Lake/Indiana 1981, 193-211, 200f) hat gezeigt,
daß die komplexe rhetorische Figur, die durch das System von 'Zitaten in Zitaten' gebildet
wird, ein ähnlich komplexes Zeitschema hervorruft, das durch die Beziehung dieser Äußerungen auf die jeweiligen Kontexte entsteht.

'persönliche' Erscheinen Moses, das alles bewirkt, daß Autorität Moses und Autorität JHWHs an dieser Stelle eine unauflösliche Bindung eingehen. Nicht zu übersehen ist jedoch, daß die Autorität Moses durch Zeugen gestützt werden muß. Die Mehrfach-Siegelung des Textes entspricht durchaus der Komplexität der verhandelten Sache.

Die V.21-22 werden seit Merendino[392] von etlichen Auslegern als Nachtrag angesehen[393]. V.21-22 reflektieren die Anwendbarkeit der Verfügung von V.20. Damit wird die bisherige Ebene der gesetzesschöpferischen Auslegung einer deuteronomischen Tradition verlassen. Auch stilistisch liegt ein Neuansatz vor. Der Text geht wieder über in die 'einfache' Moserede. Das Problem wird als fiktive Hörerfrage vorgetragen und autoritativ beantwortet. Die Frage ist in der 1.Ps.Pl. formuliert[394], während die einleitende Wendung in 2.Ps.Sing. steht. Diese Technik kontrastiert mit jener von V.16, wo das Zitat im Numerus angeglichen ist[395]. Dtn 18,21 dient sie aber dazu, einen Hörereinwand vorzubereiten[396]. In den Versen 21f fehlt nach יהוה die Apposition אלהיך, was ein weiteres Indiz für einen zweiten Verfasser sein könnte[397], aber natürlich nicht sein muß.

Das Wort, das der Prophet nach V.21f spricht, betrifft ein künftiges Geschehen, dagegen handelt es sich bei dem prophetischen Wort von V.19f um eine Aussage bzw. eine Entscheidung in einer gegenwärtigen Situation, der man zu folgen hat[398]. Hält man die thematische Verschiebung von V.21f für evident, von prophetischen Entscheidungen im Alltagsleben und ihrer Verbindlichkeit wird übergegangen zu der Frage der Erkennbarkeit von falschen oder wahren Zukunftsaussagen von JHWH-Propheten und des entsprechenden Verhaltens der Hörerschaft, dann sind die Stichwortverbindungen zwischen V.19f und V.21f für sich allein kein ausreichendes Indiz für denselben Verfasser[399]. Die Handlungsvorschrift in V.22bß לא

---

[392] *Gesetz*, 198.

[393] So Blenkinsopp, *Prophecy*, 45f; Mayes, *Deuteronomy*, 280, der im Anschluß an Seitz (a.a.O.) die V.19-22 für sekundär hält; García López, *Profeta*, 302f; Rüterswörden, *Gemeinschaft*, 87f; Foresti, *Storia*, 136ff.

[394] Nach Rüterswörden (*Gemeinschaft*, 87f.) sollen derartige Formulierungen erst in späten Passagen des Dtn üblich gewesen sein, wobei er auf Dtn 1,22.27f; 5,23-28; 6,21-25; 26,3ff und 30,12ff verweist.

[395] Vgl. ebenfalls Dtn 7,17 zu dieser literarischen Technik. Im Gegensatz zu Dtn 18,20 sind in Dtn 7,17 die Subjekte von einleitender Wendung und zitierter Rede kongruent.

[396] Die von Merendino, a.a.O., angeführten weiteren Parallelen Dtn 8,17 und 9,4 enthalten die Formel nicht, es sind nur inhaltliche Anklänge vorhanden. Ferner ist die Funktion dieser Äußerungen von jener in Dtn 18,20 unterschieden. In Dtn 8,17 und 9,4 sollen mögliche Schlußfolgerungen Israels aus einem gegebenen Sachverhalt als irrig erwiesen werden.

[397] So Seitz, *Studien*, 242.

[398] Vgl. W. Zimmerli, Der "Prophet" im Pentateuch, in: G. Braulik (ed), Studien zum Pentateuch. FS W. Kornfeld, Wien/Freiburg/Basel 1977, 197-211, ebenda 205f; Blenkinsopp, *Prophecy*, 46.

[399] Foresti (*Storia*, 137) hält sie für sekundäre Verknüpfungen der beiden Texte miteinander.

תגור ממנו wäre ein rein paränetischer Lösungsvorschlag und fiele aus dem Rahmen der sonst üblichen Rechtsvorschriften heraus.

Allerdings läßt sich auch die gegensätzliche Position vertreten[400]. Die zitierte Hörerfrage und ihre Beantwortung sind eine logische Fortsetzung der Präzedenzentscheidung von V.20, die nach einer Anwendungsvorschrift verlangt. Die stilistischen Differenzen sind situationsbedingt. Das zur Disposition stehende Prophetenwort in V.21 ist identisch mit dem in V.20 erwähnten Prophetenwort, das JHWH nicht befohlen hatte. Die Kontrastierung von 'Wort' und Vermessenheit bestimmt sowohl die Aussagen von V.20 wie jene von V.21f, sie hat zudem eine strukturelle Entsprechung in dem Argumentationsmuster von Dtn 17,8-13, das ebenfalls durch die Stichworte 'Wort' und 'Vermessenheit/vermessen handeln' geprägt wird. Die letzte Aufforderung לא תגור ממנו in V.22bß könnte als Anspielung auf Dtn 1,17 gelesen werden, dort werden die Richter vermahnt לא תגורו מפני איש כי המשפט לאלהים. Dtn 18,22bß könnte als Aufnahme der Gerichtsterminologie betrachtet werden[401]. Diese Aufforderung wäre dann eine Einschärfung der Todesstrafe, die in Dtn 18,20b dem vermessen redenden Propheten angedroht wird. Israel solle sich nicht von der zu verhängenden Todesstrafe abbringen lassen aus Furcht vor der magischen Macht des Propheten. Der Prophet würde als jemand betrachtet, der mit seiner Schreckensmacht (מגור)[402] ein Untersuchungsverfahren im Keim ersticken könnte.

Die Auslegungsgeschichte zeigt, daß die V.21f immer konträr ausgelegt wurden, wobei der jeweils gesehene oder nicht gesehene Rückbezug auf V.19f eine erhebliche Rolle spielte[403]. jSan I,5 (19b, 26ff.) zieht aus den Wortanalogien (דבר /זדון) zwischen Dtn 17,12 und 18,22 den Schluß, daß die Strafe nach 17,12 ergeht. Sifre Deut[404] (§ 178) erklärt, daß ein Verfahren gegen den Propheten durchzuführen ist, macht aber keine Aussage über die Bestrafung. Raschi[405] schließt sich dem an. Nachmanides[406] will analog V.20 die Todesstrafe angewandt wissen. Moderne Ausleger schließen sich entweder Sifre Deut an[407]

---

[400] Vgl. Braulik, *Deuteronomium II*, 137f

[401] Das würde auch für den Fall gelten, daß Dtn 18,21 literarisch Dtn 1,17 vorausgegangen ist, vgl. Braulik, *Deuteronomium II*, 138. Die Rechtssprache ist auf jeden Fall älter als ihre Verschriftlichung in den entsprechenden atl Büchern.

[402] Braulik (*Deuteronomium II*, 138) weist auf Jer 20,3f als Beleg für den Sachverhalt hin, daß die Wirkungsmacht des Propheten darin besteht, um sich herum Schrecken/Grauen (מגור) zu verbreiten. Die Aussage ist allerdings auf den Priester Pashur bezogen. Jer 20,10 wird Jeremia als derjenige bezeichnet, der "Grauen ringsum" auslöst.

[403] Der babylonische Talmudtraktat Sanh 89 geht auf Dtn 18,22 nicht ein, obwohl eine ausführliche Debatte über die möglichen Verurteilungsgründe nach Dtn 18,19f geführt wird.

[404] Nach der Übersetzung von H. Bietenhard/ H. Ljungman, *Sifre Deuteronomium*, Judaica et Christiana 8, 1984.

[405] The Pentateuch and Rashi's *Commentary*. A Linear Translation into English, by A. Ben Isaiah/ B. Sharfman, Vol. V: Deuteronomy, 1950, 1977, z.St.

[406] *Commentary* on the Torah, translated and annotated by C. B. Chavel, Vol. V: Deuteronomy, 1976, 225.

[407] So Dillmann, *Deuteronomium, KEH 13*, 331.

oder folgen Nachmanides[408], sofern sie überhaupt einen Unterschied in den Verfah-
rensaussagen von V.20 und V.22 sehen. Einzig Hossfeld[409], den Rüterswörden[410] aufnimmt, merkt an, daß die V.21f nicht mehr die Todesstrafe forderten.

Das Verb נור III kommt im Dtn noch in 1,17 und 32,27 vor. An beiden Stellen bezeichnet es eine Furcht, aus der heraus eine Handlung unterlassen wird. Die übrigen Belege
außerhalb des Dtn deuten in die gleiche Richtung. Als Terminus der Rechtssprache ist es
in Dtn 1,17 belegt. Dtn 18,22bß kann - analog zu Dtn 1,17, wo mit diesem Ausdruck auch
keine konkrete Handlung vorgeschrieben wird, - als Handlungsaufforderung im Sinne von
Sifre Deut verstanden werden, das hieße, ein Einschreiten gegen den durch die widerspre-
chende Realität überführten Propheten wird gefordert, doch bleibt offen, ob nach der Vorschrift von V.19 oder V.20 zu verfahren ist.

Die von Sifre Deut vertretene Position[411] scheint m.E. dem Verständnis
des Textes am ehesten zu entsprechen. Der Text ist zweifellos vieldeutig,
was die in Dtn 18,21f vorgesehene Bestrafung betrifft. Läßt man die Viel-
deutigkeit bestehen, dann sprechen gewichtige Argumente dafür, daß die
V.21f derselben Hand zu verdanken sind wie die vorherstehenden Verse.
Der komplexe und in der Realität kaum lösbare Konflikt – ein Prophet
spricht im Namen anderer Gottheiten, gibt aber vor, von JHWH autorisiert zu sein - könnte gerade diese 'salomonische' Lösung hervorgebracht
haben. Die Ambiguität der Vorschrift überläßt dem Gericht die Entscheidung im Einzelfall.

Frage und Aufforderung von Dtn 18,21f stehen nicht im Widerspruch
zur Behandlung der Thematik 'an der Realität ausgewiesene Propheten,
denen nicht zu folgen ist' in Dtn 13,2ff[412]. Dtn 13,2ff. verwirft nicht prinzipiell die Aussagekraft sinnlicher Beweise, sondern erklärt diese für nichtig, wenn derartige Zeichen Israel zum Verstoß gegen das 1. Gebot verlei-
ten sollen. Die externe Beglaubigung prophetischer Aussagen wird dadurch nicht generell verneint. Dtn 18,21f. hält an der Kongruenz zwischen
JHWH-Offenbarung und JHWH-Wirksamkeit fest und macht hieraus ein
Kriterium zur Unterscheidung von autorisierter und nicht-autorisierter
JHWH-Prophetie.

Dtn 18,9-22 besteht aus vier 'Paragraphen'. V.9-14 (§ 1) bündelt Vorschriften zur Regulierung religiöser Praktiken, deren Verbot allein aus der
Sonderbeziehung Israels zu JHWH und seinem Anderssein begründet
wird. Bemerkenswert ist, daß die Einhaltung der Verbote nicht strafbe-
wehrt ist. Die Zusage von V.15-18 (§2) verdankt ihre Entstehung allein
dem Vakuum im religiösen Alltag, das die Einhaltung der Verbote von
V.10f auslösen wird. In der Sonderbeziehung Israels zu JHWH werden die
Bedürfnisse des Volkes, einen direkt vermittelten Kontakt zu Gott aufnehmen zu können, akzeptiert, die Funktionen bisheriger Vermittler wer-

---

408 So Bertholet, *Deuteronomium*, 60; Driver, *Deuteronomy*, 230; Steuernagel
(*Deuteronomium*, 1923[2], 122) der aber in V.22bß einen späten Zusatz sieht.

409 F.-L. Hossfeld, Wahre und falsche *Propheten* in Israel, BiKi 38 (1983) 139-144, 142f.

410 *Gemeinschaft*, 88.

411 Das Verfahren gegen den Propheten wird vorgeschrieben, doch die Art der Bestrafung bleibt offen.

412 So Steuernagel, *Deuteronomium*, 1923[2], 121; Hölscher, *Komposition*, 203f.

den nur einem Typus des Vermittlers zugewiesen, dem JHWH-Propheten, dem Charismatiker par excellence. Der Abschnitt V.19-20 (§3) regelt die Verbindlichkeit der Anforderungen nach V.15-18. Der Unterschied, der hier zwischen demjenigen gemacht wird, der direkten Verkehr mit Gott hat, und jenem, der nur indirekt mit dem Wort konfrontiert wird, darf aber nicht als Auflösung des absoluten Anspruchs auf Gehorsam der Forderungen nach 'Paragraph' 2 verstanden werden. Neben einem gewissen Alltagsrealismus, dem hier Rechnung getragen wird, wird die dahinter stehende Gesellschaftskonzeption, die eine Position absoluter Macht Menschen nicht zubilligt, den Ausschlag gegeben haben für den Verzicht, dem prophetischen Wort per Strafandrohung Befolgung zu garantieren. Der Schlußabschnitt V.21f (§4) bringt eine Verfahrensvorschrift. Er knüpft an die Gleichsetzung von 'nichtautorisierter JHWH-Prophezeiung' mit 'Prophezeiung für andere Götter' (18,20) an. Die hier formulierte Prozeßregel entspricht der Schlußbestimmung des Gesetzes über das Obergericht (17,8-13).

Das Gesetz ist ein Versuch, die religiöse Alltagspraxis[413] des Volkes zu reformieren und zu vereinheitlichen. Diesem Zwecke ist seiner Herkunft nach traditionsgeschichtlich heterogenes Material dienstbar gemacht worden. Die semantische Feinstruktur der Komposition zeigt aber eine so durchgängige Bearbeitung des Materials, daß Vorstufen des Gesetzes bzw. die Übernahme eines älteren Tô'ebagesetzes nicht mehr nachweisbar sind. Idee und Gestaltung weisen das Prophetengesetz Dtn 18,9-22 als eine Einheit aus. Die Komposition von Dtn 18,9-22 ist Ausdruck einer deuteronomischen Grundtendenz, mittels Vereinheitlichung die Eindeutigkeit des Gotteswillens in der je und je partikularen Lebenspraxis des einzelnen Israeliten zu verbürgen. Gleichzeitig ist die Intention zu bemerken, die Alltagsrealität nicht in das Korsett eherner Verfahrensvorschriften einzuschnüren.

Königsgesetz und Prophetengesetz - Gewaltenteilung in nuce
Formale wie inhaltliche Korrespondenzen bestimmen das Verhältnis beider Gesetze zueinander. Doch sind beide Positionen deutlich einander entgegengesetzt, ohne daß die Inhaber der einen Position von jener der anderen dominiert werden können.

Dtn 17,14 wie Dtn 18,9 verknüpfen das Inkrafttreten des Gesetzes mit der Situation der Landnahme. In 18,9 wird jedoch der Grundtypus der historisierenden Gebotseinleitung so abgewandelt, daß das folgende Gesetz unverzüglich nach Betreten des Landes gültig wird. Die Anwendungssituation ist mit Überschreiten des Jordans automatisch gegeben. Es bedarf keines weiteren Verfahrens, um dieses festzustellen. Dagegen umschreibt Dtn 17,14 im Anschluß an die als Bedingung gesetzte Landnahme weitere Aspekte dieses Vorganges und führt einen zusätzlichen Gesichtspunkt,

---

[413] Charisma hat nicht nur eine disruptive Funktion im sozialen Leben, sondern ist für Konstitution und Funktionieren jeder Sozialordnung im Alltagsleben unerläßlich, vgl. hierzu Shils, *Charisma*, 206ff.

den Willen der Adressaten, ein. Nur ein geordnetes Verfahren erlaubt
hiernach die Anwendung des Königsgesetzes. Die Einleitung des Königsgesetzes erklärt dieses für fakultativ, die Einleitung des Prophetengesetzes
verkündet dieses autoritativ. Dtn 17,14f gesteht Israel die Imitation politischer Ordnungen der Völker zu, Dtn 18,9ff zieht Grenzen für religiös-
soziale Ordnungen. Übernahme bewährter mantischer Praktiken ist strikt
untersagt.

Beide Gesetze schränken den Kreis der in Frage kommenden Kandidaten auf die israelitischen Brüder ein. Das Auswahlverfahren gesteht
JHWH für den König eine 'Vorauswahl'[414] zu, doch das Volk bleibt Herr
des Wahlverfahrens; im Prophetengesetz liegt alle Autorität ausschließlich
bei JHWH. Zudem werden die Kriterien zur Beurteilung des Kandidaten
verschärft. Muß der König sich eigentlich 'nur' an der Tora messen lassen[415], so wird der Prophet nicht nur der Tora unterworfen, sondern muß
dazu noch den Vergleich mit dem zur Leitfigur erklärten Mose bestehen.

Beide Gesetze enthalten Ausführungen, die durch einen 'Schriftbeweis'
explizit gestützt werden (17,16; 18,15-18)[416]. Jedes Mal wird die 'Tradition'
dem neuen Kontext entsprechend ausgelegt. Diese 'Schriftbeweise' sind
biblischen Erzählsituationen entnommen, deren soziologische Struktur
kongruent mit jener der im betreffenden Gesetz vorausgesetzten Situation
ist. Dtn 17,16 spielt auf die erste kritische Führungssituation unter Mose
während des Auszugs an. Dtn 18,16ff verweist auf die Horeb-Theophanie.
Mit Exodus und Horeb sind nicht nur theologische Eckdaten der Überlieferung Israels angesprochen, sondern auch die beiden theologischen 'Ansichten' Israels, das gegen Gottes Repräsentanten (sprich: Gott selbst) re-
bellierende Volk und das mit seinem Gott sich in Übereinstimmung be-
findende Israel. Der Führungsanspruch des politischen Charismatikers
wird jeweils angezweifelt, derjenige des religiösen Charismatikers steht
nicht zur Debatte. Die Autorität des Anführers Mose wird in einer kritischen Situation sofort in Frage gestellt, die Autorität des "Propheten" Mose gilt ohne Widerspruch. Das Königsgesetz kennt keinen absoluten Gehorsamsanspruch des Königs, nennt aber Mittel zur Durchsetzbarkeit ge-
setzlich bedingter monarchischer Ansprüche. Das Prophetengesetz postuliert einen bedingungslosen Gehorsamsanspruch des Propheten, verwei-

---

414 Daß es sich hier eher um eine Art göttliche 'Vorauswahl' handelt, als um eine
nachträgliche Legitimation der Wahl, scheint die Reihenfolge der einzuhaltenden Kriterien
in 17,15 anzudeuten.
415 Die Bestimmungen von 17,16f lassen sich als Konkretion von Torageboten für den
König lesen.
416 Innerhalb des Verfassungsentwurfes findet sich ein vergleichbarer Schriftbeweis nur
noch im Priestergesetz Dtn 18,2. Mittels des Schriftbeweises wird im Königsgesetz die politische Macht des Königs beschränkt, im Priestergesetz die ökonomische Macht der Priester
und im Prophetengesetz die Wahl religiöser Vermittler durch das Volk. Der Eindruck ist
nicht ganz abzuweisen, daß an all diesen Stellen bisherige Rechte für obsolet erklärt werden sollen.

gert ihm aber die Erzwingbarkeit. Beide 'Gewalten' sind zur Durchsetzung ihrer Ansprüche auf die Kooperation des Volkes angewiesen.

Der nur indirekt ausgesprochenen Drohung an den König, daß er im Falle seiner Unbotmäßigkeit mit Absetzung zu rechnen habe (17,20b), steht die Forderung der Todesstrafe für den seine Autorität mißbrauchenden Propheten gegenüber (18,20). Darin zeigt sich die Bindung an unterschiedliche Legitimationsinstanzen des Handelns der jeweiligen "Amts"-Inhaber. Monarchische Verfügungen sind überprüfbar, da die Tora als oberste Rechtsinstanz dem König vorgeordnet ist. Königliche Gewalt ist durch konstitutionelle Begrenzungen kontrollierbar. Beruft sich der Monarch auf die Tora, so ist dieses nachvollziehbar. JHWH-Äußerungen an einen Propheten sind weder be- noch abweisbar. Institutionelle Möglichkeiten, in den Prozeß der Mitteilung und Auslegung Einsicht zu nehmen, sind nicht vorhanden. Ein Richtigkeitsnachweis wie im Falle königlicher Entscheidungen/Handlungen ist für prophetische Äußerungen nicht zu führen. Das Problem der Machtanmaßung, will man die Offenbarung nicht an die Kette der Tora-Ausleger legen, kann nur auf der individuellen Ebene gelöst werden. So entsteht (zusätzlich zu dem Kriterium 'Mose') die Vorstellung von der Generalprävention, und der Prophet wird als Person für jede seiner prophetischen Äußerungen haftbar gemacht. Der Prophet muß als Zeuge für sich selber einstehen. Als überführter Falschzeuge verfällt er dann automatisch der Todesstrafe. Die Todesstrafe entspricht hier durchaus dem Delikt[417]; der Prophet haftet für die Konsequenzen, denn seine nichtautorisierte Verkündigung könnte den Abfall des Volkes von JHWH bewirken, wofür letzterem bekanntlich mit dem Untergang gedroht wird (Dtn 5,6-9; 28,15ff). Beide Gesetze stimmen in der Tendenz überein, die Schaffung einer zentralen Machtposition, die das Volk der Verfügungsgewalt des Inhabers ausliefert, im Ansatz zu unterbinden.

Richter und Priester, die beiden anderen im Verfassungsentwurf vorgesehenen Funktionäre, haben einen durch ihre Tätigkeit bestimmten, klar umschriebenen Verfügungsbereich. In diesem kann das für die Bereiche des Königs wie des Propheten sich stellende Problem der sich selbst ausweitenden Macht so nicht auftauchen. Die im Königs- und Prophetengesetz nachweisbaren diesbezüglichen Differenzierungen sind in anderen Verfassungsgeboten nicht erforderlich. Die Leitvorstellung einer "Gesellschaft von Brüdern"[418] dürfte mit dazu geführt haben, daß die von ihrer sozialen Rolle her als Antipoden angelegten Figuren König und Prophet

---

417 Dieser Umstand erklärt, warum nicht ausdrücklich wie in Dtn 17,6 auf das Zwei-Zeugen-Gebot hingewiesen wird, sondern stillschweigend die Regel für den Falschzeugen vorausgesetzt ist (Dtn 19,19).

418 L. Perlitt ("Ein einzig *Volk* von Brüdern". Zur deuteronomischen Herkunft der biblischen Bezeichnung "Bruder", in: Kirche. FS G. Bornkamm, Tübingen 1980, 27-52) hat beobachtet, daß die Hälfte der pluralischen Belege für אח sich in den dtr Rahmenschichten des Dtn befindet (ebenda 35). Sein Versuch, eine über das Dtn hinausgehende "Kompilationsschicht" (ebenda 47), die in Bundesbuch und Heiligkeitsgesetz anzutreffen ist, zu skizzieren, bedürfte weiterer Untersuchungen.

mit unterschiedlichem sozialem Einfluß ausgestattet worden sind. Der
König bezieht alle Macht aus seiner Position, der Prophet aber hat unein-
geschränkte Autorität nur als Person. Die sich aus der Position ergebenden Machtchancen werden für den König konstitutionell minimiert, die an
die Person geknüpften werden hinsichtlich ihres Mißbrauches mit indivi-
dueller Vergeltung bedroht.

Im Konfliktfall stehen Macht des Königs und Autorität des Propheten
einander gegenüber, d.h. auf der einen Seite die effektive politische Gewalt und auf der anderen Seite die absolut legitimierte menschliche Autorität. Eine prinzipielle Regelung des Konfliktes ist vom Gesetz nicht vorgesehen. Der Verzicht darauf garantiert das Gleichgewicht zwischen diesen beiden Gewalten[419], so daß Israel zumindest in der Theorie als Gesellschaft gleichrangiger Mitglieder Bestand haben kann[420]. Der König hat
nach dieser Verfassung die politische Macht, der Prophet aber ist die
oberste menschliche Autorität. Die absolute Autorität für beide ist die
Tora. JHWHs Autorität wird durch die Einhaltung der Tora anerkannt.
Daher ist die Tora mehr als eine Gesetzessammlung, sie ist die Form, die
die göttliche Autorität in der Wirklichkeit Israels angenommen hat. Die
Tora ist die für Israel einzig legitime Wirklichkeitsverfassung. Das Handeln von König und Prophet ist an der Tora als legitim auszuweisen. Der
Legitimitätsanspruch wird nicht nur gegenüber dem Gehorsamkeitsan-
spruch des Königs erhoben, den dieser qua Macht durchsetzen kann, sondern ebenfalls jenem Anspruch gegenüber, der sich auf charismatische
Autorität beruft. Der Versuch, prophetische Autorität einer obersten, aber
für alle Israeliten einsehbaren und einsichtigen Wirklichkeitsnorm zu unterwerfen, dürfte innerhalb der altorientalischen Geschichte ohne Parallele sein.

---

[419] Lohfink (*Gewaltenteilung*, 69ff.) hat m.W. als erster daraufhingewiesen, daß der
Verfassungsentwurf ein politisches System mit verteilten Funktionen auf die einzelnen Gewalten darstelle, ohne daß eine Unter- bzw. Überordnung von Gewalten propagiert wird.

[420] N. Lohfink (Das deuteronomische Gesetz in der *Endgestalt* - Entwurf einer Gesellschaft ohne marginale Gruppen, BN 51, 1990, 25-40) hat vorgeführt, welche Konsequenzen
die politische Theorie der Gleichrangigkeit für den sozialen Aufbau der Gesellschaft nach
dtn Sicht hat.

ZWEITER TEIL

JOSUA - DER NACHFOLGER MOSES

KRIEGSHELD - ABER MOSE UNTERTAN

Die "Vorstellung" Josuas

Josua tritt uns in der biblischen Überlieferung erstmals in Ex 17,8-16, der Erzählung über die Amalekiterschlacht, entgegen. Der Erzähler behandelt hier Josua wie eine dem Leser wohl vertraute Figur, nicht einmal sein Vatersname wird erwähnt. Unvermittelt erscheint Josua auf der Bühne in jener Rolle, die seine nachmosaische Karriere bestimmen wird. Der General des Eisodus erhält bei seinem ersten Auftritt die Gelegenheit, sich militärisch auszuzeichnen. So werden die für das künftige Handeln dieser Figur charakteristischen Züge bei ihrem ersten Erscheinen notiert, deren Führungsansprüche begründet und dokumentiert.

Bemerkenswerterweise kommt es nicht zu einer Konkurrenz zwischen Mose und Josua. Die Autorität Moses wird bekanntlich bei jeder sich bietenden Gelegenheit von kompetenten oder nicht-kompetenten Personen oder auch von dem Volk insgesamt in Frage gestellt[1]. Josua spielt in keinem der Autoritätskonflikte um Mose eine der Führung Moses abträgliche Rolle. Daher ist anzunehmen, daß die Darstellung einer idealen Kooperation zwischen Josua und Mose eines der Ziele des Verfassers ist. Die von dem Konkurrenzprinzip abweichende Beziehung zwischen dem Führer des Exodus Mose und seinem präsumptiven Nachfolger Josua wird durch eine Eigenart der Mose-Figur vorbereitet. Alle Charakterisierungen Moses stimmen darin überein, daß ihnen militärische Züge fehlen und Mose nirgends ausdrücklich als militärischer Befehlshaber auftritt[2]. Mose

---

[1] Vgl. hierzu die sogenannten Murrgeschichten Ex 16; 17,1-7; Num 11-12; 14; 16 und die Arbeiten von G. W. Coats, *Rebellion* in the Wilderness. The Murmuring Motif in the Wilderness Tradition of the Old Testament, Nashville 1968; ferner V. Fritz, *Israel* in der Wüste. Traditionsgeschichtliche Untersuchung der Wüstenüberlieferung des Jahwisten, WMANT 47. Neukirchen-Vluyn 1970, ebenda 37ff.

[2] Beiläufig hat M. Noth (Überlieferungsgeschichte des Pentateuch [= *ÜP*], Stuttgart 1948, 3. Aufl. Darmstadt 1966, 194) darauf hingewiesen, daß der "Mose der Überlieferung sonst nicht als Heerführer im Kriege bekannt war...." H. Cazelles (Art. משה mōšæh, in:

führt Israel aus Ägypten heraus, doch militärisches Renommée erwirbt er sich dabei nicht. Ein kurzer Überblick der militärischen Unternehmungen während der Mose-Zeit und ihrer Darstellung mag diesen Sachverhalt verdeutlichen. Der Auszug aus Ägypten erfolgt unter der Führung JHWHs (Ex 13,17-22), der auch die Schlacht am Schilfmeer (Ex 14) mit seinem Einsatz für Israel bestreitet. Mose ist dabei mehr oder minder menschliches Instrument der göttlichen Aktion (Ex 14,14.16.21.26-28). Sowie die Amalekiter Israel feindlich entgegentreten, legt Mose den militärischen Befehl in die Hände Josuas (Ex 17,8-16). Die Verkündigung der Gesetze am Sinai wird in Ex 23,20-33 abgeschlossen durch die Zusage eines göttlichen Boten (Ex 23,20-23) und die Verheißung, daß JHWH mit seinen Mitteln die Feinde Israels niederwerfen wird (Ex 23,27ff). Nach Num 13 geht die Initiative zur Aussendung der Kundschafter keinesfalls von Mose sondern von JHWH aus. JHWH behält sich offenkundig den Oberbefehl vor, wie Moses Argumentation (Num 14,41-43) gegen die vom Volk geplante militärische Auseinandersetzung mit den Landesbewohnern veranschaulicht. In der nächsten militärisch prekären Situation, Edom verweigert auf Israels Anfrage diesem den Durchzug und läßt gar gegen es aufmarschieren (Num 20,14-21), ist Moses Rolle auf die des friedfertigen Unterhändlers beschränkt. Der daraufhin auf dem Schlachtfeld auftauchende König von Arad wird von Israel geschlagen. Eine Mitwirkung Moses als Heerführer ist nicht verzeichnet (Num 21,1-3). Sieger über den Amoriter Sihon (Num 21,21-32) und Og von Basan (Num 21,33-35) ist Israel. Ein Anteil Moses an diesen Kämpfen ist nicht erkennbar[3]. Der Kriegszug gegen die Midianiter (Num 31,1-6) wird zwar von Mose auf Geheiß JHWHs organisiert, jedoch zieht Mose nicht mit (Num 31,7-12), sondern empfängt zusammen mit Eleasar und den Sprechern Israels[4] die heimkehrenden Truppen. Die Notizen über die Feldzüge von Machir, Jair und Nobah (Num 32,39-42) enthalten keine Hinweise auf Moses militärische Aktivität. Num 32 schreibt Mose nur die Zuteilung des Ostjordanlandes zu, nicht seine Eroberung. Das Bild eines Volksführers, der seine Truppen nicht in die Schlacht begleitet, wird im wesentlichen von der Rückschau in Dtn 1,6-3,29 bestätigt[5].

ThWAT V. 1985. 28-46) behandelt in seinem Überblicksartikel die vielfältigen, von Mose wahrgenommenen Funktionen, ohne das weitgehende Fehlen militärischer Kompetenz dieser ansonsten so allkompetenten Figur zu vermerken.

[3] Die Siegeszusage JHWHs ergeht nach Num 21,34 direkt an Mose, doch die Erfolgsmeldung in Num 21,35 berichtet, daß die Israeliten Og geschlagen haben.

[4] Zum Verständnis von נשׂיא vgl. M. Noth, Das *System* der zwölf Stämme Israels, BWANT IV/1, 1930, 162; C. Schäfer-Lichtenberger, *Stadt*, 356ff. Die Verwendung des Titels bei P und auch Ez zeigen m.E., daß dieser keine klar umrissene Führungsinstanz bezeichnete. Das geht nicht nur aus der Vielzahl der so bezeichneten sozialen Positionen hervor (vgl. hierzu H. Niehr, Art. נשׂיא naśî', ThWAT V (1986) 647-657, 651ff.), deren Inhaber diesen Titel tragen, sondern auch aus dem Umstand, daß ihr Kreis offenkundig nicht eindeutig eingrenzbar war. Der anachronistische Gebrauch dieses Titels und der darin liegende implizite Rückgriff auf eine vermeintlich alte, vorkönigliche Sozialordnung (so auch Niehr, a.a.O., 655) deutet an, daß diese Position, wenn es sie jemals gegeben haben sollte, wofür Ex 22,27 ein Indiz sein könnte, Führungsfunktionen umschrieb.

[5] Dtn 2,32-37; 3,1-8; 4,46 und Jos 12,6 sprechen davon, daß Mose und die Israeliten die beiden Könige schlugen. Die Wir-Aussagen in den erzählenden Partien von Dtn 1-3 (ונסע מחרב - 1,19; ונפן - 2,1; ונלכד את־כל־עריו בעת ההיא - 2,34 etc.) bewirken, daß Mose aus der Retrospektive ganz in 'Israel' = 'Wir' hineingenommen wird. Daß das "Volk als Subjekt in den Vordergrund geschoben" wird, hat als erster Gerhard von Rad hervorgehoben, vgl. ders. Das *Gottesvolk* im Deuteronomium (1929), wiederabgedruckt in: ders. Gesammelte Studien zum Alten Testament II. ThB 48. München 1973, 9-108, ebenda 26f Anm.2. Norbert Lohfink hat die didaktische Funktion im Hinblick auf die Leserschaft/Hörerschaft herausgearbeitet, vgl. ders. *Individuum* und Gemeinschaft in Dtn 1,6-3,29 Scholastik 35.

Da die biblische Tradition Mose in den unterschiedlichsten Rollen auftreten läßt und eher dazu tendiert, seine Kompetenzen auszuweiten als
einzuschränken, ist das Schweigen über die militärischen Aspekte seiner
Tätigkeit kaum aus einer theologischen Kriegsvorstellung[6] oder stereotypen Redeformen erklärbar. Denn diese Umstände verhinderten ja nicht,
daß Josua von der biblischen Überlieferung immer eindeutig zum Sieger
der Schlachten, auch der ausdrücklich mit JHWHs Hilfe gewonnenen,
ausgerufen wird. Die Minimierung der kriegerischen Züge im Portrait
Moses liegt im Interesse der Verfasser, die diesen 'Mose' mit dem Feldherrn Josua in Verbindung setzen. So läßt sich bereits zu Lebzeiten Moses ein spannungsfreies Zusammenwirken zwischen beiden beschreiben,
eine erste Voraussetzung für die Kontinuität der Führung. Sowie der Vorgänger als Vorbild betrachtet wird, setzt das Gelingen der Nachfolge eine
konfliktfreie Kooperation zwischen Vorgänger und Nachfolger voraus.
Dieses zeichnet sich im voraus ab und kann anhand paradigmatisch erzählter Situationen vorgeführt werden. Die Zuweisung ausgewählter Füh-
rungsbereiche an den Nachfolger[7] ist eine Möglichkeit, Kompetenzüber-
schneidungen zu vermeiden, eine andere liegt in der klaren Unterordnung
des Nachfolgers. Die beobachtete Tendenz in der Mose-Überlieferung,
Mose nicht als Sieger der militärischen Auseinandersetzungen des Exodus
namhaft zu machen, entspricht der ersten erzählerischen Technik. Die dazu ergänzend vorgeführte Spezialisierung des Nachfolgers bietet die Erzählung über die Amalekiterschlacht. Gleichzeitig wird das Verhältnis zwischen Mose und Josua hierarchisch strukturiert.

Der Kontext, in dem die Erzählung Ex 17,8-16 eingefügt ist, gibt zu
denken. Sie folgt auf jene über die "Versuchung" von Massa-Meriba (Ex

1960, 403-407; wiederabgedruckt in: ders. Studien zum Deuteronomium und zur deuteronomistischen Literatur I. SBAB 8. Stuttgart 1990, 45-51. Dtn 1,4 läßt vermeintlich Mose
und nicht JHWH bzw. Israel Sieger über Sihon und Og sein, ebenso Jos 13,12. Die Aussage
von Dtn 1,4 ist nicht eindeutig auf Mose bezogen. V.4 kann auch als Nachsatz zu V.3 gelesen werden, dann bezieht sich das הכתו auf JHWH, da dieser das letztgenannte Subjekt ist.
Nur wenn V.4 als Einleitung zu V.5 verstanden wird, liegt der Bezug auf Mose vor. Die
Ambiguität dürfte beabsichtigt sein. Zu diesem in biblischen Texten häufig vorliegenden
Phänomen vgl. M. Sternberg, The *Poetics* of Biblical Narrative. Ideological Literature and
the Drama of Reading, Bloomington/Indiana, 1985, 258ff. Es bleibt aber das Statement
von Jos 13,12, das Mose als militärischen Sieger ausweist. Es ist möglich, daß in Jos 13,12
ein Mosebild durchschimmert, das von der Schilderung Moses in Ex-Dtn abweicht. Wahrscheinlicher aber stellt die Apostrophierung Moses als Schlachtensieger eine Angleichung
an das Hauptthema des Josuabuches und ihres Protagonisten Josua dar.

[6] Vgl. hierzu G. von Rad, Der Heilige *Krieg* im alten Israel, Göttingen (1951[1]) 1965[4];
zur Korrektur der These von Rads zum "Heiligen Krieg" und zu den Grundzügen gemein-
altorientalischer Kriegsideologie und Kriegspraxis vgl. M. Weippert, "Heiliger_*Krieg*" in Israel und Assyrien. Kritische Anmerkungen zu Gerhard von Rads Konzept des "Heiligen
Krieges im alten Israel", ZAW 84 (1972) 460-493.

[7] Die Wahl des Bereichs kann motiviert sein durch spätere, dem Nachfolger zufallende
Sonderaufgaben. Geht die Ausgestaltung der Figuren überlieferungsgeschichtlich der Konstruktion einer Nachfolgebeziehung zwischen ihnen voraus, dann ergibt sich die Aufgaben-
teilung aus der vorliegenden Tradition.

17,1-7) und steht vor der über den Besuch des Schwiegervaters Moses (Ex 18,1-12) und dessen bekannten Folgen, der Abgabe richterlicher Kompetenzen an ausgewählte Volksvertreter (Ex 18,13-27). Aus der Sicht der Verfasser von Num 20,12f, Num 27,12-14 und Dtn 32,51 begründet die Meriba-Begebenheit (Num 20,2-11) den vorzeitigen Tod Aarons und Moses im Ostjordanland. Die Vorstellung Josuas im Anschluß an eine Auseinandersetzung Israels mit Mose, deren Stichwort Meriba assoziativ an den Tod Moses erinnert, läßt an erzählerische Absichten nicht aber an Zufälle der Überlieferung denken[8].

Ex 17,8-16 schildert, daß Amalek die in der Ebene Rephidim lagernden Israeliten angreift und Josua daraufhin von Mose zur Verteidigung Israels bestellt wird, die er erfolgreich organisiert. Der Ablauf der Kampfhandlungen zeigt Josua als kompetenten Heerführer. Josua übernimmt eine führende Rolle neben Mose, der die Handlungen aus dem Hintergrund magisch begleitet. Das gelingt Mose aber nur durch die tätige Unterstützung des Priesters Aaron und Hurs, eines kalebitischen Sippenoberhauptes[9]. Josua besiegt die Amalekiter. Die Szene wird abgerundet durch den JHWH-Befehl an Mose, die Ereignisse aufzuzeichnen, und zwei Reaktionen Moses hierauf, er baut einen Altar und benennt ihn den Umständen entsprechend.

Die vorliegende Erzählung enthält einige auffällige Einzelheiten, die alle die Figur Moses und dessen Mitwirkung am Geschehen betreffen[10]. Nach V.9 kündigt Mose an, daß er mit dem Gottesstab in seiner Hand auf den Gipfel des Hügels steigen wird, V.12 vermerkt, daß beide Hände niedersinken, die vorsorglich ihn begleitenden Aaron und Hur daher seine Hände stützen müssen. Der Stab wird nicht mehr erwähnt. Dem JHWH-Befehl von V.14 kommt Mose nicht nach, weder wird berichtet, daß er die Verheißung JHWHs aufschreibt, noch daß er sie Josua zu Gehör bringt. Der Zusammenhang zwischen Altarbenennungen (V.15) und Schlußsentenz Moses ist enigmatisch (V.16).

Die Mehrzahl der Kommentatoren betont die Einheitlichkeit der Erzählung, soweit es den Zusammenhang von V.8 bis V.13 betrifft. Dieses Stück wird von den früheren Kommentatoren E zugeschrieben[11] und gilt aber seit Beers Kommentar als J-Erzählung[12]. Dagegen versucht Möhlen-

---

[8] Nach Noth (*Exodus*, 111) liegt traditionsgeschichtlich dem Meriba-Ereignis von Ex 17,1-7 wie von Num 20,2-11 eine Erzählung zugrunde.

[9] Aaron und Hur werden von Mose in Ex 24,14 den Ältesten als seine Vertreter in Rechtsangelegenheiten vorgestellt. Auch hier scheinen sie Repräsentanten unterschiedlicher Sozialsphären, des Sakralsystems und des Verwandtschaftssystems, zu sein. Nach Dtn 31,9 werden sie zu verantwortlichen Sachverwaltern der Tora ernannt.

[10] Vgl. B. S Childs, *Exodus*, OTL, (1974[1]), 1987[6], 314f.

[11] A. Dillmann (Die Bücher *Exodus* und *Leviticus*, KEH 12, 1880[2], 178) spricht von B; vgl. ferner B. Baentsch, *Exodus - Leviticus - Numeri*, HAT I,2, 1900-1903, 160f; H. Holzinger, *Exodus*, KHC II, 1900, 60; H. Greßmann, Die *Anfänge* Israels (Von 2. Mose bis Richter und Ruth), SAT I,2, (1914[1]) 1922[2], 100f.

[12] G. Beer, *Exodus*. Mit einem Beitrag von K. Galling, HAT I,3, 1939, 92f; Noth, *ÜP*, 131; ders., *Exodus*, 113; F. Michaeli, Le Livre de l'*Exode*, CAT 2, 1974, 152; Fritz, *Israel*, 57;

brink[13], ausgehend von den beiden Schlußversen, literarkritisch zwei Versionen zu rekonstruieren. Zweifellos ist traditionsgeschichtlich heterogenes Material in die Erzählung eingegangen. Möglicherweise steht das Stück auch nicht in seinem ursprünglichen Kontext[14]. Doch in der vorliegenden Fassung sind die beiden Hauptfiguren unlösbar miteinander verknüpft worden. Die literarkritische Unterscheidung zweier Erzählungen mit eigenen Handlungsfäden ist nicht möglich[15]. Der zweite Hauptakteur Josua handelt nicht selbständig, zudem wird sogar das Geschehen auf dem Schlachtfeld ausschließlich aus der Perspektive Moses berichtet.

Neuerdings hat Zenger[16] versucht, in Ex 17,8ff, ausgehend von dem Motiv Hand/Hände und der unvermittelten Einführung Aarons und Hurs, literarkritisch eine Grunderzählung (V.8.9.10a.11.13.15.16a) von einer Bearbeitung zu unterscheiden, die in sie eingreift. Erkenntnisleitend ist für Zenger die Unterscheidung zwischen einer Hand Moses (V.9.11) und den zwei Händen Moses (V.12), auch wenn seine Argumentation vordergründig eher an den Personen Aaron und Hur haftet. Zum Verständnis der Hände Moses ist folgender Sachverhalt zu beachten: der Widerspruch zwischen der einen Hand, die den Stab hält (V.9.11) und den zwei Händen (ohne Stab ?)[17] besteht nur scheinbar, bedenkt man, wie die Szene realiter ablaufen könnte. Faktum ist, daß jeder Arm[18], der längere Zeit ohne Stütze hochgehalten wird, ermüdet. Folglich darf man unterstellen, daß Mose die Arme jeweils wechselte. Mose reckt also mit jeweils einer Hand Amalek den Stab entgegen. Nach bestimmter Zeit wird aber das Wechseln der Arme zur physischen Erholung des jeweils ermüdeten Armes nicht mehr ausreichen. Da beide ermüdet sind, wird es Mose unmöglich, den Stab weiter hochzuhalten und auch zu stehen. Darauf setzt er sich auf einen Stein - legt den Stab beiseite oder auch nicht - und seine beiden Begleiter, Aaron und Hur stützen seine Arme. Auf dem Stein muß Mose sitzen, weil es sonst für seine Begleiter technisch schwierig würde, die Arme abzustützen, ohne daß sie selber ermüden. Damit die zwei Repräsentanten Israels, jeweils einer für die sakrale und einer für die zivile Sphäre, gleichmäßig beteiligt sein können, muß Mose zwei Arme hochheben. Aaron und Hur treten hier als Stütze und Mitwirkende stellvertretend für alle Nachfahren auf. Autorität wird hier paradigmatisch, wie in Num 11 und Dtn 31,9, auf mehrere Schultern verteilt. V.12b betont

J. H. Grønbaek, *Juda* und Amalek. Überlieferungsgeschichtliche Erwägungen zu Exodus 17,8-16, StTh 18 (1964) 26-45, 32f.

[13] K. Möhlenbrinks (*Josua* im Pentateuch, ZAW 59, 1942/43, 14-58, hier 15ff.) Vermutung, daß die Figur Moses in die Josua-Erzählung eingedrungen sei, ist literarkritisch nicht haltbar, wie Grønbaek (*Juda*, 42) zeigt.

[14] Vgl. Noth, *ÜP*, 183; Fritz, *Israel*, 56ff.

[15] Die akribische literarkritische Untersuchung von H. Valentin zu Ex 17,8-13 kommt zum Ergebnis, daß eine "konsequent durchkomponierte Erzählung"vorliegt, vgl. ders., *Aaron*. Eine Studie zur vor-priesterschriftlichen Aaron-Überlieferung, OBO 18, 1978, 152ff, ebenda 162.

[16] E. Zenger, *Israel* am Sinai. Analysen und Interpretationen zu Exodus 17-34, Altenberge, 1985[2], 76ff.

[17] Genau betrachtet, sagt der Text nichts darüber aus, ob der Stab weiter in den Händen gehalten wird oder beiseite gelegt wird. Angesichts der literarischen Technik des Verfassers, stenogrammartig nur das zum Verständnis des Geschehen absolut Notwendige mitzuteilen, sollte nicht ausgeschlossen werden, daß der Erzähler dieses Detail als unwesentlich unerzählt ließ.

[18] Die Vorstellung, daß nur die Hand ohne den Arm hochgehalten wird, ist physisch absurd,vgl ebenfalls die von O. Keel (Wirkmächtige *Siegeszeichen* im Alten Testament. Ikonographische Studien zu Jos 8,18-26; Ex 17,8-13; 2.Kön 13,14-19 und 1.Kön 22,11, OBO 5, 1974, 162ff) abgebildeten Darstellungen zur Position der Arme und Hände.

dieses Faktum, was angesichts der sonstigen stenogrammartigen Schilderung auffällt und darauf verweist, daß hier idealtypisch Kooperation in der Führung demonstriert wird.

Sieht man einmal davon ab, daß die literarkritisch von Zenger gegen Aaron und Hur ins Feld geführten Argumente für Josua nicht geltend gemacht werden, so zerstört die Herausnahme der Aussagen über Aaron und Hur den Aufbau der zweiten Szene (V.10-12). Die Schilderung von V.10b knüpft an V.9b genauso an wie jene von V.10a an V.9a. V.10 als ganzer ist notwendige Exposition zu V.11-12. Außerdem erzeugt diese Analyse eine im Text nicht vorhandene Spannung zwischen den Aussagen von V.11b (Amalek ist stärker als Israel) und der sich dann anschließenden Aussage von V.13 (Josua schwächt Amalek), die in diesem Textablauf nicht mehr vermittelt wird.

Fast alle bisherigen Lösungsversuche laufen auf die Annahme einer mehrstufigen redaktionellen Bearbeitung hinaus, die in den V.14-16 zutage tritt[19]. V.14 wird von fast allen Forschern für redaktionell gehalten, doch besteht kein Konsens über die Zuordnung der Redaktion[20]. Folgt man Noths Überlegungen[21], dann besteht auch zwischen V.8-13 und V.15-16 nur ein loser Zusammenhang und die Schlußverse beinhalten zwei unterschiedliche theologische Deutungen der Erzählung[22].

Die Erzählung in V.8-13 enthält einige unausgesprochene Annahmen über Mose, Israel und Josua, deren Explikation das Verhältnis zu den Aussagen der V.14-16 klären kann. Der Verfasser dieser Erzählung setzt nicht nur Josua als eine dem Leser bekannte Figur voraus, sondern spielt auch auf ein Josuabild an, das so uns erst wieder in Jos 1 begegnet. Nur im Anfangskapitel des Josuabuches werden beide Aspekte des Josuabildes, seine Abhängigkeit und Unterordnung bei gleichzeitiger Akzentuierung militärischer Selbständigkeit, nebeneinander entwickelt und als Erkennungsmarke des Haupthelden des Josuabuches geprägt.

Vorgestellt wird Josua bei seinem ersten namentlichen Auftreten ebenso wie sein Vorgänger Mose ohne Nennung des Vatersnamens, eine Auszeichnung, die in biblischen Erzählungen außer diesen beiden nur noch Samuel widerfährt. Dieser Umstand unterstreicht seine Bekanntheit wie sein Renommée. Mose präsentiert unwissentlich seinen eigenen Nachfolger, ohne daß die Erzählung in V.8-13 das ausspricht. Dieser Mose handelt auf derselben Ebene wie jener von Ex 17,1-7[23], doch in der durch Amaleks

---

[19] Grønbaeks Analyse weicht hiervon ab, da er unter Berufung auf 1.Sam 30,26 in den Versen 14-16 Spuren einer judäischen "Heiligen-Krieg-Überlieferung" findet, d.h. die Verse als einen in sich einheitlichen theologischen Kommentar aus dieser Perspektive begreift (*Juda*, 37f.41ff.). G. W. Coats (Moses versus *Amalek*. Aetiology and Legend in Exod. xvii 8-16, VT.S 28. 1975. 29-41, 33f.36) hält dem entgegen, daß der Schwerpunkt der Tradition dann auf JHWH als Handelnden liegen müßte und nicht auf Mose.

[20] Baentsch (*Exodus*, 61f) Beer (*Exodus*, 92) und H. C. Schmitt (Die *Geschichte* vom Sieg über die Amalekiter Ex 17,8-16 als theologische Lehrerzählung, ZAW 102, 1990, 335-344) dtn/dtr; Michaeli, *Exode*, 152 jahwistisch; Greßmann, *Anfänge*, 101 später Zusatz; Noth, *ÜP*, 132 Anm. 343 literarkritisch sekundär, nachdtr.

[21] Noth, *Exodus*, 114f.

[22] Michaeli, *Exode*, 152, folgt Noth weitgehend, erklärt jedoch die Schlußverse für jahwistisch.

[23] Das trifft auch dann zu, wenn man mit Noth (*Exodus*, 113) die Erwähnung des Gottesstabes für einen literarischen Zusatz hält. An der magischen Natur des Handelns Mose

Angriff definierten Situation verfügt Mose nicht im gleichen Maße über die beim Durchzug durchs Schilfmeer bewiesenen magisch-militärischen Fähigkeiten (Ex 14,10ff). Sie reichen hier allein nicht aus, um Amalek zu besiegen.

Die zweite Kriegssituation, in die Israel während des Exodus gerät, erfordert das Zusammenwirken verschiedener Repräsentanten. Die "Wiederholung" der Kriegssituation bewirkt, daß diese nicht mehr charismatisch, sondern traditional bewältigt wird. In dieser Erzählung, wie auch in Ex 18,13ff, hat das Alltagsleben Israel und Mose eingeholt[24]. In Ex 17,1-7 werden Israels Älteste als Zeugen für die wunderwirkende Zusammenarbeit zwischen JHWH und Mose bestellt. Eine Episode darauf sind Israels Vertreter zu notwendigen und teilweise selbständig handelnden Assistenten Moses geworden. Die funktionellen Unterschiede der Rollen von Israels Vertretern in den beiden Erzählungen dürfen aber nicht verwischt werden. Die Ex 17,1-7 mit Ex 17,8-16 verbindende Argumentation ist inhaltlich eine andere, als jene, die Ex 17,8-16 in eine inhaltliche Nähe zu Ex 18,13-27 bringt. Nur in den beiden letztgenannten Erzählungen wird vorgeführt, wie ein für alles zuständiger Mose an die Grenzen seiner Fähigkeiten gelangt und menschlicher Helfer bedarf[25]. Die Aufteilung der all-

mit oder ohne Gottesstab besteht kein Zweifel, vgl. W. H. Schmidt, *Exodus*, Sinai und Mose, EdF 191, Darmstadt 1983, 103; Valentin, *Aaron*, 178ff. Als Gebetsgestus läßt sich sein Verhalten kaum deuten (so Holzinger, *Exodus*, 60; Schmitt, *Geschichte*, 340f), auch dann nicht, wenn man sich dabei Robinsons Phantasie "... Moses raised his hands aloft in a banner-like gesture betokening his total dependence of YHWH, Israel's true banner of war..." (*Israel* and Amalek. The Context of Exodus 17.8-15, JSOT 32, 1985, 15-22, Zitat 18) bedient. Valentins (*Aaron*, 175ff.) Darlegung der fraglichen Vergleichsstellen (Fürbitten Moses) zeigt, daß Moses Händeerhebung nicht als Gebetsgestus verstanden werden kann. Keels Ausführungen zum ikonographischen Hintergrund des Erhebens beider Hände belegen den magischen Charakter der Geste und lassen ägyptischen Einfluß wahrscheinlich werden (O. Keel, *Siegeszeichen*, 91ff). Alle Deutungen der "Hantierungen" Moses nach Ex 17,11f auf einen Gebetsgestus gehen von einem Evolutionsmodell der Religion aus, demzufolge magische Riten und Gebetshandlungen sich auf unterschiedlichen Entwicklungsstufen befinden und einander ausschließen. Daß diese religiösen Praktiken zu ihrer Zeit wirklich als heterogen und unvereinbar verstanden wurden, darf aus religionsgeschichtlicher Perspektive bezweifelt werden; vgl. G. van der Leeuw, *Phänomenologie* der Religion, 1970[3], bes. 480ff; E.S. Gerstenberger, *Der bittende Mensch*.Bittritual und Klagelied des Einzelnen im Alten Testament, WMANT 51, Neukirchen-Vluyn 1980, 74ff; R. Albertz, Art. *Gebet* II, in: C. H. Ratschow/ R. Albertz/ L. A. Hoffmann/ K. Berger/ Th. Baumeister/ I. W. Frank/ F. Schulz/ G. Müller/ P. C. Bloth, Art. Gebet, TRE 12, 1984, 31-103, bes. 35.

[24] Auch wenn man die gesamte Phase des Exodus als außeralltägliches Geschehen versteht, so bedeutet das nicht, daß alle Konflikte und Krisen charismatisch gelöst werden. Nicht nur die Kontinuität des Sozialverbandes auch die mehr oder weniger friedlichen Beziehungen zu anderen Gruppen erfordern ein Eingehen auf traditional übliche Bewältigungsmechanismen.

[25] Die von Robinson (*Israel*, 15ff.) notierten Symmetrien zwischen den vier Erzählungen von Ex 17-18 sind im MT so nicht vorhanden, noch lassen sich diese beiden Kapitel allein durch den Nachweis von Stichwörtern wie בוא, לקח und ספר als Kompositionseinheit wahrscheinlich machen.

umfassenden Führungskompetenz des Mose auf drei verschiedene Führungspositionen deutet sich in den Namen Josua, Aaron und Hur an[26].
   Josua ist Mose eindeutig unterstellt. Alle Initiativen gehen von Mose
aus. Josuas Aktionen korrespondieren mit jenen von Mose, dagegen verbleiben Aarons und Hurs Reaktionen auf der Ebene technischer Hilfestel-
lung. Josuas Rolle unterscheidet sich in dieser Situation qualitativ von jener der beiden anderen Mitagierenden; darin liegt implizit ein Hinweis
auf seine Funktion als Nachfolger Moses. Die subtile Abstimmung der
Handlungen der vier Figuren aufeinander strukturiert die Erzählung und
bestimmt ihre Komposition. Mose hat noch die Hauptrolle, doch kann er
seine Rolle nur ausfüllen, indem er in ein Handlungssystem eingebunden
wird, das von mehreren Agierenden gebildet wird[27].
   Die Kampfhandlungen enden nicht, wie zu erwarten wäre, mit einem
eindeutigen Sieg Josuas über Amalek. Das in V.13 verwendete Verb
II חלש hat zwar nach KBL[3] die Bedeutung "besiegen"[28], auffällig ist hier
aber die ungewöhnliche Verbindung von לפי חרב mit II חלש[29].

---

[26] Hurs soziale Position wird an keiner Stelle näher bezeichnet, außer daß man aus seiner zweimaligen Erwähnung neben Aaron und seiner Gleichrangigkeit mit Aaron hinsichtlich der beiden zugewiesenen Aufgaben schließen kann, daß Hur einen hohen Rang in der
wohl verwandtschaftlich bestimmten Organisationsstruktur gehabt haben dürfte. Das
Schweigen über seine genaue soziale Position dürfte um so mehr der erzählerischen Absicht entsprechen, wenn der Name Hurs die Funktion einer Chiffre hat und mit seiner Beteiligung prinzipiell die Ansprüche des Sippenverbandes auf Mitbestimmung gesichert werden sollten, ohne damit schon festzulegen, auf welcher ihrer Repräsentationsebenen Ver-
wandtschaftsgliederungen zu beteiligen seien.

[27] Die Erzählung läßt sich nur mit erheblichen Abstrichen an der Vorstellung des 'Hel-
den' als eine Erzählung über den Heros Mose lesen, wie dieses Coats (*Amalek*, 37ff; ders.,
Moses. Heroic Man, Man of God, JSOT.S 57, 1988, 125ff) vorschlägt. Mose wird hier nicht
nur inmitten der für einen Heros üblichen Mit-Täter gezeigt, sondern als ein 'Held' präsentiert, dessen Erfolg ohne diese nicht zustande käme.

[28] Ältere Wörterbücher wie Gesenius/Buhl[17] oder KBL[2] unterscheiden noch nicht zwei
homonyme Wurzeln חלש voneinander. I. Eitan (*Two Unknown Verbs*. Etymological Studies, JBL 42, 1923, 22-28) hatte zunächst nur die Verwandtschaft zwischen der aramäischen
Wurzel חלש (schwach sein) und der hebräischen Wurzel חלש bezweifelt. Er sieht in der
hebräischen Wurzel das Gegenstück zu einer arabischen Wurzel, die er mit "to snatch
away, carry off" wiedergibt (ders. a.a.O., 26). Eitan nimmt für alle drei Belege der Wurzel
חלש (Ex 17,13; Jes 14,12; Hiob 14,10) Wurzelidentität an (ders. a.a.O., 27f). A. Guillaume
(*The Use of* חלש *in Exod. XVII.13, Isa. 14.12, and Job XIV.10*, JThST N.S. 14, 1963, 91f)
schließt sich Eitan an. Die Unterscheidung von I חלש und II חלש geht auf Überlegungen
von W. von Soden (*Kleine Beiträge* zum Ugaritischen und Hebräischen. VT.S 16, 1967, FS
W. Baumgartner, 291-300, insbes. 269f) zurück. W. von Soden geht von der Annahme aus,
daß חלש ein transitives und ein intransitives Imperfekt ausbildet, und verweist dann auf die
etymologische Zusammengehörigkeit des transitiven Imperfektes mit dem akkadischen
ḫalāšu (aus-, abkratzen). Eitan war an allen Stellen (Hiob 14,10 liest er als Niphal - eine
Möglichkeit, die in KBL[3] gleichfalls erwähnt wird) von einem transitiven Imperfekt ausgegangen.

[29] Daß hinter der Verwendung von חלש eine Absicht sich verbirgt, hat schon Raschi
(*Pentateuch II*, 187) erkannt. Childs (*Exodus*, 310) übersetzt "Joshua disabled Amalek...";
vgl. auch Michaeli, *Exode*, 149 Anm. 3.

Diese Wendung findet sich ansonsten immer im Zusammenhang mit den Verben הרג[30], נכה hiph[31], חרם hiph[32] und נפל[33]; Verben, die gewaltsame Sachverhalte umschreiben[34]. Die Vermutung, daß in V.13 das Verb II חלש ein anderes Verb ersetzt hat, wahrscheinlich נכה hiph[35], liegt auf der Hand, wenn sie auch nicht zu beweisen ist. Gleichfalls ist vorstellbar, daß der Verfasser von V.14 hier eingegriffen hat, um eine Anspielung an das הנחשלים von Dtn 25,18 zu ermöglichen[36]. Da Saul nicht die Ehre verweigert wird, Amalek geschlagen zu haben[37], obwohl dessen entscheidende Niederlage der biblischen Überlieferung nach erst ein Werk Davids war[38], ist der Gebrauch des Verbs II חלש bedeutsam.

Konnte Josua die Amalekiter nur abwehren, d.h. sie mit der Spitze des Schwertes von Israel wegreißen[39], dann deutet diese Aussage eine Fortsetzung der kriegerischen Auseinandersetzungen an. Die Aussagen der V.14 und V.16 prophezeien künftige Kämpfe mit Amalek. V.13 bereitet sie inhaltlich vor. Der halbe Sieg ruft JHWH auf den Plan.

V.14 bringt die theologische Ebene zur Sprache und formuliert ein Handlungsprinzip JHWHs, das die Zukunft Israel gegen militärische Bedrohung garantiert. V.14b ist eine wörtliche Aufnahme der Aufforderung aus Dtn 25,19aßγb[40]. Der Vers verkündet eine göttliche Zusage, die nach Dtn 25,17-19 zum Gebot für Israel wird. Der singuläre Befehl JHWHs an Mose, diese JHWH betreffende Selbstbindung aufzuschreiben und sie Josua einzuschärfen, läßt sich als Verweis auf das betreffende Gebot und Moses Aufzeichnung der Gebote lesen. Einen göttlichen Auftrag, etwas schriftlich aufzuzeichnen, erhält Mose sonst nur in Ex 34,27 (Aufzeichnung der Bundesworte) und in Dtn 31,19.22 (Notierung des Moseliedes)[41]. Inhaltlich stehen die Aussagen von Ex 17,14 jenen von Dtn 31,19.22 näher als denen von Ex 34,27. Denn nur noch in Dtn 31 wird die schriftliche Niederlegung damit begründet, daß der Text nicht dem Vergessen an-

---

[30] Gen 34,26.

[31] Num 21,24; Dtn 13,16; 20,13; Jos 8,24; 10,28.30.32.35.37.39; 11,11.12.14; 19,47; Ri 1,8.25; 18,27; 20,37.48; 21,10; 1.Sam 22,19; 2.Sam 15,14; 2.Kön 10,25; Jer 21,7; Hi 1,15.17.

[32] Dtn 13,16; Jos 6,21; 1.Sam 15,8.

[33] Jos 8,24; Ri 4,16.

[34] Die in Ri 4,15 mit dem Verb המם verbundene Wendung und auf JHWH als Subjekt bezogene Aussage ist textkritisch zweifelhaft und wohl aus V.16 eingedrungen.

[35] Sam hat ein zusätzliches ויכם. Valentin (Aaron, 160f) hält dagegen לפי חרב für einen späteren, theologisch motivierten Zusatz, worauf er dann gezwungen ist, auch das ואת עמו für einen diesen wiederum einschränkenden Zusatz zu erklären. Da Valentin חלש in V.13 für ursprünglich hält, hätte es seiner inhaltlichen Argumentation nach des zweiten Zusatzes nicht bedurft.

[36] Vgl. C.M. Carmichael, The Laws of Deuteronomy, Ithaca/London 1974, 245 Anm. 19.

[37] 1.Sam 14,48 und 15,7 steht ויך את עמלק.

[38] 1.Sam 27,8f; 30; 2.Sam 1,1; 8,12.

[39] Vgl. die Übersetzung von I. Eitan (Verbs, 27) "And Joshua carried off (or snatched away) Amalek and his people with the edge of the sword."

[40] Vgl. Noth, ÜP, 132 Anm. 343; F. Schnutenhaus, Die Entstehung der Mosetraditionen, Diss. theol. Heidelberg 1958, 44.

[41] Ex 24,4 schreibt Mose alle Worte JHWHs auf, einen Befehl hat er hierfür aber nicht erhalten.

heimfallen solle. Zudem ist der Sachverhalt von Ex 17,14 "Aufzeichnung eines heiligen Textes und Vortrag desselben" zentrales Thema der Ausführungen von Dtn 31,9-13.

Die Hervorhebung Josuas als des ersten Adressaten eines schriftlich festgehaltenen Gottesspruches bedeutet, daß er als derjenige betrachtet wird, der das Gebot als erster zu befolgen hat. Dieses bestätigt Josua in seiner Funktion als Heerführer Israels. Die situativ bestimmte Einsetzung Josuas als Heerführer durch Mose erfährt hier ihre nachträgliche göttliche Billigung, und Josua wird, da die Äußerung zukunftsorientiert ist, in dieser Hinsicht auf Dauer unabhängig gestellt von Moses Anordnung. Der Verweis Josuas auf ein Buch, in dem ihn betreffende Anweisungen stehen, deren Kenntnis den Mose von Ex 17,9 überflüssig werden lassen, findet sich ausführlicher noch einmal in Jos 1,7f. Dort liegt ebenfalls eine JHWH-Aussage vor, doch ist dies direkt an Josua gerichtet. Ex 17,8-13 kann, aber muß nicht als Vorstellung des Nachfolgers Moses gelesen werden. V.14 stellt klar, daß der mit Müh' und Not vor Rephidim siegende Josua jener Nachfolger[42] Moses sein wird, der künftig Israels Feinde vernichtend schlagen wird[43].

Moses Reaktion, Altarbau, Benennung des Altares und Erklärung des Namens, stehen in einer merkwürdigen "Spannung" zu der JHWH-Rede von V.14, weniger zum erzählten Geschehen von V.8-13. Protagonist der Erzählung (V.8-13) ist Mose. Die Erzählung beginnt mit ihm, die einzelnen Szenen werden durch Moses Handlungen strukturiert, aber sie endet vermeintlich mit Josua. Rein erzähltechnisch fehlt noch eine Reaktion Moses auf den Ausgang des Kampfes. Der Altarbau nach erfolgreicher Schlacht ist eigentlich eine Aufgabe des Feldherren; sicher nicht nur um die dann fälligen Dankopfer der Gottheit darzubringen[44], sondern auch, um das erbeutete Schlachtvieh rituell ordnungsgemäß töten zu können[45]. Die Figur Moses wird in der biblischen Überlieferung weitgehend, und das auch auf ihren ältesten Überlieferungsstadien, paradigmatisch durchbuchstabiert. In der vorliegenden Erzählung (V.8-13) ist die Kooperation zwischen Mose und Josua von Moses Seite aus noch offen. Daher wäre Moses Altarbau, samt der die Ereignisse auf ihren theologischen Punkt bringenden Deutung, sowohl von der Erzählstruktur wie von der Aussagetendenz ein passender Erzählschluß. V.15 könnte die ursprüngliche Fortsetzung von V.13 sein[46], der sich die Erklärung des Altarnamens[47] anschließen würde.

---

[42] Herbert Schmid (*Mose. Überlieferung und Geschichte*, BZAW 110, Berlin 1968, 64) hält den Vers für dtr und weist daraufhin, daß Josua gleichsam als Moses Nachfolger auftritt. Zu vermerken ist, daß Josuas 'Nachfolgerschaft', sowie sie in den Blick gerät, auf ein Gebiet beschränkt wird.

[43] Auf diese erzählerischen Intentionen hat bereits Raschi (a.a.O.) hingewiesen. "Amalek" ist hier Chiffre für Israels Feinde allgemein.

[44] So Jos 8,30ff; Ri 21,4.

[45] Vgl. 1.Sam 14,32-35.

[46] Vgl. auch Beer, *Exodus*, 92f; Greßmann, *Anfänge*, 101.

Die Moseworte von V.16 beziehen den Namen des Altares auf den Kampf mit Amalek und lassen JHWH in diesem Kampf von Generation zu Generation[48] Partei für Israel nehmen. V.16aα wird von den meisten Auslegern als Kampfschwur bzw. Losungswort Israels aufgefaßt[49]. Gradwohl[50] schließt von der antiken Praxis der Votivhände und der häufigen Erwähnung von 'Hand/Händen' im Text darauf, daß eine Votivhand als Symbol der Gotteshand auf einer Standarte befestigt worden sei. Seine Schlußfolgerung überschreitet die durch die religionsgeschichtlichen

[47] Entweder ist in V.16 statt כס כנ zu lesen, so Noth (*Exodus*, 115) und Childs (*Exodus*, 311), oder im Anschluß an die samaritanische Überlieferung und Peschitta כסא, so Beer (*Exodus*, 12), neuerdings C. Houtman ("*YHWH* is my Banner"-"A 'Hand' on the 'Throne' of YH". OTS 25. 1989. 110-120, insbes.117f) und A. Schart (*Mose* und Israel im Konflikt. Eine redaktionsgeschichtliche Studie zu den Wüstenerzählungen, Freiburg,Schweiz/Göttingen 1990, ebenda 186-192). Houtman sieht in dem כס von Ex 17,16 ein "memorial" und hierin eine Anspielung an die Bezeichnungen Jerusalems bzw. des Tempels als "Thron JHWHs". Houtman zufolge sitzt Mose während der Schlacht auf dem Thron JHWHs (ebenda 118). Die von Houtman vorgenommene Identifizierung zwischen dem Stein von V.12 und dem כס von V.16 ist Voraussetzung für seine Konjektur von כס in כסא. Der Text bietet dafür keinen Anhalt. Wenn man mit Houtman (ebenda 119) die V.14-16 für eine Aktualisierung von Ex 17,8-13 hält, wird umso unverständlicher, warum das enigmatische כס stehen blieb. Schart (a.a.O.) plädiert für כסא, unabhängig vom Text, ausschließlich aufgrund seines Vor-Urteils, daß diese Erzählung vom Thronen Moses handele, der in Analogie zum thronenden Pharao vorgestellt sei. Weder passen die von Schart als Parallelen herangezogenen ikonographischen Beispiele zur in Ex 17,12 vorgestellten Szene, noch spielt der Stein die ihm zugeschriebene Rolle als Thronsitz. Das von Schart imaginierte Bild des thronenden Königs, dessen grüßend oder drohend erhobene Hände von seinen Helfern gestützt werden müssen, entbehrt nicht der Komik. Die von Noth und Childs vorgebrachten Argumente sprechen nach wie vor für die Lesart כנ. Vgl. H. Greßmann (*Mose* und seine Zeit. Ein Kommentar zu den Mosesagen, FRLANT 18, Göttingen 1913, 160f) zu Standarten, die mit Attributen des Gottes geschmückt wurden. Greßmann (*Anfänge*, 101) verweist auf die assyrische Praxis, einer Götterstandarte zu opfern. AOB (ed., H. Greßmann, 1927²) Abb. 538 zeigt einen Standartenwagen, vor dem Opfer dargebracht werden. O. Eißfeldt (*Lade* und Stierbild (1940/41), in: ders., *KS* II, 1963, 282-305, 297) sieht gleichfalls ein Führungs- und Kriegssymbol im כנ und verweist in diesem Zusammenhang auf die ägyptischen und assyrischen Götterstandarten (299f). Zu den Feldzeichen als den Gott stellvertretenden Führungssymbol vgl. H. Weippert, Art. *Feldzeichen*, BRL². 1977, 77-79, hier 77, und S. Curto, Art. *Standarten*, LÄ V (1984) Sp. 1255-1256. M. Görg (*Nes* - ein Herrschaftssymbol?, BN 14, 1981, 11-17, bes. 11ff) betont den apotropäischen Charakter des כנ und sieht in ihm, ausgehend von der von ihm postulierten etymologischen Beziehung zwischen dem hebräischen Wort und dem ägyptischen nj.swt, ein Herrschaftssymbol, das stellvertretend die Präsenz des Gottes bzw. Königs anzeigt.

[48] Zu erwägen ist, ob das syntaktisch im MT singuläre מדר דר nicht stichwortartig sich auf die Aussage von V.14b zurückbezieht (vgl. Zenger, *Israel*, 81.86). Die Formel lautet sonst immer לדר ודר, Ausnahmen sind nur Ex 17,16 und Jes 34,10. In Jes 34,10 wird JHWHs Rache an Edom (34,8) u.a. dadurch verdeutlicht, daß Edom לדר מדר תחרב (34,10). Eine Verbindung von זכר/זכרון und לדר ודר, in allerdings positiv auf JHWH bezogenen Aussagen, findet sich noch in Ex 3,15; Ps 103,13; 135,13; vgl. hierzu W. Schottroff, "*Gedenken*" im Alten Orient und im Alten Testament, Neukirchen, 1967², 295-297.

[49] So u.a. Baentsch, *Exodus*, 162; Beer, *Exodus*, 93; Noth, *Exodus*, 115; Greßmann, *Anfänge*, 102.

[50] R. Gradwohl, Zum *Verständnis* von Ex. xvii, 15f, VT 12 (1962) 491-494.

Analogien gegebenen Grenzen und vom Text allein her ist sie nicht begründbar[51]. Bedenkt man, daß der Ausdruck עד על[52] adversative Konnotationen hat[53], so könnte in der Aussage auch ein Vorwurf an Amalek enthalten sein, der die Feindschaft zwischen JHWH und Amalek (V.16aßb) begründen würde. In diese Richtung weist Zengers Interpretation dieser Aussage, "... weil Israel, wie es der Altarname sagt, unter dem Herrschaftsbereich Jahwes stand, war der Angriff Amaleks gegen Jahwe selbst gerichtet."[54] Das Mosewort von V.16aßb ist weniger radikal als das JHWH-Wort in V.14b. V.16aßb behauptet Mose eine Unversöhnlichkeit JHWHs gegenüber Amalek, V.14b droht JHWH Amalek die totale Vernichtung an[55]. Als Mosewort ist die Aussage von V.16 nur denkbar, wenn ein entsprechendes JHWH-Wort noch nicht vorausging. Das JHWH-Wort von V.14b kann als Schriftauslegung der Aussagen von Dtn 25,17-19[56] und Ex 17,15f verstanden werden.

Die in V.14 skizzierte Szene zwischen JHWH und Mose unterscheidet sich auch von der Szenerie der Erzählung in V.8-13.15f durch die komplexere Beziehungsstruktur zwischen den beiden Hauptbeteiligten Mose und Josua. In der Ausgangserzählung delegiert Mose seine Autorität für ein Teilgebiet, das der Kriegsführung, an Josua. Es liegt eine einfache Delegationsbeziehung vor, bestehend aus einer fünfstelligen Relation zwischen dem delegierenden Mose, dem delegierten Josua, dem Subjekt der Autorität Israel, dem Hauptgebiet "Führung" und dem delegierten Gebiet "Kriegsführung".

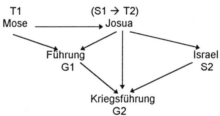

---

[51] Greßmann (*Mose*, 158ff) hatte bereits auf die Parallelität der Motive 'Hand' und 'Stab' hingewiesen, die Analogie zu den 'Votivhänden' aber verworfen, da wesentliche Züge der Erzählung (Stützen der Hände) sich daraus nicht erklären ließen.

[52] A. B. Ehrlich (*Randglossen* zur Hebräischen Bibel. Textkritisches, Sprachliches und Sachliches, Bd. I: Genesis und Exodus, Leipzig 1908, Nachdruck Hildesheim 1968, 330) vermerkt, daß es eigentlich אל יד heißen müsse.

[53] Vgl. Ri 6,2.

[54] Zenger, *Israel*, 98.

[55] Zu diesem Verständnis von זכר את מחה vgl. Schottroff, *Gedenken*, 287ff.

[56] Die Frage, ob der Verfasser von Dtn 25,17-19 eine von Ex 17,8ff abweichende Überlieferung kannte, kann offen bleiben. Dtn 25,17-19 kann jedoch nicht als D's Rechtsreflex auf Ex 17,8ff verstanden werden, wie dies Carmichael (*Laws*, 242) darstellt. Das Verhältnis zwischen dtn Moserede und JHWH-Wort sowie die theologisch konsequente Umwandlung eines in der dtn Mose-Rede dem Anspruch nach ja virtuell enthaltenen JHWH-Wortes in ein explizites JHWH-Wort in Ex 17,14 unter Beibehaltung der Terminologie machen wahrscheinlich, daß Ex 17,14 Anspielung auf und nicht Voraussetzung für Dtn 25,19 ist.

Dieses einfache Delegationsmuster wird durch die Einführung zweier weiterer Argumentationsfiguren in V.14, JHWH und das Buch, erweitert und
umstrukturiert. Zudem erhält die Josua legitimierende Beziehung durch
die Verlagerung der begründenden Autorität auf JHWH eine neue Qualität. Nun erteilt JHWH einen Befehl an Mose und delegiert gleichzeitig
Mose, diesen Befehl an Josua weiterzugeben, wobei das bisherige Dele-
gationsverhältnis zwischen den beiden schon vorausgesetzt ist. Es wird
aber durch die göttliche Anordnung auf eine neue Basis gestellt. Aus der
Delegation wird nun eine Subdelegation. Doch trotz Entfernung des delegierten Josua vom Träger der Autorität erhöht die ausdrückliche Einführung einer begründenden Letztinstanz die Gültigkeit und Verbindlichkeit der Delegation. Moses schriftliche Aufzeichnung und seine mündliche
Äußerung sind identisch. Das verdeutlicht neben der syntaktischen Parallelität der beiden Befehle auch ihre elliptische Verknüpfung. Daher
kommt dem schriftlichen Mosewort dieselbe Verbindlichkeit wie dem
mündlichen Mosewort zu. Das schriftliche Mosewort, das Buch, nimmt
denselben Autoritätsrang wie das mündliche Mosewort, Mose selbst, ein.
Ohne daß dieses vermerkt wird, wird mit diesen beiden Äußerungen innerhalb des Autoritätssystems eine Verlagerung der Autorität von einer
menschlichen Figur auf eine Sachgröße vorbereitet. Da diese Sachgröße
neben Mose noch keine eigene Bedeutung hat, bleibt die Delegationsbeziehung zwischen Mose und Josua erhalten.

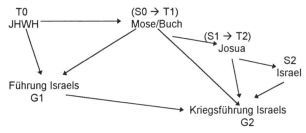

Die Aussagen von V.14 bereiten die künftige Ablösung Moses vor. Ein
Teil seines Führungsbereiches wird einem namentlich bezeichneten
menschlichen Nachfolger zugewiesen. Moses herausragendste Funktion,
die Orientierung des Volkes durch Übermittlung des göttlichen Wortes,
wird diesem menschlichen Nachfolger nicht zugestanden. Diese Aufgabe
übernimmt die auf Mose zurückgeführte Aufzeichnung des Gotteswortes.
Der Verfasser des Verses 14 scheint nicht im Sinne eines Interpolators[57]
nur auf Dtn 25,17-19 verweisen zu wollen.

Ein Widerspruch zwischen der Schilderung von Dtn 25,17-19 - wo Amalek vorgeworfen
wird, die erschöpften israelitischen Nachzügler umgebracht zu haben -, und jener von Ex
17,8ff liegt auf der Ebene der mitgeteilten Fakten nicht vor. Dtn 25,17ff fokussiert eine
Einzelbegebenheit aus den Kämpfen und verwandelt sie in ein Handlungsmotiv. Ex 17,8ff
stellt die kriegerische Auseinandersetzung idealtypisch in mehreren Szenen dar und be-

---

[57] Der Vers wird seit Baentsch (*Exodus*, 160) für einen dtr Nachtrag gehalten, vgl.
Schmid, *Mose*, 64; Valentin, *Aaron*, 147.

schränkt sich auf die den Ausgang des Kampfes bestimmenden Faktoren. Die Zeitangabe von Ex 17,9 (מחר) ist durchaus vereinbar mit einer plötzlichen feindlichen Attacke, denn zum einen ist nichts über die Tageszeit des Angriffs gesagt worden, Gegenangriffe waren schwerlich in der Dunkelheit möglich, zum anderen benötigt der Erzähler von Ex 17,8ff den nächsten Tag, um seine ganze Szenerie aufzubauen und die vielfach miteinander verflochtenen Interaktionen vorführen zu können.

Das komplexe von dem Verfasser des Verses 14 entworfene Beziehungsmuster weist ihm einen höheren Rang zu[58]. Es liegt nahe, in ihm auch denjenigen zu sehen, der die geographisch wohl kaum in die Ebene von Rephidim[59] gehörende Amalekiterschlacht[60] aus theologischen Motiven[61] auf die Versuchung von Massa-Meriba folgen ließ, so daß der Nachfolger Moses sich noch vor der verheißenen Theophanie am Gottesberg auszeichnen konnte.

Zusammenfassung

Die Erzählung Ex 17,8-13.15f zeigt in einer Art Blitzlicht Josua in seiner typischen Rolle als Heerführer. Josua wird als Moses General vorgestellt, unmittelbar nachdem Mose seine umstrittene Führungskompetenz behaupten konnte. Josua ist der Zweite nach Mose und von Mose weisungsabhängig. Das Motiv der Nachfolge Moses durch Josua klingt in dieser Erzählung noch nicht an, betrachtet man das Stück für sich. Doch liegen dem Josua-Bild von Ex 17,8-13.15f entsprechende Traditionen über Josua als Heerführer zugrunde, die gleichfalls die Gestaltung der Figur 'Josua' im Josuabuch präformiert haben. Dieser Sachverhalt legt die Frage nahe, ob diese Erzählung bereits Teil des Deuteronomistischen Geschichtswerkes war. Ihre Beantwortung ist auf der Basis der vorliegenden Untersuchung nicht möglich. Die Erzählung trägt keine typisch dtr Züge, ihr ursprünglicher literarischer Kontext ist unbekannt. Die Frage nach dem Anfang des DtrG ist offen, in der Forschung zeichnet sich zwar zunehmend eine Tendenz ab, "das DtrG sachlich mit Gen beginnen und entstehungsgeschichtlich mit Gen enden zu lassen"[62], doch liegt kein Konsens vor, der Basis

---

[58] Mit Blum (*Studien*, 119f) wird man an K[D] denken können.

[59] Greßmann (*Mose*, 155) weist im Anschluß an B. D. Eerdmans (Alttestamentliche *Studien* III. Das Buch Exodus, 1910) auf einen möglichen inhaltlichen Bezug zwischen dem Namen רפידים und dem Schwachwerden Moses hin. Die von ihm aus diesem Grund erwogene Konjektur in V.12 (רפים statt כבדים vgl. ders., a.a.O., 155 Anm. 4) ist aber textkritisch nicht haltbar. Rephidim dürfte auf eine Verständnismöglichkeit hinweisen, die dem zu verdanken ist, der beide Erzählungen in Ex 17 miteinander verband.

[60] Vgl. hierzu E. Meyer, Die *Israeliten* und ihre Nachbarstämme, 1906, 389f; Noth, *ÜP*, 132 Anm. 340.

[61] Carmichaels Versuch (*Laws*, 304f), einen Handlungsfaden zwischen Ex 17,1-7 und Ex 17,8ff zu spinnen, indem er Amalek die Notsituation eines verdurstenden Volkes ausnutzen läßt, während seine Führer sich entfernt haben, entbehrt nicht eines gewissen anachronistischen Rationalismus, der jedoch bezahlt werden muß mit weitreichenden literarkritischen Eingriffen in den Text von Ex 17,1-7.

[62] So H. Weippert, *Geschichtswerk*, 217 A3.

weitreichender literarischer Schlüsse sein könnte. Die Möglichkeit, daß
die Erzählung Teilstück einer nicht dtr geprägten Tradition war und dann
von Dtr eingebunden wurde, ist genausowenig auszuschließen wie jene,
daß sie zunächst außerhalb des DtrG überliefert worden ist.

Die Einfügung von V.14, der explizit Josua unter einem weiteren
Blickwinkel betrachtet als die ihm vorliegende Erzählung, läßt redaktionsgeschichtlich begründetere Annahmen zu. V.14 dürfte die Gestaltung Josuas als Nachfolger Moses voraussetzen; d.h. seinem Verfasser scheinen
Texte wie Dtn 3,21f.28f; 25,17-19; 31,7-9 und Jos 1,7f bekannt zu sein.
Zumindest setzt er ihre Inhalte voraus. In der jetzt vorliegenden Gestalt
ist sie eine Reflexion über das Verhältnis zwischen Mose und Josua. Sie ist
offensichtlich bemüht, Josua seinen Platz hinter Mose und der Tora anzu-
weisen. Dieses Interesse, den Vorrang der Tora deutlich zu markieren,
läßt an eine dtr Hand denken.

Josuas religiöses Alibi

Nach der doppelten Vorstellung Josuas als Feldherr und als Nachfolger
Moses tritt Josua bis zu seiner Mitaussendung als Kundschafter nur noch
sporadisch, als Diener Moses, in Erscheinung. Ein Widerspruch zu Ex
17,8ff, der nur durch die literarkritische Abgrenzung verschiedener Traditionen erklärbar wäre, liegt in diesem Sachverhalt allein noch nicht. Ein
derartiges Schicksal, zunächst sichtbar durch die eigene Tat aus der Masse
herausgehoben, um dann für eine Zwischen- und Lehrzeit auf einen be-
scheideneren Platz im Vorhof der Macht verwiesen zu werden, teilt die
Figur Josuas in der biblischen Überlieferung im übrigen mit jener Davids[63] und jener Elischas[64]. So bleibt Josua im Vorhof der Macht. Die
Grundstruktur der Abhängigkeitsbeziehung zwischen Mose und Josua, die
in Ex 17,9a[65] angedeutet wird, ermöglicht Josuas Verbleiben im Zentrum,
zwingt den Verfasser aber nicht, eine Führungsposition für Josua zu entwerfen.

Die Beziehung Josuas zu Mose wird von Ex 24,13 auf den Begriff משרת
gebracht. Das Wort bezeichnet in der Regel eine rechtlich freie Person,
die in einem persönlichen Dienstverhältnis zu einer anderen steht[66]. Ab-

---

[63] Vgl. die Schilderung des Siegers über Goliath 1.Sam 17,32ff mit der Beschreibung
des Musikanten Sauls 1.Sam 18,10.

[64] Vgl. die göttliche Designation des prophetischen Nachfolgers 1.Kön 19,16 mit seiner
dieser Designation würdigen Tat 1.Kön 19,21a und dem als Ergebnis lapidar vermerkten
וישרתהו.

[65] Diese Aussage setzt die Vorstellung Josuas, der Mose persönlich zur Verfügung
steht, voraus. Josua wird durch seinen Erfolg keinesfalls aus der Abhängigkeit von Mose
entlassen. Das verdeutlicht auch das בחר לנו des MT, das die gegenüber בחר לך bezeu-
genden Versionen von LXX, Peschitta und Targum die ursprüngliche Version sein dürfte.

[66] Vgl. u.a. 1.Kön 1,4.15; 19,21; 2.Chr 22,8; C. Westermann, Art. שרת šrt pi. dienen, in:
THAT II (1976) Sp. 1019-1022. Der Gebrauch des Begriffes in Gen 39,4 und 40,4 widerspricht dem nur scheinbar. Aus der Perspektive der Ägypter ist Joseph ein עבד (Gen

gesehen von der Definition der Beziehung zwischen Josua und Mose, scheint seine Erwähnung in Ex 24,13 nach Meinung mancher Ausleger[67] keine anderen Zwecke zu verfolgen, als seine Nennung in Ex 32,17 vorzubereiten; Diese Position führt dazu, daß die als redaktionell qualifizierte Bemerkung inhaltlich aus dem Blick gerät. Nun kommt Ex 24 durchaus Schlüsselfunktion zu "in terms of the major lines within the Exodus narrative"[68], da der in Ex 19,3 angekündigte Bund besiegelt wird, Mose als Bundesmittler auftritt und gleichzeitig die folgenden Themen angesprochen werden. Die Erwähnung Josuas in diesem theologisch zentralen Kapitel ist nicht überraschend, die Rolle, in der er fungiert, schon eher.

Was die Analyse des Kapitels betrifft, scheint unter den Exegeten nur darüber Einigkeit zu bestehen, daß Ex 24 aus äußerst heterogenem Traditionsmaterial zusammengefügt worden ist. Über deren Zuordnung besteht Dissens[69] dergestalt, daß Perlitts Urteil, daß die "Zuordnung seiner Schichten ... ebensogut durch Losorakel bestimmt werden" könnte, immer noch seine Berechtigung hat[70]. Betrachtet man das auf der Endstufe des Textes ablesbare Beziehungsmuster zwischen den Figuren und Gruppen in Ex 24, dann ergibt sich hieraus ein kohärentes Bild, in dem Josua nicht fehlen darf. Seine Erwähnung in 24,13f[71] strebt jedoch mehr an, als seine Anwesenheit am Sinai zu dokumentieren.

In Ex 24,13f werden alle bisher im Verlaufe des Exodus vorkommenden Führungsfiguren versammelt. Childs[72] hat beobachtet, daß die Ältesten hier als Gruppe fungieren, wie Moses schrittweise Entfernung vom Volk symbolisch andeutet. Das Zurücklassen der Ältesten und die Bestimmung von Aaron und Hur als Richter an Moses Statt[73] im ausdrücklich vermerkten Beisein Josuas besagt, daß der künftige Nachfolger Moses auch während einer temporären Abwesenheit Moses diesen nicht vertrat. Seine Beschreibung als Diener Moses verdeutlicht, daß Josua mit den anderen erwähnten Personen nicht auf derselben Stufe der sozialen Leiter steht. Diese Qualifikation beschränkt nicht nur einen Anspruch, sie spricht auch von etwaiger Leitungsverantwortung frei. Die Abwertung Josuas, verglichen mit seiner Position von Ex 17,8ff, ermöglicht erst, daß Mose zusammen

---

39,17.19; 41,12). Aus der Sicht des Erzählers spielt der Ausdruck שרת in Gen 39,4 und 40,4 auf Josephs freie Herkunft an.

[67] So u.a. Möhlenbrink, *Josua*, 27; Beer, *Exodus*, 126; Noth, *ÜP*, 196 Anm. 501.

[68] Childs, *Exodus*, 502.

[69] Vgl. u.a. Greßmann, *Anfänge*, 57ff; Noth, *Exodus*, 157ff; H. Seebaß, *Mose und Aron, Sinai und Gottesberg*, Bonn 1962, 90f.103ff; Perlitt, *Bundestheologie*, 181ff; Michaeli, *Exode*, 224ff; Zenger, *Israel*, 134f.140f.

[70] Perlitt, *Bundestheologie*, 181.

[71] V.14 ist, wie Moses Rede zeigt, die auf Josua Bezug nimmt, von V.13 abhängig.

[72] *Exodus*, 504.

[73] Diese Konstruktion einer aus zwei Vertretern bestehenden Appellationsinstanz, wobei einer Priester ist, entspricht der Forderung von Dtn 17,9.

mit ihm zu dem Berg aufbricht[74], auf dem Josua jedoch nicht ankommt, denn die Aussagen von V.13b und V.15 lassen Mose allein aufsteigen[75].

Der Sinn des Aufbruchs Josuas aus dem Lager wird schwerlich ausschließlich darin liegen, Mose als Diener zu begleiten, "wie es sich für den Führer Israels geziemt."[76] Noch erfordert Josuas Rolle von Ex 17,8ff, daß die Kompetenzen während des Aufstieges zum Gottesberg bzw. an seinem Fuße geklärt werden müssen. Nachdem Mose die Stellvertreterfrage für die Zeit seiner Abwesenheit eindeutig geregelt hat, könnte Josua durchaus beim Volke bleiben, bzw. mit den Ältesten zurückkehren. Da Josuas Position den anderen gegenüber nicht dadurch aufgewertet wird, daß er Mose ein Stück begleitet, dürfte der Zweck seines Mitgehens sein, Josua aus dem Lager zu entfernen und sicherzustellen, daß er das Lager erst wieder mit Mose betritt. Das eigentliche Motiv des Verfassers von 24,13f für diese Wegszene, und die in ihr implizit enthaltene Vorstellung eines außerhalb des Lagers auf Mose wartenden Dieners Josua, erfahren wir in Ex 32,17f.

Ex 24,12-15 wird von einigen Kommentatoren als ursprüngliche Einleitung zu Ex 32-34 gelesen[77]. Kapitel 32 gilt den älteren Kommentatoren als Verbindung von J und E[78], über deren Anteile aber keine Einigkeit erzielt wurde[79]. Childs[80] rechnet mit einer alten von J aufgenommenen Tradition, die mehrfach überarbeitet wurde[81]. Dagegen betrachtet Noth[82] die Grunderzählung der Geschichte vom goldenen Kalb als überlieferungsgeschichtlich und literarisch sekundär in J, die zudem noch zahlreiche Zusätze erfahren habe. Perlitt kommt in Weiterführung des Nothschen Ansatzes zu dem Schluß, "Ex 32 und 34 stammen in ihrer theologischen Grundstruktur aus der Josia-Zeit und sind in einem Griff komponiert."[83] Die hier interessierenden Verse Ex 32,17f werden von vielen Forschern als Teil einer der Quellenversionen bzw. der Grunderzählung betrachtet. Bereits Greßmann hatte in ihnen einen um der Spannung willen eingeführten Zwischenakt vermutet[84]. Möhlenbrink nahm seine Beobachtung auf und erklärte Josuas Nennung in V.17 für sekundär, da er nichts zur Handlung beitrage[85]. Noth[86] schloß sich seiner Argumentation an. Die

---

[74] Josuas Nebenrolle wird syntaktisch subtil ausgedrückt durch das ויקם משה ויהושע in V.13; die Singularform des Verbs betont, daß Mose Subjekt der Handlung ist.

[75] V.15a ist zwar eine wörtliche Wiederholung von V.13b, doch keine überflüssige Dublette. Da Moses nach V.14a die Ältesten zum Warten auffordert "bis wir zu euch zurückkehren", beugt die Wiederholung der Aussage von V.13b in V.15a der Interpretation vor, Josua sei mit aufgestiegen.

[76] So Greßmann, *Anfänge*, 62.

[77] Vgl. u.a. Beer, *Exodus*, 152ff; W. Rudolph, Der *"Elohist"* von Exodus bis Josua, BZAW 68, 1938, 48; Noth, *ÜP*, 33.196 Anm. 501; Seebaß, *Mose*, 41; H. H. Schmid, Der sogenannte *Jahwist*. Beobachtungen und Fragen zur Pentateuchforschung, Zürich 1976, 110.

[78] So Holzinger, *Exodus*, 108ff; Baentsch, *Exodus*, 268ff; Greßmann, *Anfänge*, 64ff; Beer, *Exodus*, 152ff.

[79] Vgl. Seebaß, *Mose*, 38ff., der zusätzlich noch mit einer weitgehenden dtr Bearbeitung rechnet.

[80] *Exodus*, 561.

[81] So auch Michaeli, *Exode*, 270.

[82] *ÜP*, 157ff; *Exodus*, 202.

[83] Perlitt, *Bundestheologie*, 211; Schmid, *Jahwist*, 89ff., schließt sich ihm an. Vgl. auch H.-D. Hoffmann, *Reform* und Reformen, AThANT 66, Zürich 1980, 307f.

[84] Greßmann, *Anfänge*, 66.

[85] Möhlenbrink, *Josua*, 27.

[86] *ÜP*, 192f.

Vorführung Josuas in einer Gesprächsszene, die zwar den unmittelbaren Handlungsablauf unterbricht und für den weiteren Verlauf folgenlos bleibt, die aber über Ex 24,13f. auf Ex 17,8ff. zurückverweist[87], läßt an einen erst auf der Kompositionsebene eingefügten Text denken. Motiviert wird seine Entstehung schwerlich sein durch ein Bedürfnis nach einer Moses Wissen hell aufscheinen lassenden Nebenfigur[88], noch durch eine gewisse Pedanterie des Redaktors, der Josua beim Abstieg vermißte[89]. Der Anlaß wird eher in der eigentümlichen Art und Weise zu suchen sein, in der Josua hier an dem Geschehen nicht teilnimmt.

Der unmittelbare Kontext der Erzählung macht deutlich, daß Mose allein vom Gottesberg heruntersteigt und dabei auf Josua trifft. Josua macht Mose auf Kriegslärm im Lager aufmerksam. Der göttlich inspirierte Führer weist dessen Vermutung in poetisch wohlgesetzten Worten zurück, die stichwortartig auf beider erfolgreiches Zusammenwirken gegen Amalek anspielen. Mose bestreitet die Vergleichbarkeit der Situationen, indirekt wird hier Josuas Zuständigkeit zurückgewiesen. Josua kann den Lärm aus dem Lager nur falsch deuten, weil er die ganze Zeit nicht im Lager anwesend war. Das Mißverständnis weist nicht nur auf den Feldherren von Ex 17,8ff zurück, sondern belegt, daß Josua mit der Anbetung des goldenen Kalbes in keiner Weise zu tun hatte. Das ist aber nur in Hinblick auf seine künftige Aufgabe als Anführer Israels und Nachfolger Moses von Interesse. Ex 24,13f und 32,17f gehören mit zur Grundierung des Bildes vom Nachfolger. Diese beiden Szenen liefern die erforderliche Information über Josuas religiöse Integrität, ohne ihm ein Bekenntnis abzuverlangen[90]. Sie zeichnen Josua damit vor allen anderen potentiellen Nachfolge-Kandidaten aus, auch vor dem sich später in dieser Hinsicht qualifizierenden Kaleb. Josua ist der einzige aus der Exodus-Generation neben Mose, der nicht an der Verehrung des goldenen Kalbes teilgenommen hat. Nur zum Teil dürfte die bereits in der Erzählstruktur festliegende Abfallsgeschichte erklären, daß Josua keinen prominenteren Platz in ihr erhalten hat. Seiner aktiven Beteiligung an der Verfolgung der abtrünnigen Israeliten dürfte die Absicht der Verfasser entgegenstehen, Josua nicht gleichrangig neben Mose handeln und ihn als potentiellen Konkurrenten erscheinen zu lassen. Seine Vorstellung als jemand, der Mose zu Gehorsam verpflichtet ist, und der daher auch keine eigene Initiative zu zeigen hat (Ex 17,9f), kommt dieser Tendenz entgegen.

Diese Konzeption bestimmt auch die Nennung Josuas in Ex 33,11bßγ. Die Bemerkungen stellen Josua als Diener Moses vor; erwähnt wird erstmals sein Vatersname und er wird ferner ein נער genannt, der das Zelt nicht verläßt.

---

[87] Die Schlüsselwörter aus Ex 17,8ff גבר und חלש kehren als גבורה und חלושה in Ex 32,18 wieder.

[88] So Greßmann, *Anfänge*, 66.

[89] So Möhlenbrink, *Josua*, 27

[90] Das dürfte der wesentliche Unterschied zwischen der Szene von 32,17f und dem Geschehen von Jos 24 sein. Seebaß (*Mose*, 39 Anm. 10) sieht Jos 24 als Ausgangsbasis der Bemerkung von Ex 32,17.

Der Abschnitt Ex 33,7-11 wird von der Mehrheit der Forscher als einheitlich betrachtet[91]. Die Versuche, literarkritisch zwei Erzählfäden oder doch immerhin eine Grunderzählung[92] samt durchgehender Bearbeitung zu rekonstruieren, scheitern an der Konstruktion des Textes, die sich in den V.7-11bα auszeichnet durch ein besonders fein gewobenes Netz aus semantischen Vor- und Rückverweisen.Die syntaktische Struktur wird bestimmt durch iterativ verwendete x-yiqtol-Verbformen. Literarisch gilt das Stück als nur locker eingefügt in seinen Kontext[93]. Von einigen wird jedoch ein inhaltlicher Bezug zur Erzählung vom goldenen Kalb in Ex 32[94] bzw. zu der Weigerung JHWHs in Ex 33,3, weiter in Israels Mitte mitzuziehen, konstatiert[95]. Darüberhinaus weist Cassuto[96] auf die Gegenüberstellung des Verhalten des Volkes in Ex 33,1-6 und jenes Moses in Ex 33,7-11 hin und bemerkt, daß die Szene von 33,8-10 als Illustration der in 33,4 notierten Bußgesinnung des Volkes verstanden werden kann. Nach Haran[97] reproduziert die Theophanie am Zelt die Grundstrukturen der Sinai-Theophanie. Betrachten viele Ausleger die Erzählung als Sondergut und altes Traditionsstück, so stützen die Beobachtungen von Raschi, Nachmanides, Cassuto und Haran eher die Überlegungen von Noth[98], der von einer literarischen Wucherung an einem ziemlich jungen Bestand spricht[99].

Der hier zur Debatte stehende Versteil 11bβγ erregte literarkritisches Interesse bisher wegen der Spannung zwischen den Aussagen über JHWHs vertrauliches Gespräch mit Mose nach V.11a und der nach V.11bβγ angedeuteten potentiellen Mithörerschaft Josuas[100]. Josuas Anwesenheit und Aufenthalt beim Zelt ward Anlaß zu manchen unterhaltsamen

[91] Vgl. u.a. Baentsch, *Exodus*, 274f; Eerdmans, *Studien*, 74f; Beer, *Exodus*, 157ff; Noth, *Exodus*, 208ff; Seebaß, *Mose*, 13; Michaeli, *Exode*, 278f; Childs, *Exodus*, 589ff.

[92] Vgl. Holzinger, *Exodus*, 110ff; Greßmann, *Anfänge*, 89f; Görg beschränkt sich - in Aufnahme der Überlegungen W. Beyerlins (*Herkunft* und *Geschichte der ältesten Sinaitraditionen*, Tübingen 1961, 129ff.) -, da es ihm nicht gelingt, eine literarische Vorlage nachzuweisen, auf die Annahme einer "irgendwie literarisch fixierten Vorform der Darstellung eines Erscheinungsvorganges am אהל מועד" (Das *Zelt* der Begegnung. Untersuchungen der sakralen Zelttraditionen Altisraels, BBB 27, Bonn 1967, 164), in der nur Josua als Zeltdiener, nicht aber Mose vorkam (a.a.O., 165). Dagegen kann mit R. Schmitt (*Zelt* und Lade als Thema alttestamentlicher Wissenschaft, Gütersloh 1972, 187) eingewendet werden (da die Lade nicht als im Begegnungszelt anwesend nachgewiesen werden kann), "Wenn Mose erst durch die Bearbeitung der Vorform in den Text hineingekommen ist, dann muß das ... bei Josua erst recht der Fall sein."

[93] Vgl. Möhlenbrink, *Josua*, 30; Rudolph, *Elohist*, 55. Blum (*Studien*, 48) bemerkt dazu, daß die "Sperrigkeit" des Stückes ihren eigenen Sinn hat. Sie deute an, daß das Begegnungszelt nicht allein aus seinem Kontext heraus als reine Notmaßnahme zu verstehen sei, sondern eine Institution mit Zukunft sei.

[94] So Noth, *ÜP*, 160.

[95] Nach Raschi (*Pentateuch II*, 416) ist die Aufstellung des Begegnungszeltes Konsequenz des Abfalles. Mose muß sein Zelt wegen seiner einzigartigen Beziehung zu JHWH von nun an außerhalb des Lagers aufstellen. Nachmanides (*Exodus*, 575) erläutert Raschis Ausführung durch ausdrücklichen Verweis auf Ex 33,3 und fügt hinzu, daß ein Verbleiben des Mosezeltes im Lager die Kommunikation zwischen Israel und JHWH würde abbrechen lassen. So argumentiert auch U. Cassuto, A Commentary on the Book of *Exodus*, Jerusalem 1967, 429f.

[96] A.a.O., 430.

[97] M. Haran, The *Nature* of the "ʾohel moʿedh" in Pentateuchal Sources, JSSt 5 (1960) 50-65, 57; Childs, *Exodus*, 593, schließt sich ihm an.

[98] *ÜP*, 193.

[99] Noth nimmt in seinem Kommentar (*Exodus*, 209) die Argumentation etwas zurück, wenn er Ex 33,9-11 für vordtr erklärt.

[100] Vgl. die Kommentare zur Stelle; Möhlenbrink, *Josua*, 34; Görg, *Zelt*, 163.

Spekulationen[101]. Hölscher vermutete schon 1914[102] beiläufig, daß Josua in Ex 33,11 einer jüngeren Schicht angehöre. Möhlenbrink liefert sozusagen die inhaltlichen Argumente nach, wenn er die Charakterisierung Josuas in Ex 33,11, die seiner Meinung nach dem Josuabild von Ex 17,8ff entgegenläuft, zum Anlaß nimmt, die Aussagen von 33,11 über Josua für eine nachträgliche Erweiterung des Textes zu erklären[103].

Die Aussagen über Josua bilden jetzt den Schluß der Erzählung vom Begegnungszelt. Ihre syntaktische Struktur - Nominalsatz und asyndetisch sich an diesen anschließender verneinter Verbalsatz (x-yiqtol) - unterscheidet sich von jener der übrigen Aussagen. Die literarische Homogenität von 33,7-11α dokumentiert sich im Szenenaufbau wie innerhalb der Szenen im linearen Handlungsablauf. Hinzu kommt, daß mittels Wiederaufnahme von Stichwörtern innerhalb des Textes ein dichtes semantisches Verweissystem gebildet wird. Daran hat V.11bβ keinen Anteil. Nur das letzte Wort dieses Versteiles bezieht ihn auf die Erzählung. Vom Aufbau der Erzählung und ihrem Schluß her wäre, wenn denn schon Josua zu ihren Akteuren gehörte, in V.11bγ die Aussage zu erwarten: לא ימיש מן המחנה. Andersherum betrachtet, die Behauptung über Josuas Verweilen im Zelt gehört als einer der Umstände der Aufstellung des Zeltes außerhalb des Lagers eigentlich in die Einleitung V.7. Ihr Nachtrag in V.11 belegt die Geschlossenheit der Erzählung, mit der die Figur Josuas ursprünglich nicht verbunden war. Seine bereits aus Ex 24,13 bekannte Qualifikation als Diener Moses ermöglicht hier die Verbindung zwischen Begegnungszelt und Josua.

Die Reihenfolge der Epitheta, mit denen Josua hier vorgestellt wird, ist weder beliebig noch zufällig. Da שרת piel auch als Terminus technicus für den kultischen Dienst gebräuchlich ist[104], bereitet das einleitende משרתו den Übergang vom Diener Moses[105] zu dem im Zelt verbleibenden, in niedriger Funktion hier anwesenden Josua vor. Seine Vorstellung mit vollem Namen balanciert dann die sich andeutende doppelte Abhängigkeit Josuas wenigstens in einer Richtung aus, wozu auch die abschließende Bezeichnung als נער paßt. Dieser Begriff kann auf militärische Funktionen der betreffenden Person verweisen[106].

---

[101] Vgl. F. Dumermuth (*Josua* in Ex. 33,7-11, ThZ 19 (1963) 161-168, bes. 163), dessen Scharfsinn mittels frei eingebauten religionsgeschichtlichen Materials Josua im "Sakralzelt als Medium" dienen läßt, denn ihn und nicht Mose konsultieren die Israeliten in ihren weniger wichtigen Privatangelegenheiten.

[102] G. Hölscher, Die *Profeten*. Untersuchungen zur Religionsgeschichte Israels, Leipzig 1914, 113f. Anm. 2.

[103] Möhlenbrink, *Josua*, 31.35.

[104] Daher gilt manchem Ausleger diese Bezeichnung Josuas hier als Indiz, er sei ein Kultdiener, so Möhlenbrink, a.a.O., 31; Hölscher, a.a.O.; Noth, *Exodus*, 211. Haran (*Nature*, 57) hält dagegen, "Joshua ... performs the office of a prophet's attendant and not of a priestly acolyte."

[105] Die gegenüber der Phrase von Ex 24,13 umgekehrte Reihenfolge von Namen und Funktionsbezeichnung kann als Indiz hierfür gesehen werden.

[106] Vgl. H.-P. Stähli, *Knabe* - Jüngling - Knecht. Untersuchungen zum Begriff נער im Alten Testament, Bern/Frankfurt/M./Las Vegas 1978, 136ff., und H. F. Fuhs, Art. נער naʿar, in: ThWAT V (1986) 507-518, bes. 509f.515f.

Die vermeintliche Analogie zwischen der Position Samuels in 1.Sam 3 und seine Bezeichnung als נער dort, sowie Josuas Aufenthalt beim Zelt nach Ex 33,11 bzw. das Auftauchen von נערי בני ישראל beim Bundes-schlußopfer in Ex 24,5, bewogen manche Interpreten[107] in diesen Texten den Begriff נער als kultischen Terminus technicus zu verstehen. Das Auf-tauchen von נערים in sehr unterschiedlichen Funktionen spricht dagegen, daß dieses Wort a priori kultische Tätigkeit beschreibt und seine Verwen-dung hier als Indiz einer kultischen Funktionsbezeichnung gelten muß. Da nur wenige Belege für die Bedeutung 'Kultdiener' reklamiert werden, sol-len diese auf die Angemessenheit dieser Deutung befragt werden.

Ausgangspunkt der Überlegungen bildet zumeist die Erzählung über Samuels Anwe-senheit im Tempel von Silo[108]. Von den 14 Vorkommen des Wortes נער möchte Stähli drei und zwar 1.Sam 2,11b.18 und 3,1a als Beleg für die Deutung 'Kultdiener' betrachten. Begründet wird dies von ihm damit, daß an allen Stellen mit der Wurzel שרת piel von Sa-muels kultischen Dienst gesprochen wird, die Szene in 3,1ff. zeige, daß Samuel in Vertre-tung Elis kultisch amtiere und ferner das Wort נער als Leitwort die Überlieferungen zwi-schen 1,22 und 3,8 strukturiere und verbinde. Sieht man einmal davon ab, daß die Leitwort-funktionen von נער nicht besagen müssen, daß dieses auch als Kultdiener zu verstehen ist, und die von Stähli rekonstruierte Struktur[109] die einzelnen Szenen zerreißt, sowie die an-gegebene Gliederung vor dem Ziel der Erzählung (das in 3,19-21 erreicht wird) spurlos verschwindet, ohne daß Stähli dieses erklären kann, so bliebe das Argument zu bedenken, daß Samuel aufgrund seiner Beziehung zu Eli Kultdiener sei und dieser Sachverhalt einzig angemessen durch den Terminus נער wiedergegeben werde. Nun wird aber für die meisten Erwähnungen von נער in 1.Sam 1-3 die Bedeutung 'Jüngling/Jugendlicher' konzediert. Einzig aus der an den genannten drei Stellen gleichlautenden Beschreibung von Samuels Tätigkeit als משרת את יהוה und seiner diesbezüglichen Unterordnung unter Eli wird ge-schlossen, daß das in diesen Aussagen auftauchende נער 'Kultdiener' heißen müsse und nicht mehr 'Jüngling'. Abgesehen davon, daß dieses einen pleonastischen Gebrauch von נער voraussetzt, liegt ein nicht bewiesener Umkehrschluß vor.

Die Aussagen von 1.Sam 2-3 kontrastieren den alten Priester Eli mit seinem jungen Adepten Samuel. Zu fragen ist, ob die Gegenüberstellung und der Vergleich beider Figu-ren über die Begriffe 'Priester' und 'Kultdiener' bewirkt wird, oder ob nicht vielmehr der Gegensatz זקן/נער vorliegt. Die Ausführungen von 2,11b-18 lassen neben anderen auch erkennen, daß der נער Samuel offenkundig nicht an den Verfehlungen der Priester betei-ligt ist. Der sehr alte Eli (V.22a) macht seinen Söhnen die gebührenden Vorhaltungen (VV.22-25), worauf der Erzähler nicht zögert, unmittelbar im Anschluß daran, von der Gott- und Menschenwohlgefälligkeit des נער Samuel zu sprechen (2,26), ein Epitheton, das allgemein an dieser Stelle als 'Jüngling' verstanden wird. Der Verweis darauf, daß Samuel noch ein נער ist, die Aussagen umrahmen die Geschichte vom Frevel der Söhne Elis (V.11.18.26), entlasten Samuel von jeglicher Beteiligung und Verantwortung. Sie verdeutli-chen, daß für ihn noch keine Möglichkeit bestand, gegen die Mißbräuche einzuschreiten.

In 1.Sam 3,1-3 treten wieder der altgewordene Eli und der נער Samuel auf. Der alte, erfahrene Priester Eli erkennt dann, daß JHWH den נער ruft (3,8), und berät ihn hinsicht-lich des angemessenen Verhaltens. Die Szene in 3,4-9 wird entwickelt aus der Unerfahren-

---

107 Vgl. u.a. M. Buber, *Moses*, Zürich 1948, 167; Beyerlin, *Herkunft*, 129; Stähli, *Knabe*, 196ff.

108 Die Auseinandersetzung mit der Literatur ist von Stähli (*Knabe*, 184ff) umfassend durchgeführt worden, so daß ich mich hier darauf beschränken kann, Stählis Thesen mit dem Text zu konfrontieren.

109 Vgl. a.a.O., 194.

heit des jungen Samuel und dem Wissen des alten Eli. Ein junger, unwissender Mann wird von einem alten, erfahrenen Mann belehrt. Nach der JHWH-Theophanie ist Samuel kein נער mehr, obwohl seine Beziehung zu Eli andauert. Nach seinem Gespräch mit Eli heißt es explizit וינדל שמואל (V.19a). Das abrupte Verschwinden des Wortes נער nach 3,8 ist Indiz für Samuels 'Emanzipation'. Nachdem Samuel es gewagt hat, sich der JHWH-Offenbarung zu stellen (3,10-14), wird er nicht mehr נער genannt. Der durch die Begriffe זקן und נער markierte Gegensatz[110] zwischen Eli und Samuel löst sich in dem Moment auf, in dem der Alte erkennt, daß JHWH den Jüngling ruft und diesen anleitet, entsprechend seiner ihn bis zu diesem Zeitpunkt noch vor dem Jungen auszeichnenden religiösen Erfahrung. Samuel ist Elis Diener und befindet sich in persönlicher Abhängigkeit zu dem Priester, doch ist er kein Priesterlehrling und das bis zum Wendepunkt der Erzählungen von 1.Sam 1-3 ihm zugeschriebene נער kann auch in Hinblick auf Samuel nicht als Berufsbezeichnung für 'Kultdiener' gelten.

Als Kultdiener könnte eher der in 1.Sam 2,13.15 erwähnte נער הכהן betrachtet werden. Doch zeigen beide Stellen nur, daß die Gehilfen eines Priesters נערים sein können. Die Besonderheit dieses Dieners gegenüber den anderen נערים sieht Stähli[111] nur darin, daß dieser bedingt durch die kultische Funktion seines Herrn in diesem Bereich auftaucht. Ein kultischer Funktionsträger verbirgt sich noch nicht dahinter. Gleichfalls gelten die Tochter eines Priesters (Lev 21,9; 22,12f.), sein Beisasse und sein Lohnarbeiter (Lev 22,10) nicht als Kultbedienstete, selbst wenn sie zu seinem Haushalt gezählt werden.

Da laut Stähli der Terminus in Ex 33,11b und 1.Sam 2-3 einen unselbständig handelnden Kultdiener bezeichnet[112], dürfte derselbe Terminus schwerlich auf einen selbständig handelnden Priester anwendbar sein. Doch wird dieses von Stähli für seine Verwendung in Ri 17f behauptet[113]. Der von Micha für sein Heiligtum angestellte Levit wird mehrfach als נער bezeichnet. Ri 17,7 wird er als ... והוא לוי ויהי נער מבית לחם eingeführt. Funktionsbezeichnung ist 'Levi'. Ein Verständnis von נער als Kultdiener ist hier nicht angemessen, da der Levit noch nicht im Kult tätig ist. Ri 17,11 nennt denselben wieder נער, obschon doch nach V.10 klar ist, daß er als Priester eingesetzt worden ist. Die Aussage, daß Micha ihn wie einen seiner Söhne behandelt, wird möglich durch den Hinweis auf sein jugendliches Alter, eine Bemerkung, die nach der Einsetzungsformel von V.10, in der Micha ihn sich zum "Vater und Priester" einsetzt, nicht überflüssig ist. Der in V.12 konstatierte Vollzug der Einsetzung, nach der der נער als כהן eingesetzt wurde, redet nicht von einer Beförderung des Kultdieners zum Priester, sondern davon, daß ein junger, und wie der Fortgang der Ereignisse dann zeigen wird, für sein Amt zu junger, Mann Priester wird. Die Daniten erkennen die Stimme des הנער הלוי (18,3), bevor sie von seiner Verwendung im Kultus als Priester erfahren (18,4). In 18,15 läßt der Erzähler die Daniten aus Haus des הנער הלוי gehen, der aber in anschließenden Disput mit ihnen durchaus כהן (18,18b-19) heißt. Gerade die Bezeichnung eines Priesters als נער in Ri 17f. spricht dafür, den Terminus nicht mit 'Kultdiener', sondern mit 'junger Mann/Jüngling' wiederzugeben.

Ex 24,5 assistieren נערי בני ישראל Mose beim Opfer. Die Genitivkonstruktion läßt Stähli[114] zunächst auf eine Abhängigkeit der so Bezeichneten und dann auf ihre Aussonderung als Kultdiener schließen. Das heißt aber an dieser Stelle eine petitio principii 'begehen', andernfalls die so oft erwähnten זקני ישראל bzw. die זקני בני ישראל (Ex 4,29) auch in Abhängigkeit von der im nomen regens genannten Gruppe zu denken wären. Die Ältesten Israels werden auch mit kultischen Handlungen in Zusammenhang gebracht (Dtn

---

[110] Stähli (*Knabe*, 132ff.) hat dargelegt, daß זקן und נער als Opposita eine feste Verbindung miteinander eingegangen sind und zur Illustration von Mündigkeit/Unmündigkeit, Erfahrenheit/Unerfahrenheit dienen. So auch Fuhs, Art. נער, Sp. 513f.

[111] A.a.O., 185.

[112] A.a.O., 185ff.;196ff.

[113] Stähli, a.a.O., 208ff.

[114] A.a.O., 216.

21,1-9; 31,9-13), ohne daß sie zu Kultdienern ernannt werden. Da נער eine unmündige männliche Person bis zu ihrer Heirat bezeichnet[115], spricht nichts dagegen, in den so benannten Assistenten Moses junge Männer zu sehen, die in dieser Situation stellvertretend für die noch nicht etablierte Priesterschaft (Ex 28) fungieren. Die weitgehend undifferenzierte Führungsstruktur in Ex 24, die sich an verwandtschaftlich bestimmten Positionen orientiert, macht es unwahrscheinlich, daß hier durch eine spezifische Verwendung des Begriffs נער eine noch nicht erläuterte Spezifizierung des Kultbereichs, die zudem später keine Rolle mehr spielt, vorweggenommen wird. Immerhin hat der Verfasser es sich wohlbedacht versagt, die Leviten vor ihrer Bestallung auftreten zu lassen.

Die Apostrophierung Josuas als נער in Ex 33,11 kann weder von der Erzählung her[116] noch vom Verständnis des Begriffs als Nachweis seiner Einsetzung als Kultdiener gesehen werden. נער steht in Opposition zu משרתו. Josuas Position wird gegenüber jener des משרת aufgewertet. Denn נער bezeichnet unter dem Gesichtspunkt des Lebensalters eine Übergangsphase auch im Hinblick auf die in dieser Phase ausgeübten sozialen Rollen. Daher fügt sich das mehrdeutige נער von Ex 33,11 gut in das Bild des Nachfolgers ein. Denn es stellt nicht nur ein Argument bereit, wieso. Josua Moses Diener ist, sondern weist ihn gleichzeitig als jemanden aus, der Sonderaufgaben für seinen Herren übernimmt. Im Kontext der Erzählung deutet נער auf eine Bewachungs- und Verteidigungsaufgabe Josuas hin. Josua wird nicht als ein Kultdiener im Zelt vor dem Lager zurückgelassen, sondern als derjenige, der für die Sicherheit des Zeltes zuständig ist. So verstanden spielt der Begriff נער diskret auf Josuas militärische Spezialisierung an. Legt man Josua hier nach V.11bβ auf eine Rolle als Kultdiener fest, dann befindet sich die Aussage von V.11bβγ im Widerspruch zu der in V.8-11a geschilderten Szene, der zufolge allein Mose die Theophanie im Zelt erlebt. Auch läßt die Gegenüberstellung von Mose und כל העם hier keine Zwischenstufe für Josua übrig. Eine gewisse Ambiguität über die Nähe/Entfernung Josuas zum Ort der Offenbarung mag beabsichtigt sein, diese Tendenz fand sich bereits in Ex 24,13f und 32,17f. Josua wird wieder einmal von dem im Lager verharrenden Volk abgehoben, allerdings auch von Mose, der sich ja nach der Aussage von V.11bα im Lager befindet, während Josua im Zelt bleibt.

Zusammenfassung

Die Erwähnungen Josuas in Ex 24,13f; 32,17f. und 33,11bβ verfolgen dieselbe theologische Absicht: angesichts offenkundiger Apostasie des Volkes und des Priesters Aaron wird dem Nachfolger Moses und künftigen Führer Israels seine religiöse Lauterkeit attestiert. Josua hatte keinen Anteil am Abfall des Volkes von JHWH. Er konnte nicht am Tanz um das goldene Kalb teilgenommen haben, weil er sich auf Moses Weisung hin außer-

---

115 Wie Stähli (a.a.O., 72ff) überzeugend gezeigt hat.

116 Schmitt (*Zelt*, 180ff) hat gezeigt, daß Zelt- und Ladetradition ursprünglich nichts miteinander zu tun haben - folglich fehlt in 33,7-11 ein kultischer Gegenstand, den es zu 'betreuen' gäbe. Das לו von V.7 bezieht sich auf Mose oder JHWH, jedenfalls nicht auf ein ungenanntes und zu erschließendes Kultobjekt, vgl. hierzu Stähli, *Knabe*, 201ff.

halb des Lagers aufgehalten hatte. Verantwortung für das Geschehen trägt
er in keiner Weise, denn für die Zeit von Moses Abwesenheit waren Aaron und Hur (Ex 24,14) mit Leitungsfunktionen betraut worden. Lassen Ex
24,13f und 32,17f noch den Schluß zu, daß Josua allein singulärer Umstände wegen der Versuchung nicht ausgesetzt war, so setzt Ex 33,11bβ hier
einen anderen Akzent. Die zunächst rein räumlich nachgewiesene Distanz
zwischen dem sündigen Israel und Josua wird in Ex 33,11bβ zu einer auf
der religiösen Ebene positiv qualifizierten Distanz zwischen Israel und Josua. Nach dieser Aussage hielt sich Josua, immer wenn Mose ins Lager zu-
rückkehrte, weil er der Diener Moses war, im Zelt der Begegnung auf.
Der räumlichen Distanz Josuas zu Israel entspricht eine räumliche Nähe
zum Heiligen. Josua wird religiös vor allem Volk durch diese Aufgabe
ausgezeichnet. Die in Ex 24,13f und 32,17f begonnene Argumentation
über Josuas mögliche Verwicklung in den Abfall Israels wird in Ex 33,11bβ
vorausgesetzt und zugunsten Josuas beantwortet. Die Texte liegen auf einer Argumentationslinie. Sie dürften demselben Verfasser zu verdanken
sein.

Charisma und Ordnung

Josua ist zuletzt als Wächter des Begegnungszeltes präsentiert worden.
Doch bekommt er seine Rolle nur in einem Nachspiel zur Theophanie zugewiesen (Ex 33,11bβ). In Num 11,28 ergreift Josua das Wort, angeblich
um Moses Interessen zu verteidigen. Der Disput zwischen ihm und Mose
zeigt, daß Josua in Opposition zu Mose dadurch gerät. Num 11,26-29 ist
innerhalb des komplexen literarischen Gefüges von Num 11,4-34 eine
nachwortartige Passage. Da Josua für die Gestaltung der Szene unerläßlich ist, ist nach ihrer Einbindung im Kontext zu fragen.

Seit Wellhausen[117] besteht Konsens darüber, daß zwischen dem Handlungsgeschehen
von Num 11,4-34 und der vorangehenden Tabera-Episode "kein wahrer Nexus" besteht.
Mehrere Themen, die kunstvoll miteinander verknüpft worden sind, bestimmen den Lauf
des Geschehens. Das Volk beklagt sich über den Mangel an Fleisch, Mose faßt dieses als
Kritik an seiner Führung auf und erklärt sich für überfordert. JHWH greift ein, in Kooperation mit Mose, Führungs- und Nahrungsprobleme lösen sich, um einer erneuten, sehr viel
bedrohlicheren Krise Platz zu machen. Im Zentrum des Textes steht jetzt die Aufgabe der
monokratischen Führung Moses und die Einbeziehung der Ältesten in die verantwortliche
Leitung. Das Thema "Fleischeslust" dient quasi als Leinwand, auf der das Thema "Führung"
erscheint. Eine weitere Vorstellung, die vom Zorn JHWHs, die sich mit keinem der beiden
anderen Themen bruchlos verrechnen läßt, bestimmt den Ausgang der Erzählung. Die
Szene in 11,26-29 führt ein Motiv des Führungsthemas, das der Geistbegabung der Ältesten, weiter.

Wellhausens Argumentation[118], daß in Num 11,4ff zwei verschiedene
Erzählungen verbunden worden sind, und diejenige mit dem Ältesten-
Thema in eine Manna-Wachtel-Erzählung vom Jehovisten eingeschaltet

---

[117] J. Wellhausen, *Composition*, 99.
[118] Wellhausen, *Composition*, 99f.

worden ist, wurde hinsichtlich der Schichtenabgrenzung weitgehend von den Kommentatoren dieses Kapitels akzeptiert. Dies gilt auch für die Zuschreibung der Haupterzählung an J und die Erklärung des Ältestenthemas zum Sondergut aus E[119]. Einzig Seebaß[120] möchte das Verhältnis von Haupterzählung und Nebenthema umkehren, schreibt J die Ältestenerzählung zu und hält die Wachtelerzählung für eine vordtr Bearbeitung.

Die in neuerer Zeit zur Sonderüberlieferung erklärte Ältestenerzählung ist seit Greßmanns Überlegungen zur Eldad/Medad-Szene in den Verdacht literarischer Uneinheitlichkeit geraten[121]. Greßmann hatte ihrer inhaltlichen Parallelität zu Ex 18,13ff und ihrer typisch theologischen Umprägung wegen ohnehin schon die Erzählung für jungen Ursprungs gehalten. "Der Sage hat ein späterer Erzähler noch ein kleines Licht aufgesetzt."[122] Die relative Fülle der Personen, die von der Hauptsage abweichende Pointe und deren inhaltliche Nähe zu Joel 3,1f sind für Greßmann Indizien einer späteren Zutat. Seine Position wird dann zustimmend von Rudolph[123] übernommen. Die Beobachtungen werden wenig später durch Möhlenbrinks Analyse gestützt, der sie durch Hinweise ergänzt auf den die Szenen verknüpfenden Botenbericht, das hier zugrundeliegende Zwölfstämmesystem, den anderen Stimmungsgehalt und den stilistischen Aufbau der Eldad/Medad Szene. Auch lese sich der Text der Ältestenerzählung ohne die V.26-29 geschlossener[124].

Noth bemerkt hierzu, daß weder begründet werde, warum die Namen der Ältesten, wie V.26 sagt, aufgeschrieben worden seien, noch ersichtlich sei, aus welchem Grunde zwei von ihnen zurückblieben[125]. Die Aussagen von V.25b werden von Seebaß als eine einleitende Vorbemerkung der ganzen Szene verstanden[126], da die gleiche Vorstellung nebiistischer Inspiration wie in V.29 vorliege. Dem ist noch hinzuzufügen, daß die seltene Wendung נוח עליהם הרוח in Num 11 nur in V.25b und V.26a vorkommt[127]. Das Leitwort נבא, das einen der Ältestenerzählung fremden

---

[119] Vgl. G. B. Gray, A Critical and Exegetical Commentary on *Numbers*, ICC, 1903. Edinburgh 1976, 97ff; H. Holzinger, *Numeri*, KHC IV, 1903, 42ff; Baentsch, *Exodus*, 504ff; Rudolph (*Elohist*,66f), hält die Ältestenerzählung für Sondergut des Redaktors; M. Noth Das vierte Buch Mose. *Numeri*, ATD 7, 1966, 78ff) rechnet die Ältestenerzählung zu dem Kreis der späten Zuwächse. Coats (*Rebellion*, 98) redet diesbezüglich von Fragmenten aus anderen Traditionen, die nicht recht integriert seien. Fritz (*Israel*, 16f) kommt infolgedessen wieder zu dem Schluß, daß es sich bei ihr um Sonderüberlieferung handelt.

[120] H. Seebaß, Num. XI, XII und die *Hypothese* des Jahwisten, VT 28 (1978) 214-233, 214ff.

[121] Greßmann, *Mose*, 179f.

[122] Greßmann a.a.O., 179.

[123] Rudolph, *Elohist*, 66 Anm. 2.

[124] Möhlenbrink, *Josua*, 36ff.

[125] Noth, *Numeri*, 80.

[126] Seebaß, *Numeri XI*, 216f.

[127] Die Wendung ist sonst nur noch in 2.Kön 2,15 und Jes 11,2 belegt. נוח gehört nicht zu den üblicherweise mit רוח verbundenen Verben, vgl. R. Albertz/ C. Westermann, Art. רוח rūªh Geist, THAT II (1976) 726-753, Sp. 730f. insbes.744.

Topos anspricht, wird erst in V.25b eingeführt und strukturiert dann die Szene V.26-29. Außerdem kann nicht übersehen werden, daß die beiden Geistvorstellungen voneinander abweichen. Auf die 70 Ältesten überträgt JHWH etwas von dem Geist, der bisher allein Mose zur Führung bestimmte und der auf Mose ist (V.17.25a). Der Eldad und Medad zugekommene Geist ist JHWHs Geist (V.29) und nicht von dem des Mose hergeleitet. Die Führungsautorität dieser beiden Ältesten wird unmittelbar von JHWH begründet[128].

Die Eldad/Medad-Episode ist eine Fortschreibung des Thema "Führung Israels"[129]. Sie ist unter einer neuen Fragestellung aus der Erzählung über die Einsetzung von 70 Ältesten als "Assistenten neben Mose" herausgesponnen worden. Die Eintragung der Frage nach dem Verhältnis von regulär ernannten Geistträgern zu solchen, die des Geistes in irregulärer Weise inne wurden, ist dem Text von Num 11,16f.24a.25a folgend an dieser Stelle zu erwarten, nicht jedoch ihre Beantwortung durch die Gegenüberstellung von Mose und Josua. Ein autoritativer Auftritt Moses allein hätte ausgereicht, die Vereinbarkeit von Amtscharisma und prophetischen Charisma zu klären. Zur Legitimation des letzteren bedurfte es in dieser Situation eigentlich nur eines Mosewortes. Josuas prominente Rolle in dieser Szene läßt sich nicht aus der ihm nach Ex 33,11 zugedachten Funktion als Wächter des Begegnungszeltes, das Hintergrund des Gespräches hier ist, ableiten. Auch hat die Figur Moses bereits in der Haupterzählung jegliche andere biblische Figur in puncto Vergleichbarkeit zu weit hinter sich gelassen - die Teilhabe am Geist Moses bestätigt die Ältesten in ihrer Leitungsfunktion -, als daß ein Josua als "Vertreter einer engherzigen Kultreligion"[130] erscheinen müßte, um Moses Position deutlicher hervortreten zu lassen. "Heiligtumsdiener"[131], mithin priesterlicher Interessenvertreter, ist Josua offenkundig hier nicht. Die Epitheta zeigen ihn als persönlichen, langjährigen[132] Diener Moses, der in dieser Situation zum zweiten Mal als Gesprächspartner Moses erscheint, dabei die Rolle des stummen Dieners aufgibt und wiederum in Opposition zu Mose gerät. Das Grundmuster ihrer Beziehung bleibt aber gewahrt, Josua befindet sich nach wie vor in Abhängigkeit zu Mose.

Vertreter von 'Recht und Ordnung' ist bereits der aus dem Lager entsandte נער, dessen Nachricht über Eldads und Medads prophetisches Gebaren implizit eine Handlungsaufforderung an Mose enthält. Die hier zur

---

128 Vgl. ebenfalls neuerdings P.-E. Dion, La *RWH* dans l'Heptateuque. La protestation pour la liberté du prophétisme en Nb 11,26-29. ScEs 42. 1990. 167-191, insbes.186.

129 Vgl. ebenfalls die Untersuchung von Dion a.a.O.

130 So Möhlenbrink, *Josua*, 39.

131 So Noth, *Numeri*, 80.

132 So wird man das מבחוריו von V.28, das hier zusätzlich zu den bereits bekannten Charakteristika steht, deuten dürfen. Vielleicht handelt es sich bei diesem Stichwort um einen Versuch, die Beziehung zwischen Mose und Josua so weit wie möglich in die Vergangenheit zurückzulegen.

Legitimation anstehende freie Prophetie[133] wird so mehrfach gesiegelt. Diejenigen, die in prophetischer Aktion vorgeführt werden, sind als Älteste in einer allseits respektierten sozialen Stellung. Sie genießen in einer traditionalen, auf Verwandtschaftsbeziehungen beruhenden Gesellschaft a priori Autorität, was sich aus dem Umstand ergibt, daß bei ihrem erwartungswidrigen Verhalten Mose gegen sie angerufen wird. Die Notiz in V.26a, daß sie zu den "Aufgeschriebenen" gehören, besagt nicht, daß Mose sich zuvor alle Namen notiert hat, um anschließend am Zelt der Begegnung einen Zählappell abzuhalten[134]. Diese Bemerkung deutet vielleicht auf die aus anderen biblischen Texten bekannte Vorstellung hin, daß JHWH über schriftliche Namensverzeichnisse ausgewählter Personen verfügt[135].

Die Einbeziehung Eldads und Medads in den Kreis der "Aufgeschriebenen" gibt ihrer prophetischen Ekstase den Schein göttlicher Zustimmung. Diese haben sie nicht dadurch verloren, daß sie sich den von Mose gesetzten Regeln nicht unterwerfen. Die Figur Josuas wird hier benutzt, um den Anspruch einer einmal ergangenen Anordnung auf Befolgung, die ja eine mosaische ist, prononciert vorzubringen. Nur Josua, nicht ein namenloser Jüngling, kann aufgrund seiner Verbindung zu Mose so für dessen Anspruch auf Gehorsam eintreten. Josua ist über jedes Gruppeninteresse erhaben. Die Ausgestalter seiner Figur haben darauf geachtet, daß er in Konfliktsituationen nicht im Lager anwesend ist, daher nicht in Parteiungen verwickelt werden kann, wie er auch jetzt nicht im Lager, sondern am Zelt bei Mose ist.

Die Figur Josuas nimmt hier scheinbar objektiv Partei für das jedem Alltagsleben innewohnende Interesse an einer Ordnung, die Orientierung ermöglicht und die Wahrung von Kontinuität verspricht. Die einfachste Form der Konfliktlösung in diesem Fall liegt zweifellos in der autoritati-

---

[133] Vgl. hierzu u.a. G. von Rad, Die falschen *Propheten* (1933), in: Ders., Gesammelte Studien zum Alten Testament II, TB 48, 1973, 212-223, 219; Noth, *Numeri*, 79.

[134] Gerade das Faktum, daß, wie Noth (*Numeri*, 80) bemerkt, die Notiz in V.26a והמה בכתובים im Kontext literarisch unvorbereitet auftaucht, deutet an, daß hier eher eine bestimmte Vorstellung hineinspielt, als daß an eine Handlung Moses erinnert werden soll.

[135] Vgl. Ex 32,32; Jes 4,3; Mal 3,16; Ps 69,29; Dan 12,1. Die Vorstellung scheint auf verschiedene real- und religionsgeschichtliche Quellen zurückzugehen. Nach Jer 22,30 und Ez 13,9 scheint es Bürgerverzeichnisse gegeben zu haben. Am persischen Hof gab es Merkbücher (Est 6,1), in denen die Verdienste von Personen vermerkt wurden. Religionsgeschichtlich ist an die babylonischen Schicksalstafeln, die von Nabu geführt wurden, zu denken. Zur Vorstellung vgl. H. Wildberger, *Jesaja*, BK X/1, 1972, 157f; W. Zimmerli, *Ezechiel*, BK XIII/1 (1969¹) 1979², 293, A. S. van der Woude, *Haggai* - Maleachi, POT, 1982, 150; Schottroff, *Gedenken*, 300ff; H. Ringgren, Art. חיה hājāh, ThWAT II. 1977. 874-898, Sp. 893f; C. Dohmen/ F. L. Hossfeld/ E. Reuter (Art. ספר sepær, ThWAT V. 1986. Sp.929-944, Sp.942f) unterscheiden innerhalb der alttestamentlichen Überlieferung zwischen Schicksalsbuch, Buch des Lebens und Gedenkbuch; zu altorientalischen Bürgerlisten als mögliches Vorbild vgl. W. Herrmann, Das *Buch* des Lebens, in: Das Altertum 20 (1974) 3-10.

ven Bestätigung des zuvor ergangenen Befehls. Der als Nachfolger Moses
vorgesehene Josua, der das Volk unter Einhaltung aller mosaischen Gebote nicht nur über den Jordan zu leiten, sondern auch Leitfigur zu sein hat
für die erste Landnahmegeneration, bietet sich hier geradezu als Demon-
strationsobjekt für die Praktikabilität einer mosaischen Anordnung angesichts widersprechender Alltagserfahrung an. "Mose" wird als "die Gebote
setzende Autorität" mit deren Folgen konfrontiert und als letzte Autorität,
als derjenige, der das betreffende Gebot erlassen hat, angerufen. Die aus
der Perspektive des für den 'Bestand des Verbandes' unter Beachtung der
mosaischen Gebote zuständigen Nachfolgers sich ergebende Identität zwischen mosaischer Anordnung und "Mose" und der hier quasi automatisch
ableitbaren Lösung - Bestrafung der Ungehorsamen - wird aufgehoben
durch den Widerspruch "Moses", ohne daß die Mose-Figur, wiewohl Legi-
timationsinstanz, über das Mose-Gebot gesetzt wird.

Erreicht wird die Konfliktlösung durch zwei Mittel, die Berufung auf
den Geist JHWHs und eine Unterscheidung innerhalb der Mose-Figur,
bei der die Person Moses und Mose als Instanz einander gegenübergestellt
werden. Diese Trennung wird mit Hilfe der Figur Josuas als des persönlichen Dieners Moses bewirkt. Josua appelliert an die "Instanz Mose": אדני
משה כלאם (V.28b). Die Anrede אדני, die Mose nur in recht kritischen Situationen zuteil wird[136], betont diesen Sachverhalt. Mose erklärt Josuas
Einspruch für ungültig, da er nur das Eigeninteresse der Person Mose be-
träfe: המקנה אתה לי(V.29aβ). Allein die Gestalt Josuas kann diese Un-
terscheidungsfunktion übernehmen. Nebenbei wird dem Nachfolger gesagt, daß Eigeninteresse und Bedacht auf Wahrung eines Vorranges den
Anführer des Volkes nicht auszeichnen. Die ausdrückliche Begrüßung eines JHWH-Geistes, der Anordnungen und Rangunterschiede überspringt,
ergeht daher mit unzweifelhafter 'Amts'-Autorität Moses. Die im Botenbericht implizit virulente Frage, ob denn nicht ein böser Geist die beiden
Ältesten bewege[137], muß auf diese Weise nicht ausdrücklich beantwortet
werden. Im Rahmen dieser kleinen Szene wäre sie auch nicht beantwortbar gewesen. Mose als Instanz aber hat bestätigt, daß es neben "ihm" Autoritäten geben kann, die nicht auf den Geist Moses rückführbar sind,
wohl jedoch auf den Geist JHWHs.

Die Abweisung der Position Josuas - eine Anordnung Moses habe um
Mose willen zu gelten -, ist weniger eine Folge der "Bescheidenheit"[138], die

---

[136] Diese Anrede findet sich für Mose sonst noch in Ex 32,22; Num 12,11; 32,25.27; 36,2
und kann in allen Fällen als Berufung an die "Instanz Mose" gelesen werden.

[137] Nachmanides (*Numbers*, 111) unterstellt Josua diese Vermutung.

[138] G. W. Coats (*Humility* and Honor: A Moses Legend in Numbers 12, in: Art and
Meaning, JSOT.S 19, 1982, 97-107) schlägt ein von der bisherigen Auslegung abweichendes
Verständnis dieser mit ענו in Num 12,3 angedeuteten Eigenschaft vor. Er möchte das Adjektiv von der Wurzel ענה I ableiten. Auf dem Hintergrund der Beschreibung Moses בכל
ביתי נאמן הוא in Num 12,7b und des Umstandes, daß in 1.Sam 22,14 Davids persönliche
Integrität mit נאמן beschrieben wird, versteht Coats das ענו in Num 12,3 als "obedience
with the context of personal responsibility" (101). Folgt man seiner Deutung, dann stellt der

der Person Moses in der unmittelbar darauffolgenden Episode - Miriam und Aaron bestreiten Moses Vorrang - in Num 12,3 explizit zugeschrieben wird, als der ihr in den Mund gelegten theologischen Reflexion. Moses Äußerung, die die Diskussion vor ihrer Eröffnung bereits beendet, ist rhetorisch gekonnt und theologisch subtil in Wunschform gekleidet. Sie konstatiert nur indirekt die Unverfügbarkeit des JHWH-Geistes, dessen Walten in Eldads und Medads Verhalten so akzeptiert wird. Das Machtwort Moses beläßt der Prophetie einen Freiraum jenseits der mosaischen Gebote. Gleichzeitig stellt es die Notwendigkeit von Gebot und Prophetie in Frage, in dem beide als reine Hilfskonstruktionen zur Aufrechterhaltung der Beziehung zwischen JHWH und seinem Volk begriffen werden. Ein Volk JHWHs, dessen Angehörige alle geistbegabt sind, bedarf weder der Propheten noch muß es zum Gehorsam auf ein mosaisches Gebot verpflichtet werden. Der von Mose hier entworfene Idealzustand wird in den Verheißungen Jeremias (31,34), Ezechiels (11,19f; 36,26f.) und Joels (3,1f) gleichfalls unter den Gesichtspunkten Geist JHWHs und Ordnungen JHWHs reflektiert[139].

Die theologische Verwandtschaft von Num 11,25b-29 mit den genannten Stellen läßt sich nicht dadurch klären, daß man, wie seit Grays Äußerungen üblich[140], Num 11,25b-29 in Analogie zu 1.Sam 10,10-12 als Form niederer Prophetie, weil ekstatisch, begreift, sowie diese dann mit der unvergleichlich spirituelleren Gemeinschaft zwischen Gott und Mensch bei Jeremia und Ezechiel kontrastiert. Die durch ein negatives Vorverständnis von נבא hitp. bedingte Auslegung übersieht, daß über die Formen, in denen sich dieses Prophezeien äußert, nichts mitgeteilt wird, und daß das ותנח אלהים הרוח nicht gerade auf eine besinnungslose Raserei hindeutet[141].

Eine differenzierte theologische Argumentation über das Verhältnis von 'Geist und Gebot JHWHs' sowie von 'Geist und Gebot Moses' bedient sich hier der Figuren Mose und Josua. Ihr Interesse scheint nicht auf eine abstrakte Lösung des Widerstreites zwischen Charisma und Ordnung oder freier Prophetie und Kultprophetie beschränkt. Die mit wenigen Mitteln und Andeutungen geschaffene Vorstellungswelt hat für die in ihr auftretenden Figuren einen eigenen Sinn. Ihre Autoren lassen den Nachfolger Moses eine Einsicht gewinnen, die für seine künftige Rolle als Führer Israels unverzichtbar ist: Flexibilität im Umgang mit einer Anordnung oh-

"Mose" von Num 12 genauso wie der "Mose" von Num 11,25b-29 sein persönliches Interesse zugunsten eines verantwortlichen Handelns als Führer Israels zurück. Num 12 könnte gleichfalls als Beleg für die theologisch motivierte Unterscheidung zwischen Mose als Person und Mose als Führer betrachtet werden.

139 Da die Anordnung, daß die Ältesten sich am Begegnungszelt zu versammeln hätten, von Mose nur im Auftrag JHWHs (11,17) weitergegeben wurde, ist auch diese Einzelanordnung Moses (11,24b) ein Gebot JHWHs.

140 Gray, *Numbers*, 115f.

141 In eine Untersuchung der inhaltlichen Bezüge wäre auch das Prophetengesetz Dtn 18,9-22 einzubeziehen, das möglicherweise den Fragehorizont der Szene mitbestimmt hat.

ne Aufgabe der Autorität und Verzicht darauf, eigene Autorität um des Gesichtes willen zu wahren[142].

Zusammenfassung

Num 11,25b-29 setzt Josuas religiöse Lauterkeit, so wie sie zuletzt in Ex 33,11bβ thematisiert wurde, voraus. Die Charakterisierung Josuas in dieser Passage kann als Antwort auf eine Frage verstanden werden, die Ex 33,11bβ aufgibt. Ex 33,11bβ hatte Josua religiös von allem Volk abgehoben durch seine besondere räumliche Nähe zu JHWH. Dieser Sachverhalt weckt die Frage, ob Josua bereits durch seine Anwesenheit im Zelt der Begegnung zum Geistträger wird. Die Antwort gibt Josua selber. Seine Forderung "Mein Herr Mose, wehre ihnen" (V.28b) und Moses scharfe Abweisung dieser Forderung "Willst Du für mich eifern?" (V.29a) lassen offenkundig werden, daß der hier auftretende Josua nicht wie Mose (Num 11,17) ist. Die Textpassage könnte von derselben Hand stammen wie Ex 33,11bβ. Dafür sprechen Josuas Auftritt in der Rolle des Dieners Moses am Begegnungszelt und die darauf aufbauende Differenzierung der Josua-Figur. Ebenfalls denkbar ist, daß ein Späterer die Figur Josuas dazu benutzt hat, die Lösung eines Autoritätskonfliktes exemplarisch vorzuführen. Die redaktionelle Zuordnung der Szene hängt weiter davon ab, ob man die inhaltlichen Bezüge, zwischen Ex 33,11bβ und Num 11,28f. stärker gewichtet als die Verbindungslinien zwischen Num 11,28f. und Num 27,13ff. Die in Moses Antwort (Num 11,29) implizit enthaltene Minderung der Bedeutung 'Josuas' birgt ein für seine literarische Karriere als Nachfolger Moses retardierendes Moment. Unter diesem Aspekt könnten die Josua betreffenden Aussagen der Vorbereitung seines in Num 13-14 folgenden Auftretens als Kundschafter dienen.

KUNDSCHAFTER UND NACHFOLGER

Josua - Hosea

Innerhalb der Exodusüberlieferungen begegnen wir der Gestalt Josuas wieder in der Kundschaftererzählung. In dieser Erzählung entscheidet sich das Schicksal der Exodus-Generation[143]. Josua nimmt unter Pseudonym

---

[142] Der Umgang Josuas mit den Banngeboten in Jos 6-8 wie auch seine Verhandlungen mit den Nachkommen Josephs Jos 17,14-18 zeigen, daß diese "Charakteristika" Teil der Figur Josuas sind.

[143] G. von Rad (Die *Priesterschrift* im Hexateuch, BWANT IV/13, Stuttgart 1934, 106ff) hatte auf die Akzentverschiebung durch P hingewiesen, die eine fortschreitende Theologisierung der Geschichte mit sich bringt und das Volk vom Verführten zum Hauptsünder

(13,8) an der Erkundung des Landes Kanaan teil. Mose deckt noch vor der Unternehmung seine 'wahre Identität' auf (13,16). Josua unterstützt dann nach der Rückkehr gegen die Mehrheit seiner Kollegen den Vorschlag Kalebs (13,30), das Land zu erobern. Beide treten dem sich widersetzenden Volk mit demonstrativer Geste entgegen (14,6) und begründen ihren Vorschlag in einer gemeinsam vorgetragenen, theologisch wohl fundierten Rede (14,7-9). In dem anschließenden Gesprächsgang zwischen dem erzürnt auf dem Plan erschienenen JHWH und Mose verkündet ersterer ein allgemeines Strafurteil über die Ägypten-Generation, von dem nur Kaleb ausgenommen wird (14,24). In einer zweiten JHWH-Rede wird Josua nach Kaleb erwähnt und soll gleichfalls verschont bleiben (14,30). Unmittelbar nach den letzten JHWH-Worten sterben die Kundschafter, die das Land verleumdet haben, auf einen Schlag (14,36f), und es kann vermerkt werden, daß Josua und Kaleb am Leben bleiben (14,38). Kaleb und Josua sind nicht beteiligt an dem folgenden Geschehen, dem vergeblichen Versuch Moses, das Volk zur Annahme des Urteils zu bewegen (14,39-43), und dessen erster militärischer Niederlage (14,44f).

Es ist in der Forschung unbestritten, daß heterogene Traditionen und Reflexionen die vorliegende Textgestalt von Num 13-14 geformt haben. Allgemein wird mit zwei unterschiedlichen Traditionsschichten und mindestens einem umfangreichen redaktionellen Einschub gerechnet. Zu klären ist, in welcher Schicht die Josua-Gestalt ihren Platz hat.

Seit dem Erscheinen des Kommentars von Gray (1903) und den Untersuchungen von Rudolph (1938) zeichnet sich in zwei Punkten ein Konsensus ab, was die Feststellung des Umfanges von P[144] und die Bestimmung einer P vorliegenden Kaleb-Version betrifft. Gray weist sie JE zu, die er hier wegen der Zusammenarbeitung nicht weiter zu scheiden vermag[145], betont aber, daß 14,11-24 weder zu J noch zu E gehörte, sondern in JE stand[146]. Rudolph folgt ihm in der Abgrenzung des Restbestandes, den er in toto J zuschreibt[147], ausgenommen 14,11-21, einen in Anlehnung an Ex 32,7-14 entstandenen sekundären Text, ferner 14,30f als Nachtrag zu J und 13,4-16; 14,34f als P_S. Bei der Zuschreibung der Namenliste an P_S bedient Rudolph sich des von Gray erwogenen, aber dann verworfenen Arguments, daß Josua der P-Überlieferung nach bei seiner Geburt noch keinen jahwehaltigen Namen gehabt haben könnte, da der Gottesname erst später geoffenbart

---

avancieren läßt. N. Lohfink (Die *Ursünden* in der priesterlichen Geschichtserzählung, in: K. Rahner/ G. Bornkamm (eds.), Die Zeit Jesu. FS H. Schlier, Freiburg 1970, 38-57, insbes. 52ff) hat dann gezeigt, daß P diese Erzählung zu einer Beispielsgeschichte über die Kardinalsünde des Volkes und seiner Führung gestaltet hat. Die Untersuchungen von D. T. Olson (The *Death* of the Old and the Birth of the New: The Framework of the Book of Numbers and the Pentateuch, Brown Judaic Studies 71, Chico 1985), die den zentralen theologischen Stellenwert der Kundschaftererzählung für die Komposition des Buches Numeri herausarbeiten, bestätigen dies (a.a.O., 129ff).

[144] Nach Gray (*Numbers*, 130ff.) umfaßt P Num 13,1-17a.21aβb.25.26.32; 14,1.2.5-7.10.26-39; nach Rudolph (*Elohist*, 74) ist P zuzuweisen 13,1-17a.21.25.26a.32abα; 14,1aα.2.5-7.10.26-38.

[145] Gray, *Numbers*, 130ff.

[146] Gray, *Numbers*, 129.

[147] Rudolph, *Elohist*, 74ff.

worden sei[148], und betrachtet 14,11-21 bzw. 14,11-23 als eine sekundär eingefügte theologische Reflexion[149].

Die von Noth vorgelegten Untersuchungen[150] bestätigen im Prinzip die Analyse von Rudolph und übernehmen weitgehend seine Unterscheidung von P_g und P_S. Die in Noths Kommentar von 1966 vorgelegten Ergebnisse[151] bildeten dann den Ausgangspunkt einer Reihe weiterer Untersuchungen zu Num 13-14[152]. Sieht man davon ab, daß die Erwähnung Josuas in Num 14,30 nach der Nennung Kalebs wohl dem Konto eines Editors gutzuschreiben ist[153], dann spielt Josua nur in der P-Version und den ihr zugehörigen Erweiterungen einen Part. Hält man mit Noth und den anderen jedoch die Namenliste in Num 13,3b-16 für einen Zusatz im P-Bestand, dann ergibt sich das Problem, daß innerhalb dieser Tradition zwei verschiedene Josuabilder präsentiert werden. Ein von P_g vorgeführter Charismatiker Josua (14,5-9) würde dann von P_S in einen zwar durch Mose ausgezeichneten, jedoch bereits als ראש etablierten Josua verwandelt. Auch in Hinblick auf Josuas Nominierung als Nachfolger Moses in Num 27,12ff ist die Beantwortung der Frage von Belang, ob die Namenli-

---

[148] Von Rad hatte wegen der Parallelität von 13,3 und 13,17 die Liste tentativ P_s zugeschrieben (*Priesterschrift*, 103).

[149] Die Versuche von Baentsch (*Exodus*, 515ff.) und Holzinger (*Numeri*, 49ff.) insgesamt vier Erzählfäden und die dazugehörigen Redaktionen aufzuspüren, fanden keine Zustimmung, zumal schon Wellhausen (*Composition*, 101f.) und ihm folgend Greßmann (*Mose*, 291f.), die literarkritische Scheidung von mehr als zwei Schichten in Num 13-14 für nicht durchführbar erklärt hatten. Möhlenbrinks diesbezüglicher Versuch (*Josua*, 40ff.), drei Traditionen zu rekonstruieren, eine P-Version, eine alte ethnologische Kaleb-Sage und eine Josua-Version, scheitert in Hinblick auf die Kaleb- und Josua-Version mangels Material.

[150] Noth, *ÜP*, 19.143ff.

[151] Noths (*Numeri*, 87ff.) P-Version umfaßt 13,1-3a(.3b-16).17a.21.25.26.32.33; 14,1.2f.5-10.26-27a(.27b).28-29(30-32).33(34)35-38; J-Bestand 13,17b-20.22-24.27f.(29).30f; 14,1.4.11a.23b.24.(25a).25b.39-40. In der Unterscheidung von P und J weicht J. de Vaulx in seinem Kommentar (Les *Nombres*, Paris 1972) nur unwesentlich von Noth ab. Das viel diskutierte erste JHWH-Gespräch mit Mose möchte Noth im Umfang von Num 14,11b-23a Dtr zuschreiben. Newings Analyse dieses Gespräches zeigt, daß 14,11-24 eine bis ins Detail gehende durchdachte theologische Konstruktion ist (E. G. Newing, The Rhetoric *Altercation* in Numbers 14, in: E. W. Conrad/ E. G.Newing (eds.), Perspectives on Language and Text. FS F.I. Andersen, Winona Lake/Indiana 1987, 211-228).

[152] Vgl. u.a. S. Wagner, Die *Kundschaftergeschichten* im Alten Testament, ZAW 76. 1964. 255-269, bes. 256f; Coats, *Rebellion*, 137ff; Fritz, *Israel*, 19ff.79ff; S. McEvenue, A Source-Critical *Problem* in Nm 14,26-38, Bib. 50. 1969. 453-465; ders., The Narrative *Style* of the Priestly Writer, AnBib 50, Rom 1971, 90ff; J. H. Pace, The Caleb *Traditions* and the Role of the Calebites in the History of Israel, Ph.D. diss. Emory University, Atlanta/Georgia 1976, 42ff; E. Aurelius, Der *Fürbitter* Israels. Eine Studie zum Mosebild im Alten Testament, CB.OT 27, Lund 1988, 130ff. Milgroms strukturale Analyse des Textes bestätigt die These, daß zwei unterschiedliche Traditionen in Num 13-14 zusammengearbeitet worden sind. Seine Bestimmung einer P-Grundschicht und einer P-Redaktion weicht von der Noths ab, insbesondere rechnet er 13,1-16 zu P_g, vgl. J. Milgrom, The *Structure* of Numbers: Chapter 11-12 and 13-14 and their Redaction: Preliminary Gropings, in: J. Neusner et alii (eds), Judaic Perspectives on Ancient Israel, Philadelphia 1987, 49-61, 55ff.

[153] Vgl. McEvenue *Problem*, 460.

ste zu P$_g$ gehört oder nicht, d.h. wie P die Figur Josuas angelegt hat. Gehört die Liste nicht zu P$_g$, dann haben wir mit einer Veränderung des Josua-Bildes innerhalb der P-Überlieferung zu rechnen, die überdies noch als Reflexion vorhandener oder divergierender Überlieferungen verständlich zu machen wäre.

Noort[154] hat in seiner Untersuchung zu Num 13,16 die Argumente für eine Zuweisung der Namenliste an P$_s$ neu gewogen. Seiner Meinung nach kann das bisherige Modell nicht erklären, warum Josuas Umbenennung erst an dieser Stelle und nicht z.B. in Ex 17 berichtet wird. Richtungsweisend ist für ihn dabei der im talmudischen Traktat Sota 34b vorliegende Versuch, den theologischen Aspekt der Namensänderung strikt im Kontext der Aussendung der Kundschafter zu deuten[155]. Noort bezweifelt die Stichhaltigkeit der Argumente, die bisher die Zuweisung der Liste an P$_s$ begründeten; die Unbekanntheit der 10 Kundschafter entspreche nur ihrem Schicksal, und die gegenüber anderen Listen veränderte Reihenfolge bei der Aufzählung lasse sich erklären durch die prominente Rolle, die hier dem ephraimitischen Führer Josua zukomme[156]. Die Wiederholung von Num 13,3a in 13,17a, die als literarkritisches Indiz gilt, möchte er anders verstehen. Er weist daraufhin, daß V.17a unter Zufügung von "Kanaan" auch einen Teil von V.16 wiederholt. "In de overgang tussen 13:1-16 (P) en 13:17b (niet-P) heeft v. 17a een herhalend-verbinden karakter, een niet onbekend kenmerk van een redactionele notitie."[157] Daher entfällt ein zwingender literarkritischer Grund, die Namenliste P$_g$ abzusprechen. Dem ist nur noch die Beobachtung hinzuzufügen, daß für die Verfasserschaft von P noch die Formulierung von Num 14,7b spricht אשר עברנו בה לתור אתה הארץ. P kann Josua hier nur so reden lassen, wenn dieser in der entsprechenden Rolle vorher eingeführt worden war[158]. Noort gelingt es dann, in seinen hermeneutischen Erwägungen zu zeigen, daß die Namensveränderung von Hosea zu Josua in nuce die theologische Grundtendenz der P-Version, auf den Punkt gebracht von Josua/Kaleb in 14,9 יהוה אתנו, reflektiert. Der Wechsel von Hosea zu Josua enthält das theologische Programm von P[159].

Es kann davon ausgegangen werden, daß das von Josua entworfene Bild in Num 13-14 mit Ausnahme eines verdeutlichenden Pinselstrichs (14,30) ein Werk von P ist. Josuas Name wird bei der ersten Vorstellung der Gestalt durch P zu einer theologischen Chiffre. Die Hosea-Josua-Gleichung ist nicht nur Ausdruck der theologisch-pazifistischen Grundtendenz des P-Werkes[160], dieser Namensakt ermöglicht P, in Num 13-14 seine Konzeption von der Sünde des Volkes und seiner Vertreter in der Wüste, mit einem ihm wohl in mancherlei Charakteristika bereits vorliegenden Josuabild sowie seinen davon etwas differierenden Ansichten darüber, wie sich

---

154 E. Noort, De *naamsverandering* in Num 13:16 als facet van het Jozuabeeld, in: Profeten en profetische Geschriften, FS A. van der Woude, Kampen 1987, 55-70.

155 bSota 34b "Für Jehošuaʿ hatte bereits Moše um Erbarmen gefleht, denn es heißt: und Moše nannte Hošeʿa, den Sohn Nuns, Jehošuʿa; Jah schütze dich vor dem Ratschlag der Kundschafter."

156 A.a.O., 62f.

157 A.a.O., 63.

158 Num 14,7b setzt die eindeutige Erwähnung Josuas in der Liste voraus, eindeutig wird sie aber erst durch die Umbenennung in Num 13,16. Noort (*Naamsverandering*, 59 insbes. Anm. 14) hat alle Argumente, die für einen redaktionellen Zusammenhang von 13,8 und 13,16 sprechen, geprüft und abweisen können.

159 Noort, *Naamsverandering*, 66ff.

160 Vgl. hierzu N. Lohfink, Die *Priesterschrift* und die Geschichte, (1978) in: ders., Studien zum Pentateuch, SBAB 4, Stuttgart 1988, 213-253)

der Übergang vom ersten zum zweiten Führer Israels zu gestalten habe, in Einklang zu bringen. P vorgegeben dürfte jener Zug im Bild Josuas sein, der diesen als eine Person zeichnet, die zu Lebzeiten Moses in Unterordnung zu Mose und daher nicht in direkter Beziehung zu JHWH stand. Da P die Kundschaftererzählung für seine Interessen umschreibt zu einem Beleg für die Kardinalsünde des Volkes und seiner Vertreter, hat er diese These vorbereitet, indem JHWH Mose anweist, nur solche Männer als Kundschafter auszuwählen, die bereits als Repräsentanten des Volkes bekannt sind. Als נשׂיא und ראשׁ verdanken sie ihre Position weder dem sie aussendenden Mose noch JHWH, sondern ausschließlich der Gruppe, in deren Interesse sie zur Erkundung des Landes ausziehen. Beide Titel dürften eher erworbene als zugeschriebene soziale Positionen andeuten[161]. Diese Qualifikation der Kundschafter entlastet Mose von der alleinigen Verantwortung für ihre Auswahl und bezieht das Volk von Anfang an mit in die Verantwortung ein[162]. Die soziale Stellung der Kundschafter ist aber kaum vereinbar mit jener, die ein Diener Moses einnimmt[163].

Nun bekam Josua sicher nicht allein wegen seines als Programm lesbaren Namens eine tragende Rolle im Konflikt mit dem Volk zugeschrieben, sondern weil er in der überlieferten Tradition als Moses Nachfolger festgeschrieben war. P's Vorstellung, daß die gesamte Exodus-Generation in der Wüste zur Strafe für ihren Aufstand gegen JHWH stirbt, erfordert, daß der künftige Führer Josua sich von dieser Generation sichtbar unterscheidet und gegen das Volk zu JHWH hält, um dann so begründet von dem allgemeinen Strafurteil ausgenommen zu werden (Num 14,38). Die Verbindung zwischen dem unabhängig von Mose und vor dem Volk, wenn auch noch neben Kaleb, auftretenden Josua (Num 14,6-9), der ein נשׂיא und ראשׁ ist, und dem vom Mose der Tradition noch abhängigen Josua, schafft der Name "Hosea". "Hosea" betont, daß Josua unabhängig von Mose eine angesehene soziale Position innehatte.

Schreibt man Josua eine gesellschaftlich herausragende soziale Position zu, dann bleibt seine überlieferte Beziehung zu Mose zu klären, abgesehen davon, daß Josuas spätere Rolle neben Kaleb als dem, den anderen aus Erfahrung widersprechenden, Kundschafter und Befürworter einer sofortigen Landnahme eine eindeutige Identifizierung zwischen Hosea und Josua gebietet. Da die überlieferte Auffassung der Beziehung zwischen Mose und Josua eine Dominanz Moses über Josua vorsah, übernimmt P die Grundstruktur dieser Beziehung und deutet diese in der Umbenennung eines vormaligen 'Hosea' in 'Josua'. Die Namengebung weist diskret auf

---

[161] Zu נשׂיא vgl. dazu oben S.108. Anm.4 angegebene Literatur. Daß ראשׁ hier ebenfalls eine Führungsposition bezeichnet, die auf der Zustimmung des Volkes beruht, ergibt sich aus der Verwendung des Titels in Num 14,4 und dem Umstand, daß die Formulierung in Num 13,3b ראשׁי בני ישׂראל המה mit Bedacht nicht die verwandtschaftlich bestimmte Position des ראשׁ בית אב nennt.

[162] Vgl. Nachmanides, *Numbers*, 122.

[163] Vgl. B. D. Eerdmans, The *Composition* of Numbers, OTS 6 (1949) 101-216, 153.

Moses Verfügungsgewalt über Josua hin[164], kann aber auch als Ehrung und Auszeichnung Josuas verstanden werden[165]. So wird ein Widerspruch zur überlieferten Josua-Tradition vermieden, der bei einer kommentarlosen Nennung eines נשיא Josua bin Nun entstände. Außerdem erlaubt die Reduktion der Abhängigkeit Josuas von Mose auf einen Akt der Namensverleihung, der in der Vergangenheit statt fand, die Betrachtung seiner Unterordnung unter Mose als vergangenes Geschehen. Die Beförderung zum Volksvertreter ist dann nicht weiter begründungsbedürftig.

Nach Num 11,28 tritt Josua zu Lebzeiten Moses in keiner der biblischen Überlieferungen noch einmal als sein Diener auf[166], so daß P eine Neubestimmung seiner Stellung vornehmen kann, ohne durch den Fortgang der Überlieferung neue Widersprüche hervorzurufen. Die Akzentuierung der Theophorik des Namens Josua bietet dem Verfasser die Gelegenheit, diese Figur in größerer Distanz zu Mose bei gleichzeitiger Annäherung an JHWH handeln zu lassen. Dabei gelingt P das Kunststück, einen menschlichen Hoheitsakt in einen theologischen Freiheitsakt zu verwandeln. In die Reihe der Kundschafter läßt sich die Figur Josuas gut einfügen, da militärische Fähigkeiten und Aufgaben traditionell mit dieser Figur verbunden worden sind. Die Zuschreibung des neuen Status findet ihren Ausdruck in der erhöhten Selbständigkeit, die Josua anschließend im Konflikt mit dem Volk unter Beweis stellt. Mose und Aaron fallen angesichts des offenen Aufruhrs stumm auf die Knie (Num 14,5). Josua und Kaleb handeln demonstrativ (14,6) und treten dem Volk beredt entgegen (Num 14,7-9). Ihre gemeinsame Rede, die künftiger Anführer des Volkes würdig ist, bietet P die Argumentationsbasis, von der her er beide, und nicht nur Kaleb, von dem verhängten Urteil ausnehmen kann (Num 14,38). Josua hält dem JHWHs Landzusage mißtrauenden Volk das nach P einzig entscheidende Argument entgegen, für das er sinnbildlich mit seinem Namen steht: יהוה אתנו (Num 14,9). Sein Gesinnungsgenosse Kaleb legt dabei Ehre ein für den Namen seines Vaters und erweist sich als wahrer Sohn des יפנה[167].

---

[164] Vgl. hierzu O. Eißfeldt, *Umnennungen* im Alten Testament, in: ders., KS V, Tübingen 1973, 68-76, 68ff.

[165] Vgl. Eißfeldt, a.a.O., 71, der im Zusammenhang mit den Umbenennungen Josephs, Daniels und seiner Gefährten, Sarahs und Abrahams auf diesen Aspekt hinweist.

[166] In Jos 1,1 wird rückblickend mit dem משרת משה auf die vergangene Beziehung angespielt, ähnlich wie dies in 2.Kön 3,11 der Figur Elischas widerfährt.

[167] Sota 34b heißt es, daß der Tradition zufolge alle Kundschafter nach ihren Handlungen benannt worden waren. So argumentiert auch Midrasch Tanh. B. Schelach § 10. Sota 11b deutet בן יפנה "ein Sohn, der sich vom Ratschlage der Kundschafter abwandte", gleichlautend Tem 16a. L. Ginzberg (The *Legends* of the Jews, Vol. III: Bible Times and Characters from the Exodus to the Death of Moses, (1911[1]) 1987[10], 264ff) referiert die negativen Deutungen der Namen der 10 Kundschafter in der antiken jüdischen Überlieferung (Midrasch Haggada) und notiert zu Kaleb "he spoke what he felt in his heart and turned aside from the advice of the rest of the spies" (265). M. Noth (Die israelitischen *Personennamen* im Rahmen der gemeinsemitischen Namengebung, BWANT III/10, Stuttgart 1928, 199) zählt Jephunneh zu den Wunschnamen, liest ihn, darin übereinstimmend mit der anti-

Das erste Auftreten Josuas in der priesterschriftlichen Überlieferung läßt nur noch ein wenig von seiner vormaligen Beziehung zu Mose durchschimmern und zeigt ihn als einen Vertreter des Volkes, der dem Volk in kritischen Situationen den einzig richtigen Weg zu weisen weiß, jenen, den JHWH durch den Befehl zur Ausschickung von Kundschaftern schon kundgetan hat. JHWH ist mit Josua (Num 13,16) und Josua ist mit JHWH (Num 14,7ff). Die talmudische Deutung seines Namens als eine an Josua sich wirksam erweisende Verheißung spricht dieses gleichfalls aus. JHWH hat 'seinen Retter' zuvor gerettet, bevor dieser für ihn eintreten kann. Aus Josua spricht der Geist JHWHs, der ihm, vermittelt durch Mose, auf den Weg in Land Kanaan mitgegeben worden ist.

Eine Erinnerung an Kaleb und Josua

Kaleb und Josua werden im Epilog des Berichtes über den zweiten Zensus Num 26,65 genannt. Num 26,63-65 verweisen zurück auf Num 14,26ff und konstatieren das Eintreffen der dort ergangenen Verheißungen bzw. Drohungen. Die am Sinai gemusterte Generation ist gestorben, nur Kaleb und Josua sind aus dieser Generation übrig geblieben. Num 26 wird allgemein als Bestandteil der priesterschriftlichen Tradition betrachtet, doch gehen die Beurteilungen hinsichtlich des Umfanges übernommener Traditionen und späterer Bearbeitungen auseinander. Da zwischen den Aussagen von V.52-56 und V.63-65 ein inhaltlicher Zusammenhang besteht, ist die Frage ihrer Zugehörigkeit zu P_g oder einer späteren Redaktionsschicht zu klären.

Gray geht davon aus, daß Kapitel 26 von P_s bearbeitet wurde, ohne daß dies im einzelnen noch feststellbar sei[168]. Die Verse 63-65 sind seiner Meinung nach entweder am falschen Platz, da sie eher hinter V.52-56 gehören[169], oder sie sind ein später Zusatz[170]. Eißfeldt[171] und von Rad[172] rechnen das Kapitel zu P, Rudolph geht von einem P-Grundstock und einer Überarbeitung aus[173]. Nach Noth bestand Num 25,19-26,65 aus mehreren Bestandteilen. Die Sippenliste datiert er in die vorstaatliche Zeit[174], die JHWH-Rede V.52-56 sei erst bei der Zusammenfügung des Pentateuchs mit dem DtrG und dessen

ken jüdischen Tradition, als Qal Impf. von פנה und interpretiert den Namen als Bitte an die Gottheit, sich wieder gnädig zuzuwenden. Auch nach Beltz deuten die Namen der Kundschafter auf ihre Aktion hin, er übernimmt für Jephunneh Noths Lesung und schlägt dann vor "er wird zurückführen" zu übersetzen. (W. Beltz, Die *Kalebtraditionen* im Alten Testament, BWANT 18, Stuttgart 1974, 12).

[168] Gray, *Numbers*, 387ff; die älteren Kommentare wiesen Kapitel 26 in toto P zu, vgl. die Übersicht in der Tabelle von H. Holzinger, *Einleitung* in den Hexateuch, 1893, 10.

[169] Gray, *Numbers*, 387.

[170] Gray, *Numbers*, 396.

[171] O. Eißfeldt, Hexateuch-*Synopse*. Die Erzählung der fünf Bücher Mose und des Buches Josua mit dem Anfange des Richterbuches, Leipzig 1922 (Nachdruck Darmstadt 1973), 191.

[172] von Rad, *Priesterschrift*, 237.

[173] Rudolph, *Elohist*, 278.

[174] Noth, *Numeri*, 176; vgl. ders., *ÜP*, 233; ders., *System*, 122ff.

Bearbeitung entstanden[175], wobei er aber einen Widerspruch zwischen Dtrs Landverteilungsvorstellung und jener von Num 26,52ff zugeben muß. V.63-65 sei ein Nachtrag, der dem auf der Überschrift V.4b beruhenden Eindruck, die hier Gemusterten könnten identisch mit jenen, die in Num 1 gezählt worden sind, sein, entgegentritt[176].

Die Frage nach dem Alter und der Zusammensetzung der Sippenlisten kann hier offen bleiben, da sie zur Beurteilung der Josua-Figur nichts beiträgt. Erheblich ist dagegen die Einschätzung der V.52-56 und V.63-65. Der von Noth aufgewiesene Widerspruch zwischen JHWHs Landverteilungsprinzipien von Num 26,52-56 und dem dtr Konzept im Josuabuch spricht nicht dafür, daß diese Aussagen insgesamt als Ausgleich beider Vorstellungen entstanden sind. Der Widerspruch liegt jedoch schon in Num 26,52-56 selber vor[177]. V.52-54 vertreten den Standpunkt, daß die Zuteilung proportional nach der Mitgliederzahl der Stämme zu erfolgen hat, V.55 führt dann das Losverfahren ein, und V.56 versucht, einen Ausgleich zwischen den Positionen von V.52-54 und V.55 zu schaffen. Demnach verdanken nur die Verse 55-56 ihre Entstehung dem Bemühen, einen Ausgleich zwischen den Landzuteilungsprinzipien von Num 26,52-54 und Jos 14ff herzustellen[178]. Auf das Vorliegen einer späteren editorischen Notiz weist auch der Numeruswechsel in V.55f hin, durch den Mose als Subjekt der Landzuteilung (ein weiterer potentieller Widerspruch zu Jos 14ff) verschwindet.

Das Num 26 beherrschende Thema ist die Vorstellung der neuen Generation, die das Land einnehmen wird[179]. Diese Themenkonstellation wurde von P bereits in Num 14,26ff skizziert. Die Aussagen der V.52-54 und V.63-65 bilden zusammen mit jenen von 25,19-26,4a ein Aussagensystem, das theologisch die P-Version der Kundschaftergeschichte fortsetzt[180]. Die V.52-54 sind unerläßlich für das Verständnis der Musterung. Eine Konzeption, die vorsieht, daß das Land nach der Anzahl der Stammesmitglieder zuzuteilen ist, erfordert, daß zuvor diese Zahl genau festgestellt wird. Da die Leviten keinen Landanteil erhalten sollen, muß das Prinzip der Landzuteilung, um jeglichen Mißverständnissen vorzubeugen, vor der Aufzählung levitischer Sippen konstatiert werden[181]. Die JHWH-Rede an Mose legt die Grundsätze der Landzuteilung fest und behaftet damit Mose als Traditionsquelle für ein offensichtlich soziale Motive berücksichtigendes Prinzip. Sie läßt Mose zum spiritus rector einer Forderung werden, die nicht nur in der Antike immer umstritten war. Der künftige Nachfolger Moses wird somit in seinem Handlungsspielraum eingeschränkt. Ein Hinweis auf den Nachfolger ist des angerissenen Themas wegen daher zu erwarten.

---

[175] Noth, *Numeri*, 181.

[176] Noth, *Numeri*, 182; den Zusammenhang von Num 26,65 mit Josuas Auftreten in Num 13f. vermerkt Noth an anderer Stelle (*ÜP*, 192 Anm. 492). Vgl. auch de Vaulx (*Nombres*, 305ff.), der in Grundzügen Noths Position folgt. Pace (*Traditions*, 74f.) übernimmt Noths Position.

[177] Vgl. de Vaulx, *Nombres*, 313.

[178] Jos 14,2 ist ein Rückverweis auf Num 26,52-56 als Ganzes, der aber erst durch die Aussagen von V.55f. treffend wird. Die Vorstellung, daß die einzelnen Landesteile durch das Los vergeben werden, ist konstitutiv für die Komposition von Jos 14-19 und widerspricht der Vorstellung von Num 26,52-54.

[179] Vgl. hierzu die Ausführungen von Olson, *Death*, 53ff.123ff.

[180] Vgl. Olson, *Death*, 91.

[181] Vgl. Gray, *Numbers*, 394.

Die neue Musterung setzt das Aussterben der Ägypten-Generation voraus, daher ist die Erwähnung der beiden einzigen aus dieser Generation
überlebenden Männer[182], die doch das verheißene Land betreten werden,
geboten. Der Erfüllungsvermerk mit der Nennung von Kaleb und Josua
(Num 26,64f) verfolgt einen doppelten Zweck: das Eintreffen der Verheißung JHWHs festzustellen und zwei potentiell für die Nachfolge Moses
in Frage kommende Kandidaten in Erinnerung zu bringen. JHWH wahrt
gerade durch die 'Diskontinuität' der Generationen die 'Kontinuität' seiner Verheißungen. Die Namen Josua und Kaleb sind ebenso Chiffren dafür wie die noch an Mose ergehende Anordnung.

Das Thema "neue Generation/Land" entwickelt P von Num 13f ab, von
Num 20,12f ab steht die Frage, wer beim Übergang ins neue Land Mose
und Aaron ablösen wird, im Raum. Die Begleitumstände des Todes
Aarons (Num 20,22-29) lassen JHWH als denjenigen erscheinen, der Aarons Tod und Nachfolge als zwei Momente eines Handlungsablaufes geregelt wissen möchte und dieses autoritativ verfügt. Aufgrund der vorliegenden Josua-Tradition konnte P im Falle der Nachfolge Moses diese nicht so
einfach nach dem Muster "JHWH befiehlt Mose und dieser führt aus" regeln, wenn er JHWH nicht Mose etwas befehlen lassen wollte, was Mose
faktisch schon vorbereitet hatte. P mußte eine entsprechende Argumentation vorführen, die klar erkennen ließ, daß der Nachfolger Moses von
JHWH frei gewählt und diese Wahl unabhängig von Moses "Vorarbeit"
war.

Die Handlungsfreiheit für JHWH stellt P durch den gemeinsamen Auftritt Josuas und Kalebs in Num 14,6-9 wieder her[183]. Num 14,6-9 läßt
durchblicken, daß JHWH die Optionen auf die Nachfolge Moses verteilt.
Num 26,65 ruft dieses in Erinnerung und weist verhalten darauf hin, daß
JHWH sich noch immer zwischen zwei Kandidaten entscheiden könnte. P
wird dann Mose in Num 27,12ff so auftreten lassen, daß Mose ausdrücklich die nach Num 14 offene Entscheidung, wie immer sie ausfallen
möge, von JHWH erbitten muß. Die Aussagen von Num 26,65 bereiten
die naiv klingenden Bitten von Moses in Num 27,15ff vor. Sie sind eine
'Brücke' zwischen Num 14 und Num 27[184].

---

[182] Auch aus diesem Grunde ist die Aufzählung der levitischen Sippen vor der Nennung
von Kaleb und Josua geboten.

[183] Da Kaleb in Num 13,30 seinen Auftritt gehabt hatte, hätte es in Hinblick auf Num
14,38 nicht seiner Beteiligung an Aktion und Rede von Num 14,6-9 bedurft. Die Frage,
warum P Kaleb sich gleich wie Josua auszeichnen läßt, kann beantwortet werden durch die
Funktion, die Kaleb für P in Hinblick auf JHWHs Möglichkeiten bei der Wahl des Mose-
Nachfolgers hat.

[184] Das gilt auch für die Erzählung über das Erbrecht der Töchter Zelophads in Num
27,1-11; vgl. hierzu Olson, *Death*, 174ff. Möhlenbrink (*Josua*, 48) hat mit seiner Abweisung
der Nennung Josuas als sekundär in Num 26,65 den funktionellen Zusammenhang zwischen den Aussagen von P übersehen.

Die Vorstellung und Einsetzung Josuas als Nachfolger Moses

Die in der priesterschriftlichen Bearbeitung der Kundschaftererzählung vorbereitete Führungsalternative, Josua oder Kaleb, die mit JHWHs Verdikt über Mose und Aaron in Num 20,12f aktuell wird und nach Einsetzung Eleasars zum Nachfolger Aarons in Num 20,22ff einer Entscheidung bedarf, wird dann von JHWH selber nach Num 27,12ff zugunsten Josuas entschieden. Die Erzählung gilt schon der älteren Literarkritik als genuiner Bestandteil priesterschriftlicher Überlieferung[185]. Seit Dillmann Num 27,12-14 für eine Kompilation aus Num 20,12f.24 und Dtn 32,49-52 hielt[186], steht die Einheitlichkeit des Stückes zur Debatte[187]. Allgemein wird eher die Uneinheitlichkeit der Perikope vertreten[188], so daß die diesbezüglichen Argumente zu gewichten sind. Denn für das von P entwickelte Josuabild ist die Beantwortung der Frage erheblich, welche Umstände nach Sicht P's die Sukzession zum Gegenstand eines Gespräches zwischen JHWH und Mose werden ließen.

Die Verbindung von Num 27,12-14 und 27,15-23 wird als sekundär betrachtet, da die Bestellung Josuas ursprünglich ein selbständiger Akt und die Ankündigung des Todes Moses anfänglich verbunden sei mit der Erzählung über seinen Tod[189]. Dagegen läßt sich mit Wellhausen[190] und Noth[191] argumentieren, daß Dtn 32,48-52 eher Wiederaufnahme von Num 27,12-14 ist als umgekehrt. Ausgehend von der Beobachtung Dillmanns hat von Rad dann Dtn 32,48-52 für eine selbständige jüngere Rezension von Num 27,12-14 erklärt[192] und kommt, infolge der von ihm bei P festgestellten Doppelüberlieferungen und vermeintlicher Ungereimtheiten des Erzählungsverlaufes, zu dem Schluß, daß "zwei Berichte sauber ineinander gefügt" seien, eine "sehr unbefangen erzählende(n) Rezension durch eine stark klerikalisierende und theologisierende Schicht"[193] überlagert sei, die aber gegenüber der ersten Version doch einen eigenständigen Vorgang bilde[194].

---

[185] Vgl. Holzinger (*Einleitung*, 384) und seine Tabelle mit der forschungsgeschichtlichen Übersicht (ebenda, 10).

[186] A. Dillmann, Die Bücher Numeri, Deuteronomium und Josua, *KEH 13*, 1886[2], 179; Holzinger (*Numeri*, 138) schreibt folgerichtig den ganzen Passus P_s zu. Weitere Argumente findet Holzinger in der von Mose ausgehenden Initiative in V.15, der Titulierung JHWHs in V.16, die ihr Pendant in Num 16,22 hat (nach Holzinger ein redaktioneller Text), in der Wendung 'ein- und ausziehen' und in dem Herausfallen aus der Situation am Schluß von V.23.

[187] Vgl. u.a. Gray, *Numbers*, 399; Baentsch, *Exodus*, 637f; Greßmann, *Mose*, 338ff; von Rad, *Priesterschrift*, 125ff; Rudolph, *Elohist*, 278; Möhlenbrink, *Josua*, 49ff; Noth, *Numeri*, 185f; de Vaulx, *Nombres*, 321ff; S. Mittmann, *Deuteronomium*, 107ff.

[188] Anders S. E. McEvenue (*Word* and Fulfilment: A Stylistic Feature of the Priestly Writer, Semitics 1. 1970. 104-110, 105), der stilistische Merkmale aufzeigt, die dafür sprächen, Num 27,12ff. P_g zuzuweisen.

[189] So Greßmann (*Mose*, 338 Anm.3) in Aufnahme und Weiterführung der Dillmannschen Thesen.

[190] *Composition*, 113.

[191] Noth, *ÜSt*, 190f; ders., *ÜP* ,19 Anm. 61; 193.

[192] So von Rad, *Priesterschrift*, 126ff.

[193] So von Rad, *Priesterschrift*, 129.

[194] So von Rad, *Priesterschrift*, 130.

Die bei von Rad angemerkten Unebenheiten der Erzählung in den V.15-23 reichen
nach Noth nicht aus, um zwei Erzählfäden aus ihnen zu winden, sie seien eher Elemente
einer an V.22b anknüpfenden klerikalisierenden Bearbeitung[195]. Noth rechnet zwar Num
27,12-14 zum ursprünglichen Bestand der P-Erzählung, denkt aber, daß 27,15-23 "erst im
Zuge der Vereinigung des Pentateuchs mit dem deuteronomistischen Geschichtswerk hinzugekommen ist"[196], da nur in der dtn/dtr Literatur Tod Moses und Einsetzung Josuas
stereotyp miteinander verbunden worden seien. Für die Verbindung der Ankündigung des
Todes Moses mit der Einsetzung Josuas ließen sich mit Wellhausen[197] durchaus inhaltliche Argumente beibringen, die sich nicht darauf beschränken, daß wegen der anstehenden
Regelung der Landverteilung die Nachfolgerfrage zu klären sei, diese sich erst mit dem bevorstehenden Tod Moses melde, sondern daß auch die Überlieferung von Num 20,22ff Tod
des Vorgängers und Nachfolgeregelung als zwei Aspekte eines Geschehens betrachtet. Zu
klären wäre jedoch, warum das Vorbild von Num 20,22ff im Falle Mose-Josua nicht voll
'greift'.

Die Bestimmung der Stelle der Aussagen von Num 27,12-14 in dem
Aussagensystem von Num 20,12f.22ff; 27,12-23 und Dtn 32,48-52 ist eine
Vorentscheidung darüber, ob man die Erzählung von Num 27,12ff als
Einheit ansieht oder nicht. Der Vergleich der drei Überlieferungen untereinander zeigt, daß das Strafurteil aus Num 20,12 "לא תביאו את הקהל
הזה אל הארץ ..." und seine doppelte Begründung Ausgangsbasis aller
entsprechenden Aussagen in den drei folgenden Berichten über To-
desankündigung/Tod der beiden Anführer ist. Dabei wird die Landgabeformel, der Schlußsatz des Urteilsspruches, zum Mittelpunkt der auf die
jeweilige Situation angewandten Urteilsaussage. Num 20,12aαß konstatiert das Vergehen Moses und Aarons zunächst allein auf der Bezie-
hungsebene JHWH-Anführer. Mose und Aaron haben in dieser Beziehung zu JHWH versagt. Da sie die von JHWH berufenen Leiter des Volkes sind, hat ihr 'Nicht-Tun' öffentliche Relevanz und dokumentiert sich
als ein Versagen להקדישני. Das doppelte Versagen begründet die Strafaussage des Urteils. Die Begründung geht dem Urteil hier voran. Mose
und Aaron gehen ihrer Position verlustig, sie werden das Ziel ihrer Beauftragung, das Volk in das verheißene Land hineinzuführen, nicht erreichen.
Die Landverheißung bleibt jedoch bestehen.

Die Strafaussage für sich, in ihrem unmittelbaren Kontext gelesen, ist
noch nicht die Ankündigung eines unmittelbaren Todes der beiden. Das
wird sie erst in der weiteren Auslegung durch Num 20,24 für Aaron und
Num 27,13f für Mose. Dabei ist zu beachten, daß die beiden Konkretionen
und die Wiederaufnahme in Dtn 32,48ff ebenso wie das zugrunde liegende
Verdikt als direkte JHWH-Rede formuliert sind. Innerhalb der JHWH-
Rede kommt es zu einer fortschreitenden Anwendung und Adaption des
Urteils. Der Text von Num 20,24aα spricht aus, was לא־תביאו für Aaron
heißt, und kündigt seinen Tod an. Die folgende Aussage כי לא יבא אל
הארץ nimmt 20,12b auf und verdeutlicht: Aaron wird das Volk nicht in
das verheißene Land hineinführen und das bedeutet, er wird auch nicht

195 Noth, ÜSt, 191 Anm. 2.
196 Noth, Numeri, 185.
197 Wellhausen, Composition, 113.

selber hineinkommen. Der in der Strafaussage implizit enthaltene Gesichtspunkt wird herausgehoben und dient hier als Begründung der To-
desankündigung יאסף אהרן. Das Ziel der Aussage von 20,12b ist aber ein
doppeltes, wie das Festhalten der Landgabeformel in 20,24aβ verrät. Die
Landverheißung schließt sich wie in 20,12b unmittelbar an das Stichwort
לא יבא אל הארץ an und kommt, da die theologische Begründung dieses
Mal folgt, in den Mittelteil des Schlußurteiles über Aaron zu stehen. Diese
Begründung, die in 20,12 den Ausgangspunkt der Entscheidung JHWHs
bildete, setzt hier in 20,24b einen Schlußpunkt und schneidet jede weitere
Diskussion über das Urteil ab. Die Formulierung מריתם את פי [198] ist so
gewählt, daß die in den Aussagen von 20,12 offen nebeneinander gestellten Beziehungen 'JHWH-Anführer' und 'Anführer-JHWH-Israel' in eins
gesehen werden können[199], verstärkt durch die Umschreibung des Konfliktes mit dem Namen מי מריבה. Dieser Name weist nicht nur implizit
auf die Deutung in 20,13 als Streit der Israeliten gegen JHWH hin, sondern läßt Mose und Aaron gleichfalls als Angehörige der alten Generation
hervortreten, die zum Aussterben verurteilt ist. Sie gehören zu jener Generation, die von Mose ausdrücklich gewarnt wurde אתם עברים את פי
יהוה (Num 14,41)[200].

Die in V.25-26a folgende Beauftragung Moses zur Nachfolgeregelung
unterstreicht die Unwiderruflichkeit des Urteils. In V.26b geht das Bildwort אהרן יאסף über in die den Sachverhalt ungeschminkt nennende
Aussage ומת שם. V.26b verknüpft den Zeitpunkt des Todes Aarons mit
der Investitur seines Sohnes als Nachfolger[201]. Auf den Bericht der Ausführung der von JHWH Mose gebotenen Handlungen in V.27-28aα folgt
in V.28aβ die durchaus nicht überflüssige Feststellung וימת אהרן. Der
Rückkehr von Mose und Eleasar folgt die Erkenntnis des Volkes, daß
Aaron tot ist, und die öffentliche Trauer. Die in Num 20,12f angeführten
Argumente werden in der Erzählung vom Tode Aarons und der Einsetzung seines Nachfolgers systematisch entwickelt. Sie bestimmen Gedankengang und Struktur dieser Erzählung, deren Handlungsablauf linear

---

[198] Objekte der mit מרה umschriebenen Gehorsamsverweigerung sind mit einer Ausnahme (Jos 1,18) immer JHWH oder sein Bote bzw. seine Anordnungen; vgl. L. Schwienhorst, Art. מָרָה mārāh, in: ThWAT V (1986) 6-11, Sp. 7. Die Wendung מרה את פי יהוה
kommt in priesterschriftlichen Texten nur noch in Num 27,14 vor, die meisten Belege finden sich in dtr Kontexten (Schwienhorst, a.a.O, Sp. 9). Da das Subjekt zu מרה häufig eine
kollektive Größe oder eine Person mit öffentlicher Verantwortung ist, deutet der Gebrauch
des Verbs מרה die öffentliche Wirkungsdimension der so benannten Vergehen an. Zu מרה
vgl. ebenfalls R. Knierim, Art. מרה mrh widerspenstig sein, THAT I (1971) 928-930.

[199] Die Zusammenschau von לא תאמין und מרה findet sich so ähnlich in Dtn 9,23 in
der Beurteilung der Kundschaftergeschichte wieder, hier interpretiert לא תאמין das mit
מרה umschriebene Verhalten.

[200] Vgl. Dtn 1,43.

[201] Die intendierte Gleichzeitigkeit wird durch die Umstellung der Aussage von V.24aα
אהרן יאסף in das יאסף אהרן in V.26b bewirkt. V.24a ist eine Ankündigung, V.26b eine
Feststellung.

verläuft. Auf die JHWH-Rede folgt die Ausführung des in der Rede Gebotenen durch Mose, dem schließt sich die Reaktion der Öffentlichkeit an.

Der Aufbau der Erzählung von Num 27,12-23 ist dagegen wesentlich
komplexer. Auf die einleitende JHWH-Rede folgt eine Gegenrede Moses, die JHWH erwidert, worauf Mose die in der zweiten JHWH-Rede ergangene Verfügung ausführt. Die Öffentlichkeit des Geschehens ist mit
der Moserede bereits angesprochen. Israel als Publikum und Zeuge spielt
keinen eigenständigen Part. Auf eigentümliche Weise unterscheidet sich
die JHWH-Rede von jener in Num 20,23-26. In Num 20,23-26 wird mit
den ersten Worten יאסף אהרן אל עמיו das Motiv der Rede und Ziel der
Handlungen genannt. Die Eröffnung nimmt dem zu erzählenden Hand-
lungsverlauf jegliche Spannung. Der zweite Teil führt die angesichts dieses
Zieles von Mose zu ergreifenden Maßnahmen in ihrem Zusammenhang
auf. Vor allem die von JHWH vorgesehene Nachfolgeregelung garantiert
die Kontinuität des priesterlichen Leitungsamtes. Das Sterben Aarons und
die Einsetzung Eleasars sind zwei Aspekte eines Vorganges.

In Num 27,12-14 beginnt JHWH unvermittelt mit dem Befehl עלה אל
הר העברים הזה. Die weiteren Anordnungen bauen Spannung auf. Der
Aufstiegsbefehl eröffnet ein Geschehen, dessen Ablauf noch nicht feststeht. In Num 20,25b markiert er die Mitte der JHWH-Rede und kennzeichnet nur einen Schritt innerhalb der Handlungsfolge. Die Landgabeformel, die in Num 20,24 von Negativaussagen umrahmt wird, ist hier in
Num 27,12f von positiven Aussagen umgeben[202]. Die so geweckten Erwartungen des Hörers/Lesers richten sich eben nicht analog zu Num 20,28aβ
auf שם וימת משה. Die Wiederaufnahme des zweiten Teils der Anordnung
in 27,13aα וראיתה אתה steigert die Spannung nochmals, um dann auf der
Stelle aufgelöst zu werden durch die Ankündigung ונאספת אל עמיך,
die so inhaltlich nicht vorbereitet wurde[203]. Die Unvermitteltheit dieser
Aussage wird anschließend durch den Rückverweis auf Aarons Ende 'relativiert'. Die Gleichsetzung mit Aaron wird vorbereitet durch גם
אתה und auf den Punkt gebracht durch den Hinweis אחיך[204], diese beiden
Wendungen und der Verweis auf seinen Tod arbeiten hier der Begründung für die Ankündigung von V.13aβ vor, die in V.14 explizit

---

[202] V.12bα ראה את הארץ und V.13aα וראיתה אתה.

[203] Das Moment der Überraschung tritt um so deutlicher hervor, bedenkt man, daß
nach dem Befehl, das Land anzuschauen, der Landgabeformel und der angesprochenen
Vorwegnahme des Vollzugs, eher eine Aussage über die Inbesitznahme des Landes zu erwarten wäre. Evident wird dies, sollte hier mit וראיתה אתה eine Anspielung intendiert sein
auf die der rechtlichen Aneignung des Landes vorausgehende Inaugenscheinnahme, d.h.
der erste Schritt eines Rechtsaktes. Vgl. Gen 13,14f. und D. Daube, *Law* in the Narratives,
in: Ders., Studies in Biblical Law, Cambridge 1947, 1ff., 28ff; ders., *Rechtsgedanken* in den
Erzählungen des Pentateuch, in: Von Ugarit nach Qumran. FS O. Eißfeldt, BZAW 77,
1958, 32-41, 35.

[204] Ein derartiger Hinweis findet sich nicht in der Erzählung von Num 20,22ff.

folgt[205]. V.13aβb nimmt inhaltlich Bezug auf die in Num 20,27f berichteten Vorgänge, ausgedrückt wird dies mit den Worten von Num 20,24a.

Num 27,14 zitiert das Argument aus Num 20,24b, fügt eine allgemeine Lokalisation an und erläutert פי מריתם, indem das Vorkommnis unter den Titel מריבת העדה gestellt wird (letzteres eine Zusammenfassung von Num 20,13aß). Es folgt die zweite Begründung aus Num 20,12a. Die Formulierung der Aussagen in Num 27,14a geht hervor aus von jenen in Num 20,12aß (להקדישני לעיני) und Num 20,24b (מריתם את פי). Num 27,14b beginnt mit einem Zitat von Num 20,13aα. Die Bezeichnung des Volkes als עדה findet sich gleichfalls in Num 20,22-29[206]. Das in allen drei Texten auftauchende לעיני betont die öffentliche Dimension des Geschehens. Die genaue Lokalisierung in Num 27,14b ist nach der allgemeinen geographischen Angabe 'Wüste Zin'[207] in 27,14a nicht überflüssig[208]. Sie dient der zweifelsfreien Identifizierung des Vergehens Moses[209]. Im Kontext von Num 20 genügte der Hinweis מי מריבה (20,24). Num 27,14b bedarf, nicht nur wegen des größeren Abstandes zu den Ereignissen, der präziseren Angabe; מריבה umschreibt in Num 27,14a den Aufruhr des Volkes, und das in anderen Kontexten eindeutige מי מריבה[210] wird hier erst eindeutig

---

205 Mittmann (*Deuteronomium*, 108) hält V.13 ab ונם אתה und V.14 für nachträglich angehängt und begründet dies damit, daß der bisher flüssige Erzählungsstil holprig werde. Diese von ihm bemängelte Stileigentümlichkeit (Aufgabe der Parataxen) ist Ergebnis des Bemühens um Genauigkeit der Aussage. Die Beibehaltung der einfachen Syntax aus V.12-13a ist der Komplexität des angesprochenen Sachverhaltes nicht angemessen. Parataktisch läßt sich dieser hier nicht 'fassen'.

206 Die Verwendung des Ausdruckes עדה hat inhaltliche Gründe und geht nicht auf die Vorliebe eines Späteren zurück, wie Mittmann behauptet (a.a.O., 108). Der Wechsel zwischen עדה und בני ישראל kommt so gleichfalls in Num 20,1-13 und 20,22-29 vor und ist dort ähnlich motiviert.

207 'Wüste Zin' ist Bezeichnung einer ausgedehnten, in ihren Grenzen nicht eindeutig umschreibbaren Landschaft im südlichen Negev, vgl. hierzu F. M. Abel, *Géographie* de la Palestine, Band I, Paris 1933, 434.436; Y. Aharoni, Das *Land* der Bibel. Eine historische Geographie, 1984, 204; Z. Kallai, Historical *Geography* of the Bible. The Tribal Territories of Israel, Jerusalem/Leiden 1986, 116.

208 Dillmann hält diese Lokalisierung für eine "im Munde Gottes befremdliche Glosse, genommen aus 20,13 in Verbindung mit Dt 32,51" (*Numeri*, 179). Baentsch betrachtet 27,14b als Glosse, da die Aussage nicht mehr zur Rede Gottes gehören könne (*Exodus*, 639). Noth spricht von nachgetragener Lokalisierung im Anschluß an Dtn 32,51 (*Numeri*, 186). Dillmann (a.a.O.) hat sehr richtig erkannt, daß die Situation der Anrede in 27,14b noch nicht aufgegeben ist. Das zeigt auch der Vergleich mit Num 20,13, wo der Subjektwechsel im Relativsatz klarstellt, daß die Anredesituation aufgegeben worden ist. Baentsch wäre zu fragen, wie denn innerhalb einer Gottesrede eine Ortsangabe syntaktisch anders formuliert zu sein hätte, d.h. ob die rhetorische Form Gottesrede sich nur eines eingeschränkten Kreises syntaktischer Mittel bedienen dürfe. Das Verhältnis von Dtn 32,51 und Num 27,14 dürfte nicht so sein, wie Noth annimmt.

209 Die Angabe in Num 13,21, daß die Kundschafter das Land von der Wüste Zin bis nach Rehob erkundeten, könnte Zweifel an der Verortung der "Sünde Moses" entstehen lassen.

210 Außer in Num 20,13.24 kommt es noch in Dtn 33,8; Ps 81,8 und Ps 106,32 vor.

durch den Zusatz קדש[211]. Bot jedoch der Ausdruck מריבת העדה in Num
27,14a den Anlaß für die Zusammenfassung aller drei, die Erzählung von
Num 20,1-13 rahmenden, Ortsangaben in Num 27,14b, dann ist die dreiteilige Bezeichnung schwerlich aus Dtn 32,51 entlehnt[212].

Einige Besonderheiten des Textes von Dtn 32,48-52 lassen sich eher
erklären, sieht man, daß dieser Text auf dem Hintergrund der Texte
Num 20,1-13.22ff und Num 27,12-23 gestaltet worden ist. Die Einleitung
der JHWH-Rede in Dtn 32,48 weist P_S charakterisierende Elemente
auf[213]. Die Gleichsetzung von Abarim Gebirge mit dem Berg Nebo gegenüber Jericho verrät das Bemühen des Verfassers, die von Num 27,12
her vorgegebene Lokalisierung des Schlußgespräches zwischen JHWH
und Mose dem neuen Kontext, möglicherweise in Weiterdeutung der Aussagen von Num 33,47, anzupassen[214]. Die Landgabeformel wird in Dtn
32,48ff aktualisiert und taucht in zweierlei Funktionen auf. In Dtn 32,49b
steht sie, analog und in Aufnahme des in Num 27,12b ergangenen Befehls
zur Charakterisierung des Landes als Gottesgabe, die hier durch den Namen Kanaan und den Begriff אחזה näher bezeichnet wird. In Dtn 32,52b
beschließt die Landgabeformel die JHWH-Rede, dient aber, in wörtlicher
Aufnahme von Num 20,24aß dem Festhalten des Gegensatzes zwischen
Mose (bzw. Aaron) und Israel. Im Angesicht des bevorstehenden Todes
Moses und Aarons wird die göttliche Landverheißung bekräftigt. Auf die
erweiterte Landgabeformel von Dtn 32,49b folgt dann in V.50a das unmißverständliche ומת בהר, dem erst die bildliche Umschreibung sich anschließt, worauf der Rückverweis auf Aarons Ende in V.50b folgt. Die
Verbindung von מת und יאסף findet ihr Vorbild in Num 20,26b.

Im weiteren Verlauf der Argumentation folgt Dtn 32,51 dann der von
Num 27,14 vorgegebenen Linie. Die Begründung folgt in beiden Texten
auf die Erwähnung des "Versammeltwerdens Aarons". Das beider Verfehlung charakterisierende Verb מעל kann als theologisch verschärfte Inter-

---

[211] Allenfalls die Wiederholung von מדבר צן in V.14b könnte man als nicht notwendig
betrachten, doch betont sie die Identität des Schauplatzes des in 27,14a Berichteten mit jenem von 20,1-13. Dem Verfasser scheint eine gewisse Tendenz zur Übergenauigkeit eigen.

[212] Diese dreiteilige Ortsbezeichnung findet sich, abgesehen von diesen beiden erwähnten Stellen, nur noch in der Grenzbeschreibung Ez 47,19 und in der Landverheißung Ez
48,28, vgl. hierzu Zimmerli, *Ezechiel*, 1217f.1226f.

[213] Vgl. McEvenue, *Style*, 61 Anm. 55.

[214] Nach M. Noth ist das Stationenverzeichnis von Num 33 eine Verarbeitung der Ortsangaben der Pentateucherzählungen unter Einarbeitung eines weiteren Dokumentes (vgl.
Der *Wallfahrtsweg* zum Sinai (Nu 33), (1940) in: ders., ABLAK I, 1971, 55-74; *Numeri*, 210)
Die Wendung in Num 33,47, הרי העברים לפני נבו, sieht Nebo und Abarim noch als zwei
getrennte Größen, wobei offen bleibt, ob die Ortschaft oder der Berg dieses Namens ge-
meint ist. Allerdings legt der Wechsel von הר העברים (so Num 27,12) zu הרי העברים
(Num 33,47) eine Basis für die Identifizierung von Abarim-Berg und Berg Nebo, indem der
Abarim zum Gebirge erklärt wird und der Nebo so dessen Hauptberg werden kann.

pretation von Num 20,12 לא האמנתם בי verstanden werden[215]. Die im
Relativsatz gebotene Erläuterung לא קדשתם אתי (Dtn 32,51b) ist eine
Aufnahme der gleichlautenden Vorwürfe aus Num 20,12aß und 27,14aß.
Der Öffentlichkeitsaspekt des Versagens Moses und Aarons wird beibe-
halten, doch abweichend mit בתוך בני ישראל vermerkt[216].

Die JHWH-Rede in Dtn 32,48ff endet versöhnlich mit der Mose vor
Aaron auszeichnenden Gunst, das Land noch sehen zu dürfen, und der
Hervorhebung der göttlichen Landgabe für Israel. Die JHWH-Rede von
Num 20,23-26 erwähnt zwar zum Schluß den Tod Aarons, verknüpft aber
die Einsetzung des Nachfolgers Eleasar so mit dessen Tod, daß die Blick-
richtung in die Zukunft geht. Anders verhält es sich mit der JHWH-Rede
in Num 27,12-14, deren Schwergewicht ab V.13b auf vergangenem Geschehen liegt. Die hier angewandte Erzähltechnik ruft automatisch die
Frage, die innerhalb der Rede Num 20,23-26 beantwortet worden ist,
wach: wer wird der Nachfolger des toten Anführers werden?

Nach alledem kann Dtn 32,48ff. nicht als Vorlage von Num 27,12-14
gelten. Damit entfällt ein wesentliches Argument, das die vermeintliche
Uneinheitlichkeit von Num 27,12-23 begründen half. Die vorstehenden
Überlegungen zu Num 27,12-14 haben im Vergleich mit den beiden anderen Texten bereits angedeutet, daß Num 27,12-14 eine systematisch auf
das folgende Zwiegespräch hinführende Einleitung bildet[217]. Der Entdek-
kung und Einsetzung des Nachfolgers, kurzum JHWHs Methodik der Sicherung von Führung für Israel, ist im folgenden Text Num 27,15-23 nachzugehen.

Die Moserede Num 27,15-17 setzt genau an dem Punkt an, der in
JHWHs Rede hier, vergleicht man diese mit jener in Num 20,20-26, nicht
angesprochen worden ist: der künftigen Führung Israels. Mose ergreift die

---

215 מעל bezeichnet zumeist aktiv gegen JHWH gerichtete Vergehen, vgl. R. Knierim,
Art. מעל mᵉ l treulos sein, in: THAT I (1971) 920-922 und H. Ringgren, Art. מָעַל maʾ al, in:
ThWAT IV (1984) 1038-1042.

216 Der Wechsel der Präposition - Num 20,12; 27,14 steht לעיני - zeigt, daß die Gegenüberstellung Mose und Aaron einerseits, Israel andererseits, die nicht nur die Begebenheit
von Num 20,1ff auszeichnet, aufgegeben worden ist. Aus der Sicht des Verfassers von Dtn
32,51 haben sich Mose und Aaron durch ihr damaliges Verhalten auf die Seite Israels gestellt und werden folglich das Schicksal dieses Israels, das heißt der Wüstengeneration, er-
leiden. Sie werden mit dieser Generation in der Wüste vor Betreten des verheißenen Landes sterben.

217 Die Mittmann verdächtige Partie Num 27,13aßb-14 (*Deuteronomium*, 108) verweist
nicht nur auf Num 20,1-13 zurück, wie er konzediert, sondern gleichfalls auf Num 20,22-29,
denn der Tod Aarons ist erst in der letzten Erzählung erwähnt. Seine literarkritische Analyse von Num 20,1-13 und die Zuschreibung der Hauptschicht an Pₛ bleiben im Bereich
thetischer Behauptungen und ist zu sehr bestimmt von seiner Vorstellung der "Art von Pg",
als daß sie hier als Argument für die literarische Uneinheitlichkeit von Num 27,12-14 gelten
kann. Die Tatsache, daß Num 20,1-13 eine theologische Zweckkonstruktion nach dem
Vorbild von Ex 17,1-7 ist, begründet allein nicht ihre Abfassung durch Pₛ. Die Verwendung
sekundären P-Materials, die von Mittmann behauptet wird (*Deuteronomium*, 109), müßte
erst noch als konstitutiv für die Gestaltung der Erzählung erwiesen werden, ehe diese in
den Bereich von Pₛ zu verweisen ist.

Initiative, die die vorausgehende JHWH-Rede (V.12-14), ihm subtil anbietet. Die eigentümliche Formulierung der Bitte als indirekte Anrede[218], die
diese von allen sonstigen Forderungen und Bitten Moses an JHWH abhebt[219], läßt dem auf diese Weise angeredeten JHWH die Freiheit, die
Bitte grundsätzlich abzulehnen, ohne daß Mose eine Konfrontation mit
JHWH, der seiner Bitte ähnlich wie in Dtn 3,23ff ablehnend gegenüber-
steht, zu gewärtigen hätte und so sein Gesicht in einer wichtigen Autori-
tätsfrage verlieren würde. Rhetorisch bereitet die indirekte Bitte die positive Aufnahme der Bitte in JHWHs Entgegnung (V.18-21) vor.

Die Bezeichnung des von JHWH gewünschten Eingreifens als יפקד
על העדה איש ruft die Variationsbreite der Bedeutungen von פקד und
עדה hervor. Die damit verbundene inhaltliche Unschärfe paßt gut zu der
indirekten Forderung. Das Verb פקד umfaßt im profanen Alltagsgesche-
hen im weitesten Sinne aus Verantwortung geschehendes Handeln, das
von der rein sozial motivierten Fürsorge und dem 'nach jemanden sehen'
über 'verfügen, prüfen, anordnen' bis zu 'jemanden in ein Amt einsetzen'
reicht[220]. Der Begriff mahnt JHWH an seine Verantwortung, die er für-
sorglich wahrzunehmen gebeten wird. Die Benennung des Objektes - עדה
- fügt sich diesem Duktus. Die Aussage von V.16 vermeidet jegliche Begrifflichkeit, die JHWH festlegen könnte. Der Begriff עדה, von JHWH
bereits ins Gespräch eingebracht (V.14a), ist geeigneter als בני ישראל,
soll die Sonderbeziehung Israels zu JHWH angesprochen werden[221].

Die Bitte um *einen* Mann im Munde Moses stellt klar, daß es nicht nur
aus der Perspektive JHWHs, sondern auch aus der Sicht Moses mehr als
einen denkbaren Kandidaten für das Führungsamt gibt. Die priesterschriftliche Version der Kundschaftererzählung hatte diese Möglichkeit
der Wahl herausgearbeitet. Mose äußert seine Bitte hier so, daß er frei
von jeglichem Eigeninteresse und etwaiger Vorliebe für einen Kandidaten
als jemand dasteht, der allein das Wohl der bisher ihm Anvertrauten im
Sinn hat[222]. Moses vermeintliche Unparteilichkeit ist nur aus der Sicht von
Ex 17,8ff; 24,13f; 32,17f; 33,11 schwer verständlich, dagegen liegt sie auf
einer Linie mit den Szenen von Num 11,26b-29 und Num 14.

Der JHWH hier beigelegte Titel אלהי הרוחת לכל בשר ruft die Erinnerung an eine kritische Situation Israels hervor (Num 16,22), in der Mose
und Aaron mit eben diesen Worten ihre Forderung an JHWH einleiteten,

---

[218] Vgl. Noth, *Numeri*, 186.

[219] Siph Num § 138 weist in diesem Zusammenhang daraufhin, daß Mose insgesamt
nur vier Bitten an JHWH richtet, in Ex 6,12; Num 12,13; Num 27,15ff. und Dtn 3,23ff. Der
indirekten Anrede und Bitte bedient sich nur die in Num 27,15ff vorliegende.

[220] Vgl. W. Schottroff, Art. פקד pqd heimsuchen, in: THAT II (1976) 466-486, insbes.
Sp. 470-475; G. André, Art. פקד pāqad, in: ThWAT VI (1989) 708-723, Sp. 708ff.

[221] Vgl. L. Rost, Die *Vorstufen* von Kirche und Synagoge im Alten Testament, BWANT
24, Stuttgart 1938, 40f; G. Sauer, Art. יעד j'd bestimmen, in: THAT I. 1971. 742-746, insbes. Sp. 745f; Levy/ J. Milgrom/ H. Ringgren/ H.-J. Fabry, Art. עדה 'edāh, in: ThWAT V
(1986) 1079-1093, insbes. Sp. 1088.

[222] So deutet auch Siph Num § 138 die Stelle, vgl. ebenfalls Raschi, *Pentateuch IV*, 293.

zwischen dem Mann, der gesündigt hat, und der Gemeinde zu unterscheiden[223]. Ähnlich wie in Num 16,22 dürfte der Titel hier auf Kenntnis und Wissen JHWHs in dieser Angelegenheit anspielen[224]. Die Eröffnung der Moserede in Num 27,15f zielt darauf ab, wenn sie auch formal Mose die Initiative zuschreibt, JHWH eindeutig bei der Bestimmung des Nachfolgers Moses die Initiative zu lassen, ein Faktum, das nicht unerheblich für die Begründung der Autorität des Nachfolgers ist. Die von Mose in der Folge entwickelte Tätigkeitsbeschreibung des Nachfolgers reduziert seine Rolle auf die des Vorbildes (17aα) und die Wahrnehmung der militärischen Führung (17aβ)[225].

Noth bemerkt zu der doppelten Umschreibung der Funktionen des Nachfolgers in V.17a, dieser sei "umständlich und breit formuliert", doch seien "die beiden Hälften dieses Passus ... sachlich gleichbedeutend."[226] Von Rad, der in Num 27,12-23 zwei Berichte ineinander geschoben sieht, hält V.17aβ für redaktionell[227]. Auffällig in V.17a sind aber weniger die Aussagen von V.17aβ als jene von V.17aα. In der Wendung לפניהם יבא / לפניהם יצא sehen Dillmann[228] und Gray[229] die Umschreibung allgemeiner Führungstätigkeiten[230]. Das hieße, daß der Ausdruck den gesamten nichtmilitärischen Bereich von Herrschaftsfunktionen hier abdecken würde[231]. Eine derartige Blankovollmacht wäre angesichts der in der Priesterschrift vorhandenen Tendenz, Eleasar dem Josua zur Seite zu stellen, allerdings merkwürdig.

Ein Blick auf die Verteilung der Wendung 'vor jemanden her ausziehen' und 'vor jemanden her hineingehen' zeigt, daß sie selten vorkommt. Die Verben יצא und בוא (qal) in Verbindung mit der Präposition לפני sind außer an dieser Stelle nur noch belegt in 1.Sam 18,13.16 und 2.Chr 1,10. Dazu findet sich in 1.Sam 8,20 noch יצא לפני allein. Außer in 2.Chr 1,10 lassen sich die so umschriebenen Funktionen als militärische deuten, wobei diese Einschränkung für 1.Sam 8,20 und 1.Sam 18,13.16 nicht zwingend ist[232]. 2.Chr 1,10 bittet

---

223 Num 16,22 weist über die Apostrophierung JHWHs hinaus noch terminologische Berührungen mit Num 27,16 auf. In Num 16,22 stehen gleichfalls die beiden Größen איש und עדה gegenüber, jedoch in negativer Konfrontation. Hier wird der Gegensatz betont durch das prononcierte האיש אחד.

224 So schon Raschi, *Pentateuch IV*, 293; vgl. ebenfalls Dillmann, *KEH 13*, 179.

225 Zum Verständnis von V.17aβ vgl. u.a. Dillmann, *KEH 13*, 179; Holzinger, *Numeri*, 639; Noth, *Numeri*, 186; de Vaulx, *Nombres*, 323; K. Baltzer, Die *Biographie* der Propheten, Neukirchen 1975, 54.

226 Noth, *Numeri*, 186.

227 von Rad, *Priesterschrift*, 129.

228 Dillmann, *Numeri*, 179.

229 Gray, *Numbers*, 400.

230 Das Begriffspaar יצא und בוא kann auch ganz allgemein 'Tun und Lassen' ausdrücken, vgl. H. D. Preuß, Art. יצא jāsā', in: ThWAT III, 1982, 795-822, insbes. Sp. 800; E. Jenni, Art. יצא jṣ' hinausgehen, in: THAT I, 1971, 755-761, insbes. Sp. 757. Nur als allgemeine Aussage gäbe dies für Num 27,17aα keinen Sinn.

231 Ein Überblick zur Forschungsdiskussion findet sich bei A. van der Lingen [bw' - yṣ' ("*to go out* and to come in") as a Military Term.VT 42.1992.59-66], der die beiden Anwendungsbereiche (militärisch versus zivil) herausstellt.

232 P. Boccacio (I *termini* contrari come espressioni della totalità in ebraico (I), Bib. 33. 1952. 173-190, insbes. 182ff hat gezeigt, daß in diesen Aussagen weniger die militärischen Tätigkeiten als die allgemein öffentlichen Aktivitäten des Führers umschrieben werden. Zu den Wendungen mit der Präposition לפני bemerkt er, daß hier die Vorstellung der unumschränkten Autorität sichtbar werde (a.a.O., 189).

Salomo in seinem Traumgesicht zu Gibeon JHWH um Weisheit und Erkenntnis, damit er vor dem Volk 'aus- und eingehe'. Sowohl die Traumerzählung in 1.Kön 3,1-15 wie auch die chronistische Version sind frei von militärischen Anklängen[233]. Salomos 'Ein- und Ausgehen vor dem Volk her' steht hier im Kontext seiner Fähigkeit, das Volk zu regieren. Militärische Züge sieht das von der biblischen Überlieferung gezeichnetc Bild Salomos nicht vor. Der betreffende Ausdruck dürfte des Königs Handeln als Vorbild und Richtschnur für das Volk darstellen[234]. Dieses Verständnis könnte den Aussagen von Num 27,17a zugrunde liegen. Das hieße, daß der gewünschte Nachfolger in all seinem Tun dem Volk mit gutem Beispiel vorangehen solle. In diesem Sinne läge dann keine Doppelung zu der Aussage von V.17aß vor. Unabhängig von dieser Interpretation bleibt aber das literarische Verhältnis von V.17a und V.21 und von Rads These einer klerikalisierenden Bearbeitung zu bedenken[235].

Die Bitte Moses endet mit einer eher nichtmilitärischen, das Gemüt rührenden Beschwörung, daß die Gemeinde JHWHs nicht ohne Hirte sei[236]; ein Appell, der den seiner Verantwortung bewußten Anführer Mose ins rechte Licht rückt[237]. JHWH nimmt in seiner Antwortrede den Vorschlag Moses auf und ergreift seinerseits die ihm nahegelegte Initiative. JHWH befiehlt Mose, Josua bin Nun auszuwählen, und begründet seine Entscheidung damit, daß Josua ein איש אשר רוח בו sei (V.18aß). Dieser Ausdruck qualifiziert Josua als verständig und geeignet für die Führungsaufgabe[238]. JHWH, der in V.16 als der Gott angesprochen wird, der den Menschen Vernunft und Geist verleiht, bestimmt den ihm entsprechenden

---

[233] J. G. Plöger (Literarkritische, formgeschichtliche und stilkritische *Untersuchungen* zum Deuteronomium, BBB 26, 1967, 180) denkt wegen der Aufzählung der Rüstungsanstrengungen in 2.Chr 1,14-17 daran, daß diese Wendung doch militärischen Sprachgebrauch verrate, übersieht dabei aber, daß die Antwort JHWHs in V.11-12 den zivilen Charakter der Bitte Salomos herausstellt und die Erzählung mit V.13 endet. Zwischen V.13 und V.14 liegt nicht nur ein Szenenwechsel vor, sondern auch ein Wechsel der literarischen Gattung.

[234] Zur typologischen Gestaltung Salomos vgl. H.-P. Müller/ M. Krause, Art. חָכָם ḥākam, in: ThWAT II (1977) 920-944, 930.932.

[235] Vgl. dazu unten S.157ff.

[236] עדת יהוה nimmt das עדה aus V.16b auf und verstärkt den Beziehungsaspekt. Die Wendung findet sich sonst nur noch in Num 31,16 und Jos 22,16f, wo sie Israel in einer Situation der Gefährdung als JHWH-Gemeinschaft charakterisiert. In der Klage um das entweihte Heiligtum bezeichnet Ps 75,1f Israel in der Anrede gegenüber JHWH als צאן מרעיתך und עדתך. Da die Tätigkeit eines guten Hirten mit פקד umschrieben werden kann (André, Art. פקד pāqad, Sp. 713, weist auf Jer 23,2 und Sach 11,16 hin) korrespondiert das Bildwort am Schluß der Moserede gut mit der anfangs geäußerten Bitte.

[237] Das Bildwort bezieht sich in 1.Kön 22,17 auf das führerlos auseinanderstrebende Heer Israels, vgl. dazu Noth, *Numeri*, 186; Gray, *Kings*, 451. Sach 13,7 taucht dieses Bildwort gleichfalls in einem Drohwort auf.

[238] Vgl. dazu Prov 16,2 und Gen 41,38. Da in Num 27,18 anders als in Gen 41,38 der Geist nicht näher gezeichnet wird, dürfte Num 27,18 nicht auf eine charismatische Inspiration Josuas zu deuten sein. Im Hinblick auf Gen 41,38 möchte Westermann die dortige Wendung nur als "gottgewirkte Befähigung für die Aufgabe" Josephs verstehen (*Genesis 37-50*, BK I/3, 1982, 96). W. Vogels (The *Spirit* of Joshua and the Laying on of the Hands of Moses. Num 27:18-23-Deut 34:9, in: LTP 38. 1982. 3-7, 6f) spricht in Hinblick auf Salomos Bitte um den Geist und Josuas Qualifikation davon, daß es sich um eine zur Übernahme der Führung notwendige Eigenschaft handele.

Mann[239]. Mose soll ihn zu sich nehmen (V.18a), seine Hand auf ihn stemmen (V.18b), ihn vor Eleasar und die ganze Gemeinde stellen (V.19a) und dann öffentlich beauftragen (V.19b), indem er seine Autorität ihm weitergibt (V.20). Die Aussagen von V.21 präzisieren dann Josuas Funktionen in Anlehnung an V.17a und klären das Verhältnis zwischen Josua und Eleasar.

Die Reihenfolge der Mose aufgetragenen Handlungen, deren Verständnis und deren Ausführung nach V.22f, bieten der exegetischen Interpretation einigen Spielraum. Die Kontroverse entzündet sich im wesentlichen an der Lesung von ידך in V.18b. Denn zwischen dem Befehl von V.18b "stemme deine Hand auf ihn" und seiner Ausführung in V.23 "er stemmte seine Hände auf ihn" besteht eine Diskrepanz. Diese läßt sich textkritisch auflösen, liest man das ידך in V.18b als "scriptio defectiva ydk"[240]. Diese elegante Lösung erklärt nicht, warum Targum und Vulgata den MT unverändert in beiden Versen wiedergeben, die syrische Übersetzung in V.23 an den Singular von V.18 angleicht, der samaritanische Text daneben auch noch in Dtn 34,9 Singular hat, und last not least die masoretische Punktation nicht wie sonst üblich den vermeintlichen Mangel korrigiert hat[241]. Der masoretische Text ist so gut bezeugt, daß das Hilfsmittel "scriptio defectiva" eher von der Verständigungsschwierigkeit der Exegeten zeugt als von der Korruption des Textes.

Ein Ausweg aus dieser Aporie scheint auf, stellt man die bisher stillschweigend angenommene Identität der in V.18b gebotenen Handlung mit jener nach V.23aαb als ausgeführt berichteten in Frage. Zwei Indizien unterstützen dieses: die bereits von von Rad kritisch notierte Reihenfolge der Befehle in V.18-20[242] und der Numerusunterschied zwischen den Aussagen in V.18b und V.23aα. Nur aus der Perspektive von V.23aα betrachtet, steht der Befehl von V.18b an der falschen Stelle. Der eigentliche Ordinationsakt kann selbstverständlich erst durchgeführt werden, wenn Josua vor Eleasar steht. Berichtet der Text hingegen die Mose aufgetragenen

239 Baentsch, *Exodus*, 639, wies daraufhin, daß der Titel in V.16 in Hinblick auf die Qualifikation des Nachfolgers in V.18 gebraucht sei.
240 So in Anlehnung an die LXX R. Péter (L'*imposition* des mains dans l'Ancien Testament, VT 27. 1977. 48-55, ebenda 51), dessen Position von Rad mit seiner Übersetzung des Textes (*Priesterschrift*, 129) vorausgenommen hat. Die Lesung wurde übernommen von B. Janowski, *Sühne* als Heilsgeschehen. Studien zur Sühnetheologie der Priesterschrift und zur Wurzel KPR im Alten Orient und im Alten Testament, WMANT 55, 1982, 201; R. Rendtorff, *Leviticus*, BK III/1, Neukirchen-Vluyn 1985, 34; D. R. Wright/ J. Milgrom/ H.-J. Fabry, Art. סָמַךְ sāmak, ThWAT V. 1986. 880-889, 885. Am masoretischen Text halten fest Dillmann, *KEH 13*, 179; Baentsch, *Exodus*, 639; Holzinger, *Numeri*, 138; Noth, *Numeri*, 184; de Vaulx, *Nombres*, 323f. Gray (*Numbers*, 402) erklärt das textkritische Problem für nicht lösbar. Sifre Num hält an der Differenz von Hand (V.18) und Händen (V.23) fest (§ 140f; ed. K.G. Kuhn, *Sifre* zu Numeri. Der Tannaitische Midrasch, Rabbinische Texte II/3, Stuttgart 1959, 573ff), versteht den Auftrag von V.18 im Sinne der rabbinischen Ordination, die zur selbständigen Lehre berechtigt und merkt dann zu V.23 an "Und legte uhm die Hände auf. Wie einem Gefäß, das gehäuft voll ist." Raschi folgt der Auslegung von Sifre Num hinsichtlich V.18 und erklärt zu V.23, daß Mose mehr tat, als von JHWH verlangt wurde, und Josua zu einem bis an den Rand gefüllten Gefäß machte (*Pentateuch IV*, 295ff).
241 Dieses tut sie in den von Péter (*Imposition*, 51 Anm. 6) als Beleg für seine Vermutung der scriptio defectiva herangezogenen Stellen 2.Sam 3,24; Jer 40,4 und Lev 16,21. Ein ähnliches Bild bietet die Wiedergabe von ידיו in 1.Kön 22,34 in den Übersetzungen, wo die LXX und einige hebräische Handschriften ebenfalls Plural gelesen haben.
242 Vgl. von Rad, *Priesterschrift*, 128; vgl. ebenfalls Mittmann, *Deuteronomium*, 110.

Maßnahmen in der korrekten Reihenfolge[243], dann macht Mose nach dem
Auftrag von V.18b etwas anderes, als in V.23aα von ihm berichtet wird.

Ausschlaggebend für ein neues Verständnis des Verhältnisses der beiden fraglichen Aussagen ist die von Milgrom[244] und Péter[245] erarbeitete
Unterscheidung zwischen der Handaufstemmung mit einer Hand und der
Handauflegung mit zwei Händen. Die Auflegung einer Hand erfolgt mit
Ausnahme von Num 8,10 und Num 27,18 im Kontext des Opferrituals.
"Diese Handauflegung zeigt an, daß das Opfertier dem Opferer ge-
hört..."[246]. Die Handauflegung dokumentiert die Berechtigung des Opfe-
rers, das bezeichnete Tier zu opfern. Der Gestus drückt seine Eigentümer-
schaft und Verfügungsfreiheit aus. Das Ritual zur Weihe der Leviten in
Num 8,5ff. begründet ihre Sonderstellung in Israel. Sie werden unter Be-
gleitopfern JHWH anstelle der Erstgeburt geweiht. Bemerkenswert ist die
Beschreibung ihrer Übereignung an JHWH. Offenkundig reicht der bloße
JHWH-Befehl nicht dazu aus, die ganze Gemeinde der Kinder Israels
muß aktiv beteiligt werden. Deren Vertreter sollen den Leviten ihre Hände auflegen[247], bevor der Priester Aaron mit der symbolisch-rituellen
Übereignung beginnt. Die Handauflegung der Israeliten signalisiert, daß
die Leviten ihre Gabe sind, d.h. sie haben in dieser Hinsicht ein Verfügungsrecht an ihnen[248]. Die Israeliten handeln hier wie die Eltern bei der
Erstgeburt zu handeln hätten und bekunden so, daß sie an deren Stelle
stehen.

---

[243] Gerade jene Exegeten, wie Péter oder Janowski, die ihn textkritisch bessern wollen,
unterstellen die Richtigkeit der Reihenfolge.

[244] J. Milgrom, Art. *Sacrifices* and Offerings, OT, IDB Suppl., (1962[1]) 1982[3], 763-771,
765.

[245] Péter *Imposition*, 51ff.

[246] Wright/Milgrom/Fabry, סָמַךְ, 885.

[247] Jeder legt nur eine Hand auf, vgl. dazu Wright/Milgrom/Fabry, סָמַךְ, 886.

[248] Da die Leviten die Stelle der Erstgeborenen einnehmen sollen, kann nicht die Rede
davon sein, daß "the rest of the people merged in the Levites, made the Levites into their
representatives" wie Daube behauptet (The *New Testament* and Rabbinic Judaism, London
1956, 226). Auch eine "Subjektübertragung (zur delegierenden Sukzession)", die von Gese
sowohl für Josua wie für die Leviten angenommen wird (Die *Sühne*, in: Ders., Zur biblischen Theologie, Tübingen 1983[2], 85-106, 96), läßt sich nicht behaupten. In der Argumentation gehen sowohl die Vorstellungen von 'Repräsentanz' wie 'symbolische Identifizierung'
durcheinander, wie auch die notwendige Unterscheidung zwischen Israel und Erstgeborenen nicht beachtet wird. Die Nachfolgebeziehung Mose-Josua wird nicht in Form einer
Subjektübertragung begründet, noch identifiziert sich Mose symbolisch mit Josua. Wenn
schon sozialpsychologisch argumentiert wird, dann ist zu allererst zu beachten, daß es hier
nicht um die Tradierung von Identitäten geht, sondern um jene von Rollen. Mose delegiert
einen Teil der Führungsrollen, die er wahrgenommen hat, an Josua. Josua erhält neue
Aufgaben, aber nicht eine neue Identität. Die Aussage von Num 27,18aβ konstatiert Josuas
Identität und zeigt, daß es einer "Subjektübertragung" nicht bedurfte. "Da Josua schon die
ruach hat, braucht diese also nicht mehr auf ihn übertragen zu werden." (E. Lohse, Die
Ordination im Spätjudentum und im Neuen Testament, Göttingen 1951, 20).

Dieses Verständnis von Num 8,10[249] erlaubt eine neue Deutung für das
Geschehen von Num 27,18b. Mose ergreift Josua und stemmt ihm eine
Hand auf. Mose tut damit kund, daß er in dieser Angelegenheit Verfügungsrecht über Josua beansprucht. Diese Aussage verrät dieselbe Tendenz wie jene vorausgehende in Num 13,16b, derzufolge Josua seinen
Namen von Mose erhalten hat. Das Autoritätsverhältnis zwischen Mose
und Josua wird so definiert. Die Einsetzung Josuas zum Nachfolger stellt
diesen nicht auf eine Stufe mit Mose. Designation des Nachfolgers ist
nicht gleichbedeutend mit seiner Emanzipation. Die frühzeitige Bezeichnung des Nachfolgers ist eine zukunftssichernde Maßnahme, die jedoch,
wie die politische Geschichte lehrt, das Gegenteil von dem auslösen kann,
was sie garantieren soll: der reibungslose Übergang der Herrschaft von
seinem derzeitigen Inhaber bei dessen Tode auf den Nachfolger endet in
Auseinandersetzungen um die Macht zwischen Inhaber und Designatus.
Dieser die Kontinuität gesellschaftlichen Lebens bedrohenden Möglichkeit baut die 'feierliche Ergreifung' Josuas durch Mose vor. קח לך את
יהושע und וסמכת את ידך עליו interpretieren sich gegenseitig[250].
   Nach der in V.18 skizzierten Szene wird in V.19a das Subjekt der Autorität genannt, unterschieden in den Priester Eleasar und die ganze Gemeinde. Einige Ausleger betrachten die Nennung Eleasars bereits in V.19
als sekundär[251]. Josua sei nach dessen Aussage JHWH aber nicht Eleasar
unterstellt. Da bei P Aaron und Mose regelmäßig zusammen auftreten,
Eleasar inzwischen die Nachfolge Aarons angetreten hat, ist seine Erwähnung und seine Gegenwart bei der Einsetzung des Nachfolgers Moses zu
erwarten. Gerade in dieser Situation dient Eleasar als Beispiel gelungener
Nachfolge. Daß Josua bereits hier bei seiner Designation mit einer zweiten Führungsperson konfrontiert wird, bedeutet nicht, daß er ihr nachgeordnet ist. Volk wie Priester werden als Zeugen seiner Einweisung in die
neue Führungsaufgabe benannt. Der Hinweis, daß dieses vor den Augen
der Betreffenden zu geschehen hat, leitet über zu der nächsten Hand-
lungsanweisung in V.20a, daß Mose etwas von seiner הוד auf Josua legen
solle. Die Mose hier zuerkannte Eigenschaft הוד ist Königsprädikat
JHWHs und des irdischen Herrschers[252]. Mose wird damit eine dem König vergleichbare Position zugeschrieben[253], an der Josua teilhaben soll.

---

[249] Die Handlung der Israeliten allein ist noch kein rechtsverbindlicher Übereig-
nungsritus, wie Janowski in Weiterführung von Kellermann annimmt (*Sühne*, 202f, Anm.
91), sondern die Voraussetzung dafür, daß eine Übereignung dann stattfinden kann.

[250] Zu den symbolischen Gesten rechtlichen Charakters gehört auch die mit *einer* Hand
ausgeführte Schwurgeste, vgl. dazu F. Horst, Der *Eid* im Alten Testament (1957), in: Ders.,
Gottes Recht. Studien zum Recht im Alten Testament, TB 12, München 1961, 292-314, 308.

[251] So Mittmann, *Deuteronomium*, 110; Baltzer, *Biographie*, 55. G. von Rad geht davon
aus, daß Eleasar nur in der jüngeren Version der Erzählung enthalten war (ders. *Priesterschrift*, 128f).

[252] Vgl. D. Vetter, Art. הוד hōd Hoheit, in: THAT I (1971) 472-474; G. Warmuth, Art.
הוד hōd, in: ThWAT II (1977) 375-379.

[253] Falls Dtn 33,5 auf Mose zu deuten wäre, wie ein Teil der rabbinischen Auslegung
meint (vgl. die Diskussion der Positionen bei N. Leibowitz, *Studies* in Devarim. Deutero-

Josua erhält nur einen Teil der Mose auszeichnenden Autorität[254], eine
Rangdifferenz, die das eingangs zwischen beiden bestehende Autoritätsgefälle wahrt. In diesen Aussagen geht es, wenn nicht um eine Minderung
der Autorität Josuas[255], so doch um eine qualitative Unterscheidung der
Autorität Josuas von der Moses. Mose hat seine Autorität direkt von
JHWH. Josua erhält nur einen Anteil an der Mose verliehenen Autorität[256]. Josua wird vor aller Augen auf seine künftige Aufgabe verpflichtet,
damit die Israeliten auf ihn[257] hören. Eine Angabe zu Josuas künftigen
Aufgabenbereich findet sich im Kontext der Installationszeremonie nicht.
Sie ist nach der entsprechenden Beschreibung der Position in V.17a, die
bereits durch den ersten Auftrag der JHWH-Rede als zugestanden gelten
kann, nicht notwendig. Außerdem entsprechen sich inhaltlich die negative
(V.17b 'daß die Gemeinde JHWHs nicht wie eine Kleinviehherde ohne
Hirte sei') wie die positive Umschreibung der Führungsposition (V.20b
'daß die ganze Gemeinde der Kinder Israels ihm folge').
    Die Aussagen von V.21 scheinen diesem Sachverhalt zu widersprechen.
Der Vers bringt nicht nur einen neuen Gedankengang in die JHWH-Rede
hinein, sondern wechselt Zeit und Ort. Diese Aufträge betreffen Mose
nicht mehr, da sein Tod vorausgesetzt ist. Vers 21 verdankt seine Entstehung einzig dem Interesse, das Verhältnis zwischen Eleasar und Josua zu
klären. Als Teil einer Mose gemachten, aber einzig für Josua und Eleasar
relevanten Mitteilung, die zudem eine weitgehende Einschränkung der
künftigen Handlungsfreiheit Josuas enthält, hätte diese Klausel eigentlich
ihren Ort zwischen den Aussagen von V.19b ('und weise ihn ein vor ihren
Augen') und von V.20a ('und lege von deiner Autorität etwas auf ihn').
Die Wiederaufnahme von V.19aα unter Voranstellung des zweiten Objektes in V.21aα und die Verwandlung einer einmaligen Situation in eine
ständig zu übende Praxis verrät bereits formal die "einschränkende Kom-
mentierung"[258].
    Die in V.21a beabsichtigte Unterordnung Josuas unter Eleasar[259] wird
durch die anschließende inhaltliche Eingrenzung in V.21aβ (er soll ihn be-

---

nomy, Jerusalem 1986[5], 383ff. und D. J. Silver, *Moses our Teacher was a King*", JLA 1.
1978. 123-132, 123ff), dann läge in Num 27,20 ein weiteres Indiz für die Übertragung der
Königsfigur auf Mose vor.
    [254] Es liegt min partitivum vor, vgl. u.a. Dillmann, *KEH 13*, 180; Gray, *Numbers*, 402;
Noth, *Numeri*, 186f.
    [255] Janowski (*Sühne*, 202) betont, daß es um eine Erhöhung der Figur Moses ginge.
    [256] In der Logik der Autoritätsrelationen ist Josua hier nur ein Träger der Autorität
zweiter Ordnung. Das Argumentationsmuster in Num 11,17.25 geht von ähnlichen Autoritätsrelationen aus. Auch die Ältesten erhalten nur einen Teil der Autorität Moses zuge-
sprochen, als sie mit in die Verantwortung genommen werden.
    [257] לו ist nach LXX, Syriaca, Targum Pseudo-Jonathan, Vulgata zu ergänzen, vgl. Noth,
Numeri, 184.
    [258] Mittmann, *Deuteronomium*, 110.
    [259] Anders läßt sich die Wendung ולפני אלעזר הכהן יעמד schwerlich verstehen. Die
Voranstellung des Objektes unterstreicht diese Unterordnung. Zu עמד לפני im Sinne von

fragen in der Angelegenheit der Urim vor dem Herrn)[260] fast zur Banali-
tät, versteht man das folgende יצא bzw. בוא militärisch[261]. Der Orakelbe-
scheid gehört ohne Frage zu den Dienstobliegenheiten des Priesters[262].
Priesterorakel als Entscheidungshilfe über die Aufnahme oder Unterlas-
sung eines Kriegszuges waren Bestandteil altorientalischer Kriegspraxis[263].
Die knapp formulierte Aussage על פיו יצאו konstruiert zwar eine eindeutige Gehorsamsbeziehung zwischen Josua und den Israeliten einerseits
und einem Dritten andererseits, läßt aber nach der eingrenzenden, in sich
hinsichtlich des Subjektes dunklen Aussage von V.21aß offen, ob JHWH
oder Eleasar diese dritte Größe sei. Terminologisch bezieht sich V.21b auf
V.17aα, nimmt das Stichwort פי aus V.14 auf[264] und zerlegt die in V.20b
כל עדת בני ישראל genannte Größe in הוא אתו ישראל בני וכל und כל
העדה. Die angeführten Beobachtungen sprechen dafür, daß V.21 insgesamt ein Nachtrag ist[265]. Die Bezugnahme von V.21bα auf V.17aα mag als
vorbereitende Bemerkung für V.21bß gelten, zumal eine Parallele zu der
seltenen Wendung von V.17aα und deren nichtmilitärischer Bedeutung
sich nur in 2.Chr 1,10 findet[266].
  Die Tendenz des Nachtrages ist aber durch die Einfügung von V.21aß
entschärft worden, wozu ebenfalls die Worte הוא וכל בני ישראל אתו ge-

---

'jemanden dienen/jemandem unterstellt sein' vgl. H. Ringgren, Art. עמד ʿāmaḏ, in:
ThWAT VI (1989) 194-204, 198f.
  260 Das 'er' kann sich auf Josua oder auf Eleasar beziehen, der Bezug ist unklar, vgl.
Noth, *Numeri*, 187.
  261 A. van der Lingen (*to go out*, 62) vertritt gleichfalls die Position, daß der Doppelausdruck in V.17a eine andere Bedeutung habe als in V.21b. Van der Lingen meint allerdings, daß V.17a von den militärischen Aufgaben des künftigen Führers spreche, während V.21b die militärischen Konnotationen ganz in den Hintergrund gerückt seien. Seine
Position hängt wesentlich davon ab, daß er zwischen der Wendung mit לפני (V.17a) und
jener ohne (V.21b) keinen Unterschied zu sehen vermag, vgl. dazu oben S.153f.
  262 Der Verweis auf eine Entscheidung במשפט האורים in V.21aß ist auffällig. Abstrahiert man von dem militärischen Kontext, dann besagt V.21aß, daß in Rechtsangelegenheiten Präzedenzfälle vom Priester mittels Orakel zu entscheiden sind. Josua bekäme die
Funktion, die Mose in Fällen wie 'Gotteslästerung eines Nicht-Israeliten' (Lev 24,10-16),
'Sabbatschändung' (Num 15,32-36) und 'Erbrechtsansprüche von Töchtern' (Num 27,1-11;
36) wahrnimmt, abgesprochen. Die Möglichkeit Moses, in derartigen Rechtsangelegenheiten JHWH ohne Vermittlung eines Priesters zu befragen, würde seinem Nachfolger ver-
wehrt. Zu bedenken ist, daß sowohl die kontextbezogene Intention (Reduzierung der
Funktion Eleasars auf die Erteilung eines Kriegsorakels) vorliegen kann, wie auch jene,
Klarheit für das Verfahren in Präzedenzfällen zu schaffen.
  263 Vgl. W. G. Lambert, *Destiny* and Divine Intervention in Babylon and Israel, in: The
Witness of Tradition, OTS 17 (1972) 65-72. Daran hielten sich sogar der biblischen Überlieferung zufolge Saul und David, vgl. 1.Sam 23,10-13; 28,6; 30,6-9.
  264 Die Regelung von V.21 beugt möglicherweise einem מרה את פי יהוה vor.
  265 Cazelles vermutet hinter den Aussagen von V.21 einen von Ezechiel inspirierten
priesterlichen Redaktor (H. Cazelles, Les *Nombres*, La Sainte Bible, Paris 1958², 17). Vgl.
ebenfalls Mittmann, *Deuteronomium*, 110; A. van der Lingen, *to go out*, 62.
  266 In diesem Interpretationsrahmen wäre zu fragen, ob der samaritanische Kodex und
die Vulgata, die beide in V.21 die Verben im Singular haben, dieses nicht nur in Angleichung an V.17aα geändert haben, sondern eine frühere Lesart bieten.

hören könnten. Der erste Kommentar zur Beziehung Eleasar-Josua wird in V.21aαb* stehen und lauten: ולפני אלעזר הכהן יעמד ועל פיו יצא ועל פיו יבא הוא וכל העדה. Josua wird in allen Dingen, die er unternimmt, Eleasar unterstellt, und mit ihm die ganze Gemeinde[267]. Die Überarbeitung von V.21aß und 21bß korrigiert dieses und deutet die Unterstellung Josuas in die allgemein übliche Praxis der Orakelbefragung vor Kriegsbeginn um[268].

V.22-23 berichten, daß Mose die Anordnungen JHWHs in die Tat umsetzt. V.22a beginnt mit einem Ausführungsvermerk[269]. Die Reihenfolge der in V.22b-23a berichteten Handlungen - Mose nimmt Josua, stellt ihn vor Eleasar, legt Josua die Hände auf und weist ihn ein - entspricht in Grundzügen jener in V.18-20 angeordneten. Die beiden Befehle von V.18 sind in V.22bα unter das ויקח subsumiert[270]. V.22bß bietet die Entsprechung zu V.19a. In der JHWH-Rede wird die Einweisung Josuas vor der Übertragung der Autorität auf ihn berichtet. In der Ausführung V.23a ist das Verhältnis umgekehrt. Mose legt erst beide Hände auf Josua (V.23a)[271] und übermittelt so Josua seinen Anteil an der Autorität Moses. Das Ziel der Geste wird explizit nicht mehr erwähnt, doch ist ihr Sinn aus der Korrespondenz von V.20a mit V.23a evident. Darauf weist Mose dann Josua ein. Die Vertauschung der Handlungsreihenfolge im Ausführungsbericht ermöglicht, das, was Josua inhaltlich befohlen wird, anschließend global mit dem unmittelbar folgenden Erfüllungsvermerk[272], der den Bericht V.22f. beschließt, zu umschreiben.

---

[267] Die von G. von Rad seinerzeit bemerkte klerikalisierende Tendenz ist in diesen Aussagen, aber nur in diesen, greifbar, vgl. von Rad, a.a.O.

[268] Vgl. W. Dommershausen, Art. גורל, in: ThWAT I (1973) 991-998, 995. A. Malamat (A New Prophetic *Message* from Aleppo and its Biblical Counterparts, in: A. G.Auld (ed.), Understanding Poets and Prophets. FS G. W.Anderson, JSOT.S 152, 236-241) weist in diesem Zusammenhang auf eine prophetische Äußerung in einem Maribrief hin: "When you participate in a campaign, by no means set out without consulting an oracle. When I, in an oracle of mine, should be favourable, you will set out on a campaign. If it is not so, do not pass the gate." (ebenda 238).

[269] Die Formulierung ist identisch mit jener in Num 20,27a bis auf das in 27,22a hinzugefügte אתו. Entsprechende auf Mose bezogene Ausführungsvermerke finden sich ferner in Ex 7,6; 40,16; Lev 8,4; Num 8,20; 17,26; 31,31.

[270] Der Demonstrationsgestus aus V.18b wird nicht berichtet. Innerhalb eines summarischen Ausführungsberichtes ist dieses nicht erforderlich. Zudem hätte im Falle einer Aussage ויסמך את ידו עליו diese im Kontext des folgenden ויסמך את ידיו עליו (23a) das Verständnis des Textes nicht gerade erleichtert.

[271] Péter (*Imposition*, 51) hat gezeigt, daß die Handauflegung mit zwei Händen nicht im Kontext des Opferrituals zu betrachten ist, sondern eine symbolische Übertragung "de quelque chose d'un être sur un'autre" beabsichtigt. Vgl. ebenfalls Janowski, *Sühne*, 202ff. und Rendtorff, *Leviticus*, 34; zum talmudischen Verständnis der sᵉmikah vgl. den instruktiven Artikel von H. Mantel, *Ordination* and Appointment in the Period of the Temple, in: HTR 57 (1964) 325-346.

[272] J. Blenkinsopp (The *Structure* of P, CBQ 38 [1976] 275-292, insbes. 276ff) gibt eine Übersicht über die von ihm so genannten "Ausführungsformeln" und zeigt, daß sie als lite-

Der Erfüllungsvermerk כַּאֲשֶׁר דִּבֶּר יְהוָה בְּיַד מֹשֶׁה hat der beiden Schlußworte wegen bereits die antiken Übersetzer zu Änderungen veranlaßt, und dort, wo die neuzeitlichen Ausleger die Verständnisschwierigkeit in Anlehnung an die abweichenden hebräischen Handschriften, LXX und Targum Pseudo-Jonathan nicht textkritisch lösen wollten, ihre literarkritische Skepsis bemüht[273]. Die reguläre Form des Rückverweises lautet כַּאֲשֶׁר דִּבֶּר/צִוָּה יְהוָה + Objekt im Akkusativ[274], was für die Ursprünglichkeit der antiken Varianten spräche; doch bezeugt die masoretische Lesart nicht das sprachliche Unvermögen eines Interpolators, sondern eher ein Nachdenken über das Verhältnis zwischen der als handelnd geschilderten Figur Moses und der als Empfänger der Befehle JHWHs bezeichneten Gestalt, denn beide liegen innerhalb des Berichtes von Num 27,22f nicht auf einer Zeitstufe. Die beiden Schlußworte könnten als Versuch einer Institutionalisierung des JHWH-Wortempfängers Mose gelesen werden. Dieses Heraustreten des Verfassers aus der Situation weist den Leser auf dessen Gegenwart hin und fordert zur Übersetzung in diese auf[275].

Num 27,12-20.22f. führt idealtypisch vor, wie der Übergang der Herrschaft vom charismatischen Anführer zum Nachfolger zu gestalten ist. Es bedarf eines geregelten Verfahrens, und dieses Verfahren ist noch zu Lebzeiten des ersten Anführers durchzuführen. Ein Vorschlagsrecht des 'Ersten' wird akzeptiert, doch nur als ein göttlich inspiriertes. Die äußeren Umstände, die zu einem konkreten Vorschlag führen, müssen so gestaltet sein, daß aus ihnen Gottes Mitwirken erkennbar wird und nicht der Nepotismus des 'Ersten'. Die Bestellung des Nachfolgers muß in Gegenwart des leitenden Priesters und des gesamten Volkes erfolgen. Die Autoritätsrelation zwischen dem Ersten und seinem Nachfolger ist zugunsten des Ersten entschieden. Die Kompetenzen des Nachfolgers sind bei seiner Einsetzung bereits festzustellen. Seine Zuständigkeit wird dem Prinzip nach auf das begrenzt, was der Erste nicht mehr für die Gemeinschaft erreichen und sichern konnte. Die Regierungsziele werden von dem Ersten vorgegeben. Der Nachfolger hat sozusagen das noch nicht bestellte Feld zu bearbeiten, aber nicht neue Felder zu suchen. Die Nachfolge antreten kann nur derjenige, der vom Ersten öffentlich vorgestellt und in aller Öffentlichkeit in die Führungsaufgabe eingewiesen worden ist. Öffentliche Präsentation und Einweisung konstituieren die Legitimität der Nachfolge. Die Autorität des Nachfolgers liegt in einer doppelten Bezeichnung seiner Person:

---

rarische Stilmittel von P zur Strukturierung der Erzählung betrachtet werden können. Die Formeln deuten das Ende aufeinanderfolgender Phasen der Geschichte Israels an.

273 So Holzinger, *Numeri*, 138; Mittmann, *Deuteronomium*, 110.

274 Zur Struktur und Form des Rückverweises vgl. Skweres, *Rückverweise*, der diese Wendungen für den Bereich des Dtn untersucht hat.

275 Zur narrativen Funktion derartiger Aussagen vgl. R. Polzin (*Moses*, 31ff), der die "frame-breaks" im Dtn untersucht hat. Polzin sieht darin Versuche des Verfassers, den Leser so zu programmieren, daß die vom Verfasser propagierte Position vom Leser unmerklich in die eigene Gegenwart übertragen wird.

JHWH bezeichnet ihn dem Ersten, dieser bezeichnet ihn vor dem Volk und gibt seine Autorität dazu.

Nachfolger im Wartestand

Nach seiner Einsetzung als Nachfolger Moses wird Josua im Buch Numeri nur noch an drei Stellen erwähnt, ohne daß er eine aktive Rolle dabei spielt, nämlich in Num 32,12.28 und Num 34,17.

Num 32 berichtet von der Verteilung des Ostjordanlandes an die Stämme Ruben, Gad und Halb-Manasse durch Mose, deren Eigentumsrecht an die Mithilfe der ostjordanischen Siedler bei der noch ausstehenden Eroberung des Westjordanlandes gebunden wird[276]. Da die Zusage der ostjordanischen Israeliten erst unter der Führung Josuas verwirklicht werden kann, muß Josua in den Verhandlungen zwischen Mose und den Ostjordaniern erwähnt werden. Sein Name fällt bereits zu Beginn der Verhandlungen, als Mose in seiner ersten Rede das Ansinnen dieser Stämme gleichstellt mit der Einzugsverweigerung Israels seiner Zeit in Kadesch Barnea, deren Folgen aufzeigt und Kaleb und Josua als rühmenswerte Vorbilder hervorhebt (32,12). Deren Verhalten wird hier den Fragestellern in Aufnahme und Verbindung der Aussagen von Num 14,24.30 als beispielhaft vorgehalten[277]. Nachdem Mose in Erwiderung ihres daraufhin erfolgenden Angebotes der militärischen Unterstützung bei der Eroberung des Westjordanlandes ihre Ansiedlung im Ostjordanland gutgeheißen hat, wendet er sich an Eleasar, Josua und die Sippenoberhäupter und verpflichtet sie, auf die Einhaltung der getroffenen Zusatzvereinbarung zu achten (32,28-30).

Sowohl die Reihenfolge der Angesprochenen nach V.28 wie auch die Abweichung gegenüber der Aufzählung des kollektiven Führungskreises nach 32,2b ist bemerkenswert. In V.2b nimmt Mose die erste Position ein, gefolgt von Eleasar und den Sprechern der Gemeinde. In V.28 besteht das Gremium zwar wie zu erwarten aus Eleasar und Josua, doch Josua wird, ganz wie in Num 27,21, auf den zweiten Platz hinter Eleasar verwiesen. Er folgt Mose also nicht im Rang nach; zudem gehören dem Gremium nicht mehr die נשיאי העדה an, sondern die ראשי אבות המטות לבני ישראל[278]. Die Verpflichtung der Sippenoberhäupter und nicht diejenige der Sprecher auf die Wahrung einer in die Zukunft sich erstreckenden, zeitlich ihrem Ablauf nach nicht datierbaren Vereinbarung, dürfte darauf hinweisen, daß der Kreis der נשיאי העדה anders als jener der ראשי המטות in seiner

---

[276] Num 32,1-38 gilt innerhalb der Forschung als literarisch erst bei der Zusammenfügung von Pentateuch und DtrG entstanden bzw. als späte P-Schicht, vgl. u.a. Gray, *Numbers*, 426; Noth, *ÜSt*, 192ff; ders., *Numeri*, 202ff.

[277] Die Gesinnung, die nach Num 14,24aß Kaleb auszeichnet, wird nach Num 32,12b jetzt Kaleb und Josua attestiert.

[278] In dieser Besetzung taucht das Gremium dann erst wiederin Jos 14,1 auf.

Zusammensetzung nicht fest lag, so daß ihm die Erfüllung künftiger Aufgaben auch nicht global zugewiesen werden konnte.

Nachdem Eleasar, Josua und die Sippenoberhäupter in der ostjordanischen Angelegenheit von Mose zu seinen Vollzugsgehilfen ernannt worden sind, ernennt nach Num 34,16ff[279] JHWH selbst die für die westjordanische Landverteilung zuständigen Personen. Nach Num 32,28 erklärt Mose neben Eleasar und Josua noch jene Personen in der ostjordanischen Frage für zuständig, die sich in einer innerhalb des Verwandtschaftssystems sozial unangefochtenen Führungsposition befinden. Die Legitimation der für die westjordanische Landverteilung zuständigen Stammessprecher wird anders begründet. Zunächst bestätigt JHWH das Duumvirat Eleasar und Josua in dieser Rangfolge und bestimmt dann namentlich ihre Assistenten, einen Sprecher aus jedem Stamm[280]. Die Josua hier ausdrücklich zugewiesene Aufgabe spricht ihm eine über die Eroberung des Westjordanlandes hinausreichende Führungsrolle zu. Die Eingrenzung seiner Kompetenzen nach Num 27,15ff. scheint aufgehoben. Doch ist Josua eindeutig nun dem Priester Eleasar nachgeordnet und beide sind in ein Kollegium von Stammesvertretern eingebunden. So betrachtet hat der Monokrat Mose als Monokrat keinen Nachfolger.

Zusammenfassung zur Stellung Josuas in Num 13-34
Die Kundschaftererzählung (Num 13-14) wird von P so gestaltet, daß die Ereignisse als die Sünde der Exodus-Generation vorgeführt werden können. Alle am Ungehorsam beteiligten Israeliten müssen in der Wüste sterben und dürfen nicht an der Eroberung des verheißenen Landes teilnehmen. Josua als der Nachfolger Moses war P vorgegeben, daneben dürfte P die Aussagen über Josua als Diener Moses kennen. P's Vorstellung, daß die gesamte Exodus-Generation nicht ins Land kommt, erfordert eine Sonderrolle für Josua, deren Ausführung es P erlaubt, Josua begründet von dem allgemeinen Geschick auszunehmen. P reiht Josua unter dem Namen 'Hosea' in die Gruppe der Kundschafter ein, als einen von zwölf "Sprechern" (נשיא). Als "Sprecher" hat Josua eine soziale Prestigeposition inne, die sich mit dem überlieferten Bild vom Diener Moses schlecht verträgt. Die bisherige Abhängigkeitsbeziehung zwischen Mose und Josua wird nicht aufgehoben, aber auf eine andere Ebene verlagert. Mose verleiht Hosea einen neuen Namen und benennt ihn in Josua (JHWH ist Hilfe) um. So wird ein Widerspruch zur überlieferten Josua-Tradition vermieden. Gleichzeitig bietet die Akzentuierung der Theophorik des von Mose verliehenen neuen Namen Josua dem Verfasser die Gelegenheit, die Figur Josua in eine größere Nähe zu JHWH zu rücken.

Josua tritt gemeinsam mit Kaleb dem ungehorsamen Volk entgegen und zeichnet sich für seine künftige Führungstätigkeit aus. Josua ist mit JHWH (Num 14,6ff), denn JHWH ist mit Josua (Num 13,16). Der von

---

[279] Zu Num 34 vgl. Noth, *ÜSt*, 192ff; ders., *Numeri*, 213ff.
[280] Die Formulierung von Num 34,18a נשיא אחד נשיא אחד ממטה תקחו erinnert an jene von Num 13,2b איש אחד איש אחד למטה אבתיו תשלחו.

Mose verliehene Name Josua hat sich als wirksame Verheißung an seinen Träger erwiesen. Durch den gemeinsamen Auftritt von Kaleb und Josua stellt P zwei potentiell geeignete Nachfolgekandidaten vor. Darin dürfte eine theologisch motivierte Korrektur der vorpriesterschaftlichen Nachfolgekonzeption liegen. P ermöglicht durch seine Argumentation, daß JHWH eindeutig bei der Wahl des Nachfolgers Moses die Wahl hat und nicht Mose die Vorauswahl trifft.

Num 26,65 ruft diesen Sachverhalt - JHWH schafft die Voraussetzungen für die Nachfolge Josuas - in Erinnerung. Kaleb und Josua dürfen beim zweiten Zensus Israels in der Wüste nicht fehlen, da hier die neue Exodus-Generation vorgestellt wird. Die Aussagen von Num 26,65 setzen JHWHs Zusage voraus, Kaleb und Josua von der Bestrafung der ersten Exodus-Generation auszunehmen (Num 14,30). Sie bereiten die Bitten Moses um einen Nachfolger in der Führung Israels vor (Num 27,15ff).

Die in der priesterschaftlichen Bearbeitung der Kundschaftererzählung vorbereitete Führungsalternative (Kaleb -Josua) wird von JHWH zugunsten Josuas entschieden (Num 27,12ff). Die Nachfolgeproblematik wird durch JHWHs Mitteilung an Mose über dessen bevorstehenden Tod (V.12-14) akut. JHWHs Ankündigung des Todes Moses enthält im Gegensatz zu seiner Ankündigung des Todes Aarons (Num 20,23-26) keine Nachfolgeregelung. Das Schweigen darüber ermöglicht den folgenden Redewechsel zwischen Mose (V.15-17) und JHWH (V.18-20). Die Bitte um *einen* Mann als Nachfolger für sich, so von Mose geäußert, stellt klar, daß JHWH die Wahl völlig freisteht. Dieser Sachverhalt ist für die Begründung der Autorität des Nachfolger Moses von erheblicher Bedeutung. JHWH begründet durch die Nennung des konkreten Kandidaten dessen Autorität.

JHWH wendet sich nicht an den Kandidaten direkt, sondern bedient sich eines Vermittlers. Dieser Umstand impliziert eine bedeutsame Verminderung einer scheinbar ihrem Ursprung nach charismatischen Autorität. Zwei soziologisch verschiedene Arten der Lösung für die Nachfolgerfrage im Augenblick der Veralltäglichung des Charismas werden hier miteinander kombiniert: Offenbarung durch Gottesurteil und Nachfolgerdesignation[281]. Josua wird hier Führungscharisma zugesprochen, doch ist dies nicht von derselben Art wie das des Mose. Es muß offenbart *und* durch einen Menschen vermittelt werden. Die von Mose beschriebenen Aufgaben seines Nachfolgers reduzieren dessen Rolle auf die des Vorbildes und des militärischen Anführers (V.17).

JHWH, der von Mose als der angesprochen worden war, der den Menschen Einsicht und Vernunft verleiht (V.16), bestimmt infolgedessen Josua als den geeigneten Nachfolger, da in ihm der Geist sei (V.18aß). JHWH beauftragt Mose, Josua zu ergreifen (V.18aα) und ihm die Hand aufzustemmen (V.18b). JHWH gibt Mose das Recht, über Josua entsprechend zu verfügen. Die ausdrückliche Ermächtigung zur "Ergreifung" Josuas ist

---

[281] Vgl. hierzu Max Weber, *WuG*, 143.

erforderlich, da Josua einer der "Sprecher" des Volkes ist, also nicht mehr wie ein Diener der Verfügungsgewalt Moses unterliegt. Die Autoritätsbeziehung zwischen Mose und Josua wird in Num 27,18 ähnlich definiert wie in Num 13,16b. Die Ernennung des Nachfolgers vor dem Tode Moses ist nicht gleichbedeutend mit seiner vollständigen Emanzipation. Josua bleibt Mose nachgeordnet.

Das Autoritätsgefälle zwischen beiden wird ebenfalls sichtbar in dem weiteren Vorgehen, das Mose von JHWH befohlen wird. Mose soll Josua vor den Priester Eleasar und vor die ganze Gemeinschaft stellen und ihn in Gegenwart aller in seine Aufgabe einweisen (V.19). Nach dieser Einweisung soll Mose etwas von seiner eigenen Hoheit (הוד) auf Josua geben, damit Israel ihm gehorcht (V.20). Mose soll nur einen Teil seiner Autorität delegieren. Mose führt alles aus wie befohlen (V.22f.). Der Erfüllungsvermerk und insbesondere seine beiden letzten Worte (ביד משה) könnten als eine beabsichtigte Institutionalisierung Moses als des Empfängers authentischer JHWH-Worte verstanden werden.

Die Exegese von Num 27,12-23 zeigte, daß V.21 insgesamt ein Nachtrag ist. Auf einer ersten Stufe wird Josua in allem, was er unternehmen wird, dem Priester Eleasar unterstellt (V.21aαb*). Diese Umverteilung der Autorität wird indes von einem Überarbeiter korrigiert, der das Verhältnis Eleasar - Josua umdeutet und nur die Pflicht des Heerführers vor Kriegsbeginn ein Orakel des Priesters einzuholen, festschreiben möchte (V.21aßbß). Die exegetischen Befunde zum Verhältnis der Aussagen von V.21 und der Erzählung V.12-20.22-23 werden gestützt durch die Beobachtung, daß gleichfalls die Autoritätsstrukturen differieren. Das in Num 27,12-20.22f vorausgesetzte Modell der Autorität läßt sich wie folgt graphisch darstellen.

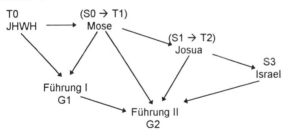

Hingegen sieht das Modell der Autorität nach V.21aαb* eine weitere Position, die des Priesters Eleasar[282] vor, der scheinbar an die Stelle Moses tritt.

---

[282] Eleasar wurde Num 20,23-26 auf Befehl JHWHs von Mose in seine Position als Priester eingesetzt. Dort liegt die Autoritätsrelation 'To - (So → T1) - Sm bezogen auf Gm' (Gm = Priesterschaft) vor. Eleasars Position in diesem Modell wird mit (Sm → Tn) bezeichnet, nicht mit (S1 → T2), zum einen um anzudeuten, daß seine Position zusätzlich hineingekommen ist, zum anderen um die Zuordnung von Siglen und Namen nicht zu erschweren.

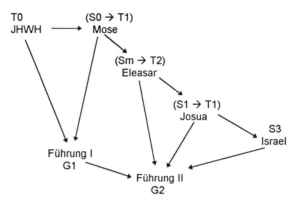

Num 27,12-23 führt idealtypisch vor, wie der Übergang der Führung[283] von Mose auf Josua vorstellbar ist. Das kundwerdende Interesse an einem geregelten Verfahren kennzeichnet die priesterschriftliche Nachfolgekonzeption.

Josua wird im Buch Numeri noch dreimal genannt. Num 32,12 ist eine kontextbedingte Erwähnung. Num 32,28 und Num 34,17 steht Josuas Name an zweiter Stelle hinter jenem des Priesters Eleasar, als Mose die für die Fragen der Landeroberung und Landverteilung nach seinem Tode zuständigen Personen nennt. In der Rangfolge ist Josua eindeutig Eleasar nachgeordnet[284]. Beide sind indes in ein Gremium von Stammesvertretern eingebunden worden (Num 34,17-29). Die namentlich genannten Männer werden als "Sprecher" (נשיא) ihres Stammes bezeichnet. Die Liste wird angeführt von Kaleb als dem Vertreter Judas (Num 34,19). Die Autorität Moses geht nicht unvermindert (soziologisch gesehen) an seinen Nachfolger Josua über. Theologisch betrachtet hat Mose als die von JHWH bestimmte oberste Autorität keinen Nachfolger. Die Position Moses hört mit seinem Tode auf zu bestehen.

---

[283] Josuas Führungsbereich wird zwar nur allgemein beschrieben in V.17, doch fällt die Moses Autorität charakterisierende Gesetzgebung nicht in seine Kompetenz. Daher ist es geboten, die Autoritätsbereiche von Mose und Josua hier zu unterscheiden. Der Text von V.17 konkretisiert die Führungstätigkeit Josuas noch nicht, so daß vorläufig eine abstrakte Unterscheidung sinnvoll scheint.

[284] Redaktionsgeschichtliche Verbindungen zwischen den Josua-Aussagen von Num 27,21, Num 32,28 und Num 34,17 scheinen sich anzudeuten. Bevor aber die Verfasser miteinander identifiziert werden, sollten alle Eleasar-Josua Nennungen in ihrem Kontext untersucht und die jeweiligen Funktionen von Eleasar und Josua bzw. ihr Verhältnis zueinander befragt werden.

JOSUA IM DEUTERONOMIUM

Josuas Karriere - vom Diener Moses zum Anführer des Volkes

In den Rahmenpartien des Dtn wird Josua mehrfach erwähnt. In der das
Deuteronomium einleitenden Moserede hören wir erstmals von ihm in der
Rekapitulation der Kundschaftergeschichte Dtn 1,19-46. In 1,37f. berichtet
Mose, daß JHWHs Zorn damals auch gegen Mose entbrannte, und daß
Mose wegen der Vergehen des Volkes nicht in das verheißene Land hineinkommen solle. Mose zitiert wörtlich die über ihn verhängte Strafaussage (1,37b) und schließt unmittelbar die Zusage JHWHs über Josuas künftige Funktion an (1,38)[285]. Josua bin Nun, der vor Mose steht, wird hineingehen in das verheißene Land, ihn soll Mose festigen, damit Josua Israel
das Land als Erbbesitz austeile.

Die V.37f werden seit Dillmann[286] als Zusatz betrachtet, da sie einen Vorgriff auf 3,28
darstellten und den Zusammenhang von V.35f und V.39 unterbrächen[287]. Driver hält dagegen eine Reminiszenz an eine nicht überlieferte Episode der Kundschaftergeschichte für
wahrscheinlicher[288]. Lohfink[289] hat im Anschluß an Noth[290] in seiner Untersuchung der
Erzählstruktur des Prologs gezeigt, daß dieser eine unter theologischen Gesichtspunkten
gestaltete Redenkomposition des Exodus bietet. Die Kundschaftererzählung gehört zum
Kern dieser Komposition. Die ihr zugrunde liegende Überlieferung sei aus der Perspektive
des heiligen Krieges umgeschrieben worden[291]. V.37f erweisen sich ihm zufolge als integraler Bestandteil der theologischen Nacherzählung. Perlitt spricht davon, daß der Text in
"seinem Primärstadium ... eine spannungsvolle Ganzheit" sei[292].

Dtn 1-3 gilt seit Noths Untersuchungen[293] zum DtrG als dtr Text. Der
Text von 1,36-38 geht jenem der priesterschriftlichen Version der Kund-
schaftererzählung voraus. In der vorpriesterschriftlichen Version spielte
Kaleb die Hauptrolle. Die deutliche Absetzung Kalebs von Josua in Dtn

---

[285] Die syntaktische Struktur von V.37b.38, durchgängig x-yiqtol bzw. x-qotil Formen,
verdeutlicht, daß diese Aussagen unwiderrufliche Verfügungen JHWHs sind.

[286] Dillmann, *KEH 13*, 241.

[287] So ebenfalls Bertholet, *Deuteronomium*, 6; Steuernagel, *Deuteronomium*, 1898[1], 6f;
von Rad, *Deuteronomium*, 29; Mittmann, *Deuteronomium*, 37f; Mayes, *Deuteronomy*, 132.
Plöger (*Untersuchungen*, 43) plädiert aus den genannten Gründen, und weil die Aussagen
von V.36-39a das generelle Urteil von V.35 abschwächten, dafür, dieselben für literarisch
sekundär zu betrachten.

[288] Driver, *Deuteronomy*, 26f.

[289] Lohfink, *Darstellungskunst*, 105ff.

[290] Noth, *ÜSt*, 31f.

[291] *Darstellungskunst*, 110ff.

[292] L. Perlitt, *Deuteronomium* 1-3 im Streit der exegetischen Methoden, in: N. Lohfink
(ed.), Das Deuteronomium, BEThL 68, Leuven 1985, 149-163, hier 154; vgl. auch J.L.
McKenzie, The Historical *Prologue* of Deuteronomy, in: Proceedings of the Fourth World
Congress of Jewish Studies, Vol. I, 1967, 95-101; M. Rose, *Deuteronomist* und Jahwist.
Untersuchungen zu den Berührungspunkten beider Literaturwerke, AThANT 67, Zürich
1981, 281ff.

[293] Noth, *ÜSt*, 14ff.

1,36-38 ist ein Reflex dieser Tradition. Kaleb wird von der allgemeinen Strafe ausgenommen, da allein er JHWH gefolgt ist. Mose ist mitverantwortlich für den Ungehorsam des Volkes. "... the fault lay in accepting the suggestion of the people to send scouts and thus abetting their lack of faith."[294] So interpretiert Dtr die Kundschaftererzählung und läßt Mose die Konsequenzen mittragen. Seine von JHWH für die Zukunft angekündigte Absetzung erfordert die Benennung eines Nachfolgers.

Josua erscheint in Dtn 1,38 allein aus der Perspektive des Nachfolgers. Der Text gibt nicht zu erkennen, ob Josua sich eigene Verdienste, etwa als Kundschafter wie Kaleb, erworben hat. Einzig das Faktum, daß Josua Mose als Diener untergeben ist, hebt ihn nach Dtn 1,38 von der sündigen Generation ab[295]. Die bisherigen Untersuchungen zu den Josua-Stücken in den Pentateuchtexten haben zu zeigen gesucht, daß diese Stücke aufeinander bezogen und von der Tendenz bestimmt sind, Josua systematisch als Nachfolger Moses aufzubauen. Die in Ex 17,8ff; 24,13f; 32,17; 33,11bß[296] vorgeführte Entwicklung der Figur Josuas hat innerhalb dieser Nachfolgekonzeption ihr Ziel noch nicht erreicht[297]. Die literarische Gestalt Josuas[298] ist von diesen Texten her auf Fortsetzung angelegt, denn die Einsetzung Josuas in die Nachfolge Moses steht noch aus. Dieser Sachverhalt wird in den dtr Rahmenpartien des Deuteronomiums erzählt.

Der Sachverhalt erlaubt zwei unterschiedliche Rückschlüsse:

1) Die vorpriesterschriftliche Skizze des potentiellen Nachfolgers Moses ist von den Verfassern der dtr Rahmenpartien des Deuteronomiums entworfen worden.

2) Das Exposé wurde nachträglich entwickelt, um das Josua-Bild, so wie es in Dtn 1-3 und Dtn 31 konzipiert worden war, abzurunden. Das dtr Josua-Bild wäre Ausgangsbasis der Pentateuchpassagen über Josua.

Hält man die erste Annahme für plausibel, dann wäre mit einem DtrG zu rechnen, das Teile der Bücher Exodus und Numeri umfaßt hätte. Die zweite These hingegen erfordert

---

[294] McKenzie, *Prologue*, 97.

[295] Die Frage, ob dem Verfasser von Dtn 1,37f. die Josua-Figur des Josua-Buches oder Traditionen über Josua im relevanten Umfange zur Verfügung standen, ist in diesem Untersuchungskontext nicht beantwortbar. Die Schwierigkeiten, die Josuas Rolle beim Bündnisschluß mit den Gibeoniten (Jos 9) der Redaktion bei der Einbindung dieser Erzählung bot, lassen aber eine vordtr Josua-Tradition plausibel erscheinen. Vgl. hierzu C. Schäfer-Lichtenberger, Das gibeonitische *Bündnis* im Lichte deuteronomischer Kriegsgebote. BN 34. 1986. 58-81. insbes. 62ff.

[296] Num 11,26b-29 gehört im Pentateuch wahrscheinlich zu den jüngsten Stücken, in denen Josua eine Rolle spielt. Es übernimmt im Hinblick auf Josuas Rolle eine literarische Brückenfunktion zwischen Ex 33,11bß und Num 13-14.

[297] Der exemplarisch hervortretende Kundschafter Josua (Num 13-14), der dann förmlich als Nachfolger Moses eingesetzt und dem Priester Eleasar zugeordnet bzw. unterstellt wird (Num 27,12ff; 32,12.18; 34,17), gehört einer Redaktion an, die die Nachfolgekonzeption der voranstehenden wie auch der folgenden Josua-Passagen zu korrigieren suchte.

[298] Der historische Josua ist nicht Gegenstand der folgenden Untersuchung. Für eine Klärung dieses Problems bieten die Pentateuchpassagen über Josua keine geeignete Ausgangsbasis; vgl. hierzu H.J. Zobel, *Josua*, 271. Erfolgversprechender für die Bearbeitung dieses Sachverhaltes scheinen die Notiz über Josuas Grab (Jos 24,29f.) sowie die Erzählung über die Schlacht bei Ajalon (Jos 10,1-15) zu sein, vgl. A. Alt, *Josua*, 186ff und M. Noth (*Josua*, 1953², 140f).

eine vorpriesterschriftliche Edition des DtrG und der betreffenden Teile der Bücher Exodus und Numeri, die möglicherweise noch vor der von E. Blum eruierten D-Komposi-
tion[299] anzusetzen wäre. Die erste These kommt mit weniger Zusatzannahmen aus als die
zweite. Doch kann die zweite These in diesem Kontext nicht abgewiesen werden, da die
hier untersuchten Texte keine ausreichende Basis bieten, um eine so weitreichende These
über die gemeinsame literarische Edition von Teilen des Pentateuchs und des DtrG sachgemäß zu beurteilen. Inhaltlich wichtig für die vorliegende Studie ist die Unterscheidung
zwischen den vorpriesterschriftlichen Josua-Texten in den Büchern Exodus und Numeri
und den priesterschriftlichen Texten. Diese Differenzierung wird, soweit ich sehe, nicht
durch die Annahme des jeweilig für gültig erachteten Editionsmodells hinfällig.

An die Skizze des Nachfolgers Josua knüpft die Aussage von Dtn 1,38 an. Aus der Sicht JHWHs ist Josua durch jene Tätigkeit für seine künftige Aufgabe qualifiziert, die ihm bisher zugeschrieben worden ist: er ist Moses Diener, d.h. sein Lehrling. Daß in V.38aα Josua nicht mehr als משרתך, sondern als derjenige benannt wird העמד לפניך, hat seinen Grund bereits in der hiermit angekündigten Beförderung. Diese Wendung verweist eher auf den Rang eines Höflings als auf den eines persönlichen Dieners[300]. Josua kommt hier aus zwei unterschiedlichen Perspektiven in den Blick. Josua ist Diener Moses und als solcher ihm untergeordnet. Aber er ist derjenige, der den Jordan überschreiten und Israel das Land austeilen wird, im Gegensatz zu Mose. Der Blick in die Zukunft zeigt ihn unabhängig von Mose handelnd. Diese beiden 'Bilder' von Josua werden in Bezug zueinander gesetzt durch die Aufforderung JHWHs, Mose solle Josua für seine künftige Aufgabe festigen.

Josua wird hier von JHWH ausgesondert und vom allgemeinen Schicksal ausgenommen. Diese Aussonderung ist von Mose zu vermitteln. Mose muß im Auftrag JHWHs noch dafür Sorge tragen, daß Josua für seine künftige Tätigkeit, in der er zum Teil Moses bisherige Aufgaben übernimmt, befähigt wird. Die Autorität wird hier von einem Menschen an einen anderen delegiert[301]. JHWH wählt denjenigen als künftigen Leiter Israels aus, den der bisherige Anführer Mose in weiser Voraussicht auf diese Karriere vorbereitet hat. Denn Mose hatte Josua zu seinem Lehrling gemacht, ihm Gelegenheit zur Qualifikation gegeben und ihn auch im rechten Umgang mit der Macht unterwiesen.

Die Beurteilung des Verhältnisses der Aussagen von Dtn 1,37f; 3,21 und 3,28 hat die von den Verfassern der Texte fiktiv unterstellte Situation zu berücksichtigen sowie die unterschiedlichen Sprecher der Aussagen. Dtn 1,37f erhält Mose nach der mißglückten Landnahme eine Mitteilung von JHWH über seine Ablösung und die künftige Führung Israels sowie

---

[299] Vgl. dazu oben die Argumentation zu Ex 17,14 S.115ff.

[300] Vgl. C. Schäfer-Lichtenberger, *Argumentation*, 206.

[301] Alle Positionen und Größen des Delegationsmodells der Autorität sind in Dtn 1,37f. benannt: T0 JHWH, T1 Mose, S1 → T2 Josua, S2 Israel, G2 Einwanderung und Landver-
teilung. Der Vergleich des Delegationsmodells, in dem Josua seine Position erhalten hat, mit dem Berufungsmodell, mit dem Moses Autorität begründet wird, zeigt, daß die Bezüge im ersteren komplexer sind und Josuas Position schon auf der logischen Ebene der Autoritätsrelationen der Position Moses nicht gleichkommen kann.

die Anweisung, gemäß dieser Information den Benannten in Zukunft entsprechend zu 'behandeln'. JHWH befiehlt Mose nicht, dieses Josua mitzuteilen oder allgemein publik zu machen. Dtn 1,37f ist aus der berichtenden
Rückschau zunächst eine Aussage über die privilegierte Beziehung Moses
zu JHWH.

In Dtn 3,21 und 3,28 sind Sprecher und Situation nicht identisch mit
den in Dtn 1,37f vorausgesetzten. Die Aussagen über Josua in 3,21 und
3,28 befinden sich innerhalb der Redenkomposition von 3,18-28, die sich
auf die JHWH-Reden in 1,6-8 und 1,37-40 zurückbezieht[302]. Dtn 3,18-28
ist eine Rede Moses, in der er anfangs in den Aussagen von V.18-22 sich
selbst zitiert. Mose wiederholt also für das Volk hinsichtlich der Aussagen
von V.18-20 bereits Bekanntes, im Hinblick auf Josua die Aussagen von
V.21f[303]. Das Zitat der Aussagen von V.21f macht ganz Israel nachträglich
zum Zeugen dieser Mitteilungen[304]. Nach dieser Vorbereitung berichtet
Mose seinen Hörern über ein Gespräch zwischen ihm und JHWH (V.23-
28), dessen Inhalt wahrscheinlich allen neu ist[305]. Der Hintergrund der
Rede ist nicht mehr wie in 1,37f die mißglückte Landnahme, sondern die
von Mose berichtete Eroberung des Ostjordanlandes (2,26-3,11), das Mose
seiner Aussage nach Ruben, Gad und Halb-Manasse als Erbbesitz gab
(3,12-17). Nach der Darstellung der ostjordanischen Landnahme führt
Mose seinen mit den ostjordanischen Siedlern geschlossenen Vertrag und
die künftig einzulösende Klausel an, indem er seine damalige Rede zitiert[306]. Die Verse 18-20 richteten sich an die Ostjordansiedler, V.21f rich-
tete sich an Josua. Nach V.21 wies Mose damals Josua an, sich an das zu
erinnern, was JHWH den beiden Königen getan habe (V.21bα) und ver-
hieß ihm, daß JHWH so mit allen Königreichen verfahren werde
(V.21bβ), in die Josua eindringen würde (V.21bγ). Anschließend gab Mose Josua die Verheißung mit, daß JHWH für Israel kämpfen werde (V.22).

Die V.21f. werden seit Dillmann[307] für einen Zusatz gehalten, wegen des Anschlusses
mit ואת sowie des Numeruswechsels, und weil der Zusammenhang zwischen V.20 und V.23
durch sie gestört würde[308]. Darauf kann mit Mittmann[309] entgegnet werden, daß in V.18a

---

[302] So nach Lohfink, *Darstellungskunst*, 132ff; vgl. G. Braulik, *Deuteronomium*, 33f.

[303] Die Voranstellung Josuas und die erneute Redeeinleitung, die mitzitiert wird, deutet an, daß Josua ursprünglich allein Adressat der Aussagen von 3,21f war.

[304] Der Numeruswechsel in V.22 deutet an, daß Josua hier als Angehöriger von Israel
angesprochen wird. Literarisch wird so subtil der Übergang zwischen dem ursprünglichen
(Josua) und den aktuellen Adressaten (ganz Israel) geschaffen. Vgl. die Analyse der narrativen Situation bei N. Lohfink (Zum "*Numeruswechsel*" in Dtn 3,21f. BN 49, 1989, 39-52)
und spätere Erläuterung des Numeruswechsel in Dtn 3,21f.

[305] V.23b wiederholt das in den Redeeinleitungen von V.18 und V.21 stehende בעת
ההוא לאמר.

[306] Zu den perspektivischen Unterschieden zwischen der Darstellung von 3,12-17 und
3,18-20 vgl. Lohfink, *Darstellungskunst*, 132ff. Auch Mittmann (*Deuteronomium*, 88ff) weist
die hier interessierenden Aussagen von 3,12-13a und 3,18-20 einer Hand zu.

[307] *KEH 13*, 251.

[308] Vgl. ebenfalls Steuernagel (*Deuteronomium*, 1898[1], 14); Bertholet (*Deuteronomium*,
13); Noth (*ÜSt*, 191 Anm. 3); Mayes (*Deuteronomy*, 147) und Veijola (*Principal Observations*, 251).

und V.21a korrespondierende Redeeinleitungen vorliegen und dazu eine vergleichende
Gegenüberstellung der ost- und westjordanischen Könige einerseits (V.21b) und der ost-
und westjordanischen Siedler andererseits (V.20) vorgenommen wird. Der Anschluß mit
אראה ist sachlich bedingt und dient dazu, syntaktisch die Aufmerksamkeit auf den Adressatenwechsel zwischen V.18-20 und V.21 zu richten. Der Numeruswechsel in V.21f ist perspektivisch bedingt, wie Lohfink[310] gezeigt hat. Josua wird als "Glied einer Mehrzahl" angesprochen, "an ihn ergeht eine Ermutigung, die ganz Israel gilt."[311].

Josua wird in 3,21 auf seine Erfahrung, das Gesehene, verwiesen. Diese
Erfahrung wird zugleich theologisch interpretiert. Mose (und nicht
JHWH) macht Josua die Zusage, daß diese Erfahrung sich für Josua fortsetzen wird. V.22 bezieht Josua wieder in die Gruppe ein, die Beistandszusage gilt in der Person Josuas ganz Israel[312]. Von einer Ernennung Josuas
ist in der 3,21 beschriebenen Situation noch nicht die Rede. Die gewählten
Ausdrücke, die Vergleiche und die angesprochenen Beziehungen geben zu
erkennen, daß Mose zu seinem Nachfolger spricht. Josua wird ohne Va-
tersnamen angeführt, im Kontext der bisherigen Aussagen über ihn kann
dieses als Indiz zunehmender Selbständigkeit gelesen werden. Mose redet
ihn nicht unverbindlich an, sondern befiehlt ihm. Und die Verheißung des
Beistandes JHWHs, wenn Josua in die westjordanischen Königreiche eindringen wird, spielt, da sie ausdrücklich Josua gegenüber erfolgt, auf seine
zukünftige Rolle hierbei an. Alle innerhalb des Delegationsmodells der
Autorität erforderlichen Personen sind in 3,21f versammelt, die Positionen
sind aber noch nicht eingenommen. 1,37f skizziert erstmals die Positionen
dieses Modells, 3,21f veröffentlicht es und bereitet so seine Ausführung
vor. Der nächste Schritt - JHWH beauftragt Mose, seine Autorität an Josua weiterzugeben - erfolgt in 3,28.

Die Aussagen über Josua in 3,28 sind der vorläufige Höhepunkt der in
1,37f von JHWH entfachten Debatte um die künftige Führung des Volkes,
die Mose als Anfrage an seine Position in 3,21 aufgenommen hatte[313]. Die
Wiedergabe des Gespräches zwischen Mose und JHWH[314] ist eine kunstvolle Komposition[315] aus zwei Redezitaten[316]. Der Neueinsatz in 3,23 verdankt seine Entstehung allein der gewandelten Perspektive, die jetzt die
Aufmerksamkeit auf die Relation JHWH-Mose-Josua lenkt[317]. 3,23-28

---

[309] Mittmann, *Deuteronomium*, 93.

[310] Vgl. Lohfink, *Numeruswechsel*, insbes. 42ff.

[311] Lohfink, *Numeruswechsel*, 43.

[312] Vorbereitet wurde die Einbeziehung Josuas bereits durch die Beibehaltung des
יהוה אלהיכם in V.21b.

[313] Vgl. hierzu N. Lohfink, Die deuteronomistische Darstellung des *Übergang*s der Führung Israels von Moses auf Josue, Scholastik 37 (1962) 32-44, 35f.

[314] Hier liegt einer der wenigen Fälle vor, in denen Mose von sich aus eine Bitte an
JHWH richtet, vgl. ebenfalls Num 27,15 und vgl. dazu oben S.152 Anm. 219.

[315] Die Einheitlichkeit von 3,23-38 wird allgemein zugestanden, vgl. die oben angegebenen Kommentare, dazu Mittmann, *Deuteronomium*, 112f.171. Die Version von Dtn 3,23-
28 dürfte eine ältere Überlieferungsstufe repräsentieren als die Perikope von Num 27,12ff.

[316] Vgl. Lohfink, *Darstellungskunst*, 132ff.

[317] Auf der syntaktischen Ebene liegt eine Korrespondenz zwischen 3,18 und 3,21 und
3,23 vor.

führt die in V.18-22 entwickelten Überlegungen weiter[318]. Das in V.18-22 mehrfach angeklungene Stichwort עבר (V.18bß.20aß.21bγ) durchzieht leitmotivisch V.23-28 (V.25aα.25aß.27b.28bα)[319]. Das Motiv des Sehens taucht wieder auf (V.21bα.25aα.27a.28bγ) und die Beziehung Mose-Josua wird wie in 3,21 mit dem Verb צוה piel umschrieben.

Mose leitet seine Bitte, das Land jenseits des Jordans betreten zu dürfen (V.25), mit der vorbereitenden Bemerkung ein, die die Richtung der Antwort JHWHs präformieren soll, daß JHWH doch erst angefangen habe, seinem Knecht seine großen Taten zu zeigen (V.24). Die Aussagen von V.24 sind ein Hinweis auf die mit der Einnahme des Ostjordanlandes erst begonnene und noch nicht vollendete Landnahme sowie ein literarischer Rückverweis auf die entsprechende Aussage von V.18b. Sie parallelisieren, wenn auch nur auf der Wunschebene, Moses Schicksal mit jenem der ostjordanischen Stämme. Die Ostjordansiedler werden den Jordan überschreiten und so Zeuge der Vollendung der großen Tat JHWHs werden. Mose bittet darum, ihnen gleichgestellt zu werden. Sein Verlangen stellt jedoch den von JHWH Mose bereits in Aussicht gestellten Übergang der Führung an Josua in Frage und darüberhinaus die durch die Verkündigung der Tora intendierte Grundverfassung der Gemeinschaft Israels. Mose beschreibt zunächst die Reaktion des erzürnten JHWH (V.26a) und zitiert dann dessen Antwort (V.26b-28).

Die Motivierung des Zornes JHWHs (למענכם) in V.26a ist auffällig. Scheinbar nimmt sie jenes in 1,37 angedeutete Motiv auf. Im Kontext ist der Hinweis nicht notwendig[320]. Denn Mose bietet durch die seiner Bitte vorausgeschickte Einleitung, die JHWHs Antwort in eine Richtung drängen soll ('du hast angefangen mir deine Größe zu zeigen, kannst du jetzt damit aufhören?'), hinreichend Anlaß für eine zornige Reaktion. Mose versucht hier, übrigens das einzige Mal in der ganzen Mose-Überlieferung, einen gewissen logischen Zwang zu seinen Gunsten auf JHWHs Überlegungen auszuüben. Ein Vergleich der Aussagen von 1,37a גם בי התאנף יהוה בגללכם und 3,26a ויתעבר יהוה בי למענכם zeigt, daß diese nicht a priori als synonym gelten dürfen. Die Variation des Verbs in 3,26a läßt sich noch als Spiel mit der Wurzel עבר verstehen. Zu erklären ist aber die Ablösung von בגלל durch למען, die auf eine Sinnverschiebung schließen lassen könnte.

Das "euretwegen" in 1,37 ist eindeutig auf Israels Verhalten bezogen, daß "euretwegen" in 3,26 muß nicht auf Israels Taten bezogen werden. למען kann bekanntlich auch konsekutiv und final verwendet werden[321], בגלל aber nicht. Das sehr viel seltener vorkommende בגלל verweist eher auf geschehene Taten, Sachverhalte und Personen als solche zurück. In allen biblischen Aussagen, in denen es vorkommt[322], ist es auf etwas Vorfindliches bezogen. Gen 12,13 läßt den Unterschied zwischen diesen beiden Präpositionen deutlich wer-

---

[318] Die von Mittmann (*Deuteronomium*, 93) hier zwischen V.22 und V.23 konstatierte literarische Bruchlinie läßt sich nicht damit begründen, daß die Gedankengänge in V.18-22 und V.23-28 in sich homogen sind.

[319] Dillmann (*KEH 13*, 252) wies daraufhin, daß das ויתעבר von V.26a wohl in Hinblick auf das אעברה von V.25a gewählt worden sei. Ein ähnliches Spiel zwischen den Wurzeln I עבר und II עבר scheint in Prov 26,17 vorzuliegen, vgl. ebenfalls Ps 78,8.21; 89,39.42.

[320] Dieser Umstand bewegte Bertholet dazu, ihn deswegen für eine Glosse zu halten (*Deuteronomium*, 13).

[321] Vgl. Joüon, *Grammaire*, § 168d; 169g; H. A. Brongers Die Partikel למען in der biblisch-hebräischen Sprache. OTS 18. 1973. 84-96.

[322] Gen 12,13; 30,27; 39,5; Dtn 1,37; 15,10; 18,12; 1.Kön 14,16; Jer 11,17; 15,4; Mi 3,12.

den, wenn es heißt: אמרי נא אחתי את למען ייטב לי בעבורך וחיתה נפשי בגללך.
למען deutet hier das Ziel Abrahams an und בגלל den Grund, denn um Sarahs willen will
er am Leben bleiben.

JHWH wird zornig auf Mose um Israels willen (למען) heißt dann, es ist nicht im Interesse der Zukunft Israels, daß Mose mit über den Jordan zieht. Israel kann diese omnipo-
tente Führerfigur jenseits des Jordan nicht mehr gebrauchen, und es benötigt sie nach der
Verkündigung der Tora auch nicht mehr[323]. Mose würde dann hier nicht nur seine Ablösung durch Josua in Frage stellen, sondern gleichfalls die Ersetzung seiner Mittlerrolle
durch die Tora. Seine Bitte wird abgewiesen, nicht weil er für Israels Versagen büßen muß,
sondern weil er JHWH ausschließlich zu seinen eigenen Gunsten zu 'zwingen' versucht und
damit JHWHs gesamten Heilsplan für 'Israel im Lande', der auf der Gabe der Tora ruht,
bedroht. Dieser theologischen Sicht korrespondiert die soziologische. Der den Anfang ge-
staltende ideale charismatische Anführer kann seine Position nicht in den Alltag der Gemeinschaft retten. Eine charismatisch begründete Führungsposition würde die Verstetigung dieser Gemeinschaft und ihres Bestandes gefährden.

Der redend vorgeführte JHWH verbittet sich jegliche weitere Diskussion des Themas (V.26b), akzeptiert aber entgegenkommend den zweiten
Teil der Bitte Moses, das Land zu sehen, und weist ihn an, Ausschau vom
Gipfel des Pisga zu halten, da er Mose den Jordan nicht überschreiten lassen werde (V.27)[324].

Es schließt sich in V.28 der dreifache Befehl JHWHs an Mose an, Josua
einzuweisen, ihm Festigkeit zu verleihen und ihn stark zu machen[325], damit Josua vor dem Volke her über den Jordan ziehe[326] und diesem das
Land als Erbbesitz zuteile, das Mose sehen wird. Die JHWH-Rede endet
mit der Erfüllung des zweiten Wunsches Moses. Dtn 3,28 zeigt wieder, wie
schon Dtn 1,38, den in der Gegenwart Moses noch von diesem abhängigen
Josua und blickt voraus auf den künftig selbständig Handelnden. Die Abhängigkeit Josuas ist in 3,28 verglichen mit jener in 1,38 auf ein letztmögli-
ches Minimum reduziert. Josuas Führungsaufgabe wird hier unter zwei
Gesichtspunkten erstmals explizit thematisiert: das Volk bei der Eroberung des Landes zu leiten[327] und danach die Landverteilung vorzunehmen.

---

[323] Vgl. dazu oben (S.46ff) die Überlegungen zum Verhältnis Mose-Josua-Tora-Israel.

[324] Lohfink (*Darstellungskunst*, 132 Anm. 3) weist darauf hin, daß hier eine Anspielung
auf die Patriarchenverheißungen, insbesondere Gen 13,14f., vorliegt.

[325] In diesem Zusammenhang spielt erstmals die von Lohfink so genannte "Ermuti-
gungsformel" eine Rolle (Lohfink, *Übergang*, 38), die dann bei der Einsetzung Josuas in
Dtn 31 und in dem ersten Monolog JHWHs, der sich an Josua richtet, in Jos 1 wieder
Verwendung findet. Vgl. zu אמץ A.S. van der Woude, Art. אמץ 'ms stark sein, THAT I
(1971) 209-211, Sp. 210f; zu חזק vgl. ders., Art. חזק ḥzq fest sein, THAT I (1971) 538-541,
Sp. 540f. Zum Sachverhalt vgl. unten S.203 Anm.506.

[326] V.28b korrespondiert negativ mit V.27b. Dem entspricht auch die zweimalige Voranstellung von הוא in V.28b. Nach V.28a ist Josua noch Objekt des Handelns Moses, in
V.28b tritt er erstmals unabhängig von seiner Beziehung zu Mose als in Zukunft Handeln-
der in Erscheinung. Gegenüberstellung und negativer Vergleich finden sich so bereits in
1,37f.

[327] Dieser Punkt wird in Dtn 1,38 und 3,21 nur implizit angesprochen, in 3,28 explizit
durch die Aufnahme des Stichwortes עבר aus 3,21 und Hinzufügung von לפניהם. Erst עבר
לפני bezeichnet Josuas Führungsposition. Daß hier nicht das gebräuchlichere Begriffspaar
יצא und בוא steht, dürfte mit der Einmaligkeit der Situation des Überquerens des Jordans

Josuas Führungstätigkeit ist auf den militärischen Bereich beschränkt, zu
dem bekanntlich auch die Beuteverteilung = Landverteilung gehört. Josua
wird nur einen Teil des Werkes Moses fortsetzen.

Die literarische Abstimmung der beiden Führungsfiguren Mose und Josua aufeinander
zeigt sich sehr deutlich in ihrer unterschiedlichen Aufgabenzuteilung. Mose erhielt bei seiner Berufung nicht den Befehl, Israel nach Kanaan hineinzuführen, sondern nur den Auftrag, es aus Ägypten herauszuführen (Ex 3,10-12). JHWH erklärt ihm gegenüber dann, daß
er Israel in das Land der Kanaaniter, Hethiter, Amoriter, Perizziter, Hiwviter und Jebusiter
hinaufführen werde (Ex 3,8.17). Davon, daß Mose in das verheißene Land hineinkommen
wird, ist innerhalb der biblischen Tradition explizit nirgends die Rede, wenn auch vor dem
großen Abfall von Num 13-14 einige Aussagen dieses indirekt anzudeuten scheinen. So
kommt als ferne, von Mose aber verworfene Möglichkeit, die vom zornigen JHWH erwogene Alternative 'Mose oder das Volk' (Ex 32,7-14; Num 14,11-17) in Betracht. Der Auf-
bruchsbefehl von Ex 33,1 im Zusammenhang mit der Zielangabe (das Land, das ich Abraham, Isaak und Jakob zugeschworen habe) rechnet implizit Mose mit unter die Nachkommen der Erzväter, die das Land erhalten sollen[328]. Num 26,52-56 erhält Mose den
Auftrag, das Land zu verteilen. Dieser Text schließt die Volkszählungsliste ab und stellt innerhalb einer autoritativen JHWH-Rede an Mose die Landverteilungsprinzipien fest. Davon, daß Mose selber den Auftrag ausführen wird, ist keine Rede. Die Mose-Figur fungiert
als oberste Instanz[329], deren Entscheidung Ausgangsbasis für das weitere Vorgehen wird.

Das, was Josua vollenden wird, ist so innerhalb der biblischen Tradition
Mose nie ausdrücklich zuerkannt worden. Josua tritt nicht als Eroberer
des Westjordanlandes in die eigentlich Mose vorbehaltene Funktion ein,
sondern ersetzt Mose allgemein als Führungsfigur, wobei seine Kompetenzen enger umschrieben und begrenzt sind als diejenigen Moses. Die
einzigartige Position, die Mose zwischen JHWH und Israel inne hatte,
wird Josua nicht zufallen. Dtn 3,28 sagt das unmißverständlich. Doch bevor Josua die neue Führungsposition einnehmen kann, wird Mose die
Tora verkünden (Dtn 4-28) und Israel auf ihre Einhaltung verpflichten
(Dtn 29-30). Die in Dtn 3,28 von JHWH angeordnete, jetzt zu vollziehen-
de Einsetzung Josuas erfolgt erst nach Abschluß des Moabbundes[330]. Der
Nachfolger Moses wird sein 'Amt' erst antreten, wenn die für ganz Israel
verbindliche Grundordnung erlassen ist. Ungleich Mose wird Josua in seinem Führungshandeln an die Einhaltung einer schriftlichen Verfassung

---

zusammenhängen, die ein Zurückziehen nicht vorsieht. Die Wendung עבר לפני ist im
masoretischen Text 22mal belegt (nach der Konkordanz von Eben-Schoschan). 13 der
Vorkommen tauchen im Kontext des Jordanübergangs auf (Num 32,32; Dtn 3,18.28; 9,3;
31,3 (2x); Jos 1,14; 3,6.11; 4,5.11.12.13). Die militärische Bedeutung ist in diesem Kontext
klar (hierher gehören noch Jos 6,7 und Mi 2,13), die Wendung bezeichnet aber nicht exklusiv eine Führungsposition, weder im militärischen Kontext noch in Alltagszusammen-
hängen. Zu letzteren vgl. Gen 32,16; 33,3.14; Ex 17,5; 1.Sam 9,27; 25,19; 2.Kön 4,31.

[328] Zum literarischen Charakter des Textes und seiner Zugehörigkeit vgl. Noth, *ÜP*, 33
Anm. 114; Childs, *Exodus*, 584ff; Blum, *Studien*, 74f.

[329] Zur Position von Num 26,52-56 innerhalb des DtrG vgl. dazu oben S.142f.

[330] Vgl. hierzu N. Lohfink, Der *Bundesschluß* im Land Moab. Redaktionsgeschichtliches zu Dt 28,69-32,47, BZ NF 6 (1962) 32-56.

gebunden werden[331]. Diese Differenz zwischen Mose und Josua, zwischen dem Ersten und dem Zweiten, markiert den Unterschied zwischen dem Charismatiker Mose und dem von ihm bestimmten Nachfolger.

Josua wird gelegentlich[332] als Amtscharismatiker betrachtet, in Aufnahme der von Max Weber zur Institutionalisierung des Charisma entwickelten Thesen[333]. Nach Weber liegt im Falle Josuas aber nur eine Form der Nachfolgerdesignation vor[334]. Der Begriff des Amtscharisma, so wie er von Weber entwickelt wurde[335], bezieht sich auf ein Charisma, das einem sozialem Gebilde als solchem anhaftet und wird von ihm identifiziert mit dem Glauben "an die spezifische Begnadung einer sozialen Institution als solcher"[336]. Weder war die Führungstätigkeit Moses bereits so weit institutionalisiert, daß sie als ein 'Amt' bezeichnet werden könnte, dessen Charisma es an Josua weiterzugeben galt, noch wird Josua die Machtfülle Moses zugesprochen. Die nicht zutreffende Einordnung Josuas unter die Kategorie 'Amtscharismatiker' dürfte durch Webers Annahme, daß das Amtscharisma mit hierurgischen Mitteln von einem Träger auf den anderen übertragen werde[337], ausgelöst worden sein, der scheinbar die Einsetzung Josuas nach Num 27,15ff entsprach. Die Exegese von Num 27,12-23 zeigte[338], daß auch in dieser priesterschaftlichen Erzählung keine Rede davon sein kann, daß ein Amt Moses an Josua weitergegeben wird. Sogar nach Num 27,12ff unterliegt die zu installierende Führungsfigur Josua der einem Charismatiker fremden Beschränkung des Umfanges der Führung und der Zuständigkeit. Den Typus des Amtscharismatikers repräsentiert in der Überlieferung des Pentateuchs der Priester Eleasar und nicht der Nachfolger Moses[339].

Josua im Übergang

In Dtn 31 treffen alle Parteien zum entscheidenden Schlußakt wieder zusammen: JHWH, Mose, ganz Israel, Josua, die Priester und die Ältesten Israels. Unser Kapitel vereinigt thematisch und entstehungsmäßig recht verschiedene Texte. Die Endredaktion hat das vorgegebene Material aber planvoll zu einer auf die Situation der Führungsübergabe bezogenen Einheit gestaltet[340], in der die Theophanieszene das Zentrum bildet[341]. Alle

---

331 Vgl. ebenfalls die Überlegungen von C. Dohmen, Der *Tod* des Mose als Geburt des Pentateuch. in: C. Dohmen,/ M. Oeming, (eds.), Biblischer Kanon, warum und wozu? Eine Kanontheologie. QD 137, Freiburg 1992, 54-68, insbes. 64.

332 So u.a. Baltzer, *Biographie*, 56; Janowski, *Sühne*, 202.

333 *WuG*, 142ff.

334 A.a.O., 143.

335 A.a.O., 144.674f.

336 A.a.O., 675.

337 Nebenbei bemerkt setzt Webers Konzeption der Übertragung des Amtscharismas außer der etablierten Institution mindestens drei Handelnde voraus.

338 Vgl. dazu oben S.145ff.

339 Die Anwendung soziologischer Idealtypen auf eine gesellschaftliche Wirklichkeit, die nur in literarischer Reflexion vorliegt, und die zudem an einer von der alttestamentlichen Wirklichkeit nicht historisch differenzierenden Gesellschaft gewonnen worden sind, setzt voraus, daß zuvor untersucht wird, ob die den neuzeitlichen soziologischen Typus konstituierenden Merkmale überhaupt in den alttestamentlichen Texten vorfindbar sind. Vgl. zur Methode Schäfer-Lichtenberger, *Stadt*, insbes.47ff.107ff.

340 Lohfink hat in seiner jüngst erschienen Analyse der Komposition von Dtn 31-32 dieses vorgeführt, vgl. ders. Zur *Fabel* in Dtn 31-32. in: R. Bartelmus/ Th. Krüger/ H. Utz-

Teile von Dtn 31 setzen die Fiktion des bevorstehenden Todes Moses voraus. Die aus dieser Fiktion resultierenden Handlungen Moses lassen sich
auf den gemeinsamen Nenner 'Vorsorgemaßnahmen eines in die Zukunft
vorausschauenden Führers' bringen[342]. Der kompositionelle Charakter
von Dtn 31 ist ablesbar an zahlreichen Rück- und Vorverweisen, die dieses
Kapitel mit anderen dtn Rahmenkapiteln verbinden[343]. Dtn 31 enthält
mehrfach Motive und Ausdrücke aus Dtn 3,20-28; 30 und 32, sowie 34, es
schließt an vorausgehenden Situationen an (Dtn 3,20-21; 30) bzw. leitet zu
den folgenden über (Dtn 32; 34). Die zahlreichen sprachlichen Berührungen mit bestimmten Abschnitten der Sinaiperikope und den Redepartien
des Josua-Buches sind nicht übersehbar. Aus dem Bereich der dtr Theologie finden sich Hauptartikel (Landzusage verknüpft mit Väterschwur,
Abfall zu den fremden Göttern) neben typischen Stichworten, die das
Verhältnis Israels zur Tora umschreiben (למד, שמר, שמע) und ganz im
Stil von Dtr gehaltene Beistandszusagen[344].

Betrachtet man die aus den Verweisen und Anspielungen bestehende
Struktur des Textes von Dtn 31, dann fallen die Josua betreffenden Aussagen durch zwei Momente auf. Ein Teil von ihnen überträgt schlicht ihnen
vorausgehende Sätze über andere Personen/Gruppen wörtlich auf Josua[345]. Hinsichtlich der genannten Sachverhalte wird Josua mit den zuvor
erwähnten Personen auf eine Stufe gestellt. Das Gegenstück zu diesen
Mitteilungen findet sich in jenen Versen, die Josua von allen anwesenden
Personen abheben und seine Sonderposition betonen (V.7aα²ßb.14a.
23aα²ßb). Alle diese Josua betreffenden Äußerungen zeichnen sich ferner
dadurch aus, daß die in ihnen enthaltenen Verweise auf sehr viel spezifi-
schere Situationen anspielen als die Mehrzahl der übrigen Bezugnahmen.
Sie skizzieren einen engeren Horizont, dessen Linien alle direkt auf die
Gestalt Josuas zulaufen[346]. Ihre Ausführung wird weitgehend bestimmt

schneider (eds.), Konsequente Traditionsgeschichte. FS für Klaus Baltzer. OBO 126. Göt-
tingen/Freiburg Schweiz 1992, 255-279.

[341] Lohfink (*Bundesschluß*, 49f) hält die Theophanie-Szene für das Zentrum der Komposition von Dtn 31. Das dürfte auf die Endstufe des Textes zutreffen, auf der ja die Mitteilung des Liedes Bestandteil der Theophanie ist. Die Theophanie verbürgt die Authentizität
der Gottesrede. Die Legitimation der Mose-Rede als Gottes-Wort bedarf keiner Theophanie und erfolgt regelmäßig durch die Aneinanderreihung von JHWH-Mitteilung an
Mose und Moses Weitergabe der Mitteilung an das Volk.

[342] Interessante inhaltliche Parallelen zu diesem Bild finden sich in Davids letzten
Verfügungen 1.Kön 2,1-9 und in der Schilderung seiner Maßnahmen für Tempelbau und
Thronnachfolge in 1.Chr 28f.

[343] Bemerkenswert ist auf diesem Hintergrund, daß Berührungen mit dem Mosesegen -
sieht man von der auf Dtn 31,9.24 beziehbaren Aussage in 33,4 ab (eine Tora hat Mose uns
befohlen), die aber ebensogut ihren Ausgangspunkt in anderen dtn Äußerungen haben
kann - nicht feststellbar sind.

[344] Vgl. Lohfink, *Übergang*.

[345] Vgl. V.3a JHWH / V.3bα Josua; V.6 Israel / V.7aα₁.8a.23aα₁ Josua.

[346] V.3b.7aα² b Rückbezug auf 1,38 und 3,28; 14aßb Rückverweis auf Ex 33,11; 23aα²ß
Vorverweis auf Jos 1,1-9. Das Begegnungszelt als Ort der Weitergabe bzw. Übertragung
von Autorität spielt auch in Num 11,16.24ff. eine wichtige Rolle.

durch die Übergangsfunktion dieser Gestalt: den Übergang über den Jordan zu leiten und den Übergang zur Seßhaftigkeit durch Eroberung und Verteilung des Landes zu gewährleisten. Allerdings sind die Aussagen über Josuas künftige Position nicht so eindeutig, wie sie auf den ersten Blick scheinen. Einige textkritische Merkwürdigkeiten verdienen in diesem Zusammenhang eine nähere Betrachtung.

Daß Dtn 31 nicht aus einer Feder stammt, verraten uns auch die verschiedenen Textversionen, wie LXX, Vulgata und Peschitta. Wir haben mehrere kleinere, aber inhaltlich bedeutsame Übersetzungsvarianten des Textes, die den Übergang der Führung von Josua auf Mose anders akzentuieren. Es handelt sich um die V.3b, 7aα, 19, 23.

31,3b
Der erste Teil der Aussage hebt durch pronancierte Wiederholung des Pronomens hervor, daß nach dem Tode Moses JHWH vor Israel herzieht und die Völker vertreiben wird. Übergangslos folgt darauf in V.3b die Aussage: יהושע הוא עבר לפניך כאשר דבר יהוה . Sam, LXX und Vulgata haben hier beide Aussagen durch die Konjunktion "und" verbunden und sie ausdrücklich parallelisiert. Das ist eine Verständnismöglichkeit des MT, nämlich daß Josua derjenige ist, der die Initiative zur Überquerung des Jordans ergreift und so Israel mit sich hinüberzieht. Die Versionen vereinfachen den Text, indem sie erklären. MT ist syntaktisch der schwierigere Text. Die textkritische Situation wird nicht einfacher dadurch, daß der explizite Rückbezug von V.3bß auf Dtn 3,21f nur halb richtig ist. Nach 3,21f ist eindeutig, daß die Initiative bei JHWH liegt und Josua dabei JHWHs Organ ist[347] .

In 31,3b kommt eine neue Führungskonzeption in den Text, die Josuas Position aufwertet. JHWHs Handeln ist identisch mit Josuas Führung.

31,7α
In V.7aα bieten nicht wenige Versionen eine Übersetzung an, die Josua mehr heraushebt als der MT. Der MT hat אתה תבוא את העם הזה אל הארץ = "du wirst hineingehen mit diesem Volk in das Land". Hingegen schreiben Sam, Peschitta und Vulgata: "du wirst hineinbringen dieses Volk in das Land", sie betonen also Josuas Anteil an der Landnahme. Der MT ist der schwierigere Text, aber er ist durchaus verstehbar. Die seltene grammatische Konstruktion der Wurzel בוא mit der Präposition את hat in Dtn 19,5 eine Parallele.

Denselben Sachverhalt, die Hervorhebung der Person Josuas, haben wir noch an mehreren Stellen innerhalb des MT vorliegen, nämlich 31,3b; 31,19a; 31,14-15.23 und 32,44.

In 31,7 harmonisieren die vom MT abweichenden Versionen. Im MT liegen verschiedene Vorstellungen über Josuas Anteil am Eisodos vor.

31,23[348]
Im vorliegenden Kontext ist V.23a Moserede, der Relativsatz aus V.23aß und die Beistandszusage in V.23b sind aber nur als Aussage JHWHs sinnvoll. Im MT liegt eine erklärungsbedürftige Spannung vor; es sei denn, man nimmt mit Laberge[349] an, daß Mose nach

---

[347] Vgl. die Hypotaxe in Dtn 3,21bß und die Schlußaussage von V.22, die JHWHs als Kämpfer für Israel herausstellt.

[348] V.19 ist abhängig von V.23 und den damit verbundenen Aussagen. Daher soll V.23 zuerst untersucht werden.

[349] Vgl. L. Laberge Le *texte* de Deutéronome 31 (Dt 31,1-29; 32,44-47), in: C. Brekelmans/ J. Lust (eds.), Pentateuchal and Deuteronomistic Studies. Papers Read at the XIIIth IOSOT Congress. Leuven 1989. BEThL 94, Leuven 1990, 143-160; ebenda 156f. Aus der Perspektive von Dtn 18,15 und Dtn 34,10 kann der Endtext so gelesen werden. Doch bleibt zu fragen, ob die Charakterisierung Moses als Propheten nach Art des Boten innerhalb des Dtn nicht einer späten Schicht angehört. Zu den wesentlichen Elementen der Übermittlung

Art der Propheten im Ich JHWHs gesprochen habe. Ein hebr. Manuskript hat den Relativ-satz (23aß) und V.23b nicht. Die LXX stellt durch ausdrückliche Nennung des Mosenamen klar, daß Mose Sprecher der Aussagen von V.23 ist und leitet die Beistandsformel mit den Worten ein: ἥν ὤμοσεν κύριος αὐτοῖς, καί αὐτός ἔσται μετά σοῦ. JHWH redet nach LXX nicht direkt mit Josua, sondern Mose gibt an Josua weiter, was JHWH ihm mitgeteilt hat. LXX bietet die lectio facilior[350]. Ihr lag der spannungsreiche hebräische Text vor, wie die Anpassung der Aussagen von V.23 an jene von V.22 zeigen. Die LXX setzt die Aussa-gen von V.23 in direkten Bezug zu jenen in V.21f und vermindert ihre theologische Brisanz, indem sie eine Gottesaussage in eine Aussage Moses verwandelt.

Lohfink weist daraufhin, daß in V.14 mit dem Ausdruck וַאֲצַוֶּנּוּ ein Rechtsakt JHWHs angekündigt wird, der mit den Aussagen von V.23 eingelöst werde (וַיְצַו). Außerdem ent-halte V.23 keinen Hinweis darauf, daß zwischen V.23a und V.23b ein Subjektwechsel statt-finde. V.23aß[*] und V.23b sind eindeutig Gottesrede, V.23a enthält keine Indizien, die auf einen anderen Sprecher hinweisen. Der dann zwischen V.22 (eindeutig Moserede) und V.23 (Gottesrede) anzunehmende Subjektwechsel ohne Nennung des neuen Subjektes, sei im Hebräischen möglich, da der Sachverhalt inhaltlich klar sei[351].

Ich sehe keinen Grund vom MT abzuweichen, betrachte den textkriti-schen Stolperstein allerdings als Indiz für ein literarisches Wachstum des hebräischen Textes. Die älteren Kommentatoren wie Stade[352] Dill-mann[353], Steuernagel[354], Bertholet[355], Driver[356] sehen in dem וַיְצַו zu Be-ginn von V.23 eine Aufnahme der Ankündigung JHWHs aus V.14a וַאֲצַוֶּנּוּ. Das Fehlen des Gottesnamens in V.23 zeige an, daß V.23 ursprünglich an V.15 anschloß. Sie halten die V.14-15.23 für einen Parallelbericht zu V.7 aus einer der Pentateuchquellen[357]. Noth hält 31,14f.23 für ein altes Quellenstück, daß erst bei der Pentateuch-Zusammenarbeit mit einge-schoben wurde[358]. Mayes[359] hält V.14-15.23 für die Fortsetzung des dtr Textes von V.7f und V.16-22 für einen sekundären Einschub[360].

Neben den textkritischen und literarkritischen Erwägungen spricht eine weitere Beobachtung dafür, daß die V.14-15.23 Teile eines Fragmentes

des Gotteswortes durch Mose im Pentateuch gehört die Markierung des Übermittlungs-prozesses. Mose spricht im Pentateuch nicht übergangslos im 'Ich' JHWHs, sondern legi-timiert alle als Gottesworte bezeichneten Reden durch Verweis auf JHWH. In Dtn 11,14f; 29,4f, den von Laberge als Beweis herangezogenen Aussagen für seine Deutung, liegen in-nerhalb einer Moserede Zitate von Gottesworten vor, vgl. dazu Lohfink, *Fabel*, 272 Anm.43.

350 Vgl. Laberge, *texte*, 156.

351 Vgl. die ausführliche Argumentation von Lohfink, *Fabel*, 272f.

352 Vgl. J. Stade, *Miscellen*. ZAW 5. 1885, 275-300, ebenda 299.

353 Dillmann, *KEH 13*, 386ff.

354 Steuernagel, *Deuteronomium*, 1898[1], 110ff.

355 Bertholet, *Deuteronomium*,92ff.

356 Driver, *Deuteronomy*, 338.

357 Dillmann (*KEH 13*, 386ff) verweist auf B; Steuernagel (*Deuteronomium*, 1898[1], 110ff) spricht von E; Bertholet, (*Deuteronomium*, 92ff) hält E für den Verfasser; Driver, (*Deuteronomy*, 338) plädiert für JE.

358 Noth, *ÜSt*, 40.

359 Mayes *Deuteronomy*, 373ff.

360 Einigkeit besteht in der allen gemeinsamen Annahme, daß die Verse 16-22 die Aus-sagen über Josua in den Versen 14f.23 unterbrechen und der jetzt vorliegende Zusammen-hang sekundär hergestellt worden ist.

über eine Theophanie sind, die in einen vorhandenen Text eingefügt worden ist. Das Vorkommen einer Theophanie im Lande Moab ist innerhalb eines dtn/dtr Erzähltextes mehr als ungewöhnlich. Es widerspricht der in Dtn 5-6 festgeschriebenen dtn/dtr Konzeption, daß die Theophanie nur am Gottesberg Horeb erfolgt. Dieser theologische Grundsatz ist in allen dtr Texten durchgehalten worden[361]. Unser Theophanietext ist in einen bereits vorhandenen Grundtext von Dtn 31 eingefügt worden. Darauf weisen folgende Indizien hin: Theophanie in Moab und Begegnungszelt sind mit dtn/dtr Theologie nicht vereinbar und können nicht im dtr Text gestanden haben. Die Einführung des Moseliedes in 31,16-22 fügt sich nur schlecht an den Bericht der Theophanie an. Die nach V.15 nicht notwendige Wiederholung des Gottesnamen in V.16 zeigt, daß V.16-22 unabhängig von V.15 verfaßt wurde. Außerdem ist in V.16-22 verglichen mit V.14-15 die Zeitperspektive eine andere. V.16-22 reden von fernster Zukunft, V.14f zielen auf die unmittelbare Zukunft, den nächsten Tag, ab. Die Aussagen von V.23 bringen die in V.14 angekündigte Einsetzung Josuas durch JHWH, reden also wieder vom nächsten Tag. Die Zeitabfolge ist hier zwischen V.14 und V.23 zweimal umgekehrt worden. Das Verb וַיְצַו (V.23) nimmt die Ankündigung JHWHs aus V.14aß (וַאֲצַוֶּנּוּ) auf. Das Fehlen des Gottesnamen in V.23 zeigt an, daß V.23 ursprünglich an V.15 anschloß. Die Aussage von V.23a als Aussage im Munde JHWHs, daß Josua Israel in das Land bringt, widerspricht der dtn/dtr Landnahmekonzeption. Nach dtn/dtr Sicht ist es immer JHWH, der Israel in das Land bringt. Josua schreitet allenfalls vor Israel her. In V.21b hatte JHWH das gerade noch einmal betont. Es gibt in dtn/dtr Texten keine einzige Aussage, in der Mose oder Josua mittels des Verbes בוא (hiph.) zuerkannt wird, daß sie Israel ins Land bringen. Dtn 31,23 ist die einzige Behauptung dieses Inhaltes im Pentateuch! Es gibt aber zahlreiche Aussagen, demzufolge JHWH Israel in das Land bringt (בוא hiph.)[362].

Man könnte in der Beistandszusage von Dtn 31,23 eine Mitteilung des Gottesnamens an Josua sehen und mithin eine Selbstvorstellung JHWHs Josua gegenüber. Dann wäre Josua auf dieser Stufe des Textes Mose in dieser Hinsicht fast ebenbürtig. Josua wird in dieser kleinen Theophanieszene sehr viel direkter in Beziehung zu JHWH gesetzt, als in allen anderen Situationen zu Lebzeiten Moses. Im Mittelpunkt dieser kleinen Szene steht Josuas Verhältnis zu JHWH. JHWH bestätigt hier Josuas Einsetzung in seine neue Führungsposition. Außerdem sagt JHWH nach V.23aß explizit zu Josua: אַתָּה תָּבִיא אֶת בְּנֵי יִשְׂרָאֵל אֶל הָאָרֶץ. Nachdem seine Gestalt so herausgehoben wird, erhält er das einzige, was ihm für eine Position, die der des Mose gleich kommt, noch fehlt: die persönliche Beistandszusage von JHWH. Die Zusage von 31,23 nimmt jene von 31,7 wörtlich auf und überhöht sie durch die Anfügung der Beistandsformel אָנֹכִי אֶהְיֶה

---

[361] Bekanntlich mußte in späterer Zeit der Prophet Elia zum Horeb wandern, um einer Theophanie teilhaftig zu werden.

[362] Vgl. Dtn 4,38; 6,10.23; 7,1; 8,7; 9,28; 11,29; 26,9; 31,20f.

עִמָּךְ[363]. Diese Verheißung ist das Ziel der in V.14f angekündigten und beschriebenen Theophanie.

Diese Formel wird dann noch einmal in Jos 1,5 und Jos 3,7 wiederholt, jedoch in der Form אהיה עמך, die die geläufigere ist[364]. Die Nennung des Gottesnamens erfolgt nach der Beistandszusage an Mose (Ex 3,12) in Ex 3,14. In der nächsten darauf folgenden Situation, in der eine Beistandszusage 'angesagt' ist, in Ex 4,12 und 4,15 steht dann die 'volle Form' ebenso wie in Dtn 31,23. Die akzentuierte Setzung des Personalpronomens läßt vermuten, daß an den betreffenden Stellen אהיה als Gottesnamen verstanden werden kann. Dann würde JHWH sich bei seinem ersten direkten und unvermittelten Kontakt mit Josua diesem sogleich mit Namen vorstellen, ein Umstand, der die Josua-JHWH Beziehung in die Nähe der Mose-JHWH Beziehung rückt. Die volle Form der Beistandsformel findet sich nur in Ex 4,12.15 und Dtn 31,23[365].

Dieses Theophaniefragment hat wahrscheinlich mit seinen Aussagen über Josua sowohl die abweichenden Übersetzungen der Versionen in 31,7 beeinflußt, als auch eine Anpassung von 31,19aα nach sich gezogen sowie zur Einfügung von 31,3b und 32,44b geführt.

Dtn 31,19

31,19aα steht im MT וְעַתָּה כִּתְבוּ לָכֶם אֶת הַשִּׁירָה הַזֹּאת וְלַמְּדָהּ אֶת בְּנֵי יִשְׂרָאֵל. Das erste Verb steht im Plural, das zweite und alle folgenden im Singular. Eine Anredeerweiterung, die in der nächsten Aussage wieder fallen gelassen wird, ist ohne Beispiel in dtn Text[366]. Josua wird hier zum Mitverfasser des Moseliedes gemacht[367]. Nach 31,16a wird nur Mose angeredet. Die zweite und dritte Aussage von 31,19 trägt dem Rechnung, während die erste Aussage durch die Pluralform כתבו Josua einbezieht. Peschitta hat כתב להם gelesen. LXX hat in V.19aα und 19aβ Plural, d.h. den Singular von למד und שים an den Plural von כתבו angeglichen. Ihr lag offenkundig schon die Mischform Plural/Singular vor. Die Abwandlung der Peschitta כתב להם könnte eine Verdeutlichung sein. Mose schreibt das Lied für die Israeliten auf, die in späteren Zeiten leben.

MT ist der älteste und schwierigste Text, wie die Versionen zeigen. Dazu kommt, daß die Ausführung des Befehls von V.19 in V.22 auch nur Mose als Schreiber nennt[368]. Das Problem ist an dieser Stelle kein textkritisches, sondern liegt auf literarischer Ebene. Wahrscheinlich ist Josua ursprünglich nicht in 31,19 miterwähnt worden. Die Anspielung auf Josua dürfte das Ergebnis einer Bearbeitung des Kapitels sein, die durch die Einfügung des Theophaniefragmentes notwendig wurde. Nach Einfügung

[363] Dtn 31,7 ist eindeutig Mose-Rede. Dtn 31,23 ist JHWH-Rede.

[364] Zu den Variationen der Formel und den Funktionen, die sie in unterschiedlichen Kontexten hat, vgl. H.-D. Preuß, "...ich will mit dir sein!", ZAW 80 (1968), 139-173.

[365] Beistandszusagen, die eine entsprechende Aussage JHWHs אהיה עמך enthalten, sind außerdem nachweisbar für Isaak (Gen 26,3), Jakob (Gen 31,3), Gideon (Ri 6,16), David (2.Sam 7,9; 1.Chr 17,8).

[366] Beispielhaft sei auf die Anredeerweiterungen in Dtn 1,39; 2,13 und 2,24 verwiesen, die in den folgenden Aussagen beibehalten werden.

[367] Laberge (texte, 155f) unterstellt, daß der MT "s'adresse à Moise et à Aaron, même si cela n'est pas dit explicitement." Aaron kommt in Dtn 31 überhaupt nicht vor. Insgesamt wird er im Dtn nur vier Mal erwähnt, und das jedes Mal in für ihn negativen Aussagen, vgl. Dtn 9,20 (2x); 10,6; 32,50. Laberges Vermutung hat keinen Anhalt im Text.

[368] Vgl. ebenfalls Dillmann, KEH 13, 389; Bertholet, Deuteronomium, 94; Steuernagel, Deuteronomium, 1898[1], 113; dagegen unter Verweis auf Dtn 33,44 Mayes, Deuteronomy, 378.

der Theophanie vor Mose und Josua war Josua neben Mose zum Offenbarungsempfänger des Liedes geworden.

Dtn 32,44

Diese Hand hat Josua dann ebenfalls in 32,44 eingetragen[369], dort steht nach dem Vortrag des Moseliedes: ויבא משה וידבר את כל דברי השירה הזאת באזני העם הוא ויהושע בן נון. Dtn 32,44a ist eine fast wörtliche Wiederholung von Dtn 31,30. Wir haben in diesen Versen eine Rahmung vorliegen, die eine Gliederung des Textes in Szenen andeutet[370]. Nach 31,19 soll Josua das Moselied mitaufschreiben, nach 31,22 schreibt Mose das Lied auf und lehrt es die Israeliten[371]. Dasselbe behauptet die Aufforderung Moses in 31,28 und die zweite Einleitung des Moseliedes in 31,30, sowie die Aussagen von 32,44a und 32,45. Der Verfasser von 32,44b gleicht die zwischen den Aussagen von 31,19 einerseits und 31,22.28.30; 32,44a.45 andererseits entstandene Differenz durch die Einfügung von 32,44b aus.

Die Hervorhebung Josuas in Kap 31,3b.19a und 32,44b gehört einer sehr späten, nachdtr Schicht an. Dem Verfasser dieser Schicht lag vor allem daran, daß die Einsetzung des Führers Israels aus sakraler Sicht rite erfolgte. Mit seiner Eintragung der Theophanie in V.14-15.23 und ihrer Funktionalisierung als Beglaubigung Josuas hat dieser Verfasser aber die entsprechende Szene zwischen JHWH und Josua in Jos 1 vorweggenommen. Abgesehen davon, haftet der Szene in Jos 1,1-9 nicht die sakrale Aura einer Theophanie an. Eine derartige Vorwegnahme ist erst denkbar nach Abtrennung des Buches Dtn vom DtrG und damit vom Buch Josua. Als der Pentateuch als eigene schriftliche Größe konstituiert wurde, wurde der unmittelbare Erzählzusammenhang zwischen Dtn und Jos zerrissen. Dadurch fehlte im dtn Text der Abschluß der Einsetzung Josuas, die Beglaubigung durch JHWH. Diese Funktion übernimmt die eingefügte Theophanieszene in 31,14-15.23. Die Aussagen über Josua verfolgen die in Num 13-14 und Num 27,12ff hervorgetretene Tendenz der Emanzipation der Josua-Gestalt von der Gestalt des Vorgängers Mose weiter. Diese nachdtr Bearbeitung ist inhaltlich verwandt mit der Eldad-Medad-Bearbeitung von Num 11, der priesterschriftlichen Version von Num 13-14 und der priesterschriftlichen Erzählung von Num 27,12ff. Ausgehend von dem in Num 13-14; 27 entworfenen Josua-Bild wird von ihr in Dtn 31 das vorliegende dtr Josua-Bild behutsam zurechtgerückt. Orientierungshorizont

---

369 Den sekundären Charakter von 32,44b heben u.a. hervor Dillmann (*KEH 13*, 412), der in diesem Zusammenhang auch die Pluralform des Verbs von 31,19 verstanden wissen möchte; Steuernagel (*Deuteronomium*, 1898¹, 121), der in V.44 eine Wiederholung von 31,30 sieht; vgl. Mayes, *Deuteronomy*, 393f. Der Charakter dieser Aussage wird verkannt, wenn man sie als Glosse hermeneutisch unter den Tisch fallen läßt.

370 Vgl. Lohfink, *Fabel*, 257.266. Die Szeneneinteilung liegt bereits auf der Ebene des dtr Textes vor. Fraglich scheint mir Lohfinks Annahme, daß das Moselied zweimal verkündigt wurde (31,24-32,43 vor den Repräsentanten, 32,44-47 vor der ganzen Versammlung Israels), da diese im wesentlichen auf den Mitauftritt Josuas, der erst vom Endredaktor in diese Rolle hineingeschrieben wurde, gründet.

371 Vgl. ebenfalls Dillmann, *KEH 13*, 389; Bertholet, *Deuteronomium*, 94; Steuernagel, *Deuteronomium*, 1898¹, 113; dagegen unter Verweis auf Dtn 33,44 Mayes, *Deuteronomy*, 378.

ist die Relation JHWH-Josua. Josua wird in den bisher Mose vorbehaltenen direkten Umgang mit JHWH hineingenommen.

Gelangt Josua nur durch seine Verknüpfung mit den das Moselied ein-
und ausleitenden Passagen zu Moses Lebzeiten in die neue Position und
gleich Mose zu 'geistlichen Würden'[372], dann ist wahrscheinlich, daß die
ihn solcherart legitimierenden Aussagen das Moselied und seine Einführung bereits vorfanden und an diese anknüpften[373]. Die Verse 14f.23 rahmen die auf das Moselied hinführenden Aussagen von V.16-22. Josua wird
im vorliegenden Text zum Mitverfasser eines Teiles der Tora gemacht, da
die auf die Aussagen von 31,9aα sich beziehende Bemerkung von 31,24
mit der Akzentsetzung עד תמם, die in 31,30 wiederkehrt, ausdrücklich
auch das in V.16-22 angekündigte und nach V.22 von Mose aufgeschriebe-
ne Lied zur Tora rechnet. Die vielfältigen sprachlichen und inhaltlichen
Berührungen zwischen V.16-22 einerseits und V.6-13.24-30 andererseits[374]
lassen diese Verse als kompositionelle Einheit erscheinen. Inhaltlich werden im Abschnitt V.16-22 die diesem vorausgehenden Aussagen kontrastiert[375]. Diese Indizien lassen die Behauptung, der Abschnitt V.16-22 sei

[372] Diese werden ihm nur im Kontext von Dtn 31,14f.19.23 zugeschrieben. An keiner
anderen Stelle ist Josua der Empfänger göttlicher Offenbarungen, die über seine auf die
Eroberung und Verteilung des Landes begrenzte Führungsaufgabe hinausgehen.

[373] Ähnliches vermutete bereits Noth, *ÜSt*, 39f.214, und im Anschluß an Noth neuerdings A.H.J. Gunneweg, Das *Gesetz* und die Propheten. Eine Auslegung von Ex 33,7-11;
Num 11,4-12; Dtn 31,14f; 34,10. ZAW 102. 1990. 169-180, ebenda 172.178f.

[374] Eine ausführliche Analyse des Verweissystems kann hier nicht durchgeführt werden, doch sei auf folgende Linien hingewiesen: V.16 Ankündigung des Todes Moses - V.27
der Tod Moses wird als Ausgangsbasis der Argumentation genommen. V.6.8 JHWH wird
Israel bzw. Josua nicht verlassen - V.16f. Israel wird JHWH verlassen. V.17f.21 Israel werden künftige Übeltaten angekündigt - V.29 am Ende der Tage werden sie Israel in Erinnerung gebracht werden. V.21 das Lied als Zeuge gegen Israel - V.26 das Torabuch als Zeuge
- V.28 Himmel und Erde als Zeuge. Stichwort למד in V.12f.19.22; Stichwort ידע V.21.29.
Die neuerdings von J. Buchholz (Die *Ältesten* Israels im Deuteronomium, GTA 36, 1988,
18ff.) gegen die Zusammengehörigkeit der Aussagen von Dtn 31,9-11 und 31,24-26 vorgebrachten Einwände beruhen auf der literarkritisch zu flüchtigen Analyse der Aussagen von
Dtn 21,5 und Dtn 27,1 und der von ihm dann aufgrund seiner Analyse postulierten Analogie dieser Aussagen zu Dtn 31,9. Zudem verkennt er die Intention von Dtn 31,9. Älteste
und Priester treten hier als Repräsentanten Israels auf. Die Tora wird zwei Parteien überge-
geben, um zu verhindern, daß eine Gruppe ein Monopol für ihre Auslegung erhält. Auch
wechselt keinesfalls, wie Buchholz behauptet (a.a.O., 18), zwischen 31,9-11 und 31,24-26 die
institutionelle Zuständigkeit für die Tora, sondern hier ist von verschiedenen Verfügungs-
weisen über die Tora die Rede. Darauf macht schon das Fehlen der Bezeichnung 'Priester'
in 31,25 aufmerksam. In 31,9 wird die Tora Priestern und Ältesten als ihr Aufgabenbereich
zugewiesen. Nach 31,25 erhalten nur die Leviten, die Träger der Bundeslade sind, den Befehl von Mose, die von ihm verfaßte Torarolle neben der Lade aufzubewahren. Eine Erwähnung der Ältesten wäre an dieser Stelle nicht angemessen gewesen. Die Differenzierung zwischen den levitischen Priestern (31,9) und den Leviten, die Träger der Bundeslade
sind (31,25), ist sachgerecht.

[375] Vgl. den Gebrauch von עזב in V.6.8 gegenüber jenem in V.16f. - bzw. die Äußerungen in der Passage V.24-30 die vorbereitet werden in den V.16-21; V.17f. → V.29; V.21 →

ein Texteinschub[376] und sekundäre Einleitung des Moseliedes fragwürdig werden[377].

Der dtr Text umfaßte wahrscheinlich die V.1-3a.4-13.16-19*(כתב im Singular).20-30. Der Text ist aber nicht einheitlich. Das zeigen einige Doppelungen[378], die unterschiedliche Zeitumstände voraussetzen, sowie die Zweiteilung der JHWH-Rede. Der Befehl in V.19, das Lied aufzuschreiben und Israel vorzutragen, damit das Lied zum Zeugen JHWHs für alle Zukunft werde, dieser Befehl markiert den Einschnitt in der JHWH-Rede.

· V.16-18 ist davon die Rede, daß Israel nach Moses Tod einem fremden Gott dienen wird (אֱלֹהֵי נֵכָר), in dem Land, in das es hineinkommt. Israel bricht den Bund, JHWH wird sein Angesicht verbergen vor ihnen und Israel wird in große Drangsal und Not geraten. V.20-21 redet noch einmal davon, daß JHWH Israel in das Land bringen wird, daß Israel dann durch seinen irdischen Reichttum verführt, sich anderen Göttern zuwenden wird, JHWH erzürnen und den Bund brechen. Israel wird in große Nöte geraten und das Lied wird dann als Zeuge gegen Israel sprechen. Vergleicht man diese beiden Redeteile miteinander, dann bemerkt man, daß bereits die Aussagen von V.18 die Aussagen von V.20-21 vorbereiten, außerdem sind die Aussagen von V.18b eine Doppelung der Aussagen von V.16bα[2] und V.18a wiederholt Aussagen aus V.17a.

Der erste Teil der JHWH-Rede V.16-17.19.22 dürfte älter als der zweite Teil V.18.20-21 sein. Der erste Abschnitt enthält das Stichwort אלהי נכר, das im Moselied verankert ist (32,12). Diese Wendung ist nicht dtr[379]. Hingegen sind die Götter, zu denen man nach V.18.20-21 abfallen wird, אלהים אחרים. Andere Götter, nicht fremde Götter, stellen eine Gefahr für Israels Beziehung zu JHWH dar[380]. Im Moselied ist nicht die Rede von "anderen Göttern" sondern nur von einem fremden Gott. Die Wendung "anderen Göttern dienen" ist ein typisch dtr Vorwurf aus exilischer Zeit.

Der Doppelung der JHWH-Rede entsprechen Doppelungen in der Moserede V.26-30. Es gibt zwei Befehle an die Leviten unterschiedlichen Inhaltes. Nach V.26 sollen sie das Torabuch neben der Lade als Zeuge deponieren, nach V.28 sollen sie Stammesälteste und Listenführer versammeln, damit Mose ihnen diese Worte verkünden kann und Himmel und Erde als Zeugen gegen sie anrufen. Nach V.22 hatte Mose das Lied bereits gelehrt. Nach V.27 begründet Mose sein Verhalten mit dem bereits bekannt schlechten Charakter Israels, nach V.29 weiß Mose voraus, daß Israel verderben wird nach seinem Tode und das Unheil am Ende eintreten wird, weil sie JHWH mit dem Machwerk ihrer Hände gekränkt haben. להכעיסו במעשה ידיכם ist eine typische Redewendung des exilischen Dtr. Wir haben in V.24-30 sicher zwei dtr Verfasser. Dtr I führt den Text von V.22 in V.24-26.30 wei-

---

26.28; V.16 → V.27. Begriffe wie למד (V.12f.19.22) und ידע (V.21.29) bestimmen die Argumentationsstruktur.

[376] So Mayes (*Deuteronomy*, 375) im Anschluß an Noth, *ÜSt*, 40 und 215 Anm. 1 und 2.

[377] Vgl. hierzu auch Steuernagel (*Deuteronomium* , 1898[1], 112), der allerdings den Zusammenhang von V.16-22 und V.24-30 durch die Annahme begründet, daß in V.24-26 ursprünglich von שירה und nicht von תורה die Rede gewesen sei.

[378] Vgl. u.a. Dillmann (*KEH 13*, 388); Steuernagel (*Deuteronomium* 1923[2], 163); Mayes (*Deuteronomy*, 377f).

[379] Undeterminiert findet sie sich neben Dtn 31,16; 32,12 noch in Jos 24,20; Jer 5,19; Mal 2,11; Ps 81,10. Die Belege scheinen anzudeuten, daß die Wendung אל נכר aus liturgischen Kontexten stammt.

[380] Zum Verhältnis dieser beiden Wendungen vgl. Floß (*JHWH*, 116f. 139.), der auf die theologische Systematisierung hinweist, deren Indiz die Wendung אלהים אחרים ist.

ter, Dtr II aktualisiert den Text in den V.28-29; V.27 ist allein von seinem unmittelbaren Kontext her nicht sicher einer Hand zuzuordnen[381].

Wir haben also in Dtn 31 mindestens drei Hände am Werk:

DtrI - V.1-3a.4-14.16-17.19*.22.24-27.30; Dtr I ist verantwortlich für die Übernahme des Moseliedes

DtrII - V.18.20-21.28-29

Anonymus - V.3b, Plural von V.19, Anonymus hat das Stück V.14-15.23 eingefügt, er ist im Gesamtzusammenhang verantwortlich für die Einfügung von V.44b in Dtn 32.

Die Hauptdifferenz zwischen DtrI und DtrII in unserem Text besteht in der vorausgesetzten religionsgeschichtlichen Situation. DtrI bekämpft einen[382] bzw. mehrere göttlichen Konkurrenten JHWHs, die Israel bereits mit ins Land bringt. DtrII klagt die Verehrung zahlreicher anderer Götter an, deren Verehrung als unmittelbare Folge der Fruchtbarkeit des Landes hingestellt wird. Diese "anderen Götter" sind keine landesfremden Götter mehr, sie gelten als einheimische Götter. Der Übergang der Führung von Mose auf Josua gestaltet sich bei beiden gleich. Mose ruft ganz Israel dazu auf, seine Verantwortung bei der Eroberung wahrzunehmen und sich dabei an die geltenden Gesetze zu halten, insbesondere das Banngebot einzuhalten. Josua wird von Mose vor aller Öffentlichkeit in seine neue Funktion eingeführt. Seine Führungsaufgaben werden genau begrenzt: er wird mit dem Volk in das verheißene Land gehen und soll später den Erbbesitz austeilen. Die Josua betreffenden Verfügungen lesen sich wie Konkretionen der Anweisungen an das Volk. Stilistisch gleichlautende Elemente verknüpfen die Aussagen von V.6 und V.7f[383].

---

[381] Die Zuweisung hängt davon ab, wie man die Schichtung in Dtn 9-10 beurteilt und insbesondere den V.7 in Dtn 9, der hier in 31,27 aufgegriffen wird. Die neuere Forschung tendiert dazu, Dtn 9,7 DtrI zuzuschreiben.

[382] Die Wendung אֱלֹהֵי נֵכָר kann auch auf einen fremden Gott bezogen werden, vgl. R. Martin-Achard נֵכָר nēkār *Fremde*, in: THAT II. München 1976, Sp.66-68, ebenda Sp.67.

[383] Zur Ermutigungsformel חֲזַק וֶאֱמָץ vgl. Lohfink (1962, *Übergang*, 38) und die Artikel von van der Woude (THAT I, 209-211; 538-541). Schreiner deutet die von ihm so benannte "Bestärkungsformel" von der Königsideologie her (Art. אמץ, ThWAT I, 1973, 348-352, Sp. 350). Hesse sieht sie verbunden mit den "Ritualien des JHWH-Krieges" (Art. חזק hāzaq, ThWAT II, 1977, 846-857, Sp. 854). Festzuhalten ist, daß das erste Glied der Formel חֲזַק "eine Festigung der Position in umfassender Hinsicht" (Hesse, a.a.O., Sp. 848) anzeigen kann. M. Weinfeld (*Deuteronomy*, 45ff) sieht im Hintergrund dieser Formeln Anfeuerungsrufe, die Bestandteil von Kriegsansprachen waren. Er verweist auf entsprechende formelhafte Aussagen in Heilsorakeln, die Asarhaddon und Assurbanipal galten, bzw. an den König ZKR von Hamath (KAI 202,13) gerichtet waren. Zu Asarhaddon vgl. TUAT II, 1, 56-60, insbes. I, 25. II, 16 (ebenda57); II, 33. III, 38 (ebenda 58); V. 21 (ebenda 59); zu Assurbanipal, insbes. Vs2 (ebenda 62); Rs 6, 11 (ebenda 63); Vs 23, (ebenda 64). Die Heilsorakel ergehen in Situationen militärischer Bedrohung und sagen dem König den Beistand der Gottheit zu. Zu den neuassyrischen Prophetien und der Verwendung der Formel lā tapallah als Beschwichtigungsformel vgl. M. Weippert, *Prophetien*, 78f.81-87. Die Ermutigungsformel ist recht allgemein gehalten, was auf ihre Verwendung in unterschiedlichen Aufbruchssituationen schließen läßt. Vorausgesetzt wird nur die Situation der Trennung und Aussendung zu einer besonderen Aufgabe bzw. in eine unbekannte Situation.

Die Aussagen über Josua in Dtn 31 und Dtn 32 lassen ihn in zweierlei Licht erscheinen, wie auch seine Autorität auf verschiedene Art begründet wird. Dtn 31,7f. gehen von einer Hierarchie Mose → Josua aus, wie das Verfahren bei der Übertragung der Führungsautorität zeigt. In Dtn 31,7f erfolgt die Einsetzung Josuas zum Anführer Israels gemäß der Mose in Dtn 3,28 erteilten Weisung JHWHs. Daß Josua in die Führungsposition auf ausdrücklichen JHWH-Befehl einrücken würde, war dem Volk seit Dtn 3,28 bekannt. Die offizielle Bestellung war diese Bekanntgabe noch nicht. Dtn 3,28 ist Information des Volkes, das hier auch Moses Ansprechpartner ist. In Dtn 31,7f richtet sich die Rede an Josua, das Volk wird als Zeuge erwähnt[384]. Josua wird in seinem Beisein öffentlich ernannt (לעיני כל ישראל). Ermutigung und Verheißung gelten Israel und Josua gleichermaßen, wie die gleichlautend auf Israel (31,6) und Josua (31,8) bezogenen Aussagen unterstreichen[385]. Dieser Sachverhalt betont, daß Josua primus inter pares ist. Hinsichtlich der Beziehung zu JHWH stehen Israel und Josua auf einer Ebene. Josua hat keine ihn vor dem Volk auszeichnende JHWH-Beziehung.

Dtn 31,14f.19aα.23 und Dtn 32,44[386] stellen Josua gleichrangig neben Mose. Die Führungsautorität wird nicht von Mose direkt auf Josua über-

---

Konstitutiv für die Situation ist das Neue und Unbekannte, das Furcht auslösen kann, nicht die Art der Bedrohung, eine militärische Begegnung oder eine Einführung in eine neue Aufgabe. Der Auszusendende erhält mit dieser Formel Zuspruch und Zusicherung, daß er die neue Situation meistern wird. Jede sozial bedeutsame Trennungssituation wird sprachlich in geprägten Wendungen verbalisiert. Man denke nur an die noch heute in den Familien allenortes üblichen feierlichen Verabschiedungen von Angehörigen, die zur einer längeren Reise aufbrechen oder an die stereotypen diplomatischen Floskeln bei der Verabschiedung von Staatsbesuchern. Daher sind Versuche, die Ermutigungsformel aus einem bestimmten institutionellen Kontext abzuleiten, aus soziologischer wie sozialhistorischer Sicht wenig aussichtsreich.

[384] Dtn 31,7f wird in Jos 1,5f wiederaufgenommen, was den zentralen Stellenwert dieser Aussage innerhalb des dtr Josuabildes unterstreicht. Daß Dtn 31,7f in der biblischen Nachgeschichte der Josua-Überlieferung als theologische Hauptaussage galt, belegt seine Verwendung in einem Fragment des sogenannten Josua-Psalms (4Q 378 3 ii Zeile 10f); so nach C. Newsom, The 'Psalms' of Joshua' from Qumran Cave 4, JJS 39. 1988. 56-73, ebenda 62.

[385] Die Abwandlung der Israel geltenden Zusage in 31,6bα כי יהוה אלהיך הוא ההלך in ויהוה הוא ההלך לפניך הוא יהיה עמך (31,8aα) ist theologisch motiviert und stellt - vielleicht zur Verdeutlichung der Relationen der Aussagen von 31,3a und 31,3b - den Vorrang JHWHs bei der Eroberung und Josuas Unterordnung fest.

[386] O. Eißfeldt (Die Umrahmung des Mose-Liedes Dtn 32,1-43 und des Mose-Gesetzes Dtn 1-30 in Dtn 31,9-32,47, (1954/55) in: Ders., Kleine Schriften, Bd. III, Tübingen 1966, 322-334, 326ff.) sieht im jetzigen Text einen Zusammenhang zwischen den Abschnitten Dtn 31,14-23; 32,1-44, die Niederschrift und Verkündigung des Moseliedes behandeln, doch hält er sie für älter als jene, die in 31,9-13.24-30; 32,45-47 Niederschrift und Veröffentlichung des Gesetzes behandeln. Seine Position ruht jedoch auf den Vorannahmen, der poetische Text sei älter als der prosaische Text und die Partien über das Gesetz wollten jene des Liedes ablösen.

tragen, sondern von JHWH Josua zugesprochen[387]. Mose ist Zeuge des
Geschehens und nicht mehr Delegator der Autorität. Josua wird eine
unmittelbare Beziehung zu JHWH zugesprochen. Er wird in dieser Hinsicht also auf eine Ebene mit Mose gestellt. Vermittelt werden diese beiden unterschiedlichen Konzeptionen durch die in V.14f.23 beschriebene
Theophanieszene, in der Josua zum Empfänger des Gotteswortes so wie
Mose und neben Mose wird. V.14aβ beseitigt alle diesbezüglichen Zweifel.
Josua soll nicht nur zusammen mit Mose sich im Begegnungszelt einfin-
den, sondern JHWH sagt ausdrücklich וַאֲצַוֶּנּוּ, dh ich, JHWH, will ihn einweisen[388]. Danach wird Josua von JHWH in die Führung eingesetzt und
Mose ist nur noch Zeuge dieses Vorganges. Die Aussagen von Dtn
31,14f.19.23[389] sind mit jenen in Dtn 31,7f durch die Einfügung von V.3b,
Pluralisierung der Aussage in V.19aα und die Einfügung von V.44b in Dtn
32 vermittelt worden.

Dtn 31,23 deutet an, daß Josua und Mose auf einer Ebene und dem
Volk als Gleiche gegenüberstehen. Eine eindeutige Aussage über Josuas
Position zu Mose erlaubt 31,23 allerdings nicht. Dtn 32,44 scheint diese
Josua betreffende Unklarheit aufzuheben, wenn in einem Nebensatz gesagt wird, daß "er und Hosea bin Nun" die Worte des Moseliedes dem
Volk vorgetragen haben. Die Erwähnung des alten Namens Josuas "Hosea
bin Nun" ist auffällig.Die Schreibweise Hosea für Josua ist nicht notwendig
ein Textfehler[390] und auch nicht unerklärbar[391]. Das 'Hosea bin Nun' kann
als bewußte Anspielung an Num 13,16 gelesen werden.

Sifre Dtn §334 sieht in diesen Aussagen die Vollmacht von Mose auf Josua übergehen.
Der Name Hosea stehe mit Absicht und betone, daß Josua auch in dieser Situation der
'Machtvollkommenheit' Hosea in seiner Rechtschaffenheit bleibe und sich nicht überhebe.
Raschi[392] folgt der Deutung der Situation durch Sifre Dtn. Josua werde hier ausdrücklich
Hosea genannt, damit er an seinen Anfang als Hosea erinnert werde und nicht sich über-
hebe. Raschi beruft sich neben Sifre Dtn auf den von diesem unabhängigen Talmudtraktat
Sota 13b. Sota 13b bezieht das רַב לְךָ von Dtn 3,26 auf Josua, der hier zum רַב des Mose
erklärt werde.

Die Nennung des vor-mosaischen Namens Hosea könnte ein Mittel
sein, die Mose gegenüber gewonnene unabhängige Position zu unterstreichen. Das läge in der Tendenz der 31,19 einleitenden Aussage וְעַתָּה כִּתְבוּ
לָכֶם אֶת הַשִּׁירָה הַזֹּאת. Die widersprüchlichen, aber in ihrem Widerspruch
ausbalancierten Aussagen von 31,23 wären hier in 32,44 zugunsten Josuas

---

[387] Die dahinterstehende Vorstellung von der Begründung der Führungsautorität
stimmt mit jener, die Num 11,25b-29 vorliegt, in wesentlichen Zügen überein, vgl. dazu
oben S.130ff.

[388] Das Verb צוה piel umschreibt hier einen Rechtsakt, vgl. Lohfink, *Fabel*, 273.

[389] V.19 nur insofern, als der Plural וכתבו auf Josua anspielt.

[390] So Dillmann (*KEH 13*, 412), der allerdings die Möglichkeit einer späteren Hand
nicht ausschließen möchte. Driver (*Deuteronomy*, 381) korrigiert unter Verweis auf die
'richtigen Lesarten' von LXX, Vulgata, Peschitta und Samaritanus das Hosea in Josua. Das
Hosea des Codex L wird auch durch den Aleppo Codex gestützt.

[391] So Noort (*Naamsverandering*, 56 Anm. 3), der zur Unterstützung der Lesart Josua
noch auf 16 hebr. Mss verweist.

[392] Raschi, *Pentateuch*, V. 313.

gewichtet worden. Zu beachten ist ferner, daß das Josuabild innerhalb be-
stimmter Schichten des Pentateuchs in deutlichem Kontrast zum Bild des
Königs ausgeführt worden ist[393]. Die Wiederaufnahme des vermeintlichen
Geburtsnamens in der Situation des Übergangs der Führung von Mose auf
Josua steht im Gegensatz zu der im Alten Orient üblichen Praxis, daß der
König bei Herrschaftsantritt einen neuen, ruhmreichen Thronnamen annimmt[394]. Amoräische, talmudische wie auch mittelalterliche jüdische
Ausleger dieser Stellen haben diesen Aspekt des Namens 'Hosea bin Nun'
erahnt, wenn sie als Argument die gleichbleibende Identität des Führers
der Israeliten Josua bin Nun mit dem Hosea bin Nun, der einer von ihnen
war, anführten.

Dtn 34,9

Dtn 34,9 rückt den Nachfolger Moses ins rechte Licht, wenn es ihn in Bezug auf Num 27,18.23 als geisterfüllt[395] präsentiert, da Mose Josua die
Hände aufgelegt habe, folglich die Israeliten Josua gehorchten und dann
alles taten, was JHWH Mose geboten hatte. Diese Aussage über Josua,
der der P-Text von Num 27,12ff zugrunde liegt[396], findet sich im unmittelbaren Kontext der Mitteilung über das Ende der Trauerzeit Israels wegen
Mose (34,8) und der folgenden Feststellung, daß hinfort in Israel kein
Prophet mehr erschien wie Mose, den der Herr von Angesicht zu Angesicht kannte (34,10)[397]. Die 34,9 vorausgehende Aussage läßt erkennen,
daß der Übergang der "Herrschaft" auf Josua am Ende der Trauerzeit

---

393 Vgl. Noort (*Naamsverandering*, 68f), der darauf hinweist, daß Josua auch als militärischer Führer innerhalb der Pentateuchtradition immer auf den zweiten Platz verwiesen
wird, sei es hinter Mose, Kaleb oder Eleasar.

394 Vgl. G. von Rad, Das judäische *Königsritual* (1947), in: Ders., Gesammelte Studien
zum Alten Testament, TB 8, 1971[4], 205-213, insbes. 210ff zur Praxis in Juda.

395 Zur Terminologie vgl. L. A. Snijders/ H.-J. Fabry, Art. מָלֵא *māle'*, ThWAT IV.
1984.Sp.876-887, ebenda Sp.877. Die Studie von J. Malfroy (*Sagesse* et loi dans le Deutéronome, VT 15. 1965. 49-65) zeigt, zumindest für die Rahmenpartien des Dtn, einen engen
Zusammenhang zwischen Weisheitsterminologie und Tora-Begrifflichkeit auf.

396 Über den Sachverhalt besteht in der Forschung eine seltene Einmütigkeit, vgl. u.a.
Dillmann, *KEH 13*, 434; die tabellarische Übersicht zu den älteren Kommentatoren bei
Bertholet, *Deuteronomium*, 112; Driver, *Deuteronomy*, 424; Greßmann, *Mose*, 343 Anm. 4;
Noth, *ÜP*, 193; von Rad, *Deuteronomium*, 150; Mayes, *Deuteronomy*, 411. L. Perlitt
(*Priesterschrift* im Deuteronomium?, ZAW 100 Suppl. 1988. 65-88, 65ff) zweifelt zwar neuerdings an einer etwaigen Beteiligung von P am Dtn, unterstellt jedoch dem Verfasser von
Dtn 34,7-9 die Kenntnis der entsprechenden P-Texte. Der Text enthält jedoch zuwenig An-
haltspunkte, um sicher als zwischen Dtr und P vermittelnde Aussage oder wie Perlitt vorschlägt, als Analogon zur messianischen Weissagung Jes 11,2 und Ausziehen der
"königlichen Linie ... auf den Mann, der Israel hinfort führen sollte." (Perlitt, a.a.O., 81)
bestimmt zu werden. Zum einen spricht die Stilisierung der Figur Josuas als nichtkönigli-
che Führungsfigur dagegen, zum anderen die Aussagen über das Ruhen des Geistes auf
den Ältesten (Num 11,25f.) und auf Elischa (2.Kön 2,15).

397 Vgl. hierzu F. Nötscher, Das *Angesicht* Gottes schauen, Würzburg (1924[1]), Darmstadt 1969[2], 35.54ff.

stattfand, eine Ko-Regentschaft Josuas zu Lebzeiten Moses, wie sie etwa nach der an P orientierten Bearbeitung von Dtn 31 denkbar wäre, vom Verfasser dieser Aussagen ausgeschlossen wird[398].

In der Tendenz stimmen die Aussagen von Dtn 34,8f und jene von Num 27,12ff überein. Dieses trifft gleichfalls zu für das Verhältnis JHWH-Mose und das JHWH-Josua. Dtn 34,10 konstatiert die Singularität der JHWH-Mose-Beziehung. Wenn es keinen Propheten nach Moses Tod gab, der von JHWH ähnlich wie Mose ausgezeichnet worden ist[399], dann ist das im Kontext der Aussagen über Josua (34,9) ein unmißverständlicher Hinweis darauf, daß die künftige JHWH-Josua-Beziehung nach anderen Prinzipien ablaufen wird als die JHWH-Mose-Beziehung[400]. Dieses entspricht der nach Num 27,17 vorgesehenen Begrenzung der Aufgaben des Nachfolgers. Die theologische Rangdifferenzierung zwischen Josua und Mose läßt Dtn 34,9 ebenfalls durchblicken, wenn zunächst Josua und Mose, dann Josua und das Volk und letztlich das Volk, JHWH und Mose in Beziehung zueinander gesetzt werden, jedoch keine Aussage über 'Josua-JHWH' erfolgt. Josuas Geistbegabung wird hier ausdrücklich als Ergebnis des Handaufstemmens Moses dargestellt. Josua verdankt seine Autorität ausschließlich Mose[401], so daß der passive und aktive Gehorsam der Israeli-

---

[398] Die Entdeckung des hethitischen Bundesformulars als möglicher Interpretationskategorie politischer Beziehungen des alten Israels bewog Baltzer den Führungsübergang von David auf Salomo mit dem von Mose auf Josua zu parallelisieren und die Schlußfolgerung zu ziehen, daß der Nachfolger noch vor dem Tode des Vorgängers sein Amt antrat (so K. Baltzer, Das *Bundesformular*, WMANT 4, Neukirchen-Vluyn 1960, 1964², 89). Die Voraussetzungen für den Analogieschluß sind hinsichtlich der Beziehung Mose-Josua nicht gegeben, da Mose keinen Nachfolgevertrag mit Israel schließt. Zudem enthalten alle diesbezüglichen alttestamentlichen Texte die eindeutige Aussage, daß Josua erst in die Führungsposition nach dem Tode Moses kam. Zum Führungswechsel David-Salomo vgl. dazu unten 236ff.

[399] Ein Widerspruch zu der Verheißung von Dtn 18,15.18 liegt nicht vor. Dtn 18,15.18 zielt darauf ab, das Andauern der von "Mose" wahrgenommenen prophetischen Funktion zu garantieren. Die Mose-Figur wird ausschließlich hinsichtlich dieser Funktion zum Kriterium erklärt. In Dtn 34,10 ist Mose nicht mehr Kriterium, sondern das historisch einmalige Individuum, das abschließend einzig unter dem Aspekt einer personalen Beziehung zwischen ihm und JHWH (פנים אל פנים) betrachtet wird.

[400] Vgl. R.R. Lloyd, The Canonical *Function* of Deuteronomy 34:9-12 (Moses), Th.M., Louisville/Kentucky 1985. The Southern Baptist Theological Seminary, 65ff.

[401] Dtn 34,9 bezieht sich mit dieser Formulierung explizit auf Num 27,23a zurück (vgl. auch Blenkinsopp, *Structure*, 276f.) und nicht auf die entsprechenden Aussagen von Num 27,18. Der Umstand, daß in Dtn 34,9a ידיו wie in Num 27,23a steht und nicht ידו wie in Num 27,18, unterstützt die oben vorgelegte differenzierte Deutung der beiden Aussagen. Vogels (*Spirit*, 7) meint die Unterscheidung zwischen Hand und Hände bei der Handaufstemmung vernachlässigen zu dürfen und bezieht daher Dtn 34,9aβ auf Num 27,18aβ. Er sieht in beiden Aussagen über Josuas Geist den zur Führung befähigenden Geist der Weisheit. Das כי in Dtn 34,9aβ versteht er emphatisch und nicht kausativ. Gegen seine Interpretation spricht nicht nur der als gesichert gelten könnende Befund hinsichtlich der Funktion der Hand bzw. der Hände beim Handaufstemmen (vgl. dazu oben 155ff), die masoretische Akzentsetzung und die syntaktische Struktur von V.9a (V.9aα ist V.9aβ temporal untergeordnet), sondern auch der Bezug von Dtn 34,9a auf Num 27,23a.

ten ihm gegenüber nur darauf beruht, daß Israel das erfüllt, was JHWH
Mose geboten hat.

Mose taucht in den Aussagen von 34,9 in zweifacher Funktion auf.
V.9aß ist von dem Individuum Mose die Rede, V.9bß von der Mose-Figur
als Instanz, deren Autorität den Tod des Individuums überdauert[402]. Mose
als Instanz bleibt dem Nachfolger des Individuums Mose übergeordnet[403].
Die Ableitung der Autorität Josuas von jener Moses und ihre Bindung an
den durch Mose gesetzten Auftrag weist Josua nicht gerade als Charismatiker aus. Josua tritt nicht so wie Mose als Mittler zwischen Israel und
JHWH auf. Israel behält die über Mose vermittelte Beziehung zu JHWH.
Einer Monopolisierung der Mittlerfunktion wird gerade durch die Aussagen von 34,9f vorgebeugt. Logisch lassen sich nach Dtn 34,9 folgende Autoritätsstrukturen unterscheiden:

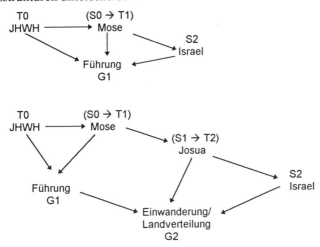

Die Autoritätsrelationen zwischen Josua und Israel unterscheiden sich
erheblich von jenen zwischen Mose und Israel. 'T0 - (S0 → T1) - (S1 →
T2) - S2' ist nicht identisch mit 'T0 - (S0 → T1) - S2'. Josuas Position gegenüber JHWH ist keine andere als die Israels gegenüber JHWH, das
zeigt der Vergleich von 'T0 - (S0 → T1) - S1' mit 'T0 - (S0 → T1) - S2'[404].
Das Endmodell der Autorität ist eine Differenzierung des Ausgangsmo-
dells[405].

---

402 Anzeichen einer derartigen Differenzierung fanden sich bereits in den Aussagen
von Num 11,29, vgl. dazu oben S.130ff.

403 Die Aussage von Dtn 34,9bβ befindet sich in Differenz zur Aussage von Num 27,21,
der zufolge Josua dem Nachfolger Eleasar unterstellt ist.

404 Der Übersichtlichkeit halber ist hier die das erste Modell bestimmende Autoritätsstruktur (JHWH-Mose-Israel) nicht eingezeichnet, sie wirkt aber weiter.

405 Das Sigel S2 für Israel wurde der Übersichtlichkeit und Vergleichbarkeit wegen in
dem Ausgangsmodell beibehalten. Angemessener wäre hier eine Vertauschung der Ziffern
für Josua und Israel gewesen.

DER NACHFOLGER, SEINE AUFGABE UND DIE TORA

JHWH, Josua und die Tora

Im ersten Kapitel des Josuabuches hat der Nachfolger Moses sein Ziel, die Führungsposition, erreicht. In mehreren, aufeinander abgestimmten Reden wird die neue Autoritätsstruktur geklärt. Es erscheinen alle wichtigen Themen des Josuabuches[406]. Das Kapitel gilt seit Wellhausens[407] und Dillmanns[408] Äußerungen über seinen dtr bzw. dtn Charakter und Steuernagels darauffolgenden Nachweis des dtr Sprachgebrauchs[409] als dtr[410]. Allerdings wird seine Einheitlichkeit von diesem Zeitpunkt an in Zweifel gezogen. Bereits Dillmann wies auf Zusätze hin und unterstellte eine redaktionelle Überarbeitung[411]. Eine die Beziehung JHWH-Josua-Israel in Jos 1 wesentlich bestimmende Größe, die Tora, geriet im Verlauf der exegetischen Diskussion ins redaktionelle Abseits[412], aus dem sie freilich aufgrund ihrer Gewichtigkeit einen neuen Mitarbeiter aufs Textfeld schickte[413], nachdem die hinterlassene Leerstelle bereits Anlaß zu institutioneller Absicherung Josuas bot[414].

---

[406] V.2-5 Eroberung des Landes, V.6 Landverteilung, V.7-9 die Tora als verbindliche Handlungsrichtlinie des neuen Anführers, V.10-11 der gemäß JHWHs Anordnung handelnde Anführer, V.12-15 die Einheit Israels, V.16-18 der Gehorsamsanspruch des Anführers. H.W. Hertzberg (Die Bücher *Josua*, Richter, Ruth, ATD 9 (1953[1]), 1969[4], 14f) und ihm folgend J.A. Soggin (Le livre de *Josué*, CAT Va, 1970, 25ff) haben auf die Überblicksfunktion von Jos 1 hingewiesen. Nicht gesehen wurde bisher in der Literatur, daß dieses auch für die Abschnitte V.5-9 und V.16-18 gilt.

[407] Wellhausen, *Composition*, 117.

[408] Dillmann, *KEH 13*, 442.

[409] C. Steuernagel, Übersetzung und Erklärung der Bücher Deuteronomium und *Josua* und allgemeine Einleitung in den Hexateuch, HAT I,3, Göttingen 1900, 136ff.153ff.

[410] Vgl. u.a. H. Holzinger, *Josua*, KHC 6, 1901, 2f; Rudolph, *Elohist*, 164f; M. Noth, Das Buch *Josua*, HAT 7, 1938[1], 6f; ders., *ÜSt*, 5.41; ders., *Josua*, 1953[2]. 27f; Hertzberg, *Josua*, 14f; Soggin, *Josué*, 27; R. Boling/ G. E. Wright, *Joshua*, AncB 6, 1982, 132ff. Holzinger (a.a.O.) und Greßmann (*Anfänge*, 134) rechnen aber für die Verse 1f.10f.12-16 mit JE, vgl. hierzu auch Eißfeldt, *Synopse*, 202[+]f. und M. H. Woudstra, The Book of *Joshua*, NIC.OT, 1981[1], repr. 1985, 56.

[411] Dillmann A.a.O.

[412] Vgl. Steuernagel, *Josua*, 154f; Noth, *Josua*, 1938, 7; ders., *ÜSt*, 41 Anm. 4; Soggin, *Josué*, 31f; R. Smend, Das *Gesetz* und die Völker. Ein Beitrag zur deuteronomistischen Redaktionsgeschichte, in: Probleme biblischer Theologie. FS G. von Rad, München 1971, 494-509, 495ff.

[413] Nach Smend (1971), *Gesetz*, 494ff. DtrN.

[414] Lohfink (1962), *Übergang*, 36ff. versucht zu zeigen, daß in Dtn 31,7f.23 sowie in Jos 1,6.9b "ein festes Formular einer Art Amtseinsetzung, an das man durch Benutzung der Verben der 'Ermutigungsformel' erinnern kann", vorliege. Wie oben dargelegt wurde (S.177ff.) gehört Dtn 31,23 nicht zu der die Figur Josua in Dtn 31,7f. entwickelnden Schicht. Angesichts der von Lohfink angeführten vermeintlichen Belege für eine Amtseinsetzung in Hag 2,4; 2.Sam 10,12 und 2.Chr 19,11b scheint 'formelhaft geprägte Beistandszusage' den

Der Josua-Figur von Jos 1 geht die Josua-Figur von Dtn 31,7f voraus. Der dtr Entwurf des Nachfolgers Josua zeichnet sich dadurch aus, daß Josua zu Lebzeiten Moses diesem eindeutig untergeordnet ist. Josuas Karriere entspringt der 'Planung' Moses, die im Ergebnis dann von JHWH sanktioniert wird. Alle Aussagen, die seine künftige Führungsposition behandeln, schränken die prospektiven Kompetenzen Josuas ein, verglichen mit jenen, die Mose innehat. Zwar sieht der dtn Verfassungsentwurf[415] eine Aufteilung der Kompetenzen Moses auf verschiedene Gruppen und ihre Vertreter vor und verheißt für die Regelung nicht institutionell lösbarer Alltagsprobleme einen Propheten, doch gehört Josua keiner dieser genannten Kategorien an. Die Wahrung der qualitativen Differenz zwischen Moses Position und derjenigen Josuas nach dem Tode des ersteren erfordert, daß noch vor Josuas erstem öffentlichen Auftritt als neuer Anführer geklärt wird, ob und inwieweit Josua sich an die von Mose erlassenen Richtlinien zu halten hat. Rekonstruiert man die dtr Nachfolgerkonzeption, dann ist angesichts der Alltagsrelevanz dieser Figur[416] und ihrer Funktion bei der Gestaltung der exilischen und nachexilischen judäischen Gesellschaft die Beantwortung der Frage, ob die Aussagen über Josua und die Tora diesem Entwurf inhärent oder auf dem Konto einer späteren Bearbeitung zu verbuchen sind, für das Verständnis der dtr Argumentation unerläßlich.

Abgesehen von wenigen textkritischen Varianten innerhalb der Überlieferung, deren Annahme zu keinen gravierenden Veränderungen der Aussagetendenz führen würde[417], wird zumeist nur der Textbestand von V.7-9a und im Anschluß daran dann seine Verankerung im Kontext in Frage gestellt.

Sachverhalt angemessener zu umschreiben. D.J. McCarthy (An *Installation* Genre?, JBL 90. 1971. 31-41) hat in einer wenig beachteten Studie das von Lohfink entworfene Amtseinsetzungsschema anhand der Texte überprüft und nachgewiesen, daß in allen Situationen zwar das Element der Ermutigung vorliegt, jedoch nicht ein Amtseinsetzungsformular. Gegen den Rückschluß von der Beistandszusage auf eine institutionelle Amtseinsetzung spricht der Umstand, daß in den betreffenden Situationen eher Aufgabenzuschreibungen als Amtseinsetzungen erfolgen. Die Studie von J.R. Porter (The *Succession* of Joshua, in: Proclamation and Presence. FS G.H. Davies, London 1970, 102-132) baut ganz auf Lohfinks Thesen auf. Porter legte mit seinem Artikel den Grund für die entsprechenden Aussagen von R.D. Nelson (*Josiah* in the Book of Joshua, JBL 100. 1981. 531-540) über den königlichen Charakter der Gestalt Josuas in Jos 1.

[415] Dtn 16,18-18,22, vgl. dazu oben S.52ff.

[416] Führungs- und Führerideale sind Antworten auf obsolet gewordene Führungspraktiken. Die Problematik dürfte sich in ihrer ganzen Schärfe aber erst in exilischer Zeit entwickelt haben, vgl. D. J. McCarthy, The Theology of *Leadership* in Josh. 1-9, Bib. 52. 1971. 165-175 (wieder abgedruckt in: ders., Institution and Narrative. Collected Essays, AnBib 108, Rom 1985, 193-203).

[417] So fehlt in LXX in V.2b nach להם das erläuternde לבני ישראל; in V.4 כל ארץ החתים, in V.11 לרשתה und LXX hat zusätzlich ὁ θεὸς τῶν πατέρων ὑμῶν - zu diesen und anderen geringfügigen Abweichungen vgl. die Kommentare von Noth, *Josua* 1953², 20.22 und Boling/Wright, *Joshua*, 114ff.

Eine die Interpretation des gesamten Kapitels erheblich beeinflussende Variante der Textüberlieferung liegt in V.7aα vor. LXX hat keine Entsprechung für כל התורה und schließt den Relativsatz in V.7aα mit καθότι an den letzten der beiden Infinitive an, dem sie anders als MT ein και vorausschickt. Hinzu kommt die wegen ihres Suffixes 3.Ps. Sing. Mask. bemerkenswerte Aussage לא תסור ממנו V.7aß. Dieser Sachverhalt bewog seit Steuernagel[418] viele Ausleger dazu, כל התורה für einen Zusatz zu halten[419]. LXX bietet in dieser Hinsicht eine für das Verständnis der MT Lesart ממנו zu beachtende Abweichung ἀπ' αὐτῶν, die, legt man an LXX denselben textkritischen Maßstab wie an MT an, auch keine genaue Bezugsbasis hat. LXX bezieht die Aussage sinngemäß auf Gebote bzw. Worte Moses.

Die bisherige Diskussion zur LXX Übersetzung des Josuabuches läßt wahrscheinlich werden, daß diese über eine von MT abweichende hebräische Textvorlage verfügte[420]. Auch wenn man diesem Schluß nicht zustimmen sollte, wäre zu berücksichtigen, daß LXX innerhalb des Josuabuches für das ככל des MT abweichende Übersetzungen bietet (vgl. Jos 1,7 mit 1,8, 1,17 und 11,23)[421]. In Jos 4,10 findet sich in der LXX ebenfalls keine Entsprechung für die Aussage des MT ככל אשר צוה משה את יהושע, was auf eine Tendenz, die Bedeutung Moses herunterzuspielen, schließen lassen könnte. Dieser komplexe Sachverhalt läßt LXX nicht gerade als Kronzeugen eines ursprünglich kürzeren hebräischen Textes erscheinen. Folgerichtig plädieren Boling/Wright für zwei innerhalb der mündlichen Tradition des Textes entstandene Varianten[422], die sich beeinflußt und ihren Niederschlag im MT gefunden hätten.

Die Masora unterstellt ein Abschreibversehen und setzt Sebir ממנה, um so das ממנו auf Tora beziehen zu können. Das ממנו des MT ist zwar eine ungewöhnliche, aber keine unmögliche Konstruktion[423]. Die Wendung סור ימין ושמאול kann mit[424] und ohne Objekt[425] auftreten. Bei der Kurzform ist das Objekt aus dem Kontext erschließbar. Für das inkriminierte ממנו in Jos 1,7aß lassen sich drei verschiedene Interpretationsmöglichkeiten aufzeigen. Analog der Aussage von Jos 23,6 ist כל הכתוב בספר התורה mitzudenken. ככל התורה wäre eine Abbreviatur. Für diese Annahme spräche auch die Aussage von V.8aßγ למען תשמר לעשות ככל הכתוב בו. Eine zweite, in diesem Fall aber weniger wahrscheinliche Möglichkeit, besteht darin, daß sich ממנו auf den von der Tora gesetzten Weg bezieht[426], und da das ohnehin formelhafte סור מן הדרך nahe liegt[427], und der Ausdruck סור ימין ושמאול die Wegvorstellung implizit enthält[428], könnte dieses ממנו hervorgerufen haben. Drittens ist zu erwägen, ob das denkwürdige Suffix nicht schlicht auf Mose verweist, d.h. das von Mose als Beispiel gesetzte Vorbild gemeint ist. Angesichts des Nachfolgeverhältnisses zwischen Mose und Josua liegt dieser Rückbezug nahe. Diese In-

---

[418] Steuernagel, *Josua*, 154.

[419] So Noth, *Josua*, 1953², 22; Hertzberg, *Josua*, 15; Soggin, *Josué*, 31; Lohfink, *Übergang*, 37 Anm. 25; Smend, *Gesetz*, 495.

[420] Vgl. E. Tov, The *Growth* of the Book of Joshua in the Light of the Evidence of the LXX Translation, in: S. Japhet (ed.), Studies in Bible 1986, Jerusalem 1986, 321-339.

[421] Vgl. ebenfalls L. J. Greenspoon, Textual *Studies* in the Book of Joshua, HSM 28, 1983, 84f.259.

[422] Boling/Wright Joshua, 115f.

[423] So Soggin, *Josué*, 27.

[424] Vgl. Dtn 17,11.20; 28,14; Jos 1,7; 23,6.

[425] Vgl. Dtn 5,29; 2.Kön 22,22.(Chron 34,2); ebenfalls Dtn 2,27; 1.Sam 6,12.

[426] דרך tritt nicht nur im Plural als Maskulinum auf, sondern kann so auch im Singular gebraucht werden, vgl. 1.Sam 12,23; 21,6.

[427] Vgl. hierzu Dtn 31,29; Ri 2,17; 1.Kön 22,43.

[428] Vgl. Dtn 2,27; 1.Sam 6,12; 2.Kön 22,22.(Chron 34,2).

terpretation wird gestützt durch die entsprechende Aussage von 1.Kön 22,43 לא סר ממנו, die sich auf Asa als positives Vorbild Josaphats bezieht[429].

Die herkömmliche, implizit mitgedachte Annahme, der Ergänzer von כל התורה habe das unpassende Suffix von V.7aß übersehen, fällt angesichts der vorgeführten Verständnismöglichkeiten des Textes schwerlich noch ins Gewicht. Die MT Lesart לשמור לעשות ככל התורה wird noch gestützt durch den Umstand, daß trotz der zahlreichen auf die Tora bezogenen Aufforderungen, die den Doppelausdruck שמר...עשה enthalten, sowohl im Dtn wie auch im Josuabuch das dazugehörige Objekt regelmäßig mitgenannt wird[430]. Eine allgemein gehaltene Weisung עשה כאשר צוה משה ... שמר bzw. עשה ... שמר ככל אשר צוה משה, die ohne Einschränkung alle Äußerungen Moses für verbindlich erklären würde, findet sich in der hebräischen Bibel nicht. Die angeführten Argumente sprechen dafür, daß die Wendung ככל התורה im MT originär ist[431].

Der masoretische Text erweist sich somit in allen wesentlichen Punkten als verläßlich, die Textkritik liefert für etwaige literarkritische Argumentationen kein Material[432]. Die literarkritische und überlieferungsgeschichtliche Betrachtung des Textes bewegt sich im wesentlichen zwischen den beiden, durch Steuernagel einerseits und durch Noth andererseits markierten Polen.

Anlaß, literarkritisch Anstoß zu nehmen, fand Steuernagel im Wechsel der Anrede von V.2 zu V.3, dem Rückgriff in V.3f auf Dtn 11,24, der vermeintlich gegenüber ihrem Kontext anderen theologischen Orientierung der V.7f, der Zusammenhäufung dtn Zitate in den V.5-9, der engen Verwandtschaft von V.12-18 mit Dtn 3,18-20 und der seiner Ansicht nach den Kontext von V.17a.18a störenden Aussagen von V.17b.18b[433]. Nach Steuernagel haben außer dem von ihm so benannten dtn Verfasser D[2] noch zwei weitere dtr Redaktoren am Text mitgeschrieben. Steuernagels Analyse bestimmte im wesentlichen bis zum Erscheinen von Noths Josuakommentar (1938) die exegetische Diskussion. Zwar legten Holzinger[434], Greßmann[435] und Eißfeldt[436] auf dem Hintergrund der von ihnen auch für das Josuabuch vertretenen Theorie durchlaufender Pentateuchquellen, eine von Steuernagels Analyse er-

---

[429] Die Masora bezieht hier wieder durch Sebir ממנה die Aussage auf den Weg Asas, nicht auf Asa. Theologisch läßt sich dieses Sebir ebenso wie jenes in Jos 1,7 als Versuch erklären, jeglicher Erhöhung von Personen vorzubeugen. Einige hebräische Handschriften haben in 1.Kön 22,43 ebenfalls ממנה, das hier auch von LXX vorausgesetzt wird.

[430] Das Objekt fehlt nur in Jos 8,33 und 11,12, wo auf konkrete Einzelanweisungen Moses Bezug genommen wird.

[431] Die Wendung ככל התורה אשר צוה findet sich, auf das Subjekt JHWH bezogen, nur noch in 2.Kön 17,13. Hier gibt LXX wieder: καὶ παντὰ τὸν νόμον, ὸν. Gray (Kings, 645ff.) hält 2.Kön 17,7-17 für einen Kommentar des von ihm so genannten späteren dtr Redaktors. Würthwein möchte die Aussage als erläuternden Zusatz im dtr Text verstehen (Könige II, 392 Anm. 8). W. Dietrich (Prophetie und Geschichte. Eine redaktionsgeschichtliche Untersuchung zum deuteronomistischen Geschichtswerk, FRLANT 108, 1972, 42f) schreibt sie DtrN zu; H. Spieckermann (Juda unter Assur in der Sargonidenzeit, FRLANT 129, 1982, 44 Anm. 26; 167f. Anm. 19) folgt ihm. M. Cogan/ H. Tadmor (II Kings. A new Translation with Introduction and Commentary, AncB 11, 1988, 203ff) schreiben 2.Kön 17,7-18 einem postjosianischen zweiten Dtr zu.

[432] Die vermeintliche Glossierung in 1,7aß liefert Smend (1971, Gesetz, 495f) ein unverzichtbares Argument für die literarkritische Unterscheidung der Aussagen von V.7 und V.8. Seine These des DtrN wird durch die obigen Ausführungen nicht berührt.

[433] Steuernagel, Josua, 153ff.

[434] Holzinger, Josua, Tabelle XVII, 1f.

[435] Greßmann, Anfänge (1914[1], 127), 1922[2], 134.

[436] Eißfeldt, Synopse, 202[+]f.

heblich abweichende Quellenscheidung vor, doch konzedierten sie Dtr einen maßgeblichen Anteil an der Komposition von Jos 1. Rudolph folgte dann auch im wesentlichen der Analyse Steuernagels[437]. Erst Noths Josua-Kommentar, vor allem in dessen zweiter Auflage[438] und seine "Überlieferungsgeschichtlichen Studien" (1943) ließen dann aus überlieferungsgeschichtlicher Perspektive die literarkritischen Steine des Anstoßes teils verschwinden oder geringer erscheinen.

Jos 1 gehört nach Noths Untersuchungen zu jenem System von Reden, das Dtr entworfen hat, und die er an den Dreh- und Angelpunkten israelitischer Geschichte prominenten Führungspersonen in den Mund legte[439]. Das Stück sei in seinem Grundbestand dtr[440]. Was den inkriminierten Adressatenwechsel in V.3f betrifft, weist Noth daraufhin, daß dieser sachgemäß sei. Dem kann hinzugefügt werden, daß eigentlich kein Adressatenwechsel vorliegt, sondern JHWH in seiner an Josua gerichteten Rede eine Zusage macht, die nicht nur Josua betrifft. Eine Beibehaltung der 2.Ps. Sing. bedeutete, daß Josua zum Eigentümer des Landes erklärt würde. Die formelhaften Umschreibungen der Landesgrenzen in Jos 1,4 und deren Paralleltexte in Dtn 1,7 und 11,24 sind nach Noths Untersuchungen alle dtr Prägungen[441]. V.7-9a stellten eine dtr, auf das Gebot bezogene, Umdeutung eines ursprünglich eher auf kriegerisches Handeln ausgerichteten Zuspruches dar. V.9b sei die Aussage über JHWH (3.Ps.) wohl sekundär. Die in den V.10-11 geschilderte einsetzende Aktivität Josuas orientiere sich an den dtn Bestimmungen. "Der Abschnitt 12-18, der in seiner Formulierung mit Dt 3,12.13.18-20 ... verwandt ist, entspricht der Geschichtsauffassung von Dtr..."[442]. V.17b oder V.18 sei ein Zusatz, da nach Noths Ansicht die V.17f. überfüllt wirkten. Noths Analyse legte den Grund für die Kommentare von Hertzberg[443], Soggin[444] und Boling/Wright[445].

Hertzberg modifiziert Noths Position. Ausgehend von dem als späte Glosse betrachteten כל התורה in V.1,7a sieht er in den Aussagen von V.8f Interpretamente, die erst im Zuge der Nachgeschichte des Textes[446] hinzugekommen seien. In den V.10-13 erscheint Hertzberg die Landnahme "wie das 'Heim'kommen nach arbeitsreichem Tag. Wie das Schöpfungswerk in der Ruhe Gottes gipfelt, so stellt auch hier die 'Ruhe' den Endpunkt dar."[447]. In der kriegerischen Terminologie von V.15 sieht er Züge einer älteren Überlieferung aufscheinen. Der Erzähler habe überlieferte Einzelzüge der Landnahme beibehalten, auch wenn sie sich seiner Richtung nicht fügten[448].

---

[437] Rudolph, Elohist, 164f.

[438] Noth, Josua, 1938[1]; ders. Josua 1953[2].

[439] Noth, ÜSt, 5.

[440] Noth, Josua, 1938[1], 6; ders. Josua 1953[2], 27.

[441] Vgl. Noth, ÜSt, 29f.

[442] Noth, Josua, 1953[2], 29.

[443] Hertzberg, Josua, 1953.

[444] Soggin, Josué, 1970.

[445] Boling/Wright, Joshua, 1982.

[446] Vgl. hierzu H.W. Hertzberg, Die Nachgeschichte alttestamentlicher Texte innerhalb des Alten Testaments, in: Werden und Wesen des Alten Testaments, BZAW 66, 1936, 110-121, 110ff.

[447] Hertzberg, Josua, 16. Auf die Ruheverheißung als Motiv dtr Landtheologie hat G. von Rad ("Es ist noch eine Ruhe vorhanden dem Volke Gottes" [1933], in: Ders., Gesammelte Studien zum Alten Testament, TB 8, 1971[4], 101-108) als erster hingewiesen. Die bei Hertzberg individualisierte und entpolitisierte Interpretation dieses Motivs dürfte auf dem Hintergrund des Zweiten Weltkrieges, des Koreakrieges und der einsetzenden gesellschaftlichen Konsolidierung in der BRD verständlich sein.

[448] Hertzberg, Josua, 16f.

Soggin führt Hertzbergs Überlegungen weiter und präzisiert sie tendenziell. Die "friedliche Reise"[449] präsentiert sich Soggin "comme une procession cultuelle"[450] und in V.12-15 findet er eine von Dtr re-historisierte Reflexion eines vormals im israelitischen Kult aktualisierten Geschehens. Angesichts der dieser These widerstrebenden militärischen Aussagen von V.14 und des Ruhe-Motivs in V.15 plädiert Soggin für zeitlich unterscheidbare Schichten innerhalb von Jos 1[451].

Boling/Wright setzen inhaltlich abweichende Akzente. Gegen Soggins kultische Interpretation der Szenerie von V.11 verweisen sie auf die militärische Terminologie. Die durchkonstruierte rhetorische Struktur von V.6-9 weist diese ihres Erachtens als integralen Bestandteil der Einheit V.1-11 aus[452]. Der Unterscheidung zweier Schichten schließen sie sich an, methodisch dabei ihren Ausgangspunkt bei den Studien von Cross[453] und Nelson[454] nehmend. Allerdings sehen sie die Schichtgrenze und die Tendenzen der zu unterscheidenden beiden dtr Verfasser anders als Soggin. Da die V.12-18 ihrer Ansicht nach stilistisch erheblich von den vorangehenden differieren, zudem der Faden von Dtn 3,12-20 aufgenommen werde, der ein "distinct block within the introduction"[455] sei, sehen sie hier die Material nachtragende Hand des dtr Endredaktors am Werke[456], der so daran erinnere, daß "Israel" ein Gemeinschaftsunternehmen war[457].

Die nach Noths grundlegenden Untersuchungen zum Josuabuch und zum DtrG einsetzende Diskussion führte zur Annahme zweier Schichten im 1. Kapitel des Josuabuches. Diese Hypothese beruht einerseits auf einem spezifischen Verständnis der die Tora betreffenden Aussagen in Jos 1,7-9[458], andererseits auf der Gegenüberstellung der Szenen von V.1-11 mit jenen von V.12-18, die aufgrund der Kompositionsstruktur als divergent betrachtet werden und daher verschiedenen Verfassern zuzuschrei-

---

[449] Hertzberg, *Josua*, 16.

[450] Soggin, *Josué*, 32.

[451] Vgl. ebenfalls die Einleitung von E. Sellin/G. Fohrer, Einleitung in das Alte Testament, 1965[10], 219f.

[452] Boling/Wright, *Joshua*, 124ff.

[453] F.M. Cross, The *Themes* of the Book of Kings and the Structure of the Deuteronomistic History, in: Ders., Canaanite Myth and Hebrew Epic, Cambridge Mass. 1973, 274-289.

[454] R.D. Nelson, The Double *Redaction* of the Deuteronomistic History, JSOT.S 18, Sheffield 1981.

[455] Boling/Wright, *Joshua*, 126.

[456] Boling/Wright, *Joshua*, 127.

[457] Boling/Wright, *Joshua*, 136.

[458] Smend (*Gesetz*) hat mit diesem Artikel in zweierlei Hinsicht 'Schule gemacht'. Die Arbeiten von Dietrich (*Prophetie*) und Veijola (Die ewige *Dynastie*. David und die Entstehung seiner Dynastie nach der deuteronomistischen Darstellung, AASF B 193, 1975; ders. *Königtum*) legen die von Smend dort entfaltete These zugrunde, so daß die Anwesenheit einer dtr Spätschicht DtrN von den nachfolgenden Auslegern in Jos 1,7ff. als bewiesen betrachtet wird, vgl. u.a. E. Otto, Das *Mazzotfest* in Gilgal, BWANT 107, 1975, 86f; Veijola, *Dynastie*, 29; ders., *Königtum*, 90; Spieckermann, *Juda*, 52.56 Anm. 56; 167f Anm. 19.

ben seien[459]. Diese neueste literarkritische Sicht von Jos 1 soll im folgenden mit einer von Noths Modell ausgehenden, in einigen Punkten modifi-
zierten Vorstellung konfrontiert werden, die Jos 1 als einheitliche dtr
Komposition zu verstehen sucht[460].

Gegen Noths Betrachtung von Jos 1,9b als sekundär[461] läßt sich mit
Lohfink[462] einwenden, "Daß Jahwe in V.9b von sich in der 3. Person redet,
ist kein hinreichender Grund, den Vers als sekundär anzusehen. Vgl etwa
Dtn 1,8. Das Phänomen ist im AT und auch in außerbiblischen altorientalischen Texten häufig belegt.". Noths Eindruck der Überfüllung der V.17f,
ein Sachverhalt, der von Steuernagel seinerzeit als Zerstörung des Zusammenhanges von V.17a und V.18a bezeichnet wurde[463], beruht auf der
Verkennung des Umstandes, daß in der Tat hier "die Bereitwilligkeit zum
Gehorsam an eine Bedingung"[464] von Anfang an geknüpft war. Diese Bedingung findet sich als Zusage JHWHs in den V.5b.9b. V.17b zitiert sie
und bestätigt die Legitimationsfunktion der betreffenden Verheißung. Die
Wiederholung der Ermutigungsformel im Munde der Israeliten ist kein eigentlich überflüssiger Zusatz eines unbedachten Glossators, sondern gehört zu den rhetorischen, die Komposition bestimmenden Strukturmerk-
malen. V.18b verdankt seine Entstehung somit weder dem Zufall der
Textüberlieferung noch textinterner Nachgeschichte, vielmehr dem dtr
Konzept menschlicher Autorität, die immer der göttlichen Sanktionierung
bedarf[465]. Die von JHWH erlassene Norm und die Zustimmung der der
menschlichen Autorität unterworfenen Personen zu deren Ausübung sind
integrale Bestandteile des Autoritätsverständnisses, wobei eine Korrespondenz zwischen göttlicher Legitimität und menschlicher Anerkennung
der Führungsautorität hergestellt werden kann, die bis in die Einzelheiten
der Formulierungen reicht.

Die V.7-9 werden vor allem wegen der prominenten Rolle der Tora als
nicht zum Grundbestand des Textes gehörig betrachtet[466]. Diese von Noth
in der zweiten Auflage seines Josua-Kommentares auf dem Hintergrund

---

[459] Da die Position von Boling/Wright diejenige von Hertzberg (*Josua*) und Soggin
(*Josué*) für diesen Textbereich umfaßt, erübrigt sich vorerst ein Eingehen auf deren Argumente.

[460] Dabei steht die Grundsatzfrage nach der Zahl dtr Hände innerhalb des DtrG hier
nicht zur Debatte.

[461] Noth, *Josua*, 1953[2], 29.

[462] Lohfink, *Übergang*, 38 Anm. 29.

[463] Steuernagel, *Josua*, 155.

[464] Steuernagel, a.a.O.

[465] Vgl. Soggin (*Josué*, 30), der darauf hinweist, daß in den V.16-18 eine Beschreibung
des dtr Autoritätsverständnisses vorliegt. In dtr Texten ist eine theologische Tendenz sichtbar, Texteinheiten nicht mit unwiderruflich negativen, Zukunft abschneidenden Aussagen
abzuschließen, vgl. hierzu ebenfalls Dtn 11,26-30. Folgt man Perlitts Analyse von Dtn
32,48-52, wie auch seinen Überlegungen zum Verhältnis von Num 27,12ff und Dtn 32,48ff
(*Priesterschrift*, 72ff), dann haben wir in Dtn 32,52 einen mit Jos 1,18b vergleichbaren
Rückgriff auf eine formelhafte Verheißungsaussage vorliegen.

[466] Vgl. Noth, *Josua*, 1938[1], 7; Görg, *Josua*, 12.

seiner zwischenzeitlich unternommenen überlieferungsgeschichtlichen Studien zum DtrG mehr beiläufig verworfene Annahme wurde für Smend[467] zum Ausgangspunkt seiner Differenzierung zwischen dem Verfasser des DtrG und einem ihn interpretierenden zweiten dtr Mitarbeiter DtrN. Smends Überlegungen lassen sich auf die folgenden Punkte bringen. V.6 erfahre in V.7 eine "merkwürdige Fortsetzung"[468], es folge in V.7 anstelle einer zu erwartenden Begründung eine nähere Bestimmung. Zwischen V.6 und V.7 liege eine "deutliche Zäsur"[469] inhaltlicher Natur. V.7 sei eine Verallgemeinerung der Zusage von V.6 und schränke diese ein, da Josuas Erfolg an die Einhaltung der von Mose gesetzten Gebote vorgeschrieben werde. In der Wiederholung verlöre die Ermutigung ihren Sinn und werde inhaltlich umgebogen. Dieses geschehe zur Interpretation von V.6. Der Vorgang aber setze einen zeitlichen und sachlichen Abstand zwischen der Abfassung beider Verse voraus[470]. In V.8, den Smend zwar als zu V.7 gehörig betrachtet[471], der diesem aber "überraschend parallel"[472] läuft, werde das Motiv des Gesetzesgehorsams stärker ausgeführt. Die Aufforderung von V.8 sei auf dem Hintergrund der Eroberungssituation unpassend[473]. V.8b variiere V.7b geringfügig, V.8a sei als Anleitung zu V.7a zu verstehen. Die Nähe des Vokabulars von V.8 zu Jes 59,21 und Ps 1,2f führt Smend in Verbindung mit seiner Einschätzung der V.7f zu dem tentativen Urteil, daß V.7 und V.8 "zwei voneinander zu unterscheidende Stadien der Interpretation des ursprünglichen deuteronomistischen Textes"[474] seien. "V.9 schließlich lenkt zu V.6 zurück..."[475].

Nun ging Lohfink in seiner Analyse des Textes Jos 1,6-9 davon aus, daß der Verfasser sich in den Aussagen der V.6 und V.9b überkommener Traditionselemente bedient hätte, die Verse 7-9a aber keinesfalls sekundär gegenüber ihrer Umgebung sein müßten. Lohfink weist auf die kon-

---

467 Smend, *Gesetz.*

468 Smend, *Gesetz,* 494.

469 Smend, *Gesetz,* 495. Dieser Eindruck Smends scheint durch Lohfinks Überlegungen zum "Amtseinführungsformular" (1962, *Übergang*), das in den V.6.9b vorliege, hervorgerufen zu sein.

470 P. Sacchi hat diese Position aufgenommen und zur theologischen These ausgeweitet, daß der Autor von V.6 einer Verheißungstheologie und jener von V.7 einer Vertragstheologie verhaftet sei. Vgl. ders. *Considerazione* sulla spiritualità giudaica del Secondo Templo, Henoch 13, 1991, 3-17; sowie ders. *Giosuè* 1,1-9: dalla critica storica e quelle letteraria. in: Garrone, D./ Israele, F. (eds.), Storia e tradizione di Israele. Scritti in onore di J. Alberto Soggin. Brescia 1991, 237-254. Seine literarkritischen Überlegungen sind Voraussetzung dieser Kontrastierung zweier Theologien. Literarkritisch und redaktionsgeschichtlich geht Sacchi nicht über Steuernagel und Smend hinaus.

471 Smend, *Gesetz,* 495.

472 Smend, *Gesetz,* 496.

473 Smend verweist (a.a.O.) auf Ehrlichs Bemerkung "Josua hatte während der Eroberung Kanaans die Hände voll zu tun und keine Zeit, sich Tag und Nacht mit dem Gesetzbuch abzugeben." A.B. Ehrlich, *Randglossen* zur Hebräischen Bibel, Bd. III, Leipzig 1910, 2.

474 Smend, *Gesetz,* 496.

475 Smend, *Gesetz,* 494.

zentrische Argumentationsfigur V.7-9a hin[476] und kommt zu dem Schluß, daß schon die rhetorische Figur[477] verbiete, von einer unwichtigen Digression zu sprechen, eher "zeigen die Verse sogar das allerwichtigste Interesse des dtr Verfassers."[478]. Smends Erwartung einer Begründung in V.7 für die Aussagen von V.6 und seine zu enge Auffassung der Konjunktion רק in Verbindung mit dem Adverb מאוד, die hier nicht im Hinblick auf die Aussagen von V.6 einschränkend sondern emphatisch gebraucht wird[479], hindern ihn, die Einsicht, daß V.7 zu "V.6 eine nähere Bestimmung"[480] bietet, in die Interpretation des Textes einfließen zu lassen.

Die Aussagen über Josuas künftige Rolle als Landverteiler in V.6 bedürfen keiner weiteren Begründung. Die Eroberung des Landes und seine Verteilung sind zwei Aspekte ein- und desselben Unternehmens. Diese Funktionen erhielt Josua bereits mit seiner Einsetzung als Nachfolger Moses durch letzteren zugesprochen (Dtn 31,7). Die Aussage von Jos 1,6 ist aber keine bloße Reproduktion der dtn Ankündigungen und Verkündigung. Diese werden hier erstmals direkt von JHWH gegenüber Josua geäußert. So wird von höchster Stelle gebilligt, was bisher nur auf menschlicher Autorität beruht, die zwar die göttliche für sich in Anspruch nahm[481], aber mit ihr noch nicht gleichgesetzt worden war. Diese Identifizierung der Autorität Moses mit der Autorität JHWHs findet erst im Bezug der Texte Dtn 31,7f. und Jos 1,6-9 zueinander statt[482]. JHWH wiederholt nicht einfach Moses Rede an Josua, sondern zeigt die aus Moses Rede für Josua sich ergebenden Konsequenzen auf. Die situationsbedingte Abwandlung der Einsetzungsworte Moses in Jos 1,2 und die darauffolgende Beschreibung der Landesgrenzen in V.3f lassen leicht den Zusammenhang der

---

[476] Das Argument wird von Boling/Wright (*Joshua*,123f) übernommen.

[477] Vgl. Lohfink, *Darstellungskunst*, 123.

[478] Lohfink, *Übergang*, 37. Lohfinks These von den in Jos 1,6.9b vorliegenden Traditionselementen eines "Amtseinführungsschema" avancierte, ganz entgegen seiner Analyse des Textes Jos 1,6-9, in der folgenden exegetischen Diskussion des Textes zum vermeintlichen Kronzeugen der Sekundarität von V.7-9a. Eine Rolle dürfte dabei die unmittelbaren Evidenz gespielt haben, die einer so konkreten Vorstellung wie "Amtseinführung" anhaftet, und die die Aussagen über Josua und die Tora hermeneutisch in den Hintergrund treten ließen, Vgl. u.a. Porter, *Succession*, 104.109; Nelson, *Josiah*, 533f; ähnlich argumentiert J. A. Wilcoxen (Narrative *Structure* and Cult Legend. A Study of Joshua 1-6, in: J. C. Rylaarsdam (ed.), Transitions in Biblical Scholarship, London 1968, 43-70, 55f), der sich jedoch auf E. Nielsen (Some Reflections on the *History* of the Ark, VT.S 7, 1960, 61-74, ebenda 70f). beruft.

[479] Vgl. Boling/Wright, *Joshua*, 124.

[480] Smend, *Gesetz*, 494.

[481] Vgl. das Verhältnis der Aussagen von Dtn 3,21; 3,28 und 31,7f. Die Ermutigungsformel findet erst Anwendung, als der Befehl JHWHs zur Einsetzung Josuas gegeben wird (Dtn 3,28). Sowohl in Dtn 3,1-9 wie in Jos 1 dient sie als Strukturelement. Zum Vorkommen der Formel vgl. Hesse, Art. אמץ, 854f.

[482] Hinter dieser Argumentation verbirgt sich eine differenzierte schriftstellerische Technik, die vor allen in den dtr Rahmenkapiteln des Dtn festzustellen ist, aber nicht auf dtr Stücke beschränkt scheint.

Aussagen von V.2 und V.6 übersehen[483]. Die Ausführungen JHWHs in den V.3-5 berühren bisher noch nicht gegenüber Josua erwähnte Themen, ebenso wie die an V.6 sich anschließenden Aussagen der V.7-9.

Die JHWH-Rede von V.2-9 nimmt ihren Ausgang von dem, was als Mose-Rede bekannt ist. Sie legt theologisch, quasi in zwei Schritten (V.2-5 und V.6-9), Mose-Worte an Josua aus, die das Gerüst der JHWH-Rede bilden. Diese Mose-Worte gehen wiederum auf JHWH-Worte an Mose zurück[484]. Die JHWH-Rede setzt Josua Grenzen, die aus der Mose-Rede ableitbar sind. Daneben wird Josua zum direkten Zeugen der göttlichen Landverheißung neben Mose und der Verbindlichkeit der von JHWH erlassenen Gesellschaftsordnung für das Leben im Lande. Jos 1,2-5 setzt nicht nur dem Eroberer Josua geographische Grenzen, sondern allen sich an seinem Vorbild orientierenden politischen Nachfolgern. Selbst wenn man in der Grenzbeschreibung von V.4 den Widerschein des davidischen Imperiums sieht[485], ist doch nicht zu übersehen, daß etwaigen imperialen Ausdehnungsbestrebungen geographisch und theologisch Grenzen gezogen werden. Der Verfasser bindet die Eroberung des Landes an die ausdrückliche Aussendung des Anführers durch JHWH, der seinerseits keine qua göttlicher Vollmacht ergehende ganz neue Zusage macht, vielmehr sich auf seine diesbezüglichen Worte an Mose (nicht an die Väter!) beruft. Der aus der Zusage JHWHs abgeleitete Rechtsanspruch auf alles eroberte Land (V.3a כל מקום)[486] wird sowohl durch den Rückverweis auf Mose (V.3b) wie auch durch die folgende Beschreibung der Landesgrenzen (V.4) restriktiv ausgelegt[487]. Nur unter dieser Voraussetzung, d.h. in dem

---

483 Vgl. Lohfink (1962), *Übergang*, 36.

484 Dieses sei nur anhand zweier Stichworte verdeutlicht. V.2b עבר את הירדן הזה →
Dtn 31,3 → Dtn 3,28 → Dtn 3,21; V.6bα תנחילנה אתה → Dtn 31,7 → Dtn 3,28b → Dtn 1,38b.

485 Vgl. Noth, *Josua*, 1953², 28; M. Ottosson, *Tradition* and History, with Emphasis on the Composition of the Book of Joshua, in: K. Jeppesen/B. Otzen (eds.), The Production of Time, Sheffield 1984, 81-106.141-143, ebenda 95f; ders. *Josuaboken* - en programskrift för davidisk restauration. AUU. Studia Biblica Upsaliensia 1. Uppsala 1991. Sollte diese Vorstellung traditionsgeschichtlich vermittelt worden sein, dann wäre der Verfasser von Jos 1,4 nicht mehr von Dtn 11,24 als Bezugsbasis abhängig, wie viele Kommentatoren annehmen.

486 Theoretisch ist in V.3a und nicht in V.4, wie Ottosson (*Tradition*, 98) annimmt, ein Anspruch auf Weltherrschaft enthalten. Aus der historischen Rückschau kann diese Aussage von V.3a als weise reservatio mentalis hinsichtlich des Umfanges des verheißenen Landes gelten, in dem Sinne "nur die Orte, die ihr erobern könnt, gebe ich euch", im Gegensatz zu dem in der Theorie gegebenen grenzenlosen Anspruch. Die Aussage von V.3a läßt je nach Perspektive beide Interpretationen zu.

487 Die Übereinstimmungen zwischen den geographischen Beschreibungen von Dtn 11,24 und Jos 1,4 lassen zu leicht übersehen, daß diese in unterschiedlichen Argumentationszusammenhängen auftauchen. Diese Übereinstimmung reicht nicht aus, um die Argumentation von Dtn 11,22ff als Bezugsbasis der Aussagen in Jos 1,4 vorauszusetzen. Man ist nicht gut beraten, wenn man mit Ottosson (*Tradition*, 97f.) von Dtn 11,22ff her eine bedingte Landzusage in Jos 1 hineinliest. Das Verhältnis zwischen Gebot und Land läßt sich auch nach Dtn 11 nicht auf die einfache Gleichung "Bedingung - Folge" bringen. Dieses, im we-

von JHWH abgesteckten geographischen Rahmen, wird Josua als Feldherr Erfolg versprochen.

V.5 spricht von den Feinden, gegen die JHWH dann auf Josuas Seite
stehen wird. V.6 faßt die Situation nach Überwindung der Feinde, die
Landverteilung ins Auge. In dieser Situation steht Josua nicht dem Feinde
gegenüber, jedoch seinen Anhängern und landhungrigen Miteroberern. Es
ist keine bedeutungslose Wiederaufnahme zuvor Josua zuteil gewordener
Ermutigung durch Mose, daß JHWH selber Josua befiehlt, standfest zu
bleiben, da ihm, Josua (und keinem anderen)[488], die Aufgabe zugesprochen wurde, das Land zu verteilen. Der befehlende Zuspruch aus JHWHs
Mund ist hier eine sozusagen notwendige Ausrüstung für eine der schwie-
rigsten Aufgaben des siegreichen Feldherren: die gerechte Verteilung der
Beute. JHWH bestärkt Josua darin, daß er die alleinige Autorität für das
Gebiet "Landverteilung" ist. Der Verfasser dieser Aussagen kann nun in
diesem Fall JHWH nicht wie in der in V.5 projizierten Kriegssituation einfach mit einem אהיה עמך[489] sich hinter Josua stellen lassen. Josua ist
nicht Mose, der in den Auseinandersetzungen mit dem Volk JHWH regelmäßig hinter sich weiß. Außerdem bedarf Josua für diese Aufgabe weniger einer globalen göttlichen Rückversicherung als konkreter Anlei-
tungen für die Abwicklung des Landverteilungsverfahrens und für das Leben im Lande.

Diese Handhabe für die Praxis steht Josua bereits zur Verfügung. Alles,
was ihm für die Umsetzung einer an Gottes Willen orientierten Lebensordnung und deren Basis, Landeigentum für jede Familie, noch fehlt, darauf weist JHWH ihn nachdrücklich hin: לשמר לעשות ככל התורה אשר
צוך משה עבדי (V.7a). Die Tora Moses enthält die Kriterien, nach denen
Josua sein innenpolitisches Vorgehen auszurichten hat[490]. Die Tora Moses
wird Josua von JHWH als Orientierungsgröße vorgegeben. Sie ist das für
alle, d.h. auch für den Anführer, verbindliche Grundgesetz. Die Aussagen
von V.7a verpflichten Josua auf die Einhaltung der Mose-Tora. Josua ist
weder bei der Eroberung noch bei der Verteilung des Landes oder gar im
Lande so gottunmittelbar wie Mose gestellt. So wie Mose früher Gottes
Willen dem Volk übermittelt hat, wird dieses hinfort durch die Tora geschehen. Sofern Josua sich an die durch die Tora vorgeschriebene Lebens-
und Gesellschaftsordnung hält, wird ihm ein jeder seiner Schritte gelingen.
Die Aussagen von V.7 führen nicht nachträglich eine Bedingung für Josuas

---

sentlichen von P. Diepold (*Israels* Land, BWANT 95, 1972, 94ff) thetisch dargestellte Argumentationsmuster, das er innerhalb des Dtn an der syntaktischen Verknüpfungsform fi-
nale bzw. konditionale Nachordnung festmacht, bedürfte einer Überprüfung an den Texten.

[488] Vgl. die prononcierte Voranstellung des אתה in V.6bα.

[489] Vgl. zu dieser Formel und ihren verschiedenen Variationen Preuß, H.-D., "...ich will
mit dir sein!", ZAW 80. 1968. 139-173.

[490] Num 26,54 erklärt die durch die Anzahl der Stammesmitglieder gegebenen Repro-
duktionsbedingungen zum Grundprinzip der Größe des zu verteilenden Landes. Dieses
Prinzip entspricht den dtn Gerechtigkeitsidealen.

Erfolg bei der Landeroberung ein oder setzen hinsichtlich der einzuneh-
menden Rolle des Landverteilers eine Bewährungszeit fest. Josua wird
einzig unmißverständlich auf die geltende Norm für sein Handeln aufmerksam gemacht und gemahnt, von ihr nicht abzuweichen[491], damit er
sich als einsichtig und klug[492] erweise in allem, was er unternimmt[493].
    Die Aussagen von V.7 sind keine einen zeitlichen Abstand zu V.6 vor-
aussetzende Interpretation dieser, sondern strukturieren den durch V.6
global bezeichneten sozialen Raum, der bisher nur nach seinen Eckpunk-
ten (Josua, Israel, JHWH) bestimmt worden war. So wie auf die Befehle
von V.2 und die Erklärung des Rechtsanspruches von V.3 konkrete Anweisungen für die Umsetzung in die Praxis folgen müssen, soll nicht der
Willkür des Anführers freier Raum gelassen werden, so muß dieses ebenfalls nach dem Landverteilungsfreibrief in V.6 erfolgen. Die Eigenschaften, die Josua vorab für seine Aufgabe als Landverteiler qualifizieren,
muß er beim Vollzug aller mit der Führung auf ihn zukommenden Pflichten bewähren. Die Tora Moses wird zur Grundlage des Führungshandelns
Josuas. Zwar soll er nicht mit dem mosaischen Grundgesetz unter dem einen Arm und der hoch erhobenen Lanze in der anderen Hand andauernd
dem Volk voranlaufen, doch der bildhaften Zusage, das Buch der Tora
werde nicht aus seinem Munde weichen[494], korrespondiert die Weisung, es
beständig sich zu vergegenwärtigen[495], so daß V.8a durchaus als eine Art
"Anleitung zu verstehen" ist, "wie das 'darauf achten, so zu handeln...' von
V. 7a zu bewerkstelligen ist."[496]

---

[491] Diese Mahnung, die Israel bereits aus dem Munde Moses vertraut war (Dtn 5,32;
28,14), wird Josua dann an Israel in seiner Abschiedsrede weitergeben (Jos 23,6).
[492] Diese Grundbedeutung von שׂכל hiph. scheint insbesondere an jenen Stellen, wo
der Tora gemäßes Handeln mit diesem Verb umschrieben wird, angemessener zu sein als
das üblicherweise in der Übersetzung bevorzugte 'Erfolg haben'. Sicher umschreibt das
Verb auch in diesen Fällen ein erfolgreiches Handeln, doch weniger als das Verb צלח
hiph. aus der Perspektive des Endergebnisses als unter dem Aspekt des gesamten ablau-
fenden Handlungsgeschehens. Der mahnende Hinweis למען תשכיל stellt Josua und Israel
(Dtn 29,8) auf eine Stufe. Innerhalb des DtrG weist David Salomo mit diesen Worten zurecht (1.Kön 2,3) und in 2.Kön 18,6f wird Hiskia ein derartig qualifiziertes Handeln attestiert. An allen erwähnten Stellen wird die Einhaltung der Mose-Tora propagiert.
[493] Die Phrase בכל אשר תלך findet sich außer in Jos 1,7.9 nur noch in der Beistandszusage JHWHs an Jakob (Gen 28,15), wo sie wörtlich genommen werden kann. Das Bild
des Gehens auf dem von JHWHs Geboten bezeichneten Weg spielt in den Mahnworten
JHWHs an Salomo eine erhebliche Rolle (1.Kön 3,14; 6,12; 9,4), in denen gleichfalls wie in
Jos 1,7.9 das gesamte Handeln des Adressaten angesprochen wird.
[494] Subjekt der Aussage ist das Torabuch, Josua ist Objekt. Sieht man die Tora als Er-
möglichungsgrund des Gemeinschaftslebens Israels im Lande Kanaan an und infolgedessen
seiner Führung dienlich, dann liegt es nahe die Übersetzungsmöglichkeit für V.8aα¹ "Nicht
wird das Torabuch aus deinem Munde weichen" für das Verständnis des Textes heranzu-
ziehen.
[495] Inhaltlich entsprechen diese Aufforderungen den dtn Aussagen Dtn 6,7-9; 11,18-20,
die keineswegs von Israel verlangen, nichts anderes mehr zu tun, als die Tora meditativ
murmelnd aufzusagen.
[496] Smend (1971), *Gesetz*, 496.

Da V.8a den Gedankengang von V.7 fortsetzt und hierzu unverzichtbare Erläuterungen gibt, ist nicht schlüssig, wieso erst die, nach Smends Annahme, dritte Hand, das ausgeführt haben soll, was die zweite gedacht und
vorbereitet hat. Die inhaltliche Fortsetzung der Aussagen von V.7, dabei
differenziert V.8a die Phrasen von V.7a, V.8b die von V.7b, und ihre
pointierte Zuspitzung in V.8[497] sprechen dafür, daß der Verfasser von V.7
hinsichtlich der Aussagen von V.8 nicht nur vorgedacht, vielmehr sie auch
formuliert hat. Die Parallelen, die sich zwischen dem Vokabular von V.8
und den Aussagen von Ps 1,2f[498] und Jes 59,21[499] ziehen lassen, besagen
für sich genommen, angesichts des Sachverhaltes, daß Jos 1 als dtr Text
ohnehin diesen außerdtr Texten zeitlich nahesteht[500], wenig. Ohnehin wird
bei der Gewichtung dieses Argumentes die Wiederaufnahme von Stichworten, Motiven und Aussagen dtn Texte höher zu werten sein[501] als die
inhaltlichen Berührungen mit Ps 1,2f und Jes 59,21.
    Der Gedankengang von V.7f findet in V.8b seinen Abschluß mit der
Verheißung, daß Josua auf allen seinen Wegen Erfolg haben[502] und sich

---

[497] V.8a לא: לשמר לעשות V.7a; ככל הכתוב בו V.8a: ספר התורה / כל התורה V.7a; תשכיל / תצליח V.8b: הגית / ימוש V.7b; תשכיל.
[498] Die Abhängigkeitsbeziehung zwischen den Aussagen von Ps 1,2f und jenen von Jos
1,8 dürfte eher in umgekehrter Richtung, als Smend annimmt, verlaufen, vgl. H.J. Kraus,
Psalmen, BK XV/1, 1966³, 4.6f. Das Verb הגה (murmeln, lesen) bezeichnet halblautes Lesen in jenen Fällen, wo jemand für sich selber liest, aber nicht vorliest. Vgl. dazu die Artikel
von A. Negoiță, Art. הגה hāgāh, ThWAT II (1974-1977) 343-347 und G. Fischer/ N. Lohfink, "Diese *Worte* sollst Du summen", ThPh 62.1987. 59-72, insbes. 70f. In Ps 1,2 ist es dem
vorausgesetzten Sachverhalt angemessen. Die Wendung יומם ולילה ist eine stehende Re-
densart, die relativ gleichmäßig in allen drei biblischen Textkorpora vorkommt. In negativen Aussagen lautet die Reihenfolge לילה ויומם (Dtn 28,66; Jes 34,10; Jer 14,17). Die
Wendung וכל אשר יעשה יצליח (Ps 1,3b) meint zwar inhaltlich dasselbe wie jene von Jos
1,8bα, hat aber bereits die bildhafte Einkleidung der Aussage von Jos 1,8b auf ihren abstrakten Inhalt reduziert.
[499] Jes 59,21 wird seit Cheynes Kommentar (1884³) für einen Zusatz gehalten (so nach
K. Marti, Das Buch *Jesaja*, KHC X, Tübingen 1900, 380f.), der den Schlußworten von Jes
66,22-24 nahesteht; vgl. C. Westermann, Das Buch *Jesaja*. Kapitel 40-66, ATD 19, 1981⁴,
280. Ferner ist zu berücksichtigen, daß Jes 59,21 nicht von der Tora sondern vom Bund und
Wort JHWHs redet, und die Aussagen sowohl jene von Jes 54,10 wie jene von Jer 31,36
aufnehmen. Eher läßt sich hermeneutisch eine Linie ziehen zu Ex 33,11, wo es von Josua
heißt לא ימיש מתוך האהל. Nach Ex 33,11bβγ blieb die Beziehung zwischen JHWH und
Josua eine rein äußerliche, Jos 1,8a läßt sie auf der Basis der Tora konstitutiv für Josuas
Identität werden.
[500] Vgl. Kraus, *Psalmen*, 3; Westermann, a.a.O.
[501] Ein Nachweis aller möglichen Bezüge würde den Rahmen einer Anmerkung sprengen, es sei nur auf folgende dtn Stellen hingewiesen V.8aα: Dtn 17,19a; 28,58.61; 29,19f.26;
30,10; 31,19aβ; V.8aβγ: Dtn 17,19b; V.8b: Dtn 17,20; 28,29; 29,8.
[502] Im positiven Sinne taucht diese Redewendung u.a. auf in Gen 24,21.40.42.56;
39,3.23; Ri 18,5; Jes 48,15; Ps 37,7. Num 14,41 wird so ein warnender Hinweis auf den drohenden Mißerfolg umschrieben, Dtn 28,29 eine drohende Fluchwirklichkeit. Jer 12,1 gibt
eine entsprechende Anfrage an JHWH wegen des guten Schicksals der Gottlosen mit diesen Worten wieder. In allen Situationen stellt der Kontext klar, daß JHWH Urheber des
Gelingens ist.

dabei als verständig erweisen werde[503]. Verständigkeit und Klugheit sind
zunächst Folge der Orientierung an der Tora (V.7), diese in die Lebens-
wirklichkeit eingebracht (V.8a), führt zum Gelingen (V.8bα), das wiederum die Einsicht fördert (V.8bß). Da diese Einsicht ihren Ursprung in der
Kenntnis der Tora hat, wird sie dieselbe vertiefen und auf JHWH als ihren
Urheber verweisen[504]. Folgerichtig tritt JHWH an diesem Punkt seiner
Rede in den Vordergrund: הלוא צויתיך חזק ואמץ (V.9aα). Die Aussage
verbürgt[505] quasi dadurch, daß JHWH auf sich selbst als Ausgangspunkt
verweist, die gerade ergangenen Anweisungen zum Umgang mit der Tora.
Gleichfalls garantiert sie die Josua zugesprochene Zukunft, was der Rückverweis חזק ואמץ[506] auf JHWHs Zusagen an Josua in V.7 andeutet. Diese
rhetorisch äußerst kunstvoll vorgeführte Überlegung findet, übergeleitet
durch die doppelte Vergewisserung[507], ihren End- und Höhepunkt in dem
Schlußsatz der Gottesrede, die namentliche Selbstvorstellung und Füh-
rungszusage in einem ist: כי עמך יהוה אלהיך בכל אשר תלך. V.9b
nimmt die Aussage von V.5bα[2] אהיה עמך auf und stellt durch die Wiederholung von בכל אשר תלך den Bezug zwischen der Aussage von V.9b
und jener von V.7b her. Die Logik, die die Aussagenfolge von V.2-9 bestimmte, erreicht ihr Ziel in V.9b. Danach kann nur noch 'der Abstieg in

---

503 Dtn 28,29 vergleicht das von JHWHs Bund abfallende Israel mit einem Blinden und
schließt das Bild ab mit ולא תצליח את דרכיך. Dtn 32,28f wirft den siegreichen Feinden
Israels vor, daß sie den Sieg über Israel der eigenen Kraft zuschreiben und nicht JHWHs
Zorn über Israel, daß sie die wahren Zusammenhänge nicht erkennen, und V.29a bringt
das auf den Punkt לו חכמו ישכילו זאת.

504 Der Gedankengang, der in Dtn 32,27-29 am Beispiel der sich selbst überhebenden
siegreichen Feinde Israels negativ dargelegt wird, wird anhand der Figur Josuas in Jos 1,7-9
positiv demonstriert.

505 הלוא צויתיך korrespondiert dem התורה אשר צוך משה (V.7aα). Moses Befehl an
Josua, die Tora zu halten, wird - über das Zitat des Befehls aus V.7aα - zu einem Befehl
JHWHs an Josua. Die Position der Tora bleibt innerhalb dieser Argumentationsstruktur
unverändert.

506 Der mit den Worten חזק ואמץ bzw. חזק umschriebene Zuspruch scheint die Erkennungsmarke des Nachfolgers Moses zu sein. Innerhalb des DtrG wird nur Josua als Individuum durch diese Worte ausgezeichnet. JHWH stellt ihn als des Zuspruchs bedürftig
gegenüber Mose hin (Dtn 1,38; 3,28), Mose beauftragt Josua mit diesen Worten zur
Nachfolge (Dtn 31,7 - diese Worte werden durch einen späteren Bearbeiter in 31,23 wiederaufgenommen). Josua bekommt sie dann aus dem Munde JHWHs zu hören (Jos
1,6.7.9) und muß sie sich vom Volk sagen lassen (Jos 1,18). Seinerseits gibt Josua diese
Aufforderung an die Obersten weiter (Jos 10,25). Der Zuspruch findet sich darüber hinaus
als Mosewort an Israel und in der Chronik als Aufforderung Davids an Salomo (1.Chron
22,13; 28,20) sowie in der Rede Hiskias an die Kriegsobersten (2.Chron 32,7). Die Verwendung innerhalb der Prophetae Posteriores und der Hagiographia läßt eine sprichwörtlich gegebene Zuordnung beider Begriffe zueinander denken. Der Gebrauch in prophetischen und poetischen Texten spricht gegen die alleinige Herkunft der Formel aus einem
Lebenszusammenhang, wie z.B. Schreiner (ThWAT I, 350), der auf die Königsideologie
verweist, annimmt, sei dieser nun militärisch, politisch oder kultisch bestimmt.

507 Vgl. hierzu Dtn 31,6aß und 31,8bß, Mose-Wort wird im Übergang von Dtn 31 zu
Jos 1 zu JHWH-Wort. Der Vergewisserung Josuas in V.9aß entspricht die Zusicherung
JHWHs in V.9bß.

die Niederungen der Praxis' folgen, und so erleben wir dann in der anschließenden Szene Josua als einen den Erfordernissen des Alltags sich
stellenden Heerführer.

Diese, V.10-11 umfassende, unmittelbar auf die Gottesrede folgende
Szene zwischen Josua und den Heeresaufsehern des Volkes demonstriert
Josuas Gehorsam gegenüber JHWHs Anordnungen (V.2b) und zeigt darüber hinaus, daß Josua die Tora beachtet, d.h. sich an die innerhalb des
Kriegsgesetzes (Dtn 20,5ff) vorgesehene Hierarchie hält, derzufolge die
Aufseher die Anmusterung der Kämpfer vorzunehmen haben. Josua betraut sie mit der Weitergabe des Aufbruchsbefehls, den er von JHWH erhalten hat und unterstreicht dessen bevorstehende Realisierung durch die
einleitende Aufforderung zur Verproviantierung. Josuas erster Befehl an
das Volk lautet הכינו לכם צידה und läßt ihn so als vorausschauenden
und verantwortungsbewußten Heerführer erscheinen. Dieser vorangestell-
te Befehl verdeutlicht, daß ganz Israel den Jordan überschreiten wird. Eine Rückkehrmöglichkeit zu einem Basislager auf der Ostseite ist nicht
vorgesehen. Denn für einen Teil Israels bestände diese und würde, jedenfalls in der Anfangszeit die Notwendigkeit, Proviant und sonstige Ausrüstung mitzuschleppen, auf ein Minimum reduzieren. Die Ostjordanstämme
haben die von Mose verbürgte Rückkehr im Tornister.

Die Szene zwischen Josua und den Aufsehern muß, so wie sie gestaltet
ist, die Frage der Angemessenheit, wenn nicht gar die nach der Verbindlichkeit des josuanischen Ausrüstungsbefehles für die Ostjordanstämme
nach sich ziehen. Folgerichtig wendet sich Josua unmittelbar darauf mit
einer zweiten Ansprache an die Ostjordanier und sorgt für klare Verhältnisse[508]. Die von Boling/Wright in den V.12-18 erblickten Indizien, die einen zweiten dtr Verfasser hervortreten ließen, beruhen, mit Ausnahme
des Hinweises auf den differierenden Sprachstil, auf literarkritischen
Vorannahmen zu Dtn 3,12-20, der vermeintlich literarischen Abhängigkeit
unseres Textes von jenem und der Zuweisung von Jos 21,44; 22,4 und 23,1
an eine zweite dtr Hand, die sich mit gleichen Begriffen auch in Jos 1,12ff
melde. Selbst wenn alle diese Vorannahmen zuträfen, beschrieben die literarkritischen Zuordnungen dieser Texte nicht a priori auch jene von Jos
1,12ff.

Daß Jos 1,13-15 weitgehend auf der Vorlage von Dtn 3,18-20 beruht
und diese interpretierend zitiert[509], ist seit Noths Analyse[510] unstritig. Das
von Boling/Wright vertretene literarkritische Urteil, Dtn 3,18-20 sei Teil

---

[508] Dieser Zusammenhang zwischen den Szenen von V.10f und V.12-15 spricht gegen
die Vermutung von Boling/Wright (*Joshua*, 126f), daß die Ostjordanstämme von der Thematik her nicht mehr zum Grundbestand des Kapitels gehören könnten und V.12ff keinen
Anschluß an die Rede von V.10f hätten.

[509] Vgl. z.B. die unterschiedliche geographische Bedeutung, die בעבר הירדן hat. Dtn
3,21a ist das Westjordanland gemeint, Jos 1,14a.15b dagegen das Ostjordanland. Der
Wechsel der Erzählperspektive führt hier zu einer theologisch bedingten Verschiebung der
Geographie.

[510] Noth, *Josua*, 1938[1], 7.

eines redaktionell sekundären Abschnittes innerhalb von Dtn 3,12-20 wird durch die bisherige Diskussion des Textes nicht gestützt[511]. Der von Boling/Wright angeblich für die Sekundarität des Textes sprechende Sachverhalt, daß Dtn 3,12-20 ohne Verlust aus dem Zusammenhang von 3,1-20 entfernt werden könne, übersieht, daß die V.12-20 das in V.1-11 erzählte Geschehen fortsetzen, V.18-20 und V.21-28 zusammengehörige Teile einer Komposition sind[512]. Die Zuschreibung von Jos 21,44; 22,4; 23,1 an Dtr2 und in Verbindung damit von Jos 1,13 beruft sich zu Unrecht auf die entsprechende Analyse der dtr Ruhetheologie von Roth[513]. Mit Ausnahme von Jos 23,1 weist Roth alle genannten Texte des Josuabuches DtrG zu[514].

Das Argument des stilistischen Kontrastes zwischen Jos 1,1-11 und Jos 1,12-18 verdient eine nähere Betrachtung. Indes, bevor man aus den stilistischen Unterschieden weitreichende literarkritische und überlieferungsgeschichtliche Schlüsse zieht, ist für die V.12-15 zu bedenken, daß hier mit Dtn 3,18-20 eine literarische Bezugsbasis vorliegt. Dtn 3,18-20 wird in Jos 1,13-15 mit Ausnahme weniger Wendungen wörtlich zitiert, Abwandlungen gegenüber der Vorlage gehen auf die veränderte Situation und den Sprecherwechsel von Mose auf Josua zurück.

Die Unterschiede liegen in einer geringfügigen Verkürzung der Moserede[515], einer Umformulierung unter Beibehaltung der Worte (Dtn 3,20/Jos 1,15), der durch den Sprecherwechsel bedingten eingefügten Hinweise auf den vormaligen Sprecher Mose und der Umstellung einiger Aussagen. Dazu kommt das unterschiedliche Verständnis von בעבר הירדן und die Aussage, daß JHWH den Ostjordaniern Ruhe verschafft hat, d.h. sie sich niederlassen ließ. Umstellung der Aussagen und Niederlassungsvermerk lassen sich aus der Perspektive des auf inzwischen eingetretene Fakten zurückblickenden neuen Sprechers erklären[516]. Aus der Rückschau ist die Umschreibung der ostjordanischen Landnahme mit den aufeinander bezogenen Aussagen "Mose hat euch das Land gegeben (d.h. zugeteilt) - JHWH hat euch das Land gegeben (d.h. Ruhe verschafft)" den Verhältnissen angemessen. Der Wechsel von חלוצים תעברו (Dtn 3,18) zu אתם תעברו חמשים (Jos 1,14) wäre, wenn man mit de Vaux[517] חלוצים auf die Ausrüstung und חמשים auf die taktische Aufstellung bezieht, nur eine situationsangemessene Differenzierung des Mosebefehls.

---

[511] Steuernagel (Josua, 13) schreibt diese Verse dem Verfasser von Dtn 1-3 zu, Noth (ÜSt, 41. 198 Anm. 1) Dtr. Nach Braulik (Deuteronomium, 37) sind sie Teil der dtr Redekomposition von 3,18-28. Mayes (Deuteronomy, 145) rechnet sie zur dtr Grundschicht von Dtn 1-3.

[512] Darauf wies bereits Lohfink (1960, Darstellungskunst, 132f) hin; vgl. dazu oben S.170ff.

[513] W. Roth, The Deuteronomic Rest Theology: A Redaction-Critical Study, Biblical Research 21 (1976) 5-14.

[514] Roth, Rest,12f; vgl. ebenfalls F.M. Cross, The Ideologies of Kingship in the Era of the Empire: Conditional Covenant and Eternal Decree, in: Ders., Canaanite Myth and Hebrew Epic, 219-273, Cambridge Mass. 1973, 252f.

[515] Die Aussage von Dtn 3,19aß fehlt, ebenso die Angabe לרשתה aus Dtn 3,18bα.

[516] Waltraud Schulz (Stilkritische Untersuchungen zur deuteronomischen Literatur, Diss. theol. Tübingen 1974, 111ff) hat darauf hingewiesen, daß für Dtr in Dtn 1-3; 31,1f.7f; Jos 1 die Landnahme identisch ist mit der von JHWH den sich niederlassenden Stämmen gegebenen Ruhe.

[517] R. de Vaux, Das Alte Testament und seine Lebensordnungen, Bd. II, Freiburg 1962, 17.

Bemerkenswerterweise findet sich die Bezeichnung der Angeredeten
als ‏ולראובני ולנדי ולחצי שבט המנשה‎ (Jos 1,12) ebenfalls im unmittelbaren Kontext der Zitatvorlage Dtn 3,12f.16. Das betreffende Gentilicium
findet sich vorzugsweise in jenen Aussagen, in denen von der Landzuteilung Moses die Rede ist, so ferner noch in Jos 12,6 und in der Einleitung
der Rede Josuas in Jos 22,1, die die Erfüllung des in der Rede von Jos
1,13-15 konstatierten Sachverhaltes berichtet. Ist man nicht geneigt, diese
Ausdrucksweise als spezifische Prägung eines bestimmten Aussageinhaltes
zu verstehen, so bleibt noch die Möglichkeit, die beiden Stammesbezeich-
nungen Rubeniter bzw. Gaditer als das zu verstehen, was sie ihrer gram-
matischen Kategorie nach sind: Adjektive, die eine zuvor genannte Gruppe differenzieren. So aufgefaßt, besteht die in V.10 beschriebene Situation
weiter. Josua richtet seine Worte an die Gruppe der Heeresaufseher der
Ostjordanstämme in V.12-15. Für dieses Verständnis spräche auch die betonte namentliche Voranstellung der Angeredeten und der Umstand, daß
keine neue Redeeinleitung in V.12 vorliegt.

Der Beginn der Rede (V.13) mit der Infinitivkonstruktion ‏זכור את‎
‏הדבר‎, anstelle eines Imperativs wie in V.11, dürfte dadurch mitbedingt
sein, daß hier eine Berufung auf einen bereits autoritativ durch Mose ergangenen Auftrag vorliegt. Dieses Faktum ist Voraussetzung der Gültigkeit der Befehle von V.11 für die Ostjordanstämme. Die Infinitivkonstruktion unterstreicht den Zusammenhang zwischen der Rede von V.11 und
jener, die in V.13 folgt, und ermöglicht so Josua, ohne daß er in dieser
Hinsicht eigene Verantwortung übernimmt, ungeschmälert die Autorität
Moses für seine Anordnungen ins Feld zu führen. Für sich betrachtet enthalten Josuas Worte für die Angesprochenen nichts Neues, allerdings klären sie die durch den Befehl zur Verproviantierung auftretende Frage, ob
die Ostjordanier bei entsprechender Möglichkeit am Ende eines Tages
oder eines Feldzuges vorübergehend in ihre Wohnorte zurückkehren können oder nicht. Anders als die westjordanischen Brüder werden sie für die
ganze Zeit der Eroberung ihre Familien nicht sehen.

Trotz weitgehender Übereinstimmung zwischen den Aussagen von Dtn
3,18-20 und Jos 1,13-15 haben die Abwandlungen dazu geführt, daß die
rhetorische Struktur sich ändert. In Dtn 3,18-20 steigt die Argumentation
linear an bis zu der Aussage, daß JHWH den Westjordanstämmen Land
geben wird (V.20a) und kehrt dann mit der Rückkehrzusage an die angeredeten Ostjordanier zu diesen zurück (V.20b). Dagegen liegt in Jos 1,13-
15 eine konzentrische Redefigur vor, die ihren Ausgang bei Mose (d.h.
seinem Gebot) nimmt und mit einer Aussage über Mose (seine Landzuteilung an die Ostjordanstämme) endet. Höhepunkt der Rede ist die mehr
als Bitte, denn als Befehl vorgetragene Äußerung ‏ועזרתם אתם‎. Die Umstellung übernommener Aussagen (Dtn 3,18bß.19aαb) steht im Dienst der
neuen Redestruktur. Die rhetorische Figur verfolgt zwei Intentionen. Das
Schicksal beider Teile Israels wird rhetorisch in Jos 1,13-15 nachdrücklicher miteinander verknüpft als in Dtn 3,18-20, das belegen formale wie inhaltliche Elemente der Josua-Rede. Zweitens wird hier voll und ganz die

Autorität Moses von Josua für sein Ansinnen eingesetzt. Josua spricht
nicht wie in der Rede V.11 aus eigener Befehlsgewalt zu den Angeredeten.
Er 'verbessert' nur die Logik mosaischer Rede, dessen Autorität er gerade
durch den Umstand, daß er in dieser Frage keine eigene Autorität beansprucht und so allein an die ausstehende Erfüllung einer mit Mose getroffenen Absprache erinnert, ungeteilt zur Befestigung seiner Führungsposition nutzen kann. Außerdem haben die mit Moses Zustimmung inzwischen geschaffenen neuen Realitäten die Ostjordanier aus der Position derer, die etwas erlangen möchten, in die Position jener versetzt, die etwas
gewähren oder versagen können.

Die Antwortrede der Angesprochenen (V.16-18) bestätigt, daß Josua
die mosaische Legitimation wohl ansteht. Der Verfasser läßt, indem er in
der Einleitung V.16a die Redenden nicht näher bezeichnet, offen, ob nur
die Vertreter der Ostjordanstämme antworten oder die Vertreter aller
Stämme, die in V.10 genannt wurden. Da Josua jedoch auf seine Weisungen an die Aufseher des Volkes (V.11) keine Entgegnung erhielt, die
V.12-15 nur ein Bild innerhalb der Gesamtszene von Josuas erstem Auftritt als politischer und militärischer Anführer Israels sind und keine eigene Szene, liegt eine Deutung der Redenden auf die Vertreter aller Stämme nahe. Eine Gehorsamsverpflichtung nur des kleineren Teils von Israel
Josua gegenüber würde der Intention des Autors, die Einheit im Handeln
aller Stämme zu demonstrieren, zuwiderlaufen. Ferner weist die sinistre
Zusage von V.18a auf die Bestrafung Achans ben Karmi vom Stamm Juda
voraus (Jos 7). Josua wird hier das Recht auf Verhängung der Todesstrafe
gegen Gehorsamsverweigerer konzediert, das er, wie der Fortgang der Erzählungen zeigt, auf einen westjordanischen Plünderer anwenden wird.

Die Erwiderung V.16-18 ist eine in sich geschlossene Redekonstruktion,
die nicht nur die Antworten auf die Josua-Rede von V.11 und jene von
V.13-15 enthält, sondern darüber hinaus auch eine Anwendung der theologischen Grundposition bietet, die der JHWH-Rede an Josua zugrunde
liegt. Die in dieser Formulierung einmalige Gehorsamsverpflichtung der
Heeresaufseher kommt zwar jener, die Mose gegeben wurde, gleich, über-
trifft sie aber an Eindeutigkeit und Verbindlichkeit. Nach den Aussagen
von Ex 20,19 und Dtn 5,27f geloben die Vertreter des Volkes Mose Gehorsam in allen Dingen, die er ihnen als Gotteswort weitersagt, dieses
freilich unter dem Eindruck der andauernden, von ihnen als le-
bensbedrohlich empfundenen Theophanie. Josua erhielt diese Zusage für
alle seine Anordnungen[518], ohne daß sie als Gotteswort ausgewiesen werden müssen. Da Josua dergestalt in eine Position absoluter Autorität einrücken würde, eine Möglichkeit, die nicht nur dem bisherigen dtr Josua-
Bild sondern auch der Gottesvorstellung entgegenliefe, bedarf die Aussa-

---

518 Die Verbindung הלך - שלח bezeichnet ebenfalls in Jos 2,1; 8,9; 18,4; 22,6 Gehor-
samsverhältnisse. Der Gebrauch des Doppelausdruckes in Jos 2,21 läßt eine Redewendung
vermuten. Die entsprechende Aussage in Jer 42,5 könnte eine Variation einer alltäglichen
Redewendung sein.

ge von V.16b einer umgehenden und unmißverständlichen Differenzierung. Diese erfolgt im unmittelbaren Anschluß in Vers 17.

Die Fortführung der Aussage von V.17a mit ככל אשר, die das Kriterium für die Erfüllung des Versprechens nennt, und ihre Weiterführung in
V.17aß mit כן, unterstreicht die Bindung an das Kriterium 'Mose'. So wie
Mose innerhalb der JHWH-Rede Josua als Instanz präsentiert wird
(V.7a)[519] und sein Schicksal mit seinem Verhältnis zu dieser Instanz verknüpft wird (V.7b), so läßt der Verfasser innerhalb der Rede von V.16-18
dieselbe Autoritätsrelation wirksam werden, um die Beziehung Josua-
Volk zu klären. Die Heeresaufseher nehmen das von JHWH gesetzte Kriterium auf und betonen, daß "Mose" die Grenze ihres Gehorsams markiert. "Mose" als Maßstab bedarf der Absicherung, soll nunmehr nicht
"Mose" hypostasiert werden. Diese Versicherung gegen menschliche
Machtansprüche, die sich auf die von dem großen und erfolgreichen Vorgänger gesetzten Beispiele berufen könnten, ist in der Aussage von
V.17bα enthalten. V.17bα zitiert den Zuspruch JHWHs aus V.9bα und
verwandelt ihn in eine Bedingung, deren Einlösung die Betreffenden dann
zwar an ihren Erfahrungen mit Mose messen wollen (V.17bß), dessen Figur aber nicht mehr alleinige Entscheidungsinstanz ist, wie eine isolierte
Betrachtung von V.17a suggerieren könnte. Die Vergleichsaussage V.17a
setzte Mose und das Volk in Bezug zueinander, jene von V.17bß Mose
und JHWH, dazwischen stehen der Autoritätslogik entsprechend die Aussagen über das Volk und Josua (V.17aß) sowie JHWH und Josua
(V.17bα)[520].

V.18a konkretisiert den zu leistenden Gehorsam an einer abstrakt vorgeführten Verweigerung[521] und setzt die Todesstrafe als Folge fest. Die
Ausdrucksweise von V.18a erinnert an ähnliche Formulierungen dtn Gesetze[522] und die dort vorhandene Tendenz, den Sachverhalt aus positiver
Perspektive (Faktum) und aus negativer Perspektive (Non-Faktum) zu beschreiben. Der Ausdruck ימרה את פיך, der nur hier die Beziehung zu einem Menschen verdeutlicht, erinnert an Moses (Num 27,14) und Aarons
Sünde (Num 20,24) und den sprichwörtlichen Ungehorsam Israels JHWH
gegenüber[523]. Damit wird die Verfehlung, zwar nicht gleichgesetzt mit

---

[519] Das aus Josuas Gehorsam resultierende Handeln wird mit demselben Verb הלך
umschrieben (V.7b) wie der von den Heeresaufsehern zugesagte Gehorsam (V.16bß).

[520] Die Autoritätsrelationen von V.17a stehen im umgekehrten Verhältnis zur syntakti-
schen Aussage, nur in V.17b laufen sie konform mit der syntaktischen Aussage. V.17a:
Volk gehorcht Mose = Volk gehorcht Josua (S3 <- T1 = S3 <- T2); V.17b: JHWH ist mit
Josua = JHWH ist mit Mose (T0 → S2 = T0 → S1).

[521] Die betreffende Situation ist so allgemein wie möglich geschildert. Sie spiegelt die
Grundstruktur jeglicher Führungskrise wider. Der Text enthält keine Indizien, die auf eine
bestimmte historische Situation deuten würden, wie dies Soggin (Josué, 33) und ihm folgend Boling/Wright (Joshua, 128) meinen, wenn sie an die nach Josias Tod ausbrechende
Führungskrise denken.

[522] Vgl. Dtn 17,2ff; 17,15; 18,9-11; 24,10-13; 24,14f.

[523] Vgl. Dtn 1,26.43; 9,7.24.43; 31,27; 1.Sam 12,15. Ex 23,21 findet sich eine diesbezügliche Warnung, die auf den Boten JHWHs bezogen ist. Ez bezeichnet in seiner Anrede Is-

Widerstand gegen JHWH, gerät aber doch in diese Nähe und wird sehr hoch bewertet. Die Tatfolge Todesurteil wird so vorbereitet. Doch ist der Fall "Widerstand gegen Josuas Anordnung" nur dann gegeben, wenn ein Einzelner den Gehorsam für Befehle verweigert, die alle zu befolgen haben, wie die Negativklassifizierung ולא ישמע את דבריך לכל אשר תצונו (V.18a) noch vor der Festsetzung der Rechtsfolge bestimmt.

Der die Antwort abschließende Zuspruch רק חזק ואמץ (V.18b) ist angesichts der Josua dargelegten Konsequenzen seines Autoritätsanspruches nicht fehl am Platze. Der Autor verwendet mit Bedacht die den zweiten Teil der JHWH-Rede (V.6-9) strukturierende Ermutigungsformel als Schlußpunkt. Jeder weiteren Diskussion des Themas wird so rhetorisch elegant vorgebeugt. Die Formel skizziert die Israeliten als Josua auf gleicher Ebene begegnend. Josua hat nur die Autorität, die JHWH ihm zumißt und die das Volk ihm zugesteht. JHWH hat wohl nach diesem Verständnis und der Darstellungslogik theologisch die Priorität in diesem Geschehen, wie die Heeresaufseher anerkennen, doch ist für Josua deren Zustimmung unverzichtbar. Seine Position entsteht aus einem weitgehenden Konsens zwischen JHWH und Israel. Behaupten kann er diese Position nur, wenn er sich bei der Ausübung der Führungsfunktionen an die von Mose verbindlich vorgeschriebenen und von JHWH sanktionierten Regeln, d.h. an die Tora, hält. Mose ist ein Charismatiker. Josua ist der erste, konstitutionell bestimmte Anführer des Volkes.

Mose, Josua und die Eroberung des verheißenen Landes

Mose folgt Josua auf seinem Eroberungszug wie ein Schatten. Im Josuabuch ist Mose fast 'allgegenwärtig'. Er wird hier doppelt so oft namentlich erwähnt (58x) wie Josua im Pentateuch (29x). Im ersten Kapitel des Josuabuches werden nahezu alle Funktionen der Josua als Orientierungsgröße vorgegebenen Figur Moses skizziert: Mose, der Repräsentant JHWHs (עבד יהוה), Mose, der Verkündiger der Tora und Begründer einer Gesellschaftsordnung, Mose, der in Übereinstimmung mit JHWH handelnde Führer Israels. Eine wichtige Seite der Mose-Figur bleibt unerwähnt. Mose als Vertreter Israels gegenüber JHWH spielt keine Rolle in Jos 1. Das Modell 'Mose' wird hier nur soweit entfaltet, als es den Handlungsrahmen für den Nachfolger Josua beschreibt, einen Rahmen, den dieser aber im Verlaufe seiner Karriere nie ganz ausfüllen wird, da ihm durch die Bindung an die Tora Mose als Instanz übergeordnet bleibt.

In Jos 1 ist der Name 'Mose' eine Chiffre für die Gleichung "Gehorsam des Anführers gegenüber JHWH = Anspruch des Anführers auf Gehorsam des Volkes". Das Josuabuch veranschaulicht, wie dieses Theorem sich in der Praxis bewährt. Einzelne Elemente der Gleichung tauchen im Ver-

rael konstant als בית מרי / בית המרי, so Israels Verhältnis zu JHWH anklagend (Ez 2,5.8; 6,3; 9,25f; 12,2f; 17,12; 24,3).

lauf der Eroberung Kanaans immer wieder signalhaft auf. Die Figur Josuas nimmt dabei Gestalt an und wird kontinuierlich mit Mose verglichen.
Mose ist die Autorität, auf die sich alle im Josuabuch handelnd vorgeführt-
ten Personen berufen. Der Nachfolger Josua verläßt den vom Vorgänger
gewiesenen Pfad nur ein einziges Mal. Diese Ausnahme findet sich in der
Erzählung über die List der Gibeoniten. Josuas Verhalten in dieser Begebenheit (Jos 9) läßt sich aber verstehen als ein auf literarischer Ebene geschlossener Kompromiß der Verfasser zwischen der überlieferten Gibeon-
Tradition und ihrer idealtypisch konstruierten Josua-Figur[524].

Die Mose-Figur stellt für die Entwicklung der Josua-Figur unverzichtbare Züge bereit. Dieses zeigt ihr gleichbleibender Einsatz auf unterschiedlichen Erzählebenen und ihre Verwendung bei der vergleichenden
Betrachtung verschiedener Aspekte beider Figuren. Von besonderem Interesse sind hier die Situationen, in denen der Erzähler die Mose-Figur
den Akteuren in Erinnerung ruft und jene Äußerungen, in denen mit Hilfe
dieser Figur die Beziehungen zwischen JHWH, Josua und Israel geordnet
werden.

Eine den näheren wie weiteren Kontext berücksichtigende Exegese aller Erwähnungen Moses im Buch Josua würde den Rahmen dieser Arbeit
sprengen. Da die betreffenden Aussagen jedoch die in der bisherigen Untersuchung begründete These "Literarisch und theologisch gewinnt Josua
seine Gestalt erst als Nachfolger Moses und wird so als Idealtypus eines
israelitischen Führers und Modell für die Bewältigung der Alltagspraxis
entwickelt" unterstützen, sollen sie hier wenigstens skizziert werden. Dabei
ist zunächst ein Blick auf jene Überlieferungen des Josuabuches, in denen
Mose nicht vorkommt, aufschlußreich.

Erwartungsgemäß wird die Figur Moses nicht genannt in den Erzählungen und summarischen Berichten über den Strategen und Feldherrn Josua, sowie den Texten zur Verteilung des Westjordanlandes. Das entspricht dem bereits im Pentateuch gezeichneten Bild des Verhältnisses
beider Figuren. Ohne daß von 'Mose' explizit die Rede ist, bildet doch die
wichtigste Episode seiner Biographie, die Dornbusch-Theophanie, den
Hintergrund der Erscheinung des Obersten des Heeres JHWHs vor Josua
(Jos 5,13-15). Die Epiphanie eines ranghohen JHWH-Boten, sein Rang
entspricht dem Gebot der Situation, läßt Josua in puncto Gottesbeziehung
sichtbar eine Stufe hinter Mose zurücktreten. In dieses Bild fügt sich gut
die Abweisung der auf weitere Instruktion harrenden Frage Josuas ein,
deren lakonische, allein die Umstände der Erscheinung betreffende Antwort "Ziehe deine Schuhe von deinen Füßen, denn der Platz auf dem du
stehst, heilig ist er" (5,15) eher eine Maßregelung als die erbetene Auskunft darstellt. Die Josua zuteil gewordene Epiphanie hat im Gegensatz
zu jener Theophanie, der Mose gewürdigt wurde (Ex 3-4), außer der Vergewisserung himmlischen Beistandes für die bevorstehenden Feldzüge,

---

[524] Vgl. hierzu C. Schäfer-Lichtenberger, *Bündnis*.

d.h. des Sichtbarwerdens der entsprechenden JHWH-Beistandszusage von Jos 1,5, keine Folgen für das Verhältnis Josua-Israel[525].

Die Anwendung des Banngebotes auf Achan (Jos 7) und die zahlreichen Hinweise auf die Einhaltung des dtn Gesetzes in den Schlußsentenzen der Kriegsberichte (Jos 10-12) führen Josuas Gehorsam gegenüber den Geboten der mosaischen Tora vor. Jos 8,29 - die Abnahme der Leiche des gepfählten Königs von Ai - ist offenkundig eine Erfüllung der Vorschrift aus Dtn 21,22f. Daß der vermeintliche Altarbau der Ostjordanstämme (Jos 22,10) gegen das Zentralisationsgesetz Dtn 12 verstößt, wird aus der anklagenden Rede der westjordanischen Vertreter (22,16-20) wie der Verteidigung der Ostjordansiedler (22,21-29) hinreichend deutlich. Die Tora Moses bestimmt auch in jenen Erzählungen Handeln Israels und Josuas, in denen Mose nicht genannt wird. Josua wird in diesen Texten als der an der von Mose erlassenen Verfassung sich orientierende Führer Israels dargestellt.

Namentlich tritt Mose als Autorität auf in den berichtenden Texten des Erzählers wie in den wörtlich formulierten Reden der Figuren JHWH, Israel, Gibeon, Kaleb, Töchter Zelophads, Leviten. Da die Redetexte komplexere Autoritätsverhältnisse, bedingt durch das Auftreten des/der Sprecher/innen, aufweisen als die berichtenden Texte[526], sollen beide Textgruppen, soweit in ihnen nicht Äußerungen auf Aussagen der jeweils anderen Gruppe bezogen sind, gesondert betrachtet werden.

Läßt man die formelhaften Hinweise in den berichtenden Texten auf die Verteilung des Ostjordanlandes durch Mose beiseite[527], dann fällt Moses Name in zwei unterschiedlichen Zusammenhängen. In dem einen schreibt der Verfasser Josua bzw. Israel die Erfüllung eines konkreten von Mose erlassenen Gebotes zu[528]; in dem anderen werden die Beziehungen zwischen Mose-JHWH-Josua-Israel definiert[529]. Diese wenigen, jedoch an zentralen Stellen des Buches plazierten Aussagen sind bemerkenswert.

[525] Die Szene Jos 5,13-15 bietet eine Erklärung an für die stereotypen Zusagen JHWHs an Josua, daß er die Feinde Josua ausliefern werde (vgl. Jos 6,2; 8,1; 10,8; 11,6), sowie für die Aussagen hinsichtlich JHWHs aktiven kriegerischen Einsatz für Israel (vgl. Jos 10,9-14; 11,42).

[526] Die theologischen Motive dieser rhetorischen Stilmittel hat Polzin in seinen Studien herausgearbeitet, vgl. u.a. R. M. Polzin, Biblical *Structuralism*: Method and Subjectivity in the Study of Ancient Texts, Philadelphia 1977, 54ff; ders., *Moses*, 25ff.73ff.

[527] Jos 12,6 (2x); 13,8 (2x); 13,12.15.21.24.29.32.33; 14,3; 22,7.9. Das Verb נתן für Moses Landverteilung und die geographische Bestimmung des Ostjordanlandes als בעבר הירדן (מזרחה) ist typisch für diese Aussagen, zu denen auch die entsprechenden Äußerungen in der Rede Jos 1,13-15 gehören. Der Erfüllungsvermerk von Jos 4,12 fällt auch in diese Rubrik..

[528] Jos 8,30-35 → Dtn 27,1-8; Jos 11,12 → Dtn 7,24; Jos 11,20 → Dtn 20,10-18; Jos 13,14.33 → Dtn 18,1-2; Jos 14,2.5 → Num 26,55f; Jos 14,3b-4 → Num 35,2-8; Jos 21,8 → Num 35,2-8. In Jos 13,14 und 14,3b-4 wird Mose nicht namentlich genannt, ist aber eindeutig Subjekt der Aussage. Unter dem Aspekt der Erfüllung, im Sinne von Verwirklichung, gehört hierher auch noch Jos 11,23, Aussagen die auf Dtn 3,21.28 zurückverweisen.

[529] Jos 1,1; 4,10.14; 11,15.

Der Verfasser von Jos 1,1 charakterisiert in der einleitenden Bemerkung zu JHWHs Rede mit jeweils einem Epithet Mose und Josua und läßt so sein Verständnis des Verhältnisses beider Figuren durchscheinen. Mose wird als עבד יהוה vorgestellt, nach dessen Tode JHWH Josua bin Nun, den משרת משה, anspricht. Überdies eröffnet JHWH seine Rede an Josua mit den Worten "Mose, mein Knecht, ist tot." (1,2a), spricht Josua hingegen ohne weitere Anrede mit zwei kurzen Befehlen an (1,2bα). Die einleitenden Worte JHWHs entsprechen der Erwartung, die der Verfasser mit der Josua beigelegten Qualifizierung "Diener Moses" im Leser geweckt hat. Josua, der Diener Moses, wird gegenübergestellt Mose, dem Knecht JHWHs. Mose nimmt folglich die Position gegenüber Josua ein, die JHWH gegenüber Mose innehat. Die Beziehung JHWH-Mose wird deutlich gegenüber jener von JHWH-Josua abgesetzt.

Im berichtenden Text findet sich die nächste, wohl editorische Bemerkung über Josua und Mose in Jos 4,10a[530]. Josuas Organisation des Jordanüberganges wird als Ausführung der Anordnung JHWHs an Josua, die dieser dem Volk weitergegeben hatte, beschrieben und dazu als in Übereinstimmung befindlich mit dem hingestellt, was Mose Josua befohlen hatte. Die Aussagen betonen nicht nur die Identität zwischen JHWH-Anordnung und Mose-Gebot, sondern lassen jeden Gedanken an eine von Mose unabhängige Autorität Josuas, allein begründet auf die Autorisation durch JHWH im Ansatz zunichte werden. Da Mose Josua nur einen allgemeinen Auftrag erteilt hatte (Dtn 31,7), also JHWH Josua die spezifischen Einzelanweisungen gibt (Jos 3f), bietet die Ausführungsbemerkung von Jos 4,10 die Gelegenheit, hier die Entsprechung zwischen JHWHs und Moses Anordnungen hervorzuheben[531]. Das Festhalten der Größe 'Mose' in diesem Kontext relativiert die eigene Autorität Josuas und läßt sie weniger als personale denn als funktionale erscheinen. Einer Übersteuerung dieser Tendenz wirken dann die Aussagen von Jos 4,14 entgegen, denen zufolge JHWH Josua in den Augen Israels Macht verleiht, so daß sie ihn fürchten, wie sie Mose gefürchtet haben. In Jos 4,14 konstatiert der Erzähler die Einlösung dessen, was er zuvor JHWH hat dem Josua verheißen lassen (Jos 3,7). An der Reaktion des Volkes zeigt sich, daß Josua den Vergleich mit Mose bestanden hat. Die Aussagen von 4,14 nehmen jene aus 1,17a auf und verstärken sie[532]. 'Mose' markiert hier die Grenze des Gehorsams Israels. Das Volk reagiert auf Josua analog wie zuvor auf Mose.

---

[530] Eißfeldt (*Synopse*, 209⁺) hält die Aussage für einen Zusatz. Noth (*Josua*, 1953², 30) schließt sich seiner Einschätzung an. Die Verknüpfung mit Jos 3,7 einerseits sowie Jos 4,14 andererseits und die inhaltliche Übereinstimmung mit den früheren Aussagen zum Verhältnis Mose-Josua lassen weniger an eine glossierende Hand als an einen Signale setzenden Editor denken. Vgl. ebenfalls Boling/Wright, *Joshua*, 175.

[531] Vgl. Polzin, *Moses*, 76.

[532] Jos 4,14 kann als Anspielung auf die inhaltlich vergleichbare, das Schilfmeerwunder abschließende Bemerkung von Ex 14,31 über die Reaktion der Israeliten auf JHWH und Mose gelesen werden.

Die Aussagen von 11,15 und 11,23 verdeutlichen aber, daß aus dem gleichartigen Verhalten Israels nicht auf die Identität der Positionen Josuas und Moses geschlossen werden darf. Jos 11,15 wiederholt die entsprechende Aussage von 11,12 und wandelt sie gleichzeitig ab[533]. Während 11,12 noch sich damit bescheidet, Übereinstimmung zwischen Josuas militärischem Vorgehen und dem von Mose erlassenen Bann-Gebot zu konstatieren, setzt 11,15 weiterreichende und grundsätzliche Bezüge. Die Aussagen ziehen ein Resumée der Wirksamkeit Josuas aus der Perspektive seiner Beziehung zu JHWH und Mose.

Jos 11,15

A	כאשר	צוה	יהוה	את משה עבדו
B	כן	צוה	משה	את יהושע
C	וכן	עשה	יהושע	
D	לא	הסיר		דבר מכל
E	אשר	צוה	יהוה	את משה

Die Sätze sind symmetrisch aufgebaut; in den ersten drei Aussagen ist jeweils das Objekt des voranstehenden Satzes das Subjekt des folgenden. Das einleitende Satzgefüge V.15AB stellt die Vorbedingung für Josuas Wirksamkeit fest und gibt die Grundvoraussetzung der Anerkennung seiner Autorität an. Ausgangspunkt ist die von JHWH eingegangene Beziehung zu Mose, der ausdrücklich als JHWHs Knecht bezeichnet wird. Die Beziehungsstruktur zwischen JHWH und Mose (15A) wiederholt sich zwischen Mose und Josua (15B). Folge dieser Übereinstimmung ist das hiermit kongruente Handeln Josuas (15C). Josuas Unternehmungen werden positiv (15C) wie negativ (15D) umschrieben. Die negative Formulierung überbietet dabei die allgemeine Feststellung von V.15C und behauptet, daß Josua bei der Umsetzung des Befehles Moses an ihn (15B) in die Tat (15C) kein Wort unverwirklicht ließ (15D). Da die Aussage von V.15D hierin, wie das Stichwort לא הסיר anzeigt, eine Erfüllung der entsprechenden Aufforderung JHWHs an Josua (1,7) erblickt, ist die folgende Wiederaufnahme der Äußerung von V.15A in V.15E auffällig, denn der Rückverweis auf 1,7 legt eigentlich eine Fortsetzung im Sinne von אשר צוה משה את יהושע[534] nahe. Doch wird hier abschließend und unmißverständlich daran erinnert, daß Josua die Worte verwirklicht, die JHWH zu Mose gesprochen hat. Mosewort und JHWH-Wort werden identifiziert. Mosewort ist JHWH-Wort.

Jos 11,15 reflektiert die Beziehung von Mose-Wort und JHWH-Wort abstrakt, die in Dtn 5,31f situativ dargelegt wird. Die Authentizität und absolute Verbindlichkeit der Moseworte wird unterstrichen. Das Autoritätsgefälle JHWH-Mose-Josua wird durch die Argumentationsfigur betont. Die Autoritätsrelationen entsprechen jenen, die in Jos 1,7 und 1,17 Josua vorgegeben worden sind. Josuas Autorität ist durch die Delegation Moses

---

533 Noth (*Josua*, 1953², 69) sieht in diesen Bemerkungen dtr Nachträge, vgl. ebenfalls Boling/Wright, *Joshua*, 310.

534 Diese Lesart findet sich in der LXX-Version.

vermittelt. Mose figuriert als der Ausgangspunkt, von dem her alle Beteiligten ihre gegenwärtige Beziehung bestimmen. Josuas Autorität leitet sich von der Person Moses ab und findet ihre Grenze an der Tora Moses. Ihren denkmöglichen Endpunkt erreicht diese argumentative Struktur in Jos 20,1f. Hier beruft sich JHWH für den Inhalt seiner an Josua ergehenden Anweisung darauf, daß er diese durch Mose zuvor gegeben habe.

In den Reden insgesamt tritt die Funktion der Mose-Figur noch deutlicher hervor als in den berichtenden Texten. 'Mose' ist Garant der Landverheißungen JHWHs und Paradigma göttlichen Beistandes schlechthin (1,3). Das als Tora im Auftrag JHWHs ergangene Wort seines Knechtes Mose (1,7) beschreibt die künftigen Lebenschancen Israels im Lande. Die Mose-Tora ist Ausdruck der Selbstbindung JHWHs. Sie markiert den von JHWH mittels Mose gesetzten unverrückbaren Ausgangspunkt der JHWH-Israel Beziehung. Hinter die von Mose verkündete Ordnung kann Israel nicht mehr zurück, ohne sein Verhältnis zu JHWH in Frage zu stellen. Die Tora Moses ist die Basis, auf der hinfort Israel JHWH begegnet. Die von JHWH inszenierte Verpflichtung Josuas auf die Tora zeigt, daß es künftig keinen neuen Mose als Führer Israels mehr geben wird. Mose ist durch die Bekanntgabe der Tora überflüssig geworden. In der Beziehung JHWH-Mose-Israel wird der Mittler durch sein eigenes Wort abgelöst. Die Überlieferung dieses Wortes verhindert, daß jemals wieder ein Mensch in der Geschichte Gottes mit Israel die Position Moses einzunehmen vermag.

In einer Hinsicht kann das Individuum Mose nicht durch die Tora ersetzt werden: bei der Eroberung und Verteilung des Landes. Israel bedarf eines Nachfolgers Moses, wenn die Landverheißung Wirklichkeit werden soll. In diesem Rahmen stehen Josua Handlungskompetenz und Führungsautorität zu. Seine Autorität muß Josua jedoch im Vergleich mit jener Moses behaupten. JHWH und Israel gleichermaßen verweisen Josua auf Mose als Kriterium seiner Ansprüche. JHWHs Beistandszusage nennt als Maßstab für Josua seine, JHWHs Beziehung zu Mose (1,5). Josuas Anspruch auf Gehorsam begegnet Israel mit der sogleich eingeschränkten Zustimmung, sofern JHWH mit Josua sei wie vormals mit Mose (1,17). Der Willkür, mit der Mose seine zuweilen recht umstrittene Autorität behauptet, wird ein Riegel vorgeschoben. Josua, und das heißt ein jeder Führer nach Mose, bedarf der Billigung des Volkes für die Verkündigung der Todesstrafe. Zudem ist die Tora zu beachten (1,18).

Die Erfahrung mit Mose wird für Israel zur Elle, die jeder künftige Führer sich anlegen lassen muß. Was im Munde JHWHs eine Verheißung ist, wird als Äußerung Israels eine Bedingung, deren notwendige Erfüllung nur durch den Beistand JHWHs zu leisten ist. JHWHs Zusagen müssen vor den Augen Israels sichtbar Gestalt annehmen, wenn Josua seine ihm zugesprochene Führungsposition ausführen soll. Nur die Konkretisierung des ihn privilegierenden göttlichen אהיה עמך, die dem Vergleich mit der Mose-Erfahrung standhält, bietet die Gewähr dafür, daß Israel Josua anerkennt und Führungskrisen nach dem Muster des "Murrens Israels in der

Wüste" gar nicht erst auftreten können. JHWHs Zusage an Josua erfüllt diese Forderung, wenn er verheißt, den Jordanübergang so zu gestalten, daß er, JHWH, beginnen werde, Josua in den Augen Israels groß zu machen, damit Israel erkenne, daß er, so wie er mit Mose war, auf dieselbe Art und Weise mit Josua sein wird (Jos 3,7). In dieser, der Erzählung vom wunderhaft bewirkten Jordanübergang vorausgeschickten Verständnishilfe läßt der Erzähler JHWH seine eigene, zuvor ergangene Beistandszusage zitieren (Jos 1,5bα = Jos 3,7bß) und so die von Israel geforderte Einsicht akzeptieren, die Voraussetzung der Gültigkeit des josuanischen Anspruches ist. In Jos 3,7b formuliert JHWH als Ziel seines Handelns an Josua die von Israel gewünschte Erkenntnis (Jos 1,17b), daß JHWH mit Josua sein werde, wie er mit Mose war. Während die 'Verpackung' dieser Zusagen und ihrer Konkretisierung (Jos 1,5; 3,7) in einer JHWH-Rede den Charakter der Authentizität herausstellt, verweist die Präsentation der Erfüllung der Zusagen innerhalb der berichtenden Mitteilungen der Erzählers eher auf deren Realisation und deren Wirklichkeitscharakter (Jos 4,14). Josuas Autorität wird gesichert durch seine Bewährung im Einsatz für Israel nach Art des Mose. Josuas Mose-Ähnlichkeit unterstreicht den Sachverhalt, daß seine Autorität abgeleitet und als solche von menschlicher und nicht von göttlicher Herkunft ist.

Josuas Berufung auf den Befehl Moses gegenüber den Ostjordanstämmen, wenn es gilt, ihren militärischen Beistand einzufordern (Jos 22,2 → Jos 1,13 → Dtn 3,18-20), ließe sich noch durch die vorausgesetzten Begebenheiten erklären, doch gleichzeitig wird so die Schwäche seiner Führungsposition kund. Die drei Fälle, in denen Israeliten Landansprüche Josua gegenüber als Einlösung eines an Mose ergangenen JHWH-Wortes anmelden, und in denen Josua dem Anspruch sofort stattgibt, zeigen, daß Josua 'Autorität im Übergang' darstellt, 'Mose' dagegen die andauernde und überdauernde Führungsinstanz ist[535].

Den Vertretern Gibeons gelingt in ihrer Verteidigungsrede gegenüber Josua in dieser Hinsicht ein theologisches Kabinettstück (Jos 9,24f). Sie begründen den unter Vorspiegelung falscher Tatsachen eingegangenen Vertrag mit einem Wissen, daß bekanntlich JHWH seinem Knecht Mose befohlen habe, die Bewohner des zu erobernden Landes auszurotten. Indem sie sich auf diese Anordnung Moses berufen, halten sie unausgesprochen Josua seine Mißachtung des betreffenden Mosegebotes vor[536] und legen gleichzeitig ein Bekenntnis zu JHWH ab. In ihrem Betrug

---

535 Es handelt sich um Kaleb (Jos 14,6ff), die Töchter Zelophads (Jos 17,4f) und die Leviten (Jos 21,1ff). Zwar sprechen die Unterschiede in der Terminologie und auch der jeweils andere Traditionskontext dafür, daß wir es hier mit verschiedenen Verfassern zu tun haben (vgl. Noth, *Josua*, 1953², z.St.), doch ist allen gemeinsam, daß die Betreffenden sich zur Durchsetzung ihrer Ansprüche nicht allein auf ein JHWH-Wort berufen, sondern auf ein durch Mose übermitteltes JHWH-Wort. Das JHWH-Wort wird durch den Übermittlungsträger Mose für authentisch erklärt.

536 Jos 9,24 setzt Dtn 7,1-5 und 20,15-18 inhaltlich voraus, vgl. im einzelnen Schäfer-Lichtenberger, *Bündnis*, 59-62.75f.

erweisen sie sich als Anhänger JHWHs, in dessen Auftrag Josua sie, wie
sie ihm implizit vorhalten, eigentlich umzubringen hätte. Die Anerkennung der Verbindlichkeit des Mose-Gesetzes ermöglicht in ihrem Fall die
Außerkraftsetzung dieser Bestimmung.

Josuas Autorität endet dort, wo er seinen Auftrag ausgeführt hat. Die
einzige Aufgabe, die Josua nach Verteilung des Landes verbleibt, liegt
darin, auf die Einhaltung und Bewahrung der Mose-Tora hinzuweisen. Josuas Entlassungsworte an die Ostjordanstämme (22,2-5) bilden das auf die
neue Situation zugeschnittene Gegenstück zu seiner vormaligen Berufung
auf Mose und der hieraus abgeleiteten Aufforderung zum Gehorsam
(1,13-15). Ihr vorbildhafter Gehorsam gegenüber Mose und seinem Nachfolger[537] wird hervorgehoben. Auf die Erlaubnis zur Rückkehr in das
Land, das ihnen Mose gegeben hat, folgt in wörtlicher Aufnahme entsprechender dtn Aussagen[538] die Ermahnung, Gebote und Tora Moses zu halten.

Josuas große Abschiedsrede (Jos 23) mit ihren zahlreichen Entlehnun-
gen aus der dtn Paränese[539] mutet wie eine Predigt ganz nach Art des dtn
Mose an[540]. Die Hauptpunkte der Rede, der einleitende Hinweis auf das
Redemotiv (das nahende Ende des Redners), die Skizzierung der guten
Erfahrungen Israels mit JHWH, die Verheißung des über den Tod des
Redners hinausgehenden Beistandes JHWHs und die Mahnung, die Tora
zu halten (hier exemplifiziert am 1. Gebot), finden sich ebenfalls in den
Abschiedsreden Moses (Dtn 1-3; 31), Samuels (1.Sam 12)[541] und Davids
(1.Kön 2,2-9). In der Moserede ist die Tora Zielpunkt der Argumentation.
In der Rede Davids nimmt der Gedankengang seinen Anfang bei der
Tora. In der Ansprache Josuas wird die Tora an dem Punkt eingeführt, an
dem der Sprecher, nach Beschwörung der Vergangenheit und den aus ihr
organisch herauswachsenden Aufgaben und Verpflichtungen für die Zu-

---

[537] Die syntaktische Verknüpfung der Aussagen in Jos 22,3 unterstreicht, daß Josuas
Anordnungen bei den Ostjordanstämmen Gehör fanden, weil Mose gerade dieses zuvor
befohlen hatte.

[538] Jos 22,5aßb zitiert Dtn 11,22b und stimmt mit geringen Abweichungen mit Dtn
10,12 überein. Die Aussagen von Dtn 10,13 und 11,22a werden inhaltlich in Jos 22,5a aufgenommen. Die hörbaren Anklänge an das Sch^ema Jisrael Dtn 6,4ff könnten schriftstellerischer Absicht entspringen.

[539] Hier kann nur auswahlweise auf folgende Bezüge hingewiesen werden: V.3 - Dtn
1,30; 3,22; 10,14;. V.4 - Dtn 11,21; 12,29; 19,1;. V.5 - Dtn 3,20; 4,1.22; 8,1; 11,8;. V.6 - Dtn
1,21; 11,8; 28,14;. V.8 - Dtn 4,4;. V.9 - Dtn 4,38; 11,23;. V.10 - Dtn 28,7; 32,30;. V.11 - Dtn
4,9.15; 6,5;. V.12 - Dtn 7,3ff;. V.13 - Dtn 1,35; 7,16; 11,17;. V.14 - Dtn 8,5;. V.15 - Dtn
28,21.45.63;. V. 16 - Dtn 11,16f; 17,2. Die Bezüge wären im einzelnen auf ihre Abhängigkeitsrichtung zu untersuchen. Einige der dtn Aussagen dürften redaktionell betrachtet
später anzusetzen sein als Josuas Abschiedsrede und als Vorverweise auf diese konzipiert
worden sein.

[540] Vgl. insbesondere die Redepartien Moses in Dtn 10,12f; 11,13-25; 26,16f; 31,2-8.10-
13.

[541] In der Abschiedsrede Samuels spielt Mose nur als Retterpersönlichkeit eine Rolle.
Im Gegensatz zu den anderen Abschiedsreden werden die Gebote und die Tora nicht erwähnt.

kunft sowie der Vergewisserung seiner Hörer hinsichtlich der andauernden göttlichen Hilfe, zur gegenwärtigen Situation zurückkehrt und angesichts der führerlosen Zukunft seine Hörer und Hörerinnen auffordert,
unverrückbar an der Erfüllung all dessen festzuhalten, was im Buch der
Tora Moses geschrieben steht.

Die Einhaltung des Hauptgebotes der Tora und die daraus sich ergebende Beziehung Israels zu JHWH stehen so im Mittelpunkt der Abschiedsrede Josuas, daß der vorgeführte Gedankengang nicht einmal
Raum läßt für die, angesichts der Situation naheliegende Frage nach dem
Nachfolger Josuas. Aus der Sicht dieser Rede erübrigt sich eine derartige
Frage. JHWH bedarf für seine künftige Geschichte mit Israel keines zweiten Josua. Josua selber gibt an Israel jene Aufforderung (Jos 23,6) weiter,
die ihm zu Beginn seiner Karriere als Führer Israels (Jos 1,7f) von JHWH
zuteil wurde. So wie zuvor schon die in die Führer- aber nicht Führungs-
losigkeit entlassenen Ostjordanstämme wird hier ganz Israel in seinen Repräsentanten unmittelbar auf die Tora als den einzig möglichen Weg in
die Zukunft verwiesen. Israel als Ganzes wird also mit der Verantwortung
für die Bewahrung der Tora behaftet[542]. In dieser Hinsicht befindet sich
Israel jetzt JHWH gegenüber dort, wo Josua sich nach Jos 1,7f befand.
Der Verzicht auf einen Nachfolger Josuas stellt nicht seine Position als
solche in Frage, relativiert jedoch ihre Notwendigkeit und lehnt ihre Verstetigung ab.

Ein Israel, das im Lande gemäß der Tora Moses lebt, bedarf keines Jo-
sua, so wie JHWH hinfort für dieses Israel keines Mose bedarf. Die dtr
Darstellung der Richterzeit illustriert diese theologische Positionen. Rich-
ter haben eigentlich nur die Aufgabe, die durch Israels Ungehorsam gegen
JHWH und seine Gebote entstandenen Einbrüche und Umstürze seiner
Lebenswelt zu "reparieren", so daß die Geschichte zwischen JHWH und
Israel fortgehen kann. Darüberhinaus werden sie nicht benötigt. Das
Vermächtnis Moses, die Tora, überdauert Josua. Josuas letzte Worte in
Jos 23 lassen ihn hinter Mose zurücktreten[543].

---

[542] Dtn 29,9ff vertritt eine vergleichbare theologische Position. Jos 23 aktualisiert das
mosaische Führungskonzept.

[543] Zu Jos 24,1-28 vgl. Perlitt, *Bundestheologie*, 239ff; J. P. Floss, *Jahwe dienen - Göttern dienen*, BBB 45, 1975, 334ff, Blum, *Komposition*, 45-61. Der Nachtragscharakter von
Jos 24 wird in der Forschung weitgehend akzeptiert. W. T. Koopmans (*Joshua 24 as Poetic
Narrative*, JSOT.S 93, Sheffield 1990, ebenda 408ff.) deutet die Bezüge zwischen den Penta-
teuchüberlieferungen, Ri 2,6-10; 6,7-10; 1.Sam 7,3; 12,5-8 und Jos 24,1-28 dahingehend, daß
der Text von Jos 24,1-28 zwar inhaltlich eine Art von Sondertradition darstelle, chronolo-
gisch aber zwischen der Pentateuchüberlieferung und Dtr einzuordnen sei. Das Verhältnis
der beiden Josuabilder von Jos 23 und Jos 24 scheint jenem der beiden Josuabilder von Dtn
31-32 (vgl. dazu oben S.184ff) zu gleichen. Das letzte Kapitel des Josuabuches erweist sich
auch aus der Perspektive Mose-Josua als Sonderstück. Die Figur des alle Aufmerksamkeit
auf sich ziehenden Redners, der sich explizit und implizit Israel als Vorbild empfiehlt, findet ihr Gegenstück in dem Samuel von 1.Sam 12. Dabei läuft die Hochstilisierung des Redners zum Vorbild in beiden Kapiteln parallel zur Minimierung der Rolle Moses innerhalb
des Geschichtsabrißes.

In der abschließenden Bemerkung (Jos 24,29/Ri 2,8) gesteht der Verfasser Josua postum den Titel יהוה עבד zu, doch läßt er ihn bereits mit 110 Jahren sterben. Das Alter Moses (120 Jahre) erreicht Josua nicht. Die Bezeichnung 'Knecht JHWHs', die innerhalb des Josuabuches mit Ausnahme dieser Todesnotiz für Mose[544] reserviert ist und in der biblischen Tradition sonst nirgends für Josua verwendet wird, bewertet das Werk Josuas abschließend und stellt dieses auf eine Ebene mit dem des Mose. Der Titel umschreibt im Rückblick Josuas Position zwischen JHWH und Israel. Josuas Wirksamkeit wird durch die Vollmacht JHWHs erklärt. Die Person Josua war JHWHs Instrument, um Landeseroberung und Landverteilung für Israel durchzuführen. Der עבד-Titel betont, daß diese Ereignisse JHWHs Werk sind. Nicht Josua hat das Land erobert und den Stämmen gegeben, sondern JHWH, der sich Josuas bediente.

Der Auszeichnung zum Trotz erreicht Josua in der biblischen Nachgeschichte nicht den Rang, den der Knecht JHWHs Mose bereits zu Lebzeiten Josuas einnahm. Auf das beispiel- und gebotesetzende Werk Moses wird innerhalb des DtrG häufig hingewiesen[545]. 'Mose' wird zur Instanz. Diese Verwandlung widerfährt der Figur Josuas nicht. Josua spielt außerhalb des Josuabuches im DtrG keine Rolle mehr. Er ist der Führer des Übergangs und als Übergangsfigur entworfen. Das nahezu völlige Verschwinden dieser Figur in den folgenden Partien des DtrG[546] bestätigt den Sachverhalt. Nach Erfüllung seiner Aufgabe wendet sich der von JHWH legitimierte Nachfolger Moses seinem eigenen Haus zu (Jos 19,49f). Es ist bemerkenswert, daß Josua sich nicht seinen Erbteil selber nimmt, sondern daß die ישראל בני Josua einen Anteil am Erbland in ihrer Mitte geben (Jos 19,49b). Nicht einmal bei der Landverteilung genießt Josua Privilegien. Josua tritt sozusagen ins Glied zurück und verschwindet in der "Mitte des Volkes"[547]. Josua unterscheidet sich nach der Niederlassung in nichts

---

[544] Vgl. C. Barth, *Mose*, Knecht Gottes, in: Parrhesia. FS K. Barth, 1966, 68-81.

[545] Der Mose beigelegte Titel 'Knecht JHWHs' scheint dabei abgesehen von der Würdigung seiner Person in den Schlußbemerkungen Dtn 34,5 (vgl. Jos 1,1) innerhalb des DtrG bevorzugt dort gebraucht, wo die göttlich legitimierte Autorität Moses in Anspruch genommen bzw. auf sie Bezug genommen wird, vgl. u.a. Jos 1,2.7.13.15; 8,31.33; 11,13; 12,6; 13,8; 14,7; 18,7; 22,2.4f; 2.Kön 18,12.

[546] Josua wird nur noch einmal in dem Erfüllungsvermerk 1.Kön 16,34 als Empfänger eines JHWH-Wortes genannt. Der Rückverweis bezieht sich auf das Israel von Josua per Schwur auferlegte Verbot (Jos 6,26), Jericho wiederaufzubauen. In 1.Chron 7,27 wird er innerhalb des Namenverzeichnisses Ephraims kommentarlos als Sohn des Nun aufgeführt. Neh 8,17 verrät eine gewisse Hochschätzung der Figur Josuas, da die zu seiner Zeit beispielhafte Feier des Laubhüttenfestes in Parallele zu dem unter Esras Leitung gefeierten gesetzt wird. Der hier Israel für die Zeit von Josua bis zur Rückkehr vorgehaltene angebliche Verstoß gegen die Ordnung des Festes befindet sich in Widerspruch zur Zeichnung Josias in 2.Kön 22f, insbesondere zu den Aussagen von 2.Kön 23,21-23.

[547] Das pronroncierte בתוכם in Jos 19,49b könnte eine subtile Anspielung auf das in Dtn 17,15bα genannte Wahlkriterium für den König sein, der מקרב אחיך sein soll. Dann würde hier der Gegensatz zwischen einem König, der aus der Mitte des Volkes herausgehoben wird, und Josua, der in die Mitte des Volkes anspruchslos zurückkehrt, betont.

mehr von allen anderen Teilnehmern des Eisodos. Öffentliche Wirksamkeit entfaltet er, mit Ausnahme der Abschiedsrede, nicht mehr. Israel hat
die Tora, es bedarf keines Josuas mehr. Die Figur Josuas ist eine Absage
an jegliche Form dynastisch verfaßter Herrschaft.

Josua - Ideal eines Mon-Archen

Einige Züge im Bilde Josuas scheinen ihn als königliche Figur zu charakterisieren. Die Beobachtung, daß "was Dt 17,19 dem Fürsten empfohlen
ist, wird ... Jos 1,7f... von Josua verlangt." ist Dillmann zu verdanken[548].
Die inhaltlichen Berührungen zwischen der Forderung von Dtn 17,19 und
jener von Jos 1,8, sich die Tora beständig zu vergegenwärtigen, die Annahme weiterer vermeintlich eindeutiger Verweislinien zwischen dem dtn
Königsgesetz und Jos 8,30-35 sowie zwischen der dtr Darstellung der israelitischen und judäischen Monarchie und Josuas Karriere nach dem Josuabuch, führten einige Exegeten zu der Ansicht, daß Josua "has been in-
vested with a certain royal aura"[549] oder gar dargestellt werde "as posses-
sing entirely the same rights and duties as the Israelite King later, ... as a
prototype of the Israelite ruler."[550]. Porter untermauert die von Widengren[551] und Good[552] eher tentativ erwogene These und betrachtet Josua
als Ideal monarchischen Verhaltens[553]. Das wiederum bewog Nelson, Josua zum Proto-König zu erklären und in ihm die dtr Maske des Königs
Josia zu erblicken.[554]
    Die in der Forschung sich verfestigende Sicht der Figur Josuas als Pro-
totyp des israelitischen Königs widerspricht der von mir herausgearbeite-
ten Konzeption des Nachfolgers Moses. Die Intention der Verfasser, mit
der Figur Josuas das Ideal eines politischen Führers innerhalb einer sehr
spezifischen soziologischen und (fiktiven) historischen Situation zu veranschaulichen, wird von keiner Seite bestritten. Doch impliziert dieser Sachverhalt nicht, daß diese Idealfigur nur als monarchische konzipiert worden
sein kann bzw. als solche denkbar ist. Aus soziologischer Perspektive betrachtet, liegt ein theoretischer Kurzschluß vor, wird jede Form politischer
Autorität, die im Alltagsleben ihren Ausdruck in der monokratischen Füh-

---

548 Dillmann, *KEH 13*, 444; vgl. ebenfalls Holzinger, *Josua*, 2; Boling/Wright (*Joshua*,
124) vermuten, daß die Einfügung des Königsgesetzes in das Dtn im Zusammenhang mit
der Abfassung von Jos 1 steht.
    549 E. M. Good, *Joshua* Son of Nun, IDB 2. 1962. 995-996, 996.
    550 G. Widengren, *King* and Covenant, in: JSS 2. 1957. 1-32, 15.
    551 Widengren, a.a.O.
    552 Good, *Joshua*, a.a.O.
    553 Porter, *Succession*, 116.
    554 Nelson, *Josiah*, 534.540. Neuerdings interpretiert L. Rowlett (Inclusion, Exclusion
and Marginality in the Book of Joshua. JSOT 55. 1992. 15-23) in konsequenter Fortsetzung
dieser monarchischen Verzeichnis Josuas das Josuabuch als josianische Propagandaschrift
zur Stärkung der Zentralmacht.

rung einer Person findet, als Indiz für monarchische Strukturen, die dynastisch gesichert werden, gedeutet[555].

Nicht jede Mon-Archie folgt den Strukturen dynastisch verfaßter Monarchie. Ein jegliche Monarchie auszeichnendes Strukturmerkmal fehlt in der Berufslaufbahn Josuas: Josua ist nicht autorisiert, neue Gesetze zu erlassen[556]. Josuas Vorgänger Mose war kein König. Josua hat keinen Nachfolger. Das Prinzip dynastischer Verknüpfung ist nicht nachweisbar. Der Übergang der Führung von Mose auf Josua und die anschließende Folge der Richter ist so gestaltet, daß Anklänge an die Gründung einer Dynastie oder nur die Etablierung der Monarchie im Grundsatz nicht vorhanden sind. Zudem 'erbt' Josua nicht die Machtfülle Moses und nimmt daher nicht die Position Moses ein, wie das bei der dynastischen Herrschaftsabfolge üblich ist. Die Machtposition bleibt bei der Weitergabe der Führung an den Nachfolger in diesem Fall nicht bewahrt.

Das sich in der Forschung verfestigende Vor-Urteil 'Josua ist eine Königsfigur' entsteht aus einer linearen Inbeziehungssetzung von Dtn 17,18f mit Jos 1,7f und Jos 8,30ff sowie der impliziten Annahme monokausaler Beziehungen zwischen dem Königsgesetz im Dtn und der ausgeführten Führerfigur im Josuabuch. Angesichts der Langlebigkeit von Vor-Urteilen, die mit anschaulichen Vorstellungen arbeiten, sollen die einzelnen Argumente, ungeachtet der bereits gegen sie erhobenen grundsätzlichen Einwände, anhand der in Anspruch genommenen Bezugsstellen überprüft werden[557]. Die Berührungen zwischen Dtn 17,14-20 und Jos 1,7f sowie Jos 8,30-35 sind daraufhin zu befragen, wieweit sich die inhaltlichen Übereinstimmungen zwischen den Aussagebereichen erstrecken, und ob im Falle der Übereinstimmung von der in Dtn 17,14ff gesellschaftlich eindeutig definierten Position 'König' allein aufgrund der josuanischen Aussagen auf eine ähnliche Position Josuas geschlossen werden kann.

[555] Zum Unterschied von Königtum, Monarchie und Monokratie vgl. insbesondere J. H. M. Beattie, Art. *Kingship*, in: IESS, Vol. 8 (1968) 386-389; C. J. Friedrich, Art. *Monarchy*, in: IESS, Vol. 10 (1968) 412-415. Auf das Vorliegen monokratischer Prinzipien in allen nicht-kollegial bestimmten Herrschaftsformen hat Max Weber hingewiesen. Vgl. M. Weber, *WuG*, I, 158f.163.165f; ebenfalls S. N. Eisenstadt, The Political *Systems* of Empires, New York 1963, 115ff.

[556] Die Aussagen von Jos 24,25 scheinen eine gesetzgeberische Kompetenz Josuas anzudeuten, wenn es heißt ויכרת יהושע ברית לעם ביום ההוא וישם לו חק ומשפט בשכם. V.25b ist eine nur leicht variierte Wiederaufnahme der allerdings auf JHWH bezogenen Aussage von Ex 15,25b. Auf dem Hintergrund der Aussage von V.25a kann V.25b als Festsetzung der Vertragspflichten verstanden werden, wie schon Dillmann (*KEH 13*, 587) konstatierte, vgl. ebenfalls Noth (*Josua*, 1953², 140) und Hertzberg (*Josua*, 138). Diese Aussage über Josua rückt seine Figur sehr nahe an die Figur Moses. Oben war bereits darauf hingewiesen worden, daß in Jos 24 eine von der dtr Grundzeichnung der Figur Josuas abweichende Führungskonzeption vorliegt, die dahinterstehende Tradition ist schwerlich von Dtr überliefert worden. Jos 24,25b ist Ausdruck dieser den Führer als solchen in den Mittelpunkt stellenden Überlegungen.

[557] Die Argumente, die erstmals von Porter (*Succession*, 1970) thetisch ausgebaut worden sind, wurden von Nelson (*Josiah*, 1981) systematisiert und ergänzt. In der Darstellung und Reihenfolge der Argumente folge ich im wesentlichen Nelson, *Josiah*, 530-533.

Zuerst ist festzustellen, daß Dtn 17,18 dem König eine Abschrift auferlegt, nachdem er die Herrschaft angetreten hat und daran die Forderung knüpft, aus dieser Kopie täglich vorzulesen, d.h. seine Regierungsgeschäfte nach Maßgabe der Tora zu führen[558]. Die Aussage von Dtn 17,18bα hat für sich betrachtet ein Pendant in der Aussage von Jos 8,32. Die Beurteilung des vermeintlichen Zusammenhanges zwischen beiden Aussagen und der Art und Weise ihrer wechselseitigen Interpretation sollte nicht die unterschiedlichen Kontexte, in denen beide Aussagen erfolgen, übersehen. Josua erstellt im Gegensatz zum König keine Abschrift der Tora zu seinem Eigengebrauch, wie Nelson meint[559], ausgehend von dem nur in Dtn 17,18 und Jos 8,32 vorkommenden Ausdruck משנה התורה[560]. Josua veröffentlicht den Toratext, so daß er allgemein zugänglich ist.

Eine Identifikation zwischen dem Vorgang von 2.Kön 11,12 und jenem von Jos 1,8 können mit Nelson[561] nur jene vornehmen, die ספר התורה (Jos 1,8) und העדות (2.Kön 11,12) miteinander gleichsetzen. 2.Kön 11,12 enthält keinerlei Hinweise über die Identität der העדות genannten Urkunde. Auch entbehrt es der Logik, wenn Nelson[562] Josua ein eigenes Exemplar der Tora anläßlich seiner angeblich zweiten Amtseinsetzung durch JHWH in die Hand gibt (Jos 1,8), das Josua freilich dann nach diesem Akt, in gehorsamer Erfüllung von Dtn 27,3, auf Stein schreiben muß (Jos 8,32). Von einer zuvor durch Josua erstellten ersten Abschrift (Jos 8,32 wäre als zweite Abschrift zu verstehen) ist aus den Texten nichts bekannt. Das Fehlen von אשר כתב in LXX[B] kann schwerlich als Indiz für eine frühere Abschrift der Tora durch Josua gewertet werden. Zudem ist die Aussage des Relativsatzes von Jos 8,32b auf Mose zu beziehen und verweist auf dessen schriftliche Abfassung der Tora (Dtn 31,9), betont folglich die Authentizität der auf den Steinen geschriebenen Tora. Josua verfaßt eine öffentlich zugängliche Kopie der Tora, d.h. er errichtet nach weit verbreiteten antiken Brauch Gesetzesstelen[563].

Die Kopie Josuas hat eine andere Funktion als die Abschrift, die der König erstellen soll. Die erstere dient der Information des Volkes. Sie ermöglicht Israel jederzeit ungehinderten Zugang zur Tora und bietet die Voraussetzung nicht nur zur Überprüfung eigenen Verhaltens, sondern

---

558 Vgl. dazu oben S. 81ff.

559 Nelson, *Josiah*, 533.

560 Die Behauptung, daß die josuanische Zweitschrift der Tora das Vorbild der königlichen Zweitschrift sei, hätte aber noch die feinen, aber nicht bedeutungslosen Unterschiede beider Zweitschriften zu berücksichtigen. Dtn 17,18 steht משנה התורה הזאת על ספר; Jos 8,32 verdeutlicht משנה תורת משה אשר כתב לפני בני ; מלפני הכהנים הלוים ישראל.

561 Nelson, a.a.O.

562 Nelson, a.a.O.

563 Daß die Publikation von Gesetzen auf öffentlich zugänglichen Stelen oder Metalltafeln keine königliche Prärogative in der Antike war, beweisen das Zwölftafelgesetz, die Publikation der Gesetzessammlung Drakons und die Rechtssammlung von Gortyn. Die Sammlung der altassyrischen Gesetze wird ebenfalls nichtmonarchischen Instanzen zugewiesen, vgl. zu letzterer J. Klíma et alii, Art. *Gesetze*, in: RLA III. 1957-1971. 243-297, 279.

gleichfalls zur Beurteilung der Rechtmäßigkeit der öffentlichen Gewaltausübung. Ferner ist für das Verständnis der Schreibtätigkeit Josuas
die Berücksichtigung der Bezugsbasis, die Dtn 27,2-4.8 heißt und nicht Dtn
17,18, unerläßlich. Josua führt nach Jos 8,32 nur das aus, was Israel von
Mose nach Dtn 27,2-4.8 als Aufgabe mit auf den Weg gegeben worden
war. Vom König wird verlangt, daß er das Torabuch täglich vorliest. Im
Fall des Königs bleibt offen, ob dieses vor einem größerem Publikum zu
erfolgen hat oder nicht. Josua liest genau betrachtet ein einziges Mal die
Tora vor, doch vor dem gesamten Volk (Jos 8,34f).

Die Aufforderung JHWHs, die Tora solle nicht aus Josuas Munde weichen und der Befehl, sie beständig zu reflektieren (Jos 1,8), betrifft weniger Josuas offizielle Rolle als Feldherr Israels denn seine Person. Diese
Aussagen stehen den entsprechenden Worten und Ermahnungen Israels in
Dtn 6,6ff; 8,10ff näher als der Verpflichtung des Königs in Dtn 17,19, der
mit dieser Aufforderung zur Wahrnehmung offizieller Funktionen beauftragt wird. Die Warnung, weder rechts noch links vom Pfade der Tora abzuweichen (Dtn 17,20aß), betrifft nicht allein den König. Sie findet sich
gleichfalls für den einzelnen Israeliten (Dtn 17,11) wie für ganz Israel (Dtn
5,32; 28,14; Jos 23,6). Nur solange der enge Bezug zwischen Dtn 27,1ff und
Jos 8,30ff übersehen wird, kann vorgetragen werden, daß Josua in der
Rolle des Königs eine Bundeserneuerungszeremonie (Jos 8,30-35) leite[564].
Jos 8,30ff berichtet von den Umständen der schriftlichen Bekanntgabe der
Tora, die so für jedefrau und jedermann einsehbar wird. Umtriebe Israels,
die eine Bundeserneuerungszeremonie erforderlich machten, sind nicht
einmal aus dtr Perspektive erkennbar. Dagegen sprechen die eindeutig
positiven Wertungen der Josua-Zeit aus dtr Feder (Jos 24,31; Ri 2,7). Aus
dem Faktum, daß jede Gemeinschaftsveranstaltung eines ausführenden
Leiters oder Organisators bedarf, ist nicht ableitbar, daß dieser eine königliche Rolle wahrnimmt. Der unmittelbare Übergang der Führung von
Mose auf Josua nach des ersteren Tode ist kein Indiz etablierter dynastischer Nachfolge[565]. Dieses entspricht allgemeiner politischer Praxis unabhängig von der jeweiligen Herrschaftsform, sofern keine institutionell
abgesicherte Zwischenzeit innerhalb der Verfassung vorgesehen ist.

Josuas Verteilung des Landes deutet nicht auf angebliche Rechte späterer israelitischer Könige über das Land hin[566], noch auf eine Reflexion des
königlichen Rechts zur Einteilung in Steuerbezirke[567]. Weder Jos 1,3-6
läßt sich so lesen noch erlauben die Schilderungen von Jos 14-19 diese
Schlüsse. Josua beansprucht keine Sonderrechte und taucht weder als Be-
sitzer noch Eigentümer des Landes auf. Das angebliche königliche Privileg, das ihn hier auszeichne, wird im übrigen laut biblischer Tradition den

---

[564] So Porter (*Succession*, 114) unter Verweis auf Widengren (*King*, 13ff), dessen Ausführungen bezüglich Jos 8,35ff Porters Berufung auf ihn aber nicht rechtfertigen.

[565] So Porter, *Succession*, 118f.

[566] So Porter, *Succession*, 125.

[567] So Porter (*Succession*, 125), der sich zwar auf die Ausführungen von E. M. Good
(Art. Joshua, *Book* of, in: IDB 2 (1962) 988-995) beruft, die dem aber widersprechen.

Königen bestritten (1.Kön 21)[568] und ist bekämpft worden (1.Sam 8,11-17; 2.Sam 24)[569]. Das dtn Königsgesetz kennt derartige Rechte nicht und Ezechiel gesteht dem künftigen Herrscher nur den Titel נשׂיא zu und einen deutlich eingegrenzten Anteil am Erbland[570].

Die kritische Reflexion der Monarchie in allen Zweigen der dtr Schule läßt es überdies unwahrscheinlich werden, daß eine ideale Führungsfigur mit Rechten ausgestattet wird, die dem Monarchen nicht mehr zugestanden werden. Die vermeintlichen Parallelen zwischen den Gehorsamsversprechungen der Vasallen in altorientalischen Verträgen und der Zusage Israels in Jos 1,16-18[571] beschränken sich auf die allgemein gleichförmige Struktur von Gehorsamszusagen, die in allen Fällen auftreten, in denen verbindlicher Gehorsam verlangt wird[572]. Die Todesstrafe ist für Dtr kein königlicher Autorität zukommendes Vorrecht[573]. Dtn 13; 17,1-7; 17,8-12 wie auch Jos 1,18 zeigen, daß diese Sanktion in die Verantwortung des Volkes und seiner Vertreter fiel.

Der Übergang der Führung von Mose auf Josua bedarf göttlicher Legitimation, diese zeichnet aber Prophetenberufungen gleichfalls aus, ohne daß die Propheten darum königlicher Aura verdächtig werden. Vergleichbare göttliche Gunstbeweise werden Samuel zuteil, und doch fand man auf Dtr's Palette kein Königsblau für Samuel[574]. Weisheit ist eine allgemein wünschenswerte Eigenschaft und nach Dtn 4,6 kommt sie nicht ausschließlich Königen und Führern zu. Genausowenig wie für Salomo angesichts seiner in 1.Kön 1 berichteten Einsetzung und der später folgenden Theophanie im Traum zu Gibeon (1.Kön 3,4-15) eine menschliche und eine göttliche Amtseinsetzung der biblischen Überlieferung nach vorliegt, kann dieses für Josua konstatiert werden[575].

---

568 Vgl. hierzu P. Welten, *Naboths* Weinberg (1.Könige 21), EvTh 33 (1973) 18-32; S. Timm, Die *Dynastie* Omri. Quellen und Untersuchungen zur Geschichte Israels im 9. Jahrhundert vor Christus, FRLANT 124, 1982, 111ff.

569 Zu 1.Sam 8,11-17 und den dahinter stehenden sozioökonomischen Auseinandersetzungen vgl. F. Crüsemann, Der *Widerstand* gegen das Königtum, WMANT 49, 1978, 66ff.

570 Vgl. Ez 45,7f; 46,16-18 und 47,13ff.

571 So Porter, *Succession*, 127.

572 Strukturell vergleichbare Situationen, in denen verbindlicher Gehorsam zugesagt und eingefordert wird, finden sich in den unterschiedlichsten Lebenssituationen, genannt seien hier nur der Amtseid von Ministern oder das Versprechen der Erstkläßlerin unter allen Umständen die von der Mutter eingeschärften Verkehrsregeln zu beachten.

573 So Nelson, *Josiah*, 533.

574 Die von Porter (*Succession*, 128f) gesehene funktionelle Übereinstimmung der JHWH-Rede von Jos 1,2-9 und des Traumes Salomos 1.Kön 3,4-15 weist nur die Notwendigkeit göttlicher Zustimmung bei der Besetzung von Führungspositionen aus, die zudem ein Charakteristikum nicht säkularisierter Gesellschaften ist.

575 Der von Porter (*Succession*, 129) als Beleg für die Einsetzung Salomos durch JHWH herangezogenen Nathansverheißung, insbesondere den Aussagen von 2.Sam 7,12, fehlt die für seine These unerläßliche Nennung des Namens Salomos.

Die JHWH-Rede Jos 1,2-9 legitimiert Josua in seiner neuen Position, nachdem er durch Mose eingesetzt worden war[576]. Nelson liest in den Aussagen von Jos 1,5 eine Projektion der Israel geltenden Land- und Segensverheißung aus Dtn 11,24f auf Josua, erkennt mithin einen weiteren Aspekt der Königsideologie in diesem Vorgang[577]. Dabei übersieht er die Differenzierung, die in Jos 1,3-5 zwischen Israel und Josua erfolgt und bemerkt nicht, daß Josua nach Jos 1,5 einzig eine seiner Funktion als Feldherr entsprechende Beistandszusage erhält, die eine Konkretisierung der allgemein Israel geltenden Beistandszusage aus Dtn 11,25 ist. Auch besteht keine so weitreichende Ähnlichkeit zwischen den Aussagen von Jos 1,3-5 und 2.Sam 7,9-10[578], daß das aus 2.Sam 7 bekannte soziologische und historische Setting zur Interpretation der in vielerlei Hinsicht anders strukturierten Situation von Jos 1 dienen könnte[579]. Das Verhältnis zwischen der literarischen Figur Josua und der Traditionsgestalt des Königs Josia ist komplexer als daß es als Spiegelbild und Urbild beschrieben werden könnte.

---

[576] Bei den von Porter (*Succession*, 130) angegebenen übrigen Beispielen vermeintlich doppelter Amtseinsetzung - er verweist auf Saul, David, Jerobeam, Jehu, Baesa - liegt jeweils prophetische Designation und menschliche Anerkennung eines so begründeten Machtanspruches vor. Die als weiteres Indiz herangezogenen Krönungspsalmen sind für die Hoftheologie Jerusalems aufschlußreich, können jedoch der Unvergleichbarkeit des sozialen Settings wegen nicht die fehlende textliche Evidenz ersetzen. Hinsichtlich des hilfsweise von Porter herangezogenen "Amtseinsetzungsschema" von Lohfink, vgl. dazu oben die notierte Kritik (S.190f Anm.414) zu verweisen.

[577] Nelson, *Josiah*, 533.

[578] So Nelson, a.a.O.

[579] Ein Vergleich im einzelnen kann hier nicht durchgeführt werden, doch sei auf folgende bedeutsame Unterschiede hingewiesen. Das 2.Sam 7,9f dominierende Ruhemotiv spielt in Jos 1,3-5 keine Rolle. Josua wird eigentlich ständiger Kampf, wenn auch siegreicher, vorhergesagt, David dagegen die Ausrottung seiner Feinde und eine kampflose Zeit versprochen. David wird Ruhm versprochen, Josua nicht. Die terminologische Übereinstimmung beschränkt sich auf die gleichlautende Beistandsformel אהיה עמך.

DRITTER TEIL

SALOMO - DER NACHFOLGER DAVIDS

ANMERKUNGEN ZUM VERHÄLTNIS DER FIGUREN JOSUA UND SALOMO

Die dtr Konzeption der Figur Josuas erfüllt alle Anforderungen eines Idealtypus[1]. Das Konstrukt realisiert die Idee 'Nachfolger' und dient so in zweifacher Hinsicht der Orientierung. Tradition und Vorstellungen zu einer im positiven Sinne kritischen Periode der Beziehung JHWH - Israel werden mittels fortschreitenden Entwurfes dieser Figur zu einer Komposition. Innerhalb dieses Stückes veranschaulicht 'Josua', wie das Thema 'Nachfolger' idealiter zu spielen ist. Die Aufgabe der Figur Josua erschöpft sich nicht in ihrer literarischen Rolle; darauf weist insbesondere die Darstellung der Relation Tora - Josua hin. Nach dtr Theologie ist die Tora die maßgebliche Lebensordnung für Israel. Anhand von 'Josua' wird das Verhältnis von politischer Macht und Tora vorgeführt.

Die Figur'Josua' gewinnt über die fiktiv erfolgte historische Verortung der Figur hinaus den Rang einer das Alltagsleben dominierenden, beispielhaften Figur. 'Josua' liefert Vergleichspunkte für die Erfassung und Beurteilung politischer und religiöser Wirklichkeit, und das nicht nur auf der Ebene theoretischen Anspruches. Josua wird in einen Idealtypus verwandelt, der Orientierung im Alltagsleben Israels ermöglichen soll. Die Historisierung der Figur unterstützt dabei, im Rahmen einer von traditionalen Werten bestimmten Gesellschaft, ihre Prägung als "Autorität", deren Verhalten als normativ gilt. Innerhalb der fiktiven Historisierung erfolgt eine einseitige Isolierung von 'Josua', was sein 'personales' Weiterwirken betrifft. Ein persönlicher Nachfolger wird dieser Figur nicht zugestanden.

Der Verzicht auf ein 'Haus Josua' ist ein Versuch, der Verstetigung einer Führungsposition aus familiären Interessen vorzubeugen. Das wiederum trägt dazu bei, daß der Praxisbezug der Figur Josua normative Qualität erhält. 'Israel mit und unter Josua' - das ist aus dtr Sicht die Idealzeit zwischen JHWH und Israel. Vermittels der Josua-Geschichte veranschaulicht Dtr die Praktikabilität der Tora. Nachdem die Realisierbarkeit der Tora dergestalt demonstriert worden ist, können die Konstituenten dieses Mo-

---

1 Zur Konstruktion des Idealtypus im Sinne Max Webers und seiner Instrumentalisierung als exegetisches Hilfsmittel vgl. C. Schäfer-Lichtenberger, *Stadt*, 39ff.130ff.

dells - 'ausschließliche JHWH-Verehrung', 'Anerkennung JHWHs als oberster Autorität innerhalb des Gemeinwesens', 'Organisation der gesellschaftlichen Realität entsprechend den Prinzipien der Tora' - als Kriterien zur Beurteilung der folgenden Geschichte Israels verwendet werden. Der Theo- wie Sozio-Logik der Geschichte JHWHs mit Israel zur Zeit Josuas folgend, wird nicht das normativ entwickelte Bild Josuas zu einer Prüfnorm abstrahiert, also eine Urteilsformel wie לא הלך בדרך יהושע bzw. כאשר עשה יהושע כן עשה PN oder הלך בדרך יהושע entworfen, sondern es wird auf das zurückgegriffen, was den Weg 'Josuas' bestimmte. Das aber läßt sich auf den Nenner bringen: לשמר לעשת כל התורה אשר צוה משה.

Die Propagierung des Vorbildes 'Josua', bei gleichzeitiger Unterscheidung zwischen diesem Vorbild und der es begründenden Norm 'Mose - Tora', baut wirksam einer möglichen Verabsolutierung des Vorbildes vor, ohne es der grundlegenden Orientierungsfunktion zu berauben. Gleichzeitig wird der Gefahr begegnet, daß hinsichtlich der Anwendungsformen nur eine von mehreren möglichen politischen Auslegungsmöglichkeiten der Tora in ihrer historischen wie soziologischen Bedingtheit festgeschrieben wird. Das Modell 'Josua' ist nur die erste Konkretion der Tora, erprobt in einer genau umschriebenen Situation. Nach seinem Grundmuster können, wenn die historischen und soziologischen Randbedingungen sich ändern, neue Prototypen entworfen werden. Die dtr Darstellung der David-Salomo-Zeit zeigt, daß solche Versuche, Führergestalten zu typisieren, selbst an dem der Typisierung widerstrebenden Überlieferungsmaterial unternommen worden sind[2].

Salomo ist innerhalb des DtrG die zweite große Nachfolgergestalt. Allerdings dient die Salomo-Überlieferung im Gegensatz zur Josua-Tradition den biblischen Verfassern zur Veranschaulichung eines Nachfolgers, der sich in vielerlei Hinsicht negativ von seinem Vorgänger abhebt und eben nicht auf dessen Pfaden wandelt. Salomo ist als Nachfolger der Gegentypus zu Josua als Nachfolger. Auf dem Kontinuum Nachfolge markieren die Namen Josua und Salomo die einander gegenüberliegenden Endpunkte. 'Josua', der Nachfolger Moses, erreicht das ihm von Dtr gesteckte Ziel, da er sich nicht an der Person Moses orientiert, sondern an der Mose vorgegebenen und von ihm weitergegebenen Norm, der Tora. Salomo, der Nachfolger Davids, verfehlt das Ziel, denn er richtet sich weder nach dem, was vorbildhaft an seinem Vater war, dessen ungeteilte

---

[2] Zur Gestalt Davids vgl. insbesondere die Studien von R. A. Carlson, *David*, the Chosen King. A Traditio-Historical Approach to the Second Book of Samuel, Uppsala/Göteborg 1964; T. N. D. Mettinger, *King* and Messiah. The Civil and Sacral Legitimation of the Israelite King, CB.OT 8, Lund 1976, ebenda 33ff; D. M. Gunn, The *Story* of King David: Genre and Interpretation, JSOT.S 6, Sheffield 1978; J. Rosenberg, *David* without Diagramms: Beyond Structure in the Davidic History, in: Ders., King and Kin: Political Allegory in the Hebrew Bible, Bloomington, Indianapolis 1986, 99-199; J. W. Flanagan, David's Social *Drama*: A Hologramm of Israels Early Iron Age, JSOT.S 73, Sheffield 1988, ebenda 193ff.

Verehrung JHWHs und seine Bereitschaft, JHWHs ihm übermittelten Willen nachzugeben, noch nach der ihm von David anempfohlenen Tora. Dtr gestaltet die Salomo-Überlieferung so, daß aus seiner Komposition am Schluß das Negativbild eines Nachfolgers herausschaut. Traditionen und Legenden über den erfolgreichen König Salomo werden so zusammengestellt und kommentiert, daß am Ende, zwar nicht ein ganz anderer Salomo aufscheint, aber doch die dunkle Seite dieses Nachfolgers Davids und ihre Folgen für Israel stärker ausgeleuchtet worden sind als zuvor.

Das Bild Salomos wird ausgehend von der Leitidee 'Nachfolger' entwickelt, dabei wird das im Prozeß der Nach- und Überzeichnung konstruierte Kriterium 'David, Knecht JHWHs' regelmäßig vergleichsweise angelegt. Die dtr Sicht Salomos steht weitgehend im Widerspruch zu der ihr überlieferten Geschichte Salomos. Die Konfrontation ihrer theologischen Grundeinsichten mit dem Verlauf der erfolgreichen Regierungszeit Salomos wirft automatisch die Frage nach JHWHs Wirksamkeit innerhalb dieser Periode auf. Der scheinbare Widerspruch zwischen der als gültig vorausgesetzten Gleichung 'Salomo war ein erfolgreicher Herrscher = JHWH war mit Salomo'[3], und der dtr Theorie 'Salomo ist verantwortlich für den Bundesbruch = JHWH kann nicht mit Salomo gewesen sein' bestimmt die Debatte. Die folgende Erörterung der biblischen Traditionen über Salomo innerhalb des DtrG versucht zu zeigen, wie Dtr mittels seiner Vorstellung vom Nachfolger das von ihm selbst geschaffene Problem zwischen theologischer Reflexion und virulent erinnerter Geschichte Salomos zu lösen sucht.

SALOMOS ANFÄNGE

Salomo - Jedidja

Die Vorgeschichte des Thronprätendenten Salomo besteht aus einer kurzen Mitteilung über die Geburt und Benennung des Kindes in 2.Sam 12,24f[4]. Salomo wird in einer kritischen Phase der David-JHWH-Beziehung geboren, nach dessen Ehebruch mit Bathseba, der Frau Urias, der Ermordung Urias und dem Tod des ersten Sohnes aus der ehebrecherischen Verbindung David-Bathseba. Geburt und Überleben des zweiten Sohnes dieses Paares deuten aus der Perspektive JHWHs an, daß die Be-

---

3 Diese Vorstellung dürfte in ihrer allgemeinen Form die mündliche Überlieferung und Verbreitung der Salomo-Traditionen im Volk bestimmt haben.

4 Salomos Name taucht zuerst in 2.Sam 5,14 auf, in der Aufzählung der David in Jerusalem geborenen Söhne. Salomo steht hier als vierter von elf Söhnen, vgl. ebenfalls 1.Chron 3,5; 14,4.

ziehung JHWH-David wieder intakt ist. Davids Benennung des Kindes[5] als Salomo signalisiert von seiner Seite, daß zwischen ihm und JHWH dieses Einvernehmen[6] wieder hergestellt sein möge[7]. Die symbolische Bedeutung dieses Kindes wird ebenfalls durch die Aussagen von 12,24bß.25 betont. Die Aussagen bilden nicht allein den Schlußpunkt der Ehebruchsgeschichte, sondern verweisen darüber hinaus mit der kurzen Bemerkung V. 24bß יהוה אהבו, die anschließend durch die Aussage von V.25 beglaubigt wird, auf eine, hier freilich offen gelassene, Zukunft des Neugeborenen[8]. Ein Kind, bei dessen Geburt offiziell verkündet wird, daß JHWH es liebt, hat eine vielversprechende Zukunft vor sich. Die explizite Mitteilung dieses Sachverhaltes stellt den Zusammenhang her zwischen der Geburt Salomos und seiner späteren Rolle als Thronfolger Davids[9]. Sie nimmt seiner zweifelhaften Herkunft[10], die bei den Auseinandersetzungen um die Thronnachfolge eine Rolle spielen könnte, den Stachel[11]. Die Aussagen von V.25a zeigen, woran JHWHs Wohlgefallen in der Realität erkennbar ist.

Budde hatte als erster diesen Ausdruck in die Nähe von D und dessen Schule verwiesen[12]. Quell hebt hervor, daß entsprechende Aussagen über JHWHs Liebe, die sich auf

[5] Hier ist gegen das Qere, das Bathseba die Namenwahl zuschreibt, am MT festzuhalten, so schon H. P. Smith, Critical and Exegetical Commentary on the Books of *Samuel*, 1898[1], Reprint Edinburgh 1977, 326. Der Name 'Salomo' zeigt an, daß die Beziehung zwischen David und JHWH wiederhergestellt sein möge. Die abweichenden Versionen sowie das Qere harmonisieren syntaktisch und semantisch-theologisch.

[6] Vgl. A. Klostermann, Die Bücher *Samuelis* und der Könige, KK. Nördlingen 1887, 182.

[7] Der Erzähler läßt seine Positon durchblicken, wenn er in 2.Sam 12,24a Bathseba erstmals als Frau Davids bezeichnet.

[8] Seit S. A. Driver (*Notes* on the Hebrew Text and the Topography of the Books of Samuel, Oxford 1913[2], 293) wird von vielen Kommentatoren die Ansicht vertreten, daß V.24bß und V.25 zusammengehören, JHWH Subjekt der ersten Aussage von V.25 sei; vgl. die Literaturübersicht bei P. A. H. de Boer, 2.*Samuel* 12:25, in: W. C. van Unnik/ A. S. van der Woude (eds.), Studia biblica et semitica, FS Th.Ch. Vriezen, Wageningen 1966, 25-29, ebenda 26f.

[9] Vgl. hierzu W. Caspari, Die *Samuelbücher*, KAT VII, Leipzig 1926, 545; E. Würthwein, Die *Erzählung* von der Thronfolge Davids - theologische oder politische Geschichtsschreibung?, ThST 115, Zürich 1974, 30 Anm.47; J. P. Fokkelmann, *Narrative Art* and Poetry in the Books of Samuel. A Full Interpretation Based on Stylistic and Structural Analyses, Bd.1: King David (II Samuel 9-20 + Kings 1-2), Assen 1981, 92.

[10] R. M. Schwartz (Adultery in the House of David: the Metanarrative of Biblical Scholarship and the Narratives of the Bible, Semeia 54, 1991, 35-55, ebenda 48) weist darauhin, daß Dtn 23,3 einem Ehebruchskind den Eintritt in die Gemeinde JHWHs versagt. Vgl. ebenfalls E. Auerbach (Wüste und Gelobtes Land, Berlin 1932[1], 241 Anm.1) und T. Veijola (*Salomo* - der Erstgeborene Bathsebas (1979), in: ders., David: Gesammelte Studien zu den Davidüberlieferungen des Alten Testaments. SESJ 52. Helsinki 1990, 84-105, ebenda 95).

[11] Hintergrund der Entstehung dieses Kindes ist nicht nur der Tod des erstgeborenen Bruders, sondern ebenfalls die Ermordung des Ehemannes seiner Mutter durch seinen späteren Vater.

[12] K. Budde, Die Bücher *Samuel*, KHC.AT VIII, Tübingen/Leipzig 1902, 257.

Einzelpersonen beziehen, nur zu Salomo (2.Sam 12,24; Neh 13,26) und Kyros (Jes 48,14)[13] vorhanden sind[14]. Quell sieht hierin einen Reflex der Theorie von der Gottessohnschaft des Königs. Jenni hört die Sprache altorientalischer Königsideologie nachklingen[15]. Würthwein bezweifelt, daß schon in der Frühzeit des Königtums die altorientalische Königsideologie einen entsprechenden Niederschlag finden konnte, und hält die Aussage auch aus diesem Grunde für einen späteren Zusatz[16]. Wallis folgt diesen Ausführungen[17], während Crüsemann unter Verweis auf Prov 15,9; 22,11 (letzteres nach LXX) die Aussagen über JHWHs Liebe zum Einzelnen für die ältere Weisheit reklamiert, die er in Beziehung stehen sieht zur Thronnachfolgeerzählung[18].

JHWH schickt durch den Propheten Nathan[19] eine entsprechende Botschaft, deren Inhalt der Leser an der zweiten Benennung des Kindes durch Nathan[20] ablesen kann. Ein JHWH-Wort kennzeichnet den Anfang des Lebensweges Salomos. Der Beiname Salomos Jedidja[21] konkretisiert die Aussage über JHWHs Zuneigung und kann gleichzeitig als Andeutung der restituierten JHWH-David Beziehung verstanden werden[22]. Die beiden

---

13 Der Name Kyros fällt jedoch nicht explizit.

14 G. Quell, ἀγαπάω, ἀγάπη, ἀγαπητός, A. Die Liebe im AT. ThWBNT I, Stuttgart 1933, 20-34, 29.

15 E. Jenni, Art. אהב 'hb lieben, in: ThAT I, 1975², Sp.60-73, Sp.70.

16 E. Würthwein, Erzählung, 30.

17 G. Wallis, in: Bergman,J./ Haldar,A./ Wallis,G., Art. אהב, ThWAT I, 1973, Sp.105-128, ebenda Sp.122.

18 F. Crüsemann, Der Widerstand gegen das Königtum, WMANT 49, Neukirchen-Vluyn 1978, 183. Es ist zu bedenken, daß beide Proverbiaussagen zwar sich auf Individuen beziehen, jedoch nicht auf konkrete Personen.

19 Die Betonung des Titels 'Prophet' dürfte der Beglaubigung seiner Mittleraufgabe dienen und den offiziellen Charakter der Sendung hervorheben, vgl. ebenfalls 2.Sam 7,2; 1.Kön 1,10.23.44. Die Nichterwähnung des Prophetentitels für Nathan in 1.Kön 1,11 und 1,24, Situationen, denen zufolge Nathan mit der Wahrheit willkürlich umspringt, unterstützt die Vermutung, daß die Verwendung bzw. Nichtverwendung des Prophetentitels in seinem Falle nicht nur eine stilistische bedingte Variation ist, sondern eine Zusatzaussage über die im folgenden von ihm berichteten Handlungen/Worte enthält.

20 Subjekt der Aussage von V.25aß ist Nathan und nicht JHWH. Dafür sprechen nicht nur die von de Boer, (Samuel, 27) als Parallelen angeführten וישלח -Sätze ohne Objekt, sondern gleichfalls jene biblischen Aussagen, denen zufolge das mit ביד bezeichnete Objekt der ersten Aussage in dem unmittelbar anschließenden Satz zum Subjekt wird, vgl. insbesondere Gen 38,20; 1.Kön 2,25; 2.Chron 8,18. In den Aussagen mit 'X ביד שלח Y' kann das zweite Objekt, der Gegenstand der Sendung, ungenannt bleiben, wenn es sich aus dem Kontext ergibt, vgl. Ex 4,13; Lev 16,21; 1.Sam 11,7; 2.Sam. 12,14; 12,25; 1.Kön. 2,25; Jer 27,3; 2.Chron 36,15. Außerdem ist JHWH das zuletzt genannte Subjekt in der unmittelbar voranstehenden Aussage V.24bß. Diesen Sachverhalt übersieht W. Dietrich, (David, Saul und die Propheten. Das Verhältnis von Religion und Politik nach den prophetischen Überlieferungen im frühesten Königtum in Israel. BWANT 122. Stuttgart, (1989¹) 1992²; ebenda 106 Anm.12) bei seinem Plädoyer für Nathan als Subjekt von V.25.

21 Zum Namen vgl. u.a. M. Noth, Die israelitischen Personennamen im Rahmen der gemeinsemitischen Namengebung, BWANT 3. Folge Heft 10, Stuttgart 1928, 149.223; O. Eißfeldt, Umnennungen im Alten Testament, KS V,1973, 68-76, 75f; J. J. Stamm, Der Name des Königs Salomo (1960), in: ders., Beiträge, 45-57.

22 Vgl. R. C. Bailey, David in Love and War: the Pursuit of Power in 2 Samuel 10-12, JSOT.S 75, Sheffield 1990, 118. Caspari hörte als erster einen Anklang an den Namen David (Samuelbücher, 536); vgl. ebenfalls H. W. Hertzberg, Die Samuelbücher, ATD 10, Göt-

letzten Worte von V.25, die mit einigen antiken Übersetzungen wohl als
בדבר יהוה[23] zu lesen sind, stellen klar, daß die Verleihung des Beinamens Jedidja im Auftrage JHWHs geschah.

Die Bemerkungen zur 'Vorgeschichte' des künftigen Thronfolgers konzentrieren sich auf zwei Punkte, die Betonung der legitimen Geburt Salomos[24] und die anhand des Beinamens vorgetragene Realisierung der
theologischen These, daß die Söhne nicht für die Väter büßen werden
(Dtn 24,16; Jer 31,29f; Ez 18,4), Salomo somit von seiner Herkunft her
kein Verhängnis anhaftet[25]. Salomo erhält dem Vorleben seiner Eltern
zum Trotz von JHWH her optimale Voraussetzungen für eine künftige
Karriere zugesprochen.

Die in den Aussagen von V.24bß.25 vorgetragene theologische Sicht des
Vater-Sohn-Verhältnisses bietet das Gegenstück zu jener, die die voranstehende Begebenheit in V.14ff kennzeichnet. Der Funktion der Aussagen
wegen gelten die V.24bß.25 einigen Auslegern als Glossen[26]. Nach Würthwein ist V.25 nachträglich eingefügt, um Nathans Rolle in 1.Kön 1 vorzubereiten[27]. Die theologische Tendenz der Aussagen von V.24bß.25, deren Nähe zu jenen von 2.Kön 14,5f und Dtn 24,16, sowie ihre 'Voranzeige'
von 1.Kön 1 und ihre positiven bzw. negativen Übereinstimmungen mit
den anderen Aussagen, die das Verhältnis zwischen JHWH und Salomo

tingen (1956[1]) 1986[7], 260; ferner die Ausführungen von A. Hoffmann (*David.* Namensdeutung zur Wesensdeutung, BWANT 100, Stuttgart 1973, 39ff) zu den vom Stamm dōd/dād
abgeleiteten Personennamen; sowie jene von A. Carlson/ H. Ringgren (דוד, dāwiḏ,
ThWAT II, 1977, Sp.167-181, Sp.168f) und die von J. J. Stamm (Der *Name* des Königs David, (1960), in ders., *Beiträge*, ebenda 39ff) vertretene Deutung des Namens David als
"Vatersbruder" spricht nicht gegen die Wurzelverwandtschaft der beiden Namen.

[23] So Lukian, Vetus Latina L[93.94], Theodotion, ein hebräisches Manuskript, vgl. hierzu
u.a. Smith, *Samuel*, 326; Caspari, *Samuelbücher*, 545; R. de Vaux, Les Livres de *Samuel*, La
Sainte Bible. Traduit en français sous la direction de l'École biblique de Jérusalem, Paris
1961[2], 190; de Boer, (*Samuel*, 27) möchte בעבור in Analogie zu Karatepe II,6.11f; III,11
als "by order of" verstehen. Dietrich (*David*, 108) behält MT bei und sieht folglich eine
Dopplung vorliegen, Nathan führe seinen Auftrag aus um JHWHs willen. Dietrichs Interpretation von V.25b erwächst notwendig aus seiner Annahme, daß Subjekt der Aussagen
von V.25a David sei und nicht JHWH, folglich fehlt nach seinem Verständnis die Autorisation des Propheten durch JHWH in V.25a und wird nachgeholt in V.25b. Hält man am MT
in V.25b fest, dann würde aber nicht der Auftrag um JHWHs willen ausgeführt, sondern
Salomo würde um JHWHs willen Jedidja genannt.

[24] Vgl. J. W. Flanagan, *Court History* or Succession Document? A Study of 2 Samuel 9-
20 and 1 Kings 1-2, JBL 91, 1972, 172-181, ebenda 176.

[25] Letzteres wurde bereits von W. Caspari, (*Samuelbücher*, 545) als Haupttendenz der
Aussage bestimmt.

[26] Vgl.: K. Budde, *Samuel*, 257; P. A. H. de Boer, *Samuel*, 29; H. Schnabl, Die *Thron-*
nachfolgeerzählung Davids. Untersuchungen zur literarischen Eigenständigkeit und Intention von 2.Sam 21,1-14; 9-20; 1.Kön 1-2, Regensburg 1988, ebenda 123.

[27] E. Würthwein, *Erzählung*, 30 Anm.47.

mit dem Verb אהב umschreiben[28] lassen sie eher als editorische Bemerkung denn als Glosse erscheinen[29].

Der Name 'Salomo' ist ein aus der Reaktion Davids auf die unheilvolle
Vergangenheit der Eltern entstandener Wunsch für die Zukunft. Der Name Jedidja 'kennt' eine Vergangenheit vor der Geburt, die die Zukunft
des Kindes beeinträchtigen könnte, nicht und schaut ohne Blick zurück
nach vorn[30].

Die Vorstellung des Nachfolgers

Das Thema "Begründung der politischen Autorität Salomos und Legitimität seiner Position als Nachfolger Davids" bildet den Hintergrund der Erzählungen in 1.Kön 1,1-3,15, beginnend mit Salomos Nomination als
Thronnachfolger und seine Einsetzung als Regent, seine ersten Regierungsmaßnahmen nach dem Tode Davids und JHWHs Eingriff in Salomos
Leben, der unmittelbar auf Salomos Selbstvorstellung als Machthaber
folgt. Das Salomobild von 1.Kön 1-2 läßt sich nicht als Entwicklung des
Negativs von 2.Sam 12,25 erklären, als Jedidja zeigt sich Salomo nicht. Der
in 1.Kön 1-2 vorgeführte Monarch muß sich erheblich wandeln, bis er sich
seiner göttlichen Mitgift würdig erweist. Seine auf göttlichen Befehl erfolgte Umbenennung von Salomo in Jedidja hat für die in 1.Kön 1-2 überlieferten Traditionen zum Thronantritt Salomos die Funktion einer theologischen Vorgabe, der sich erst der 'Salomo' von 1.Kön 3,3 nähert[31]. Die
Voraussetzungen zur Verwirklichung und zum Wirksamwerden der so bezeichneten Beziehung zwischen JHWH und Salomo schafft der 'Auftritt'
JHWHs in 1.Kön 3,4-15. Nach dieser Erscheinung wird anhand der nachfolgenden Erzählungen, Notizen, Berichte und Reden Salomos von 1.Kön
3,16-8,66[32] demonstriert, was es bedeutet, von JHWH geliebt und für die
Herrschaft begabt worden zu sein.

---

28 Vgl. 1.Kön 3,3; 1.Kön 11,1 werden Salomos als religiös illegitim betrachtete Ehen mit
ausländischen Frauen mit dem Stichwort אהב umschrieben. Die Wortwahl gibt, angesichts
z.B. der Umschreibung des gleichen Sachverhaltes in 1.Kön 16,31b mit dem neutralen Ver-
bum לקח, zu denken. 1.Kön 11,9 beschreibt JHWHs Reaktion auf Salomos Fremdheiraten
dann mit dem Stichwort ויתאנף. Alle vier Aussagen (2.Sam 12,24bß; 1.Kön 3,3; 11,1; 11,9)
stehen in Bezug zueinander. 1.Kön 10,9 baut auf 2.Sam 12,24bß und 1.Kön 3,3 auf. Die
Aussage gehört zu einer nachdtr Redaktion, vgl. dazu unten S.337f.

29 Vgl. R. A. Carlson, *David*, 162f.

30 J. A. Loader (*Jedidiah* or: Amadeus. Thoughts on the Succession Narrative and Wisdom, in: W. van Wyk (ed.), Studies in the Succession Narrative, Pretoria 1986, 167-201,
190ff) bemerkt zur göttlichen Namensverleihung, daß der Verfasser so seine theologischen
Überzeugungen in Bezug setze zur weltlichen Kausalität und dergestalt zeige, daß weltliche
Ereignisse und Kausalitäten von JHWH kontrolliert würden.

31 Die Korrespondenz zwischen der Aussage von 2.Sam 12,24 יהוה אהבו und 1.Kön
3,3 ויאהב שלמה את יהוה ist offenkundig, vgl. ebenfalls 1.Kön 10,9.

32 M. Noth (*ÜSt*, 67) hat auf die Zäsur zwischen 1.Kön 8,66 und 1.Kön 9,1 als erster
hingewiesen. Die beiden Theophanien in 1.Kön 3,4-15 und 1.Kön 9,1-9 rahmen diesen Ab-

1.Kön 1-2 gelten in der Forschung seit Rosts Studie von 1926 über "Die Überlieferung von der Thronnachfolge Davids" als Schlußkapitel einer Thronnachfolgeerzählung, die die Kapitel 2.Sam 9-20 und 1.Kön 1-2 umfasse, und von einem Augenzeugen zur höheren Ehre Salomos geschrieben worden sei. Rosts Modell, das eine Generation lang die Diskussion bestimmte[33], wird zunehmend stärker in Frage gestellt[34].

Erste grundsätzliche Zweifel an der Angemessenheit der Konzeption einer Thronnachfolgeerzählung begründeten einige Überlegungen von

schnitt. Sie haben die Funktion literarischer Brücken zum Kontext. Komposition und Struktur von 1.Kön 1-11 sind zuerst ausführlich von B. Porten (The *Structure* and Theme of the Solomon Narrative (1. Kings 3-11), HUCA 38. 1967. 93-128) erörtert worden. K. I. Parker (*Repetition* and Structuring Device in 1 Kings 1-11, JSOT 42. 1988. 19-27) versucht dann zu zeigen, daß sowohl die Gesamtstruktur wie auch die einzelnen Einheiten dem Prinzip symmetrischer Anordnung folgen. M. Brettler (The *Structure* of 1 Kings 1-11, JSOT 49. 1991. 87-97) nimmt Parkers Überlegungen auf, kommt aber zu dem Schluß daß eine Dreiteilung der Komposition vorliege. In neuester Zeit hat A. Frisch (*Structure* and its Significance: The Narrative of Solomon's Reign (1 Kings 1-12.24), JSOT 51. 1991. 3-14; ders., The *Narrative* of Solomon's Reign: A Rejoinder, JSOT 51. 1991. 22-24) versucht, die Grenzen der Komposition und ihre Schwerpunkte neu zu bestimmen, in Auseinandersetzung mit Parker (The *Limits* to Solomon's Reign: A Response to Amos Frisch, JSOT 51, 1991, 15-21). Parker hat in einer neuen Studie seine Argumentation ausführlicher dargestellt, vgl. ders., *Wisdom* and Law in the Reign of Solomon. Lewiston/New York. 1992. Die Diskussion zeigt, bei allen Differenzen, daß 1.Kön 1-11 als eine literarische Komposition eigener Art im Rahmen des DtrG betrachtet werden kann. Die jeweils besondere Perspektivität der Ansätze von Porten, Parker, Brettler und Frisch führt aber dazu, Konsistenz und Kohärenz um der Einheit willen nachzuweisen, so daß die in den Texten erkennbare kontroverse Auseinandersetzung um Person und Figur Salomos in den Hintergrund gerät.

[33] Die Hypothese von Rost hat innerhalb der Forschung fast den Rang eines nicht mehr hinterfragten Dogmas erhalten, wie ein Blick in Kommentare und Einleitungen zeigt, vgl. u.a. die Kommentare von J. Gray, *I & II Kings*. A Commentary, London 1964[1] ; M. Noth, *Könige*, BK IX/1, Neukirchen 1968; G. H. Jones, 1 and 2 Kings. Vol. 1: 1. Kings 1-16,34 (= *Kings I*); Vol. 2: 17,1-2. Kings 25,30, NCBC, London 1984; S. J. DeVries, 1 *Kings*, Word Biblical Commentary, Vol. 12, Waco, Texas 1985 und die Einleitungen von R. Rendtorff, Das Alte Testament: Eine *Einführung*, Neukirchen-Vluyn 1983[1], 183.185; O. Kaiser, *Einleitung* in das Alte Testament. Eine Einführung in ihre Ergebnisse und Probleme, Gütersloh 1984[5], 157ff; J. A. Soggin, *Introduction* to the Old Testament, London 1989[3], 216f. T. Ishida vergleicht die Thronnachfolgeerzählung neuerdings mit altorientalischen Königsinschriften, um ihren historischen Charakter aufzuzeigen, und reiht sie in die Gattung der "royal historiographies of apologetic nature" ein, so in: ders., "*Solomon* who is greater than David". Solomon's Succession in 1 Kings i-ii in the Light of Kilamuwa, King of y'dy-Sam'al, in: Congress Volume Salamanca, VT.S 36, Leiden 1985, 145-153, ebenda 153 und in: ders., *Adonija* the Son of Haggith and his Supporters. in: R. E. Friedman/ H. G. Williamson (eds.), The Future of Biblical Studies. The Hebrew Scriptures. Atlanta 1987, 165-187. Vgl. im übrigen das ausführliche Literaturreferat bei H. Schnabl, *Thronnachfolgeerzählung*, 1-41.

[34] O. Eißfeldt meldete Kritik an (ders., *Einleitung* in das Alte Testament unter Einschluß der Apokryphen und Pseudepigraphen sowie der apokryphen- und pseudepigraphen Qumrān- Schriften. Entstehungsgeschichte des Alten Testaments, Tübingen 1964[3], 368ff), ausgehend von seiner Theorie der sich bis in die Bücher Sam - Kön erstreckenden Pentateuchquellen. N. Gottwald (The Hebrew Bible - A Socio-Literary Introduction, Philadelphia 1985, 317f) verwirft unter Hinweis auf die neuere Diskussion das Modell Rosts.

Seeligmann[35], die andeuten, daß die David-Geschichte in 2.Sam 7 - 1.Kön 2 mehrere voneinander unabhängige Novellen enthielt, die erst redaktionell miteinander verbunden worden seien[36]. Grundsätzlich in Frage gestellt wurde die Rost'sche Position durch Mowinckel[37] und den Gegenentwurf von Carlson[38]. Carlson versuchte in seiner Arbeit zu zeigen, daß die David-Überlieferungen im 2. Samuelbuch unter den Aspekten 'David unter dem Segen' und 'David unter dem Fluch' von einer dtr Redaktion zusammengestellt worden sind[39]. Carlsons Arbeit stieß auf das gesammelte Schweigen der Exegeten.

Dann geriet das Modell wegen des von Rost nicht gefundenen Anfanges der Thronnachfolgeerzählung in die Diskussion[40]: So wurde seit Delekats[41] und Würthweins[42] Untersuchungen von 1.Kön 1-2 die von Rost propagierte pro-salomonische Tendenz fraglich, denn beide wiesen innerhalb der Erzählung anti-salomonische Aussagen nach[43]. Langlamet versucht die Frage nach der Tendenz der Thronnachfolgeerzählung dadurch zu beantworten, daß er, auf der Basis einer vergleichenden Wortstatistik

---

35 I. L. Seeligmann, Hebräische Erzählung und biblische Geschichtsschreibung, ThZ 18. 1962. 305-325, insbes. 311.317-319.

36 Vgl. J. J. Jackson, *David's Throne*: Patterns in the Succession Story, Canadian Journal of Theology 11. 1965. 183-195.

37 S. Mowinckel, Israelite *Historiography*, ASTI II. 1963. 4-26, insbes. 11.

38 R. A. Carlson, *David*, 1964.

39 Vgl. ebenfalls T. Veijola *(Dynastie*, 127ff), der eine durchgehende dtr Bearbeitung der David-Überlieferungen nachzuweisen sucht, dabei allerdings die Übernahme von Überlieferungskomplexen weiteren Umfanges (Ladegeschichte, Aufstiegsgeschichte Davids, Thronnachfolgegeschichte) durch Dtr voraussetzt.

40 Vgl. Eißfeldt, *Einleitung*, 182ff; Hertzberg, *Samuelbücher*, 245; G. P. Ridout, *Prose Compositional Techniques in the Succession Narrative (2.Sam 7,9-20; 1 Kings 1-2)*, Berkeley 1971, 201ff; R. Rendtorff *(Beobachtungen* zur altisraelitischen Geschichtsschreibung anhand der Geschichte vom Aufstieg Davids, in: H. W. Wolff (ed.), *Probleme* biblischer Theologie, FS G. von Rad, München 1971, 428-439, 432) weist darauf hin, daß zwischen dem Ende der Aufstiegsgeschichte Davids in 2.Sam 3,6-4,12 hinsichtlich Darstellung und Verwendung der Tradition Ähnlichkeiten zur Thronnachfolgeerzählung bestehen und möchte eine "Personenidentität" zwischen den beiden Verfassern nicht ausschließen. Zu unterschiedlichen Schlüssen bezüglich des Anfanges der Thronnachfolgegeschichte kommen auch H. Schulte (Die Entstehung der *Geschichtsschreibung* im alten Israel, BZAW 128, 1972, 140ff) und D. Gunn *(David* and the Gift of Kingdom, Semeia 3. 1975. 14-45, ders., *Story*, 1978, 63ff).

41 L. Delekat, *Tendenz* und Theologie der David-Salomo-Erzählung, in: Das ferne und nahe Wort, FS L. Rost, BZAW 105, Berlin 1967, 26-36.

42 E. Würthwein, *Erzählung*.

43 Vgl. ebenfalls T. Veijola, *Dynastie*, 16ff; F. Langlamet, Pour ou contre *Salomon*? La Rédaction prosalomonienne de I Rois I-II, RB 83. 1976. 321-379.481-528 (ebenda 347ff); D. Gunn, *Story*, 1978, 37f; F. Crüsemann, *Widerstand*, 1978, 180ff; H. Seebaß (Die *Erzählung* von der Krise des Staates Davids, in: David, Saul und das Wesen des biblischen Glaubens, Neukirchen-Vluyn 1980, 11-55. ebenda 39ff) und ihm folgend J. Conrad (Der *Gegenstand* und die Intention der Geschichte von der Thronnachfolge Davids, ThLZ 108. 1983. Sp.161-176) erklären die vermeintlich anti-salomonischen Züge als Einsicht des Verfassers in die Staatsraison und machtpolitische Notwendigkeit.

von 2.Sam 9-20; 1.Kön 1-2, literarkritisch eine überlieferte anti-
salomonische Erzählung von einer pro-salomonischen Bearbeitung, die
vordtr sei, unterscheidet[44].

Kritischen Anfragen von Blenkinsopp[45] und Flanagan[46], die auf das
Vorhandensein zweier thematischer Schwerpunkte hinwiesen (Davids Hof
bzw. seine Legitimation und die Thronnachfolge Salomos), wurde zum
Teil mit dem Eingeständnis der Facettierung des Hauptthemas begegnet.
So findet Hagan[47] zwar mehrere Themen wie 'List - Gegenlist', 'Inbesitznahme einer Frau gegen Widerstände', 'Triumph des Schwachen über den
Starken', hält aber gerade des mehrfachen Auftauchens eines Themas wegen die literarische Einheit für ursprünglich[48]. Das Zugeständnis, daß der
Titel der Thronnachfolgegeschichte nicht angemessen sei, blieb nicht
aus[49]. Die These, daß aus der realistischen Darstellung der Szenen und ihrer Akteure auf einen Verfasser zu schließen sei, der Augenzeuge war[50],
verliert mit zunehmender Erkenntnis der ausgefeilten literarischen Komposition einzelner Erzählungen[51] an Gewicht[52]. Damit gewinnt die aus
verschiedenen Richtungen ansatzweise vorgetragene Hypothese an Plausibilität, daß traditionsgeschichtlich heterogene David-Überlieferungen in

---

[44] Langlamet, *Salomon*; vgl. ebenfalls J. S. Rogers (*Narrative Stock* and Deuteronomistic Elaboration in 1 Kings 2, CBQ 50. 1988. 398-413), der in seiner Untersuchung von
1.Kön 2 zu dem Ergebnis kommt, daß eine vordtr Erzählung in frühvorexilischer Zeit dtr
bearbeitet worden sei. Zentralthema beider Schichten sei der Umgang mit der königlichen
Macht.

[45] J. Blenkinsopp, *Theme and Motif* in the Succession History (2. Sam XI,2ff) and the
Yahwist Corpus, in: Volume du Congrès Genève 1965, VT.S 15. 1966. 44-57.

[46] J. W. Flanagan, *Court History*, und ders., *Drama*, 19.240ff.

[47] H. Hagan, *Deception* as Motif and Theme in 2 Sam 9-20, 1 Kings 1-2, Bib. 60. 1979.
301-326.

[48] Vgl. ebenfalls K. K. Sacon, A Study of the Literary Structure of the "Succession Narrative", in: T. Ishida (ed.), *Studies*, 27-54; W. Brueggemann, *David's Truth* in Israel's Imagination and Memory, Philadelphia 1985, 46ff; J. A. Loader, *Jedidiah*, 1986; J. S. Ackermann,
Knowing Good and Evil: A Literary Analysis of the *Court History* in 2 Samuel 9-20 and 1
Kings 1-2, JBL 109. 1990. 41-60.

[49] Vgl. D. Gunn, *Story*, 1978, 81ff; Fokkelman (*Narrative Art*, 1981, 427f) konstatiert,
daß die Thronnachfolgegeschichte "has crippled OT science for almost 50 years" (418).

[50] Vgl. Rost, *Thronnachfolge*, 127f; eine Aufzählung der in Frage kommenden und von
den Exegeten namhaft gemachten Zeitzeugen findet sich bei Schnabl, *Thronnachfolgeerzählung*, 146.

[51] Vgl. C. Conroy, Absalom Absalom! Narrative and Language in 2 Sam 13-20, AnBib
81, Rom 1978 ; P. K. McCarter, Jr., *II Samuel*, AncB 9, Garden City, New York 1984, 13ff;
J. Rosenberg, *David*, 99ff; S. Bar-Efrat, *Narrative Art* in the Bible, JSOT.S 70, Sheffield
1989, 101f.126ff.136ff.239ff; R. C. Bailey, *David*.

[52] D. Gunn (*David*, 30-33) kommt am Ende seiner Erörterung der Indizien für die
Abfassungszeit zu dem Schluß, daß kaum etwas für das 10. Jahrhundert spreche, die meisten Indizien eher andeuten, daß beträchtliche Zeit zwischen den Ereignissen und ihrer Beschreibung vergangen ist. Auch Verteidiger der Rost'schen Thesen, wie Kaiser, verzichten
auf dieses, seinerzeit für die Bestimmung der Thronnachfolgegeschichte als Einheit, wichtige Argument. O. Kaiser schlägt die Zeit zwischen Hiskia und Josia vor, vgl. ders., *Beobachtungen* zur sogenannten *Thronnachfolgeerzählung* Davids, EThL. 64. 1988. 5-20, ebenda 20.

2.Sam 1 - 1.Kön 2 von einer Verfassergruppe gesammelt und thematisiert
worden sind.

Ackroyd[53] zeigte, den Hypothesencharakter der Thronnachfolgeerzählung unterstreichend, die zahlreichen inhaltlichen Bezüge und Verweise
zwischen dieser und anderen Erzählungen der Samuelbücher auf. Keys
führte vor, daß Grundannahmen Rost's nicht zutreffen, wie z. B. jene, daß
die Thronnachfolgegeschichte vom Ausscheiden aller anderen potentiellen
Kandidaten außer Adonja und Salomo, die ihrem Geburtsrang nach Ansprüche erheben könnten, berichte[54]. Das von Rost angeführte Zitat
מי ישב על כסא אדני המלך ומי ימלך אחריו [55] ist nicht einmal im Text
von 1.Kön 1-2 so belegt. Es ist eine Rost'sche Collage verschiedener Textaussagen, deren einzelne Elemente aber nicht in der von Rost benötigten
Frageform auftauchen. Bleibt hinzuzufügen, daß die Perspektivität der
Verteidiger der Thesen Rosts davon bestimmt wird, daß man die Komposition von ihrem Ende her liest, während ihre Bestreiter das Gegenteil
versuchen.

Sind der Umfang und die Tendenz einer Komposition derart von der
Perspektivität und Horizontsetzung des Betrachters abhängig, begründet
dieses per se Zweifel an der ursprünglichen literarischen Zusammengehörigkeit von 2.Sam 9-20 und 1.Kön 1-2. Zudem sollten die Frage nach der
historischen Wahrscheinlichkeit eines Ereignisses im Kontext einer Rah-
menhandlung und jene nach seiner literarisch-ästhetischen Verknüpfung
unterschieden werden[56]. Der derzeitige Diskussionsstand zu 1.Kön 1-2 als
vermeintliche Schlußkapitel einer 2.Sam 4-20 umfassenden Thronnachfolgegeschichte erlaubt es m.E. nicht, 2.Sam 9-20; 1.Kön 1-2 "als die älteste
Form der altisraelitischen Geschichtsschreibung zu bezeichnen"[57]. Die
These von der Thronnachfolgegeschichte kann nicht den fraglosen Ausgangspunkt der Exegese von 1.Kön 1-2 bilden.

---

[53] P. R. Ackroyd, The *Succession Narrative* (so called), Interpretation 35. 1981. 383-396.

[54] G. Keys, The So-called Succession Narrative: A Reappraisal of Rost's Approach to
Theme in II Samuel 9-20 and I Kings 1-2, IBSt 10. 1988. 140-155. Die dem Artikel zugrundeliegende Dissertation war mir leider nicht zugänglich.

[55] L. Rost, *Thronnachfolge*, 86.

[56] Die Frage nach der Historizität des Ereignisses wird zu leicht psychologisch beantwortet. Ein typisches Beispiel für diese Ineinssetzung unterschiedlicher Argumentations-
ebenen ist Langlamets Argumentation, wenn es ihm darum geht, 1.Kön 1,46-48 als Nachtrag zu erweisen. Langlamet wendet ein, daß es nach V.45 eigentlich nichts mehr mitzuteilen gäbe, Absaloms Gäste wüßten nun, daß sie zu verschwinden hätten (*Salomon*, 490).
Zudem sei es unwahrscheinlich, daß Jonathan der Krönungszeremonie bis zum Ende bei-
gewohnt habe, um dann erst Absalom zu benachrichtigen (a.a.O., 493f). Die Beantwortung
der von Langlamet gestellten Fragen ist mangels Material historisch nicht möglich und psychologisch lassen sich mehrere Motive dafür finden, daß Jonathan der Krönungszeremonie
bis zum Ende beiwohnte.

[57] G. von Rad, Der Anfang der *Geschichtsschreibung* im Alten Testament (1944), in:
ders., Gesammelte Studien zum Alten Testament I, TB 8, München 1971⁴, 148-188,
ebenda 159.

Die Forschungsdiskussion über 1.Kön 1-2 läuft in Richtung der Annahme einer zusammenhängenden Haupterzählung, die pro-salomonisch überarbeitet und dtr bearbeitet wurde. Der Anteil der einzelnen Bearbeitungen und ihre jeweilige Zuschreibung, insbesondere die Frage, ob überhaupt eine vordtr Bearbeitung nachweisbar ist, sind strittig. Letzteres mag im Rahmen dieser Untersuchung auf sich beruhen bleiben. Da das von Dtr komponierte Bild des Nachfolgers 'Josua' mit jenem des 'Salomo' verglichen werden soll, steht im folgenden die Bestimmung der dtr Aussagen von 1.Kön 1-2 und das von Dtr gezeichnete Salomo-Bild im Vordergrund der Überlegungen[58]. Für das Verständnis des dtr Salomobildes sind nicht nur die interpretativen Äußerungen dieses Aussagesystems von Belang, sondern gleichfalls deren Bezug zu den von Dtr als 'Faktum' überlieferten Vorgängen. Einige textkritische Änderungen, die aber die Gesamtaussage von 1.Kön 1-2 nicht tangieren, werden, unter Berücksichtigung des derzeitigen Diskussionsstandes, im folgenden vorausgesetzt.

1.Kön 1,18b lies ואתה statt ועתה[59]. 1,36b lies יעשה statt יאמר[60]. 1,48b ist mit LXX einzufügen מזעתו[61]. 2,5a ist mit Lukian, Syrer und einigen Mss ואשר zu lesen anstelle des zweiten אשר, waw ist einem Abschreiberversehen zum Opfer gefallen, die erste Aussage Davids bezieht sich auf die Tötung Absaloms. 2,5a ויקם für וישם[62]. 2,5b ist mit Syrohexaplaris und Alexandrinus דם חנם für דמי מלחמה zu lesen[63]. 2,5b sind die Suffixe in 1.Ps.Sing. zu ändern[64]. 2,9 lies ואתה anstelle von ועתה mit Lukian und Vulgata[65].

Bis zum Erscheinen der Untersuchungen von Veijola[66], Langlamet[67] und Würthwein[68] konzentrierten sich die literarkritischen und redaktionsgeschichtlichen Bemühungen weitgehend auf 1.Kön 2, während 1.Kön 1

---

[58] Die These von der aus DtrH, DtrP, DtrN bestehenden dtr Schule wird, ungeachtet der Position, die sie unter den Grundannahmen von Kommentaren wie Würthwein (1977/1985[2]), Hentschel (1984) und Jones (1984), bereits einnimmt, als das betrachtet, was sie ist, als eine reine Hypothese und nicht als Prinzip der Textkonstitution. Die Analyse von Jos 1 hat ergeben, daß an diesem Text nur ein, zugegebenermaßen an der Tora orientierter, Dtr am Werke war. Zudem erfordert die Vorstellung von einer dtr Schule oder dtr Verfassergruppe nicht, daß den Angehörigen derselben eindeutige Erscheinungsweisen zugeordnet werden können und müssen.

[59] Vgl. I. Benzinger, Die Bücher der *Könige*, KHC 9, Tübingen 1899, 3; M. Noth, *Könige*, 6.

[60] Vgl. Gray, *I & II Kings*, 86 Anm. Ab.

[61] Vgl. Gray, *I & II Kings*, 94 Anm. Ae.

[62] Vgl. Montgomery/Gehman, *1 Kings*, 98 und Gray, *I & II Kings*, 98 Anm. Ab.

[63] Vgl. die Lesart 2,31 und Gray, *I & II Kings,* 98 Anm. Ac - die Lesart von Lukian und Origenes נקי דם wird von Montgomery/Gehman erwogen (*Kings*, 98).

[64] Montgomery/Gehman (*Kings*, 98) und Gray (*I & II Kings*, 98 Anm. Ad).

[65] Vgl. A. Kamphausen (Die Bücher der *Könige*, in: E. Kautzsch (ed.), Die Heilige Schrift des Alten Testaments, Bd. I,1 Mose bis Ezechiel, Tübingen 1909[3], 458-548, 462 Anm. k) und Gray (*I & II Kings*, 98 Anm. Ae).

[66] T. Veijola, *Dynastie*, 1975.

[67] F. Langlamet, *Salomon*, 1976.

[68] E. Würthwein, Die Bücher der Könige. 1.Könige 1-16 ATD 11,1. (1977[1]), 1985[2] (= *Könige I*).

als in sich einheitliche Erzählung galt[69]. Veijolas Monographie "Die ewige Dynastie" (1975) lenkte die Diskussion in eine neue Richtung. Seiner literarischen Analyse von 1.Kön 1 zufolge wären die Verse 30*.35-37.46-48 Teil einer die Komposition übergreifenden Bearbeitungsschicht, die DtrH zuzuschreiben wäre[70]. Da Autoren in der Regel ihre Texte unter der Prämisse verfassen, daß ihre Leser bei der Lektüre einer Erzählung nicht mit dem Schluß anfangen und mit dem Anfang enden, eine Voraussetzung, die man gleichfalls den Bearbeitern und Redaktoren unterstellen darf, möchte ich Veijolas Argumentation[71] vom Kopf auf die Füße stellen[72].

So betrachtet, reduziert sich Veijolas Begründung dafür, daß der zweite Satz in V.30aα (einschließlich des verbindenden Anschlusses), in V.30aß die Präposition תחתי und V.30b dem Bearbeiter zu verdanken seien, auf den Hinweis, daß die Konstruktion syntaktisch durch dreifaches כי überladen wirke. Aus dem Umstand, daß das Stichwort תחתי in V.30bß die entsprechende Aussage von V.35a תחתי ימלך והוא vorbereitet, folgt nicht automatisch seine Sekundarität. Die von Veijola als Leitfossil identifizierten Ausdrücke תחתי ימלך und ימלך אחרי erfüllen hier nicht ihren Zweck, da nach dem ersten Auftauchen von ימלך תחתי die erste Wendung ימלך אחרי nicht mehr vorkommt, zudem die Bedeutungsunterschiede hinreichend die Ablösung der ersten Phrase durch die zweite erklären. Die Differenzierung der Aussage כסא על ישב והוא[73] durch תחתי in V.30aß bereitet die Verschiebung der Aussage von ימלך בנך שמלה אחרי (V.30aα) zu jener von תחתי ימלך והוא V.35aß vor[74]. Salomo wird

69 Vgl. die Kommentare zur Stelle von Montgomery/Gehman, Gray, Noth und Würthwein, *Erzählung*, 1974, 11ff.
70 Veijola a.a.O. 16-18. Würthwein (*Könige I*, 8ff) folgt ihm mit geringfügigen Abweichungen, desgleichen Langlamet (*Salomon*), der zusätzlich eine durchgängig vordtr Bearbeitung nachzuweisen sucht. Die Positionen von Veijola und Würthwein bestimmen ebenfalls die neueren Kommentare von Hentschel (1974) und Jones (1984) und die Monographie des letzteren, The Nathan Narratives, JSOT.S 80, Sheffield 1990.
71 Im folgenden werden ausschließlich die Argumente überprüft, die zur Ausscheidung der Bearbeitungsschicht führten.
72 Diesen perspektivischen Fehler begeht Langlamet zwar in der Darstellung nicht, doch ist er Teil seiner impliziten Annahmen, wie aus dem von ihm hervorgehobenen Motiv seiner Studie hervorgeht, die "tentera de vérifier les résultats obtenus par Veijola" (a.a.O., 349). In Würthweins Kommentar wird diese literarkritisch bedingte Perspektivenumkehrung durch die Darstellungsform des Kommentares verdeckt, wie auch in den nachfolgenden Kommentaren von Hentschel und Jones.
73 Der Ausdruck, der zusammen mit der Aussage, daß Salomo als König herrschen wird, leitmotivisch 1.Kön 1-2 durchzieht, hat eine bemerkenswerte inhaltliche Parallele in den formelhaften Aussagen der babylonischen Chronik 1 inna kussî wašâbu, vgl. dazu oben S.42 Anm. 128.
74 S. Bar-Efrat (*Narrative Art*, 1989, 222) macht darauf aufmerksam, daß durch die Umkehrung des Parallelismus von V.30aß in V.35a der ursprüngliche Sinn der Metonymie 'er wird auf meinem Throne sitzen' in den Vordergrund gerückt wird und aus der doppelten Wiederkehr des im wörtlichen Sinne 'auf dem Thron sitzen' in V.46 und 48 schließt er:

nicht nur als König nach David eingesetzt, sondern auch durch seine Bestimmung zum Nachfolger gleichzeitig zum Mitherrscher ernannt[75]. Die
durchaus bedeutungsvolle Ablösung der Präposition steht im Einklang mit
dem Duktus der Erzählung, denn ein שמלה ימלך תחתך oder שמלה ישב
על הכסא תחתך im Munde einer anderen Person als David ist undenkbar
und würde dieselbe als Aufrührer kennzeichnen. Sobald David von den
Maßnahmen Adonjas unterrichtet worden war, blieb ihm als einzig mögliche Gegenmaßnahme, sollten Auseinandersetzungen vermieden werden,
nur die sofortige Bestimmung Salomos als Nachfolger und seine Ernennung zum Mitherrscher.

Die syntaktische Konstruktion von V.30 mag selten belegt sein, ist aber weder formal
noch inhaltlich ungewöhnlich[76]. Zieht man die verschiedenen syntaktischen Funktionen in
Betracht, die כי übernehmen kann[77], dann handelt es sich zunächst um ein konzessiv zu
verstehendes כי, dem dann das bei Schwüren übliche emphatisch einleitende כי folgt[78],
danach steht das gewöhnlich Zitate einleitende dritte כי. Inhaltlich und syntaktisch ist Abners Schwuraussage (2.Sam 3,9) mit ihrem Rückbezug auf einen vormaligen JHWH-
Schwur dem Schwur Davids (1.Kön 1,29f) vergleichbar und kann als ein Beleg für die
komplexe Einheit von 1.Kön 1,29f gewertet werden[79]. Der Gebrauch von JHWH ohne
Epitheton in der den Schwur einleitenden Invokationsformel חי יהוה (1.Kön1,29b)[80],
dürfte durch den Zitatcharakter der Aussage mitbedingt sein. Hinzu kommt, daß in dieser
formelhaften Einleitung die besondere Beziehung zwischen David und JHWH betont wird,
während der Beiname "Gott Israels" im Zitat des früheren Schwures (V.30aα) den öffent-
lich-rechtlichen Aspekt hervorhebt. Der David in V.17 vorgehaltene Eid wird durch diesen
selbst von der Ebene privater Willkür auf die öffentlicher Verbindlichkeit[81] gehoben[82].

"... that the actual sitting on the throne is regarded as the decisive phase and the culmina-
ting point of the process of becoming king."

[75] Vgl. Fokkelman, *Narrative Art*, 1981, 368.

[76] Als Tripelfolge erscheint כי gleichfalls in 1.Kön 5,15; Jes 6,5; 40,2; Jer 14,12. Vgl. zu
den Stellen J. Muilenberg, The Linguistic and Rhetorical *Usages* of the Particle כי in the
Old Testament, HUCA 32. 1961. 135-160, insbes. 147f.

[77] Vgl. hierzu die Artikel von T. C. Vriezen, Einige *Notizen* zur Übersetzung des Bindewortes kî, in: J. Hempel/ L. Rost (eds.), Von Ugarit nach Qumran, FS O. Eißfeldt,
BZAW 77, Berlin 1961, 266-273 und J. Muilenberg, *Usages*.

[78] Vgl. 1.Sam 14,44; 20,13; 26,16; 2.Sam 3,9; 3,35; 1.Kön 1,13.17; Jes 49,18; vgl. ebenfalls
Muilenberg, *Usages*, 156; J. Pedersen, Der *Eid* bei den Semiten, Straßburg 1914, 117f; F.
Horst, *Eid*, 1961, 304.

[79] Da der in 2.Sam 3,9 zitierte Eid nicht von Abner sondern von JHWH geleistet worden ist, seine Verwirklichung eidlich von Abner zugesichert wird, wird der JHWH-Eid, um
den Bezug zwischen dem zweiten Eid und Abner zu sichern, erst im Anschluß an die Mitteilung des Abner-Eides zitiert.

[80] Vgl. hierzu F. Horst, *Eid*, 306f; M. Greenberg, The Hebrew *Oath Particle* hay/hē,
JBL 76. 1957. 34-39 ; M. R. Lehmann, Biblical *Oaths*, ZAW 81. 1969. 74-92, insbes. 83ff; es
liegt keine eigenständige Schwuraussage vor. 2.Sam 4,9b findet sich dieselbe Invokationsformel im Munde Davids, als er mit einem Schwur sich von den Mördern Ischbaals distan-
ziert. 'David' demonstriert hier, daß legitime Herrschaftsnachfolge so nicht vermittelt werden kann.

[81] C. G. Macholz *(Bemerkungen* zum Erzähl-Stil und zur "Tendenz" von 1.Kön 1. Festgabe für H. Thyen, Heidelberg 21.4.1977, 62-72, insbes. 65) weist darauf hin, daß die dreifache Erwähnung des Schwures (V.13.17.30) durch das literarische Mittel der Steigerung
variiert wird und sich so der Charakter des Schwures ändert.

Der Eindruck, die Aussagenkette von V.29f sei überladen, dürfte entstehen, wenn der kritische Leser von der offenen Frage bewegt ist, ob der frühere Davidschwur von diesem wirklich abgelegt worden sei, und dann die Antwort in V.30 sucht, dabei eine eindeutige Antwort nur durch die von dieser Frage bewirkte Zerstörung des komplexen Gedankenganges von V.29f erhält. Nach den Aussagen von V.29f legt David in der so beschriebenen Situation nur einen Eid ab, nämlich den, das am heutigen Tag in Kraft zu setzen, was er vor Zeiten Bathseba[83] geschworen hat. V.29b ist einleitende Schwurformel, V.30a ein Rückverweis auf die damalige Situation, den Erfordernissen der neuen Situation durch die Hervorhebung JHWHs als Staatsgott und der Stellvertreterfunktion Salomos angepaßt[84]. V.30a nennt alle Beteiligten (David, Bathseba, JHWH, Salomo) und zitiert das Ergebnis einer Vereinbarung[85] zwischen David und Bathseba, den Schwur Davids. V.30b teilt den Inhalt des in V.29a angekündigten und in V.29b eingeleiteten Eides mit. Die Frage, ob David Bathseba in einer schwachen Stunde jemals derartiges geschworen hat, ist müßig[86].

Der Verfasser hat eine dunkle Situation, soweit notwendig, von David erhellen lassen. Die Darstellung der Hintergründe des vormaligen Schwures betont dessen Obskurität hinreichend. Die geschilderten Vorgänge verlieren den Charakter einer Intrige selbst dann nicht, wenn man mit Veijola[87] einen Bearbeiter die Aussagen von V.30aα b einfügen läßt. Dieses Ziel hätte der vermeintlich dtr Bearbeiter eher erreicht, wenn er, V.12a einleitend, Nathan Bathseba hätte fragen lassen: "Erinnerst du dich nicht daran, wie der König dir geschworen hat, daß dein Sohn Salomo König werden soll?" Der Schwerpunkt der Aussagen von V.29f liegt nicht auf dem, seit Nathans Intervention gut vorbereiteten, ersten Eid und dessen Realitätsgehalt, sondern auf dem alles entscheidenden Eid von V.30b und dem von David damit geschaffenen Faktum, der Ernennung Salomos

---

[82] Der Schwur Zedekias zugunsten Jeremias erfolgt geheim und ohne Zeugen, wie der Text betont, und wird gleichfalls nur mit יהוה חי eingeleitet (Jer 38,16). In 1.Kön 17-18 bedient sich Elia ebenfalls unterschiedlicher Einleitungsformeln; "JHWH, Gott Israels", wird nur verwendet, wenn von ihm als Staatsgott die Rede ist.

[83] M. Garsiel (Puns upon Names as Literary Device in 1 Kings 1-2, Bib. 72. 1991. 379-386, ebenda 381) macht auf das Wortspiel aufmerksam, das hier mit Bathsebas Namen getrieben wird.

[84] כאשר betont den Charakter des Rückverweises und stellt heraus, daß die folgende Aussage als Voraussetzung der im Schwur zugesicherten Handlung gilt. Vgl. 2.Sam 3,9; Dtn 19,8f; 26,18f; 28,9; zu den dtn Rückverweisen vgl. D. W. Skweres, *Rückverweise*, 66ff.

[85] Die Vermutungen von R. C. Bailey *(David,* 99ff.122f), daß die David-Bathseba-Heirat und die Einsetzung Salomos als Thronfolger das Ergebnis konsequenter Heiratspolitik Davids seien und entsprechende Vereinbarungen zwischen den beteiligten Gruppen voraussetze, bleiben ein Produkt exegetischer Phantasie. Die Texte besagen darüber nichts.

[86] Die Phantasie von Leser und Leserin mag, so sie sich nicht mit der Andeutung von 2.Sam 12,24a begnügen will, diesbezügliche Aufklärung in den Werken von Stefan Heym (Der König David Bericht, München 1972) oder Joseph Heller (God Knows, London 1985) suchen. Ein Blick in den Bathseba-Roman von Torgny Lindgren (Bathseba, München 1987) ist ebenfalls anregend.

[87] T. Veijola, *Dynastie*, 17f.

zu seinem Nachfolger. Nur die Abwandlung der Zusage "er wird auf meinem Thron sitzen" in "er wird auf meinem Thron sitzen an meiner Stelle"
und ihre Verknüpfung mit der Ankündigung ihrer unmittelbar zu vollzie-
henden Verwirklichung bringt eine Entscheidung. Salomo wird als Regent
von David eingesetzt[88].

Die von Veijola und Nachfolgern für den Bearbeiter reklamierten Aussagen sind unerläßlich für den Fortgang der Handlung[89]. Dem "Sitzen auf
meinem Thron an meiner Stelle" korrespondieren die Befehle "Salomo,
meinen Sohn auf meinem Maultier reiten zu lassen" (V.33a) und "ihn zum
König über Israel zu salben" (V.34a). Der kunstvoll aus parallel verlaufenden, aber intentional gegeneinander gerichteten Aktionen, geschnürte
Handlungsknoten wird innerhalb der Szene V.28-31 aufgelöst. Die Erzäh-
lungshandlung bestand bisher aus zwei parallel nebeneinander herlaufen-
den Aktionen. Bis zu dieser entscheidenden Szene lag die Initiative bei
der Fakten schaffenden Partei Adonjas, die Anhänger Salomos konnten
nur reagieren. Jetzt wird aus der reagierenden Salomo-Partei die agierende Partei, die Partei Andonjas reagiert nur noch einmal, nämlich mit
Auflösung. Der doppelte Handlungsfaden löst sich auf[90].

Aus dem Umstand, daß V.34b pointierte Gegenaussage zu V.25b ist,
und daß nach Meinung eines späteren Lesers[91] David genug angeordnet
habe, ja V.34b einen würdigen Abschluß biete, zu schließen, daß zwar der
Autor nicht habe 'David' wissen lassen können, wie es weiterginge, sondern nur der von ihm angeregte Bearbeiter, das entspringt eher Vor-Urteilen als literarkritischer Analyse. Der in der Szene V.28-31 geschilderte
David hat mit seiner Entscheidung die Initiative ergriffen, er erläßt die
notwendigen Anordnungen zur Ausführung und Sicherung, in Voraussicht
der kritischen Übergangssituation, die zwischen der Proklamation des
Thronnachfolgers und dessen Thronantritt besteht. Die Einsetzung Salomos als Nachfolger und Regent zu Lebzeiten Davids ist erst dann abgeschlossen und unumkehrbar, wenn Salomo in den Schutz des Palastes zu-
rückgekehrt ist und seine neue Position auf dem Thron sitzend, sichtbar
inne hat, dabei die Akklamation des Hofes entgegennehmend.

Nach V.35 ordnet David an, daß in jener Situation, in der durch die öffentliche Ausrufung der geglückte Coup publik wird, d.h. die Kunde davon
auch die Gegner erreichen wird, Salomo samt Gefolge und Schutztruppe

---

[88] Vgl. W. Caspari, *Tronbesteigungen* und Tronfolge der israelitischen Könige, in: B.
Meissner (ed.), Altorientalische Texte und Untersuchungen I,3, Leiden 1917, 143-254,
210ff; A. Alt, Die *Staatenbildung* der Israeliten in Palästina (1930), in: Ders., KS II, München (1953) 1978⁴, 1-65, 61. E. Ball (The Co-Regency of David and Solomon (1. Kings 1),
VT 27. 1977. 268-279) möchte in der Koregentschaft Salomos den Einfluß entsprechender
ägyptischer Praktiken sehen.

[89] Vgl. die Strukturanalyse von J.P. Fokkelman, *Narrative Art*, 363ff.

[90] Der Verfasser der Thronfolgeerzählung (1.Kön 1-2) deutet solche Wendepunkte des
Geschehens jeweils dadurch an, daß er diejenige Person, deren Wende die Rede bewirkt
bzw. mitauslöst mit "ויאמר PN ויעץ " einführt, vgl. 1,28.36.43; 2,22.

[91] T. Veijola, *Dynastie*, 16.

unverzüglich in den Palast zurückzukehren hat. Die Gefahr für Salomo und die Chancen der Gegenpartei noch einzugreifen waren in dem Augenblick, in dem die Gegenpartei von der Salbung erfahren mußte, und Salomo noch außerhalb des Palastes war, am größten. Die Analogien zwischen V.35aα, V.40aα, V.45aß, die Veijola[92] als Indiz der Bearbeitung wertet, sind auf das Stichwort עלה beschränkt, die so beschriebenen Gruppen sind in ihrer Zusammensetzung nicht identisch. Nach V.35aα sollen die von David angesprochenen, extra zu diesem Zweck herbeigerufenen, Hofleute hinterherziehen, nach V.40aα ist es das ganze Volk, und nach V.45aß sind es alle bei der Salbungsszene mitwirkenden Personen. Diese zumeist übersehenen Differenzierungen sind Ergebnis der unterschiedlichen Perspektiven, aus denen der Vorgang geschildert wird. Sie entsprechen dem jeweiligen Wissensstand der Figur, die die Situation nach der Salbung beschreibt (David, Erzähler, Jonathan).

Es entspricht literarischer Absicht, daß wir von dem demonstrativen Schlußakt der Einsetzung Salomos nur im Bericht Jonathans erfahren[93]. Benajas Akklamation und Zustimmung zu Davids Entscheidung steht in V.36-37 nicht verfrüht, die Ereignisse werden nicht vorweggenommen[94]. Die Zustimmung des Oberbefehlshabers der Leibgarde Davids ist unverzichtbar für das Gelingen des Planes und garantiert dessen Ausführung[95]. Benajas einleitende Glückwunschworte (V.36b)[96] nehmen Davids Eid (V.30b) theologisch interpretierend auf und führen ihn, dem nunmehr wieder in die Debatte gebrachten göttlichen Subjekt angemessen, inhaltlich weiter. JHWH möge mehr bewirken, als David jetzt bewirken kann[97].

Veijola[98] zuzugestehen ist, daß die Äußerungen Davids in V.35b in der Tat auffällig sind; das jedoch weniger wegen der Differenzierung zwischen Israel und Juda[99], als der Ausdehnung der sonst nicht üblichen Anwen-

---

92 T. Veijola, *Dynastie*, 16.

93 Vgl. H. Greßmann, *Geschichtsschreibung*, 192; M. Noth, *Könige*, 27.

94 So Veijola, *Dynastie*, 17.

95 Vgl. hierzu die Maßnahmen, die nach 2.Kön 11 der Priester Jojada zur Sicherung der Proklamation Joas' unternimmt. So wie der Verfasser die Erzählung gestaltet hat, hätte ein Verzicht auf die Erwähnung militärischer Begleitung Anlaß für eine weitere Szene, deren Gegenstand die Gegenmaßnahmen der Adonja-Partei gewesen wäre, geboten.

96 K. Seybold (Zur Vorgeschichte der liturgischen Formel 'Amen'. ThZ 48. 1992. 109-117, ebenda 111) sieht in der knappen Äußerung אמן die Quittierung eines militärischen Befehls.

97 Daß die Erzählung an Straffheit gewänne, "wenn V.38 die unmittelbare Fortsetzung von V.34 wäre" - so Veijola (*Dynastie*, 17) - kann nur derjenige als literarkritisch stichhaltiges Argument betrachten, der dem Verfasser der Erzählung unterstellt, daß er den allen Lesern bekannten Ausgang möglichst geradlinig zu erreichen suche.

98 *Dynastie*, 16.

99 Von einer sonst einheitlichen Terminologie in Kapitel 1 kann man schwerlich reden, wenn Israel als Bezeichnung des Herrschaftsgebietes Salomos nur noch in V.34 auftaucht. Ein Anachronismus des Verfassers liegt nur dann vor, wenn man die schriftliche Abfassung der Erzählung in die Zeit vor die Auflösung der Personalunion datiert und dazu Alts These (*Staatenbildung*, 44) verwirft, daß der Ausdruck 'nāgīd über Israel und Juda' Widerspiegelung des latenten Dualismus zwischen Israel und Juda sei.

dung des nāgīd-Titels auf Juda[100] und der Ernennung zum nāgīd durch David[101]. Der Sachverhalt ist auch dann erklärungsbedürftig, wenn man im nāgīd nicht mit Richter[102] den Beinamen eines Retters oder mit Alt einen von JHWH designierten Führer sehen möchte[103], sondern mit Lipiński[104] 'Kronprinz' oder mit Macholz 'Statthalter'[105] liest. Der Nāgīd - Titel ist innerhalb des DtrG Ausdruck einer Beziehung, die JHWH, Israel und Israels Führer umfaßt, er bringt die religiösen Dimensionen dieser Konstellation zur Sprache[106], die in der unmittelbar auf Davids Aussage folgenden Erwiderung Benajas in den Vordergrund rücken.

Die betonte Voranstellung des Objektes in V.35b ist sachlich bedingt[107], denn nur so bleibt Salomo im Mittelpunkt der Aufmerksamkeit, ferner wird damit ein gleitender Übergang zwischen seiner Regentschaft und der Wahrnehmung der Funktion des 'Nagid' angedeutet. Falls David, theologisch betrachtet, sich hier ein göttliches Vorrecht anmaßt[108], so wird er anschließend von Benaja darüber belehrt, daß nur JHWH verwirklichen kann, was der König gerade angeordnet hat[109]. Die Antwort Benajas schließt die Handlungssequenz, die mit Davids Anrufung JHWHs (V.29) ihren Anfang nahm, nicht nur ab, sondern nimmt diese Anrufung inhaltlich auf und wendet sie, Davids Entscheidung begrüßend, auf diese selbst an. Eine Notwendigkeit, die Aussagen von V.35b-37 ihrer Formulierung oder Tendenz[110] wegen einem Bearbeiter zuzuschreiben, besteht m.E. nicht[111].

---

[100] Vgl. die Übersicht bei W. Richter, Die nāgīd- *Formel*, BZ 9. 1965. 71-84, 73.

[101] In der Regel wird der nāgīd von JHWH durch einen Prophet bezeichnet und eingesetzt, vgl. 1.Sam 9,16; 10,1; 13,14; 2.Sam 7,8; 1.Kön 14,7; 16,2; 2.Kön 20,5. Daß der so Bezeichnete von JHWH ausgewählt wurde, lassen auch die diesbezüglichen Äußerungen Abigails (1.Sam 25,30), der Vertreter Israels (2.Sam 5,2) und Davids (2.Sam 6,21) erkennen.

[102] Richter, *Formel*, 1965, 73.

[103] A. Alt, *Staatenbildung*, 23.

[104] E. Lipiński, NĀGĪD. Der Kronprinz, VT 24. 1974. 497-499; vgl. ebenfalls B. Halpern, The Constitution of the Monarchy in Israel, HSM 25, Michigan 1981, ebenda 9.

[105] G. Ch. Macholz, NAGID - der Statthalter, "praefectus", in: K. Rupprecht (ed.), Sefer Rendtorff, FS R. Rendtorff, DBAT Beih.1, Dielheim 1975, 59-72.

[106] Vgl. R. de Vaux, Le *Roi* d'Israél, Vassal de Yahvé, in: Melanges Eugène Tisserant I, Citta del Vaticano 1964, 119-133, insbes. 120f; S. Shaviv, NĀBI' and NĀGĪD in I Samuel IX 1-X 16, VT 34. 1984. 108-113 , insbes. 112f und die Diskussion bei G. F. Hasel, Art.: נָגִיד nāgīd, ThWAT V. 1986. Sp.203-219, insbes. Sp.213f.

[107] Die syntaktische Konstruktion bietet allein keinen Anlaß, V.35b für einen späteren Zusatz zu halten - Würthwein (*Könige I*, 17) bemerkt ein Nachklappen -, als Parallele zu V.35b sei aber auf Dtn 3,21 verwiesen, vgl. dazu oben S.170f.

[108] So Alt, *Staatenbildung*, 62 Anm.1; Richter, Formel, 77; Noth, *Könige*, 25; anders dagegen Mettinger (*King*, 160ff), der von dieser Bezugsstelle ausgehend, hinter dem Titel eine rein säkulare Funktion vermutet, die später theologisiert worden sei.

[109] Auf die Gegenüberstellung von JHWH und David als Subjekt und Objekt der Aussagen Benajas hat Fokkelmann (*Narrative Art*, 370) aufmerksam gemacht.

[110] Weder der Nagid-Titel, noch Benajas Wunsch, der Sohn möge den Vater übertreffen, können als Ausdruck der besonders für Dtr typischen dynastischen Tendenz gelesen werden, wie Würthwein (*Könige I*, 17) meint. Sieht man einmal davon ab, daß man die dem

Veijolas Begründung dafür, daß die Verse 46-48 ein dtr Nachtrag seien, hat sich auf die Einwände reduziert, daß der äußerliche Anschluß mit וגם den Nachtrag verrate, Joabs Frage schon ausreichend in den V.43-45 beantwortet worden sei und in dem Ausführungsbericht V.38-40 nichts von dem stände, was Jonathan dann in V.46-48 vorträgt[112]. Dem letzteren Argument kann mit einem Hinweis auf die Kompositionstechnik des Verfassers begegnet werden[113]. Der Autor präsentiert die Darstellung der Ereignisse überwiegend durch die Reden seiner Akteure, daher erzählt er im Zwischentext V.38-40 nur die Joabs Frage auslösenden Ereignisse, um dann im Bericht Jonathans (V.43b-48) den gesamten Ablauf des Geschehens vortragen zu lassen. Joabs Frage ist zwar vordergründig mit Jonathans Bemerkung "das ist das Geschrei, das ihr gehört habt" beantwortet, doch schließt das nicht aus, daß der Verfasser danach weitere, für Leser wie Adressaten neue Informationen durch Jonathan mitteilen läßt. Die für den Fortgang der Erzählung unverzichtbare Kenntnis des Schlußaktes der Inthronisation Salomos kann nur so kurz und knapp durch den als Boten eingeführten Jonathan geschildert werden. Der Leser ist auf diese Äußerungen durch Aussagen Davids (V.30.35), Bathsebas (V.31) und Benajas (V.36-37) vorbereitet.

Die Struktur der Rede Jonathans (V.43b-48) wird bestimmt durch ein in sich konsistentes Schema, das mittels Inklusion, Wiederholung und Steigerung eine geschlossene Redefigur bildet[114]. Jonathans Worte beginnen mit den von David geschaffenen bruta facta und enden mit dem Lobe JHWHs im Munde Davids, so daß am Ende der Rede allein JHWH als Urheber der berichteten Vorgänge erscheint, darin spiegelt diese Rede den Verlauf der Argumentation von V.32-37 wider. Der dreimalige Einsatz mit וגם ist syntaktisch vertretbar[115]. Als literarisches Ausdrucksmittel illustriert es die Kurzatmigkeit des Boten nach schnellem Lauf[116] wie die

Verfasser unterstellte positive Einstellung zur monarchisch-dynastischen Herrschaftsform durchaus in Zweifel ziehen kann, so kann aus politischer Perspektive erst von Dynastie geredet werden, wenn dem Gründer mehr als ein Nachfolger aus dem eigenen Haus gefolgt ist. Die Formulierungen in 2.Sam 7,12-16; 1.Kön 2,4; 11,12f verraten ein Denken in dynastischen Kategorien, nicht aber 1.Kön 1,36-37.

111 Eine Zuordnung der Aussagen von V.35b an Dtr ließe sich nicht mit Sicherheit ausschließen, wenn die von Carlson (*David*, 52ff) vertretene These, daß Nagid typisch für den Sprachgebrauch der D-Gruppe sei, verfiziert würde und im Gegenzug Mettingers These (*King*, 167) einer für das ausgehende 10.Jh. anzunehmenden Theologisierung des Titels falsifiziert würde. Solange eine wirklich an den Texten orientierte Analyse, die den funktionalen Kontext einbezieht, für Nagid fehlt, hat eine Entscheidung gegen die Zugehörigkeit von V.35b zur Ausgangserzählung und Zuschreibung an Dtr keine verläßliche Basis.

112 Veijola, *Dynastie*, 16f.

113 Vgl. S. Bar-Efrat, *Narrative Art*, 168f.

114 Vgl. Fokkelmann, *Narrative Art* , 374ff.

115 Vgl. C. H. J. van der Merwe (The Old Hebrew Particle *gam*. A Syntactic-Semantic Description of gam in Gen - 2. Kings, ATS 34, St. Ottilien 1990, 177.189), der zeigt, daß an diesen Stellen die syntaktische Verknüpfung mit גם erfolgt, weil eine im Hinblick auf die voranstehenden Aussagen notwendige Zusatzaussage gemacht wird.

116 Vgl. I. Benzinger, *Könige*, 1899, 8; M. Noth, *Könige*, 28.

gespannte Haltung der Zuhörer. Die Unumkehrbarkeit des Geschehens wird demonstriert durch die Mitteilung sich steigernder Informationen, betrachtet man diese unter dem Aspekt der zunehmenden Verfestigung der Faktizität der berichteten Ereignisse. Allein Jonathans Beschreibung der Schlußszene der Inthronisation ist geeignet, jeden möglichen Gedanken an eine Umkehrung des Nachfolgeverhältnisses im Keim zu ersticken. Sie erklärt, daß alle Anhänger Adonjas gleichermaßen, Joab eingeschlossen, nur noch in Panik davonstürzen und Adonja den Schutz des Heiligtums beanspruchen muß. Denn aus dem Bericht Jonathans müssen die Gäste erkennen, daß ihr Fehlen bei der Huldigungsszene am Hof bemerkt worden ist und schwerlich zu entschuldigen sein wird.

1.Kön 1 enthält eine in sich konsistente, wiewohl auf Fortsetzung angelegte, Erzählung über Hintergründe und Inszenierung der Inthronisation Salomos. Eine Bearbeitung, die die Vorgänge im Harem und Schlafzimmer Davids, im Banne ihrer eigenen Idealisierung Davids und der Propheten stehend, dogmatisch geschönt hat, ist nicht nachweisbar. Der Versuch, die David-Dynastie theologisch zu legitimieren, wird nicht unternommen. Im Rahmen dieser Erzählung steht die Legitimität des Handelns Davids außer Frage; daß einer seiner Söhne die Nachfolge antreten wird, ist für den Erzähler selbstverständlich. Aus dtr Sicht hätte es, nach der entsprechenden Bearbeitung von 2.Sam 7, derartiger Übermalung nicht bedurft. Das Bild des altersschwachen David ist vereinbar mit der von Dtr zum Ideal erhobenen Figur. Der alte König kann wohl aus physischer Altersschwäche seinen Aufgaben nicht mehr nachkommen, doch, dessen innewerdend, löst er die so entstandene kritische Situation durch eine schnelle und kompetente Entscheidung, die aus seiner Perspektive für sein Haus und Israel Erfolg verspricht und den drohenden Bürgerkrieg[117] um die Nachfolge vermeidet.

Davids Nachfolger Salomo ist ohne eigenes Zutun auf den Thron gelangt; sein Vater David hat seine Macht und Autorität an Salomo delegiert. Legitimiert ist Salomo durch die Verfügung seines Vaters, die Akklamation des Hofes und des Jerusalemer Publikums sowie durch die Anerkennung des fait accompli der Gegenpartei und ihres Kandidaten. Die Legitimation steht in direktem Verhältnis zur Anerkennung der Autorität Davids. Eigene Autorität muß Salomo sich noch erwerben. Eine Vorprobe davon bietet er in seinem ersten Auftreten als König gegenüber Adonja (V.51-53), der ihn als überlegen kalkulierenden und handelnden Machtpolitiker zeigt.

Dieser Niemand, der auf den Thron gelangt ist, wie seinerzeit Joseph in das Wesirat, ist ebensowenig wie letzterer eine No-Name Person. 2.Sam

---

[117] G. R. Stone (Running at the Wheel. in: Buried History, 26. 1990. 29-30) weist auf Parallelen hin zwischen der Äußerung des Königs Barrākib, daß er am Rade seines Herrn, des Königs von Assyrien lief (vgl. KAI 216,Tafel XXXII,8f), der Behauptung in 1.Sam 8,11 (die Söhne werden vor dem Wagen des Königs herlaufen) und den sowohl Absalom wie Adonija zugeschriebenen Läufern. Die Anstellung der Läufer hätte unmittelbar den Anspruch auf den Thron repräsentiert.

12,24f hat dieses vorausschauend skizziert. Der in der Erzählung an zentralen Stellen beschworene JHWH hat offenkundig dem Gang der Ereignisse ihren Lauf gelassen, woraus man theologisch mit Dtr das Fazit hinsichtlich Salomos ziehen darf: יהוה אהבו (2. Sam 12,24bß). Einer darüber
hinausgehenden theologischen Legitimierung bedurfte Salomo zu diesem
Zeitpunkt nicht. JHWH jedenfalls hatte Salomo ungeachtet seiner Eltern
und der Umstände seines Herrschaftsantritts von sich aus alle Chancen
mit auf den Weg gegeben für eine gute Regierung. Salomos erster selbständiger Auftritt als König zeigt, daß er der Situation gewachsen ist. Im
weiteren Verlauf der Ereignisse wird sich zeigen, daß Dtr mehr als einen
Anlaß finden wird, korrigierend einzugreifen, und dort seine theologischen
Vorbehalte einbringen wird, wo die Salomo-Tradition seiner theologischen Weltsicht zu weit davongelaufen ist, als daß beides noch auf einen
Nenner zu bringen ist.

1.Kön 2 führt uns das auf Davids coup d'état folgende Nachspiel in
mehreren Akten vor, in dem ein vermeintlich das Testament des Vaters
pietätvoll ausführender Sohn seine sprichwörtliche Klugheit bemüht, um
mit seinen Gegnern kurzen Prozeß zu machen. Das Kapitel enthält in sich
etliche Ungereimtheiten und Spannungen, die auf eine Bearbeitung hinweisen. Verschiedene Modelle zur Erklärung der Differenzen bieten sich
an. Die Erzählung wurde durch sukzessive Nachträge erweitert und im
Eingangsteil dtr bearbeitet[118]. Sie wurde nur in geringem Umfange editorisch überarbeitet[119]. Die radikalste Position vertritt Langlamet[120], der zusätzlich zu den beiden von Veijola[121] postulierten dtr Bearbeitungen eine
vordtr pro-salomonische Bearbeitungsschicht zu eruieren sucht. Nachdtr
Zusätze werden von einigen Forschern in geringerem Umfange gefunden.
Im Zentrum aller Erklärungsversuche und Modelle steht das spannungsvolle Nebeneinander des Testaments Davids und die, als dessen Ausführung deklarierten, politischen Morde Salomos. Die Beantwortung der Fragen nach dem Zusammenhang, historisch wie literarisch, wird wesentlich
mitbestimmt von den jeweiligen Annahmen über Alter und Tendenz der
überlieferten Erzähltradition und der sie bearbeitenden Hand bzw. Hände. Die Überlieferung über Adonjas und Joabs Ermordung in 2,13-31a
wird weitgehend als vordtr betrachtet. Die Diskussion dreht sich um die
Beurteilung der redaktionsgeschichtlichen Verhältnisse innerhalb des Ab-

---

118 So Benzinger, *Könige*, 8; Gray, *I & II Kings*, 15f; Noth, *Könige*, 8ff; Seebaß, *Erzählung*, 43ff.

119 So Rost, *Thronnachfolge*, 90f; Montgomery/Gehman, *Kings*, 87f; L. G. Perdue, The
Testament of David and Egyptian Royal Inscriptions, in: W. W. Hallo/ J. C. Moyer/ L. G.
Perdue (eds.), Scripture in Context II. More Essays on the Comparative Method, New
York 1983, 79-96 , insbes. 89ff.

120 Langlamet, *Salomon*.

121 Veijola, *Dynastie*, 19ff; Würthwein *(Könige I*, 8ff), Hentschel (1.*Könige*, 25ff) und Jones *(Kings I*, 106ff) folgen weitgehend der Analyse Veijolas unter gelegentlicher Einbeziehung der Thesen von Langlamet.

schnitts V.1-12 und der literarkritischen Bewertung der V.24-27 und der
V.31b-46.

Veijola hat die Argumente, die für eine Zuschreibung einzelner Verse
und Aussagen des Eingangsabschnittes V.1-12 an Dtr sprechen, zusammengestellt, gewichtet und ist zu dem Schluß gekommen, daß V.1-2.4aα.5-
11 von DtrG stammen[122], die V.3.4aß von DtrN[123] und V.12 ein nachdtr
Zusatz sei[124]. Seine innerdtr Differenzierung hat inzwischen in den Kommentaren Karriere gemacht und verdient daher besondere Aufmerksamkeit. Die Behauptung, daß in den für DtrN reklamierten Aussagen eine im übrigen Text beispiellose "nomistische Terminologie... (die) keine
Entsprechung in anderen Partien von 1.Kön 2 " habe, zu finden sei[125], beruht auf einem klassischen Vor-Urteil, das aus der Identifizierung von
Tora mit Nomos entsteht.

V.3a nimmt aus V.2a die Phrase הלך בדרך auf und kehrt die Blick-
richtung um. In V.2a umschreibt dieser Ausdruck das Ende jeglichen
menschlichen Weges auf Erden, in V.3a jedoch den Anfang und das Ziel
jeden Weges, ein Leben in Übereinstimmung mit den Geboten Gottes zu
führen. Die Stichworte שמר (V.3a.4a), מצוה (V.3a), לב (V.4a) und die
Wurzel עוד (V.3bß) spielen in den Anklagen Salomos gegen Simei
(V.42a.43) eine wichtige Rolle. Hier wird Simei als derjenige vorgestellt,
der eben nicht aufrichtigen Herzens auf dem ihm befohlenen Weg gegan-
gen ist. Damit steht er im dunklen, aber nicht beziehungslosen Gegensatz
zu dem Salomo in V.4a ans Herz gelegten Ideal. Simei bietet nach dtr
Verständnis[126] ein Gegenbild zu Salomo. Salomo legt, der Aufforderung
von V.4a gehorchend, seine Pläne Simei gegenüber offen (V.36f). Simei
dagegen handelt anders als er redet, er ist nicht so aufrechter Gesinnung
wie Salomo (V.44). Der von Veijola konstatierte Sachverhalt, daß V.3 den
Zuspruch von V.2b inhaltlich erläutert, spricht eher für denselben dtr Verfasser, als für einen seiner späteren Nachkommen. Jedenfalls findet die
Ermutigung, standfest zu sein, und sich als Mann zu erweisen, nicht wie
von Veijola behauptet, in der Aussage von V.4aαb "damit der Herr sein
Wort aufrichte..." ihre Fortsetzung. Allein als Einleitung zur Erinnerung
an JHWHs Verheißungswort wäre die Aufforderung, standfest zu sein,
deplaziert, denn in der Gegenwart Salomos wird nur ein JHWH-Wort zitiert; Salomo wird (laut V.4aαb) nicht zu einem Handeln aufgefordert, das
Stärke und Mut voraussetzt.

Davids väterlicher Zuspruch erinnert an die formelhaften Ermutigungs-
sprüche für Josua[127]. Auf einen Teil der an Josua gerichteten Zusagen

---

122 Veijola, *Dynastie*, 19f. 27f.
123 Veijola, *Dynastie*, 22. 27.
124 Veijola, *Dynastie*, 23.
125 Veijola, *Dynastie*, 22.
126 Auch Veijolas Analyse zufolge (*Dynastie*, 20.23) ist V.44 DtrG.
127 Dtn 3,28; 31,7; Jos 1,6f und vgl. dazu oben S.200-203.

folgt die Beschreibung seiner künftigen Aufgaben; in Jos 1,7a[128] jedoch steht im Anschluß an die Formel die Aufforderung, die Tora zu halten. Die sachliche Übereinstimmung zwischen 1.Kön 2,2b.3a und Jos 1,7a.9aα ist ein weiterer Beleg für die Zusammengehörigkeit von 1.Kön 2,2b und 2,3a[129]. V.3a enthält die zum Verständnis von V.2b notwendigen Erklärungen. Die von Salomo verlangte Selbständigkeit (V.2b), seine durch den bevorstehenden Tod Davids bewirkte Emanzipation von der väterlichen Gewalt, bedeutet nicht, daß Salomo im weltlichen Rahmen jeglicher ihm vorgeordneter Autorität ledig wäre. Die Tora und ihre Gebote bleiben ihm als Autorität vor- und übergeordnet. Die Aussagen von V.3 schreiben die Tora als von Salomo zu beachtende Staatsverfassung fest und definieren seine Unabhängigkeit als Bindung an die Tora. Mit dem Tode des Vaters wird der Sohn für die Einhaltung der Tora verantwortlich. Die Tora soll für Salomo die Position einnehmen, die sein Vater David zu Lebzeiten ihm gegenüber hatte. Als Lohn wird ihm das Gelingen seines Lebenswerkes (V.3b)[130] und die Fortdauer der Dynastie über seinen Tod hinaus in Aussicht gestellt.

Der vermeintlich überfüllte Text von V.3b.4 bedarf nicht der Ordnung durch redaktionskritische Differenzierung zwischen DtrG und DtrN[131], sondern der Erklärung. Die zweifache Folge des Toragehorsams Salomos ist keine Doppelung, sowohl ihre Urheber wie auch die Zeitebenen sind nicht identisch. Salomo ist Subjekt der Aussagen von V.3 und als solchem werden ihm in V.3b auch die Folgen seines in V.3a ihm anbefohlenen Verhaltens gutgeschrieben. Diese Gutschrift soll zu seiner Lebenszeit erfolgen. V.4a "damit der Herr sein Wort aufrichtet, das er zu mir gesagt hat, wenn deine Söhne auf ihren Weg achthaben, daß sie vor mir gehen in Treue, von ganzem Herzen und von ganzer Seele" knüpft syntaktisch an V.3a an. JHWH ist Subjekt der Handlung, die als eine wahrscheinliche Folge des salomonischen Handelns entsprechend der Aufforderung von V.3a dargestellt ist; aber, anders als die in V.3b konstatierte Folge, wird diese nicht von Salomo bewirkt, sondern von JHWH. Salomo ist Objekt des Handelns JHWHs, aus der Perspektive der davidischen Rede wird er zum delegierten Objekt und zum Verbindungsglied zu einer unabsehbar in die Zukunft reichenden Abfolge von Nachkommen Davids. Salomo ist der erste in der Reihe der Söhne, die im zitierten JHWH-Wort genannt werden (V.4aß). David reicht hier eine JHWH-Verheißung an Salomo weiter, die sich für David bereits in Salomo erfüllt hat und deren Erfüllung für Salomo noch aussteht.Das JHWH-Wort kann sich nur dann als wirksam

---

128 Die These, daß auch in Jos 1 mit einer Bearbeitung durch DtrN zu rechnen sei, meine ich begründet zurückgewiesen zu haben, vgl. dazu oben S.193ff.

129 In 1.Kön 2,2b.3a gilt wie in Jos 1,7 das "Starksein" als Voraussetzung des Haltens der Tora. Dagegen betrachtet Dtn 11,8 das "Starksein" und die Landnahme als die Folge des Toragehorsams.

130 Die Terminologie findet sich gleichfalls in Jos 1,7f, vgl. dazu oben, S. 203 Anm.503.

131 So Veijola, *Dynastie*, 22.

für die Dynastie erweisen, wenn es ungebrochen jeweils vom Vater an den Sohn weitergegeben wird.

Die Aussagen von V.4 betreffen nicht mehr Salomos Wirken, sondern nur das Weiterwirken seines Werkes in seinen Nachkommen. Darüber aber kann nur JHWH verfügen. Das Seinige hat Salomo dazu getan, wenn er die Tora beachtet, eine Bedingung, die für seine Nachkommen gleichermaßen gilt (V.4aß). Während nun die Folgen seines Gehorsams sich zunächst direkt auf Salomo auswirken werden (V.3b), wird, wenn JHWH seinerseits auf Salomos Gehorsam reagiert, dieses sich auf Salomo insoweit beziehen, als er seinen Nachkommen die von David erhaltene Verheißung weitergibt, eine Verheißung, die im Moment der Übergabe sich für den Geber erfüllt und die JHWH gültig sein lassen wird, solange Davids Nachkommen die Ausgangsbasis - Leben gemäß der Tora - nicht in Frage stellen. Das von David zitierte JHWH-Wort (V.4aßb) ist analog der Mahnung Davids an Salomo (V.3) aufgebaut. Die im MT durch לֵאמֹר markierte Unterscheidung der Konsequenzen von den genannten Voraussetzungen ist nicht syntaktisch unmotiviert[132]. Sie dient dazu, die Hauptaussage hervorzuheben und dürfte durch die Übernahme einer als Zitat betrachteten JHWH-Aussage mitbedingt sein[133]. Zudem signalisiert sie, daß die in dem Bedingungssatz (V.4aß) bestehende Identität zwischen grammatischem und logischem Subjekt in der Verheißungsaussage (V.4b) aufgehoben ist, da das logische Subjekt dieser Aussage der in V.4a genannte JHWH ist[134].

Der erste Teil der letzten Rede Davids erweist sich so als eine komplexe Einheit, die bestimmt wird durch die über die Tora vermittelte Gottesbeziehung. Davids Worte (V.2-4) legen den Maßstab bereit für die später erfolgenden Beurteilungen Salomos und seiner Nachkommen. Dem allgemeinen Auftrag schließen sich in V.5-9 die nur Salomo betreffenden Aussagen an. Davids Weisungen lassen sich als Umsetzung der Gebote JHWHs im Regierungsalltag verstehen. Die Bestrafung Joabs obliegt Salomo nach Dtn 19,13 und 21,9. Die Bewahrung des Status der Familie Barzillais am Hofe Salomos bedarf keiner rechtlichen Begründung, sie ist ein Gebot der Bewahrung innenpolitischer Kontinuität. Der von Simei

---

132 So Veijola, *Dynastie*, 22.

133 Vgl. 1.Kön 8,25, hier wird erst die Verheißung einleitend mit לֵאמֹר zitiert, die Bedingung folgt dann im Anschluß daran mit רַק. Die umgekehrte Reihenfolge in 1.Kön 2,4 - Bedingung/Verheißung - ist durch die Anpassung der Gesamtaussage an den Kontext verursacht.

134 Das Fehlen eines Äquivalents für das zweite לֵאמֹר (V.4b) in einem hebräischen Manuskript, Vulgata und Lukian, könnte auf ein Abschreiberversehen im MT hinweisen; ausgelöst durch die pluralische Lesung von דְבָרוּ (V.4a), die von Lukian, Syrer, Targum und Vulgata bezeugt wird, könnte dann das zweite לֵאמֹר in den Text eingeführt worden sein. Die MT-Lesart wird aber durch LXX gestützt, das zweite לֵאמֹר findet sich auch im Targum. Sie ist lectio difficilior. Solange es Interpretationsmöglichkeiten für sie gibt, sehe ich keinen Anlaß, den Text textkritisch zu ändern oder aufgrund textkritischen Anstoßes literarkritisch zu argumentieren.

ausgesprochene unheilvolle Fluch[135] ist nach Ex 22,27 hinreichender Anlaß für seine Ahndung. Salomos Klugheit soll dem Vermächtnis des Vaters entsprechend in jenen Fällen für ausgleichende Gerechtigkeit sorgen, in denen David diese nicht durchzusetzen vermochte[136]. Auf das letzte Wort Davids (שָׁאוֹל) läßt der dtr Verfasser[137] wohl nicht ohne Absicht die Mitteilung von Davids Tod und Begräbnis und die Schlußaussagen zu seiner Regierung folgen (V.10-11)[138].

V.12 leitet über zur Herrschaftsperiode Salomos und legt deren Ausgangslage offen. V.12a akzentuiert, dabei auf 1,46 zurückgreifend, die über den Tod Davids hinausreichende Kontinuität der Herrschaft Salomos. V.12b vermerkt, daß Salomos Herrschaft sehr stabil wurde[139]. Der Vers ist wegen seiner Funktion als Verbindungsstück zwischen den Schlußnotizen V.10f und der Erzählung über Adonjas Ende V.13ff[140], des Stichwortes מַלְכֻתוֹ, das als Indiz späterer Abfassung betrachtet wird[141] und der Vorwegnahme der Schlußaussage in V.46b[142] in die Diskussion geraten. Entweder galten seine Aussagen als Eröffnung der in V.13ff folgenden Erzählung und als deren Bestandteil[143], als Schlußformel der voranstehenden Szene[144] oder als nachdtr Zusatz[145]. V.12 macht Aussagen über einen Zu-

---

135 Zu קְלָלָה נִמְרֶצֶת vgl. Veijola, *Dynastie*, 20 Anm. 22.

136 Die Formulierung des Auftrages in 1.Kön 2,9: וְאַתָּה אַל תְּנַקֵּהוּ ist des Wortlautes wegen auffällig, da an allen übrigen Stellen es stets JHWH ist, der den Übeltäter nicht ungestraft sein läßt, vgl. G. Warmuth, Art.: נקה nāqāh, ThWAT V. 1986. Sp.591-602, insbes. Sp.595. Salomo wird hier eine Aufgabe zuerkannt, die eigentlich JHWH zukommt.

137 Vgl. Würthwein, *Könige I*, 21.

138 Der inzwischen erschienene Artikel von W. T. Koopmans (The Testament of David in 1 Kings ii 1-10, VT 41. 1991, 429-449) bietet eine kolometrische Analyse von 1.Kön 2,1-10, die die Hypothese von der Einheitlichkeit dieses Abschnittes stützt.

139 K. Koch (Art.: כון kûn, ThWAT IV. 1984. Sp.95-107, insbes. Sp.106) weist darauf hin, daß Aussagen über den Bestand des davidischen Königtums an zentralen Stellen der David-Salomo-Geschichte mit dem Verb כון hiph/pol formuliert werden. V.12b kann als Erfüllung der Verheißung von 2.Sam 7,12 gelesen werden.

140 Noth *(Könige*, 9ff) redet im Hinblick auf V.12b von einer zum voranstehenden Text gehörenden Schlußformel, die dann den Anschluß der Nachträge in V.13ff und V.36ff ermöglichte.

141 Veijola *(Dynastie*, 23 Anm 46) beruft sich hier autoritativ auf Noth, der jedoch schreibt: "Die Abstraktbildung מַלְכוּת war zwar vor allem dem späteren, nachexilischem Hebräisch geläufig, ist aber durch Num 24,7 und 1.Sam 20,31 als auch schon in der älteren Sprache gebraucht bezeugt." L. Gulkowitsch, (Die *Bildung* von Abstraktbegriffen in der hebräischen Sprachgeschichte, Leipzig 1931, 128ff) kommt, hinsichtlich der Abstraktbildungen auf ût und der Form מַלְכוּת im besonderen, zu dem Ergebnis, daß die alten Abstraktbildungen von Substantiven und Adjektiven unter dem Einfluß des Akkadischen erfolgten. Die Hofschreiber kanaanäischer Fürsten haben seiner Meinung nach, dort wo sie für den juristischen Gebrauch keine Entsprechungen in der einheimischen Sprache fanden, derartige Abstrakta gebildet. "So kann er leicht parallel einem akkadischen ina šarrût NN gebildet haben NN לְמַלְכוּת..." (130).

142 Veijola, *Dynastie*, 23.

143 So Rost, *Thronnachfolge*, 91; Montgomery/Gehman, *Kings*, 91.

144 So Noth, *Könige*, 9ff; Jones, *Kings I*, 110.

stand, der den Hintergrund der folgenden Begebenheiten bildet. Der Erzähler setzt aber in V.13ff die Erzählung nicht, wie literarisch üblich[146],
mit der einleitend genannten Person Salomo fort, sondern führt zwei neue
Akteure ein. V.12 ist zwar im Stil einer Eröffnung formuliert, hat aber
hinsichtlich des präsentierten Protagonisten nicht die Funktion solcher
Einleitungssätze, die in den folgenden Aussagen agierende Person vorzu-
stellen. Dieser Umstand spricht eher dafür, daß der Verfasser von V.12
die Erzählung V.13ff vor sich liegen hatte und mit seiner klassischen Eröffnung eine Verbindung zwischen den Aussagen von V.1-11 und V.13ff
konstruierte. Die Notwendigkeit, einen Übergang von V.10f und V.13 zu
schaffen, bestand so nur für den dtr Verfasser von V.11.

Das Verdikt "Vorwegnahme" führt zu einer undifferenzierten Betrachtung der Beziehung zwischen V.12b und V.46b. Die Aussagen beider
Vershälften sind nicht identisch, auch wenn sie aufeinander bezogen worden sind. V.12b liegt ein wa=yiqtol-Satz vor, V.46b ein partizipialer Nominalsatz. Zudem ist in V.12b das Subjekt מלכתו und in V.46b ממכלה.
Die beiden Substantive bezeichnen nicht denselben Sachverhalt, wie gelegentlich angenommen wird[147]. Im konkret vorliegenden Fall sind die von
ihnen benannten Phänomene als Königsherrschaft (V.12b) und Königreich
(V.46b) voneinander zu unterscheiden[148]. Der wa=yiqtol-Satz (V.12b) bezeichnet hier einen Sachverhalt als Progreß, der partizipiale Nominalsatz
(V.46b) dagegen einen Zustand. V.12b ist mit "und seine Königsherrschaft
wurde sehr fest" wiederzugeben, V.46b hingegen als "und das Königreich
war fest in der Gewalt Salomos"[149]. V.12b deutet auf einen Vorgang hin,
der noch nicht abgeschlossen ist. V.46b konstatiert das Resultat. V.12b reflektiert die Position Salomos (seine Königsherrschaft), V.46b die Situation des Reiches. V.12 beschreibt die Ausgangssituation für die in V.13ff
berichteten Ereignisse. Der Gebrauch des in vorexilischen und exilischen
Texten selten belegten Ausdrucks מלכות allein spricht schwerlich gegen

---

[145] So Veijola, *Dynastie*, 27; Würthwein, *Könige I*, 6; Hentschel, *1. Könige*, 1984, 19; vgl.
den Überblick zu den Positionen bei Langlamet *Salomon*, 346 Anm. 68.

[146] Vgl. die syntaktisch vergleichbaren Eröffnungssätze Gen 16,1; 39,1; Ex 3,1; 1.Kön
20,1.

[147] Vgl. J. A. Soggin, Art.: מלך mælæk König, ThAT I. 1975². Sp.908-925, insbes.
Sp.909. G. von Rad, (Art.: βασιλεύς, מלך und מלכות im AT, ThWNT I. 1933. 563-569,
insbes. 569) nimmt an, daß für die Abstraktbildung מלכות mit einer Bedeutungsentwick-
lung zu rechnen ist, es zunächst Königtum bezeichne und später "im Sinne von Königsherrschaft, also in Beziehung auf den konkreten Machtbereich" gebraucht sei. "ממלכה ist in
der Bedeutung wenig von מלכות verschieden, nur hat es weniger die abstrakte Beziehung
auf das Institutionelle des Königtums preisgegeben..." (ebenda 569 Anm.28).

[148] So Noth, *Könige*, 4; zu den Abstraktbildungen der Wurzel מלך vgl. K. Seybold in:
H. Ringgren/ K. Seybold/ H.-J. Fabry, Art.: מלך mælæk, ThWAT IV. 1984. Sp.926-957,
insbes. Sp.940ff.

[149] Der Hinweis, daß das Reich als Ganzes sich nun unwiderruflich unter der Regierung Salomos befand, ist eine angemessene Schlußaussage, nachdem zuvor der Fall Simeis
berichtet wurde. Denn Simei galt als potentieller innenpolitischer Gegner der Davididen,
von dem zumindest eine Aufruhr Benjamins hätte ausgehen können.

die Verfasserschaft von Dtr, zumal dieses Substantiv eine defektive Schreibung von מלוכה sein könnte.

Ein Blick in die Konkordanz zeigt, daß מלוכה plene und defektiv geschrieben wird, das Nomen jedoch nie mit Suffix verzeichnet ist. Die defektive Schreibung von מלוכה kommt nur in jenen drei Fällen vor, in denen das Suffix 3. Ps.Sing. angehängt worden ist (Num 24,7; 1.Kön 2,12; Jer 52,31). Dieser bemerkenswerte Sachverhalt bedürfte einer gesonderten Betrachtung. Sollte sich nachweisen lassen, daß an den genannten Stellen hinter מלכתו sich מלוכה verbirgt und nicht מלכות, dann würde in 1.Kön 2,12b das entsprechende Wort aus 1,46 aufgenommen worden sein und der Verfasser so auf die Aussagen von 2,15 und 2,22 vorausweisen.

Die Verse 1-12 sind in der vorliegenden Form von Dtr[150] als Einleitung für die Szenen von V.13-46 geschrieben worden[151]. Sie sollen die Wahrnehmung des Lesers präformieren und seine Beurteilung der folgenden Geschehnisse zugunsten Salomos beeinflussen. Salomos Motivation wird offen gelegt. Es wird betont, daß er in Befolgung der Gebote JHWHs und des letzten Willens seines Vaters handelt. Sein in der überlieferten Erzählung zutage liegendes Motiv für die Ermordung Adonjas und Joabs, seine eigene Unsicherheit über die Stabilität seiner Position[152] und das Bestreben, diese abzusichern, werden von Dtr mit der ausdrücklichen Versicherung, daß Salomos Herrschaft sehr stabil war, verhüllt. Dtr bestimmt so den Verstehenshorizont für die kommenden Geschichten.

Ein Widerspruch zwischen dem David-Bild des Testamentes und dem David-Ideal[153], das Dtr den späteren Königen vorhält, liegt nicht vor. Dtr zeigt, daß David verständliche Motive für seine Empfehlungen hatte; dabei könnte sich der dtr David auf die Tora berufen. Den Zusammenhang zwischen Tora und Davids Einzelverfügungen stellt Dtr selbst her. David ordnet ferner nicht an, das Joab und Simei unmittelbar nach seinem Tode zu töten seien; vielmehr hat Davids Appell an Salomos Klugheit den Sinn, Salomo zu warnen, die beiden nicht bei erstbester Gelegenheit zu bestrafen, sondern bei einer ihrem früheren Handeln entsprechenden Gelegenheit. Dtr's Bearbeitung der ihm überlieferten Erzählung von Joabs und Simeis Ermordung ist darauf bedacht, eine Entsprechung zwischen Urteil und Verhalten der Hingerichteten zu betonen[154].

---

150 Die von B. O. Long (*I Kings*, with an Introduction to Historical Literature. The Forms of the Old Testament Literature 9, Grand Rapids/Michigan 1984, 160ff) festgestellten Differenzen von V.10-11 zu den übrigen dtr Rahmennotizen und die von ihm daraufhin als Parallelen herangezogenen Beispiele aus der dynastischen Chronik Babyloniens sprechen nicht gegen Dtr's Verfasserschaft von 2,1-12. Die Analogien sind so allgemein, daß aus ihnen bestenfalls eine Bekanntschaft Dtr's mit diesen oder ähnlichen babylonischen Texten erschlossen werden kann.

151 Vgl. Greßmann, *Geschichtsschreibung*, 191.

152 Vgl. Salomos Argument in 1.Kön 2,22 und dazu Fokkelmann, *Narrative Art*, 395f; Langlamet, *Salomon*, 508ff.

153 So lautet der Einspruch von Montgomery/Gehman, *Kings*, 88.

154 Würthwein (*Erzählung*, 16) bemerkt dazu; "Die Sätze, für die die Autorität des Ahnherrn David in Anspruch genommen werden, sollen zeigen, wie sachlich berechtigt...die Beseitigung Joabs und Simeis war."

Als Bearbeiter der überlieferten Erzählung hat Dtr die für die Beurtei-
lung Salomos kritischen Stellen, seine Mordbefehle, theologisch und sach-
lich entschärft. Die lakonische Mitteilung über die Ermordung Adonjas
(V.25) wird durch Dtr's theologischen Vorspann (V.24)[155] ihres impliziten
Negativurteils über Salomo beraubt. Der zweite Schwur Salomos ist eine
Variation seines ersten Schwures[156]. Er wiederholt die metaphorische
Schwuraussage im Klartext, schickt dieser aber eine auf Salomos Weg zum
Thron bezogene, geschichtstheologisch argumentierende Begründung vor-
aus. Diese imitiert formal den ersten Einleitungssatz des Schwures Davids
(V.29f), der die Entscheidung für Salomo enthielt. So wie weiland sein Va-
ter sich auf JHWH berief, so beruft sich auch Salomo hier auf JHWH, der
ihn in einer kritischen Situation standhaft sein ließ[157] und auf den Thron
seines Vaters David gesetzt hat, darüber hinaus ihm[158] ein Haus bereitet
hat, wie versprochen[159]. Der Salomo von V.22f behauptet aus aktuellem
Anlaß, Adonja habe sich um sein Leben geredet, weil er Salomo mit seinem Verlangen nach Abischag den Thron streitig mache. Salomo und
Adonja stehen einander als Gegner gegenüber. Der Salomo von V.24 benutzt den Anlaß, um einen Dritten, JHWH, gegen Adonja aufstehen zu
lassen. Salomo stellt sich hier nur als Werkzeug JHWHs dar, Adonja lei-
stet demnach Widerstand gegen JHWHs Plan. JHWH steht so eindeutig
auf der Seite Salomos, daß ein Angriff der Position Salomos gleichbedeutend ist mit der Verneinung der Autorität JHWHs. V.24a erweckt den
Schein einer objektiven Beweisführung. Der Urteilsspruch (V.24b) bedient
sich dann des aus der Gerichtssprache bekannten Terminus יומת[160].

---

[155] Veijola (Dynastie, 22) hat auf Dtr als den wahrscheinlichen Verfasser von V.24 hingewiesen.

[156] Nach M. R. Lehmann (Biblical Oaths, ZAW 81, 1969, 74-92, insbes. 81) wäre die
formelhafte Einleitung des ersten Schwures כה יעשה לי אלהים וכה יוסיף Hinweis auf
die den Schwur begleitende symbolische Handlung und könnte auf eine öffentliche Demonstration hindeuten.

[157] Inhaltlich weist Salomos Argument zurück über 1,29a zu 1,12b.

[158] Die von manchen Exegeten (vgl. hier die Aufzählung bei Veijola, Dynastie, 22 Anm
33) vorgeschlagene Änderung von לי in לו, um die Aussage sachlich auf David zu beziehen, da die Rede von einer Dynastie Salomos verfrüht sei, hat die gesamte Textüberlieferung gegen sich. Die Verständnisprobleme lösen sich auf, wenn das "Haus" in der Aussage
"der mir ein Haus bereitet hat" nicht auf die Dynastie bezogen wird, sondern auf Salomos
Haus und Familie (vgl. 2. Sam 12,8). Ohnehin wäre die Rede von einer salomonischen Dynastie, unabhängig davon, ob sie verfrüht wäre oder nicht, recht merkwürdig, da als Ahn-
herr der judäischen Königsfamilie immer David und nicht Salomo gilt.

[159] Die Rückverweisformel läßt alle drei vorangegangenen Äußerungen als Interpretation von 2.Sam 7,12 erscheinen und unterstreicht so die geschichtstheologisch konstruierte
Legitimation.

[160] Interessante Parallelen sind hier die Bestimmungen, die die Todesstrafe für Vergehen gegen JHWHs Autorität vorsehen, vgl. Ex 19,12; 31,15; 35,2; Lev 24,16; Num 15,35;
Dtn 13,6. In der Regel wird der Terminus dort angewandt, wo ein reguläres Verfahren unter Feststellung des Vergehens erfolgt. Die diesbezügliche Frage Jonathans (1.Sam 20,32b)
entspringt der Intention, die persönliche Auseinandersetzung Sauls mit David auf eine
rechtliche Basis zu heben, um so deren Grundlosigkeit aufzuweisen.

Dtr hat versucht, den Brudermord Salomos theologisch und rechtlich zu legitimieren. Salomo wird hier zum Erfüller eines von JHWH ausgelösten Geschehens stilisiert und verwandelt sich von einem Individuum, das zur Verantwortung gezogen werden kann (V.22f.25), in ein Objekt des Handelns JHWHs (V.24), so daß Salomo zwar noch das Todesurteil über Adonja ausspricht, aber hinter der auf Schicksal und JHWH verweisenden unpersönlichen Rechtsterminologie verschwindet. Die theologische Tendenz von 1.Kön 2,3-9 wird hier realisiert, parallel dazu verläuft die Personalisierung des Statements von V.12. In V.24 behauptet Salomo für seine Person, was der Verfasser in V.12 für einen Sachverhalt vermerkt hatte.

Die Bitterkeit der letzten Aussage von V.25 וימת wird durch die folgende Szene (V.26) zwischen Salomo und Ebjathar gemildert. Das Bild des entschlossen und rücksichtslos handelnden Königs, dem jegliches Rechtsdenken fremd ist, wird retouchiert und um einen angenehmeren Zug ergänzt. Der Verfasser lenkt des Lesers Aufmerksamkeit auf den (nach dem Vorbild von 1.Kön 2,7) חסד übenden König Salomo.

V.27 wird seit Benzinger[161] als dtr Erfüllungsvermerk der Weissagung gegen das Haus Elis (1.Sam 2,27-36) angesehen. Veijola[162] hat die Übereinstimmung zwischen den geschichtlichen Begründungen des Testamentes Davids (2,5-9) und der Begründung der Begnadigung Ebjathars (V.26b) hervorgehoben. Sieht man mit Veijola in V.26b.27 Dtr am Werke[163], dann fehlt dem Fluchwort "ein Mann des Todes bist du" (V.26aß) die Fortsetzung[164]. Die Ebjathar-Szene unterbricht den Zusammenhang zwischen V.25-28[165]. Ihren Platz hat sie an dieser Stelle in Analogie zur Aufzählung der Gegner Salomos (V.22) erhalten[166]. Ihrer inhaltlichen Aussage nach, Betonung der ausgleichenden Gerechtigkeit Salomos, übernimmt sie Position und Funktion der Weisung Davids zugunsten des Hauses Barzillais. Die zweite Rede Salomos mit dem beziehungsreichen Spiel des Namens ענתת[167] und der Aussage כי התענית בכל אשר התענה אבי, die Ebjathars Verschonung mitbegründet, entspringt eher dtr

---

161 Benzinger, *Könige*, 1899, 12; Wellhausen (*Composition*, 259) hatte diesen Vers bereits als Interpolation betrachtet.

162 Veijola, *Dynastie*, 21.

163 Würthwein (*Könige I*, 23) spricht davon, daß V.26f dtr erweitert sei.

164 Todesflüche dieser Art stehen in der Regel nicht ohne weitere Erläuterungen über das anschließende Schicksal des Verfluchten; vgl. in ihrem jeweiligen Kontext die entsprechenden Fluchworte/Verwünschungen von 1.Sam 20,31; 26,16; 2.Sam 12,5; 19,29.

165 Vgl. die angegebenen Kommentare zur Stelle.

166 Die Erwähnung Ebjathars in V.22b erweckt den Eindruck eines Zusatzes, der, wenn er nicht als Randglosse, die die V.26f reflektierte, in den Text geraten sein sollte, auch vom Dtr eingefügt worden sein könnte. Die Vereinfachungen, die LXX und Syrer an dieser Stelle vornehmen, sprechen eher für einen sehr frühen Zusatz. Eine rein textkritische Erklärung, wie sie z.B. Noth (*Könige*, 7) vorschlägt, der eine doppelte Dittographie annimmt, bleibt unbefriedigend.

167 Der Name ist in der biblischen Überlieferung nur an dieser Stelle defektiv geschrieben.

Konzeption als dem Zufall. Die Information, daß Salomo Zadok anstelle Ebjathars einsetzte (V.35b), könnte, betrachtet man sie mit Veijola[168] als Rückverweis auf die Prophezeiung von 1.Sam 2,35f, eine dtr Zusatznotiz sein. Allerdings fehlt dieser lakonischen Information, der nach 1.Sam 2,35f zu erwartende, Hinweis auf JHWHs Mitwirkung. Zwar ist die Aussage von V.35b in Analogie zu jener in V.35a formuliert, doch begründet das für sich noch nicht ihre Sekundarität gegenüber V.35a[169].

Joab und Ebjathar, Benaja und Zadok sind innerhalb der Thronfolge-erzählung als Anführer gegnerischer Parteien aufgetreten. Ihre Schicksale sind in der Ausgangsszene (1,7f) miteinander verknüpft worden. Die Er-wähnung der Beförderung Benajas ruft automatisch die Frage nach Za-doks Lohn wach. Zadok steht im Mittelpunkt der Aussage von 2,35b und nicht Ebjathar; die Parallelisierung mit Benajas Schicksal ist zu erwarten ist. So fehlt jegliches Indiz dafür, daß 1.Sam 2,35f dem Verfasser von 1.Kön 2,35 vorlag. Anzeichen für dtr Tendenz oder Wortwahl sind auch nicht vorhanden. Daher wird V.35b Teil der Dtr vorliegenden Erzählung gewesen sein[170]. Aus dem Umstand, daß 1.Kön 2,35b aus dtr Perspektive als Erfüllung von 1.Sam 2,35f gelesen werden konnte, folgt nicht, daß V.35b erst nach 1.Sam 2,35f formuliert worden sein muß. Macht man für diese beiden Texte Dtr als Verfasser dingfest, so ist zu fragen, warum Dtr sich dann mit einem derart wortkargen und unauffälligem Erfüllungsver-merk begnügt hätte. Das Eintreffen des Negativbescheides von 1.Sam 2,27-34 war ihm jedenfalls eine Rede Salomos wert (V.26-27). Die von Dtr gestaltete Absetzung Ebjathars[171] bot hinreichend Gelegenheit, Zadok an-gemessen zu bedenken und herauszustellen. Dtr nutzte diese Chance nicht, was andeutet, daß die Mitteilung über Zadok in 2,35b ihm schon vorlag.

Das nächste Mal meldet sich Dtr in den V.31b-33 zu Wort[172]. Dtr trägt an der für die Bewertung des Handelns Salomos äußerst kritischen Stelle der überlieferten Salomo-Rede eine juristisch-theologische Begründung ein, die die für V.24 beschriebene Argumentationsstruktur übernimmt und mittels der Motivik von V.5f realisiert. Als Regisseur des Geschehens ver-schwindet Salomo hinter seinem Instrument Benaja[173], dann erscheint der Erzschurke Joab auf der Bildfläche, in der für ihn bereits skizzierten Rolle des Bluttäters, der den Ruf der Gerechtigkeit des Hauses David bedroht. So kann dann JHWH als Rächer gegen Joab ins Spiel gebracht und ange-rufen werden. Die Verwerflichkeit der Taten Joabs wird durch den mora-lischen Vergleich zwischen ihm und seinen Opfern herausgestrichen. Auf

---

[168] Veijola, *Dynastie*, 21.

[169] Noth (*Könige*, 37) hält V.35b für einen Zusatz.

[170] Vgl. Langlamet, *Salomon*, 515.517f.

[171] Vgl. J. S. Rogers, *Narrative Stock*, 403f.

[172] Greßmann, *Geschichtsschreibung*, 1921[2], 191; Veijola, *Dynastie*, 19.

[173] Die Lesung zweier hebräischer Handschriften, הסירתי, die von Fokkelmann (*Narrative Art*, 402) bevorzugt wird, berücksichtigt die Tendenz des Verfassers, Salomo möglichst im Hintergrund des Geschehens stehen zu lassen, nicht.

die durch diese Gegenüberstellung aufkommende Frage - wenn seine Opfer so offenkundig gerechter waren als Joab, wo war dann David? - wird
unverzüglich geantwortet mit der kategorischen Behauptung, daß David
davon nichts wußte (V.32aß).

Die Aussage über Davids Unwissenheit ist eine Explikation der in V.5
vom Verfasser undiskutiert vorausgesetzten Unschuld Davids. Sie steht im
Mittelpunkt der dtr Salomorede[174] und ist das Ziel der eingeschobenen
Aussagen. Der Sachverhalt wird durch ihre herausgehobene Position unterstrichen, die sie nur dadurch erhalten hat, daß die Schuldloserklärung
Davids erfolgt, bevor der Tatbestand durch die Benennung der Opfer
präzisiert werden kann (V.32b). Nachdem alle Oppositionen zuungunsten
Joabs ausgefallen sind[175], kann das Schicksal seinen objektiven Lauf nehmen (V.33a) und JHWH als Garant der Unversehrtheit der Davididen
und ihrer Herrschaft beschworen werden (V.33b). JHWH kommt auch in
dieser Angelegenheit auf die Seite Salomos zu stehen. Voraussetzung dafür, daß JHWH den Davididen Schalom gewährt (V.33b), ist, daß Joab
seinen Schalom verliert (V.6b). Joabs Hinrichtung wird rechtlich und
theologisch legitimiert.

Salomo kann veranlassen, daß Abners und Amasas Blut über Joab kommt, nicht jedoch,
daß Joabs Blut auf dessen Haupt zurückfällt. Die Hinrichtung Joabs ist nur dann kein süh-
nepflichtiger, Blutschuld implizierender Mord, wenn JHWH Joabs Blut als eigene Schuld
auf ihn zurückfallen läßt. Von einem Wirkungsautomatismus kann man nicht sprechen, ansonsten bedürfte es nicht der expliziten Anrufung JHWHs. Kochs These von der aus sich
heraus "machtwirkenden Sphäre, in die der Täter durch seine Tat hineingestellt ist..."[176],
trifft den hier beschriebenen Sachverhalt nicht. Die gleichlautenden Wendungen in Ri 9,57;
1.Sam 25,39; 2.Sam 16,8; 1.Kön 2,32.44 belegen, daß es JHWH oblag, in der uneindeutigen
politischen Sphäre für erkennbare Schuldzuweisungen zu sorgen. Die Ausdrucksweise, daß
JHWH die Schlechtigkeit bzw. Blutschuld auf den Kopf des Täters zurückkehren läßt, findet sich an den genannten Stellen als Beschreibung eines Sachverhaltes (Ri 9,57; 1.Sam
25,39) oder als Beschwörung JHWHs (2.Sam 16,8; 1.Kön 2,32.44). David bleibt es vorbehalten, angesichts einer solchen gegen ihn gerichteten Anrufung JHWHs, denselben um die
Umkehrung zu bitten (2.Sam 16,12). Prov 24,12 zieht mit der Aussage, daß Gott jedem
Menschen entsprechend seinen Taten vergilt, so etwas wie ein theologisches Fazit.

Das Denken in Oppositionen, die Einführung JHWHs als entscheidenden Opponenten Joabs, die Konzentration auf David als Hauptbeteiligten
neben Joab und der durch die Rechtsterminologie bewirkte Schein von
Objektivität[177], all das läßt Salomo als die eigentlich handelnde Figur hinter den Bühnenkulissen verschwinden.

174 Auf die konzentrische Redefigur hat Fokkelmann (*Narrative Art*, 402) hingewiesen.

175 JHWH : Joab; Joab : Abner und Amasja; David : Joab; bezeichnenderweise taucht
Joab nicht einmal als Bezugsobjekt in der Schuldloserklärung Davids (V.32aß) auf. Der
Verfasser deutet so subtil an, daß David an den Morden in keinerlei Hinsicht beteiligt war.

176 K. Koch, Gibt es ein *Vergeltungsdogma* im Alten Testament?, ZThK 52. 1955. 1-42,
insbes. 24.

177 Vgl. K.W. Whitelam, The Just *King*: Monarchical and Judical Authority in Ancient
Israel, JSOT.S 12, Sheffield 1979, 153f.

Reventlow[178] vermutet hinter den Aussagen von 2.Kön 2,32f, insbesondere in dem Ausdruck דָמוֹ עַל רֹאשׁוֹ, einen kultrechtlichen Hintergrund und sieht Salomo in kultrechtlicher Richterrolle agieren[179]. Anklänge an eine kultrechtliche Situation wie an eine profan-rechtliche Situation sind hörbar, doch ist der Aufbau der Szene (V.31-33) so konstruiert, daß Reventlows Erwägung im Text keinen konkreten Anhalt findet. Kochs Kritik an Reventlow[180] ist in dieser Hinsicht berechtigt. Sie wird gestützt durch die Analysen von Boecker, denen zufolge diese und ähnlich konstruierte Schuldigerklärungen vom Strafrecht her in die Kultgesetze übernommen worden sind[181]. Der Vorwurf, daß Reventlow nicht zwischen Magie und positiv gesetztem Recht unterscheide, ist auf der Ebene historischer Betrachtung unzulässig. Reventlow setzt eine literarische Konstruktion gleich mit einem historischen Vorgang. Koch dagegen grenzt den Rechtsbereich als ausschließlich personal strukturierten aus, um so seine These von der schicksalswirkenden Tatsphäre behaupten zu können, und verweist dann folgerichtig alle Indizien, die gesellschaftliche Wirkungsmechanismen (religiöser oder nichtreligiöser Natur) anzeigen, in den Raum der Magie[182]. Das Ausrufen eines Fluches oder einer entsprechend formulierten Anrufung JHWHs ist keine Strafe, sondern ein Rechtsbehelf. Innerhalb des altorientalischen Rechtslebens hatten magische Handlungen in Ausführung dieser Funktion durchaus ihren anerkannten Platz.

Am stärksten hat Dtr in die Erzählung über Simeis Ende (V.36-46) eingegriffen. Die V.44 und 45 werden seit Greßmanns entsprechendem Hinweis[183] auf ihren inhaltlichen Bezug zu der Testamentsverfügung 1.Kön 2,8f für redaktionelle Zusätze dtr Prägung gehalten[184]. Daneben gelten in V.37b und in V.42f die Hinweise auf den JHWH-Schwur als dtr Zusätze bzw. Bearbeitungen[185]. Die pro-salomonische Tendenz der Zusätze ist allgemein anerkannt[186]. Die Schuldloserklärung Salomos (V.37b) folgt dem Argumentationsmuster von V.33f. Die Variation der Formel läßt JHWH dieses Mal außen vor, ein Umstand, der die prinzipielle Offenheit der Situation herausstellt, bei gleichzeitiger Behaftung Simeis für den weiteren Verlauf[187]. Die Ankündigung des Urteils mit der Rechtsformel מוֹת תָּמוּת,

---

[178] H. Graf Reventlow, "Sein *Blut* komme über sein Haupt", VT 10. 1960. 311-327.

[179] Reventlow, *Blut*, 320.323.

[180] K. Koch, Der *Spruch* "Sein Blut bleibe auf seinem Haupt", VT 12. 1962. 396-416, 400.

[181] H. J. Boecker, *Redeformen* des Rechtslebens im Alten Testament, WMANT 14, Neukirchen (1964[1]) 1970[2], 135ff.

[182] Koch, *Spruch*, 403ff.

[183] Greßmann, *Geschichtsschreibung*, 1910[1], 191.

[184] Vgl. u.a. Veijola, *Dynastie*, 19f.26; Mettinger, *King*, 28; Würthwein, *Könige I*, 9; Jones, *Kings I*, 53. Noth (*Könige*, 38) sieht in den V.36-46 insgesamt einen vordtr Nachtrag zur überlieferten Thronnachfolgeerzählung und erwägt daher, ob die V.44f, der Einleitungsformel von V.44 wegen, nicht als Zusatz zu betrachten seien.

[185] Vgl. u.a. Veijola, *Dynastie*, 20f; Würthwein, *Könige I*, 9; Seebaß, *Erzählung*, 45.

[186] Vgl. ebenfalls Langlamet (*Salomon*, 521ff), der für die Aussagen zu seiner pro-salomonischen Bearbeitung rechnet. Hentschel (*1.Könige*, 30f) folgt im Grundsatz der literarkritischen Analyse Langlamets, erklärt aber im Gegensatz zu letzterem die gesamte Unterhaltung zwischen Salomo und Simei (V.42-45) zum Werk des pro-salomonischen Bearbeiters.

[187] Der in 1.Kön 2,37b verwendete Ausdruck דָּמְךָ יִהְיֶה בְרֹאשֶׁךָ findet sich für den Sachverhalt (der Angesprochene wird für eigenes, in der Zukunft liegendes Verhalten haftbar gemacht) nur noch in Ez 18,13 und Ez 33,4. In Ez 18,13 steht, 1.Kön 2,37 darin vergleichbar, vor der Blutschuldformel מוֹת יוּמָת.

anstelle der im Gerichtsverfahren üblichen Formel מות יומת[188], zieht diese Linie weiter aus. Die Ankündigung des Todesurteils durch מות תמות
findet sich regelmäßig in jenen biblischen Erzählungszusammenhängen, in
denen der Angesprochene von einem Verhalten abgehalten werden soll
bzw. in denen ihm vorgeworfen wird, in voller Absicht und wissentlich ein
todeswürdiges Verbrechen begangen zu haben. Eine derartige Urteils-
eröffnung ergeht durch JHWH[189], durch Propheten, die im Namen
JHWHs reden[190], Könige[191] oder durch eine Gruppe von Priestern und
Propheten[192], mithin immer durch eine als Autorität anerkannte Instanz[193].

Die dtr Bearbeitung des Gesprächs zwischen Salomo und Simei akzeptiert Simeis eigene Verantwortung für den Ausgang. Das im folgenden
berichtete Geschehen (V.39aß.40) hat eine doppelte zeitliche Einleitung.
Auf die betreffende unbestimmte Angabe von V.38b, daß Simei lange Zeit
in Jerusalem wohnte, folgt in V.39aα, nunmehr als Präzisierung zu V.38b,
die genaue Datierung des folgenden Ereignisses. Es geschah angeblich am
Ende von drei Jahren. Die beiden Zeitangaben sind miteinander nicht
ausgeglichen worden. Das geht unter anderem hervor aus dem merkwürdigen Hintereinander von "am Ende von drei Jahren" nach der Bemerkung
"viele Tage". "Viele Tage" wird als Zeitangabe in biblischen Erzählungen
dort eingesetzt, wo die Zeitdauer unbestimmt ist und bleiben soll.

Eine unbestimmte Zeitangabe ימים רבים ohne weitere Differenzierung findet sich in
Gen 21,34; 37,34; Lev 15,25; Num 9,19; 20,15; Dtn 1,46; 2,1; 20,19; Jos 11,18; 22,3; 23,1;
24,7; 2.Sam 14,2; 1.Kön 3,11; 1.Chron 7,22; 2.Chron 1,11; 15,3; Jer 13,6; 32,14; 35,7; 37,16;
Ez 12,27; Hos 3,3f; Hiob 38,21; Dan 8,26. Eine weitere Differenzierung des Zustandes, von
dem es zuvor hieß, daß er viele Tage andauerte, liegt vor in Esth 1,4, wo die unbestimmte
Dauer auf 180 Tage eingegrenzt wird, ferner in 1.Kön 2,38f und in 1.Kön 18,1. Nur an den
beiden letztgenannten Stellen erfolgt eine Begrenzung des unbestimmten Zeitraumes auf
drei Jahre. Allerdings lautet die Wendung in 1.Kön 18,1a ויהי ימים רבים ודבר יהוה היה
אל אליהו בשנה השלישית לאמר. Die Zeitangabe "im dritten Jahr" gilt Würthwein[194] als
erläuternde Glosse. Es wird sich jedoch eher um einen editorischen Rückverweis auf 1.Kön
17,1 handeln[195].

---

[188] Vgl. zur Rechtsform der Todessätze H. Schulz, Das *Todesrecht* im Alten Testament,
Studien zur Rechtsform der Mot-Jumat-Sätze, BZAW 114. Berlin 1969.

[189] Vgl. Gen 2,17; 20,7.

[190] Vgl. 2.Sam 12,14 - Nathan über den ersten Sohn Bathsebas und Davids; 2.Kön
1,4.6.16 - Elija über bzw. zu Ahasja; 2.Kön 8,10 - Elisa über Benhadad von Damaskus; Ez
3,18; 33,8.14 - über den Frevler.

[191] 1.Sam 14,39.44 - Saul über Jonathan; 1.Sam 22,16 - Saul über Ahimelech; 1.Kön
2,37.42 - Salomo über Simei. Diese Ankündigung des Todesurteils bringt Salomo zumindest literarisch in die Nähe von Saul und seiner fragwürdigen Rechtspraxis, vgl. 1.Sam
22,6ff.

[192] Jer 26,8 wird Jeremia vom Tempelpersonal mit diesen Worten festgenommen.

[193] Unter diesem Aspekt ist der in Num 26,65 mittels der Worte כי אמר יהוה להם
מות ימתו erfolgende Rückbezug auf die Mose und Aaron betreffenden Todesankündigun-
gen Num 20,12.26 theologisch interessant, da die Ankündigungen von Num 20 die Formel
nicht verwenden. Der Verfasser 'umhüllt' sich in seiner Bezugnahme mit Rechtsautorität.

[194] Würthwein, *Könige I*, 207 Anm. 9.

[195] Vgl. Montgomery/Gehman, *Kings*, 293.

Nur in 1.Kön 2,38f wird eine zunächst unbestimmte Zeitangabe genau eingegrenzt und durch ויהי akzentuiert. Die nächste auf die Regierungsjahre Salomos bezogene Angabe findet sich in 1.Kön 6,1 und datiert den Beginn des salomonischen Tempelbaus in das vierte Regierungsjahr Salomos. Diese Zeitangabe war dem dtr Verfasser vorgegeben[196], hingegen dürfte die Erzählung über Simeis Ende ursprünglich ohne die Angabe eines Regierungsjahres gewesen sein. Dtr hat, wie die Versetzung der Salomos Regierungszeit betreffenden negativen Ereignisse vom Anfang seiner Herrschaftszeit an deren Ende zeigt (1.Kön 11,14ff)[197], die Salomo-Traditionen entsprechend seiner theologischen Bewertung Salomos historisch angeordnet. Erzählungen, die Salomo und seine Regierung in negativem Licht erscheinen lassen, finden sich nur vor der ersten Erscheinung JHWHs (1.Kön 3,4ff) oder nach JHWHs Vermahnung Salomos (1.Kön 9,1-9). In die so herausgehobene Zwischenzeit fallen alle positiv beurteilten Unternehmungen Salomos, aus denen der Tempelbau herausragt.

Die Datierung der Simei-Episode in das dritte Regierungsjahr Salomos erlaubt eine deutliche Absetzung der blutigen Anfangsjahre von der Schalom-Zeit des Tempelbaues, die mit dem vierten Regierungsjahr beginnt. Der Einschnitt zwischen Salomos unheilvollem Beginn seiner Herrschaft und ihrem späteren guten Verlauf wird inhaltlich betont durch die Traumtheophanie zu Gibeon, nach der ein veränderter König Salomo präsentiert wird[198]. Die in den Erzählungen von 1.Kön 2 vorgeführte Weisheit Salomos ist nach menschlicher Art. Dieser Salomo nutzt seine Weisheit ausschließlich zur Durchsetzung eigener Ziele und zum Verderben seiner Opponenten. Es ist die todbringende Weisheit Jonadabs, des Ratgebers Amnons, der alten Frau von Thekoa, des Instruments Joabs, und Huschais, des Ratgebers Absaloms[199]. Die Erscheinung zu Gibeon läßt einen

---

[196] Noth (*Könige*, 103) sieht in den Aussagen von 1.Kön 6,1 die dtr Einleitung des Tempelbauberichtes. Er nimmt aber an, daß Dtr die Angabe des vierten Regierungsjahres aus den vorliegenden amtlichen Unterlagen entnahm (128). Würthwein (*Könige I*, 62) geht davon aus, daß DtrG die Zeitangabe "viertes Jahr" für den Tempelbaubeginn aus ihm vorliegender älterer Quelle übernommen habe. Vgl. ebenfalls Jepsen (*Quellen*, 13.22) und A. Jepsen/R. Hanhart, *Untersuchungen* zur israelitisch-jüdischen Chronologie, BZAW 88. Berlin 1964, 45.

[197] Der Abfall von Edom und Aram-Damaskus gehört in die Zeit unmittelbar nach dem Thronwechsel. Auch der von Jerobeam angeführte Aufstand fand nicht am Ende der Regierungszeit statt. Vgl. im einzelnen Noth, *Könige*, 244ff; Würthwein *Könige I*, 136ff; Gray, *I & II Kings*, 270ff; Jepsen, *Quellen*, 20.

[198] B. O. Long (*Artistry* in Hebrew Historical Narrative: Observations on 1-2 Kings, Proceedings of the Eighth World Congress of Jewish Studies, Division A, Jerusalem 1982, 29-34, insbes. 31) und G. Savran (*1 and 2 Kings*, in: R. Alter/ F. Kermode (eds.), The Literary Guide to the Bible, Cambridge, Mass. 1987, 146-164, insbes. 155) weisen auf den Unterschied hin zwischen dem aktiv und entschieden handelnden Charakter Salomos in 1.Kön 2,13ff und dem Salomo von 1.Kön 3,1-10,29, dessen Erfolge nahezu in handlungsarmen Schilderungen berichtet werden.

[199] Vgl. Flanagan, *Court History*, insbes. 177ff; Brueggemann, *David's Truth*, 50f; F. E. Deist, *David*: A Man after God's Heart? An Investigation into the David Character in the

verwandelten Salomo zurück. Seine Weisheit ist eine Gabe JHWHs geworden. Sie bringt seinen Untertanen nicht mehr Tod, sondern Frieden und Wohlstand.

Die Vorladung Simeis (V.42aα), nachdem dieser den von Salomo gesuchten Vorwand geliefert hat (V.39-41), weicht von der bisher bekanntgewordenen Vorgehensweise Salomos ab, verläßt aber nicht die Linie der Rechtfertigungsversuche der zuvor geschilderten Tötungen. Hier werden ebenfalls Salomos gute Absichten betont. Vorladung Simeis und Rechtfertigung Salomos gehören zusammen. Zu der überlieferten Erzählung und ihrer anti-salomonischen Tendenz paßt dieser scheinbar humane Charakterzug Salomos, dem Übeltäter Gelegenheit zur Rechtfertigung seines Verhaltens zu geben, nicht. Salomos eigene Verteidigung ist eine unter theologischen Gesichtspunkten konstruierte Auslegung der Simei zuvor erteilten Aufenthaltsbeschränkung. In ihrem ersten Teil (V.42) interpretiert sie tendenziös die Unterredung zwischen Salomo und Simei (V.36aβ-38a). Aus einer unter Todesandrohung erzwungenen Zustimmung Simeis (V.38a)[200] wird hier ein bei JHWH abgelegter Eid (V.42aα)[201], für dessen Bruch Salomo sich selbst als Zeugen benennt[202] und als Ankläger auftritt[203]. Das in seiner geographischen Ausdehnung nur nach Norden eindeutig begrenzte Aufenthaltsgebiet Simeis (V.36b.37bα)[204] wird durch eine fast unmerkliche Variation des Zitats[205] zur Jerusalemer Bannmeile, und Simeis eigene Worte werden so gegen ihn ins Feld geführt (V.42aβ).

Im übertragenen Sinn konstruiert Dtr hier so etwas wie einen Zwei-Fakten-Beweis. Simeis eigener Mund (JHWH-Eid) und sein Gedächt-

---

so-called Succession Narrative, in: W. C. Wyk (ed.), Studies in the Succession Narrative, Pretoria 1986, 99-129, insbes. 120ff.

200 Die Antwort fällt durch ihren formelhaften Charakter auf. Nach Ch. Barth (Die Antwort Israels, in: H. W. Wolff (ed.), Probleme, 44-56, insbes. 51f) verweist die Struktur derartiger Antworten auf eine Herkunft aus höfischem oder militärischem Bereich.

201 Folgt man den Überlegungen von I. Kottsieper (Artikel שָׁבַע šāba', שְׁבֻעָה š°bu'āh, in: THWAT VII.1993, Sp.974-1000, ebenda Sp.998), daß analog altorientalischen Verständnis der König als Vertreter Gottes galt, dann ist "š°bū' at_'ælohîm als die von Gott garantierte Strafmacht anzusehen, die denjenigen, der dem König wiedersteht, trifft."

202 Zu עוד hiph. als Terminus der Rechtssprache vgl. H. Simian-Yofre/ H. Ringgren, Art.: עוד 'wd, ThWAT V. 1986. Sp.1107-1130, insbes. Sp.1111f.

203 Zur Doppelfunktion des Zeugen vgl. I. L. Seeligmann, Zur Terminologie für das Gerichtsverfahren im Wortschatz des biblischen Hebräisch, in: Hebräische Wortforschung, FS W. Baumgartner, VTS 16. 1967. 251-278, insbes. 263f.

204 Die Erläuterung der Aussage von V.36b durch die Ortsangabe in V.37a ist notwendig, sonst hätte die Anordnung in V.36b, da sie unmittelbar auf Simeis Jerusalemer Hausbau und Wohnpflicht folgt, Hausarrest für Simei impliziert.

205 Die Aussage von 1.Kön 2,36b ולא תצא משם אנה ואנה wird in V.42a zu ביום צאתך והלכת אנה ואנה. Die Änderung ermöglicht es, die konkrete Begrenzung, Überschreitung des Kidrontals fallen zu lassen. Die Wendung אנה ואנה findet sich außer an diesen beiden Stellen nur noch in 1.Kön 5,25, im Munde Gehasis, der sich mit den Worten verteidigt: לא הלך עבדך אנה ואנה.

nis/Wissen[206] zeugen gegen ihn. Der Nachdruck, mit dem auf Simeis erin-
nertes Wissen in V.42aß abgehoben wird, die in dieser Hinsicht erfolgte
Wiedergabe von V.37aß und die Funktion, die sein Wissen (ידע) für den
Erweis seiner Schlechtigkeit in V.44aα erhält, sprechen dafür, daß Dtr für
die entsprechende Aussage ידע תדע von V.37aß verantwortlich ist. Der
Urteilsspruch zitiert die Urteilsankündigung aus V.37b wörtlich. Die Verwendung der Todesdeklaration מות תמות erklärt sich nicht allein aus dem
Zitatcharakter der Aussagen von V.42aß, sondern beruht wesentlich auf
der Intention des Verfassers, Simei als Verursacher seines Todes herauszustellen.

Die verkürzte Wiedergabe der Zustimmung Simeis (nur die ersten beiden Worte aus V.38aα werden zitiert), und ihre Akzentuierung in V.42b
(טוב הדבר שמעתי)[207] vereinfachen den Sachverhalt zugunsten Salomos.
So zitiert, erübrigt sich die nach V.38aß zu erwartenden Gegenfragen Simeis, was denn genau der König gesagt habe, und ob Simei überhaupt gegen dessen Weisung verstoßen habe. Nachdem die Ausgangsposition derart von Dtr in der Rückschau vereindeutigt worden ist, kann Salomo seine
(im Hinblick auf Simeis Antwort) rein rhetorische Frage nach dessen Motiven für Eidbruch und Befehlsübertretung stellen (V.43). Die Frage, die
Simei, die Argumentationslinie von V.42a fortsetzend, das Gewicht seines
Vergehens und damit dessen Unvergebbarkeit vorhält, bereitet die Antwort vor, die sich Salomo selbst dann gibt (V.44)[208].

Salomo legt Simeis schlechten Charakter, unter Berufung auf dessen
Selbsteinsicht und Erinnerung bloß; Herz und Vergangenheit sprechen als
Zeugen gegen Simei (V.44a), so daß Salomo nur noch zu wünschen bleibt,
JHWH möge Simei von dessen eigenen Verderbtheit ereilen lassen
(V.44b). Salomos Rede hört auf, wie sie begonnen hat: JHWH ist die eigentlich in ihrer Autorität angegriffene Instanz, Salomo sorgt nur dafür,
daß ein Vergehen gegen JHWH gesühnt wird, er ist schuldlos am Schicksal Simeis. Das von Salomo angesichts seines vorbildhaften Verhaltens
konstatierte Gesegnetsein[209] seiner Person, das er gleichermaßen für die

---

[206] Zum Herzen als Sitz der Erinnerung vgl. J. Bergman/J. G. Botterweck, Art.: ידע
jāḍaʿ, ThWAT III. 1982. Sp.479-512, insbes. Sp.493. Zu der Vorstellung, daß der eigene
Mund gegen einen zeugt vgl. insbes. die Einleitung des Mosieliedes in Dtn 31,19-21 und vgl.
dazu oben S.180.183.

[207] Nach Pedersen (*Eid*, 166) ist diese so geäußerte Zustimmung Simeis Voraussetzung
dafür, daß Salomos Eid als Eid Simeis gelten kann.

[208] Der erneute Redeeinsatz von V.44 ist weder überflüssig noch unbegründet, wie
manche Exegeten meinen, vgl. Noth, *Könige*, 38; Veijola, *Dynastie*, 20; Jones, *Kings I*, 119.
Hier markiert er einerseits die nach Salomos rhetorischer Frage zu erwartende Kunstpau-
se, in der Simei hätte antworten können, aber nach der gelungenen Vorarbeit Dtr's natürlich über keine Argumente mehr verfügt, was durch den erneuten Redeeinsatz Salomos
betont wird. Zum anderen wird die Aufmerksamkeit des Lesers umso nachdrücklicher auf
das nach Meinung des dtr Verfassers wahre Motiv des Handelns Simeis (V.44) gelenkt.

[209] V.45a ist Nominalsatz, V.45b dagegen ein durch יהיה erweiterter Nominalsatz.
Demzufolge kann V.45a als konstatierende Behauptung und V.45b als Wunschaussage
verstanden werden. Die Ausführungen von J. Scharbert (Art.: ברך, ThWAT I. 1973.

Dynastie von JHWH erhofft, erscheint so als die sein Handeln leitende Kraft. Die Aussage, daß Davids Thron fest stehen möge vor JHWH, konnte Dtr im Vorgriff auf die Schlußaussage, daß das Königreich fest in der Gewalt Salomos war (V.46b) als Wunsch formulieren.

Die Dtr vorliegende Tradition kommt in V.46 wieder zum Zuge, wie die Spannung zwischen der in V.42-45 vorausgesetzten Situation und jener von V.46 zeigt. Nachdem Simei bereits vor Salomo stand, hätte Benaja nicht hinausgehen müssen (יצא), um ihn zu töten, sondern es hätte lauten können, "er führte ihn hinaus (ויציאהו)". Dtr stellt den Anschluß an die nach den Worten וישלח המלך (V.42aα) unterbrochene Tradition mit ויצו[210] wieder her. Die Vollzugsnotiz (V.46a) ist entschärft und die lakonische Mitteilung, daß sich das Königreich nunmehr fest in der Gewalt Salomos befinde, hat einen Teil ihres bitteren Realismus verloren und ist als Erhörung der Bitte Salomos (V.45) lesbar. JHWH hat durch den Lauf des Geschehens aus der Perspektive Dtrs gezeigt, daß Salomo wohl nicht im Auftrag JHWHs aber doch mit seiner Billigung gehandelt hat.

JHWHS ERSTE INTERVENTION

Salomo auf Abwegen?

1.Kön 2 führt einen entschieden handelnden König Salomo vor, der von einem sicheren Machtinstinkt bei der Ausschaltung seiner Gegner geleitet wird. Der in den folgenden Kapiteln auftretende Salomo scheint von anderer Natur zu sein, wie schon mancher Ausleger bemerkte[211]. Salomo wird im wesentlichen als kompetenter und weise planender Herrscher dargestellt, der auf das Wohlergehen des Volkes bedacht ist. Als entscheidungsfreudiger und sich behauptender Machtpolitiker tritt er nicht mehr in Erscheinung. Die Verwandlung von einem Machtmenschen in einen aufgeklärten, gottesfürchtigen und friedliebenden Monarchen ist einer Intervention von höchster Stelle zu verdanken. Die Traumtheophanie zu Gibeon markiert das entscheidende Ereignis in der "Biographie" Salo-

---

Sp.808-841, insbes. Sp.817) vereinfachen den Sachverhalt, wenn sie den Modus des Wunsches auf beide Aussagen beziehen. Syntaktisch vergleichbare Feststellungen mit der Segensformel wie in 1.Kön 2,45a finden sich u. a. in Gen 14,19f; Dtn 28,3-6. Gen 14,19f konstatiert den Zustand des Gesegnetseins Abrahams und interpretiert so die unmittelbar vorausgehenden Ereignisse. Dtn 28,3ff wird der Segenszustand als Realität behauptet für den Fall, daß Israel JHWHs Gebote hält.

210 Vgl. die Stichworte מצוה und צוה in V.43 und die Ausführungen von B. Levine, Art.: מצוה miṣwāh, ThWAT IV. 1984. Sp.1085-1095, insbes. Sp.1087f.

211 Vgl. u.a. A. Šanda, Die Bücher der *Könige*, in: EHAT 9,1, Münster 1911, 63; J. De Vries, 1 *Kings*, 47f; G. Savran, *1 and 2 Kings*, 155.

mos[212], und ist für seine Verwandlung verantwortlich. Die Leerstelle[213] zwischen "altem Salomo" und JHWHs Begegnung mit diesem ist mit einigen Informationen angefüllt worden, die den Übergang von dem einen zu dem anderen Salomo-Bild vorbereiten.

1.Kön 3,1-3 gilt gemeinhin als mixtum compositum in der Forschung. Die Aussagen über Salomos ägyptische Heirat[214] und seine Bauten in V.1 wären demnach eine von dtr Redaktor aus anderem Zusammenhang abgeleitete Mitteilung. Der den illegitimen Höhenkult des Volkes erklärende Hinweis (V.2) sei eine nachdtr Glosse[215], während V.3 als "deuteronomistischer Vorspruch zu der folgenden Traumoffenbarungserzählung"[216] zu werten sei[217]. Porten hat in seiner Analyse der literarischen Struktur von 1.Kön 3-11 gezeigt, daß die zwischen 3,1 und 9,24 stehenden Abschnitte in den Sätzen von 3,1-3 und 9,24f eine aufeinander bezogene Ein- bzw. Ausleitung erhalten haben[218]. Mit der ausländischen Heirat und dem Tempelbau werden die beiden für die dtr Beurteilung Salomos wichtigsten Fakten genannt, darauf folgt das dtr Anfangsurteil über Salomo.

Die Aussagen von V.1 und V.3 befinden sich inhaltlich im Gegensatz zueinander. Den Bemerkungen über die Verheiratung mit der Pharaonentochter (V.1abα) stehen jene über Salomos Verhältnis zu JHWH gegenüber (V.3a). Der Vorinformation über Salomos künftige Bautätigkeiten, in deren Zentrum die Errichtung des Tempels steht[219], folgt die Behauptung

---

[212] Baltzer (*Biographie*, 1975, 8ff) versucht u.a. an der Salomo-Überlieferung zu zeigen, daß dieser eine literarische Gattung 'Idealbiographie' zugrunde gelegen habe. Gegen seine Thesen ist einzuwenden, daß das erkenntnisleitende Interesse des Verfassers, Erstellung einer theologischen "Biographie", nicht vereinbar ist mit der Intention der Gattung 'Idealbiographie', die der Darstellung der wesentlichen Lebensereignisse im Leben eines Menschen, nicht nur seines öffentlichen, sondern auch seines privaten Lebens dient. Innerhalb von 1.Kön 2-11 erfahren wir fast nichts von Salomos Kindern. Die im Hintergrund der Argumentation Baltzers stehende ägyptische Idealbiographie hat einen anderen Sitz im Leben, als die von ihm postulierte alttestamentliche Gattung nämlich die Grabinschrift. Zudem verfolgt die Darstellung einzelner Lebensabschnitte von Propheten andere Intentionen als die Darstellung der Regierungszeit Salomos. Im übrigen liegt in 1.Kön 3,4ff kein Einsetzungsbericht für Salomo vor. Zur Grabinschrift und Idealbiographie vgl. Eberhard Otto, Die biographischen *Inschriften* der Ägyptischen Spätzeit, 1954 und ders., *Biographien*, in: HO 1. Bd. Ägyptologie, 2. Abschnitt, Literatur, 179-188)

[213] Long (*I Kings*, 26) hat auf die Funktion der sogenannten "pausal moments" hingewiesen.

[214] Zum historischen Gehalt dieser Nachricht vgl. A. Malamat, Das davidische und salomonische *Königreich* und seine Beziehungen zu Ägypten und Syrien. Zur Entstehung eines Großreichs, Österreichische Akademie der Wissenschaften, Phil. Hist. Kl. Sitzungsberichte 407, Wien 1983, 20ff; ebenfalls M. Görg, Pharaos Tochter in Jerusalem oder: Adams Schuld und Evas Unschuld?, Bamberger Universitätszeitung IV/5. 1983. 4-7.

[215] So schon Benzinger, *Könige*, 14f.

[216] So Noth, *Könige*, 49.

[217] Vgl. ebenfalls Würthwein (*Könige I*, 29) und Long (*I Kings*, 61).

[218] Porten, *Structure*, 98.

[219] Theologisch betrachtet liegt die Hauptfunktion der Aussagen zur Übersiedlung der Pharaonentochter in die Davidstadt in der Vorbereitung der Aussage, daß der Tempelbau

über Salomos JHWH-Treue und (V.3) Höhenopfer[220]. Die aus der Perspektive von Dtn 7,3f und 23,7f negativ zu bewertende Heirat Salomos[221] wird austariert durch die Herausstellung seiner nach dem Vorbild Davids beispielhaften Beziehung zu JHWH. Der Hinweis auf den erst später vollendeten Tempelbau (V.1bß) bietet, jedenfalls für die ersten 11 Regierungsjahre Salomos, eine hinreichende Erklärung für den Höhenkult. Beide Negativaussagen (V.1a.3b) werden nicht aufgehoben durch die Gegenaussagen (V.1bß.3a). Salomo wird nur eine Beachtung der ḥuqqôt Davids[222] bescheinigt, nicht der Satzungen JHWHs, wie nach 1.Kön 2,3 zu erwarten wäre; eine Aussage, die aber theologisch nach der vorherigen Mitteilung der Fremdheirat nicht mehr denkbar ist. Außerdem läßt die Bemerkung über Salomos Höhendienst offen, in welchem Zeitraum dieser stattfand[223].

---

noch nicht vollendet war. Zu dieser Bemerkung konnte der Verfasser nur über das Wohnen der Salomogemahlin in der Davidstadt gelangen.

220 Dieser Sachverhalt kann zusätzlich als Indiz späterer Abfassung von V.2 gelten, wobei offen bleiben kann, ob es sich um eine Glosse oder eine nachdtr redaktionelle Bemerkung handelt.

221 Die Heirat einer Ägypterin ist nicht explizit verboten nach Dtn 23,7f. Doch 1.Kön 11,1 führt die Ägypterin ausdrücklich unter den fremden Frauen Salomos auf, die ihn zum Götzendienst verführten. Daß solche Heiraten mißbilligt wurden, läßt sich aus der Bestimmung über den Eintritt von Ägyptern in die Gemeinschaft Israels ablesen, dieser wurde erst für die dritte Generation erlaubt. Paradigmatische Züge dürfte in dieser Hinsicht auch die Behandlung des Abrahamssohnes Ismael tragen, der nicht als gleichwertiger Erbe neben Isaak gilt (Gen 21,9ff). Das Schweigen über Nachkommen aus der Verbindung zwischen Salomo und der Ägypterin kann nicht a priori gegen die Möglichkeit dieser Verbindung ins Feld geführt werden, es kann schlicht Folge fehlender Überlieferung sein. Zu bedenken ist, daß außer den zwei mit Distriktgouverneuren verheirateten Salomotöchtern Taphat, Basmat und dem Thronfolger Rehabeam keine weiteren Kinder Salomos erwähnt werden, angesichts des Umfanges des salomonischen Harems ist die Existenz einer großen Nachkommenschar aber wahrscheinlich. Nicht ausgeschlossen werden kann, daß das Schweigen über Kinder aus der ägyptischen Ehe theologisch motiviert sein könnte. Die ägyptische Heirat gilt in der späteren rabbinischen Auslegungstradition als Anfang der Sünden Salomos, vgl. Ginzberg, *Legends*, Vol. VI, 281f.294f.

222 Die Wendung דוד בחקות הלך ist singulär, üblicherweise werden die ḥuqqôt, denen man folgt, immer auf JHWH bezogen, wenn sie einer aus Sicht der Verfasser akzeptablen Orientierung dienen (1.Kön 6,12; Jer 44,10.23; Ez 5,6f; 11,20; 18,9.17; 20,13.16. 19.21), unabhängig davon, ob eine Aufforderung, eine Warnung oder eine Anklage vorliegt. Nur das Doppelurteil über Israel und Juda (2.Kön 17,8.19) bezieht die inkriminierten ḥuqqôt auf die Völker bzw. Israel. Ez 33,15 spricht in Hinblick auf den Gerechten von den Satzungen des Lebens, denen dieser folgt. Der Wendung von 1.Kön 3,3a scheint die allgemeinere Phrase PN בדרך הלך zugrundezuliegen; letztere zählt in der Variante הלך יהוה בדרך zum typischen dtn/dtr Sprachgebrauch, vgl. u.a. J. Bergman/ A. Haldar/ H. Ringgren/ K. Koch, Art.: דרך dæræḵ, ThWAT II. 1977. Sp.288-312, insbes. Sp.309ff; Helfmeyer, הלך hālaḵ, bes. Sp.424ff. Zur Verbreitung des Ausdrucks PN בדרך הלך und der betreffenden Synonyma vgl. Nötscher, *Gotteswege*, 1958.

223 Erst der Zusatz in V.2 bringt mit der Verschiebung des Akzentes von Salomo auf das Volk eine zeitliche Begrenzung des Höhenkultes auf die Vortempelzeit in den Text hinein. Vgl. Noth, *ÜSt*, 67 Anm. 2.

Die Figur Salomos wird hier im Spannungsfeld gezeigt zwischen der nach dtn Gesetz morganatischen Heirat, anrüchigen Kultpraktiken und seiner Verehrung JHWHs. Die Verantwortung für die darin liegende, ihn potentiell bedrohende Dynamik, liegt nach Ansicht des dtr Verfassers bei Salomo. Sobald die beiden gleichgerichteten Faktoren (Fremdheirat, Höhenkult) zusammenkommen, wird der JHWH-Anhänger Salomo zu Fall kommen. Der Vorspann 1.Kön 3,1.3 gibt zu erkennen, daß Salomo, wenn er dem Vorbild Davids folgt, auf keinem der beiden Seitenwege in den Abgrund der Apostasie geraten wird. Die Zusammenstellung der Hauptargumente 'für Salomo' und 'gegen Salomo' gleicht einem Vorblick auf die dtr Darstellung der Geschichte Salomos in 1.Kön 3-11. Die Notiz über seine ägyptische Heirat ist Teil dieser Vorschau und entspricht ganz der Tendenz von Dtr, wenig schmeichelhafte Begebenheiten über Salomo außerhalb der durch die beiden Theophanien abgegrenzten Idealzeit zwischen Salomo und JHWH stattfinden zu lassen. Dieser so markierte Zeitraum[224] ist eine Zeit ungebrochener Übereinstimmung zwischen Salomos Unternehmungen und JHWHs erklärtem Willen. Die Kongruenz zwischen JHWHs Willen und Salomos Handeln wird keinesfalls als automatische Folge der Liebe Salomos zu JHWH präsentiert. Dtr kontrastiert letztere sogleich mit Salomos verdächtigen Kultpraktiken[225]. Die Gleichung "wie Salomo mit JHWH ist, so ist JHWH mit Salomo" wird erst gültig, nachdem JHWH sich Salomos entschieden angenommen hat. JHWH, der nach der Geburt des Prinzen Salomo sich diesem eindeutig zuwandte, erfährt seinerseits die Zuwendung des König Salomo[226], allerdings nicht ganz so ungeteilt, wie dieses für eine gedeihliche Beziehung zwischen beiden Voraussetzung wäre. Die Aussage über den Höhenkult (3,3b) ist mehr als ein, in Hinblick auf die Gibeon-Theophanie unumgängliches Eingeständnis Dtr's, daß Salomo nicht-koschere Kultplätze aufsuchte. Diese Notiz setzt die Notwendigkeit einer Klärung des Verhältnisses zwischen JHWH und Salomo.

---

[224] Die Wendungen von 1.Kön 3,1bß werden in der Einleitung der zweiten Theophanie 1.Kön 9,1a wörtlich wiederholt.

[225] Nach H. Weippert (Die deuteronomistischen *Beurteilungen* der Könige von Israel und Juda und das Problem der Redaktion der Königsbücher, Bib 53, 1972, 301-339, insbes. 314f) widerspricht der hier gegen Salomo laut werdende Vorwurf jeglicher Erwartung, da die sonst positiv beurteilten judäischen Könige nicht eigenhändigen Höhenkultes beschuldigt werden. Da sie zudem das von ihr für einen ersten Redaktor der Königsbücher eruierte Beurteilungsschema hier nicht wiedererkennt, möchte sie in 1.Kön 3,2f eine spätere Nachahmung sehen. Nicht berücksichtigt hat sie in ihrer Argumentation, daß 1.Kön 3,2 von einer anderen Hand stammt als 1.Kön 3,3. Ihre weitgehend auf dem Vergleich formaler Strukturen beruhende Analyse trägt dem Umstand keine Rechnung, daß die Ursachen für die geringere Formalisierung der dtr Eingangsnotiz für Salomo durchaus in der Intention des dtr Verfassers liegen können, hier mit der Eröffnung noch nicht alles über Salomo zu sagen, wie sonst in den folgenden Darstellungen der judäischen Könige üblich, um so einen literarischen Spannungsbogen konstruieren zu können.

[226] 1.Kön 3,3a respondiert 2.Sam 12,24f.

Analysiert man die den Aussagen 3,1.3 zugrundeliegende Beziehungsstruktur Salomo-JHWH, dann zeigt sich folgender Verlauf der Beziehung: 1) Salomo nimmt eine ägyptische Ehefrau - gegen JHWH. 2) Salomo wird den Tempel bauen - für JHWH. 3) Salomo liebt JHWH - Salomo ist auf der Seite JHWHs. 4) Salomo opfert auf den Höhen - gegen JHWH. Die Sequenz endet also mit einem Verhalten Salomos, das zumindest eine Reaktion von Seiten JHWHs hervorrufen muß, wenn die Vorstellung vom Gott wohlgefälligen und in seinem Dienste erfolgreichen König Salomo Bestand haben soll. Die in 1.Kön 3,4ff folgende Erzählung über JHWHs Auftritt im Traume Salomos berichtet von einer genau zu dieser Situation der Herausforderung JHWHs passenden göttlichen Antwort. 1.Kön 3,3b beschreibt allgemein die äußeren Voraussetzungen für Salomos Anwesenheit auf der Kulthöhe von Gibeon. Gleichzeitig enthält diese Aussage ein Motiv für JHWHs Erscheinen an diesem Ort. Das Nebeneinander der Aussagen von 3,3a und 3,3b deutet an, daß JHWH mit seinem Erscheinen die bereits vorhandene Ausrichtung Salomos auf ihn bestärken wird, so daß von diesem, solange er JHWH liebt, keine weiteren Höhenopfer mehr zu berichten sein werden.

Die Begegnung zwischen JHWH und Salomo zu Gibeon

Die Erzählung über JHWHs erste Begegnung mit Salomo ist ihrer Herkunft und Bearbeitung nach in der Forschung umstritten. Die Positionen reichen von der Behauptung einer alten, historisch zuverlässigen Tradition[227] oder wenigstens alten Sage[228] über das Zugeständnis redaktioneller Bearbeitung unterschiedlichen Ausmaßes[229] bis zur Zuschreibung des gesamten Textes von 1.Kön 3,4-15 an Dtr[230]. Die Diskussion über den Umfang der dtr Bearbeitung, die im Prinzip von allen neueren Auslegern zugestanden wird, fand ihren vorläufigen

---

[227] Vgl. S. Herrmann, Die *Königsnovelle* in Ägypten und Israel, WZ (L), 1953/54 Bd.3 GS Heft 1, 33-44; Montgomery/Gehman, *Kings*, 105.

[228] So Greßmann, *Geschichtsschreibung*, 1921[2], 196f.

[229] Vgl. u.a. Benzinger, *Könige*, 15; Noth, *Könige*, 44ff; Weinfeld, *Deuteronomy*, 246ff; M. Görg, *Gott-König*-Reden in Israel und Ägypten, BWANT 105. Stuttgart 1975, 25ff; Gray, *I & II Kings*, 120ff; Würthwein *Könige I*, 30ff; Long, *I Kings*, 63; DeVries, *1 Kings*, 1985, 48ff. Neuerdings vertritt A. G. Auld die These, daß die Version in 2.Chron 1,2-13 nicht auf 1.Kön 3,1-15 zurückgeht, sondern beide Texte eine gemeinsame Quelle hätten, die Auld zu eruieren sucht, ders., *Solomon* at Gibeon: History Glimpsed, in: EI 24. 1993. Avraham Malamat Volume, 1*-7*, und ders., *Salomo* und die Deuteronomisten - eine Zukunftsvision? ThZ 48. 1992, 345-355. Zum Verhältnis der beiden Texte vgl. aber St.L. McKenzie The Chronicler's Use of the Deuteronomistic History. HSM 33. Atlanta/Georgia 1985, ebenda 85.88.113.

[230] Vgl. Ph. Reymond, Le *rêve* de Salomon (1 Rois 3,4-15), in: Hommage à W. Vischer, 1960, 210-215, 210f; Jepsen, *Quellen*, 19 (DtrII); Veijola, *Dynastie*, 48 Anm.6 (DtrG); H. A. Kenik, *Design* for Kingship. The Deuteronomistic Narrative Technique in 1 Kings 3:4-15, SBLDS 69, Chico/California 1983, 41ff.

Endpunkt in der detaillierten Studie von Helen Kenik[231]. Kenik analysiert im wesentlichen die Struktur der Erzählung und versucht so zu zeigen, daß auf dieser Erzählebene eine einheitliche dtr Komposition vorliegt. Dtr habe diese Erzählung geschaffen, sich dabei der Königsnovelle als rhetorischer Vorlage bedient und in die Komposition traditionale Elemente aus Israels Überlieferungen, Königsideologie und Jahwismus inbegriffen, nach dem Vorbild mündlicher Vorträge eingebaut. Dtr lege mit diesem Entwurf sein Idealkonzept eines Königs unter der Tora vor. Ihre Strukturanalyse erklärt in überzeugender Weise das Entstehen dieser Erzählung als Einheit[232].

Das Ergebnis der subtilen literarkritisch-redaktionsgeschichtlichen Analyse Würthweins[233], derzufolge eine nur rudimentäre Grunderzählung von 1.Kön 3,4-15 erst durch verschiedene dtr Bearbeiter als Erzählung Gestalt annimmt, läßt sich nur noch perspektivisch von dem Ergebnis der Strukturanalyse Keniks unterscheiden. Sieht man einmal davon ab, daß Kenik zur Erklärung der Komposition als Einheit weniger Annahmen benötigt als Würthwein für seinen literarkritischen Entwicklungsprozeß[234], so ist von beiden Positionen her der Schluß unausweichlich, daß die Traumtheophanie eine dtr Komposition ist, die für den vorliegenden Textzusammenhang gestaltet worden ist[235].

---

[231] Kenik, *Design*.

[232] Vgl. insbesondere Kenik, *Design*, 41ff.199ff. Die Einwände, die man gegen einige ihrer theologischen Thesen erheben kann, tangieren nicht ihre Gesamtanalyse; Vgl. kritisch z.B. jene These, daß Dtn 1,9-18 programmatisch die vormonarchische Ära einleite und 1.Kön 3,4-15 entsprechend die uminterpretierte dtr Königszeit (Kenik, 143ff) oder jene Annahme, daß 1.Kön 3,4-15 den Text von Dtn 4,6 illustriere (Kenik, 37.146).

[233] Würthwein, *Könige I*, 30ff.

[234] Das gilt ebenfalls für die Analyse von D. McLain Carr, (*From D to Q*. A Study of Interpretations of Solomon's Dream at Gibeon. SBL.MS 44. Atlanta/Georgia 1991, ebenda 13-56), der im Wege des Substraktionsverfahrens zu einer vordtr Vorlage kommt. Diese Vorlage ist aber nur in der harmonisierenden englischen Übersetzung (a.a.O. 32) eine überzeugende Einheit. Der von McLain Carr ermittelte hebräische 'Grundtext' weist Lükken und Inkonsistenzen auf, auf die der Autor nicht eingeht; z.B. wird in dem vermeintlichen 'Grundtext' die letzte Wendung der Unvergleichbarkeitsformel כל ימיך (V.13b) als Erläuterung zu dem Versprechen von Reichtum und Ehre gezogen. Die Formel wird dadurch zerstört und der eigentliche Skopus der Aussagen von V.13 - zu Lebzeiten Salomos gibt es keinen vergleichbar wohlhabenden König - geht verloren. Der Anschluß von V.14b unmittelbar an diese Zeitbestimmung wirkt zumindest im hebräischen Text merkwürdig.

[235] Die Untersuchung von L. Ehrlich (Der *Traum* im Alten Testament. BZAW 73. Berlin 1953; ebenda 19-27) zeigt, daß sich der Traumbericht 1.Kön 3,4-15 gut in die Reihe alttestamentlicher Traumerzählungen einfügt. Aus gattungsgeschichtlicher Perspektive besteht keine zwingende Notwendigkeit, die ägyptische Königsnovelle als einzige Erzählvorlage zu betrachten. C. L. Seow (The Syro-Palestinian *Context* of Solomon's Dream, HTR 77. 1984, 141-152) hat auf die bemerkenswerten Übereinstimmungen hingewiesen, die zwischen den Traumoffenbarungen der Könige Danil und Keret in den ugaritischen Texten vorliegen. A. Jeffers (*Divination* by Dreams in Ugaritic Literature and in the Old Testament, IBSt 12. 1990, 167-183) hat die Struktur der diesbezüglichen ugaritischen und alttestamentlichen Texte verglichen und weitgehende Parallelität der ugaritischen und alttestamentlichen Komposition aufgezeigt. Als weitere Gattung dürfte das Märchen vom freige-

Die Erzählung bildet eine literarische Brücke zwischen den heterogenen Salomo-Überlieferungen von 1.Kön 2 und 1.Kön 3,16ff. Ihre Hauptfunktion liegt nicht in der Legitimation Salomos als Nachfolger Davids[236]. Das Problem ist bereits anderwärts erschöpfend behandelt worden und wird hier vom Verfasser als gelöst vorausgesetzt[237]. Im übrigen enthält jede für die öffentliche Verbreitung bestimmte Erzählung einer Begegnung zwischen Gott und König legitimatorische Züge, was allein die Behauptung einer solchen Erfahrung betrifft, so daß nicht vorschnell auf die Legitimation der Position des menschlichen Partners als Hauptmotiv der Erzählung geschlossen werden sollte[238]. Zweifellos sucht diese Erzählung den Ursprung der Weisheit Salomos zu erklären[239], die indes nicht im engeren Sinne als die Begabung Salomos mit den idealen Eigenschaften eines Oberrichters[240] zu verstehen ist, sondern im Sinne einer Befähigung Salomos für die Ausübung seiner Aufgaben als Herrscher[241]. Diese Perikope bietet eine Deutung an für Salomos diesbezügliche Kompetenzen.

Das Eingeständnis Salomos, daß ihm die Voraussetzungen zur Ausübung seines Amtes fehlen (3,7b)[242], obwohl er doch JHWH seine Position verdankt (3,7a), deren Anforderungen er nicht gewachsen ist (3,8), behaftet JHWH bei seiner Wahl[243]. Implizit handelt es sich bereits um die Aufforderung an JHWH, den König entsprechend seiner Position zu begaben. Dann folgt die ausdrückliche Bitte um ein hörendes Herz, damit er

---

stellten Wunsch die Gestaltung der Erzählung in 1.Kön 3,4-15 mit beeinflußt haben, zu diesem vgl. H. Gunkel, Das *Märchen* im Alten Testament, Tübingen 1921, 81f; Greßmann, *Geschichtsschreibung*, 1921[2], 196.

[236] So u.a. Görg, *Gott-König*, 81.113; J. A. King, The *Role* of Solomon in the Deuteronomic History, Ph. D., The Southern Baptist Theological Seminary, Louisville/Kentucky 1978, 65ff; Long, *I Kings*, 66f.

[237] Die Formulierungen von 1.Kön 3,6b.7a betrachten die Thronnachfolge Salomos als eine der erfüllten Zusagen JHWHs an David. JHWHs Frage setzt Salomos Königtum als selbstverständlich voraus. Bereits Greßmann (*Geschichtsschreibung*, 1921[2], 196) hat darauf hingewiesen, daß dieses traditionelle Märchenmotiv der von der Gottheit freigestellten Bitte, zumeist dort auftaucht, wo die Gottheit vor ihrem Liebling erscheint. Daß Salomo JHWHs Liebling ist, wissen wir seit 2.Sam 12,24f.

[238] Irgendwelche Pläne, die anschließend unter Verweis auf deren göttliche Anordnung zur Ausführung gelangen, entwickelt Salomo in dieser Begegnung mit JHWH nicht. Dieses ist jedoch ein wesentliches Moment der ägyptischen Königsnovelle, vgl. hierzu A. Hermann, Die ägyptische *Königsnovelle*, Leipziger Ägyptologische Studien 10, Glückstadt 1938.

[239] Noth, *Könige*, 46f.

[240] So u.a. Montgomery/Gehman, *Kings*, 107; Mettinger, *King*, 238ff; Gray, *I & II Kings*, 126.

[241] Vgl. Jones, *Kings I*, 127; Rehm, *Könige I*, 44; Niehr, *Herrschen*, 88f.

[242] Das Begriffspaar בוא und יצא kann allgemein "Tun und Lassen" ausdrücken (vgl. H. D. Preuß, Art.: יצא jāṣaʾ ThWAT III, 1982, Sp.795-822, insbes. Sp.800). Dtn 31,2 wird Moses allgemeine Führungskompetenz so bezeichnet. Die Aussage Salomos ist Eingeständnis allgemeiner Führungsinkompetenz. Vgl. ebenfalls oben 153f; Whitelam, *King*, 159; und L. Kalugila, The Wise *King*. Studies in Royal Wisdom as Divine Revelation in the Old Testament and its Environment, CB.OT 15, Lund 1980, 112f.

[243] Vgl. 1.Kön 1,48; 2,15.24.

JHWHs Volk regieren könne, und dabei zwischen gut und böse unterscheiden lerne (3,9). Salomos Bitte kann als Reflexion der in 1.Kön 1-2
berichteten Ereignisse gelesen werden. Sein Aufstieg wird in 3,6 wie in
1,48 als Gunst JHWHs für David gedeutet[244]. JHWH hat David in Salomo
die Treue bewahrt. Der so "Erwählte"[245] hat zwar erste Beweise politischer Intelligenz geboten, doch weisen ihn seine bisherigen Regierungsmaßnahmen (2,13-46) weder als vorbildlich aus, noch als jemanden, der
hören und sicher zwischen gut und böse unterscheiden kann; geschweige
denn, daß er die vom Erbauer des Tempels JHWHs gewünschte religiöse
Lauterkeit erkennen läßt. Dtr läßt Salomo hier in weiser Selbsteinsicht
JHWH um die Eigenschaften bitten, an denen es Salomo sichtlich mangelt. Die Anfrage JHWHs an Salomo bringt letzterem eine Größe wieder
zu Bewußtsein, die sein voriges Handeln außer Betracht gelassen hatte:
JHWHs Volk. Israel ist als JHWHs Volk ein Salomo überlegenes Gegenüber, wie er eingesteht[246]. Infolgedessen verlangt Salomo, in Anerkennung
seiner, verglichen mit Israels Stellung gegenüber JHWH, minderen Position[247] nicht nach den üblichen Ehren der Könige[248], sondern nach den
Eigenschaften, die einen Wesir auszeichnen[249].

[244] Die dtr Formulierung in 1.Kön 2,24 zeigt einen wesentlich weniger bescheidenen
Salomo als in 1.Kön 3,6 und verstärkt so den Kontrast zwischen den beiden Salomobildern.
2,24 zeigt den seiner selbst und der Macht gewissen Salomo in seiner Hybris; 3,6 zeigt, was
im Angesicht JHWHs davon übrigbleibt. Der Gegensatz ist von Dtr geschaffen worden, um
die Entwicklung Salomos vom Gewaltherrscher, der weder verwandtschaftliche Bindungen
noch die Unverletzbarkeit des Altares respektiert, zum gerechten Herrscher und Tempelbauer zu demonstrieren.

[245] G. Ahlström (*Solomon*, the Chosen One. HR 8, 1968, 93-110, insbes. 103f) sieht
hinter den Aussagen von 1.Kön 1,48; 2,15.24; 3,7 die traditionelle Vorstellung der Erwählung des Königs durch einen Gott durchschimmern.

[246] Zur Erwählungsaussage vgl. Dtn 7,6; 14,2; Jes 14,1; 41,3.9; 44,1f; zur Volksgröße
(3,8b) und der damit verbundenen Schwierigkeit, es zu regieren; vgl. Num 11,14 und 2.Sam
24,1ff.

[247] JHWH hat Salomo zum König gemacht (3,7a), aber Salomo ist nur ein Teil des erwählten Volkes. Eine Aussage, daß Salomo so wie sein Vater David (2.Sam 6,21) oder Saul
(1.Sam 10,24) von JHWH erwählt worden sei, findet sich innerhalb des DtrG nicht. Einzig
1.Chron 28,6.10 behauptet eine Erwählung Salomos durch JHWH.

[248] Zur Aufnahme traditioneller altorientalischer Königsbitten vgl. die Kommentare
zur Stelle; Vgl. Kenik (*Design*, 152ff), die aber ebenso wie Noth (*Könige*, 50ff) auf die in
den Königspsalmen reflektierte Königsideologie hinweist, die in der Weisheitsüberlieferung
des Proverbibuches dann 'demokratisiert' worden sei (vgl. Kenik, *Design*, 159f). Vgl. auch
die Bitten um langes Leben in den Inschriften Jeḥīmilks (KAI 4,3f), ʾElības als Königs
Nabopolassors (Nr. 4.II.21f, nach S. Langdon, Die neubabylonischen *Königsinschriften*,
VAB 4, Leipzig 1912 , 66f) und die entsprechenden Bitten Nebukadnezars (Nr. 1.III.43ff;
Nr.2.III.30ff, nach Langdon, *Königsinschriften*, 78f). Eine interessante Parallele zu Salomos
nicht erbetenen Ehren bieten die diesbezüglichen Verneinungen Kerets, als El ihm im
Traum erscheint und nach seinem Begehren fragt; vgl. (Krt) 34-154, insbes. 38-43.53-
57.124-140 (nach C. H. Gordon Ugaritic Textbook, AnOr 38. Rom 1965, ebenda 250f). M.
W. Gregory (*Narrative Time* in the Keret Epic and the Succession Narrative, Ph. D. 1988,
The Southern Baptist Theological Seminary, Louisville/Kentucky) hat in seiner Studie die
Erzähltechniken im Keret-Epos und in 2.Sam 9-20 untersucht und bemerkenswerte Paralle-

JHWH hat die Initiative zu dieser Begegnung ergriffen (3,5), wiewohl durch die Situation herausgefordert (3,3b.4). Die Wirkung auf Salomo läßt nichts zu wünschen übrig. Salomo, mit JHWH konfrontiert (3,6-9), kommt zu einer wesentlich realistischeren Einschätzung seiner eigenen Würdigkeit als jener Salomo, der gegenüber Mutter und Bruder demonstrativ sich auf JHWHs Zusage an ihn selbst beruft (2,24)[250]. Die Schilderung Davids als des idealen Herrschers schlechthin (3,6aß)[251] und die Betonung der Verbindlichkeit seines Vorbildes für Salomo ruft die Differenz zwischen Ist-Zustand und Soll-Zustand in Erinnerung. Diese Aussage im Munde

len aufgewiesen. Es bliebe zu untersuchen, ob die Kenntnis des Keret-Epos beim Verfasser von 1.Kön 3,4-15 vorausgesetzt werden kann.

[249] Vgl. H. Brunner, Das hörende *Herz*, ThLZ 79. 1954. Sp.697-700, insbes. Sp.698f; E. Martin-Pardey (Art.: Wesir, Wesirat, LÄ 6. 1986. Sp.1227-1235) und Kenik *(Design*, 141ff), insbesondere zu der gleichlautenden Beschreibung der Position Josephs in Gen 41,33. Bemerkenswert ist, daß ebenfalls in dem Genesiskontext die selten belegte Phrase וייטב PN בעיני הדבר auftaucht (Gen 41,37).

[250] Kain und Jona sind die einzigen alttestamentlichen Figuren, die in der Konfrontation mit JHWH direkt, diesem zunächst unbeeindruckt, widerstehen; der erste durch sein Wort, der zweite durch die Tat. Allerdings wird in beiden Erzählungen nicht ausdrücklich von einer Erscheinung JHWHs berichtet, wie in 1.Kön 3,4ff, sondern nur von der Anrede JHWHs.

[251] G. von Rad wies daraufhin, daß "David...der König nach dem Herzen des Dtr" und "Urbild des vollkommen gehorsamen Gesalbten und deshalb das Vorbild für alle folgenden Könige in Jerusalem" ist (Die deuteronomistische *Geschichtstheologie* in den Königsbüchern, 1947, in: Ders., Gesammelte Studien zum Alten Testament, TB 8, München 1971, 189-204, insbes. 201). Vgl. ebenfalls R. G. Baker (The Human and Ideal *David* in the Deuteronomic History, Ph. D. 1982, The Southern Baptist Theological Seminary, Louisville/Kentucky insbes. 6ff zu 1.Kön 3,6) und Flanagan, *Drama*, 1988, 225ff. Weinfeld *(Deuteronomy*, 1972, 77) hat auf die Nähe der dtr Phrase zur Phraseologie neoassyrischer Vertragstexte hingewiesen. Die Beschreibung Davids enthält gleichfalls Anklänge an das akkadische Motiv des LUGAL mišarim, vgl. die Angaben zu šar mišari in CAD 10.II. 118. Nach M.-J. Seux *(Epithètes* royales akkadiennes et sumériennes, Paris 1967, 316f) ist der Titel seit Hammurabi gebräuchlich, wird aber im 7. und 6. Jh. v. Chr. häufiger gebraucht. Vgl. ebenfalls die Ausführungen von D. O. Edzard/ G. Szabó/ E. Strommenger/ W. Nagel, Art.: Herrscher, RLA IV. 1972-75. 335-376, insbes. 340 und Codex Hammurabi col. XXIVb, 77; col. XXVb, 8.95f (nach G. R. Driver/ J. C. Miles, The Babylonian *Laws* I-II, Oxford 1956-1960²). Weinfeld *(Deuteronomy*, 154) betrachtet das ישרת לבב als Reflex sozioökonomischer Ausgleichspolitik durch die Verkündigung von mišarum - Proklamationen, vergleichbar den betreffenden Akten der akkadischen Könige. Zu letzteren vgl. insbesondere F. R. Kraus, Ein *Edikt* des Königs Ammi-Saduqa von Babylon, Studia et Documenta 5, Leiden 1958, 243ff und die Ausführungen von H. Petschow über altbabylonische mišarum -Akte in J. Klíma/ H. Petschow/ G. Cardascia/ V. Koroš ec, Art.: Gesetze, RLA III. 1957-1971. 243-297, insbes. 269-279. Dtn 9,5 bezeichnet צדקה und ישר לבב als die wünschenswerten Eigenschaften des angeredeten Israels, deren Vorhandensein aber bestritten wird. Die Bezeichnung eines Verhaltens als ישר verweist auf die Bewertung anhand eines Maßstabes hin, die dtr Formel עשה הישר בעיני יהוה legt beredtes Zeugnis dafür ab, vgl. hierzu R. von Ungern-Sternberg, *Redeweisen* der Bibel. Untersuchungen zu einzelnen Redewendungen des Alten Testaments, BSt 54, Neukirchen-Vluyn 1968, 64f; W. Mayer/ L. Alonso-Schökel/H. Ringgren, Art.: ישר jāšar, ThWAT III. 1982. Sp.1059-1070, bes. Sp.1067 und I. Höver-Johag, Art.: טוב ṭōb, ThWAT III. 1982. Sp.315-339, bes. Sp.329.

Salomos verdeutlicht, daß Salomo nach dtr Argumentation der richtige Weg bereits durch das Beispiel seines Vaters vorgezeichnet war. Sein Vater hatte Salomo nicht nur die entsprechenden Weisungen mit auf den Weg gegeben (2,3f), sondern David entsprach dem von ihm propagierten Ideal eines Herrschers unter JHWH und für Israel.

1.Kön 3,6aß nimmt auszugsweise 1.Kön 2,4a auf und umschreibt die Aufforderungen zum Halten der Gebote mit dem Stichwort צדקה. Die Wendung הלך ללפניך באמת findet sich außer an diesen beiden genannten Stellen nur noch in 2.Kön 20,3 (par Jes 38,3) als Selbstbeschreibung im Munde Hiskias. Hiskia stellt seinen Lebenswandel gleichfalls als ein התהלכתי לפניך באמת ובלבב שלם והטוב בעניך עשיתי (2.Kön 20,3a) dar. Anstelle von צדקה steht die allgemeinere Aussage והטוב בעניך עשיתי. Die dtn Paränese spricht wiederholt davon, daß das zu tun ist, was ישר in den Augen JHWHs ist (Dtn 12,25; 13,19; 21,9) bzw. das, was ישר und טוב ist (Dtn 6,18). Das Bild Davids in 1.Kön 3,6 kann als Konkretisierung der abstrakten Testamentsverfügung von 1.Kön 2,3 gelesen werden[252].

David wird in der sorgsam formulierten, dtn Paränese aufnehmenden, Aussage zum Maßstab des JHWH gehorsamen Königs[253]. 1.Kön 3,6 enthält das dtr Schlußurteil über David, das, nachdem es aus höchstem Munde beglaubigt worden ist (1.Kön 3,14aß), zur Ausgangsbasis des Parameters 'David' wird. Der Verfasser läßt Salomo - rhetorisch geschickt - JHWH an seine bereits David gezeigte Loyalität erinnern.

Der Ausdruck עשה חסד findet sich zwar unter anderem auch im Umkreis alttestamentlicher und altorientalischer Vertrags- und Bundesschlußtexte[254], sollte aber nicht von dieser möglichen Bezugsbasis in 1.Kön 3,6 als Beweis dafür gewertet werden, daß Dtr hier mit einem Bundesschluß zwischen David und JHWH argumentiere. Das Wort חסד spielt innerhalb der dtn Bundestheologie fast gar keine Rolle. Es kommt nur in Dtn 5,10, einer liturgischen Formel, und in Dtn 7,9.12, Paraphrasen von Ex 34,6, vor. Die Bedeutungsvielfalt von חסד erlaubt es nicht, dieses auf den Bereich der Vertragsterminologie einzugrenzen[255]. Die Nathansweissagung verwendet nicht die typischen theologischen Konstrukte der die Beziehung zwischen Israel und JHWH thematisierenden Bundeskonzeption. Der Horebbund, in dessen Mittelpunkt sich die Tora befindet, ist nicht vereinbar mit einem partikularen Bund zwischen David und JHWH, der alle Heilserwartung auf die

---

[252] Kenik (Design, 1983, 81ff) sieht hierin eine Verknüpfung von traditionellen Elementen der Königsideologie mit jenen der weisheitlichen Lehrtradition, letztere sei von Dtr mit seiner Torakonzeption vereinigt worden. Die Möglichkeit, daß die von ihr als Beleg herangezogenen Proverbistellen eine spätere Reflexion der Torakonzeption darstellen könnten, wird von ihr nicht erwogen.

[253] Dem dtr Maßstab, der an jeden König angelegt wird, ויעש הישר בעיני יהוה bzw. לא עשה הישר בעיני יהוה, liegt das stilisierte Bild Davids zugrunde, vgl. insbesondere 1.Kön 15,5 und Baker, David, 1982, 15f.

[254] Vgl. Kenik, Design, 1983, 58ff.

[255] Vgl. H. J. Stoebe, Art.: חסד hæsæd Güte, ThAT I, 1975². Sp.600-621 , insbes. Sp.600ff; H.-J. Zobel, Art.: חסד hæsæd, ThWAT III. 1982. Sp.48-71. Ps 89,3f.29 ist JHWHs חסד Basis seines Bundes mit David. Nach T. Veijolas Analyse (Verheißung in der Krise. Studien zur Literatur und Theologie der Exilszeit anhand des 89. Psalms, AASF.B 220, Helsinki 1982, 45ff) setzen die Aussagen von Ps 89,4f.29 und jene von Ps 132,11f (Veijola, Verheißung, 72ff) die dtr Landverheißungstheologie voraus. Diese Psalmaussagen sind vielleicht ein Versuch, zwischen der Vorstellung von der Erwählung der davidischen Dynastie und der dtr Toratheologie zu vermitteln, die einen Bund zwischen Israel und JHWH postuliert.

Dynastieverheißung konzentriert[256]. David ist nicht Abraham. Dtr Theologie ist an der Tora orientierte und diese predigende Theologie. Innerhalb ihres theoretischen Entwurfes werden das Königtum und dessen beispielhafter Vertreter im positiven Sinne, David, in Träger der Tora-Propaganda verwandelt.

Salomo gibt sich, nachdem er den für ihn geltenden Maßstab selbst ausdrücklich genannt hat, als Verkörperung der Güte JHWHs gegenüber David zu erkennen, die über Davids Tod hinaus bis in die Gegenwart des jetzt vor JHWH sprechenden Salomo hineinreicht (3,6b). Derart vorbereitet, kann die gegenwärtige Situation, die, nunmehr allen einsichtig, allein durch JHWHs Handeln für Salomo eingetreten ist, dargelegt werden (3,7f). Die Differenz zwischen Soll-Zustand (Ausübung der Herrschaft) und Ist-Zustand (persönliche Unfähigkeit des Herrschers) wird erhöht durch die folgende Ausführung, daß Salomo sich inmitten von JHWHs erwähltem Volke befinde (3,8a), das mit herkömmlichen Mitteln nicht zu regieren sei (3,8b)[257]. Die Verantwortung JHWHs für die gegenwärtige Situation wird unter zwei Aspekten herausgestellt: sein Handeln an David und dessen Nachfolger Salomo und seine Sonderbeziehung zu Israel. Die Gegenüberstellung dieser die Situation bestimmenden, aber miteinander so nicht kompatiblen Faktoren, betont die, aus der Perspektive Salomos betrachtet, bestehende Unlösbarkeit des Problems und begründet die Notwendigkeit einer prinzipiellen, nur von JHWH zu bewirkenden Veränderung[258]. JHWH muß Salomos Person, denn seine Position steht nicht mehr zur Debatte, so berühren, daß Salomo die ihm von JHWH gestellte Aufgabe lösen kann und die problematische Ausgangslage seiner Herrschaft aufgehoben wird.

[256] Auch L. Rost (*Sinaibund* und Davidsbund, ThLZ 72, 1947, Sp.129-34), der das Nebeneinander der beiden theologischen Entwürfe mit ihrem unterschiedlichen Entstehungs- und Verbreitungsbereich erklärt, sieht die prinzipielle Konkurrenz zwischen ihnen. Nach A. H. J. Gunneweg (*Sinaibund* und Davidsbund, VT 10, 1960, 335-341) wäre der Sinaibund die ältere Konzeption, die von den Trägern der Amphiktyonie entwickelt worden wäre. Der Davidbund wäre dann Ausdruck der theologischen Bewältigung der neuen Staatlichkeit und Versuch, diese in die amphiktyonischen Traditionen einzuordnen. Gunnewegs Überlegungen können allerdings die grundsätzliche theologische Differenz zwischen Sinaibund und Davidbund nicht klären. G. von Rad (*Theologie* des Alten Testaments Bd. *I*, 1966[5], 353f) weist beiläufig auf die Unterschiede zwischen den beiden Deute-Prinzipien biblischer Geschichtstheologie hin. Mettinger kommt in einer vergleichenden Untersuchung der Nathansweissagung, der verschiedenen Varianten des Davidbundes und der Konzeption göttlicher Sohnschaft zu dem Schluß, daß DtrH sich nirgends auf das David gegebene Versprechen mit dem Begriff "Bund" beziehe (Mettinger, *King*, 275). Außerdem seien in der dtr Redaktion nur konditionalisierte Dynastiezusagen nachweisbar (a.a.O. 276ff).

[257] So möchte ich die scheinbar vordergründig angesprochene Einteilung und Zählung des Volkes in 3,8b verstehen. 3,8b könnte in Aufnahme des Motivs der durch JHWH bewirkten Volksvermehrung (vgl. Gen 13,16; 16,10 [Ismael]; 32,13) sich gegen die David in 2.Sam 24,1ff zugeschriebene administrative Einteilung des Volkes richten.

[258] Daß diese Veränderung nur von JHWH ausgehen kann, belegt auch der oben aufgezeigte Zusammenhang zwischen der Beschreibung Salomos in 3,3 und JHWHs Erscheinung in 3,5.

Erst nachdem der Verfasser seine Figur Salomo zur ungeschminkten
Erkenntnis der Situation gebracht hat, kann er Salomo die dieser Analyse
angemessene Bitte äußern lassen (3,9). Anhand des Vorspanns zu der Bitte führt Dtr vor, welche Entwicklung sich mit Salomo angesichts der Got-
teserscheinung vollzieht[259]; denn die schließlich geäußerte Bitte um ein
hörendes Herz[260] wäre ohne die dargestellte Wandlung Salomos in seinem
Munde wenig glaubhaft, nach allem was der Leser in 1.Kön 2 über diesen
König gerade erfahren hat. Salomo kann jetzt das erbitten, was ihm nach
eigener Einsicht fehlt: die Gabe, JHWHs Volk so zu regieren[261], daß ihm
dabei die Unterscheidung zwischen gut und böse gelingt. Die Beseitigung
der konstatierten Differenz zwischen der für sein Volk angestrebten gerechten Regierung und der bisher in dieser Hinsicht unzulänglichen Regierung Salomos liegt in der Begabung Salomos durch JHWH. Die Bitte
folgt in ihrer Argumentationsstruktur dem Schema der Opposition. Salomo bittet um etwas, was seiner Natur nach nur von Gott gegeben werden
kann, und begründet das Erbetene damit, daß JHWHs Volk für Menschen
unregierbar sei[262].

Bevor JHWH redet, wird der Leser über JHWHs[263] grundsätzliche
Haltung zur Bitte Salomos vorinformiert (3,10). Dieses absolut formulierte
Werturteil aus der Sicht JHWHs findet innerhalb der alttestamentlichen
Überlieferung keine Entsprechung[264]; ein Sachverhalt, der angesichts der
Verbreitung der Phrase PN בעיני הדבר וייטב bemerkenswert ist[265]. Diese
Wendung hat ihre negative Entsprechung in dem Ausdruck הדבר וירע
PN בעיני[266]. Ein derart umschriebener, deutlicher Schuldspruch JHWHs

---

[259] Diese Situationsschilderung im Munde Salomos kann funktional mit den Schuldbe-
kenntnisformulierungen in den Klagepsalmen verglichen werden, vgl. zu letzteren E. Gerstenberger, *Der bittende Mensch*. Bittritual und Klagelied des Einzelnen im Alten Testament, BWANT 51, Stuttgart 1980, 39f.130ff.

[260] Das Motiv ist vor allem aus der ägyptischen Weisheitslehre bekannt, vgl. Brunner,
Herz, ThLZ 79. 1954. Sp.697-700; ders., *Altägyptische Erziehung*, 111f; Görg, *Gott-König*,
82ff.

[261] Zum Verständnis von שפט in 3,9 vgl. Niehr, *Herrschen*, 88f.

[262] Vgl. das ähnlich lautende Argument in Num 11,14 und Dtn 1,9. In der Begründung
der Bitte deutet sich ein subtiler Vorbehalt gegenüber dem Königtum als solchem an.

[263] V.10 steht אדני und nicht יהוה. Sofern es sich nicht doch nur um das Qere für das
in vielen Handschriften erhaltene Ketib יהוה handelt (vgl. u.a. Šanda, *Könige I*, 60; Mont-
gomery/Gehman, *Kings*, 111; Würthwein, *Könige I*, 31 Anm.3, vgl. aber Aleppo Codex),
könnte der Gebrauch des Titels אדני anstelle des Gottesnamens auf JHWH als den Ober-
herrn des Bundes mit Israel hinweisen, nicht jedoch auf einen Bund mit Salomo, wie Kenik
folgert (*Design*, 127). McLain Carr (From D to Q, 25) berücksichtigt den textkritischen
Sachverhalt an dieser Stelle nicht und schließt daher auf eine "Adonai" Redaktion. Zum
Gottesnamen als vermeintliches literarkritisches Kriterium vgl. im übrigen Blum, *Komposition*, 471-475.

[264] Einzig vergleichbar ist die Aussage in Num 24,1. Hier formuliert der Verfasser, aber
mit geringerem Autoritätsanspruch, וירא בלעם כי טוב בעיני יהוה לברך את ישראל,
vgl. die vorbereitende Aussage in Num 23,27.

[265] Vgl. Gen 41,37; 45,16; Lev 10,20; Dtn 1,23; Jos 22,33.

[266] Vgl. Gen 21,11; 38,10; 1.Sam 8,11; 18,8 ; 2.Sam 11,25; 11,27.

findet sich nur zweimal im Alten Testament, beide Male folgt die Vergeltung JHWHs auf dem Fuße. Gen 38,10 wird der Tod Onans so begründet. 2.Sam 11,27 heißt es gleichfalls nach der Geburt des im Ehebruch gezeugten Kindes Davids und Bathsebas וירע הדבר אשר עשה דוד בעיני יהוה. Der positive Vorbescheid in 1.Kön 3,10 könnte in bezug auf die dunkle Vorgeschichte seiner Geburt und JHWHs damaliges Urteil formuliert worden sein. 1.Kön 3,10 unterstreicht die Gültigkeit der Aussage JHWHs über Salomo, so wie sie in 2.Sam 12,24bß formuliert wurde, und negiert jegliches Fortwirken der Vorgeschichte. Betrachtet man diese Bewertung zudem noch in Hinblick auf die bisherige, todbringende Machtpolitik Salomos, dann setzt JHWH hier, vergleichbar dem Geschehen von 2.Sam 12,24f, einen neuen Anfang für Salomo als König.

Die Gottesrede (3,10-14) stellt diesen Aspekt, daß hier etwas Neues und Ungewöhnliches beginnt, Salomo an einem Wendepunkt steht und dieses gar erkennt, in ihrem Eingangsteil demonstrativ heraus. Salomo hat nicht so reagiert wie seine königlichen Kollegen in vergleichbarer Situation zu tun pflegen (3,11a)[267]. Salomo hat sich seiner Bitte würdig erwiesen. Die Zusammenfassung der Bitte durch JHWH legt den Hauptakzent auf הבין לשמע משפט (3,11b), nimmt also eine Differenzierung der gewünschten Fähigkeit הבין בין טוב לרע (3,9aß) vor[268].

Die Wendung שמע משפט ist nur an dieser Stelle belegt, alle übrigen Vorkommen des Verbs שמע mit dem Objekt משפט haben dieses im Plural und stellten es in eine Reihe mit den anderen Ausdrücken für Gesetz[269]. Die ägyptische Phrase sḏm mꜣꜥt kann als funktionale Analogie betrachtet werden, da sowohl mꜣꜥt wie משפט der Verfügung des Königs entzogen sind[270]. Die positionale Differenz zwischen mꜣꜥt und משפט innerhalb der Gott-König-Beziehung hebt die analoge Funktion nicht auf[271]. משפט meint hier eine vorgegebene, durch die Tora repräsentierte Ordnung, auf die der König zu hören hat[272].

[267] Vgl. u.a. Ps 2,8f; 21,5f; 61,7. 2.Kön 20,1-11 und die Ausführungen von K. H. Bernhardt (Das *Problem* der altorientalischen Königsideologie im Alten Testament unter besonderer Berücksichtigung der Psalmenexegese dargestellt und gewürdigt, VT.S 8 , Leiden 1961) zu den Elementen altorientalischer Königsideologie in den Psalmen. Vgl. ebenfalls die von Kenik (*Design*, 154) angeführten ugaritischen Parallelen, Ishida (*Solomon*) und die entsprechenden Bitten in den aramäischen und den neubabylonischen Königsinschriften, oben, S.268 Anm. 248 .

[268] L.Eslinger (Into the *Hands* of the Living God. JSOT.S 84. Sheffield 1989) meint, "Solomon asks for the knowledge that makes man like God, the pursuit of which cost Adam and Eve their Edenic lifestye." (ebenda 135). Er übersieht, daß die betreffenden Wendungen in Gen 2,17 (מעץ הדעת טוב ורע) und Gen 3,5 (ידעי טוב ורע) nicht mit jener von 1.Kön 3,9 übereinstimmen. In der Genesis geht es um das 'Wissen von Gut und Böse'; 1.Kön 3,9 hingegen handelt von der Fähigkeit der Unterscheidung zwischen 'Gut und Böse'. Die Wendung בין טוב לרע findet sich nur noch in Lev 27,33 und 2.Sam 19,36, wo von einer besonderen Unterscheidung bzw. Unterscheidungsfähigkeit die Rede ist. Mettinger bezieht Salomos Bitte auf die juridische Diskriminationsfähigkeit, vgl. ders., *King*, 244.

[269] Vgl. Braulik, *Gesetz*, 33ff.

[270] Vgl. Noth, *Könige*, 51ff; Görg, *Gott-König*, 91ff; Morenz, *Gott* und Mensch im alten Ägypten, Heidelberg 1965 , 117-124.

[271] Anders Görg, *Gott-König*, 98f.

[272] Vgl. Niehr, *Herrschen*, 216f; B. Johnson, Art.: משפט mišpāṭ, ThWAT V. 1986. Sp.93-107, bes. Sp.102.

1.Kön 3,11b konstatiert, daß das von Salomo gewünschte hörende Herz ihn nicht über den משפט erhebt, sondern ihm nur die rechte Verfassung verleiht zu dessen Hören[273]. Salomo bleibt dem von JHWH gesetzten Recht unterworfen[274]. JHWH entspricht Salomos Wunsch. Er gibt ihm ein weises und verständiges Herz[275], so daß Salomo eine Ausnahmegestalt sein und bleiben wird in der Geschichte Israels (3,12)[276]. Die nicht erbetenen Güter, Reichtum und Ansehen (3,13)[277], erhält Salomo als Dreingabe für seine uneigennützige Bitte[278]. Das nach allgemeiner Auffassung einen gottwohlgefälligen König auszeichnende lange Leben sagt JHWH Salomo nur unter der Bedingung zu, daß dieser wie sein Vater David sich an den mündlich und schriftlich geäußerten Willen JHWHs hält (3,14)[279].

Dieses Verständnis von לשמר חקי ומצותי als Beachtung der mündlichen Weisungen Gottes und der schriftlichen Tora ergibt sich, wenn man bedenkt, daß beide Ausdrücke die gesamte Tora bezeichnen können[280], und hier wohl nicht das Vorliegen eines Hendiadyoins anzunehmen ist. Der betreffende Doppelausdruck[281] findet sich hauptsächlich in den Rahmenpartien des Deuteronomiums[282] und den Reden der Königsbücher[283]. Jos

[273] Die Frage, ob hier eine Auseinandersetzung mit der ägyptischen Vorstellung vorliegt, daß der König als "Herr der Maat" (vgl. Görg, Gott-König, 92) oder als der, der sich mit der Maat vereinigt hat (vgl. Morenz, Gott, 120), zu verstehen ist, liegt nahe. Eine Beantwortung erfordert jedoch zunächst eine Untersuchung des semantischen Feldes 'Gerechtigkeit', dazu einen funktionalen Vergleich dieser Begriffe mit 'Maat' und eine eingehendere Analyse der Positionen von Maat, Pharao und Gottheiten sowie 'Gerechtigkeit', König, JHWH, Tora.

[274] Vgl. Ex 15,25b; Dtn 1,17a המשפט לאלהים הוא. O. Loretz (Neues Verständnis einiger Schriftstellen mit Hilfe des Ugaritischen, BZ 2. 1958. 287-291) hat darauf hingewiesen, daß im Ugaritischen die Bedeutung des Lamed im Sinne von מן gesichert ist, daher für Dtn 1,17 die Übersetzung "denn das Recht kommt von Gott" angemessen sei (Verständnis, 287). Vgl. ebenfalls Niehr, Herrschen, 1986, 284ff; anders Johnson, Art.: משפט, Sp.98.

[275] Die Weisheit des Königs ist ein traditionaler Topos der altorientalischen Königsideologie, vgl. I. Engnell (Studies in the Divine Kingship in the Ancient Near East, Oxford 1967², 189ff), der die entsprechenden Ausagen zusammengestellt hat und die Ausführungen von Kalugila, King, 38ff.

[276] Zu der formelhaften Aussage von 1.Kön 3,12b vgl. jetzt den Artikel von G. N. Knoppers "There Was None Like Him": Incomparability in the Books of Kings, CBQ 54.1992.411-431.

[277] Die beiden letzten Worte von 3,13 כל ימיך haben keine Entsprechung in LXX*. Sie schränken Salomos Unvergleichbarkeit ein. Möglicherweise ist dieses ein harmonisierender Zusatz, vgl. Šanda, Könige, 60; DeVries, Kings, 46.

[278] Der traditionelle Topos 'Sieg über die Feinde' findet sich zwar unter den genannten Gaben, die nicht gewünscht waren, wird aber bei der Aufzählung der verliehenen Gaben (3,12f) nicht mehr erwähnt. Dieser Sachverhalt spricht gleichfalls dafür, daß die oben (S.153f) vertretene Deutung des Ausdruck als Umschreibung für 'Vorbildhaftigkeit' angemessen ist.

[279] Es liegt in 3,14a ein Rückbezug auf das Testament Davids (2,3) vor. Die entscheidenden Stichworte und Wendungen sind aufgenommen worden.

[280] Braulik, Gesetz, 25.28.

[281] Die Reihenausdrücke, in denen beide Begriffe unter anderen vorkommen, sind hier nicht berücksichtigt worden.

[282] Dtn 4,40; 6,2; 10,13; 27,10; 28,15.45; 30,10.

22,5 stehen מצוה und תורה parallel; 2.Kön 17,13 werden מצותי וחקותי mit der Tora identifiziert[284]. Da מצוה oft als Bezeichnung einer mündlichen Verfügung dient[285], חקות/חקים aber eher schriftliche als mündliche Gebote bezeichnet[286], liegt die oben vorgeschlagene Interpretation auf der Hand.

Damit erfährt die bereits im letzten Willen Davids genannte Voraussetzung für ein erfolgreiches Leben (1.Kön 2,3) ihre göttliche Sanktionierung. Allerdings wird differenzierter argumentiert als in 1.Kön 2,3f, sicher in Anbetracht der historisch überlieferten Sachverhalte. Von der Bewahrung der Dynastiezusage als Folge eines an der Tora orientierten Lebens ist keine Rede. Es ist auffällig, daß nur noch die Lebensdauer, nicht mehr der Erfolg in Beziehung zur Erfüllung der Tora gesetzt wird[287]. Langlebigkeit wird in den allgemeinen deuteronomischen Ermahnungen zur Befolgung der Tora[288] wie auch in besonders gebotenen Fällen von Gehorsam[289] als unmittelbare Folge des Toragehorsams bezeichnet[290]. Der Umstand, daß nur die Zusage der Langlebigkeit an die Einhaltung der Tora gebunden wird, zeigt, daß die anderen Indizien der Herrlichkeit Salomos, Reichtum und Ansehen, in der Überlieferung so fest geschrieben waren, daß der Verfasser von 1.Kön 3,4ff sie nicht mehr unter Vorbehalt von JHWH verheißen lassen sein konnte. Folgt man den Ausführungen von Malamat[291] zur Vorstellung der Langlebigkeit im alttestamentlichen Schrifttum, dann hat Salomo die theologisch als Evidenz gottwohlgefälligen Lebens bewertete Stufe des sehr hohen Alters nicht erreicht.

Es ist bemerkenswert, daß innerhalb des DtrG nur König David in sehr hohem Alter und offenkundig lebenssatt stirbt[292]. Bei keinem der beiden anderen judäischen Könige, die ein vergleichbar hohes Alter erreicht haben wie David, nämlich Asarja (2.Kön 15,2 - 68 Jahre) und Manasse (2.Kön 21,2 - 67 Jahre) wird dieses als besondere Gnade hervorgehoben.

---

283 1.Kön 3,14; 8,61; 9,6; 11,34.38; 2.Kön 17,13. Weitere Belege sind die Parallelstelle zu 1.Kön 9,6 in 2.Chron 7,19 und Esra 7,11; Neh 9,13f.

284 Das Nebeneinander von מצותי ותורתי in Ex 16,28 kann hier außer Betracht bleiben, da der Begriff Tora sich an dieser Stelle schwerlich auf die schriftliche Tora beziehen wird.

285 Vgl. 1.Kön 2,43; 13,21; und G. Liedke, Gestalt und Bezeichnung alttestamentlicher Rechtssätze, WMANT 39, Neukirchen-Vluyn 1971, 191, ferner Levine, Art.: מצוה miswāh.

286 Vgl. Liedke, Gestalt, 154.179; H. Ringgren, Art.: חקק ḥāqaq, ThWAT III. 1982. Sp.149-157.

287 Jehimilk von Byblos begründet seine Bitte um ein langes Leben damit, daß er ein gerechter und rechtschaffener König sei (KAI 4,3-7). Vgl. A. Malamat, Longevity: Biblical Concepts and Some Ancient Near Eastern Parallels, AO Beiheft 19, 1982, 215-224, insbes. 219.

288 Vgl. u.a. Dtn 4,40; 6,2; 11,9.21; 30,20; 32,47.

289 Vgl. Dtn 5,16; 17,14-20; 22,6f; 25,15.

290 Vgl. Malamat, Longevity, 218f.

291 Malamat, Longevity, 221.

292 Die Ankündigung des Todes Davids in 1.Kön 2,1 benutzt dieselbe Wendung wie jene von der Ankündigung des Todes Jakob-Israels (Gen 47,29). In der einleitenden Begründung zu JHWHs vorletzter Aufforderung an Mose (Dtn 31,14) liegt eine nahezu wörtliche Entsprechung zu 1.Kön 2,1 und Gen 47,29 vor.

Angesichts des niedrigen Durchschnittsalters der judäischen Könige von 44 Jahren[293] hätte man dieses aber erwarten können. Doch die theologischen Gründe für die Nichtregistrierung liegen in beiden Fällen offen zutage. Der eine König, Asarja, wird des Höhenkultes beschuldigt und wird darum von JHWH mit Aussatz geschlagen; der andere König, Manasse, wird im Spiegel von Dtr zur Personifikation des Abfalls von JHWH schlechthin. Da das Thronantrittsalter Salomos[294] nicht bekannt ist[295], und Dtr Salomo die fiktive Regierungszeit von 40 Jahren zubilligt (1.Kön 11,42), lägen von der Tradition her die Voraussetzungen für eine Zuschreibung sehr hohen Alters vor. Da dies nicht geschieht, dazu noch Salomos Lebenslänge von seinem Toragehorsam abhängig gemacht wird, kann in der konditionalisierten Verheißung von 3,14 ein erster Hinweis auf ein noch ausstehendes Urteil JHWHs über Salomo erblickt werden.

Die ausdrückliche Feststellung, daß die Erscheinung ein Traum war (3,15a), nimmt dieser nichts von ihrem Wirklichkeitscharakter[296], verweist aber, aus dtr Perspektive betrachtet, diese in eine mindere Kategorie der Offenbarung[297]. Mag der Bericht einer Opfer- oder Kulthandlung zu den üblichen Erzählelementen einer Königsnovelle oder einer Traumtheophanie gehören (3,15bα), wesentlich für den dtr Verfasser ist die Darbringung der Opfer nunmehr in Jerusalem vor der Lade JHWHs[298].

---

[293] So H. W. Wolff, *Anthropologie* des Alten Testaments, München (1973[1]) 1977[3], 178.

[294] Nach rabbinischen Überlegungen war Salomo erst 12 Jahre alt, vgl. A. Rothkoff (in: Sh. *Albeck*/ A. Rothkoff/ H. Z. Hirschberg/ E. Davis/ B. Bayer, Art.: *Solomon*, EJ 15, Sp.96-111, Sp.106) der auf SOR 14 als Quelle verweist. Josephus setzt ein Alter von 14 Jahren voraus (Antiquitates VIII.7.8). Nach Malamat wäre Salomo unter 20 Jahre alt gewesen (*Longevity*, 223 Anm. 32). Vgl. ebenfalls die Diskussion der Selbstbezeichnung als נער קטן in Hinblick auf Salomo bei Stähli, *Knabe*, 108ff.

[295] Stähli (*Knabe*, 118 Anm. 236) errechnet aus den biblischen Familiendaten Davids das potentielle Alter von 12 Jahren, betont aber den spekulativen Charakter dieser Rechnung und sucht zu zeigen, daß die rabbinische Altersangabe von 12 Jahren auf talmudischen Rechtsvorstellungen über Mündigkeit beruht (*Knabe*, 118ff). R. Gordis (*Knowledge of Good and Evil in the Old Testament and the Dead Sea Scrolls*, in: ders., Poets, Prophets and Sages: Essays in Biblical Interpretation, Bloomington/Indiana 1971, 198-216) legt dar, daß die Formel "wissen, was gut und böse ist" in den rabbinischen Quellen ein Euphemismus für die ganze Breite sexueller Erfahrung (Unterscheidung zwischen als natürlich und unnatürlich betrachteten Praktiken) sei. Die rabbinische Altersangabe dürfte auch von derartigen Vorstellungen beeinflusst worden sein.

[296] Vgl. J. Pedersen, *Israel*. Its Life and Culture Bd. I-II, London/Kopenhagen 1926, 138; Ehrlich, *Traum*, 21.

[297] Vgl. Dtn 13,1-6 und Jer 23,25-32; 27,9; 29.8; Thiel (*Jeremia 1-25*, 185f; *Jeremia 26-45*, 8.14.53) hält die jeremianischen Aussagen über die mangelnde Verläßlichkeit des Traumes als Offenbarung für den Bestandteil einer D-Bearbeitung des Jeremiabuches. Zur negativen Bewertung des Traumes vgl. ebenfalls Ehrlich, *Traum*, 155ff.

[298] Die Wendung ארון ברית אדוני ist singulär, die geläufigere Formulierung lautet ארון ברית יהוה. Jos 3,11 kommt der Bezeichnung von 1.Kön 3,15 mit ארון האדון כל הארץ am nächsten. Jos 3,13 verdeutlicht dann ארון יהוה אדון כל הארץ. 1.Kön 2,26 hat die gleichfalls singuläre Lesart ארון אדני יהוה. LXX hat hier ארון ברית אדני יהוה gelesen. In 1.Kön 3,15 bieten viele hebräische Textzeugen יהוה anstatt אדני. Es spricht manches dafür, daß die ursprünglichere Lesart אדני יהוה war und JHWH ausgefallen ist,

Salomo wird dargestellt als Diener JHWHs, der JHWHs Oberhoheit für sich verbindlich anerkennt[299]. Das Opfermahl für den Hof macht aus Salomos Antwort auf die Traumoffenbarung[300] einen Akt öffentlicher Verpflichtung des Königs auf JHWH. Der Gemeinschaftsaspekt des Opfers in Jerusalem, das nicht nur die Teilnehmer sondern ganz Israel betrifft, ist ablesbar aus der Bemerkung, daß Salomo עלות und שלמים darbrachte, nicht nur ein Brandopfer wie in Gibeon[301]. Zugleich setzen diese Opfer an legitimer Stelle einen Schlußpunkt unter die erste Höhenopferzeit Salomos. Salomo ist jetzt die kultisch integre Person, als die ihn Dtr für seine künftige Rolle als Tempelbauer benötigt[302].

DIE BEWÄHRUNG DES CHARISMA

Das salomonische Urteil

Fast übergangslos folgt die Erzählung über das salomonische Urteil auf die in 1.Kön 3,15 skizzierte Szene des Festmahles bei Hofe. Es handelt

als אדני zur Wahllesart für JHWH wurde. Das Verhältnis der Titulaturen in 1.Kön 3,10.15 weist Ähnlichkeiten mit dem Gebrauch der Titulaturen in Jos 3,11.13 auf. In beiden Fällen wird die zweite Umschreibung durch Zufügung des Gottesnamen JHWH differenziert. Der Akzent liegt in 1.Kön 3,15 auf der Anerkennung JHWHs als des Herrn des Bundes mit Israel.

[299] Die Wendung עמד לפני beschreibt die Haltung des Dieners vor seinem Herrn, vgl. Amsler, Art.: עמד ʿmd stehen, ThAT II, Sp.328-332, bes. Sp.330f; H. Ringgren, Art.: עמד ʿāmaḏ, ThWAT VI. 1989. Sp.194-204, bes. Sp.198f.

[300] Die Übernahme eines tradierten Motivs - Dankopfer im Heiligtum der erschienenen Gottheit - entwertet nicht die Intention dieser Aussage, eine besondere Beziehung zwischen der Gottheit und dem König so festzuschreiben.

[301] Die von Rendtorff (Studien, 42ff) zusammengestellten Belege zum Brandopfer im DtrG und seine Ausführungen hierzu, zeigen, daß bereits die Darbringung eines Brandopfers als Indiz eindeutigen JHWH-Opfers gelten kann. Wird in den betreffenden Texten (Ri 6,26; 1.Sam 6,14; 7,9f; 1.Kön 3,4) allein das Brandopfer erwähnt, findet sich auch kein Hinweis auf ein Opfermahl. Die Umstände, unter denen diese Opfer dargebracht werden, schließen diese Möglichkeit weitgehend aus. Anders verhält es sich mit jenen Texten, in denen von Brandopfer und Heilsopfer die Rede ist, wo der Hinweis auf ein weitere Kreise umfassendes Mahl nicht fehlt (2.Sam 6,17ff; 1.Kön 3,15; Dtn 27,6f) bzw. dem Kontext erschließbar ist (1.Sam 10,8; 13,9; 2.Chron 29,35f). Zum Gemeinschaftsaspekt des Heilsopfers vgl. von Rad (Theologie I, 270) und G. Gerleman (Art.: שלם šlm genug haben, ThAT II. 1976. Sp.919-935, bes. Sp.931). Da die "Verbindung vonʿ olot und schelamim gerade für offizielle, feierliche Opfer charakteristisch ist" (Rendtorff, Studien, 43), wird man an einen größeren Kreis von Teilnehmern denken können.

[302] 1.Kön 3,15b stellt klar, daß die Aussage von 1.Kön 3,3b über Salomos Höhenopfer sich zeitlich nicht auf die gesamte tempellose Zeit Salomos bezieht. 3,15b wird noch einmal aufgenommen in 1.Kön 9,25a.

sich um eine volkstümliche Überlieferung, die nachträglich auf Salomo bezogen worden ist[303]. Sie dient dazu, einen Aspekt des von JHWH verliehenen Charisma zu veranschaulichen[304].

Noth hatte die Erzählung ihrer Einheitlichkeit und der mangelnden Überarbeitungsspuren wegen einer vordtr Zusammenfassung der Salomo-Geschichte zugewiesen[305]. Demgegenüber behauptet Würthwein[306], daß das Märchen noch nicht Teil der dtr Salomo-Geschichte gewesen sei und sehr spät eingefügt worden sein müsse, da es den Zusammenhang von 1.Kön 3,15 und 4,1 zerreiße. Scott[307], Gray[308] und DeVries[309] gehen davon aus, daß Dtr die märchenhafte Erzählung zur Illustration der Bitte von 1.Kön 3,9 und ihrer Gewährung in 1.Kön 3,12 einfügte[310]. Die von Noth in seinem Kommentar vertretene Position ist hinfällig, da sie die als nicht haltbar bewiesene These voraussetzt, daß die Traumtheophanie im wesentlichen vordtr verfaßt worden sei. Würthweins Argument verliert seine Evidenz, wenn sich nachweisen läßt, daß das Märchen nicht nur eine teilweise Erfüllung der göttlichen Zusagen illustriert, sondern aus dtr Perspektive seine Aussage über Salomos überlegene richterliche Weisheit hier notwendig ist. Zudem sind die Rahmensätze (3,16.28) in den Kontext eingebunden, wie der Artikel von Helga und Manfred Weippert zeigt[311], und die Aussagen von 1.Kön 4,1 sind eine logische Fortsetzung der Aussagen von 1.Kön 3,28.

Literarisch setzt das 'salomonische Urteil' die in 3,15 skizzierte Situation voraus, inhaltlich demonstriert es die Wirksamkeit der göttlichen Verheißung in einer spezifischen Situation. Die Verknüpfung von 3,16 mit 3,15 zeigt, daß der Verfasser von 3,16 die in 3,15 angedeutete Situation als Hintergrund des im folgenden berichteten Geschehens verstehen wollte.

Syntaktisch liegt beim Übergang von 1.Kön 3,15 zu 3,16 die Beziehung wa=yiqtol/ x=yiqtol vor. Die Aussage von 3,16a ist durch das Relationswort אז der Aussage von 3,15ß koordiniert. Die syntaktische Fügung zeigt an, daß die neue Handlung im unmittelbaren Zusammenhang mit der vorausgehend beschriebenen Situation zu sehen ist. Dieselbe syntaktische Struktur (wa=yiqtol/אז =yiqtol) liegt in Ex 14,31b-15,1a und in Num 21,16bγ -

---

[303] Die vorliegende Form ist eine Variante eines weit verbreiteten Wandermärchens, vgl. das hierzu zusammengestellte Material von H. Greßmann, Das salomonische *Urteil*, Deutsche Rundschau Bd. II, 1906/7, 175-191 und Montgomery/Gehman, *Kings*, 108f, ebenfalls Gunkel, *Märchen*, 144ff; W. A. M. Beuken (No Wise *King* without a Wise Woman (I Kings III 16-28), OTS 25.1989. 2-10) analysiert die narrative Struktur und kommt zu dem Ergebnis, daß in der volkstümlichen Vorlage des dtr Textes die weise Mutter des Kindes im Mittelpunkt der Erzählung stand.

[304] Whitelam (*King*, 159ff) hat darauf hingewiesen, daß der mehrdeutige Wunsch des Königs aus 1.Kön 3,9 in der Erzählung 3,16ff in eine Richtung (die Begabung mit richterlicher Vernunft) ausgelegt wird. Vgl. ebenfalls K. A. Deurloo The King's Wisdom in Judgement: Narration as Example (IKings iii), OTS 25.1989. 11-21.

[305] Noth, *Könige*, 48.53.

[306] Würthwein, *Könige I*, 36-38.

[307] R. B. Y. Scott, *Solomon* and the Beginning of Wisdom in Israel, in: M. Noth/ D. W. Thomas (eds.), Wisdom in Israel and in the Ancient Near East, VT.S 3. 1965. 262-279, insbes. 270.

[308] Gray, *I & II Kings*, 116.

[309] DeVries, 1 *Kings*, XLIIIf.57.

[310] Vgl. ebenfalls Noth, *ÜSt*, 67f.

[311] Helga und Manfred Weippert, Zwei *Frauen* vor dem Königsgericht. Einzelfragen der Erzählung vom "Salomonischen Urteil", in: Becking, B./ Dorp, J. van/ Kooj, A. van der (eds.), Door et Oogvan de Profeten, FS C. van Leeuwen, Utrecht 1989, 133-160, insbes. 144-146.154.

21,17aα vor. In beiden Fällen beschreibt eindeutig die vorausgehende Aussage den Hintergrund der folgenden Aussage[312].

Die syntaktische Verknüpfung von 1.Kön 3,15 mit 3,16 läßt darauf schließen, daß der Verfasser von 3,15 mit jenem von 3,16 identisch ist.

Sowohl die Aussagen von 1.Kön 3,28 wie jene von 1.Kön 4,1 fallen durch einige Eigentümlichkeiten auf. In 3,15 wird Israel nicht erwähnt. In 3,28 ist כל ישראל Subjekt der Aussagen, in 4,1 ist es Objekt. Dieser Übergang wird ermöglicht durch die Reaktionen von Israel, die in 3,28 berichtet werden. Die Phrase ויראו מפני המלך (3,28aß), die das Verhalten Israels, das auf der unmittelbar vorausgehenden Erfahrung (3,28aα) beruht, beschreibt, dient weniger dazu, Furcht vor der Person Salomos, als vor der durch diese Person verkörperten Macht zu schildern[313]. Im DtrG wird mit der Wendung PN את ירא in der Regel der Gehorsam umschrieben, den der unterlegene Partner einer Autoritätsbeziehung schuldet[314]. Die Aussage, daß ganz Israel den König fürchtete, bezeichnet Israels politische Haltung gegenüber dem Autoritätsanspruch Salomos, der, begründet durch die ihm inhärente göttliche Weisheit, evident wird. 1.Kön 3,28 ist die erste Aussage innerhalb der Geschichte Salomos über eine Stellungnahme Israels zu Salomo als König.

Die Aussage über ganz Israels Anerkennung der Herrschaft Salomos korrespondiert mit jenen in 1.Kön 2,46 und 1.Kön 2,13 über die Standfestigkeit der Herrschaft Salomos und ergänzt jene dadurch, daß die Zu-

---

312 אז plus yiqtol ohne vorausgehendes wa=yiqtol beschreibt häufig eine neue Handlung, die der Verfasser als Konsequenz der zuvor beschriebenen Situation betrachtet, bzw. in dieser Situation verankert wissen möchte, vgl. u.a. Dtn 4,41; Jos 10,12; 22,1; 1.Kön 8,1; 9,11; 11,7; 16,21; 2.Kön 5,3; 8,22 und dazu GK §107c. Daß generell nur eine lose Verknüpfung intendiert ist, wie J. Dus meint, (*Gibeon* - Eine Kultstätte des Šmš und die Stadt des benjaminitischen Schicksals, VT 10, 1960, 353-374, 358 Anm.1), trifft für die Fälle, in denen wa=yiqtol vorausgeht, nicht zu.

313 Vgl. hierzu die gleichlautenden Formulierungen in Ex 9,30; 1.Sam 7,7; 21,13; 1.Kön 1,50; 2.Kön 19,6 (par. Jes 37,6); Jer 41,18; 2.Chron 32,7; Hag 1,12. Die Wendung ירא מפני PN deutet in der Regel an, daß das Objekt der Furcht eine Instanz ist, bzw. eine Person, die eine Instanz repräsentiert. Weder S. Plath *(Furcht Gottes.* Der Begriff jr' im Alten Testament, AzTh II/2, 1963, insbes. 25f), noch H.-P. Stähli (Art.: ירא jr' fürchten, ThAT I, Sp.765-778, insbes. Sp.767) oder H. F. Fuhs (Art.: ירא jāre', ThWAT III. 1982. Sp.869-893, insbes. Sp.874) differenzieren zwischen den beiden Konstruktionen ירא מן und ירא מפני. Der Umstand, daß die letztere Verbindung nur in sehr spezifischen Situationen auftaucht, berechtigt zu der Annahme eines Sinnunterschiedes. Eine Analyse beider Verbindungen hätte in Abgrenzung von der seltenen Konstruktion mit dem Akkusativ zu erfolgen. Bemerkenswert in diesem Zusammenhang ist der Wechsel zwischen ואדניהו ירא מפני שלמה in 1.Kön 1,50 zu אדניהו ירא את שלמה המלך in 1.Kön 1,51. Die Veränderung läßt sich nicht hinreichend erklären durch den Übergang zur wörtlich zitierten Rede und die möglicherweise in Rechnung zu stellenden Aspekte der Hofsprache. Die Aussage in 1,51 nennt als Gegenstand der Furcht den "König Salomo", die von 1,50 nur Salomo. Die Konstruktion mit מפני könnte das signalisieren, was in 1,51 das Beiwort "König" durchblicken läßt. Adonja fürchtet sich nach beiden Aussagen vor der Macht Salomos, nicht vor seiner Person.

314 Vgl. Weinfeld, *Deuteronomy,* 332 No 3; 333 No 3b. Jos 4,14 werden Mose und Josua als Gegenstand autoritativ geschuldeter Furcht genannt.

stimmung der der Gewalt Unterworfenen berichtet wird. Israel erkennt
Salomos Herrschaftsanspruch an, da es feststellen kann und muß, daß dieser König den Anforderungen seiner Rolle als Monarch genügt: Wahrung
bzw. Herstellung des inneren Frieden der Gesellschaft. Salomos Charisma
bewährt sich als richterliches. Das Bild des gerade nicht durch Charisma
sondern durch väterliche Designation und geschickte Gewaltausübung auf
den Thron gekommenen und sich behauptenden König Salomo wird so
rekonstruiert, daß die Zustimmung Israels zu seiner Regierung die logische Folge dieser Zeichnung der Figur Salomos wird.

Mettinger hat auf die Bedeutung der charismatischen Begabung Salomos hingewiesen[315]. Sein Vergleich zwischen Sauls Charisma und Salomos Charisma berücksichtigt
zwar die verschiedenen Äußerungsweisen des jeweiligen Charisma, zieht aber nicht in Betracht, daß zwar Saul ein Charismatiker war, Salomo aber nur als charismatisch begabter
König galt. Die Zuschreibung einer charismatischen Begabung als permanenten 'Besitz'
weist auf eine Veralltäglichung des Charisma hin. Typisch für den Charismatiker ist der
Umstand, daß er über das Charisma nicht als Besitz verfügen kann, und daß ständig die
Gefahr des Verlustes und der Nichtanerkennung durch die Anhänger droht. Dort, wo die
charismatische Persönlichkeit ihr Charisma verliert, werden alle ihre Verdienste in der Regel negiert. In der Beurteilung der charismatischen Persönlichkeit gibt es nur Anerkennung
oder Ablehnung. In dieser Hinsicht ist die Figur Sauls eine klassische charismatische Persönlichkeit. Die Figur Salomos ist wesentlich differenzierter angelegt. Salomo ist in mancherlei Hinsicht eher als ein funktioneller Charismatiker zu bezeichnen. Er erhält, nachdem er ohne Charisma die Position des Königs eingenommen hat, eine auf diese Position
spezifisch bezogene charismatische Begabung. Die Differenzierung zwischen der Person
Salomos, seiner Position und seiner charismatischen Erfüllung der Rolle ist Voraussetzung
dafür, daß das Endurteil über Salomo als Person negativ lauten kann, aber weder die spezifische Begabung noch die durch dieselbe initiierten Werke (Administration, Außenpolitik, Tempelbau) der Verdammung anheimfallen.

Die Aussagen von 1.Kön 4,1 formulieren die andere Seite dieser Anerkennung: "Der König Salomo war König über ganz Israel." Die vermeintlich pleonastische Aussage[316] ist Ausdruck der komplexen Wechselwirkung zwischen Salomos Position, seiner charismatischen Begabung
und der Anerkennung dieser Begabung durch Israel. Traumtheophanie
und öffentliche Bewährung der charismatischen Eigenschaft begründen
Salomos Autorität als Herrscher. 1.Kön 3,28 und 4,1 ziehen das Fazit aus
dem vorgeführten Sachverhalt. Salomo herrscht nach dem Eingreifen
JHWHs in sein Leben aus der seiner Person eigenen, ihr von JHWH verliehenen Autorität (כי חכמת אלהים בקרבו). Seine Autorität beruht nicht
mehr, wie in den Anfangsjahren seiner Regierung, auf der virtuosen
Handhabung seiner Machtinstrumente, sondern darauf, daß das Volk erkennt, daß Salomo willens und fähig ist, לעשות משפט[317]. Diese Phrase,
die zu den Standardermahnungen Jeremias[318] und Ezechiels[319] gehört,

---

[315] Mettinger, *King*, 238ff.

[316] Eine vergleichbare Aussage findet sich in dieser Form für keine anderen König.

[317] Johnson vermerkt, daß mišpāt als sich ereignende Autorität verstanden werden
kann (Art.: משפט, Sp.96).

[318] Vgl. Jer 22,3.15; 23,5; 33,15.

[319] Vgl. Ez 18,5.19.21.27; 33,14.16.19.

findet sich innerhalb des DtrG nur in 2.Sam 8,15 (par. 1.Chron 18,4),
1.Kön 3,28 und 10,9 (par. 2.Chron 9,8)[320]. Nur David und Salomo bewirken Recht und Gerechtigkeit. Das Fehlen dieses Topos in den Werturtei-
len der übrigen positiv klassifizierten Könige ist um so bemerkenswerter,
da es sich um eine der klassischen, dem König in der altorientalischen
Königsideologie zugeschriebenen Eigenschaften handelt.

David und Salomo sind gleichfalls die einzigen Könige, denen die alttestamentlichen Autoren göttliche Weisheit zubilligen. Die Annäherung
beider Figuren hinsichtlich einer für Könige ideologisch unverzichtbaren
Eigenschaft dürfte schriftstellerischer Absicht entsprechen. Ebenfalls zu
denken gibt, daß die Relation JHWH-König-Israel-Recht für David wie
für Salomo gleiche Strukturen annimmt. Unter relationalem Gesichtspunkt nimmt sich 2.Sam 8,14b-15 aus wie eine auf ihren Kern reduzierte
Argumentation, die in 1.Kön 3,4-4,1 dann veranschaulicht wird. 2.Sam
8,14b konstatiert summarisch, daß JHWH David in allem, was dieser unternimmt, hilft. V.15a schließt die, im Gesamtrahmen der David-
Geschichte betrachtet, an diesem Punkt auffällige Aussage an, daß David
über ganz Israel herrscht und V.15b fügt hinzu, daß David ein für das ganze Volk Recht und Gerechtigkeit Bewirkender war. Darauf folgt die Liste
seiner Minister. JHWH steht auf der Seite Davids, das macht David zum
König über ganz Israel. Die Herrschaftsbeziehung wird charakterisiert
durch Davids Ausübung von Recht und Gerechtigkeit für alle. Dieses Ziel
ist das Motiv göttlicher Hilfe für David. JHWHs Handeln für Israel wird
erkennbar im Charakter dieser davidischen Regierung. 1.Kön 10,9 legt die
subtile Logik des Verhältnisses JHWH-König-Israel offen. JHWH hat nur
aus Liebe zu Israel Gefallen an Salomo und ihn deswegen auf den Thron
Israels gesetzt. Daher hat JHWH ihn als König eingesetzt, um Recht und
Gerechtigkeit zu üben[321].

1.Kön 3,4-15 führt vor, daß und wie JHWH sich auf Salomos Seite stellt
und ihm hilft (charismatische Begabung mit göttlicher Weisheit), 3,16-27
zeigt die Wirksamkeit dieser Unterstützung. 3,28 konstatiert das Ziel
JHWHs, Herstellung von Recht für ganz Israel. 4,1 beschreibt die für Salomo und ganz Israel daraus sich ergebende Beziehung. Der Umstand, daß
danach in 4,2ff analog 2.Sam 8,16ff die Ministerliste folgt, die als Zeichen
geordneter und guter Regierung gelten kann, darf als weiteres Indiz dafür
gewertet werden, daß beide Texte argumentativ die gleichen Ziele verfolgen[322].

---

320 Im Pentateuch ist von עשה משפט nur in Gen 18,19.25 die Rede. Gen 18,19 spricht
JHWH von dem für Abraham und seinen Nachkommen vorgeschriebenen Weg JHWHs,
der als לעשות צדקה ומשפט erläutert wird. Gen 18,25 konfrontiert Abraham JHWH mit
seinem eigenen Prinzip und fragt: השפט כל הארץ לא יעשה משפט.

321 Die Aussagen von 1.Kön 10,9 setzen jene von 3,4ff voraus und bauen auf jenen von
2.Sam 8,14b-15 auf, vgl. dazu weiter unten S.337f.

322 Die Frage, ob ein und derselbe Schriftsteller diese Texte formuliert hat, mag hier
offen bleiben. Die Differenzen in der Ausdrucksweise zwischen 2.Sam 8,14f und 1.Kön 3,28

Salomo tritt in fünf Rechtsfällen als Richter auf[323]. Sein Ruf als unfehl-
bare Rechtsautorität kann sich allein auf die in 1.Kön 3,16ff berichtete
Rechtsentscheidung[324] gründen. Die Exegese von 1.Kön 2,13-46 hat ergeben, daß die dtr Redaktion alle hier dargestellten vier Rechtsfälle spezifisch redigiert hat. Insbesondere hat sie die Begründungen für die drei Todesurteile theologisch und rechtlich[325] ausgebaut. Das Todesurteil über
Adonja wird durch zusätzliche Berufung auf JHWHs sichtbaren Beistand
für Salomo legitimiert (2,24). Dieselbe Hand ist gleichfalls verantwortlich
für die Konstruktion der Scheinverhandlung zwischen Joab und Salomo
via Benaja, indem sie die Aussagen von 2,31b-33 einfügt. Ebenfalls hat sie
die Gerichtsszenen konzipiert, in denen Ebjatar (2,26f) und Simei (2,42-
45) als Angeklagte auftreten, die die Gelegenheit zur Verteidigung nicht
nutzen und so zu ihrem Urteil beitragen. Das Märchen von der weisen
Entscheidung eines gerechten Königs bietet Dtr die für seine Aufhellung
des Salomo-Bildes dringend benötigte Chance, den vormaligen Richter
Salomo und seine Todesurteile in den Hintergrund treten zu lassen.

Der Unterschied zwischen dem Richter Salomo in 1.Kön 2,13ff und
dem in 1.Kön 3,16ff ist eklatant. Die Differenz läßt sich nur als Wirkung
des göttlichen Charismas erklären. Nachdem der Richter Salomo so zum
Ideal eines Richters stilisiert worden ist, bedarf es nicht mehr der Vorführung weiterer Rechtsentscheidungen von seiner Seite. Das "salomonische
Urteil" reicht als Ausweis juridischer Gerechtigkeit Salomos, deren zwei-
felhafter Ruf allein durch die redaktionellen Reparaturbemühungen
schwerlich so leicht in den Hintergrund geraten wäre[326]. Dtr rückt durch

---

müßten auf ihre Kontextabhängigkeit geklärt werden, bevor literarkritische und redaktionsgeschichtliche Schlüsse zu ziehen sind.

[323] Vgl. G. C. Macholz, Die *Stellung des Königs* in der israelitischen Gerichtsverfassung,
ZAW 84. 1972. 157-182, ebenda 172f.

[324] Der Aufbau dieser Rechtserzählung zeigt eine weitgehende Übereinstimmung in
den gattungsspezifischen Strukturelementen der Rechtspetition, wie sie in der Eingabe eines Erntearbeiters aus Mezad Haschavjahu vorliegt (vgl. hierzu H. und M. Weippert, *Frau-
en*, insbes. 146-153). Die formale Übereinstimmung mit Rechtsbräuchen des ausgehenden
7. Jahrhunderts und der so erzielte realistische Charakter der Verhandlung lassen nicht nur
an eine gelungene Propagandaschrift zum Ruhme des Königs denken, sondern (da der
König anonym bleibt) gleicherweise an eine rechtsdidaktische Lehrerzählung. Eckart Otto
(*Rechtsgeschichte* der Redaktionen im Kodex Ešnunna und im "Bundesbuch". Eine redaktionsgeschichtliche und rechtsvergleichende Studie zu altbabylonischen und altisraelitischen
Rechtsüberlieferungen, OBO 85, Freiburg/Schweiz. Göttingen 1989) hat in anderem Zusammenhang darauf aufmerksam gemacht, daß den didaktischen Zielen rechtsliterarischer
Texte bei der Frage nach dem Sitz im Leben dieser Texte stärkere Beachtung gewidmet
werden sollte (*Rechtsgeschichte*, insbes. 177ff).

[325] Whitelam (*King*, 149-155) hat auf die Bedeutsamkeit des Motivs monarchischer
Rechtsautorität für den Verlauf der Schilderung hingewiesen.

[326] Salomo ist in der Auslegungstradition nur aufgrund von 1.Kön 3,4-28 zum Modell
des sprichwörtlich weisen Richters geworden. Die Bedeutsamkeit dieser beiden Erzählungen kann man erst dann recht ermessen, wenn man sich einen Augenblick vorstellt, wie sich
das Bild Salomos ohne Traumtheophanie und salomonisches Urteil in der Auslegung entwickelt hätte.

eine weise Rechtsentscheidung Salomos neue Wirksamkeit nach der Begegnung mit JHWH theologisch wohl kalkuliert in so helles Licht. 1.Kön
3,16-28 beweist, daß der Monarch nach Gibeon ein anderer geworden ist.
Da Salomo vor Gibeon ausschließlich seine monarchischen Kompetenzen
im Rechtsbereich demonstriert hat, entspricht die Vorführung des neuen
Salomo in der Rechtssphäre durchaus der Erzähllogik.

Dieser Erzählduktus macht die Annahme wahrscheinlich, daß Dtr für
die Komposition des Textes von 1.Kön 3,1-4,1 verantwortlich ist. Ausgehend von der obigen These, daß die Traumerzählung Salomo im allgemeinen Sinne zur Regierung von JHWH begabt sein läßt, ist zu erwarten, daß
Dtr in der folgenden Darstellung der Regierungszeit Salomos weitere
Aspekte dieser göttlichen Begabung herausstellen, sowie nicht versäumen
wird, auf den jeweiligen Nutzen für Israel hinzuweisen.

Die Organisation des salomonischen Staates und das Dogma der
Nichtzählbarkeit Israels

In 1.Kön 4,1-20 führt Dtr anhand überkommenen Listenmaterials die
salomonische Staatsorganisation vor. Über den dtr Charakter der Redaktion älterer Überlieferung besteht Einigkeit unter den neueren Kommentatoren[327]. Im wesentlichen werden die Rahmennotizen zur Redaktion des
Textes gerechnet.

Die Unterbrechung der Liste durch V.13b dürfte nachdeuteronomistisch sein[328]. Die
Mitteilungen kombinieren Aussagen aus Dtn 3,4f.13f und Num 32,41 miteinander. Sie
könnten durch die Aussagen von V.19bα hervorgerufen worden sein, um deren Angaben
bis ins letzte Detail zu ergänzen. Auffällig ist, daß Og in V.13b nicht im Anschluß an die
Landschaft Argob genannt wird, trotz der in Dtn 3,4.13 vorliegenden Gleichsetzung dieser
Region mit dem Königreich Ogs. Die Auslassung wäre verständlich, wenn dem Verfasser
von V.13b bereits der Zusatz von V.19bα vorlag und er diesen nur ergänzen wollte, um die
Abgrenzungen der drei ostjordanischen Bezirke zu verdeutlichen[329]. Die geographischen
Angaben zum 12. Bezirk in V.19bα sind demselben Bemühen um Eindeutigkeit zu verdanken[330]. Dieser Zusatz dürfte eher von der in Jos 13,9-12 vorliegenden Beschreibung des
Ostjordanlandes (Gebiet Sihons - Gebiet Ogs) ausgehen, als von Dtn 3,4f.13f. Der 12. Bezirk wird hier identifiziert mit dem gesamten unter Mose eroberten Land. Die Unhaltbar-
keit dieser Gleichsetzung ist offenkundig[331]. V.19bβ ist eine anschließende Erläuterung,
um klarzustellen, daß der 12. Bezirk nur einen Vorsteher hatte[332]. V.19bα und V.19bβ
sind von derselben Hand, denn die erste Aussage muß die zweite nach sich ziehen. Da die

---

327 Vgl. u.a. Noth, *Könige*, 58ff; Jones, *Kings I*, 133ff; Würthwein, *Könige I*, 38ff.

328 Vgl. Noth, *Könige*, 72.

329 Vgl. die Ausführungen von Kallai (*Geography*, 64f.69-72) zur geographischen Bestimmung des 6. und 12. salomonischen Bezirkes.

330 Vgl. Noth, *Könige*, 74.

331 Vgl. Kallai, *Geography*, 70.

332 Vgl. hierzu Jones (*Kings I*, 145) und T. N. G. Mettinger (Solomonic *State* Officials.
A Study of the Civil Government Officials of the Israelite Monarchy, CB.OT 5, Lund 1971,
22 Anm. 47). Zumindest haben die Masoreten mit ihrer Determination von בארץ die Aussage so verstehen wollen.

geographischen Aussagen die differenzierteren dtr Angaben (Dtn 3; Jos 13) falsch beziehen, wird man weder V.13b noch V.19b Dtr zuschreiben können[333].

Die gemeinsame Überschrift der Listen von V.2-6 und V.8ff, die untereinander verbunden worden sind durch die Einleitungen in V.2a und V.7-
8a, steht in V.1. Beide Listen führen vor, welche Verwaltungsformen die
Herrschaft Salomos annahm. Die erste Liste (V.2-6) bietet ein Verzeichnis
der obersten 'Beamten' Salomos. Es dürfte sich um die für Israel und Juda
zuständige oberste Ebene der Zentralregierung handeln[334]. Die Liste der
Provinzgouverneure umfaßt nur die Distrikte des Nordreichs[335]. Die in
den V.1 und V.7 genannte Bezugsgröße "ganz Israel" (כל ישראל) tauchte
bereits als Gegenüber Salomos in 1.Kön 3,28 auf. In 1.Kön 3,28 dürfte
dem Kontext nach darunter Israel und Juda zu fassen sein. Die Liste des
salomonischen Kabinetts (V.2-6), die auf die Feststellung der Herrschaft
Salomos über ganz Israel (1.Kön 4,1) folgt, erweckt den Eindruck, als gelte
die Gleichung 'ganz Israel = Israel und Juda'. Das in V.7a als Bezugsgröße der Distriktliste genannte "ganz Israel" ist aber als geographische Enti-
tät nicht identisch mit den in 3,28 und 4,1 genannten Größen "ganz Israel".
Diese Identifizierung ist nur möglich auf der literarischen Ebene. Die in
4,20a folgende Differenzierung in "Juda und Israel" bietet dem Leser
scheinbar die angemessene Erklärung für "ganz Israel", sie läßt diesen
Ausdruck als Abbreviatur erscheinen. Die Wendung "ganz Israel" in 3,28;
4,1.7 sowie die Aussage "Juda und Israel" in 4,20a bilden ein Aussagensystem, das dazu dient, die Erwartungshaltung des Lesers zu konditionieren.
Dem Leser wird auf diese Weise suggeriert, die Provinzeinteilung umfasse
'Juda und Israel', d.h. die Kosten der königlichen Hofhaltung seien gerecht
auf beide Reiche verteilt worden.

V.1 konstatiert die Herrschaft Salomos über ganz Israel, V.2a und V.7
erläutern, wie diese Herrschaft ausgeübt wird. Die oberste Ebene der
Staatsverwaltung besteht aus den śarim, die Salomo direkt unterstellt sind
(אשר לו)[336]. Es gibt keinen Wesir, der die Regierung für Salomo führt.
Der Sachverhalt kann als Indiz für Salomos innenpolitische Begabung gelesen werden. Von der mittleren Verwaltungsebene erfahren wir ausführlicher nur aus einem Bereich: das Ressort des Asarja Ben Nathan, der über
die נצבים gesetzt ist, wird vorgeführt (V.5a). Sein 'Ministerium' organisiert die Versorgung für die Angehörigen von Königshof und Verwaltung.
Das System sieht eine Einteilung "ganz" Israels in 12 geographische Bezirke vor, an deren Spitze ein Vorsteher sich befindet (V.8b-13a.14-19a). Jeder von ihnen ist für die Lieferung einer Monatsration zuständig.

Daß wir nur von diesem Bereich der Staatsverwaltung Näheres erfahren, könnte damit zusammenhängen, daß dieser Teil die ökonomische
Basis der salomonischen Herrschaft beschreibt. Die Liste in V.8ff erläuter-

---

[333] Vgl. Noth, *Josua*, 1953[2], 78.

[334] Vgl. Noth, *Könige*, 61f; Mettinger, *State*, 19ff.

[335] Vgl. Alt, *Israels Gaue*, 88f. und Mettinger, *State*, 212-214.

[336] Zur Ministerliste im einzelnen vgl. Mettinger, *State*, 9ff; und U. Rüterswörden, Die
Beamten der israelitischen Königszeit, Stuttgart/Berlin/Köln 1985, 71ff.

te die ihr vorgeordnete Aussage über Salomos Herrschaft über ganz Israel
(4,1) in Hinblick auf die ökonomischen Strukturen, so in der Funktion
vergleichbar der Ministerliste (4,2-6), die die politischen Strukturen darstellt. Die beide Listen einleitenden Sätze (V.2a.7a) führen die Etablierung der jeweiligen Organisaton auf Salomo zurück. Die zweite Einleitung
weist zudem auf die Grundaussage in 4,1 mit dem Stichwort כל ישראל
zurück. Da diese Liste nur einen Ausschnitt der Gesamtverwaltung repräsentiert, ihre Verbindung mit der ersten Liste schwerlich ursprünglich war,
dürfte die zweite Einleitung nicht Teil der Archivliste gewesen sein[337]. Sie
wird gerade in ihren auf den Leser abzielenden Informationen von demselben Verfasser wie 4,1-2a herzuleiten sein.

Die eingehende Erklärung des Zwecks der Distrikteinteilung (V.7aß)
nimmt der folgenden Liste der Vorsteher etwas von ihrem statischen Charakter und mildert so den Eindruck, daß ganz Israel einem von oben ver-
fügten und absolut gesetzten, dazu seinem Zweck nach nicht durchschau-
baren, Herrschaftssystem von Salomo unterworfen worden ist. Allein die
Angaben von V.7aß schränken die Kompetenzen der Gouverneure ein.
Sie wirken dem Anschein entgegen, als habe die salomonische Staatsorganisation die bisher vorhandene politische Organisation israelitischer
Städte und Verbände aufgelöst. In diesem Zusammenhang ist zu bedenken, daß David nach der Eroberung Arams und Edoms in diesen Ländern
נצבים einsetzt (2.Sam 8,6.14ff; 1.Chron 18,13). Die Einsetzung dieser
Vorsteher ist ein eindeutiges Indiz für eine neue staatsrechtliche Organisation der unterworfenen Staaten. Der Schluß liegt nahe, daß V.7 genau
dieser Assoziation wehren soll: Israel wird von Salomo behandelt, so wie
Aram und Edom von David. Die Mitteilung, daß die Provinzgouverneure
in ihren Bezirken eine auf die Versorgung des Hofes begrenzte Zuständigkeit wahrnehmen, hat apologetischen Charakter, und tritt der genannten Interpretation entgegen[338]. Ferner verdeutlichen die Aussagen
von V.7, daß die Höhe der Abgaben begrenzt war, da nur der Bedarf des
königlichen Hofes auf alle umgelegt worden ist[339].

Der Schwerpunkt der Aussagen von V.7 liegt auf dem Aspekt, daß die
Lasten der königlichen Hofhaltung gerecht auf "ganz" Israel verteilt wor-

---

337 Es ist wenig wahrscheinlich, daß in einem Archivverzeichnis, das die Namen der
Provinzvorsteher aufführt, ihre Aufgaben so ausführlich und auf den Leser bedacht erklärt
werden. Insbesondere die Angabe über die Monatslieferung ist redundant. Die Aufgaben
der Minister und ihr Zuständigkeitsbereich werden nicht erläutert. Derartige Archivlisten
dürften der Feststellung der Ressortzuständigkeit namentlich genannter Personen dienen,
nicht der Information einer breiteren Öffentlichkeit.

338 Die apologetische Tendenz der Aussagen von 1.Kön 4,7 dürfte als weiteres Indiz der
von Mettinger (*State*, 118-121) vermuteten politischen Neuorganisation des Nordreiches
angesehen werden. Die Überlegungen von U. Rüterwörden (*Beamten*, 107-109) zur Position und Funktion des נצב sprechen gleichfalls dafür, daß die so benannten Gouverneure
eine umfassendere Kompetenz in ihrem jeweiligen Bezirk hatten, als 1.Kön 4,7 den Leser
erkennen lassen möchte.

339 Auch von daher ist es unwahrscheinlich, daß die Angaben über den Bedarf des
Hofes in 1.Kön 5,2f Dtr vorgelegen haben, vgl. die genannten Kommentare zur Stelle.

den sind. Die Tendenz, Salomos Herrschaft als geordnet und gerecht hin-
zustellen, liegt offen zutage. So kann sein Verwaltungssystem als Bewährung seiner göttlichen Weisheit im Regierungsalltag gelten. Eine allgemeine Aussage über Israels und Judas[340] Wohlergehen schließt die Darstellung des salomonischen Herrschaftssystems ab (4,20). Das Bildwort in
4,20a (Juda und Israel sind so zahlreich wie der Sand des Meeres) nimmt
das zuletzt in 1.Kön 3,8 erwähnte Motiv der Unzählbarkeit des Volkes auf.
   Die Terminologie erinnert an die Mehrungsverheißungen für die Erzväter.[341] Dtn 1,10
und 10,22 stellen diese Verheißungen durch Aufnahme des Bildwortes 'wie die Sterne des
Himmels' als erfüllt hin. Nach Dtn 28,62 gehört der Verlust der so umschriebenen Größe
zu den angedrohten Folgen des Ungehorsams. Der Vergleich mit dem 'Sand am Meer' als
Umschreibung unzählbarer Menge kommt innerhalb des DtrG fünf Mal vor. Dreimal dient
er der Beschreibung eines vermeintlich überlegenen Gegners, der dann aber mit JHWHs
Hilfe geschlagen wird (Jos 11,4; Ri 7,12; 1.Sam 13,5). Auf Israel-Juda wird es zweimal angewandt. Huschai brüstet sich gegenüber Absalom, daß auf seinen Vorschlag versammelte
anti-davidische Aufgebot Israels und Judas werde zahlreich sein wie der Sand des Meeres sein
(2.Sam 17,11). Das Bildwort hat ambivalente Untertöne, nicht nur angesichts des bisherigen Gebrauchs und der später vernichtenden Niederlage der Absalom-Koalition. Es spielt
auch auf das Ausgeliefertsein des Sandes an Wind, Wolken und Sonne an. Eindeutig positiv
ist die Metapher für Volksgröße innerhalb des DtrG nur in 1.Kön 4,20a gebraucht. Nicht
zu überhören ist jedoch, daß Israel-Juda als passive Größe beschrieben wird.

Israel-Juda befindet sich unter der geordneten und weisen Herrschaft
Salomos im Zustand erfüllter Verheißung. Es mangelt ihm an nichts, was
durch die drei Stichworte 'essen, trinken, freuen' auf den Begriff gebracht
wird (4,20b)[342]. Freude kann durchaus im DtrG die Reaktion des Volkes
auf politisches Handeln bezeichnen[343]. Dieses Stichwort beschreibt in den
betreffenden Texten, daß das Volk die jeweiligen politischen Regelungen

---

[340] Zwischen 1.Kön 4,19 und 4,20 liegt keine falsche Abtrennung vor, wie einige Kommentatoren (u.a. Noth, *Könige*, 75; Würthwein, *Könige I*, 42 Anm 8) annehmen. Diese Annahme beruht wesentlich auf der Vorstellung, daß in der Liste von 4,8ff auch Juda vorkommen müßte.

[341] Siehe Gen 22,17; 32,13. Rendtorff *(Problem*, 45ff) weist darauf hin, daß verschiedene Überlieferungsreihen hier zusammenkommen, was sich auch in der unterschiedlichen
Verwendung der Bilder 'Sand am Meer' und 'Sterne des Himmels' zeigt.

[342] Altorientalische Könige versäumen selten, in ihren auf die öffentliche Wirkung be-
rechneten Inschriften das Wohlergehen des Volkes unter ihrer Herrschaft hervorzuheben,
vgl. KAI 24,11-13. Besonders interessant sind in diesem Kontext die Bemerkungen in der
Inschrift Pannamuwas, der betont, daß unter seiner Herrschaft Jau'idi gegessen und ge-
trunken hat (KAI 214,9). Das Motiv wird von seinem Sohn Barrākib nochmals zur Charakterisierung der Herrschaft seines Vaters aufgenommen (KAI 215,9).

[343] Als Reaktion des Volkes auf ein politisches Handeln kommt es 2.Sam 11,15 (Saul),
1.Kön 1,40.45; 8,66 und 2.Kön 11,14.20 (Joas) vor. Da auch Hirams erste Reaktion auf Salomos Pläne (1.Kön 5,21) mit diesem Verb beschrieben wird, ansonsten innerhalb des
DtrG (mit Ausnahme des Dtn) dieses Verb wie das dazugehörige Substantiv selten verwendet werden, darf darin ein qualitatives Urteil Dtr's über den zweiten Teil der salomonischen Herrschaft gesehen werden. Vgl. auch G. Braulik (Die *Freude* des Festes. Das Kultverständnis des Deuteronomium - die älteste Festtheorie [1983], in: Ders., Studien zur
Theologie des Deuteronomiums, Stuttgart 1988, 161-218), der gezeigt hat, daß im Dtn
erstmals im Alten Testament eine Theorie des Festes entwickelt worden ist. Leitwort dieser
Theorie ist שׂמח qal.

und Maßnahmen gutheißt. Im Dtn taucht das Motiv Freude regelmäßig in den paränetischen Schlußsentenzen der Gebote zu den Opferfesten[344] und Opferbestimmungen[345] auf. Hier liegt eine ähnliche Verknüpfung der Motive Essen/Trinken und Freude wie in 1.Kön 4,20b vor. Die Doppelaussage über Größe und Wohlergehen des Volkes macht den Eindruck eines maßgeschneiderten Abschlusses zu der Übersicht des Herrschaftssystems Salomos[346]. Der Zusammenhang zwischen den Aussagen von V.7 und V.20 (die Versorgung des Hofes beeinträchtigt nicht das Wohlergehen des Volkes), und insbesondere die Motivik von V.20, lassen Dtr als Autor dieser Hinweise und Beurteilungen wahrscheinlich werden.

Dtr führt in 1.Kön 4 durch die Präsentation der Listen vor, daß allein göttliche Weisheit Salomo befähigt, das erwählte Volk in dem für das Funktionieren der Monarchie notwendigen Maße zu organisieren, ohne daß er dabei zu illegitimen Mitteln greifen muß wie sein Vater David (2.Sam 24) und dessen schlechtem Vorbild folgend, die "Größe" Israels für eigene Zwecke wie Ruhm und Reichtum mißt. Die Schlußsentenz (4,20) rückt wieder Israel-Juda in den Mittelpunkt der Aufmerksamkeit. Eingangs war Israel als Objekt salomonischer Herrschaft genannt worden (4,1), am Ende steht es als Nutznießer dieser Herrschaft da (4,20)[347]. Volk und König konstituieren eine ideal funktionierende Gesellschaft - so hat Dtr den Grund gelegt für das ausstehende große Werk des Tempelbaues.

Die Vorbereitung des Tempelbaues

Auf die Idylle folgt der arbeitsreiche Alltag. Dtr setzt seine Darstellung der Geschichte Salomos in 1.Kön 5,15-26 mit der Schilderung diplomatischer Aktivitäten Salomos fort, die dieser nur im Interesse des Tempelbaues unternimmt.

1.Kön 5,1-14 ist ein mixtum compositum aus nachdeuteronomistischer Zeit, das im wesentlichen zum höheren Ruhme Salomos zusammengestellt worden ist[348]. Die Aufnahme einzelner Motive altorientalischer Königsideologie und die Anleihen bei der Weisheits- und

---

[344] Dtn 16,9-12 Wochenfest; 16,13-15 Sukkot.

[345] Dtn 12,6-7.11-12.17f Bestimmungen über den Zentralaltar; 14,22-26 Abgabe des Zehnten; 26,1-11 Erstlingsgabe; 27,5-7 Altarbaugesetz.

[346] Vgl. Benzinger, *Könige*, 22.

[347] L.C. Jonkers (hyh mwšl: An Exegetical *Note* on the Use of the Participle Active in 1 Kings 5:1 (MT), JNWSL 14. 1988, 135-141) hat auf die syntaktische Verknüpfung zwischen 1.Kön 4,20 und 1.Kön 5,1 hingewiesen. Auf der Ebene des Endtextes wird der Wohlstand Israels als direkte Folge der salomonischen Oberherrschaft über die umliegenden Königreiche dargestellt, mithin als Erfüllung der Verheißung von Dtn 15,6. Die Aussagen in 5,1 und 5,4 konstituieren eine kleine Rahmung für die Mitteilung in 5,2f. Mit 5,5 variiert der Verfasser dieses Stückes 4,20 und leitet zu den in 5,6ff folgenden Mitteilungen über. Der Sachverhalt läßt an eine andere Hand als in 4,20 denken.

[348] Vgl. Jepsen, *Quellen*, 23; Scott, *Solomon*, 1955, 268f.271; Würthwein, *Könige I*, 46ff.

Lehrtradition[349] können allein nicht das vermeintlich hohe Alter von 1.Kön 5,1-14 begründen[350]. Irgendwelche Spuren dtr Bearbeitung vermag auch Noth[351] nicht zu entdecken. Der ganze Abschnitt rechtfertigt die von Kegler[352] für einige seiner Aussagen bereits vorgeschlagene Kategorisierung als "Herrscherpreis". Diese Tendenz ist Dtr in Hinblick auf Salomo gänzlich fremd. Dtr "verherrlicht" Salomo nicht um seiner selbst, sondern immer um JHWHs und um Israels willen. Die dtr Traumtheophanie lehrt, daß seine Begabung durch JHWH nur im Horizont seiner Aufgaben als König des erwählten Volkes verstanden werden darf. Salomo wird von Dtr unter bestimmten Aspekten 'idealisiert', um ihn würdig erscheinen zu lassen, für die ihm qua Prädestination (2.Sam 7,12f) zuerkannte Aufgabe des Tempelbaus. Die märchenhafte Figur Salomos von 1.Kön 5,1-14 wäre einer dtr Übermalung nicht entgangen, da sie der dtr Konzeption eines aufgabenorientierten Königtums zuwiderläuft.

Der dtr Charakter der Komposition von 1.Kön 5,15-26 wird von vielen Kommentatoren zugestanden[353]. Die Diskussion um die von Dtr vermeintlich verwendeten Archivunterlagen kommt zu keinem eindeutigen Ergebnis[354]. Sie bleibt für die literarische Beurteilung des Textes folgenlos, da eine literarkritische Isolierung historischer Nachrichten angesichts deren fugenlosen Einpassung in die Komposition nicht gelingt. Zu bedenken bleibt Würthweins Annahme, daß in den V.21.26a Zusätze zum dtr Text vorliegen, da beide den Textzusammenhang unterbrächen[355]. Das Argument kann nicht aufrechterhalten werden. V.21 steht an der Übergangsstelle zwischen den beiden Briefen, seine Aussagen unterbrechen keine Handlung, sondern bieten wie in 1.Kön 3,10 eine an den Leser adressierte Vorinformation, mit der der Autor diesen theologisch 'impfen' möchte[356]. V.26a erfüllt ähnliche Funktionen wie V.21. Der aus dtr Sicht in seiner Zulässigkeit anzuzweifelbare Bundesschluß mit Hiram[357] wird, bevor er ausdrücklich so bezeichnet wird (V.26b ברית), theologisch legitimiert durch den Hinweis darauf, daß JHWH Salomo Weisheit dazu verliehen hatte[358].

---

[349] Vgl. A. Alt, Die *Weisheit* Salomos, (1951), KS II 1959, 90-99; M. Noth, Die *Bewährung* von Salomos göttlicher Weisheit, (1955), in: ders., Gesammelte Studien zum Alten Testament, TB 39, München 1969, 99-122.

[350] So Weinfeld, *Deuteronomy*, 254ff. Die Frage nach der Historizität einzelner Informationen steht hier nicht zur Debatte.

[351] Noth, *Könige*, 62.80.

[352] J. Kegler, *Geschehen*, 202.

[353] Vgl. u.a. Noth, *Könige*, 87ff; Würthwein, *Könige I*, 52f; Long, *I Kings*, 78ff; Jones, *Kings I*, 158ff; DeVries, *1 Kings*, 79f; für eine ältere Überlieferung plädieren Montgomery/Gehman, *Kings*, 132ff.

[354] Vgl. Montgomery/Gehman, *Kings*, 132ff; Long, *I Kings*, 78ff; DeVries, *1 Kings*, 79f.

[355] Würthwein, *Könige I*, 52.54.

[356] Long *(I Kings*, 79) weist darauf hin, daß ähnliche literarische Stilmittel in Gen 14,2; Ex 18,10 und Num 24,3-9 vorliegen.

[357] Vgl. Dtn 7,2.

[358] B.Gosse (La *sagesse* de Salomon en 1 Rois 5,21, BN 65. 1992, 15-19) sieht in der Wendung חכם בן eine Aufnahme des איש חכם aus 1.Kön 2,9. Ihm zufolge wäre Salomos Weisheit hier nicht als göttliche Begabung sondern eher als negativ zu wertende menschliche Schlauheit zu verstehen. Gosse übersieht indes, daß in 1.Kön 5,21 Salomos Weisheit direkt auf JHWH zurückgeführt wird. Bezugstelle dieser Aussage ist 1.Kön 3,12.

Dtr benutzt die Gesandtschaft Hirams an Salomo, um das Motiv Salomos für die Inangriffnahme seiner Tempelbaupläne zu diesem Zeitpunkt herauszustellen. Die dtr Chronologie der Salomo-Zeit bestimmt hier den Ablauf des Geschehens, denn die Kunde von Salomos Thronbesteigung dürfte kaum drei Jahre bis Tyrus benötigt haben. Aus dem Umstand, daß Dtr diese Gesandtschaft und die mit ihr verbundenen Handelsbeziehungen erst kommen läßt, nachdem kein Gegner und kein widriges Geschick mehr Salomos Regierung bedrohen, da JHWH ihm Ruhe verschafft hat (V.18), darf geschlossen werden, daß seine theologische Konzeption von der in qualitativ unterscheidbaren Perioden verlaufenden Herrschaft Salomos die Anordnung der Ereignisse bestimmt. Der diplomatische Briefwechsel[359] weist Salomo als kompetenten Monarchen aus, der im Interesse JHWHs bereits bestehende internationale Beziehungen[360] ausbaut und verstetigt.

Salomo erinnert Hiram zunächst an die bekanntlich guten Beziehungen zwischen Tyrus und Israel zur Zeit seines Vaters David und an die damalige außenpolitische Situation, deretwegen David den Tempelbau nicht in Angriff nehmen konnte (V.17). Nun habe JHWH ihm, Salomo, Ruhe verschafft, nach außen (V.18a) wie nach innen (V.18b). Die Aussage von V.18a spielt auf den traditionellen Topos dtn/dtr Theologie an, daß JHWH Israel Ruhe verschaffen wird[361], und erklärt, daß die verheißene Situation für den Tempelbaues eingetroffen ist. Die Verkürzung des traditionellen Ausdrucks in V.18a ist Anpassung an die Dtr überlieferte Salomo-Geschichte, der von äußeren Feinden wenig bekannt war, und die ihm, zu diesem Zeitpunkt auch nicht in das Konzept paßten[362]. Dazu wird die Möglichkeit geschaffen, der Ruhe-Aussage einen anderen Bezugspunkt zu geben. So wird sie durch den asyndetisch anschließenden Hinweis אֵין שָׂטָן und das erläuternde וְאֵין פֶּגַע רָע auf das Fehlen innenpolitischer Unruhe bezogen (V.18b). Diese Bemerkung reflektiert die unruhige Anfangszeit Salomos[363] und betont JHWHs Anteil am Erfolg Salomos.

---

[359] Zum Einfluß dieser Gattung auf die Gestaltung der Komposition von 1.Kön 5,15ff vgl. Montgomery/ Gehman, *Kings*, 133; Material bei D. Pardee/ J. D. Whitehead/ P.-E. Dion/ D. Sperling, *Handbook* of Ancient Hebrew Letters, Chico, California 1982.

[360] Darauf deutet die Aussage von V.16b hin, nach W. L. Moran (The Ancient Near Eastern *Background* of Love of God in Deuteronomy, CBQ 25. 1963. 77-87, bes. 80ff) wurde so die Vertragsbeziehung zwischen Hiram und David umschrieben.

[361] V.18a bietet eine verkürzte Form der ursprünglich auf Israel bezogenen Wendung, vgl. u.a. Dtn 12,9; Jos 22,42; 23,1; 2.Sam 7,1. Zum Ruhemotiv vgl. G. von Rad, "Es ist noch eine *Ruhe* vorhanden dem Volke Gottes" [1933], in: ders., Gesammelte Studien zum Alten Testament, TB 8, München 1971⁴, 101-108.

[362] Die von Dtr an das Ende der Herrschaft Salomos verlegten Aufstandsbewegungen in Edom und Aram berichten zwar von äußeren Feinden, doch ist nichts überliefert von etwaigen militärisch offensiven Aktionen einer salomonischen Armee.

[363] Die Verwendung des im Alten Testament außer an dieser Stelle nur noch in Koh 9,11 vorkommenden Nomens פֶּגַע verweist stichwortartig auf 1.Kön 2,13-36 zurück, wo die Ausschaltung der Gegner Salomos mit der Verbalwurzel פגע umschrieben wird, vgl. 2,15.29.46 und P. Maiberger, Art.: פגע pagaʿ, ThWAT VI. 1989. Sp.501-508, insbes. Sp.506.

Nur JHWH ist es zu verdanken, daß Salomo jetzt keine Widersacher mehr hat[364] und nun den Tempel bauen kann. 1.Kön 5,18 setzt die in der dtr Bearbeitung von 2,13-46 sichtbar gewordene Tendenz, Salomos Behauptung des Thrones Davids zu rechtfertigen, fort und sucht sich einen unverdächtigen Zeugen von außerhalb, wie sich im Fortgang des Briefwechsels zeigt. Nachdem das salomonische Vorhaben traditional (V.17) wie charismatisch (V.18) legitimiert ist, kann die Absicht Salomos offen ausgesprochen werden (V.19). Bemerkenswert ist, daß dabei die redend vorgeführte Person "Salomo" hinter ihren Aussagen verschwindet, bis sie nur noch in ihrer objektiv, von JHWH festgelegten Rolle als Tempelerbauer erscheint.

Bereits der Einsatz mit אמר והנני (V.19aα) vermeidet eine Hervorhebung des redenden Subjektes Salomo durch ein betontes אמר הנני ואני[365] oder durch das ebenfalls naheliegende אמרתי ואני[366]. Die Verwendung des Pronominalsuffixes anstatt des Pronomens läßt Salomos Person in den Hintergrund treten. Nach Gesenius/Kautzsch ist fraglich, ob die Suffixe an הנה als Akkusativsuffixe gelten können[367]. Joüon[368] gibt einige biblische Stellen an, in denen הנה ohne Suffix Position und Funktion des Subjektes einnimmt[369]. Dieser Sachverhalt spräche dafür, daß הנה seinen ursprünglich substantivischen Charakter wieder annehmen kann.

Daher verharrt die Aufmerksamkeit des Lesers nicht beim Initiator Salomo, sondern gleitet unmittelbar zum angekündigten Vorhaben Salomos (V.19aß) weiter. Die Wiederaufnahme der das Projekt beschreibenden Phrase aus V.17aα unterstreicht den Zug zur Sachlichkeit. Der Eindruck wird hervorgerufen durch die zurückhaltende Selbstapostrophierung Salomos[370], die Berufung auf die seinem Vater David von JHWH gegebene diesbezügliche Zusage (V.19bα) und das anschließende Zitat dieser Zusage (V.19bßγ). Die Phrase לבנת בית לשם יהוה ist Leitmotiv für 5,15-26 und verweist in der Version הוא יבנה הבית לשמי auf die Nathansverheißung 2.Sam 7,13 zurück[371].

Die Aussagen von V.19 legitimieren Salomos Vorgehen, verglichen mit jenen von V.18, direkt. Soziologisch bemerkenswert ist, daß die charismatische Begründung (Gottesverheißung) traditional verankert wird (Vater David als Empfänger und Zeuge). Auf die umfassende Darstellung des Planes werden in knappen Sätzen die Hiram betreffenden Leistungen und

---

364 Das Stichwort שטן weist voraus auf 1.Kön 11,14.23.

365 So Gen 9,9; 16,17; Ex 10,4; Jer 26,14; 40,10. Ihr 'Ich' derart in den Vordergrund rücken offenbar nur JHWH und Jeremia.

366 Vgl. u.a. Jes 49,4; Jer 3,19; 5,4; Jos 2,5; Ru 4,4.

367 GK §147b.

368 Joüon § 102k; vgl. auch GK, 491f Anm. 2.

369 Joüon § 154c.

370 Salomo bezieht sich in allen Aussagen entweder durch Pronominalsuffix auf sich oder redet im Zitat der die Sache betreffenden göttlichen Verheißung in der 3. Pers. Sing. von sich.

371 Die Phrase wird noch einmal in der Einleitung des Tempelweihgebetes 1.Kön 8,18 aufgenommen.

Salomos Gegenleistungen[372] genannt. Der Brief Salomos schließt mit derselben Wendung, mit der er angefangen hat אתה ידעת (V.17aα.20b). Zu Anfang erinnert Salomo Hiram so an seine ihn verpflichtende Beziehung zu David, beteiligt ihn also durch den Verweis auf früheres Handeln gegenüber dem israelitischen König an der Sache. Am Briefende wird Hiram auf seine gegenwärtige Situation als Herrscher besonders handwerklich qualifizierter und dafür berühmter Untertanen angesprochen. Der Schluß läßt Hiram die Initiative für das Vorgehen und enthält ein subtiles Lob Hirams, ohne daß noch einmal auf seine bisher bezeigte Loyalität angespielt wird.

Die Aussagen von V.21 verknüpfen die Anfrage Salomos und Hirams Antwort miteinander. Sie dienen gleichzeitig der theologischen Vorbereitung des Urteils des Verfassers über Salomos internationale Beziehungen, das in V.26 den Bericht abschließt. Hirams Reaktion wird objektiv (V.21a) und subjektiv (V.21b) geschildert. Hiram preist JHWH[373], den Gott Salomos, akzeptiert so in gewisser Hinsicht die Ansprüche dieses Gottes und benennt ausdrücklich den Grund seines anerkennenden Lobes: JHWHs Handeln an David durch die Thronnachfolge Salomos[374]. Laut Hiram ist Salomos Brief eine Bestätigung seines Anspruches, der von JHWH bestimmte, besonders befähigte Nachfolger Davids zu sein. Die entsprechenden Äußerungen Hirams (V.21bß) nehmen die Behauptungen Salomos wörtlich auf und verweisen über 1.Kön 3,7a auf 2.Sam 7,12f zurück. Außerdem sehen sie Salomos Herrschaftsanspruch traditional (בן) und charismatisch (יהוה...נתן לדוד בן חכם)[375] legitimiert und bestätigen Israels Selbstverständnis als עם רב[376]. Darüber hinaus gehen die Vorinformationen über Hirams Antwort auf den theologischen Part des salomonischen Briefes ein. Der Verfasser bringt zwischen beiden Briefen seine Botschaft an den Leser unter, die in einer zweiten Botschaft Hirams an Salomo fehl am Platze gewesen wäre; es sei denn, er hätte Salomo durch

---

372 Nur bei der Angabe der Gegenleistung läßt Dtr Salomo auch syntaktisch eine Handlungsaussage in 1.Pers. Sing. machen.

373 Der Ausdruck wird in ähnlichem Zusammenhang bereits 1.Kön 1,48 verwendet.

374 Ex 18,9-12 liegt eine theologisch vergleichbare Argumentation vor. Der Nichtisraelit Jethro preist JHWH wegen seines Handelns an Israel, dem dann ein explizites Bekenntnis zu JHWH als Gott folgt, bevor das gemeinsame Opfer stattfindet. Das Gespräch zwischen Rahab und den Kundschaftern weist dieselbe Tendenz auf (Jos 2,9ff). In beiden Situationen erkennt ein/e Nichtisraelit/in JHWH als Gott an, so daß das sich anschließende gemeinsame Handeln theologisch unbedenklich erscheint. Das Motiv "Anerkennung JHWHs durch Nichtisraeliten" spielt innerhalb der Salomo-Geschichte im Tempelweihgebet (8,41-43) und in 1.Kön 10,1-13 eine Rolle, wo es passenderweise unmittelbar vor der Schilderung des Tauschhandels zwischen der Königin von Saba und Salomo auftaucht (10,9). In den vier Fällen Ex 18,9-12; 1.Kön 5,21; 8,41-43; 10,9 liegt aber, anders als in Jos 2,10f und 2.Kön 5,15, keine Anerkennung des Ausschließlichkeitsanspruches JHWHs vor.

375 Vgl. 1.Kön 3,12.

376 Vgl. 1.Kön 3,8b; 1.Kön 5,21b entspricht funktional der Aussage von V.5,20bß. Implizit werden Israel und die Sidonier verglichen, die einen sind zahlreich, die anderen dagegen sachverständig, was als Ausdruck der Notwendigkeit der Kooperation gelten kann.

Hiram als weisen König und nicht als weisen Sohn Davids preisen lassen. Diese Form der Verherrlichung ist Dtr fremd.

Die übermittelte Antwort Hirams (V.22f) ist dann von ähnlicher Sachlichkeit wie der diesbezügliche Teil der salomonischen Anfrage. Hiram stimmt Salomos Ansinnen im Prinzip zu, modifiziert aber die Lieferbedingungen (V.23). Das Ergebnis der Verhandlungen wird sogleich im Anschluß an den Brief berichtet (V.24f), von deren äußerer, verbindlicher Form (V.26b) wir allerdings erst erfahren, nachdem der Verfasser sein theologisches Urteil vorausgeschickt hat. Die theologische Argumentation wird bestimmt durch die Wendung יהוה נתן. Das Geschehen ist dadurch, daß JHWH David die Feinde unter die Füße und ihm in Salomo einen Nachfolger "gegeben" hat (V.17b.19bß.21bß), ausgelöst worden. Das Verhältnis der beiden königlichen Partner ist vom "Geben" bestimmt (V.20aß.23b.24.25). Seinen Abschluß findet das, was nach Ansicht des Verfassers JHWH initiierte, darin, daß JHWH Salomo Weisheit gibt wie versprochen (V.26a)[377]. Daher herrscht Frieden zwischen Hiram und Salomo und beide besiegeln ihre Verhandlungen mit einem Bündnis. Auf dem Hintergrund der von Hiram geäußerten Einsicht über JHWH (V.21b) und des ausdrücklichen Hinweises auf JHWHs Beteiligung an dem aktuellen Geschehen (V.26a) bedarf dieser Bundesschluß keines weiteren theologischen Kommentares mehr von Seiten Dtr's. Der Sachverhalt ist derart literarisch geschickt und theologisch stringent vorbereitet worden, daß er jetzt beiläufig als Folge der Verhandlungen berichtet werden kann[378].

Dtr's Kommentierung des Tempelbaues

Die dtr Salomo-Geschichte wird mit der den Baubericht[379] einleitenden Datierung der Grundsteinlegung in das 480. Jahr nach dem Auszug Israels aus Ägypten fortgesetzt (1.Kön 6,1)[380].

Noths These, daß die Aussagen von 1.Kön 5,27-32 nachdtr Zusätze unterschiedlichster Herkunft seien[381], hat die Diskussion dieses Abschnittes wesentlich bestimmt. Würth-

---

[377] Der Rückverweis von V.26aß auf 1.Kön 3,12 verdeutlicht, daß es sich nicht um eine neue Form der Weisheit oder eine zusätzliche Begabung handelt, sondern um die Verwirklichung dessen, was in Gibeon verheißen worden war.

[378] Das Bündnis, das Ahab von Israel mit Benhadad von Damaskus schließt (1.Kön 20,34), wird dagegen Ahab negativ vermerkt.

[379] 1.Kön 6,2-38 hat im vorliegenden Kontext die Funktion eines Bauberichtes, unabhängig von der Historizität der Informationen und ihrer Zusammenstellung zu einem Bericht, vgl. insbesondere K. Rupprecht, *Nachrichten* von Erweiterung und Renovierung des Tempels in 1.Kön 6, ZDPV 88. 1972. 38-52; ders., *Der Tempel* von Jerusalem, BZAW 144. Berlin 1976.

[380] 1.Kön 6,1ff gilt im wesentlichen als dtr, vgl. Noth, *Könige*, 110; Gray, *I & II Kings*, 158; Rehm, *Könige I*, 66; Jones, *Kings I*, 162.

[381] Noth, *Könige*, 92.

wein[382] übernimmt seine Position, Hentschel[383] und Jones[384] schließen sich der Grundaussage (nachdtr) an. Long[385] sieht ein nicht mehr bestimmbares Konglomerat an Daten
hierin, die teilweise auf Archivlisten zurückgehen könnten. Montgomery/Gehman[386] sehen
authentisches Archivmaterial in den Informationen der V.27f.31f, Gray[387] pflichtet ihnen
bei. Dagegen erkennt DeVries[388] einen dtr Auszug aus dem Buch der Begebenheiten Salomos in 1.Kön 5,27-32, und Rehm[389] meint, dieses nicht ausschließen zu können. Unbeschadet der Frage nach der Historizität der Daten aus 1.Kön 5,27-32, für deren Beurteilung
keine ausreichende Textbasis vorhanden ist, spricht gegen einen dtr Quellenauszug, daß die
V.27f die kluge Arbeitsteilung zwischen Hirams und Salomos Leuten (5,23) nicht berücksichtigen und die hohen Zahlenangaben der V.29f allein der Verherrlichung Salomos dienen. V.30f scheint aus 1.Kön 7,10 entwickelt worden zu sein, wie Noth[390] überzeugend demonstriert hat. Die in den V.31f beschriebene Kooperation am Bau zwischen den Baule-
ten Salomos, Hirams und denen aus Gebal steht nicht nur im Widerspruch zu den Aussagen von 5,23, und ist, ganz im Gegensatz zu der dort beschriebenen Kooperation (5,20.23),
in keiner Weise theologisch vorbereitet. Die Beteiligung von Fremdarbeitern in dem in
5,31f vorausgesetzten Ausmaße am Tempelbau selbst wäre von Dtr zweifellos kommentiert
worden.

Die Datierung weist dem Tempel seinen Platz in der Geschichte Israels
mit JHWH zu. Das konkrete Datum "480. Jahr nach Exodus", ist Ausdruck
der theologischen Ansicht, daß der Jerusalemer Tempel innerhalb des
göttlichen Heilsplanes von Anfang an einen ihm vorbehaltenen Platz hat.
Die Einordnung in diesen Zusammenhang weist den Tempel als Teil göttlichen Handelns an Israel (nicht an Salomo) aus und vermindert damit die
Bedeutung der Rolle Salomos in dieser Angelegenheit. Die Festlegung auf
das 480. Jahr nach dem Auszug[391] unterstreicht die Position von Dtr, daß

---

382 Würthwein, *Könige I*, 52f.56f.

383 Hentschel, *1. Könige*, 38.

384 Jones, *Kings I*, 157ff.

385 Long, *I Kings*, 81.

386 Montgomery/Gehman, *Kings*, 137.

387 Gray, *I & II Kings*, 154.

388 DeVries, *1 Kings*, 80f.

389 Rehm, *Könige I*, 60.

390 Noth, *Könige*, 93f.

391 Zu dem dahinter stehenden theologisch-chronologischen System vgl. Noth *(ÜSt,
18ff)*; Montgomery/Gehman *(Kings*, 143) versuchen, einen Ausgleich zur realen Chronologie herzustellen; vgl. ebenfalls W. J. Chapman (Zum *Ursprung* der chronologischen Angabe
in 1.Reg 6,1, ZAW 53, 1935, 185-189), der versucht, ägyptisches Archivmaterial als benutzte
Quelle wahrscheinlich zu machen. G. Steiner (Der 'reale' *Kern* in den 'legendären' Zahlen
von Regierungsjahren der ältesten Herrscher Mesopotamiens, ASJ 10, 1988, 129-152)
kommt in seiner Untersuchung legendärer mesopotamischer Zahlen zu dem Schluß, daß
diese mit Hilfe der Faktoren 40 bzw. 12 gebildet worden seien. Dagegen verweist D. W.
Young (The *Influence* of Babylonian Algebra on Longevity among the Antediluvians, ZAW
102. 1990. 321-335) auf das der babylonischen Algebra zugrunde liegende Sexagesi-
malsystem und sieht Quadratgleichungen der Faktoren 20 und 30 als Ausgangsbasis der
hohen Daten der Königslisten. Vorstellungen über fest vorgegebene Zeitperioden im Sinne
der 480 Jahre von 1.Kön 6,1 scheinen bisher in der mesopotamischen Überlieferung nicht
nachweisbar zu sein, es sei denn man sieht in den fixe Zeitperioden bezeichnenden Begriffen des Berossos (saroi, neroi, sossoi) ein Indiz dafür, daß der Zeitablauf periodisch dargestellt wurde (Berossos Buch II, in: S. M. Burstein, The *Babyloniaca* of Berossus, Sources
and Monographs, Sources from the Ancient Near East (Sane) Vol. I Fasc. 5, Malibu 1978,

mit der Grundsteinlegung zum Tempel der göttliche Heilsplan sich verwirklicht, da die Zeit der Ruhe für Israel eingetreten ist[392]. Die Datierung
ist symbolisch und verfolgt ausschließlich das Ziel, den Tempel aus der, im
Horizont der Geschichte Israels mit JHWH betrachtet, partikularen Herrschaftszeit Salomos herauszunehmen, und auf eine theologisch tragfähige-
re Basis, JHWHs Heilsplan für Israel, zu stellen. Geht man davon aus, daß
die Datierung des Baubeginns in das vierte Regierungsjahr Salomos zu
den Dtr überkommenen Daten gehört[393], dann ist an dieser Stelle ein
theologisch begründetes Datum zu erwarten[394]. Der Symbolcharakter der
Zahl 480 ist offenkundig, dahinter könnte sich die Auffassung verbergen,
daß nach 12 Generationen[395] die Zeit erfüllt war oder daß so viele Generationen vergehen mußten, wie der Zahl der Stämme Israels entsprechen[396].

Der Baubericht[397] ist von Dtr nur an einer Stelle kommentierend unterbrochen worden, in 6,11-13[398]. Der Einschub erfolgt durchaus in Hin-

---

insbesondere Sane 1,160). Zur Theologisierung der Alttestamentlichen Chronologie vgl. W.
Eichrodt, *Heilserfahrung* und Zeitverständnis im Alten Testament, ThZ 12. 1956. 103-125;
M. Sekine, *Erwägungen* zur hebräischen Zeitauffassung, Congress Volume Bonn 1962,
VT.S 9. 1963. 66-82; Wolff, *Anthropologie*, 1977³, 127ff. Die von Th. Boman (Das hebräi-
sche *Denken* im Vergleich mit dem griechischen, Göttingen [1952¹] 1968⁵, 120ff) im An-
schluß an Pedersen entwickelte These von dem spezifisch alttestamentlichen Verständnis
der Zeit, das psychologisch bestimmt sei, verkennt, daß Perspektivität des Betrachters und
Zeithorizont Variablen und nicht Konstanten sind.

[392] Vgl. Dtn 12,9ff; 1.Kön 5,19a; 1.Kön 8,56.

[393] Das Verhältnis der Zeitangaben von 1.Kön 6,1 und 6,37 wird allgemein so gesehen,
vgl. zitierte Kommentare zur Stelle.

[394] Dieser Sachverhalt spricht gegen die seinerzeit von Šanda (*Könige I*, 120) vertretene
und von Würthwein aufgegriffenen Annahme (Würthwein, *Könige I*, 62), daß das 480. Jahr
erst ein nachdtr Zusatz sei.

[395] 40 Jahre bezeichnen den Zeitraum, in dem eine Generation gesellschaftlich und
politisch die Verantwortung trägt (vgl. Num 14,34; Dtn 1,3), nicht aber den Abstand zwischen den Generationen, wie gelegentlich fälschlich angenommen wird, so u.a. von Gray,
der von "conventional length of a generation" spricht (Gray, *I & II Kings*, 159) bzw. von
Jones, der eine "generation span of forty years" annimmt (Jones, *Kings I*, 163).

[396] Vgl. Jones, *Kings I*, 163; DeVries, *1 Kings*, 93. K. I. Parker betrachtet die Zahlenan-
gabe als verschleierten Hinweis auf den Bau des 2.Tempels, da sie genau die Mitte zwischen Exodus der Grundsteinlegung des zweiten Tempels bezeichne, vgl. ders., *Wisdom*, 78.

[397] Vorausgesetzt wird hier die Grundannahme der Nothschen Position, daß die Aussagen zum Bau des Tempels von Dtr übernommen und nicht selbst formuliert worden sind
(Noth, *Könige*, 102ff). Art und Umfang der Quellen stehen hier nicht zur Debatte. Die von
Würthwein vertretene Position (*Könige I*, 59), daß der Bericht in 6,2ff von gelehrten Ergän-
zern nachgetragen sei, hat, solange sie ebenfalls ältere Überlieferungen voraussetzt, weniger Wahrscheinlichkeit als die Position Noths, daß Dtr diese Überlieferungen bereits übernommen hat. Der Tempel hat innerhalb dtr Theologie herausragende Bedeutung und
Funktion, es wäre unerklärlich, daß Dtr ältere Überlieferungen nicht mitgeteilt haben
sollte, bzw. daß einem derart gelehrten Verfasser diese nicht zur Verfügung gestanden haben sollten.

[398] Die dtr Verfasserschaft ist für diese Verse weitgehend unumstritten, vgl. Gray, *I &
II Kings*, 167; Würthwein, *Könige I*, 65 (DtrN); DeVries, *1 Kings*, 95; Long, *I Kings*, 87f;
Jones, *Kings I*, 167 (DtrN); Noths Argumentation gegen eine Zuschreibung an Dtr be-

blick auf die Gesamtdisposition des Bauberichtes, nachdem von der Fertigstellung des Baukörpers die Rede war und bevor die Innenausstattung, insbesondere die Errichtung des Debirs, geschildert wird. Dtr nutzt diese durch den natürlichen Bauverlauf vorgegebene Zäsur, um das Verhältnis von Tempel, Tempelerbauer, JHWH und Israel klarzustellen. Der Tempel ändert nichts an der Grundstruktur der Beziehung zwischen JHWH und Salomo. JHWH erinnert Salomo daran, daß er seine David gegebene Verheißung (V.12b)[399] nur erfüllen wird, sofern Salomo die zuvor an ihn ergangenen Mahnungen Davids (1.Kön 2,3)[400] und JHWHs (1.Kön 3,14) beachtet und JHWHs Gebote erfüllt[401]. Damit wird dem Tempelbau selbst jedwede eigene Heilsqualität abgesprochen. Der Tempelbau ist nur ein Ausdruck der Beziehung zwischen JHWH und Israel (V.13), Basis ist und bleibt die Erfüllung der Tora[402]. Der Toragehorsam Salomos trägt in zweifacher Hinsicht Früchte: für ihn und für Israel. Die Aussagen von V.13 sehen Israel in der Beziehung zu JHWH auf derselben Ebene der Verheißung stehen wie Salomo[403].

Die Aussagen von V.12f postulieren einen Zusammenhang zwischen dem JHWH-Gehorsam des Königs und von JHWHs Ausdrucksweise seines Verhältnisses zum Volk. Sie weisen dem König eine Schlüsselposition zu. Die Verantwortung der Könige für den JHWH-Kult wird in der folgenden dtr Darstellung der Geschichte Israels und Judas zum festen Topos der Eingangsnotizen in den 'Regierungsberichten'. Das JHWH-Wort von 1.Kön 6,11-13 markiert den literarischen Ausgangspunkt dieser Anschauung. Der König hat nicht bereits mit dem Tempelbau seine religiöse Pflicht und Schuldigkeit getan, er wird weiterhin persönlich behaftet mit der Erfüllung der Gebote und Anweisungen, sowie der Rechtsentscheidungen JHWHs. Der König ist verantwortlich dafür, daß die Gerichtsbarkeit das von JHWH proklamierte Recht beachtet. Die Zentralisierung des Kultes im Jerusalemer Tempel führt zu erheblichen Strukturveränderungen der Justizorganisation. Die Machtchancen des Königs und seine Ein-

schränkt sich darauf, daß angeblich jüngere Elemente vorlägen und der Abschnitt ohne Rücksicht auf die Disposition des Ganzen eingeschaltet worden sei (Noth, *Könige*, 105).

[399] Die Aussage weist allgemein auf 2.Sam 7,12ff zurück, in ihrer Allgemeinheit erlaubt sie dann die Einbeziehung Israels in diese Verheißung in V.13.

[400] 1.Kön 6,12a zitiert die wesentlichen Wendungen wörtlich aus 1.Kön 2,3.

[401] L. Eslinger (*Hands*, 142f) sieht eine Verschärfung der Konditionen des Davidbundes in 1.Kön 6,12 und bereits "the shadow of disaster to come" (ebenda 143). Die Interpretation ist überzogen. 1.Kön 3,14 zitiert nicht die Worte des Davidbundes, sondern bringt David als Kriterium für das gottwohlgefällige Verhalten Salomos ins Spiel, in Aufnahme und Abwandlung des salomonischen Statements aus 3,6. Die von JHWH gesetzten Bedingungen lauten in 1.Kön 3,14 wie in 1.Kön 6,12 gleich, die Zusagen unterscheiden sich. JHWH verspricht für dieselben Konditionen erheblich mehr.

[402] Vgl. Long, *I Kings*, 88.

[403] V.13a ist parallel zu V.12b konstruiert und schließt als Folgesatz wie letzterer an den Bedingungssatz von V.12a an. Die syntaktische Konstruktion spricht dagegen, daß in V.13 ein Zusatz vorliegt (so Würthwein, *Könige I*, 65). Die Aussagen von V.13 ersetzen nicht die Dynastieverheißung, sondern ergänzen sie.

flußmöglichkeiten erhöhen sich. Die absolute Bindung an das schriftliche und mündliche JHWH-Recht versucht, den Zuwachs an Macht kontrollierbar zu machen. Die besondere Verantwortung des Königs für das Rechtswesen betont in 6,12 die Formulierung תלך בחקתי ואת משפטי תעשה ושמרת את כל מצותי ללכת בהם, die den Akzent, mittels differenzierter Wahl der Verben, auf die Ausführung von Recht legt[404].

Die weiteren Ausführungen zum Tempelbau (6,14-38) sind von Dtr übernommen worden[405]. Sie dienen der Verherrlichung des Tempels. Den gleichen Zweck erfüllen die Angaben zur Innenausstattung der Haupthalle in 7,15ff[406]. Der Überblick zu den Bauaktivitäten Salomos, der sich in 7,2-12 findet, rückt dagegen wieder Salomos glanzvolle Bauten in den Vordergrund, die Ausdruck seiner Herrlichkeit, nicht der Herrlichkeit JHWHs sind. Diese Salomo zugeschriebenen Gebäude lassen den Tempel auf die Maße einer Palastkapelle zusammenschrumpfen[407]. Die Notiz in 7,1 über Salomos Palastbau und dessen Baudauer ist nach der dtr Vorankündigung in 1.Kön 3,1 zu erwarten[408]. Die den Bericht zur Innenausstattung des Tempels abschließende Bemerkung in 7,51a (Beendigung der Arbeiten für den Tempel), bereitet die Aussagen von 7,51b vor, daß Salomo daraufhin die Weihegeschenke seines Vaters David in den Tempel überführt habe[409]. Der hierin enthaltene Rückverweis auf 2.Sam 8,10-12

---

[404] 1.Kön 2,3 faßt alle Rechtsaktivitäten mit dem einen Verb שמר zusammen.

[405] Die vermutlich dtr Erläuterung des alten Monatsnamens Bul in 6,38 (vgl. Noth, *Könige*, 128) kann als Indiz der Orientierung des Verfassers am potentiellen Leser gelten.

[406] Für das Verhältnis von vordtr Überlieferung und dtr Redaktion in Kap. 7 gilt dasselbe, was oben zu Kap. 6 bemerkt worden ist. Die Studien von M. Görg zeigen, daß Teile der Innenausstattung als Ausdruck einer ägyptisch beeinflußten Königsideologie gesehen werden können, vgl. ders., *Aegyptiaca*-Biblica. Notizen und Beiträge zu den Beziehungen zwischen Ägypten und Israel, Wiesbaden 1991, insbes. 63-98. Unbestritten ist, daß die Darstellung noch nachdtr bearbeitet und erweitert worden ist. Die Absicht, die Großzügigkeit des Tempelbauers Salomo zu demonstrieren, wird besonders in der Erwähnung der Goldarbeiten von 7,48-50 deutlich. Der Hinweis auf die Beschäftigung des Spezialisten Hiram von Tyrus (7,13f.40) scheint ebenfalls den Zweck zu verfolgen, Salomos Verdienst ins rechte Licht zu rücken.

[407] Würthweins Annahme, daß ein nachdtr gelehrter Ergänzer diese Passage eingefügt habe, ist durchaus plausibel. Vgl. ders., *Könige I*, 70f.

[408] Vgl. die zitierten Kommentare zur Stelle.

[409] Das jetzt schwer verständliche Nebeneinander von Gold, Silber und Geräten in V.51b wird verständlich, wenn man mit Šanda (*Könige I*, 199) und Montgomery/Gehman (*Kings*, 184) die Worte ואת כלים נתן als Zusatz betrachtet, der sich auf Salomos eigene Weihegaben bezieht. Diese Phrase würde auf den Bearbeiter zurückgehen, der die V.48ff eingefügt hat. Die Reihenfolge "Silber und Gold" erklärt sich aus dem praktischen Nutzwert der Metalle, wie B. Hartmann (*Gold* und Silber im Alten Testament, SThU 28, 1958, 29-33) und Kessler gezeigt haben (R. Kessler, *Silber* und Gold, Gold und Silber. Zur Wertschätzung der Edelmetalle im Alten Testament, BN 31, 1986, 57-69). Sie darf ihren Ausführungen zufolge als Indiz der Abfassung des Textes in vorpersischer Zeit betrachtet werden. Die Reihenfolge Silber-Gold findet sich auch in einer Verlustanzeige Zimri-Lims, vgl. A. Malamat, *Silver*, Gold and precious Stones from Hazor". Trade and Trouble in a new Mari Document, Essays in Honour of Yigael Yadin, JJSt 33. 1982. 71-79. insbes. 72f.

dürfte eher für einen dtr Verfasser[410] als gegen ihn sprechen, da auf diese Weise verdeutlicht wird, daß Salomo, ganz wie David, die Beutestücke nicht als sein Eigentum, sondern als das Eigentum JHWHs betrachtet[411].Nebenbei weckt der Hinweis auf die Überführung der davidischen Weihegaben die Frage nach dem Schicksal des davidischen JHWH-Heiligtums, insbesondere des Zeltes und der Lade. Er leitet so über zu der in 8,1ff berichteten Übersiedlung von Lade und Zelt in den neu erbauten Tempel.

Die Tempeleinweihung

Der Bericht von der Überführung der Lade bildet jetzt den ersten Teil einer mehrteiligen Einweihungszeremonie[412]. 1.Kön 8,1-13 gilt in der Forschung als dtr Komposition, der alte Überlieferungsfragmente zugrunde liegen, deren Endfassung dann nach Art von P glossiert worden ist[413]. Das Stück endet mit einem alten Weihespruch[414], der jetzt im Munde Salomos[415] dessen Verdienst als Erbauer des Tempels hervorhebt. Im jetzigen

---

410 So Rehm, *Könige I*, 80.

411 Dtn 17,17b erklärt dann die Anhäufung königlicher Schätze für unvereinbar mit dem Toragehorsam des Königs.

412 V. Hurowitz (I Have Built You An Exalted *House*. Temple Building in the Bible in Light of Mesopotamian and Northwest Semitic Writings. JSOT. S 115, Sheffield 1992, insbes. 271-277) hat inzwischen gezeigt, daß die Darstellung der Einweihung altorientalischer Tempel und öffentlicher Gebäude einem Schema folgt, das im Hintergrund von 1.Kön 8 stehen könnte.

413 So schon Wellhausen, *Composition*, 265f; vgl. Noth, *Könige*, 174f; Würthwein, *Könige I*, 86ff.

414 Der Spruch ist in V.12a entsprechend der LXX um die Worte שמש הכין בשמים zu ergänzen, vgl. Kommentare zur Stelle. Die Diskussion darüber, welcher Gattung dieser Spruch angehört, kann nicht aufgenommen werden. Zur Debatte steht, ob er ein profaner Hausweihespruch ist (so Noth, *Könige*, 181), ein poetisches Fragment aus einem Schöpfungsepos, das in Enuma eliš sein Vorbild haben könnte (so A. van den Born, Zum *Tempelweihspruch* (1Kg viii 12f), OTS 14. 1965. 235-244) oder Teil eines unbekannten kanaanäischen Hymnus (so H. Greßmann, Die *Lade* Jahves und das Allerheiligste des Salomonischen Tempels, Forschungsinstitut für Religionsgeschichte, Israelitisch-Jüdische Abteilung, Heft 5, Berlin 1920, 62f) bzw. eines kanaanäisch-israelitischen Hymnus (so O. Loretz, Der *Torso* eines kanaanäisch-israelitischen Tempelweihespruches, UF 6 ,1974, 478-480), ein hymnisches Preislied im Stil ägyptischer Re-Hymnen (so M. Görg, Die *Gattung* des sogenannten Tempelweihspruchs (1.Kön 8,12f), UF 6. 1974. 55-63) oder schlicht ein Teil der im alten Orient gut belegten Königsinschriften (vgl. Long, *I Kings*, 98). Da der ursprüngliche Sitz im Leben des Spruches nicht bekannt ist und angesichts der inhaltlichen wie formalen Berührungen mit den genannten mesopotamischen und ägyptischen Gattungen auf eine durchgehende Kenntnis und Reflexion der betreffenden altorientalischen Vorstellungen geschlossen werden kann, dürfte die Frage nach seinem Ursprung unentscheidbar sein.

415 Einige Kommentatoren nehmen unter Verweis auf LXX an, daß es sich eigentlich um einen JHWH-Spruch handelt, vgl. Wellhausen, *Composition*, 269; van den Born, *Tempelweihspruch*, 237; vgl. aber Görg, *Gott-König*, 136f.

Kontext bezeichnen die Verse gegenüber JHWH den Tempel als מכון
לשבתך עולמים (V.13b).

Als מכון לשבתך wird der Tempel nur 1.Kön 8,13b und 2.Chron 6,2 (der Parallelstelle)
ausgewiesen. Die Phrase findet sich noch in Ex 15,17, wo die Rede davon ist, daß JHWH
selbst sich eine Wohnstätte auf dem Berg seines Erbbesitzes bereitet hat. Da diese Wendung im folgenden in 1.Kön 8 immer den Himmel als Ort der Anwesenheit Gottes bezeichnet, aber dann מכון שבתך bzw. מקום שבתך lautet (8,30.39.43.49), könnte das Vorhandensein der Präposition[416] in 8,13b bereits Ausdruck eines theologischen Vorbehaltes
gegenüber der Auffassung sein, der Tempel sei Wohnstätte JHWHs. Die Wendung wäre
dann im Kontext der anderen Äußerungen eher ein Ausdruck der Übereignung des Tempels an JHWH denn Vorstellung des Tempels als der Wohnstätte JHWHs. מכון לשבתך
spricht dem Tempel nur die Qualität einer Stätte potentiellen Verweilens JHWHs zu.

Der Ausdruck, der den Tempel nur als eine Stätte möglicher Anwesenheit JHWHs betrachtet, sie ihm aber zueignet[417], wird in der Form /מקום
שבתך מכון Ausgangspunkt der den Gedankengang von V.14-53 fundie-
renden Überlegungen zum Verhältnis von Tempel, als Ort des Gebetes
und der Verehrung JHWHs, und Himmel, als JHWHs Wohnort[418]. Im
Wechselspiel der Begriffe wird die Vorstellung über JHWHs Aufenthaltsort differenziert[419]. Die Aussagen über מקום und מכון in den V.13

---

[416] Die Präposition ל hebt hier die durch das Suffix 2.Ps.Sing. bewirkte Determination
von מכון auf, vgl. Brockelmann, Syntax, §74a.

[417] Aus altorientalischen Inschriften ist der Tempel als Wohnung der Gottheit bekannt,
der er gewidmet ist, vgl. u.a. die Inschriften von Schamschi I., II.6f, (TUAT II.4, 487); von
Salmanassar I., 4f (TUAT II.4, 490); von Nabopolassar, Ia.6 (TUAT II.4, 491). Es kann
ausdrücklich die Rede davon sein, daß die Gottheit im Tempel Wohnung nimmt, vgl. die
Inschriften von Nabopolassar, III.53-56 (TUAT II.4, 493); von Nabonid, I.8-10.22f (TUAT
II.4, 494) und II.19-21.26-29 (TUAT II.4, 496); von Jachdunlim, IV.9f.14 (TUAT II.4, 503).
K. Galling (Die *Ausrufung* des Namens als Rechtsakt in Israel, ThLZ 81, 1956, Sp.65-70)
hat den juristischen Charakter der Ausrufung des Namens (= Aneignung/Inbesitznahme)
dargelegt. J. Schreiner (*Sion* - Jerusalem. Jahwes Königssitz, 1963, 163f) weist auf die Verwandtschaft der Aussagen von der Präsenz des Namens JHWH im Tempel sowie deren
Funktion mit den Formulierungen Abdiḫepas von Jerusalem hin. Abdiḫepas schreibt, daß
der Pharao seinen Namen auf das Land gesetzt habe und es folglich nicht im Stich lassen
möge. (Vgl. EA 287, 60-63; EA 288, 5-7.3). R. de Vaux sieht in der Wendung šakan šumšu
den Brauch assyrischer Herrscher durchscheinen, "de dresser une stèle avec leur nom dans
les vielles conquises et de déposer un document à leur nom dans les édifices qu'ils con-
struisaient ou reconstruisaient ..." (Ders., "Le *lieu* que Yahvé a choisi pour y établir son
nom", in: F. Maass (ed.), FS L. Rost, Das nahe und das ferne Wort, BZAW 105, 1967, 219-
228; ebenda 221).

[418] 'Himmel und Erde' als Wohnort der Götter finden sich in der schon angeführten
Inschrift von Nabonid, II.30 (TUAT II.4, 496). In der Weihinschrift des Ramses III in Medinet Habu wird der Tempel als Erscheinungsort der Gottheit bezeichnet (TUAT II.4, 550,
2.Abs., Zeile 7-9). E. Brovarski (The *Doors* of Heaven, Or 46, 1977, 107-115) vermutet aufgrund der verwendeten Zeichen, daß die Taltempel der ägyptischen Pyramidenkomplexe
als Eingangstür des Himmels bezeichnet wurden. Zum Verhältnis von irdischer und himm-
lischer Wohnung JHWHs vgl. G. Widengren, *Aspetti* simbolici dei templi e luoghi di culto
del Vicino Oriente antico, Numen 7, 1960, 1-25; M. Metzger, Himmlische und irdische
Wohnstatt Jahwes, UF 2, 1970, 139-158; T. N. D. Mettinger, *YHWH Sabaoth* - The Heavenly King on the Cherubim Throne, in: T. Ishida (ed.), *Studien*, 110-138.

[419] vgl. Weinfeld, Deuteronomy 195ff.

(מכון), V.21 (מקום), V.29 (מקום), V.30 (מקום), V.35 (מקום), V.39 (מכון),
V.43 (מכון), V.49 (מכון) bilden eine Argumentationsfigur.

	מכון		מקום
		Aufenthaltsort	
		von	
	13 Tempel	JHWH	
		Lade	21 Tempel
		Namen	29 Tempel
			29 Tempel
			30 Tempel
		JHWH	30 Himmel
			35 Tempel (Jerusalem?)
	39 Himmel	JHWH	
	43 Himmel	JHWH	
	49 Himmel	JHWH	

Die Aussagen stellen heraus, daß der Tempel der Wohnort der Lade ist
(V.21) und der Himmel JHWHs Wohnort (V.30). V.30 knüpft mit מקום
an V.21 an und erläutert durch die Apposition אל השמים, daß JHWHs
Wohnort, im Gegensatz zu jenem der Lade, der Himmel ist. In den folgenden Aussagen ist immer der Himmel JHWHs Aufenthaltsort. Es wird
konsequenterweise nur noch מכון als Apposition zu השמים verwendet.
Damit ist die, durch die Aussage von V.13 notwendig werdende Differenzierung erreicht. מקום umschreibt nach der Erläuterung von V.21 und erst
recht nach der klärenden Aussage von V.30 den irdischen Tempel als Ort
des Namens JHWHs und des Gebetes Israels (V.35).

Das Gebet trägt der dtn Zentralisationsforderung, die bekanntlich jeglicher dtr Schicht vorausliegt, Rechnung[420]. Mit einer Ausnahme[421] ist jede Bitte so formuliert, daß der Tempel nicht zwingend als Ambiente vorgeschrieben ist. Die tastenden Worte in den betreffenden Aussagen der
V.35 (אל המקום) und V.37-39 sind kein Indiz nachdtr Entstehung, sondern weisen auf die Umbruchsituation hin, die durch die Zentralisierung
des Kultes in Jerusalem entstanden ist. Gleichzeitig ist die Verwendung
des Begriffes מקום ein Verweis auf die entsprechenden Ausführungen der
Zentralisationsbestimmungen in Dtn 12.

Das herkömmlich Tempelweihgebet genannte Hauptstück (V.14-61)
umfaßt vier Abschnitte. Die Vorgeschichte des Tempelbaues ist Gegenstand einer Inaugurationsrede Salomos (V.14-21). Darauf folgt ein Bittgebet Salomos in eigener Sache (V.22-28), dem sich - nach einer Übergangspassage (V.29-30) - die Schilderung von paradigmatischen Gebetsanlässen
anschließt, die weitgehend in Form von Fürbitten gestaltet sind (V.31-53).
Die Schlußadresse Salomos an Israel beginnt als hymnischer Lobpreis

---

[420] E. Talstra (Solomon's Prayer: Synchrony and Diachrony in the Composition of 1
Kings 8:14-61, Kampen 1993, 201ff) berücksichtigt die semantischen Bezüge dieser Begriff-
lichkeit zu wenig. Seine Unterscheidung einer Dtr[1]-מקום -Schicht von einer Dtr[1]-דוד -
Schicht ist das Ergebnis.

[421] Vgl. die erste Bitte, die Situation des Flucheides erfordert die Anwesenheit der
Kontrahenten vor JHWH, d.h. im Tempel.

JHWHs und endet in einer Paränese (54-61). Das Gebet ist inhaltlich und formal gegliedert. Die einzelnen thematischen Stücke werden durch Bemerkungen des Erzählers über den szenischen Ablauf (V.14.22.54f) voneinander abgegrenzt. Der Übergang von dem Bittgebet Salomos zu den paradigmatischen Bitten ist fließend gestaltet, die Verzahnung dürfte theologisch beabsichtigt sein.

Die offensichtlich unterschiedlichen thematischen Schwerpunkte des Weihgebets haben viele Ausleger dazu bewogen, literarkritisch zwei, drei oder mehr Verfasser hinter dieser Komposition zu sehen, deren Gerüst aber, dessen ungeachtet, von fast allen als dtr betrachtet wird. Die noch von der älteren Literarkritik vertretene Einheitlichkeit der Komposition[422] ist aufgegeben worden zugunsten der These, daß ein dtr Weihgebet (V.15-43) einen nachdtr Anhang erhalten habe (V.44-53)[423]; einige Forscher rechnen mit mehr als einer dtr Hand im Bestand von V.14-43[424]. Da die radikal-redaktionskritische Position von Würthwein und Nachfolgern das Verständnis des Textes im weitesten Sinne präformiert[425], sollen die sie begründenden Argumente zunächst betrachtet werden, bevor der allgemeine Konsensus hinsichtlich des Anhanges V.44-53 auf seine Grundlage untersucht wird.

Nach Verkündung des Tempelweihspruches wendet sich Salomo der Versammlung zu und hebt zu einer Rede an (V.14). Einführungsrede (V.15-21) und erstes Bittgebet Salomos (V.23-28), die durch eine erneute Wendung Salomos miteinander verknüpft sind (V.22), behandeln zwar spezielle Anliegen der davidischen Dynastie, doch aus verschiedenen Zeitperspektiven. Diese Differenzierung gerät leicht in Vergessenheit, da die Thematik für Würthwein offensichtlich den Anschein erweckt, "daß der Tempel nur mit den Anliegen des davidischen Hauses zu tun habe..." dieses "forderte zu späteren Erweiterungen heraus"[426]. Der subjektive An-

---

[422] Vgl. Wellhausen, *Composition*, 268; ebenfalls Noth, *ÜSt,* 104f.108.

[423] Die These wurde erstmals von O. Thenius (Die Bücher der *Könige*, Leipzig 1873², 137) geäußert, die Argumente wurden von Šanda differenziert (*Könige I*, 233f) und galten seitdem als bewiesen, vgl. u.a. *Montgomery/Gehman (Kings*, 194) und Gray, *I & II Kings*, 226ff; Noth, *Könige*, 188f.

[424] So lautet im wesentlichen die Position von Würthwein (*Könige I*, 95ff), dem sich Jones (*Kings I*, 198f) anschließt, gefolgt von Hentschel (*1. Könige*, 58ff), der mindestens vier verschiedene Schichten erschließt. Die neuere diachrone Untersuchung von E. Talstra (*Solomon*, ebenda 171ff) liegt auf der von Würthweins Studien vorgezeichneten Linie. Talstra versucht, neben dem vordtr Basistext in den Bitten, vier verschiedene Bearbeitungen zu ermitteln. Hölscher hatte seinerzeit erstmals aufgrund seiner wortstatistischen Beobachtungen drei Verfasser in 1.Kön 8,14-53 am Werke vermutet (G. Hölscher, Das Buch der *Könige*, seine Quellen und Redaktion, in: FS Gunkel, Eucharisterion. Studien zur Religion des Alten und Neuen Testament Bd.I, FRLANT 19, 1923, 158-213, insbes. 166f). Dietrich (*Prophetie*, 74 Anm.39) hatte dieses aufgegriffen.

[425] Vgl. neuerdings die Ausführungen von Mathys, H.-P., *Dichter* und Beter. Theologen aus spätalttestamentlicher Zeit. OBO 132, Freiburg/Schweiz 1994, ebenda 50-67.

[426] Würthwein, *Könige I*, 95; Hölscher hatte kategorisch bemerkt: "Das Weihgebet handelt ausschließlich von der Erfüllung der dem David gegebenen Verheißung des Tempel-

schein wird von Würthwein begründet durch die zusätzliche Beobachtung: "Daß 9,1-5 das im restlichen Kap.8 nicht mehr berührte Thema "Bestand der Dynastie" direkt aufnimmt, zeigt, daß die Verse 29-66 später eingeschoben worden sind."[427]. Sein Eindruck ist Basis seines Urteils, daß der Verfasser von V.14-28 sich thematisch erschöpft haben müsse und ergo keine weitere Thematik mehr behandelt haben könne. Ein zweiter Verfasser, dieses erkennend, habe dem Mangel dann abgeholfen. Würthweins Argumentation setzt bereits voraus, was sie zu beweisen vorgibt. Die Thematik von V.14-28 ist zudem nicht so eng gefaßt, wie der erste Anschein suggerieren mag, neben dem Thema 'davidische Dynastie' wird das Thema 'Tempel = Stätte für den Namen JHWHs' entfaltet, dessen Klärung Voraussetzung für die anschließenden Bitten ist.

Die Vorstellung, daß der Tempel Stätte des Namens JHWH ist, steht im engen Zusammenhang mit der in 1.Kön 8,14ff vertretenen Ansicht, daß der Tempel primär Ort des Betens zu JHWH ist. Daher kann seine Funktion als Opferstätte dann ganz in den Hintergrund treten. Diese theologische Konzeption hat ihren Ursprung im Deuteronomium[428]. Ihre klassische Formulierung hat sie in 1.Kön 8,14ff erhalten[429]. 1.Kön 8,14-53 ist "ein Gebet über ein Gebet"[430] und integriert den Tempel in das theologische Programm Dtr's[431]. 1.Kön 9,1-5 nimmt schwerpunktmäßig einen Aspekt des Themas 'davidische Dynastie' aus 1.Kön 8,14-28 wieder auf; dieser Umstand allein berechtigt noch nicht, hierin mit Würthwein die direkte literarische Fortsetzung von 8,14-28 zu sehen und die V.29-66 als spätere Zufügung zu betrachten. Übersehen wird zumeist, daß JHWHs Zusage von 1.Kön 9,3 sich auf das gesamte Gebet bezieht, insbesondere die V.31-53, wie die Stichworte עיני, תחנתך, תפלתך zeigen.

Die V.15-21.23-28 erörtern nicht nur die Vorgeschichte des Tempels und das richtige Verständnis des Tempels, sie klären gleichzeitig die durch den Tempelbau eingetretene Situation zwischen JHWH und Salomo, die bisher bestimmt wurde durch die zwei Elemente der Nathansverheißung, die Verheißung des Tempelbaues durch Salomo und die Verheißung einer "ewigen" davidischen Dynastie. Nur die Tempelbauverheißung ist erfüllt, die Dynastieverheißung ist, was die Nachfolge Salomos betrifft, offen. Die Äußerungen, insbesondere jene in den V.23-28, treten entschieden einem möglichen Schluß von der Unbedingtheit der Tempelbauverheißung und ihrer Erfüllung auf die Unbedingtheit der Dynastiezusage entgegen und weisen auf die Sollbruchstelle hin. Dieses soll in der Auslegung der betreffenden Verse gezeigt werden.

---

baus durch Salomo, die eben jetzt sich erfüllt hat. ... Dies ältere Gebet hat dann jüngere Hände zu Erweiterungen veranlaßt." (*Könige*, 167).

[427] Würthwein, *Könige I*, 97.

[428] Vgl. hierzu G. von Rad, *Deuteronomium-Studien*, 127ff.

[429] Vgl. u.a. Weinfeld, *Deuteronomy*, 195ff; T. N. D. Mettinger, The *Dethronement* of Sabaoth: Studies in the Shem and Kabod Theologies, CB.OT, Lund 1982, 46ff.

[430] So Savran, *1 and 2 Kings*, 157.

[431] Vgl. H. Graf Reventlow, *Gebet* im Alten Testament, Stuttgart 1986, 271.

Salomo beginnt seine Rede mit dem Preis JHWHs, der zu seinem Vater David geredet und an ihm entsprechend gehandelt hat (V.15). JHWH
wird hier zwar unter einem recht spezifischen Aspekt angerufen, doch darf
nicht übersehen werden, daß das Epithet 'Gott Israels' lautet und nicht
'Gott Davids' oder schlicht 'mein Gott'. Einleitend (V.15aßb) wird so auf
die Nathansweissagung angespielt, daß unmittelbar darauf das 'Zitat'[432]
der den Tempel betreffenden Aussagen des JHWH-Wortes folgen kann
(V.16.18.19). Das 'Zitat' ist durch eine erzählende Bemerkung Salomos
unterbrochen, die aber im hiesigen Kontext notwendig zum Verständnis
des Zusammenhanges der Erwählung Davids und der Tempelbauverheißung ist.

Auszugsweise wird die Nathansweissagung zitiert (die Gültigkeit der
JHWH-Verheißungen für David demonstrierend), insbesondere wird
verwiesen auf den JHWHs Intervention zugrundeliegenden Sachverhalt:
kein Tempelbau seit dem Exodus (2.Sam 7,5f)[433], aber Erwählung Davids
(2.Sam 7,8). Diese Opposition bestimmt dann die folgende Darstellung
der Vorgeschichte des Tempelbaues. David habe erwogen, dem Namen
des Herrn einen Tempel zu erbauen (V.17 → 2.Sam 7,2), JHWH habe den
Plan grundsätzlich begrüßt (V.18), aber dabei bestimmt, daß ein Sohn
Davids ihn ausführen solle (V.19 → 2.Sam 7,13). JHWH habe dann sein
Wort gehalten (V.20a), er, Salomo, sei an seines Vaters Stelle getreten
und auf den Thron Israels gelangt, wie von JHWH angekündigt
(V.20bα)[434]. Folglich habe er das Haus für den Namen JHWHs, des Gottes Israels, gebaut (V.20bß).

---

[432] Die V.16.18.19 geben sich als Zitat eines JHWH-Wortes, sind aber kein wörtliches
Zitat der Nathans-Verheißung aus 2.Sam 7. Sofern sie nicht auf ein nicht- überliefertes
JHWH-Wort anspielen, können sie in der vorliegenden Form als systematisierte Zusam-
menfassung der betreffenden Verheißung gelesen werden. Gerade die knappe Fassung der
beiden Hauptpunkte 'Erwählung Davids' und 'Verheißung des Tempelbaues durch den
Nachfolger' erfordert die erläuternden Aussagen von V.17.

[433] Die Unterschiede zwischen 2.Sam 7,5f und 1.Kön 8,16a dürften im wesentlichen
durch die Konzentration unseres Textes auf die wesentlichen Faktoren bedingt sein. Auffällt, daß 2.Sam 7,6 den Exodus mit עלה hiph. umschreibt (vgl. ebenfalls 1.Sam 8,8b), dagegen 1.Kön 8,16.22.51 יצא hiph. gebrauchen. Diese Differenz könnte auf den unterschiedlichen Aussageintentionen der Stellen beruhen. 2.Sam 7,6 richtet die Aufmerksamkeit auf das Ziel des Exodus: hinaufführen nach, 1.Kön 8,16.22.51 hingegen auf die Ausgangssituation des Exodus: hinausführen aus. Der Schluß, daß hier die beim Adressaten
des Textes unterstellte Situation (Ansässigkeit im Lande, Exilssituation?) durchscheint
(fiktiv oder historisch), liegt nahe, ist aber nicht beweisbar. Die Aufgabe von בני ישראל
(2.Sam 7,6) zugunsten von עמי את ישראל (1.Kön 8,16), אבתינו (8,22) und עמך (8,52)
dürfte aus rhetorischer Absicht (stärkere Involvierung der Adressaten) erfolgt sein.

[434] Der nochmalige Rückverweis auf das JHWH-Wort von 2.Sam 7,12f in 1.Kön 8,20b
schreibt die Identifizierung zwischen dem anonym verheißenen Davidssproß und Salomo
ausdrücklich fest, die bisher nur implizit in V.19 gegeben war. Bemerkenswert ist, daß die
Rückverweisformel hier bereits auf die Aussagen zur Thronnachfolge folgt, eine bedeutsame Akzentuierung des JHWH-Wortes, die Salomos legitime Thronnachfolge hervorhebt.
So wie das JHWH-Wort in V.19 angeführt wird, liegt der Akzent auf der Aufgabe des verheißenen Nachfolgers, den Tempel zu bauen.

Die Variationen der Phrase בנה בית לשם יהוה gestalten refrainartig den Eingangsteil (V.16a.17b.18a.19b.20b.). Sie tauchen dann wieder in V.44 und V.48 auf. Die Aussage von V.29a bezeichnet den Tempel als המקום אשר אמרת יהיה שמי שם und stellt so über die Formulierung assoziativ einen Bezug zu den entsprechenden Aussagen von Dtn 12 her. In Dtn 12 ist jedoch an keiner Stelle explizit vom Tempel (בית) die Rede, sondern durchgängig von der erwählten Stätte (מקום) nicht עיר)[435]. Zudem fällt in Dtn 12 der Name der erwählten Stätte nicht. Sieht man in 1.Kön 8,16 eine Anwendung der auf den zentralen Kultort bezogenen Erwählungsaussage[436], dann fallen die den Tempel betreffenden, diesbezüglichen Formulierungen in ihrer theologischen Zurückhaltung besonders auf. In den V.16-20 findet sich keine Aussage darüber, daß der Tempel von JHWH erwählt worden ist, jedoch ist in V.44 und V.48 die Rede von der Erwählung der Stadt[437].

Die theologische Abstinenz hinsichtlich der Nennung des Tempels in Dtn 12 ließe sich noch der Fiktion 'Moserede vor dem Eisodos' zuschreiben. In 1.Kön 8,17-20 dagegen könnten traditionell begründete Ressentiments gegen den Tempelbau durchscheinen, denkt man an die ambivalente Bewertung des davidischen Tempelbauplanes von 2.Sam 7[438]. Bemerkenswerterweise wird die Namensformel ausschließlich unter dem Gesichtspunkt der Eigentumsübereignung in 1.Kön 8,16-20.44.48 angewandt, während die Aussage von 8,29 durch den Rückverweis auf ein JHWH-Wort, neben dem immer noch im Vordergrund stehenden Aspekt der Übereignung, den Erwählungsgedanken anklingen läßt. Die Aussage von V.29 scheint hier innerhalb des Aussagensystems von 8,16-20.44.48 theologisch zu vermitteln zwischen jenen Aussagen, die von der Übereignung des Tempels an JHWHs Namen reden (V.17-20.44bß.48bγ) und jenen, die die Erwählung der Stadt behaupten (V.44bα.48bß). So wird der Tempelbau als logische Folge der Erwählung der Stadt nicht nur eingangs behauptet (8,16), sondern innerhalb dieses Aussagensystems 'bewiesen'.

Im Tempel hat Salomo einen Raum geschaffen für die Lade, das Unterpfand des Bundes, den JHWH mit den Vätern (אבתינו) beim Auszug aus Ägypten geschlossen habe (V.21). Der Abriß der historischen Vorgeschichte endet in V.21, analog seinem Anfang in V.16, mit einem Verweis auf das Anfangsdatum der Heilsgeschichte Israels, dem Auszug aus Ägypten. In V.16 werden 'Exodus' und 'Nicht-Erwählung einer Stadt für den Tempelbau' in Beziehung zueinander gesetzt; das Exodusgeschehen erscheint so offen für die Zukunft; die Gegenhandlung JHWHs, die Erwählung Davids, gibt dieser Zukunft dann eine Richtung. Hingegen erweist sich der Exodus dann in V.21 als Außenseite des Bundesschlusses zwischen JHWH und Israel. Daß in diesem Kontext dann nicht mehr das Stichwort 'Israel' fällt, sondern im Hinblick auf die Hörer- bzw. Leserschaft inklusiv von "unseren Vätern"[439] die Rede ist, deutet auf den vom

---

[435] Vgl. Helga Weippert "Der Ort, den JHWH erwählen wird, um dort seinen Namen wohnen zu lassen. Die Geschichte einer alttestamentlichen Formel, BZ 24. 1980. 76-94, ebenda 85.

[436] Vgl. H. Weippert, *Ort*, 82f.

[437] H. Weippert (*Ort*, 82) verweist auf die dahinterstehenden politischen Motive, die indes eine derartige theologische Qualifizierung des Tempels nicht ausschließen.

[438] Vgl. E. von Nordheim, *König* und Tempel: Der Hintergrund des Tempelbauverbotes in 2.Samuel VII, VT 27. 1977. 434-453.

[439] Vgl. die systematische Erwähnung von אבתינו in den V.21.40.53.58; gleichfalls auf dieser Ebene liegt die Adressierung JHWHs als אלהינו in V.57.59.61. Der Hörerbezug wird durch die regelmäßigen Hinweise כיום הזה (V.16.24.61) bzw. היום (V.28) ebenfalls betont.

Verfasser angestrebten Gegenwartsbezug seiner Aussagen hin. Die Überlegungen zur Vorgeschichte des Tempelbaues bilden eine in sich geschlossene Argumentationsfigur. Der Eingangsteil in V.15-21 ist eine kunstvolle
Komposition aus erzählender Rede und 'Zitaten'.

Inhaltlich ist das in der Eröffnung (V.15) skizzierte Thema 'Verheißung
JHWHs für David' noch nicht ausgeschöpft[440]. Der Bezug zur Gegenwart
des angesprochenen Hörers/Lesers ist bisher nur durch das Stichwort
"unsere Väter" angedeutet. An dieser Stelle bedarf es eines formalen Neu-
ansatzes, um die Rede weiterzuführen.

In einigen altorientalischen Königsinschriften, die auch in Gebetsform formuliert worden sind, findet sich ein Rückblick auf die Ereignisse, die dem Bau vorausgingen, und bzw.
oder die den König zum Bau motivierten[441]. Bemerkenswert ist die Bauinschrift von Ramses III, am Tempel von Medinet Habu, der betont, daß Gott ihn auf seinen Thron gesetzt
habe[442], eine Behauptung, die im Rahmen der Vorgeschichte auch von Šalmaneser I.[443],
Simbar- Šiḫu[444] und Marduk-Apla-Iddina II·[445] erhoben wird[446]. Die vorhandenen Analogien zwischen Teilen des Tempelweihgebetes und den altorientalischen Bauinschriften
dürfen als Indiz dafür betrachtet werden, daß die historische Einleitung, nicht nur die Beauftragung des Königs zum Bau, sondern auch seine Berufung zur Herrschaft und die paradigmatischen Bitten, literarisch als Einheit konzipiert worden sein können.

Folglich wechselt Salomo seine Position, begibt sich zum Altar, breitet
die Hände gen Himmel aus (V.22)[447] und beginnt erneut mit einer, nun-

---

[440] Die Rede ist bis zu diesem Punkt nur an die Hörer Salomos adressiert (innerhalb
der vom Verfasser gesetzten Situation) nicht an JHWH. Dieser Umstand deutet an, daß
der betreffende Teil als Einleitung zu dem in V.23ff folgenden Abschnitt geschrieben worden ist.

[441] Long *(I Kings*, 98f) hat darauf aufmerksam gemacht, vgl. ebenfalls D. O. Edzard/ J.
Renger, *Königsinschriften*, RLA VI. 1980-1986. 59-77, insbes. 60.68-70. Nach W. von Soden
sind Gebetsinschriften hauptsächlich von einigen Sargoniden und den Chaldäerkönigen
überliefert worden, vgl ders., in: A. Falkenstein/ W. von Soden/ M. Falkner, Art.: *Gebet*,
RLA III. 1957-1971. 156-177, insbes. 165f.

[442] ARE IV § 9.

[443] ARI I § 526-540, insbes. §527.

[444] A. Goetze, An *Inscription* of Simbar-Šīḫu, JCS 19. 1965. 121-135, insbes. 122.

[445] J. C. Gadd, Incribed Barrel Cylinder of Marduk-Apla-Iddina II, Iraq 15. 1953. 123-
134.

[446] Zum Topos 'Vorgeschichte' vgl. ebenfalls die Inschrift Assurbanipals am Tempel
Esagila, ARAB II § 999-1006, insbes. § 1001.

[447] Die Phrase פרש כפיו taucht in V.38 und V.54 noch auf, in V.38 wird als Richtung
אל הבית הזה angegeben. Letzteres könnte, da in V.31.33 das betreffende Gebet eindeutig
בבית הזה lokalisiert wird, ähnlich wie die gleichlautende Formulierung in V.42b, andeuten, daß die Fiktion, das künftige Gebet analog V.37-39 fände im Tempel statt, hier aufgegeben ist. Die aufgezählten konkreten Notlagen können regional zu verschiedenen Zeit-
punkten auftreten. Sie erfordern umgehende "Vorsprache" bei JHWH zwecks Schadensab-
wehr. Es ist unwahrscheinlich, daß mit der Kultzentralisation jegliches öffentliche Gebet in
den einen Tempel verlegt werden sollte. Das Ausbreiten der Hände Salomos zum Himmel
dürfte für diese Fälle modellhaftes Vorbild sein. Der Gebetsgestus ist im Alten Testament
und im Alten Orient gut belegt, zum AT vgl. u.a. Ex 9,29.33; Jer 4,31; Esra 9,5; vgl. zu den
Gebetshaltungen D. R. Ap-Thomas, Notes on Some Terms Relating to Prayer, VT 6, 1956,
225-241. Zum Ausstrecken bzw. Erheben der Hände als Gebetshaltung in der altorientalischen Literatur und Ikonographie vgl. W. von Soden, Art.: *Gebet II*, RLA II, 160-170, ins-

mehr direkt an JHWH sich wendenden hymnischen Anrufung (V.23a), die JHWHs Unvergleichbarkeit unter den Göttern konstatiert[448]. Sie wird fortgesetzt mit einer Aussage über JHWHs Bundestreue, die seinen Knechten gilt[449]. Das Motiv 'ungeteilten Herzens vor JHWH Gehen' (V.23bß) ermöglicht in V.24 die Wiederaufnahme des Themas 'Verheißung JHWHs für David' unter Rückgriff auf die Aussagen von V.15. Die betreffenden Behauptungen aus V.15 werden durch den vorausgeschickten Hinweis אשר שמרת (V.24aα) und durch das ausdrückliche Ansprechen JHWHs als Gegenüber, in dieser Hinsicht unterscheiden sich die Aussagen aus V.15 und V.24b, auf eine Ebene höherer Verbindlichkeit gehoben; ein Sachverhalt, der für die Zuspitzung der JHWH-Verheißung auf den aus der Sicht Salomos noch offenen Punkt, den Bestand der davidischen Dynastie über Salomo hinaus, fördert. Gleichfalls zeigt sich in der Wiederholung der Behauptung von V.24a in V.25aα, daß der Verfasser bemüht ist, die Dynastieverheißung[450] auf ein theologisch haltbares Fundament zu

bes. 161; M. Falkner, Art.: Gebetsgebärden und Gebetsgesten, RLA III, 175-177; H. Brunner, Art.: Gebet, LÄ II, Sp.452-459, insbes. Sp.453; O. Keel, Die Welt der altorientalischen Bildsymbolik und das Alte Testament. Am Beispiel der Psalmen, Neukirchen-Vluyn 1977², insbes. 287-301.

[448] Die Phrase erinnert durch die Stichworte מתחת und ממעל an das Bilderverbot von Ex 20,4; Dtn 5,4; vgl. ebenfalls Dtn 4,39 und Jos 2,11, wo gleichfalls bekenntnishafte Anrufe vorliegen. Als Parallelen sind im übrigen zu vergleichen: Ex 15,11a; 2.Sam 7,22; Micha 7,18; Jer 10,6f; Ps 35,10; 71,19; 86,8; 89,9; 1.Chr 7,20; 2.Chr 6,14. Talstra's Separierung von Dtr1-David und Dtr1-Maqom führt dazu, daß die Unvergleichbarkeitsformel (V.23) auf seine beiden Dtr1 verteilt wird und und die Schichtgrenze zwischen כמוך und אלהים fällt, vgl. ders., Solomon, 226f. Demnach läge JHWHs Unvergleichbarkeit nach seinem Dtr1-David in JHWHs Treue zu dem einmal David gegebenen Wort. Kriterium der Unvergleichbarkeit aber sind die Götter, nicht ein Handeln JHWHs gegenüber David. Wird diese Formel auf JHWH angewandt, dann betont sie die Unvergleichbarkeit JHWHs als Gott (vgl. insbes. Ex 15,11a; Ps 35,8; Ps 71,19; Ps 86,8 !; Ps 89,9). Die auf JHWH bezogene Formel könnte ihren Ursprung im liturgischen Lobpreis haben.

[449] Die Phrase שמר הברית והחסד hat eine wörtliche Entsprechung in Dtn 7,9.12 und erinnert an die Aussagen von 1.Kön 3,6. Allerdings fehlt dort der Hinweis auf den Bund. Die Aussagen von 1.Kön 3,6 und 1.Kön 8.23b beziehen sich auf verschiedene Objekte. 1.Kön 3,6 ist David Gegenstand des Handelns JHWHs. 1.Kön 8,23b sind es "deine Knechte". Selbst wenn man mit Weinfeld (Deuteronomy, 334) annimmt, daß die als Apposition folgende Phrase ההלכים לפניך בכל לבם in den Königsbüchern nur in Hinblick auf die Könige gebraucht werde, sprechen die von Weinfeld angeführten Varianten dieser Phrase und die unmißverständliche Bezogenheit auf namentlich genannte Könige (1.Kön 2,4 Salomo; 3,6 und 9,4 David) dafür, in 1.Kön 8,23b das Bezugsobjekt "deine Knechte" nicht exklusiv auf die davidische Dynastie zu beziehen. V.23b konstatiert, daß JHWH Bund und Treue einer Mehrzahl von Personen hält. Der Plural des Objektes kann hier nicht auf die Könige bezogen werden, da die Feststellung bisher nur auf einen König, nämlich David, zutreffen kann. LXX hat die Aussage in diesem Sinn verstehen wollen, folglich das Objekt im Singular stehen. Die Wiederaufnahme der Phrase בכל לבבם in der Aufforderung von 8,48, die sich an Israel richtet, deutet an, daß auch in 8,23b "deine Knechte" inklusiv zu verstehen ist, ebenso wie in 8,32aα.

[450] Die Dynastieverheißung wird in der von David an Salomo übermittelten konditionalisierten Fassung zitiert. Eslinger (Hands, ebenda 160f) weist daraufhin, daß die Reihenfolge 'Bedingung-Zusage' (1.Kön 2,4) in 1.Kön 8,25 umgekehrt worden ist.

stellen. Dabei läßt eine geringe syntaktische Variation[451] ein weiter gefaß-
tes Verständnis der Dynastiezusage zu. Die ausdrückliche Bitte um ihre
Verwirklichung, die jetzt ganz selbstverständlich an den JHWH-Gehorsam
der Nachfahren gebunden ist[452], weist sie als offen aus. Die Frage der Erfüllung der Dynastiezusage stellt sich mit jedem König neu. Diese Einsicht
wird durch das zweifache ועתה (V.25a.26a), das auf die Gegenwart des
Sprechers verweist[453], unterstrichen. Daß Salomo sich hier auf das David-
JHWH-Verhältnis als Grundlage seines Verhältnisses zu JHWH beruft,
also unter dynastischem Aspekt traditional mit einer 'charismatischen Basis' argumentiert[454], deutet an, daß eine Aktualisierung dieser 'charismatischen' Basis als theologisch kontrapunktiv betrachtet wird.

Der Verzicht auf eine Aktualisierung und die ständige Erinnerung an
die JHWH-David-Beziehung ist Voraussetzung dafür, daß von einer Bewahrung der Dynastiezusage auch dann gesprochen werden, bzw. JHWH
an sie gemahnt werden kann, wenn sie entweder durch unwürdige Könige
gefährdet erscheint oder in der Realität keinen Anhalt mehr hat. Salomo
bittet JHWH darum, daß er die Dynastiezusage bewahren (V.25) und sie
andauern lassen möge (V.26). Die Dynastiezusage ist kein unverlierbares,
von David ererbtes, Gut, das durch den Tempelbau und die so eingetretene Verheißung besiegelt wird. Dtr bekräftigt diese Position, indem er Salomo auf die Unverfügbarkeit JHWHs hinweisen läßt, da das von ihm er-
baute Haus JHWH nicht fassen könne (V.27). Die Schlußsentenz erfolgt
in Form eines hymnischen Anrufes JHWHs (V.27b)[455] und entspricht in
dieser Hinsicht funktional der hymnischen Eröffnung dieses Gebetes
(V.23a). Die einleitende rhetorische Frage האמנם ישב אלהים על הארץ
(V.27a) ist Reflexion der Aussagen von V.23a und V.27b. Daß die Vorstellung vom 'Wohnen Gottes' (nicht JHWHs!)[456] hier der Reflexion zugrunde gelegt wurde, läßt auf Motiv wie Intention des Verfassers schließen.
Zum einen werden durch das Stichwort ישב das 'Sitzen der Davididen auf
dem Thron Israels' (V.20.25) und das 'Wohnen Gottes auf Erden' parallelisiert, zum anderen dient die so mögliche Vergleichbarkeit beider Vorstellungen bzw. deren Abwehr dazu, dann diejenige vom göttlichen
Wohnsitz auf Erden prononciert zu verwerfen[457], und damit einen poten-

---

[451] Die Behauptung wird in V.25aα mit ועתה eingeleitet und das Verb steht im Imperativ.

[452] Vgl. ebenfalls 1.Kön 2,4 und 9,5.

[453] Vgl. Brongers, H.A., *Bemerkungen* zum Gebrauch des adverbialen wᵉ‘attah im Alten Testament. Ein lexikographischer Beitrag. VT 15. 1965. 289-299.

[454] Die Transformation des Charisma in Erbcharisma ist eine der klassischen Formen,
die Charisma im Prozeß der Veralltäglichung annimmt, vgl. Max Weber, *WuG*, 144.

[455] Vgl. Dtn 10,14; Jer 23,24b.

[456] Die Wortwahl belegt, daß die Vorstellung vom 'Wohnen JHWHs auf Erden" vom
Verfasser strikt abgelehnt wird.

[457] Nach Hurowitz (*House*, 298f) stände die altorientalische Tempelideologie im Hintergrund dieser Polemik.

tiellen unbegrenzten davidischen Anspruch auf den Thron Israels[458] .
V.27b beendet den in V.23 begonnenen Gedankengang.[459]

Nachdem die Ausführungen Salomos so vor jeglicher verkürzenden, im
Interesse der Davididen liegenden Interpretation gesichert worden sind[460],
kann Salomo sich direkt mit seiner Bitte um Erhörung an JHWH wenden
(V.28). In dieser Bitte spricht Salomo JHWH als seinen Gott an[461]. Mit
dieser direkten Zuwendung beginnt die explizit zu den Fürbitten überlei-
tende Passage[462]. V.28a bezieht sich mit den allgemeinen Phrasen "Gebet
und Flehen" noch auf das voranstehende Gebet, bildet so aber die Ausgangsbasis für die Erläuterungen von V.28b, V.29a und V.29b. Die drei
Infinitivkonstruktionen sind syntaktisch parallel formuliert. Sie knüpfen
alle an die Bitte ופנית von V.28a an. Ihre Aussagen unterscheiden sich jeweils nur in Nuancen, deren Anbringung jedoch den Fortschritt des Gedankenganges markiert, und die für die Verwandlung Salomos in den
Fürbitter der V.31ff und die Verschiebung der Aufmerksamkeit von Salomo auf das Volk wichtig sind. In V.28b liegt der Akzent der Aussage auf
der Erhörung der salomonischen Bitte zum Zeitpunkt ihrer Äußerung
(אשר עבדך מתפלל לפניך היום). V.29a bittet darum, daß die Augen
JHWHs allezeit über dem Haus offen sein mögen, als dem Ort, auf dem
sein Name ruht[463]. V.29b betont die Erhörung des Gebetes, das Salomo
an diesem Ort (אל המקום הזה) vortragen wird (יתפלל).

Nachdem der Sprecher sich dreimal seinem Ziel, JHWHs Aufmerksamkeit zu erringen, genähert hat, kann er anschließend in V.30a behaupten:
ושמעת (du wirst hören), und diese Aussage gleichermaßen auf das Gebet
Salomos wie das Gebet Israels an diesem Ort beziehen. V.30bα fährt be-
gründend fort: ואתה תשמע (weil[464] *du* an dem Ort deiner Anwesenheit,
im Himmel, hören wirst). V.30bα bezeichnet erstmals in diesem Kontext
den Himmel als Ort der Anwesenheit JHWHs[465]. Diese Erläuterung ist
hier unverzichtbar, da in den vorausgehenden Aussagen über den Tempel
als Ort des Gebetes regelmäßig betont worden war, daß nur JHWHs Name dort weile. Die noch im Raum stehende Frage nach dem Wohnort
JHWHs, die der negativen Antwort von V.27 zugrunde liegt, muß hier be-

---

458 Vgl. das subtile Spiel mit der Wurzel אמן in V.26 und V.27.

459 Der Vers ist weder eine Glosse, so Gray (*I & II Kings*, 221), noch eine hierher aus
anderem Kontext versprengte Randbemerkung, so Würthwein (*Könige I*, 97), gleichfalls
Jones (*Kings I*, 201), und auch kein nur als "rhetorical disclaimer" verstehbarer Ausruf, so
Long (*I Kings*, 101).

460 Die Aussagen von 1.Kön 6,11 haben in ihrem Kontext eine ähnliche Funktion wie
hier jene von V.23-27 in 1.Kön 8.

461 Die Anrede "JHWH, mein Gott"findet sich innerhalb des Tempelweihgebetes nur
an dieser Stelle, innerhalb der Salomo-Geschichte kommt sie noch in 3,7 und 5,18f vor.

462 Vgl. Hentschel, *1.Könige*, 59.

463 Diese neuerliche Explikation in V.29aδ beugt einem Verständnis des Tempels als
Wohnstätte JHWHs vor. Das zitierte JHWH-Wort weist über 8,16 zurück auf 2.Sam 7,13.

464 Waw causativum, vgl. *GK* § 158a.

465 V.30b verweist inhaltlich auf V.27a zurück und gibt eine positive Auskunft auf die
Frage, die V.27a zugrunde liegt, und die in V.27b negativ beantwortet wird.

antwortet werden, wenn die die Argumentation fundierende Differenzierung zwischen dem Ort des Gebetes und dem Ort der Erhörung des Gebetes beibehalten werden soll. V.30bß nimmt das Stichwort ושמעת vom Anfang des Verses auf und fügt an die Bitte um das "Hören" jene um das "Vergeben" an (וסלחת). Die so gebildete Wendung שמע → סלח fungiert als thetische Überschrift für die in V.31ff genannten Bitten, deren erste in V.31 übergangslos an sie anschließt.

Es gibt einen gleitenden Übergang zwischen Salomos Dynastie-Bitte und den wahrscheinlich aus der liturgischen Tradition übernommenen Bitten in V.31ff. Die hymnische Aussage von V.27 und das Zitat des JHWH-Wortes in V.29aγ, sowie die zweite, an die Bitte von V.28a anschließende, Infinitivkonstruktion unterbrechen den auf die Salomo-JHWH-Beziehung reflektierenden Gedankengang. Sie schärfen die Aufmerksamkeit der Adressaten für neue Mitteilungen wie für Unterbrechungen, d.h. sie gewöhnen dieselben an einen 'neuen' Vortragsstil. Dieses Phänomen, 'kurze, knappe Argumentation, Abbruch, neues Thema', kennzeichnet den Fürbittabschnitt V.31-53. In V.30aα erscheint Israel, vorerst noch neben Salomo, erstmals als Subjekt künftiger Bittgebete. In den folgenden Bitten steht die Israel-JHWH-Beziehung im Zentrum, nicht mehr die Salomo-JHWH-Beziehung. Gleichfalls wird der Ort der Erhörung der Gebete herausgestellt: Ort der Anwesenheit JHWHs ist der Himmel (V.30aß). Diese Klarstellung ist Voraussetzung für die Verumständung der folgenden Bitten, insbesondere den Bittanlaßkatalog von V.35ff.

Die neu eingeführte Aussagenverbindung שמע → סלח (V.30bß) spricht einen bisher nicht zur Sprache gekommenen Sachverhalt an. Bis zu diesem Zeitpunkt hatte Salomo 'nur' um die Einhaltung gegebener Verheißungen gebeten. Das Thema 'Schuld/Verfehlung' war als potentieller Gegenstand gestreift (V.25b), aber nicht thematisiert worden. Alle folgenden Bitten setzen voraus, daß ein Verschulden auf Seiten der Beter vorliegt. Die bisher implizit vorausgesetzte Reaktion JHWHs auf das Gebet, 'Hören - Erfüllen', muß expliziert und differenziert werden. Das führt dazu, daß die Zwischenbitte וסלחת eingeführt wird. "Hören", "Vergeben", "Eingreifen" kennzeichnen in den Bitten die von JHWH gewünschten Reaktionen.

Die Hypothese, die סלח - Aussagen könnten nicht von einem dtr Autor stammen, da eine derart positive Vorstellung über Versöhnung Dtr fremd sei[466], ist ein Vor-Urteil. סלח wird in unserem Textstück sehr differenziert verwendet[467]. Das stellt kein Argument gegen einen dtr Verfasser dar. Die Negativaussagen über סלח im DtrG hängen alle mit Verstößen gegen das 1. Gebot zusammen. Das ist in den Bitten des Salomo-Gebetes nicht der Fall. Hinzu kommt, daß die literarkritische Grundposition von Talstra wesentlich davon abhängt, daß er die Vorstellung von der "Vergebung JHWHs" für undtr hält. Im Ergebnis führt das zu dtr Versionen des Weihegebetes, die weder in Talstras erster (Dtr1-David) noch in seiner kombinierten Dtr1 Fassung so als Gebet vorgelegen haben können[468]. Ohne

---

466 Vgl. Talstra, *Solomon*, 192-201.

467 Vgl. die in dieser Hinsicht überzeugende Analyse bei Talstra, *Solomon*, 194f.

468 Zusammenstellung der beiden Dtr1 - Schichten nach Talstra (*Solomon*, 276-287), Dtr1-David: 14-20.22-23aα (ohne אלהים).24-25.28a.29aα (ohne לילה ויום).29aγδ.31-

die סלח - Aussagen in V.30.39 würde Dtr hier einen Erhörungsautomatismus vertreten, der dtr Theologie fremd ist.

Das Gebet hört in der von Talstra ermittelten Fassung im Hauptteil mit der Hervorhebung Salomos auf (בניתי) V.43. Die Zuschreibung derartiger Hybris an Salomo ist dem Gebet auf allen Stufen fremd. Die Talstra'sche Version endet in dem Grußsegen mit der unvermittelten Erwähnung Moses. Die Aussage über Mose wird aber in dem nach Talstra erst nachdtr V.53 vorbereitet. Und daß Dtr1-Maqom den Grußsegen so lakonisch enden ließ, ohne die zu erwartende Ansprache des Publikums[469], ist eher unwahrscheinlich.

Ab V.31ff folgt, weitgehend in Form von Fürbitten, die Darlegung traditioneller Bittanlässe. Die Topoi könnten aus der kultischen Tradition übernommen worden sein[470]. Ihre Darstellung ist von Dtr formalisiert worden[471]. Der Argumentation liegt ein Schema in den V.31-39 zugrunde[472], das in den V.44f.46-50 entsprechend der veränderten Ausgangslage variiert wird, dem sich aber der Kasus von V.41-43 nicht mehr fügt[473]. Die im folgenden dargestellten Elemente bilden sein Gerüst[474]. Zunächst wird der Anlaß der Bitte skizziert, dann wird gezeigt, wie JHWH involviert ist. Darauf folgt die Bitte um Erhörung. Der zweite Punkt kann verschieden entfaltet werden. JHWH wird explizit mit der Sache befaßt, da sie vor ihn gebracht wird (V.31b), bzw. er um Hilfe gebeten wird (V.38bß.44b). JHWH kann implizit bereits beteiligt sein, da das Unglück wegen der Verfehlungen Israels von JHWH kommt (חטא: V.33aß.35aß.46aα). Liegt der letztere Sachverhalt vor, ist zunächst von der Umkehr des Volkes zu JHWH die Rede (שוב: V.33b.35b.47-48), bevor dann die Bitte um Erhörung steht (V.34a.36a.49a).

Die Bitte um Erhörung hat in den beiden Fällen, in denen vorausgesetzt ist, daß der Tempel nicht Ort des Bittens sein kann, eine bezeichnende Abwandlung erfahren. In V.45 wie in V.49 heißt es ושמעת anstelle des bis dorthin üblichen ואתה תשמע, d.h. der Modus der Bitte wird aufgegeben zugunsten einer konstatierenden Aussage über JHWHs Verhalten. Die Bitte bzw. Aussage über Erhörung wird immer begleitet von der Lokalisation JHWHs im Himmel (V.32a.34a.36a.39a.45a.49a), der dann die Aussage über Vergebung, sofern durch חטא vorher indiziert, folgt

---

32.37-39*.41-43*; Dtr1-Maqom: 14-28a.29-30abα. 31-32.37-39aα (ohne סלח). 39aß. 40-43. 54-56.

[469] אבתינו von V.21.40 gehören nach Talstra zu seiner Dtr1-Maqom-Version, vgl. ders., *Solomon*, 278.282.

[470] Vgl. *Montgomery/Gehman, Kings*, 196; Gray, *I & II Kings*, 215f; G. Mayer/ J. Bergman/ W. von Soden, Art.: ידה jdh, ThWAT III. 1982. Sp.455-474, insbes. Sp.471f. Als Prototypen könnten Gebete zu Tiglath Pileser I. und Salmanassar I. dem Verfasser bekannt gewesen sein, die entsprechende Bitten nennen, vgl. Hurowitz, *House* 294-297.

[471] Vgl. insbes. A. Gamper, Die heilsgeschichtliche Bedeutung des salomonischen *Tempelweihegebets*, ZThK 85. 1963. 55-61.

[472] Der Abschnitt enthält einige spätere Zusätze, so die V.36aß; 37aß; 38aß.bα; 39b; 40; vgl. hierzu Noth, *Könige*, 187f; Würthwein, *Könige I*, 98f.

[473] Die V.41-43 werden gesondert betrachtet, vgl. dazu unten S.310ff.

[474] Die Ausführungen sind angeregt von Gampers (*Tempelweihegebet*) Überlegungen und versuchen, sie zu differenzieren.

(וסלחת: V.34aß.36aα.39a.50a)[475]. Danach stehen die Aussagen über JHWHs restituierendes Handeln.

Das Grundschema besteht aus drei Konstanten und einer Variablen. Konstant gegeben sind Anlaß, Bitte um Erhörung, Aussagen über das wiederherstellende Handeln JHWHs. Variabel ist die Beteiligung JHWHs. JHWH kann nur dadurch, daß er angesprochen wird, beteiligt sein. Dann entsteht aus der Verbindung dieser vier Faktoren ein linearer Handlungsablauf: Vortrag des Anlasses - Ansprechen JHWHs - Erhören JHWHs - Restitutionshandeln (V.31f.44f). Ist aber JHWH 'ex officio' involviert, d.h. hat er die Umstände geschaffen, die die Bitte nach sich ziehen, dann entsteht ein komplexeres Handlungsgefüge (V.33f;35f;37ff;46ff). Die Hinwendung zu JHWH wird begleitet von einer Abwendung von dem, was Israels Verfehlung gegen JHWH ausmachte. Umkehr (שוב) und Bekenntnis des Namens JHWHs, d.h. Abkehr von der Sünde und Bekenntnis der Schuld (והודו שמך)[476], werden zentral und markieren den Wendepunkt in der Beziehung zwischen Israel und JHWH[477].

Das Schuldbekenntnis kann der Bitte um Erhörung vorausgehen, wenn die Situation derart eindeutig wie in den Fällen von Gebietsverlust (V.33b) und Gefangenschaft (V.47) ist. Es folgt, wenn die Verfehlung erst im Verlauf der Hinwendung zu JHWH offenbar wird, wie z.B. bei einer Hungersnot[478]. Daß Sünde und Schuld hier zentrale Faktoren der Argumentation sind, zeigt ebenfalls das Summarium von V.37-39a. In der Darstellung der Bittanlässe werden die Argumentationsmuster der Fälle mit und ohne Schuldbekenntnis kombiniert. Die Verknüpfung geschieht hier auf dem Hintergrund einer impliziten Annahme von Verfehlung und Bekenntnis der Schuld (V.39aßγ). Die Erhörung setzt die Restitution der Beziehung zwischen JHWH und Israel voraus. סלח beschreibt das Innenverhältnis dieser Beziehung[479] und vermittelt zwischen Reaktion JHWHs (Erhören) und Handeln JHWHs (Wiederherstellen).

In einigen wesentlichen Punkten weicht die Schilderung der Möglichkeit, daß ein Fremder im Tempel betet (V.41-43), von den anderen Bittan-

---

[475] Im ersten Fall ist diese Aussage vorgezogen worden (V.30bß), im fünften Fall findet sie sich nicht (V.44f), da kein Anlaß zu ihr genannt wurde; Israel weiß sich von JHWH auf diesen Feldzug geschickt, zieht also auf ein positives Kriegsorakel hin aus. Verfehlungen sind bis zu diesem, durch das Kriegsorakel bezeichneten, Zeitpunkt nicht vorhanden. Im vierten Fall (V.37-39) ist zwar das Stichwort חטא nicht vorhanden, implizit werden aber Verfehlungen auf Seiten des Beters angenommen, wie aus der Aussage hervorgeht, daß JHWH jedem entsprechend seinem Tun vergelten werde (V.39a).

[476] So mit C. Westermann, Art.: ידה jdh hi. preisen, ThAT I, Sp.674-682, insbes. Sp.681.

[477] Vgl. hierzu H. W. Wolff, Kerygma, 179f; Gamper, Tempelweihegebet, 59ff.

[478] Die Unterschiede könnten unterschiedliche kultische Abläufe widerspiegeln, vgl. D. Skweres, Das Motiv der Strafgrunderfragung in biblischen und neuassyrischen Texten, BZ 14. 1970. 181-197.

[479] Vgl. Ch. Göbel, "Denn bei dir ist die Vergebung..." slh im Alten Testament, Theologische Versuche VIII. 1977. 21-33, insbes. 22f; J. Hausmann, Art.: סלח sālaḥ, ThWAT V. 1986. Sp.859-867, insbes. Sp.865f.

lässen ab. Der Ausgangspunkt der Überlegungen ist nicht mehr ein Geschehen, sondern die Person des Beters. Der konkrete Anlaß seiner Bitten wird nicht genannt. Das Motiv wird in einer Kombination aus dtr Standardformel und tritojesajanischer Sentenz[480] präsentiert. JHWH wird ohne Vorbehalt um Erhörung und Verwirklichung aller Bitten des Fremden angegangen[481]. Die Erhörung der Bitten des Fremden ist nicht das Ziel dieser Passage, sie dient allein dazu, JHWHs Namen unter allen Völkern der Erde[482] so bekannt zu machen, daß sie JHWH fürchten, so wie Israel ihn fürchtet, und erkennen[483], daß der von Salomo gebaute Tempel JHWHs Eigentum ist[484]. Der geschilderte Fall setzt voraus, daß der durch JHWHs Ruhm angezogene Fremde im Tempel betet (V.42b). Das setzt die Existenz des Tempels voraus[485]. Das würde für den Fall des Fremden

---

[480] Vgl. hierzu C. Westermann (Das Buch *Jesaja*. Kapitel 40-66, ATD 19, Göttingen 1966, 248ff), ihm zufolge ist Jes 56,3-8 "ein Musterbeispiel des Ineinanderfließens von priesterrechtlichen und prophetischen Redeformen in der Zeit nach dem Exil..." (249).

[481] Das Summarium V.37aα b.38aα bß.39a ist in dieser Hinsicht differenzierter, die Erhörung der Bitte wird in Abhängigkeit vom Lebenswandel des Beters gesehen. Der נכרי erhält hier eine Erhörungsgewißheit zugesprochen, die in den anderen Bitten Israel so nicht garantiert wird.

[482] Die Phrase מכל עמי הארץ /מכל עמים wird im Pentateuch im Zusammenhang mit der Erwählung/Aussonderung Israels aus allen Völkern gebraucht (vgl. Ex 19,5; Lev 20,24.26 [מן העמים]; Dtn 6,14; 7,6.7.14; 10,15; 14,2; 28,10). 1.Kön 8,53 führt sie entsprechend an. 1.Kön 8,43.60 übernimmt den Ausdruck, ändert aber die Funktion der Bezugsgröße 'alle Völker'. Die in Dtn 28,10 auf Israel bezogene Aussage ("der Name des Herrn ist über ihm genannt") wird in 1.Kön 8.43 auf den Tempel bezogen und bereitet theologisch die Aussage von 8,60 (Erkenntnis der Einzigartigkeit JHWHs) vor. Die Verwendung der Phrase in Jos 4,24 entspricht jener von 1.Kön 8,60, während Zeph 3,20 in einer Linie mit Dtn 28,10 und 1.Kön 8,53 liegt.

[483] Die auf die Völker bezogene Erkenntnisaussage verrät die nachexilische Position des Verfassers, vgl. Jones, *Kings I*, 204. Die nächste inhaltliche Parallele innerhalb der DtrG ist die Begründung der Bitte Hiskias 2.Kön 19,19, die sich in einem Textzusammenhang befindet, der einer späteren Nachinterpretation angehört, vgl. hierzu Würthwein, *Könige II*, 428. Ch. Hardmeier (*Prophetie* im Streit vor dem Untergang Judas. Erzählkommunikative Studien zur Entstehungssituation der Jesaja- und Jeremiaerzählungen in II Reg 18-20 und Jer 37-40, BZAW 187, Berlin 1990, 157ff.418.427) hält die Nachinterpretation (2.Kön 19,9b-36aα) für exilisch. Die formelhafte Aussage von der Erkenntnis JHWHs ist einer der Haupttopoi ezechielischer Prophetie; Subjekt der Erkenntnis ist Israel, vgl. W. Zimmerli, *Erkenntnis* Gottes nach dem Buche Ezechiel. Eine theologische Studie, AThANT 27, Zürich 1954.

[484] Mettinger zeigt, daß die Formel נקרא שם על bezeichnend für eine Bearbeitung des Jeremiabuches ist, die auf eine theologische Reflexion über den Zusammenhang von Gottesname und Tempel hinweist und andeutet, daß dieser "via the proclamation by the divine owner of his name over his property" (*Sabaoth*, 85) entstanden sei. Geht man mit Mettinger davon aus, daß diese Formel im wesentlichen JHWHs freies Verfügungsrecht über den Tempel demonstriert, dann läge in ihr ein weiteres Indiz vor, daß 1.Kön 8,41-43 den Aussagen von Jes 56,3-8 nahesteht.

[485] Die Erwähnung der JHWH-Verehrer in Jer 41,5, die nach der Zerstörung des Tempels nach Jerusalem ziehen, ist kein Gegenbeleg. Es handelt sich um Angehörige Israels, nicht um Fremde. Außerdem kommen sie offenkundig, um Buß- und Trauerriten in den Ruinen zu zelebrieren.

bedeuten, daß die V.41-43 entweder aus einer vorexilischen, vordtr Überlieferung stammen oder aber aus der Zeit des zweiten Tempels. Die Nähe
zu den tritojesanischen Aussagen und die distanzierte Haltung von Dtr gegenüber dem נכרי lassen eher an den zweiten als an den ersten Tempel
denken. Die Darstellung des Falles orientiert sich in der verwendeten Begrifflichkeit an den anderen Fällen, aber die Argumentationsstruktur und
die Aussageintention sind different.

Die Vorstellung des JHWH verehrenden Fremden liegt auf derselben
Argumentationsebene wie der Zusatz von V.39b, der bereits JHWHs 'Zu-
ständigkeit' für alle Menschen erklärte. Die nachdeuteronomistische In-
terpretation des Zieles göttlichen Handelns als Bewirken der Ehrfurcht
Gottes in V.40, bereitet über die Assoziation 'Verehrung Gottes' die V.41-
43 inhaltlich vor. Die Einleitung וגם אל הנכרי in V.41 knüpft an die
Sachverhalte von V.39b und V.40 an[486]. Die Aussage למען יראוך
(V.40aα) hat ihre Entsprechung in jener auf die Völker bezogenen ליראה
אתך כעמך ישראל (V.43bα2). Die Behauptung, daß im Ausland JHWHs
Name und Ruhm erklingt, setzt ein JHWH bekennendes Israel in der
Fremde voraus, sowie die in den V.44ff vertretene theologische Position,
daß Israel von überall her seinen Gott anrufen könne. V.39b-43 stellen in-
haltlich wie formal einen Einschub dar, dessen Einfügung dann die den
Bezug der unmittelbaren Aussage von V.38a sichernde Glosse in
V.38aßbα nach sich gezogen haben dürfte[487].

Diese Ausführungen widersprechen der in der Forschung seit fast 120
Jahren tradierten und akzeptierten Meinung, daß die Verse 41-43 theologisches Ziel und Höhepunkt des Tempelweihgebetes seien und der Abschnitt V.44-53 eine spätere Interpretation sei. Das nahezu mosaische Alter des allgemeinen Konsensus zeigt jedoch, daß dieser nicht auf Sand gebaut war. Die Steine, die zu seiner Konstruktion dienten, verdienen eine
eingehende Betrachtung. Es gilt die Frage zu beantworten, ob sie angesichts der obigen Überlegungen ihre Qualifikation als Fundamentsteine
noch besitzen oder nicht.

Vorausgesetzt wird im folgenden aber nur die von vielen neueren
Kommentatoren akzeptierte Hypothese, daß die V.14-39 von einem dtr
Verfasser[488] geschrieben worden sind, samt der zusätzlichen Annahme,
daß in den V.36aß.37aß.38aßbα.39b.40 nachdtr, nachexilische Interpreta-
tionszusätze vorliegen. Šanda hat die Argumente, die die zentrale Position
von V.41-43 begründen und gleichzeitig V.44-53 als Zuwachs ausweisen,
systematisiert und auf vier Hauptpunkte reduziert[489]. Zunächst behauptet
er, daß der Abschnitt V.44-53 die rhetorische Klimax der vorhergehenden

---

[486] Vgl. hierzu van der Merwe, *gam*, 174.186f.

[487] Die Glosse von V.36aß könnte aus ähnlichen Erwägungen, impliziter Vergleich Israels mit den Fremden und Stilisierung Israels als Beispiel, in den Text eingeflossen sein.

[488] Die Beantwortung der Frage, ob es sich um einen exilischen oder einen spätvorexi-
lischen Deuteronomisten handelt, mag dahingestellt bleiben. Die meisten Kommentatoren
gehen von einem exilischen Deuteronomisten aus.

[489] Šanda, *Könige I*, 233f.

Rede zerstöre, denn deren Höhepunkt sei mit V.43 erreicht[490]. Das Argument ist hinfällig, wenn die oben angeführten Indizien für eine nachexilische Situation sprechen. Šandas Ansicht beruht allein auf einem weder semantisch noch formal begründbaren theologischen Vor-Urteil, daß die Anerkennung/Verehrung JHWHs durch Ausländer zu des Verfassers theologischen Spitzensätzen gehörten, und folglich die rhetorische Klimax bildeten. Diese Annahme befindet sich grundsätzlich im Widerspruch zu der Annahme, die V.41-43 seien dtr. Für die dtn Gesetzgebung ist die Differenzierung zwischen גר und נכרי bezeichnend, der letztere ist als nicht-assimilierter Ausländer vom israelitischen Kult- und Verwandtschaftssystem ausgeschlossen[491]. In dtr Aussagen innerhalb des Deuteronomiums (Dtn 17,15; 29,21) wird die Nichtzugehörigkeit des נכרי zum Verehrerkreis JHWHs und zu Israel deutlich herausgestellt. 1.Kön 11,1.8 sind es Salomos ausländische Frauen, denen die Schuld in die Schuhe geschoben wird für seinen Abfall. 1.Kön 8,41-43 zitiert einen Teil der Aussagen über den Fremden aus Dtn 29,21. Dtn 29,21-28 ist aber, wenn überhaupt, ein spätdtr Text. 1.Kön 8,41 zitiert aus diesem spätdtr Text und läßt den נכרי, entgegen der dtn Aussage, dann nach dem Beispiel von Jes 56,3ff als JHWH-Verehrer auftreten, als der er in Dtn 29,21 zweifellos nicht fungiert.

Zum anderen verweist Šanda darauf, daß das Thema Krieg bereits in V.33f abgehandelt sei, V.44ff mithin eine Dublette bildeten[492]. Es ist nicht zu übersehen, daß beide Texte Situationen aus einem Erfahrungsbereich ansprechen. Allerdings sind die in V.33f und V.44ff skizzierten Situationen nicht identisch. V.33f beschreibt eine Niederlage Israels, in deren Folge es zu Gebietsverlusten kam. Die Verteidigung des Landes ist in einem Teil zusammengebrochen. Doch besteht immer noch die Möglichkeit, daß die Verlierer im Tempel zusammenkommen und Fürsprache einlegen. Dagegen handeln die V.44-50 von zwei unterschiedlichen Kriegssituationen, dem Auszug zur Schlacht (V.44f) und dem verlustreichen Ausgang (V.46-50), sie differenzieren also gegenüber V.33f, wo nur der Ausgang als Bittanlaß relevant ist. Zudem befindet sich Israel mit Billigung JHWHs auf dem Kriegszug (V.44a) und wendet sich noch unterwegs bittend an ihn (V.44b). Für den Fall so ungetrübter Harmonie wird jetzt behauptet, daß JHWH sich ihrer annehmen wird, nachdem sie in Richtung auf den Tempel gebetet haben. Diese Voraussetzung ist im Falle des Eintretens der Ereignisse von V.46-50 nicht gegeben. V.46-50 beschreiben den Ausgang des Kriegszuges, sie knüpfen an die in V.44f beschriebene Kriegssituation an, unterstellen jedoch, daß die Beziehung zwischen JHWH und Israel gestört ist und folglich der Krieg verloren gehen muß, allen vorausgegangenen Fürbitten zum Trotz. Die Aussagen von V.45 unterstellen implizit eine intakte Beziehung zwischen Israel und JHWH, der V.46 verneint das.

---

[490] Ders. a.a.O., 233.
[491] Vgl. B. Lang, Art.: נכר nkr, ThWAT V. 1986. Sp.454-462, insbes. Sp.457f.460.
[492] Šanda, *Könige I*, 234.

Unbeschadet des Umstandes, daß Israel sich von JHWH ausgesandt weiß, wird JHWH nicht Israels Anspruch gegen die Feinde vertreten.

Der Widerspruch zwischen den Behauptungen von V.44aß und V.46a, daß Israel sozusagen unter Berufung auf JHWH in den Krieg ziehen kann und doch verlieren wird, weil es sich an JHWH verfehlt hat, ist nur ein scheinbarer. Jos 7 veranschaulicht die dazugehörige Erfahrung und demonstriert, daß während des Kriegsverlaufes auf Israels Seite Verfehlungen geschehen können, die das Versagen des zuvor zugesagten Beistandes JHWHs nach sich ziehen. Ob die komplexe Argumentation eine Reflexion konkreter historischer Erfahrung beinhaltet (Niederlage des gerechten Königs Josia vor Megiddo?) und zwischen theologisch legitimierter und als legitim begriffener Alltagspraxis und der theologischen Theorie zu vermitteln sucht, sei dahingestellt. Jedenfalls ist festzuhalten, daß die betreffende Situation nicht singulär ist, sondern im Gegenteil zur alltäglichen Erfahrung auf Kriegszügen gehören dürfte.

V.46 beschreibt im Blick auf die JHWH-Israel-Beziehung einen Unterfall zu V.44. Die Schilderung des Kriegszuges von V.33f setzt nicht voraus, daß Israel zu Beginn der Kriegshandlungen sich JHWHs Beistand gewiß sein durfte. Nebenbei bemerkt redet V.33 nicht davon, wie V.44, daß Israel zum Kampf auszieht. Die Initiative scheint im Fall von V.33 von der Seite des Feindes ausgegangen zu sein, und Israel erleidet eine partielle Niederlage. Zwar wird die Ursache sowohl der Niederlage von V.33 als auch des verlorenen Krieges von V.46 in der Verfehlung Israels gesucht, freilich nur in V.46 wird diese als gegen JHWH selbst gerichtet beschrieben und entsprechend massiv fällt die Strafe aus. JHWH selbst liefert sie an die Feinde aus. Diese Vorstellung, daß Verfehlungen Israels den Zorn JHWHs nach sich ziehen und dieser sie darauf den Feinden preisgibt, hat in den dtr Rahmennotizen des Richterbuches ihren festen Platz[493]. Das Kriegsvolk gerät in Gefangenschaft (V.46) und erkennt erst außerhalb des Landes, daß man sich an JHWH vergangen hatte (V.47)[494].

Der Text spricht in V.44-51 durchgängig nur von עמך, erst ab V.52 ist wieder von עמך ישראל die Rede. Diesen Sachverhalt möchte Šanda als Beweis dafür gewertet wissen, daß hier eine zweite Hand die Feder führte[495]. Aus der Perspektive von V.52 könnte das bloße עמך eine verkürzende Redeweise sein. Die Notsituation von V.46-50 läßt an noch eine Möglichkeit denken. Nach Rost kann עם den Heerbann bezeichnen[496]. Daher liegt es nahe, daß der ausschließlichen Verwendung von עמך in

---

[493] Vgl. Ri 2,14; 3,8; 6,1; 10,7; Reventlow, *Gebet*, 272f.

[494] Das selten gebrauchte Stichwort עוה hiph. kommt innerhalb des DtrG nur noch in 2.Sam 7,14 (potentielle Verfehlung des Nachfolgers Davids), 2.Sam 19,20 (Schuldbekenntnis Simeis) und in 1.Kön 8,47 vor.

[495] Šanda a.a.O.

[496] L. Rost, Die *Bezeichnungen* für Land und Volk im Alten Testament (1934), in: ders., Das kleine Credo und andere Studien zum Alten Testament, Heidelberg 1965, 76-101, insbes. 91; vgl. R. Smend, Die *Bundesformel* (1963), in: ders., Die Mitte des Alten Testaments, Ges. St. Bd.1, 1986, 11-39, insbes. 23ff.

V.44-51 diese Bedeutung zugrunde liegt. Diese Vermutung wird gestützt durch die Untersuchung von Lohfink zu Begriff und Verwendung von עם יהוה[497], der zeigt, daß Israel und עם יהוה nicht immer identische Größen bezeichnen[498]. Der Ausdruck עמו/עמי/עמך /עם יהוה gehört ihm zufolge "hauptsächlich in die Sprechsituation des Dialogs zwischen Jahve und Israel"[499] und betont, daß Israel JHWHs Verwandtschaft ist[500].

Die pointierte Verwendung von עמך in V.44-51 könnte auf eine beabsichtigte Differenzierung zwischen Heer und Gesamtvolk hinweisen, um so dem falschen Eindruck entgegenzuwirken, daß ganz Israel in Gefangenschaft geführt worden sei. Gleichzeitig unterstreicht עמך, daß die besondere Beziehung zwischen JHWH und dem Teil Israels, der sich in Gefangenschaft befindet, weiterbesteht[501]. Gerade der Übergang von עמך zu עמך ישראל in V.51/52 belegt dies, denn erst im Anschluß an die Exodus-Reminiszenz V.51b ist wieder in V.52 die Rede von עמך ישראל. Daß hier eine inhaltliche Differenzierung intendiert ist, wird durch die auf עמך ישראל bezogene Aussage in V.33a gestützt, da diese Notsituation alle betrifft. Schuldbekenntnis, Umkehr und Gebet sind in der Gefangenschaft[502] nicht mehr im Tempel möglich, sondern nur noch in Ausrichtung auf das von JHWH den Vätern verliehene Land, und die von ihm erwählte Stadt und den von Salomo erbauten Tempel (V.48). Die Aussage, daß JHWH die Gebete der Gefangenen hören wird (V.49)[503], ist speziell auf diese Situation hin formuliert worden. Die Wiederaufnahme der Zusage von V.45 in V.49 verbürgt dadurch, daß implizit an die in V.44f vorausgesetzte intakte Beziehung zwischen JHWH und seinem Volk angeknüpft wird, die Verläßlichkeit der Zusage in der neuen Situation. JHWH wird dem Volk vergeben und es Erbarmen finden lassen bei denen, die es gefangen halten (V.50)[504].

---

[497] N. Lohfink, *Beobachtungen* zur Geschichte des Ausdrucks עם יהוה, in: Probleme biblischer Theologie, FS von Rad, München 1971, 275-305.

[498] Lohfink, *Beobachtungen*, 284f.293f.

[499] Lohfink, *Beobachtungen*, 280.

[500] Lohfink, *Beobachtungen*, 280.

[501] Ez 33,23-29 könnte auf eine ähnliche Auseinandersetzung hinweisen.

[502] Das Spiel mit den Wurzeln שבה und שוב in V.46b-48.50 zeugt von dem hohen Reflexionsgrad dieser Passage, vgl. Gamper (*Tempelweihegebet*, 60) und J. D. Levenson, The *Paronomasia* of Solomon's Seventh Petition. HAR 6. 1982, 131-135. Auf die Verwandtschaft mit den betreffenden Passagen von Dtn 30,1-10 hat Wolff (*Kerygma*, 180f) hingewiesen, der beide Texte ebenso wie Levenson (*Temple*, 160ff) einem Dtr[2] zuschreibt.

[503] V.49 nimmt wörtlich V.45 auf, allein ergänzt durch den Zusatz מכון שבתך, der die Nichtgebundenheit JHWHs an einen irdischen Ort unterstreicht.

[504] Die bescheidene Hoffnung, daß die Gefangenen Israels Erbarmen bei ihren Fängern finden werden, ist auffällig. Vielleicht ist diese Bescheidenheit Ausdruck der Gottesvorstellung der Verfasser. Keine der Aussagen über JHWH innerhalb des salomonischen Gebetes stellt JHWH als den höchsten Gott oder gar als den einzigen Gott dar. Das monotheistische Bekenntnis von V.60 ist ein später Nachtrag (vgl. dazu unten S.321 Anm.538). Alle hymnischen Aussagen über JHWH heben ihn nicht über andere Gottheiten heraus. Ist aber JHWH für den Verfasser nur Israels Nationalgott, wenn auch der einzige, dann sind die zurückhaltenden Wünsche von 1.Kön 8,50 Ausdruck dieser theologischen Realität.

Die Darstellung des Falles 'Israel in Gefangenschaft' spielt mit den beiden Begriffen שבה und שוב[505]. Das 'Hin und Her' zwischen beiden Begriffen, zwischen Gefangenschaft und Umkehr, ist nicht nur ein Wortspiel. Der Verfasser verdeutlicht, daß es im Falle der denkbar größten Katastrophe nur einen Ausweg aus dieser gibt: die Umkehr zu JHWH. Diese Möglichkeit kannten die Adressaten bereits, sie war als die einzig angemessene Reaktion auf die חטא - Situationen der zweiten und der dritten Bitte propagiert worden (שוב - V.33.35). Nicht wenige Exegeten sehen in der Verwendung dieser beiden Begriffe einen eindeutigen Hinweis auf die Exilszeit[506] oder die Zeit des zweiten Tempels[507].

Es fällt auf, daß in allen drei Fällen niemals der terminus technicus für das Exil fällt: גלה. Innerhalb der Königsbücher werden ausschließlich Derivate der Wurzel גלה zur Bezeichnung des Exils gebraucht. Die Wurzel und ihre Derivate, die vorexilisch belegt sind (vgl. u.a. Am 1,5; 5,5) wird nicht für die Beschreibung 'normaler' Gefangenschaft in den Königsbüchern verwendet. Hingegen handeln alle שבה - Aussagen innerhalb des DtrG allgemein von Gefangenschaft und Deportation, mit vermeintlicher Ausnahme der Belege in 1.Kön 8,46-48.50. Die Androhung von Deportation und Gefangenschaft gehört zu den üblichen Vertragsflüchen, die aus alttestamentlichen wie aus altorientalischen Texten bekannt sind[508]. Angesichts des eindeutigen Sprachgebrauchs der beiden Wurzeln גלה und שבה ist es wahrscheinlicher, daß in 1.Kön 8,46-50 die Wurzel שבה Kriegsgefangenschaft bezeichnet und nicht *das* Exil. Die Forderung nach Umkehr der Bundesbrüchigen und deren Kennzeichnung mit dem Begriff שוב ist kein Privileg dtr Theologie, wie Hos 7,10 zeigt. Weder שוב noch שבה sind Beweis exilischer oder nachexilischer Entstehung des Textes der letzten Bitte des salomonischen Gebetes. Diese Bitte dürfte eher zu den traditionellen Topoi von Fürbittgebeten gehören.

Die Bitte um Rückführung der Gefangenen kommt nicht vor, sie muß sogar in diesem Kontext fehlen, denn V.44-50 enthält, verglichen mit den Aussagen von V.26-39a.41-43, keine Bitten mehr, sondern in Form der Anrede an JHWH für die Hörer/Leser bestimmte Aussagen über das gewiß eintretende Handeln JHWHs. Dieser Sachverhalt erklärt den Wechsel von den x=yiqtol Formen des Verbs שמע in den Bitten der V.30.32.34.36. 39.43 zu den w=qatal Formen in den Aussagen von V.44 und V.48. Dieser Übergang wurde in der Forschung weitgehend als stilistische Differenz und mithin als Indiz einer zweiten Hand in V.44-53 betrachtet[509]. Da w=qatal und x=yiqtol einer syntaktischen Kategorie angehören und füreinander eintreten können[510] liegt keine stilistische sondern eine semantische Differenz vor[511].

JHWH hat als Gott nicht die Macht gegen den Gott des Eroberervolkes das Schicksal für die Gefangenen Israels total zu wenden.

[505] Vgl. Levenson (*Paronomasia*) hat die Argumentationsstruktur herausgestellt. "The root šwb intervenes between each attestation of the root šbh and its successor." (ebenda 136).

[506] Vgl. u.a. Levenson (*Paronomasia*); De Vries (*1 Kings*, 126).

[507] Šanda (*Könige*, 133f); Noth (*Könige*, 174.188f); Würthwein (*Könige I*,98ff).

[508] Vgl. die Aufzählung bei McCarthy, *Treaty*, 173f.

[509] Vgl. u.a. Šanda, *Könige I*, 234; Noth *Könige*, 188; Jepsen, *Quellen*, 15f.

[510] H. Bobzin, Überlegungen zum althebräischen *Tempussystem*, WO 7. 1973/4. 141-153, insbes. 148ff; W. Groß, Zur Funktion von qatal. Die *Verbfunktionen* in neueren Veröffentlichungen, BN 4. 1977. 25-38, insbes, 33ff.

[511] Gamper (*Tempelweihegebet*, 56f) trägt dem keine Rechnung. Levenson (*Temple*, 154) hält dafür, daß nur eine grammatische aber keine semantische Differenz vorliege.

Die in eine fiktive Zukunft verlegten Äußerungen von V.30-43 sind Bitten, w=x-yiqtol drückt hier den Modus des Bittens aus[512]. Im Verhältnis zum vorher geschilderten Sachverhalt liegt dem Zeitaspekt nach Gleichzeitigkeit vor, der Aktion nach jedoch Progreß[513]. Die Bitten werden im Tempel gesprochen. Da w=yiqtol syntaktisches Mittel zum Ausdruck des unsicheren Futurums ist[514], könnte es hier als subtile Möglichkeit benutzt worden sein, um einen theologischen Vorbehalt zu sichern, der andeutet, daß der Ort des Gebetes keine Automatik in Hinblick auf die Erhörung des Gebetes anzeigt. Dieser Vorbehalt dürfte der Vorbereitung der behauptenden Äußerungen von V.44 und V.48 dienen, die das Hören/Erhören der Gebete verbürgen, unabhängig vom Standort des Beters. Die grammatische Form w=qatal hat hier die Funktion, das sichere Eintreten des Hörens anzuzeigen. Zeitlich besteht Gleichzeitigkeit zwischen dem Beten (V.43b.48b והתפללו) und dem Hören JHWHs[515]. Der Aktionsart nach weist die Form ושמעת auf die Abgeschlossenheit des Vorgangs hin, die Handlung wird in der Zukunft gewiß eingetreten sein. ושמעת ist mit "Du wirst hören" und ואתה תשמע mit "Du mögest hören" wiederzugeben. Die Aussagen von V.44f bilden den Hintergrund für die Aussagen von V.46-50. V.46-50 predigen die Umkehr des Volkes als einzigen Weg aus der Gefangenschaft.

Die Gewißheit, daß JHWH sein Volk auch im Ausland hören und erhören wird, sofern es sich ihm von ganzem Herzen zuwendet, wird dreifach argumentativ gesichert: Das Volk ist JHWHs Erbbesitz, er hat es mitten aus Ägypten herausgeholt (V.51)[516], JHWHs Aufmerksamkeit ist ihm da-

---

512 Vgl. Joüon § 113m. Folgerichtig steht auch in V.26b, der einzigen Aussage, in der Salomo JHWH auf die Erfüllung einer persönlichen Bitte anspricht, יאמן.

513 Vgl. Joüon § 118c; W. Groß, *Verbform* und Funktion. Wayyiqtol für die Gegenwart, ATS 1, St. Ottilien 1976, 33.163f.

514 Vgl. Groß, *Verbform*, 29.

515 Ob hier von Koinzidenz der Sachverhalte gesprochen werden kann, scheint mir angesichts der Diskussion unter den Experten nicht entscheidbar, vgl. Groß, *Verbfunktionen*, 31f.

516 Die Phrase הוצאת ממצרים מתוך כור הברזל findet sich mit geringfügigen Variationen nur noch in Dtn 4,20 und Jer 11,4. Bevor irgendwelche Abhängigkeitsrichtungen zwischen diesen drei Texten vermutet werden, sollten zwei Dinge berücksichtigt werden: die Variationen und der Bildinhalt. Die Variationen könnten Indiz dafür sein, daß כור הברזל eine geläufige Metapher für Ägypten im 7. und 6. Jh war. Dem Bild entspricht ein Sachverhalt, der geradezu zu diesem Bild drängt: die klimatischen Verhältnisse im Niltal. Die Tagestemperaturen im Niltal liegen beträchtlich über jenen des judäischen Berglandes. Als tertium comparationis gilt allgemein die hohe Temperatur, die zum Schmelzen des Eisens erforderlich ist, vgl. die diesbezügliche Darstellung der Literatur bei D.Vieweger "... und führte euch aus dem Eisenschmelzofen, aus Ägypten,..." in: P. Mommer/ W. H.Schmidt/ H. Strauß (eds.), Gottes Recht als Lebensraum. FS H.J.Boecker. Neukirchen-Vluyn 1993, 265-276, ebenda 271f. Die Verwendung des Bildes vom Eisenschmelzofen für Ägypten ist so aussagekräftig für die Verfasser unserer drei Texte wie z.B. für eine deutschsprachige Leserschaft die Wendung "das Land, wo die Zitronen blühen". Nicht alle, die diese Wendung zitieren, haben sie von Goethe gelernt. Manche dürften aufgrund eigener Anschauung sie 'erfunden' haben.

her sicher (V.52). V.52a greift auf V.29a zurück, bezieht aber die entlehn-
te Phrase (...אל פתוחת עיניך להיות), dem erreichten Stand der 'Diskussion' angemessen, nicht mehr auf den Tempel, sondern auf das Gebet von
König und Israel[517]. Die Argumentation über den Ort des Gebetes hat
hier ihr Ziel erreicht[518]. Der Aufhebung der Bindung der Volksklage an
den Tempel entspricht die Versicherung, daß diese Klage- und Bittgebete
keinerlei äußeren Beschränkungen unterliegen (V.52b). Für JHWH begründet die personal vermittelte Beziehung sein Verhältnis zu Israel, denn
(so fährt unser Verfasser fort), JHWH hat es aus allen Völkern zu seinem
Erbbesitz[519] ausgesondert (V.53a); eine Behauptung, die sofort durch den
ausdrücklichen Verweis auf ein via Mose noch während des Exodus
übermitteltes JHWH-Wort untermauert wird (V.53b)[520]. Die Aussagen
von V.52 beziehen sich auf jene von V.29f zurück und bilden einen interpretierenden Rahmen für die Bittanlässe von V.31-39a.44-50. Ihre literarische Funktion kann aber nicht als Beweis für die Sekundarität der V.52f
gelten[521], sondern ist Merkmal einer durchreflektierten Komposition[522].
Die Phrasen sichern die Hauptintention des Gebetes: JHWH wird jedes
an ihn gerichtete Gebet eines Israeliten hören, unabhängig von der Person
des Beters und seinem Aufenthaltsort.

Die in den V.29-39a konsequent eingehaltene Unterscheidung zwischen
dem Ort des Gebetes (Tempel) und dem Ort der Erhörung des Gebetes
(Himmel) ist Voraussetzung dafür, daß in V.44-50 der Vorgang der Erhörung ganz selbstverständlich von allen äußeren Räumlichkeiten gelöst erscheint. Der Nachdruck, mit dem die Möglichkeit der Umkehr zu JHWH
in auswegloser Situation vorgetragen wird (V.47f), im unlöslichen Zusammenhang mit den mehrfach auf Exodus (V.52b.53b), Landgabe
(V.48bα) und Erwählung Israels (V.51a.52.53a) hinweisenden Aussagen,
das alles läßt V.44-53 zur theologischen Hauptaussage und V.51-53 zum

---

[517] תחנת עבדך ואל תחנת עמך ישראל ist eine Aufnahme der Phrase aus V.30aα.
Die geringfügige Abwandlung, V.52aß hat zusätzlich ואל תחנת, betont die Gleichrangigkeit der Gebete von König und Volk. Die Differenz der Phrasen entspricht der jeweils
unmittelbar vorauslaufenden Argumentationskette.

[518] Vgl. dazu oben 298f.

[519] נחלה taucht als ein die JHWH-Israel Beziehung charakterisierendes Stichwort bereits in V.51a auf. Das Argument aus V.51a wird hier fortgeführt. In V.36bß beschreibt es
das besondere Verhältnis der drei 'Größen' 'Land- JHWH-Israel' und kennzeichnet Israels
Beziehung zum Land. Die differenzierte Verwendung des Begriffes נחלה ist dem jeweils
erläuterten Sachverhalt angemessen.

[520] Vgl. Lev 20,24.26; Dtn 7,6f; 32,9.

[521] So u.a. Noth, *Könige*, 189; Würthwein, *Könige I*, 95; G. Braulik, *Spuren* einer Neubearbeitung des deuteronomistischen Geschichtswerkes in 1.Kön 8,52-53.59-60, Bib 52.
1971. 20-33, insbes. 24f. Die sowohl von Noth wie von Braulik erhobene Behauptung, daß
der Passus V.52f keinen Anschluß an den vorhergehenden Text aufweise, scheint mir nicht
nachvollziehbar angesichts der systematischen Entfaltung der Aussagen von V.47-53, der
Verknüpfung der Argumente untereinander und des logischen wie theologischen Höhe-
punktes in V.53.

[522] DeVries (*1 Kings*, 126) spricht zutreffend von "a pointed summation of deuteronomic theology".

rhetorischen Höhepunkt des salomonischen Tempelweihgebetes werden[523]. Der Wechsel zur inklusiven Rede in V.53b (אבתינו)[524] und die bekenntnishafte Anrufung JHWHs in den letzten beiden Worten des Gebetes (אדני יהוה)[525] belegen, daß das Tempelweihgebet als Aufruf Israels und Anruf JHWHs konzipiert worden ist. V.51-53 erinnern das Volk an sicher verbürgtes früheres Heilshandeln JHWHs[526] und lassen für die Adressaten dieses Textes ein neues analoges Heilshandeln JHWHs aufscheinen[527].

Salomos Weihgebet ist mit einer JHWH preisenden Rede eingeleitet worden, ihm folgt, nach einer literarischen und sinnbildlichen Übergangspassage in V.54f (Salomo wendet sich dem Volk zu)[528], der zweite Lobpreis JHWHs in V.56ff. Dieser wird deutlich von der theologischen Spitzenaussage in V.53 abgesetzt, ein literarisches Mittel, das dazu dient, den Höhepunkt von V.53 zu erhalten. Salomo preist JHWH nunmehr[529], weil JHWH seinem Volk Ruhe gegeben und das hat eintreffen lassen, was er durch Mose angekündigt hatte. Während die einleitende Lobpreisung

---

523 Die von H.-P. Mathys geprägte Wendung "Kompendium alttestamentlicher Glaubensinhalte" (Dichter, 68) paßt am besten auf diesen Abschnitt des Tempelweihgebetes.

524 Wiederaufnahme von אבתינו aus V.21.40. Das Stichwort fällt noch einmal in V.58. Es betont, ebenso wie die Adressierung JHWHs als אלהינו in V.57.59.61, den Hörer-/Leser-Bezug.

525 Das Gebet beginnt in V.15 mit den Worten ברוך יהוה אלהי ישראל und schließt mit dem Anruf אדני יהוה (V.53b), JHWH ist Anfang und Ziel des Gebetes. Ließe man das dtr Tempelweihgebet in V.43 enden, wie es nicht wenige Ausleger vorschlagen, würde das Gebet mit בית הזה אשר בניתי enden und Salomo bliebe im Mittelpunkt der Aufmerksamkeit. Die Fürbitten Moses (Ex 32,11-14; Num 14,13-19) und Josuas (Jos 7,7-9) enden auch nicht mit einem letzten Wort über den jeweiligen Beter.

526 V.51bα greift dabei auf den Beginn des Gebetes in V.16 zurück; V.53 auf V.21b.

527 Vgl. Jones, *Kings I*, 205. Die Rede von einem zweiten Exodus scheint in der frühexilischen Zeit bei Ezechiel auf (Ez 20,32ff). Zimmerli findet ihre volle Entfaltung dann in der Verkündigung Deuterojesajas. Vgl. ders., Der "neue Exodus" in der Verkündigung der beiden großen Exilspropheten (1960), in: Gottes Offenbarung, TB 19, München 1963, 192-204 und ders., *Ezechiel*, 453ff.

528 V.54b gilt einigen Auslegern (vgl. u.a. Noth, *Könige*, 173; Würthwein, *Könige I*, 100) wegen der vermeintlichen Unstimmigkeit zu V.22 und des syntaktischen Anschlusses mit קם als sekundär. LXX hatte allerdings in der Vorlage noch ויקם gelesen, so daß ein Abschreibfehler nicht ausgeschlossen werden kann im MT. Über Stellungsänderungen Salomos während des Gebetes ist nichts mitgeteilt worden, die Komposition des Gebetes läßt eine die Aussagen unterbrechende Äußerung auch nicht zu. Die Frage ist, ob der Verfasser eine derartige Mitteilung für so notwendig gehalten hätte, wie der moderne Leser. Zumindest V.54bβ hat einen Anhalt an V.22b. Als das Gebet begleitende Geste ist das Knien im Alten Orient üblich gewesen, vgl. H. Brunner, *Gebet*, LÄ II. 1977. Sp.452-459 , insbes. Sp.453; A. Falkenstein/ W. von Soden/ M. Falkner, *Gebet*, 161. Grenzt man V.54b als sekundär aus, dann gehört das erste Wort von V.55a ויעמד noch zu der Erweiterung, vgl. Benzinger, *Könige*, 63. Im übrigen haben die V.54f in ihrem Kontext dieselbe literarische Funktion wie V.22 in dem betreffenden Text.

529 V.56a nimmt den Anfang von V.15a auf, läßt aber das Epithet 'Gott Israels' weg, da die Rolle JHWHs als Gott Israels in V.56a durch den folgenden Relativsatz hervorgehoben wird.

JHWHs ihren Grund in dessen partikularen Heilshandeln an David fand
(V.16), rekurrieren die Aussagen von V.56 auf den allgemeinen Heilsplan,
der JHWHs Handeln an Israel zugrunde liegt. Ziel dieses Heilsplanes ist
מנוחה für Israel. Der durch Mose verkündete Heilsplan hat seine Erfüllung im Tempelbau gefunden[530], der Tempel ist Symbol[531] des Zur-Ruhe-
Kommens Israels, nicht nur vor seinen Feinden, sondern gleichfalls in der
Beziehung zu JHWH, sozusagen Siegel einer längst bestehenden Beziehung[532].

Alle Worte JHWHs sind Wirklichkeit geworden, keines davon ist auf
dem Wege JHWHs mit Israel 'dahingefallen'. Die Verknüpfung dieser
beiden Motive von der Ruhe[533] und dem Nicht-Dahinfallen des JHWH-
Wortes, in dem die Ruhe zum Zeichen der Erfüllung des JHWH-Wortes
wird, findet sich so nur noch in Jos 21,43-45. Beide Motive für sich bezeichnen die jeweiligen Eckpunkte der Argumentation in Jos 23,1 und
23,14. In Dtn 3,20; 12,9ff; 25,19; Jos 1,13.15; 21,43ff; 22,4 wird immer die
Landgabe gleichgesetzt mit dem "Zur-Ruhe-Kommen" der Stämme[534].
Dtn 12,10; 25,19 und Jos 21,44 erwähnen die Feinde Israels, vor denen
JHWH ihnen im Zuge der Landnahme Ruhe verschafft. Nur in Jos 23,1
taucht das Motiv 'Ruhe vor den Feinden' auf, ohne einen ausdrücklichen
Hinweis auf Landgabe/Landnahme. Das Motiv dient hier der Kennzeichnung einer langen Friedensperiode nach der Landnahme. Die Aussage
von Jos 23,1 signalisiert die Erfüllung des Mosewortes von Dtn 12,10b. In
2.Sam 7,1.11 und 1.Kön 5,18f wird das Motiv 'Ruhe vor den Feinden' wie
in Jos 23,1 als Illustration einer Friedenszeit gebraucht, es kann an diesen
Stellen gleichfalls als Erfüllung von Dtn 12,10b gelten. 1.Kön 8,56 mit seinem Verständnis des Tempels als Ausdruck der Ruhe, das seine Basis
ebenfalls in Dtn 12,9-11 hat, bildet den logischen Endpunkt dieser Aussa-
genreihe. Die 'Ruhe vor den Feinden' definiert den Friedenszustand ne-

---

530 Vgl. Dtn 12,9-11.

531 Roth (Rest, 13f) ist der Ansicht, da in 1.Kön 8,56-62 nicht explizit auf den Tempel
hingewiesen werde, sei hier מנוחה ein von allen Äußerlichkeiten abstrahierender Begriff
und umschreibe allein die Gewißheit Israels, daß JHWH ihm überall gegenwärtig sei. Diese theologische Position wird zwar innerhalb des Tempelweihgebetes vertreten, doch findet
sie ihren Ausdruck eher in der durchgängigen Lokalisierung JHWHs im Himmel und thematisch in den Ausführungen der V.44-50 als durch das Stichwort מנוחה von V.56. Roth
berücksichtigt die Kontextbindung der Aussagen von V.56-62 nicht. Die Situation ist so
eindeutig auf den Tempel und seine Einweihung bezogen, daß eine explizite Erwähnung
des Tempels nicht nur überflüssig wäre, sondern auch keinen eigenen Platz innerhalb des
literarischen Gewebes fände, ohne es zu zerstören.

532 Vgl. von Rad, Ruhe, 107.

533 Zur Ruheformel vgl. Roth, Rest, 6.

534 G. Braulik (Zur deuteronomistischen Konzeption von Freiheit und Frieden, in:
Congress Volume Salamanca 1983, VT.S 36. 1985. 29-39, insbes. 31.35f) meint, zwei Phasen
unterscheiden zu können, das "Zur-Ruhe-Kommen" als die erste Phase und die Voraussetzung für die zweite Phase der Landgabe/Niederlassung. Seine Differenzierung beruht m.E.
auf einem Mißverständnis der w=qatal-Formen in den betreffenden Aussagen, die nicht,
wie er supponiert, Progreß ausdrücken (vgl. Groß, Verbform, 163).

gativ als Abwesenheit von Krieg. Der Tempel dagegen bestimmt den Friedenszustand positiv. Da nur in Dtn 12,9-11 alle drei Aspekte des Ruhemotives vorliegen (Ruhe = Landgabe/Landnahme; Ruhe = Abwesenheit von Krieg; Ruhe = zentrale Opferstätte/kultische Konsolidation), wird man mit Braulik[535] ein theologisches Aussagensystem in all diesen Aussagen zu sehen haben, dem Dtn 12,9-11 als Ausgangsthese zugrunde liegt.

Die einzelnen Erscheinungsweisen von Ruhe stehen in dem von Dtn 12,9-11 vorgegebenen zeitlichen und logischen Verhältnis zueinander[536]. Landgabe/Landnahme ist die von JHWH geschenkte Ruhe. Aus der Tatsache, daß JHWH Geber des Landes ist, folgt, daß er für sein Volk diese Gabe sichern wird, d.h. ihm im Land vor den Feinden Ruhe verschafft. Sobald dieser Zustand garantiert ist, wird Israel seinerseits dieser Ruhe Ausdruck verleihen, indem es die von Dtn 12,11 gebotene kultische Konsolidation verwirklicht und den Tempel baut. Daher ist es logisch, wenn Dtr an dieser Stelle seiner Tempeleinweihungsliturgie JHWH um seinen künftigen Beistand anrufen und insbesondere bitten läßt, Israel nicht zu verlassen und aufzugeben (V.57). Die Verwirklichung des יהי יהוה אלהינו עמנו ist die Antwort JHWHs auf Israels Tempelbau und die einzige Gewähr dafür, daß die מנוחה andauert. Als Ziel des Beistandes JHWHs wird die Ausrichtung des Herzens[537] auf JHWH hin genannt, auf daß Israel in der Lage sei, JHWHs Tora zu erfüllen (V.58). Dem schließt sich die Mahnung an die Hörer an[538], das Herz ungeteilt bei JHWH zu lassen, damit sie gemäß seinen Bestimmungen und Geboten so wie heute in der Zukunft leben.

Die Aussagen von V.57f und V.61 über Israels Beziehung zu JHWH verhalten sich wie Indikativ und Imperativ zueinander. Nur weil JHWH

---

535 Braulik, *Freiheit*, 36ff. Terminologie und Vorstellung unterstreichen die Abhängigkeit von 1.Kön 8,56 von Dtn 12,9-11. Aus dieser Perspektive ist auch die Beziehung von Jos 21,43-45 zu sehen.

536 Aus dem Umstand, daß mit Ausnahme von Dtn 12,9-11 immer nur ein oder zwei Aspekte realisiert werden, kann nicht auf zwei Aussagesysteme geschlossen werden, wie Braulik erwägt (*Freiheit*, 36ff). Seine Überlegungen ruhen zum einen auf dem nicht angemessenen Verständnis der Verbformen, und dazu versäumt er, Dtn 12,11 in seine Interpretation einzubeziehen; innerhalb des Abschnittes von Dtn 12,8-14 bilden die V.9-11 einen Argumentationszusammenhang. Die Nichtberücksichtigung von V.11 führt zu einem verkürzten Verständnis der Aussage.

537 Die Wendung לבב (hiph.) נטה findet sich für profane Sachverhalte in 2.Sam 19,15; Ps 141,4; Prov 2,2. Auf JHWH ist sie 1.Kön 8,58 und Jos 24,23.Jos 24,23 ergeht im Imperativ an Israel. Die im Zusammenhang mit 1.Kön 8,57f bemerkenswertesten Stellen sind die Nennungen in 1.Kön 11,2.3.4, wo Salomos Abfall zu anderen Göttern so bezeichnet wird.

538 V.59f sind ein Einschub (vgl. u.a. Noth, *Könige*, 190; Würthwein, *Könige I*, 96; Braulik, *Spuren*, 25f), der den Zusammenhang von V.58 und V.61 zerreißt. Der Zusatz läßt Salomo über die Differenz zwischen der Äußerung der Worte Salomos und ihre Aufnahme beim Adressaten reflektieren. Die als Bitte stilisierte Reflexion wird motiviert durch den Hinweis auf die wünschenswerte Gotteserkenntnis der Einzigartigkeit JHWHs als Gott durch die Völker. Diese Aussagen setzen die Tendenz jener von V.39b-43 fort und überhöhen sie durch das monotheistische Bekenntnis.

Israel in eine Beziehung zu sich setzt, kann der gleichlautende Appell an Israel folgen, ungeteilten Herzens bei JHWH zu bleiben. Ausrichtung zu JHWH und Verpflichtung dazu sind zwei Aspekte eines Geschehens. Das die Schlußrede formelhaft abschließende כיום הזה[539] hebt den Tag der Tempelweihe als einen Moment idealer Übereinstimmung zwischen JHWH und Israel aus der Geschichte Israels heraus[540]. Die fälligen Opfer werden daraufhin von Salomo und ganz Israel dargebracht (V.62)[541]; die Einweihung des Tempels wird von beiden vollzogen (V.63b.65aα)[542]. Israel wird ausdrücklich als gleichrangiger Partner Salomos[543] bei der Einweihungszeremonie dargestellt, ein Umstand, der diese nochmals[544] als Staatsakt ausweist und Verfügungsrechte des Königs am Tempel durch jene des Volkes begrenzt. Nach gemeinsamer Begehung des siebentägigen Festes (V.65a*)[545] wird das Volk am 8. Tage nach Hause entlassen, preist Salomo (V.66a)[546] und tritt den Heimweg an, frohgemut[547] ob all des Gu-

---

[539] כיום הזה (V.24.61) bzw. היום (V.28) gehören zu den strukturierenden Elementen, die den Gegenwartsbezug betonen. Auf der Zeitebene liegt eine Inklusion vor zwischen dem מן היום von V.16aα und dem כיום הזה von V.61b.

[540] Das כיום הזה ist ein paränetisches Element typisch dtn/dtr Sprache (vgl. E. Jenni, Art.: יום jōm Tag, ThAT I, Sp.707-726, insbes. Sp.714). Die Wendung findet sich gleichfalls in Dtn 5,29 und 6,24, wo der Gehorsam Israels in der Beziehung zu JHWH als vollkommen konstatiert wird, bzw. impliziert ist. Eine ähnlich ungetrübte Beziehung wie in 1.Kön 8,61 kennt nur noch Jos 23,8.

[541] Long (I Kings, 106) weist auf die Parallelität der Opfergänge von V.5 und V.62 hin, Indiz einer reflektierenden Konstruktion.

[542] V.63a.64 sind Zusätze (Vgl. Noth, Könige, 191; Rendtorff, Studien, 52.151). Die Aussagen über den ungeheuren Umfang der Opfer belegen Salomos Großzügigkeit und dienen seinem Ruhme. Es gibt aber keinen Grund, Dtr jegliche Erwähnung von Opfern abzusprechen und V.62-66 insgesamt für eine midraschartige Ausmalung zu halten, wie Hölscher vorschlägt (Könige, 170) und ihm folgend Würthwein (Könige I, 101). Neuassyrische Weihinschriften berichten mehr oder minder ausführlich von den Opfern und Festlichkeiten anläßlich der Einweihung von Tempeln und Palästen, vgl. Hurowitz, House 273-277.

[543] Vgl. die Aussagen von V.52a.

[544] Vgl. 8,1.3.5

[545] V.65aßb ist ein Zusatz, vgl. die angegebenen Kommentare zur Stelle. Die Verdoppelung der Festzeit von sieben auf vierzehn Tage dürfte auf die Ergänzung eines nachdenklichen Abschreibers zurückgehen, der Tempelweihfest und Laubhüttenfest nicht miteinander identifizierte, sondern sie als im Anschluß gefeierte begriff. Der Text von 1.Kön 8,2 läßt die genaue Datierung des Tempelweihfestes offen und damit auch die Frage, ob dieses Fest und das Laubhüttenfest zusammenfielen. Dieser Annahme, die sich in der Forschung weitgehender Zustimmung erfreut, steht die Datierung des Einweihungsfestes Jerobeams I. auf den 15.8. entgegen (1.Kön 12,31-33). Dessen Einweihungsfest wird ausdrücklich inhaltlich dem Tempelweihfest Salomos gleichgesetzt. Da kaum wahrscheinlich ist, daß Jerobeam I. das saisonal gebundene Laubhüttenfest um einen Monat verlegt hat, bleiben Zweifel an dem zeitlichen Zusammentreffen von Laubhüttenfest und Tempelweihfest.

[546] Die Aussage ויברכו את המלך (V.66aß) ist eine Entsprechung zu ויברך את כל קהל ישראל (V.14). Sie signalisiert die Verschiebung der Positionen und hebt die Gleichrangigkeit hervor.

[547] Vgl. 1.Kön 4,20.

ten, das JHWH David, seinem Knecht, und Israel, seinem Volk getan hat
(V.66b).

Es ist mehr als ein literarisches Stilmittel[548], wenn hier David und Israel
und nicht Salomo und Israel nebeneinander genannt werden. Die Schlußaussage des Berichtes versetzt Salomo wieder auf den ihm nach Dtr gebührenden Platz in der Geschichte JHWHs mit Israel, den des Nachfolgers Davids. Aus dtr Sicht ließ JHWH Salomo den Tempel um Davids
willen bauen, um das David gegebene Wort zu halten. Nicht einmal in der
Stunde der Tempelweihe als exemplarischer Beter[549] erreicht Salomo die
David durch den Titel עבדו zuerkannte Nähe zu JHWH, noch erscheint
er (im Hinblick auf die Dynastieverheißung) als selbständige Persönlichkeit neben David[550]. So wahrt Dtr die Rangdifferenz zwischen seinem
Idealkönig David und dessen Nachfolger Salomo, der durch 1.Kön 8,66 auf
die Rolle eines Erfüllungsgehilfen in dieser Sache beschränkt wird[551].
Dem Nachfolger Moses, Josua, wird immerhin noch rückblickend der Eh-
rentitel עבד יהוה zuteil (Jos 24,29), Salomo erhält diese Auszeichnung
sozusagen vorausschauend nicht. Die Antwort JHWHs auf Salomos ex-
emplarischen Auftritt und Gebet folgt zwar literarisch auf dem Fuße, hi-
storisch-fiktiv aber läßt Dtr auf sie warten.

DIE ANTWORT JHWHS

Der Anschein weitgehender Uneinigkeit breitet sich in der Forschung
über die Fragen von Einheit und Zusammensetzung des Abschnittes
1.Kön 9,1-9 aus. Die Positionen reichen von der überwiegend in der älteren Forschung vertretenen Annahme, der Text sei einheitlich und dtr[552],
über die Behauptung, Dtr habe eine ältere vorexilische Tradition übernommen, die erkennbar bzw. sogar rekonstruierbar sei und diese redi-

---

548 Es liegt ein Rückbezug auf die Aussage von der Erwählung Davids (V.16b) und die
an diese sich anschließende Dynastieverheißung vor.

549 Reventlow (Gebet, 274f) weist auf die seelsorgerlichen Motive hin, die zur Gestaltung dieser Figur beitrugen.

550 2.Chr 7,11 nivelliert die für Dtr so wichtige Differenz zwischen David und Salomo in
diesem Punkte, stellt beide in eine Reihe mit Israel, läßt dafür aber die zwischen beiden
differenzierenden Appositionen fallen.

551 Die Chronikauslegung des Verhältnisses zwischen David und Salomo, die bekanntlich die gesamte Planung und Vorbereitung an David delegiert (1.Chr 28,11-29,19), steht
der dtr Position in dieser Sache nicht so fern, wie die Differenzen in der Schilderung der
Äußerlichkeiten denken lassen.

552 Vgl. u.a. Wellhausen, Composition, 268; C. H. Cornill, Einleitung in die kanonischen
Bücher des Alten Testament, Tübingen 1913[7], 120; Montgomery/Gehman, Kings, 203f;
Noth, Könige, 195ff; in der neueren Forschung unter Vorbehalt vertreten von Long (I
Kings, 108ff) und Rehm, (Könige I, 101); Dietrich (Prophetie, 72 Anm.35) und Jones (Kings
I, 209) sprechen von DtrN.

giert[553], bis zu der These, der Text sei zwar im Ganzen dtr, gehöre aber einer jüngeren dtr Redaktion an und enthalte noch spätdtr Zusätze[554]. Im Rahmen der hier verfolgten Thematik, Rekonstruktion des dtr Salomobildes, kann die Frage nach der denkbaren vordtr Tradition auf sich beruhen bleiben, da die Verwendung traditionaler Topoi und geprägter Redewendungen im allgemeinen und die Aufnahme der Davidsverheißungen im besonderen unstrittig sind[555].

Relevant ist hingegen die Beantwortung der Frage, ob ein oder mehrere Deuteronomisten an der Komposition beteiligt waren, und ob mit nachdtr Zusätzen zu rechnen ist. Dreh- und Angelpunkt der Interpretation von 1.Kön 9,1-9 ist für alle das literarkritische Urteil über das Verhältnis von V.1-5 und V.6-9 zueinander. Eine dem Textduktus folgende Exegese dürfte zu einer angemesseneren Entscheidung dieses Problems führen als eine Klärung vorab, die wahrscheinlich durch den konfrontierenden Vergleich von V.5 und V.6 bedingt, die Differenzen zwischen V.1-5 und V.6-9 höher bewertet als die Einordnung der beiden Abschnitte in eine Gesamtkomposition.

1.Kön 9,1-9 enthält eine Einführung (V.1-2) und eine mehrteilige Gottesrede (V.3-9). Die einzelnen Abschnitte der Gottesrede behandeln nacheinander das gegenwärtige Verhältnis zwischen Salomo/Israel und JHWH (V.3), die künftige Beziehung zwischen JHWH und davidischer Dynastie, repräsentiert in Salomo (V.4-5), sowie zwischen JHWH und ganz Israel (V.6-7). Den Abschluß bildet das Schicksal des Tempels für den Fall, daß der menschliche Partner in dieser Beziehung versagt (V.8-9).

Der erste Teil der Einführung (V.1a), eine Wiederaufnahme der Aussagen von 1.Kön 3,1bß[556], verlegt die folgende Gottesrede in die Zeit nach Beendigung von Tempel- und Palastbauten, d.h. der Verfasser geht von einem zeitlich bestimmbaren Punkt aus. Dagegen datiert die Bemerkung von V.1b die Gottesrede in eine nicht näher bestimmbare Spätzeit Salomos, als er alle seine Bauten beendet hatte. Dtr setzt die an 9,1-9 anschließende Begebenheit vom Verkauf galiläischer Ortschaften an Hiram von Tyrus, dies in Wiederaufnahme der Angabe von V.1a, in die Zeit der Vollendung beider Häuser an (V.10). Hinzu kommt, daß V.1b, ein Auszug aus 1.Kön 9,19b[557], die von Dtr eingeführte theologisch-chronologische

---

[553] So Benzinger, *Könige*, 63; Šanda, *Könige I*, 248ff.271; Gray, *I & II Kings*, 236; Görg, *Gott-König*, 120ff.

[554] So u.a. Hölscher, *Könige*, 170; Würthwein, *Könige I*, 104f; Hentschel, *1. Könige*, 65. Hierher gehört ebenfalls die von Nelson (*Redaction*, 73-76) vertretene Position, daß 9,1-5 zu dem vorexilischen Dtr[1] gehöre, 9,6-9 zu dem exilischen Dtr[2], wie jene von DeVries (1 *Kings*, 127), der 9,1-5 und 9,6-9 für nachdtr hält.

[555] Eine exegetisch-chirurgische Operation, wie sie Görg (*Gott-König*, 120ff) vorführt, die sich am Beispiel ägyptischer Gott-König-Reden orientiert, kann die Verwandtschaft gewisser Topoi aufzeigen, bewegt sich wegen der hierfür erforderlichen scharfsinnigen Spekulation aber im Bereich des Unbweisbaren. Vgl. dazu Jones, *Kings I*, 209f.

[556] Vgl. ebenfalls 1.Kön 7,1.

[557] Vgl. Benzinger, *Könige*, 65; Šanda, *Könige I*, 248.

Systematisierung der Salomozeit verunklart. Die Aussage von V.1b ist demnach eine spätere Notiz, die im wesentlichen der Vorbereitung von V.19b dient. Dtr läßt JHWHs Rede, die auf Salomos Tempelweihgebet antwortet, aus theologischen Gründen erst in einigem zeitlichen Abstand zur Einweihung folgen. Die verwendeten Indizien (Vollendung des Palastes und Abtretung galiläischer Ortschaften im 24. Regierungsjahre)[558] erlauben ihm, JHWH etwa in der Mitte der Regierungszeit Salomos erscheinen zu lassen.

Dtr läßt auf diese Weise Leserin/Hörer implizit an eine längere ungetrübte Beziehung zwischen JHWH und Salomo denken und erreicht, daß JHWHs Warnung Salomo rechtzeitig erreicht, bevor dieser auf bedenkliche Abwege geraten kann. Daß diese nicht mehr fern sind, deutet die auffällig plazierte Bemerkung von der Übersiedlung der Pharaonentochter in ihren eigenen Palast an (V.24), die einen inhaltlichen Kontrast bildet zu der gerade vorher berichteten Versklavung der nicht-israelitischen autochthonen Bevölkerung (V.20-23). Die Datierung in V.1a ist weder unerheblich[559] noch literarisch störend und inhaltlich überflüssig[560], sondern theologisch wohlbegründet und betont JHWHs Providenz.

V.2 klassifiziert die Erscheinung nach dem Vorbild von 1.Kön 3,4ff als Traumtheophanie. Abgesehen davon, daß der Rückverweis auf 1.Kön. 3,4ff ein Mittel literarischer Ökonomie darstellt, zumal der Tempel in Jerusalem nun als Stätte der JHWH-Offenbarung an die Stelle der Kulthöhe von Gibeon tritt, weist die Charakterisierung darauf hin, daß wieder ein Wendepunkt in der Geschichte Salomos bevorsteht. Nach der Begegnung zu Gibeon war Salomo im Sinne JHWHs ein anderer geworden, jetzt weist ihn JHWH darauf hin, daß Salomo in Opposition zu JHWH ein anderer zu werden droht. JHWH versichert Salomo zunächst einer ungetrübten Gegenwart (V.3). Salomos Bitten hat er erhört[561], den Tempel geheiligt,

---

558 Da die Zeitangabe "am Ende von zwanzig Jahren" näher bestimmt wird als die Bauzeit von Tempel und Palast, der Tempelbau erst im 4. Regierungsjahre Salomos begonnen worden ist, ist mit dieser Datierung das 24. Regierungsjahr Salomos gemeint. Der Verfasser deutet hier nicht eine Halbierung der Regierungszeit Salomos an, Unterscheidung einer positiven und einer negativen Hälfte, wie Noth (*Könige*, 209) vermutet. Die Zeitangabe dient zwar der Markierung eines eindeutig positiv zu wertenden Zeitraumes, versucht jedoch die Zeit ungetrübter Harmonie zwischen Salomo und JHWH soweit wie möglich auszudehnen. Zieht man die drei Anfangsjahre ab, stellt eine entsprechende Zeit für kultische Altersdekadenz in Rechnung und berücksichtigt, daß Dtr eine ambivalente Übergangsperiode in der Beziehung JHWH-Salomo unterstellt, dann verbirgt sich hinter dieser Zeitangabe von 1.Kön 9,10 die Vorstellung, daß Salomo den größten Teil seiner Amtszeit in Übereinstimmung mit JHWH lebte.

559 So Noth, *Könige*, 196.

560 Würthwein, *Könige I*, 104.

561 V.3aα nimmt zwar die entsprechenden Redewendungen der salomonischen Rede aus 1.Kön 8,28 auf, bezieht sich aber damit auf die Bitten insgesamt.

indem er seinen Namen darauf gelegt hat[562], und auch in Zukunft wird er dem Tempel seine besondere Aufmerksamkeit widmen[563].

Soweit hat JHWH von sich aus alle Voraussetzungen für eine gedeihliche Beziehung erfüllt, nun kommt er auf Salomos 'Gegenleistung' zu sprechen (V.4). Er ruft ihm längst Bekanntes und Anerkanntes ins Gedächtnis. ואתה - "was dich betrifft"[564] - der Tempel löst die alten Bedingungen nicht ab. Die zunächst von David (1.Kön 2,4), dann von JHWH Salomo ins Stammbuch geschriebene Bedingung, absoluter Gehorsam JHWH und seinen Geboten gegenüber (1.Kön 3,14; 6,12), die von Salomo öffentlich akzeptiert worden war (1.Kön 8,25), gilt nach wie vor. Wird Salomos Lebensführung sich an derjenigen Davids ausrichten, diesen Maßstab hatte Salomo als erster in die Debatte eingebracht (1.Kön 3,6), so daß er alles, was JHWH ihm gebietet[565], verwirklicht, insbesondere dessen Bestimmungen und Rechtssatzungen erfüllt (V.4), dann wird JHWH seinerseits die Herrschaft der davidischen Dynastie über Israel auf unabsehbare Zeit[566] aufrichten (V.5)[567]. Die Mahnung von 1.Kön 9,4f gilt ähnlich wie

---

[562] V.3aß konstatiert die Erfüllung von 1.Kön 8,29aδ → 8.19bß → 8,18aγ → 1.Sam 7,13.

[563] V.3 spielt terminologisch und inhaltlich auf 8,29aα an, verstärkt aber die Aussage durch den Hinweis, daß JHWHs Herz neben seinen Augen auf den Tempel gerichtet sein wird.

[564] Vgl. ebenfalls die Übersetzung von Noth, *Könige*, 194.

[565] Vgl. hierzu Jos 1,7aα.8aß. In der JHWH-Rede an Josua ist die Tora der Maßstab, in 1.Kön 9,4 das JHWH-Wort und seine 'Inkarnation' im Vorbild David. Die Gehorsamsbeziehung ist hier konkreter vorgestellt als bei Josua.

[566] Der Ausdruck כסא ממלכתך על ישראל ist mehrdeutig. Er kann sowohl auf ganz Israel (Juda inklusive, vgl. Dtn 17,20), nur auf das spätere Nordreich oder nur auf das spätere Südreich bezogen werden, je nachdem aus welcher zeitlichen Perspektive und in welchem literarischen Kontext die Aussage betrachtet wird. Noth (*Könige*, 198) hält die Aussage für "sachgemäße Interpretation von 2.Sam 7". Israel möchte er als "jenes alte sakrale 'Israel'..., dessen Gott 'JHWH Zebaoth' war " verstehen (ders., *David*, 341). Zu bemerken ist, daß in jenen Aussagen von 2.Sam 7, die von einer "ewigen" Herrschaft der Davididen reden (2.Sam 7,12f.16), der Gegenstandsbereich der Herrschaft nicht genannt wird. In den Texten ist mit einer Differenz zu rechnen zwischen literarischer Wendung und historischem Sachverhalt. Die Ambiguität der Wendung dürfte vom Verfasser beabsichtigt worden sein. Nelson *(Redaction*, 104f) übersieht dieses, wenn er die konditionalisierte Herrschaftsverheißung allein auf Israel und die unkonditionalisierte Dynastieverheißung nur auf Juda beziehen möchte. Sein Versuch, den vermeintlichen Widerspruch zu lösen, dürfte im wesentlichen durch sein Interesse motiviert sein, eine vorexilische dtr Redaktion der Königsbücher im Anschluß an die Thesen von Cross (*Themes*) aufzuspüren. M.E. sollten die Fragen nach Tradition und Redaktion der Königsbücher und die Verfasserfrage des DtrG nicht ineins gesehen werden.

[567] H. Balzer (Die *Umwandlung* göttlicher und menschlicher Verhältnisse. Zur Semantik der Verbindung des pi. der Wurzel dbr mit der Präposition ʿl im Alten Testament, Diss.theol. Marburg 1987, 147ff) sieht in der Wendung כאשר דברתי על דוד אביך eine Grundsatzaussage über die Relation zwischen JHWH und David und schlägt vor דבר על mit 'erwählen' zu übersetzen (238). Die Aussage von 1.Kön 9,5 ist Rückverweis auf die entsprechende Aussage von 1.Kön 2,4. Der Relativsatz in 2,4 bezieht sich auf das unmittelbar voranstehende דברו, das in 2,4 im Anschluß zitiert wird, während in 9,5 das zitierte JHWH-Wort durch nachfolgenden Relativsatz erläutert, und genauso wie in 2,4 durch Be-

jene von 1.Kön 6,11ff dem Trugschluß, daß Salomo mit dem Bau des Tempels quasi über eine unerschöpfliche Garantie göttlichen Beistandes verfügen könne. So gottwohlgefällig wie sein Werk, von JHWH zugegeben, sein mag (V.3), ersetzt es doch nicht den JHWH geschuldeten Gehorsam in der Lebensführung. Die negativen Konsequenzen, die eine Verweigerung des Gehorsams durch Salomo nach sich zieht, bedürfen keiner besonderen Erwähnung, da sie zutage liegen: Es wird Salomo an einem Nachfolger in der Herrschaft über Israel fehlen.

Galt die JHWH-Rede von V.4 bis V.5 exklusiv Salomo, so wendet sie sich mit V.6 wieder Israel insgesamt zu. Der Wechsel in der Anrede der 2.Pers.Sing. zur 2.Pers.Pl. mag stilistisch hart anmuten, so daß sowohl die Erklärung Noths, der Verfasser habe in V.3-5 ein ihm vorliegendes Element der David-Überlieferung bewahrt und rede nun in V.6-9 in seiner eigenen Sprache[568], wie jener seit Benzinger[569] immer wieder aufgegriffene Vorschlag, daß in den V.6-9 ein auf das Exil bezogener Nachtrag vorliege, gleichermaßen Plausibilität beanspruchen können. Der Wechsel der Anrede ist indes ein bekanntes Phänomen dtn/dtr Paränese, an dem bisher alle Versuche, es schichtenspezifisch zu verstehen, gescheitert sind. Außerdem bewirkt der Wechsel der Anrede eine erhöhte Bereitschaft zur Aufmerksamkeit bei den Adressaten. Als einzige Grundlage für die Annahme eines Verfasserwechsels scheint die neue Anrede daher wenig geeignet, vor allem wenn sich zeigen läßt, daß das bisher erörterte Thema aus einer anderen, der bisherigen jedoch naheliegenden, Perspektive weitergeführt wird.

Die Aussagen von V.3 sind an Salomo als pars pro toto gerichtet, sie gelten Salomo und Israel, denn die Zusage JHWHs, daß er die von Salomo vorgetragene Bitte um Präsenz seines Namens im Tempel erfüllen wird, betrifft Israel insgesamt; sie ist nicht nur für Salomo bedeutsam. Die V.4-5 handeln allein von Salomo und seinen Söhnen, die V.6-7 wieder von Israel insgesamt, Salomo und Nachfolger inklusive. Die V.6-7 setzen die Aussagen von V.4 voraus[570]. Die V.8-9 beschreiben die alle Israeliten, den König eingeschlossen, betreffenden Folgen aus dem Ungehorsam am Beispiel des Tempels. Die Gottesrede beleuchtet von verschiedenen Standorten her die angesichts der Dignität des Tempels sich aufdrängende Frage: Verändert der Tempel die Struktur der Beziehungen zwischen JHWH-König-Israel? Die Antwort lautet in allen Fällen: Nein.

Der Tempel ist ein von JHWH durch seinen Namen vor anderen Gebäuden ausgezeichneter Raum, doch besteht aus JHWHs Perspektive seine Funktion allein darin, seine Aufmerksamkeit auf einen Punkt zu kon-

---

rufung auf den ersten Empfänger des Verheißungswortes gesichert wird. An diesen Stellen ist nicht von der Erwählung Davids die Rede, sondern vielmehr von seiner Funktion als Empfänger der Dynastiezusage. Die Übersetzung von Balzer wird der differenzierenden Argumentation nicht gerecht.

568 Noth, *Könige*, 196.

569 Benzinger, *Könige*, 65.

570 A. Klostermann (*Samuelis*, 326) hat darauf aufmerksam gemacht.

zentrieren und so dem Beter eine sinnliche Form von Vergewisserung der
Nähe JHWHs zu geben (V.3). Im Prinzip wird das Verhältnis zwischen
JHWH und Israel durch den Tempel nicht verändert. Der Tempel ist we-
der Basis der Beziehung JHWH-Israel, noch hat er in der Beziehung eine
selbständige Funktion. Die Aussagen von V.4-5 legen dieses gegenüber
Salomo dar, indem sie die nach wie vor gültige Grundlage zwischen
JHWH und den Davididen in den Mittelpunkt rücken, konkretisiert an
Stellung und Verhalten Salomos gegenüber JHWH. Erfüllung oder Nicht-
erfüllung der Bedingung der Dynastiezusage tangiert allein Salomo und
seine Nachkommen, Israel ist davon allenfalls peripher betroffen, da seine
Geschichte mit JHWH nicht von der Existenz der davidischen Dynastie
abhängig ist.

V.6 setzt die in V.4 Salomo präsentierte Bedingung voraus, unterstellt
sie als für Israel gleichermaßen verbindlich und geht explizit davon aus,
daß sie nicht eingehalten wird, obwohl sie Israel bekannt war[571]. Israel
macht sich nicht nur der Nichtbeachtung der Gebote schuldig, sondern
wendet sich aktiv der Verehrung anderer Götter zu[572]. Für diesen Fall
eindeutiger Apostasie Israels droht JHWH Israel Ausrottung[573] und Verwerfung des JHWHs Namen geheiligten Tempels an[574], so daß Israel zum
Gespött unter allen Völkern werden wird[575]. Einer bedingten partikularen
Verheißung folgt eine bedingte, allgemeine Drohung[576]. Das Denkschema
'bedingte Verheißung/bedingte Drohung' liegt in Lev 26 und Dtn 28 den
Ankündigungen von Segen und Fluch zugrunde. Gleichfalls wird der Sachverhalt in Jos 23,15f[577] dem Volk vom scheidenden Josua verdeutlicht. Die
Bedingungen sind in Jos 23,15f dieselben wie in 1.Kön 9,4-7 (ausschließliche JHWH-Verehrung), doch stellen die Androhungen von 1.Kön 9,4-7
gegenüber Jos 23,15f eine Konkretisierung dar. Im Hintergrund der
Überlegungen von 1.Kön 9,4-7 steht diese Argumentationsfigur; das erklärt, daß angesichts der unterschiedlichen Kreise von Betroffenen, Ver-

---

[571] Der Relativsatz אשר נתתי לפניכם (V.6aα)hat seine Entsprechung in Dtn 11,32b,
vgl. ebenfalls Dtn 4,8; 11,26; 30,11.15.19. Die Erläuterung verweist innerhalb des Dtn auf
die Entscheidung, vor die Israel gestellt ist, JHWHs Tora anzunehmen oder abzulehnen.
Diese Vorstellung ist älter als ihre literarische Darstellung in Dtn 29-30, vgl 2.Kön 11,17f.
1.Kön 9,6aα setzt nur diese Vorstellung voraus, nicht ihre Verschriftlichung in Dtn 29-30.

[572] Die kritische Schwelle liegt für Israel etwas höher als für die davidische Dynastie, da
letzterer bereits das Aus bei mangelndem Toragehorsam droht.

[573] Hier liegt ein Spiel mit der Wurzel כרת vor, vgl. V.7a mit V.5bβ.

[574] V.7aβγ hebt die Zusage von V.3aα auf.

[575] V.6b nimmt wörtlich, mit einer geringfügigen Auslassung, Dtn 28,37abα auf. Außer
in der Parallelüberlieferung zu unserer Stelle (2.Chron 7,20) findet sich diese sprichwörtlichen Wendung, in einer Variation, nur noch in Jer 24,9, wo sie den Fluch gegen die antiba-
bylonische Führung Judas illustriert. Der Sachverhalt könnte Indiz für die Beliebtheit einer
bestimmten Sprachfigur in dieser Zeit sein.

[576] Vgl. Long, *I Kings*, 109f

[577] Macholz (*Israel*, 129) hat diesen Rückbezug herausgearbeitet.

heißung und Drohung in ihrer Realisaton auf zwei Größen verteilt werden, die so in Opposition zueinander auftreten[578].

Der Schlußteil der JHWH-Rede (V.8-9) fokussiert das künftige Schicksal des Tempels und seine neue Funktion nach Eintreffen der Strafe. Der Tempel wird zur Trümmerstätte[579], Gegenstand abergläubiger Abwehrgesten[580] Vorübergehender und deren verwunderten Fragens, was JHWH zu dieser Strafe bewogen habe (V.8). Die Antwort der anonym bleibenden Hörer lautet wie ein Bekenntnis ex negativo zu JHWH, stellt konfrontierend JHWHs Rettungshandeln im Exodus und Israels Verlassen dieses Gottes und seine Verehrung anderer Götter so gegenüber (V.9a), daß der Schluß auf JHWH als Urheber des Unheils unausweichlich wird (V.9b). Das literarische Frage-Antwort-Schema[581] verfolgt paränetische Interessen des Verfassers und lädt die Leser/Hörer zur Identifikation mit der ihnen gemäßen Rolle ein. Die Tempelruine wird zum Zeugen genommen gegen Israel und für JHWH, sowie für seine nach wie vor über Israel bestehende Herrschaft.

Die JHWH-Rede behaftet König und Volk bei ihrer Verantwortung für das Schicksal des Tempels. Sie ruft die für beide Größen jeweils relevanten Ur-Daten in der JHWH-Israel und der JHWH-König Beziehung auf, Exodus und Dynastieverheißung, und demonstriert die Irrelevanz des Tempels gegenüber den Grunddaten allgemeiner wie partikularer Heilsgeschichte. Dtr schreibt für den König wie für das Volk fest, daß es nicht auf den Tempel ankomme in der Beziehung zu JHWH, sondern auf die rechte Lebensführung. Auf diese Weise bereitet er seine Darstellung der dritten Periode der Regierungszeit Salomos vor. Die Kriterien zur Beurteilung Salomos sind vorgeführt worden. JHWH hat Salomo, wie versprochen, eine optimale Basis für dessen Bewährung in der Regierung Israels gegeben, nach dem Beispiel seines Vaters David. Die Mahnung vor der Hybris des Menschen, die aus dem Vergessen des Gebers über den Gaben erwächst, steht unsichtbar nach dieser JHWH-Rede über Salomos weiteren Lebensgang.

---

578 1.Sam 12,14f folgt auf eine bedingte Verheißung gleichfalls eine bedingte Drohung. Die Verheißung wird ausdrücklich Volk und König zugesprochen (V.14), während die bedingte Drohung nur gegen die kollektive Größe gerichtet ist. Im übrigen zeigt 1.Kön 6,12-13, daß Verheißungen, die im Hinblick auf Existenz und Funktion des Tempels aktualisiert werden, selbst wenn sie an den König adressiert sind, mit einer das Volk betreffenden Aussage enden können.

579 V.8a ist mit Vetus Latina, Syrer, Targum עליון zu lesen. Möglicherweise lag ursprünglich ein Wortspiel הבית הזה אשר היה עליון יהיה לעיין vor, das durch homoioteleuton verkürzt wurde wie Thenius (*Könige*, 143) und ihm folgend Noth (*Könige*, 195) in Analogie zu den Wortspielen von Micha 3,12 und Jer 26,18 annehmen.

580 Vgl. Würthwein, *Könige I*, 106.

581 In V.8-9 ist ein literarisch geprägtes Frage-Antwort-Schema nachweisbar, das so ebenfalls die Argumentation von Dtn 29,21-27 und Jer 22,8-9 geprägt hat, vgl. hierzu B. O. Long, Two Question and Answer *Schemata* in the Prophets, JBL 90. 1971. 129-139 ; W. Vogels, The *Literary Form* of the Question of the Nations, EeT 11. 1980. 159-176.

SALOMOS BEWÄHRUNGSZEIT

In 1.Kön 9,10-25 sind fragmentarische Notizen über die Regierung Salomos zusammengestellt. Für ihre Anordnung wird Dtr verantwortlich gemacht[582]. Die Abfolge ist nicht so planlos wie es auf den ersten Blick scheinen mag. In 9,10-25 berichtet Dtr nach seinen Vorlagen im Telegrammstil über Salomos Bautätigkeiten und jene Regierungsaktivitäten, die damit im Zusammenhang stehen. Die Reihenfolge ist durch assoziative Verknüpfung bestimmt. Darüber hinaus scheint die Bewertung der jeweiligen Unternehmung bei der Anordnung eine Rolle gespielt zu haben. Auf den ambivalent bis negativ anmutenden Kurzbericht bezüglich des Verkaufs galiläischer Ortschaften an Hiram von Tyrus (V.10-14) folgt jener über die Degradierung der kanaanäischen Bevölkerung, die (im Gegensatz zur israelitischen Bevölkerung) zwangsverpflichtet werden für die salomonischen Bauten, und die Angaben über die ausgeführten Unternehmungen (V.15-23). Aus dtr Perspektive kann dieser Sachverhalt Salomo nur positiv angerechnet werden. Daran schließt sich die Mitteilung von der Übersiedlung der Pharaonentochter in ihren Palast an (V.24a), mit der jene vom Bau des Millo verknüpft worden ist (V.24b). Danach steht die Salomo positiv zu vermerkende regelmäßige Opferpraxis (V.25), die den Vorschriften der Tora (Dtn 16,16f) entspricht.

Ein neuer Zyklus von Aktivitäten, der nicht mehr wie der bisherige durch das Stichwort בנה, sondern durch das Stichwort זהב gekennzeichnet ist, beginnt mit 9,26ff. Er reicht bis 10,29; Ausgangs- und Endpunkt sind Salomos handelspolitische Unternehmungen, die allein als Mittel zum Zweck der Steigerung von Reichtum, Ansehen und Macht vorgestellt werden. Das implizite Urteil des Verfassers über Salomo ist in 9,26-10,29 ambivalent bis negativ, wie sich zeigen wird[583].

Der Kurzbericht über den Verkauf galiläischer Ortschaften (9,10-14) ist charakteristisch uminterpretiert worden. Der historische Kern wird in den

---

[582] Vgl. u.a. Noth, *Könige*, 208ff; Würthwein, *Könige I*, 106ff; Rehm, *Könige I*, 105f. In der neuesten Forschung wird die historische Verläßlichkeit fast aller Angaben über salomonische Aktivitäten, die in 1.Kön 9-10 berichtet werden, in Zweifel gezogen, vgl. z.B. die Debatte zwischen A. R. Millard (*Texts* and Archaeology: Weighing the Evidence. The Case for King Solomon. PEQ 122/123. 1990/ 1991. 23-27; *Solomon*: Text and Archaeology. PEQ 122/123. 1990/1991. 117-118) und J. M. Miller (*Solomon*: International Potentate or Local King? PEQ 122/123. 1990/1991. 28-31). Die folgenden Überlegungen setzen nur voraus, daß zur Abfassungszeit des Textes von 1.Kön 9-10 die Vorstellung des Königs Salomo als 'Herrscher Israels ohnegleichen' bereits tradiert wurde, dh daß die in diesem Kontext überlieferten Daten für unsere Verfasser historische Daten waren. Die Frage nach der historischen Plausibilität dieser Daten über Salomo kann hier offen bleiben.

[583] Aus dieser Tendenz fällt jedoch die Erzählung über den Besuch der Königin von Saba (10,1-9.13) heraus. Vgl. dazu unten S.337f.

V.11b.14[584] zu suchen sein[585]. Der Verkauf der Orte als solcher dürfte
nach dtr Anschauung unzulässig gewesen sein, da das Gebiet zur israelitischen נחלה gehörte, so daß JHWH und nicht der König als Eigentümer
des Landes galt[586]. Dtr hat diese Transaktion in die Zeit nach Vollendung
der beiden Hauptbauten datiert (V.10), um so dem Eindruck entgegenzuwirken, daß die Gebietsabtretung der Bezahlung für Hirams Holzliefe-
rungen diene. Ohne diese Datierung und die inhaltlich ergänzenden Erläuterungen zur Person Hirams in V.11a, würde V.11b direkt an V.9 anschließen und so die Gleichung Tempelbau = Landverlust herauf-
beschwören. Dtr hat, in Parenthese, den Hinweis auf die früheren Ver-
tragsbeziehungen zwischen Salomo und Hiram eingeschoben, um so auf
1.Kön 5,24f zurückverweisen zu können[587] und deutlich zu machen, daß
hier zwischen den beiden Königen eine neue Transaktion stattfand. Salomo hat Erbland verkauft, um Gold für seine eigenen Bedürfnisse zu erhalten. Er fängt also unmittelbar nach der eindrücklichen Warnung JHWHs,
der Tora gemäß zu leben, damit an, Reichtum anzusammeln. Salomo hor-
tet Edelmetalle[588].

Die nachdtr Interpretation[589] versucht, Salomos Verkauf zu entschuldigen. Da Hiram seinerzeit auch Gold an Salomo geliefert hatte, fügt sie in
V.11b die Worte ובזהב לכל חפצו ein. Diese Sachlieferung war im Vertrag von 1.Kön 5,24f noch nicht vorgesehen gewesen, so daß deren Bezahlung als offen gelten konnte. Das Gold war für die Innendekoration des
Tempels verwendet worden, wie wir aus 1.Kön 7,48-50 wissen, einem
gleichfalls nachdtr Eintrag. Salomo muß notgedrungen am Ende der Bauzeit Ausgleich leisten. So zahlt er mit 20 Ortschaften, die sich natürlich als
wertlos herausstellen und haut dabei seinen tumben Handelspartner glatt
übers Ohr; eine eingefügte ätiologische Anekdote illustriert diesen Sach-

---

584 Würthwein hält V.14 für eine Glosse zu V.11a (*Könige I*, 107), in Aufnahme Erwägung von Benzinger *(Könige*, 67). V.14 gehört aber ursprünglich zu V.11b und erscheint nur
durch die Einfügung der V.12f als nachhinkend.

585 Vgl. u.a. *Montgomery/Gehman, Kings*, 204; Noth, *Könige*, 209f.212; A.Lemaire *Asher
et le royaume de Tyr.* in: Lipińsky, E. (ed.), *Bible*, OLA 44.1991, 135-152. E. Lipiński (*The
Territory* of Tyre and the Tribe of Asher, in: ders. (ed.), *Bible*, OLA 44. Leuven 1991, 153-
166) weist daraufhin, daß die in Jos 19,25-30 aufgelisteten Städte des Stammes Ascher zum
traditionellen Territorium von Tyrus gehören.

586 Hier sind insbesondere die stereotypen Hinweise auf JHWH als Geber des Landes
im Dtn zu berücksichtigen, vgl. u.a. Dtn 6,23; 9,6; 11,17.31; 12,1.9f; 18,9; 19,3 und 1.Sam
8,14. Die Ausführungen von Diepold *(Land*, 81ff.140ff) haben die besondere Eigenschaft
des Landes als JHWHs Eigentum belegt.

587 V.11a ist nicht Angabe des Grundes der Zahlungen, wie Würthwein *(Könige I*, 107)
und ihm folgend Jones *(Kings*, 212) annehmen, was sie zur Betrachtungvon V.14 als Glosse
führen muß, und Dtr so im Widerspruch zu seinen eigenen Äußerungen von 1.Kön 5,24 geraten läßt.

588 Die hinter diesen Notizen stehende Überlieferung könnte die entsprechende abstrakten Formulierung des Verbotes von Dtn 17,17b beeinflußt haben.

589 Vgl. im einzelnen Noth, *Könige*, 211f; mit geringfügigen Abweichungen stimmen
Würthwein *(Könige I*, 107) und Jones *(Kings*, 212) hinsichtlich des Umfangs dieser Interpretation mit Noth überein.

verhalt recht anschaulich (V.12-13)[590]. Bona fide ließe sich dieser Schatz im Kontext der Berichtsnotizen zu den Festungsbauten Salomos noch als notwendige Rücklage für diese Arbeiten verstehen.

Den Aussagen von 9,15-23 zufolge handelt Salomo bei der Organisation der Bauarbeiten analog dem guten Vorbild von Josua (Jos 9,27)[591] und ordnet die kanaanäische Bevölkerung zur Zwangsarbeit am Bau ab[592]. Innerhalb der Passage von V.15-23 gelten einigen Forschern die Notizen zu den Umständen des Besitzerwerbes von Gezer dem historischen Inhalt nach wohl als unerfindlich[593], literarisch jedoch als sekundär in die überlieferte Tradition eingefügt[594]. Unterstellt man mit ihnen, daß Dtr hier amtliches Listenmaterial exzerpiert hat, dann könnte der Einschub auf dem Konto von Dtr zu verbuchen sein. Mögen die hinter diesen Aussagen sich verbergenden historischen Sachverhalte noch so unklar und widersprüchlich scheinen[595], ein Löbliches hat Pharao aus dtr Sicht getan, er übergibt Gezer erst nach der Ausrottung der kanaanäischen Bevölkerung an Salomo[596]. Bekanntlich hält Dtr seinen Lesern/Hörerinnen gelegent-

---

[590] W. J. Martin (Dischronologized *Narrative* in the Old Testament, Congress Volume Rome, VT.S 17. 1969. 179-186, insbes. 186) betrachtet die Schilderung von V.10-14 als "touch of a past-master in the art of story-telling", da durch den nachfolgenden Bericht der Bezahlung das Muster dischronologisierter Erzählung befolgt werde. Nun ist dieses Argument, zumal wenn es das einzige hier ist, recht schwach, da man es als Passepartout betrachten kann. Denn in der Regel weichen erzählter Geschehensverlauf und realer Geschehensverlauf voneinander ab. Martins Plädoyer wäre überzeugender, wenn die ätiologische Notiz von V.13b ihren Platz hinter der Aussage von V.14 gefunden hätte. Im übrigen bleibt der Tatbestand des widerrechtlichen Verkaufs von JHWHs Eigentum oder seiner Hoheitsrechte bestehen.

[591] A. Soggin, Compulsory *Labor* under David and Solomon, in: Ishida, *Studies*, 259-267, 266) sieht eine Erfüllung der Bestimmung von Dtn 20,11 hierin. 1.Kön 9,21a vermerkt jedoch ausdrücklich, daß es sich um die Nachkommen jener 'Kanaanäer' handelt, die eigentlich dem Bann verfallen waren, für die also die Bestimmungen des dtn Kriegsgesetzes nicht anwendbar gewesen wären.

[592] 9,21 illustriert die Notizen von Ri 1,28.30.33.35 und kann als Erfüllungsvermerk gelesen werden. Die Aussagen von V.20f verraten durch die Aufzählung der Völker ihren dtr Charakter, vgl. Noth, *Könige*, 216f; Würthwein, *Könige I*, 112f.

[593] Noth, *Könige*, 215.

[594] Noth, *Könige*, 215; Würthwein, *Könige I*, 111; Jones, *Kings*, 214.

[595] Ein ägyptischer Feldzug in die palästinische Küstenebene unter der 21. Dynastie ist sonst nicht belegt, vgl. H. Donner, *Geschichte* des Volkes Israel und seiner Nachbarn in Grundzügen, ATD Ergänzungsreihe 4/1, Göttingen 1984, 218. Diese Möglichkeit wird von A. Malamat (*Aspects* of the Foreign Policies of David and Solomon, JNES 22, 1963, 1-17, 10ff) erörtert. Malamat erwägt ebenfalls, ob die ägyptische Heirat nicht Anzeichen der Suprematie Salomos sein könnte, vgl. ders., The *Kingdom* of David and Solomon in its Contact with Egypt and Aram Naharaim, BAR 2. (1964[1]) 1977[3], 89-98, insbes. 92f), vgl. ebenfalls ders., *Königreich*, 23ff und M. Görg, *Ausweisung* oder Befreiung, Kairos N.F. 20. 1978. 272-280, 278ff. Anzeichen für eine gewaltsame Zerstörung Gezers um 950 v.Chr. fanden sich in der Ausgrabung, vgl. W. G. Dever, *Gezer*, The New Encyclopedia of Archaeological Excavations in the Holy Land II, Jerusalem 1993[2], 496-506,insbes. 504.

[596] Die Phrase ב הישב הכנעני kommt in der alttestamentlichen Überlieferung nur an fünf Stellen vor. Dtn 11,30 gehört wahrscheinlich zu den späten Zusätzen des Dtn (vgl.

lich beispielhaftes, an JHWH orientiertes Verhalten von Fremden vor[597]. Die summarische Aufzählung namenloser Versorgungsstädte in V.19 könnte gleichfalls von einer späteren Hand eingefügt worden sein[598]. Die Aussagen von V.19b dürften ihre Entstehung der Intention verdanken, Salomo Bautätigkeiten zu dessen höheren Ruhme in denkbar weitest vorstellbaren Ausmaße durchführen zu lassen[599]. Diese Tendenz spricht dagegen, Dtr[600] V.19b zuzuschreiben. Eine derart unkritische Glorifizierung salomonischer Tätigkeiten ist Dtr in allen seinen Personifikationen fremd, nach der Salomo vermahnenden JHWH-Rede (9,1-9) aus dtr Feder nicht mehr zu erwarten. Dtr hätte zweifellos den Sachverhalt, daß Salomo zu seinem Vergnügen überall im Lande gebaut habe, kommentiert.

V.22 betont die Privilegien, die den Israeliten im Gegensatz zur kanaanäischen Bevölkerung zustanden und läßt sie indirekt an Salomos Macht teilhaben. Die Behauptung dürfte sich gegen die anderslautende Auskunft von 1.Kön 5,27ff richten[601], Ausführungen, die zu den nachdtr Zusätzen zu rechnen sind[602]. Die syntaktisch auffällige Einleitung לֹא יִשְׂרָאֵל וּמִבְּנֵי נתן, die nicht nur den Unterschied zwischen den beiden Bevölkerungsgruppen durch bewußten Rückgriff auf die Formulierung von V.20b[603] unterstreicht und beide Gruppierungen so als Kollektive einander gegenüberstellt, findet sich für das Verb נתן mit doppeltem Akkusativ im Sinn von 'X macht Y zu Z' nur noch in der von unserer Stelle abhängigen

Lohfink, *Hauptgebot*, 291), von den restlichen vier Stellen bezieht sich eine auf die Eroberung Hebrons durch Juda (Ri 1,10), drei aber handeln von Gezer (Jos 16,10; Ri 1,29; 1.Kön 9,16). Selbst wenn Jos 16,10 ein sekundär aus Ri 1,29 interpoliertes Zitat sein sollte (so Noth, *Josua*, 106), ist dieser Sachverhalt auffällig in 1.Kön 9,16. Die gleichlautende Wendung kann ein Rückverweis auf die Notiz von Ri 1,29 sein und zum Vergleich der unterschiedlichen Umgangsweisen der jeweiligen Eroberer auffordern.

[597] Vgl. hierzu Jos 2 die Rolle Rahabs und jene der Gibeoniten in Jos 9, der Sachverhalt ist von G. Mitchell (Together in the *Land*. Sheffield 1993. JSOT.S 134, ebenda 161-176) herausgearbeitet worden.

[598] Der literarische Sachverhalt spricht nicht gegen die Historizität der Nachrichten über die ausgedehnte Bautätigkeit Salomos; zur archäologisch nachweisbaren Bautätigkeit des 10. Jahrhunderts vgl. insbesondere H. Weippert, *Palästina* in vorhellenistischer Zeit. Handbuch der Archäologie, Vorderasien II,1, München 1988, 428ff.

[599] Die Terminologie paßt nicht ganz zur Materie, vgl. ebenfalls 1.Kön 9,1b; 10,9a.13a und Noth, *Könige*, 216; Hentschel, *1. Könige*, 68.

[600] Würthwein (*Könige I*, 112) spricht von DtrN.

[601] Vgl. ebenfalls 1.Sam 8,17.

[602] Vgl. dazu oben S.292 f.

[603] Die Aussage הֵמָּה יִשְׂרָאֵל מִבְּנֵי לֹא findet sich außer in 1.Kön 9,20 nur noch in Ri 19,12 (auf Jebus bezogen) und 2.Sam 21,2 (Gibeon). An den beiden letzten Stellen ist sie durchaus angebracht. Im Zusammenhang mit der Aufzählung kanaanäischer Völker wird sie aber sonst, mit Ausnahme von 1.Kön 9,20b, nirgends verwendet. Dieser Sachverhalt dürfte Zweifel an der dtr Verfasserschaft von 9,20 begründen. Das gilt aber nicht für die Völkerliste in V.20a, die mit Ausnahme der nicht erwähnten Kanaanäer (ein Umstand, der auf deren Verbindung mit Gezer in V.16a beruhen könnte) mit den gängigen dtr Völkerlisten übereinstimmt, in der Anordnung stimmt sie mit den Listen von Ex 23,33; 33,2; Jos 11,3 überein, vgl. die Tabelle in T. Ishida, The *Structure* and Historical Implications of the Lists of Pre-Israelite Nations, Bib. 60. 1979. 460-490, insbes. 461.

Chronik-Parallele (2.Chr 8,9)[604]. Hinzukommt, daß der V.22 die fragmentarische Aussage über die Aufseher in V.23, die inhaltlich eher zu
V.21 als zu V.23 gehört[605], von V.22 trennt. V.22 könnte inhaltlich aus
V.20a.21 abgeleitet worden sein, um die vorhandenen Differenz zwischen
den Gruppen und ihre unterschiedliche Behandlung durch Salomo her-
auszuarbeiten. All das spricht eher für einen nachdtr Ergänzer, der Salomo vor dem Vorwurf, er habe Israel versklavt[606] in Schutz nimmt. Jedenfalls lassen die Aussagen von V.15.20a.21.23, im Zusammenhang mit der
Erwähnung des Asarja ben Nathan, der Chef der Vorsteher war[607], auf ein
straff organisiertes System der Zwangsarbeit schließen.

Die Notiz zur Übersiedlung der Pharaonentochter (V.24a), die nach
der Vorankündigung von 1.Kön 3,1 zu erwarten ist, jedoch nicht zwingend
an dieser Stelle, zeigt Salomo in gefährlicher Nähe zur Apostasie. Der Topos 'fremde' Frau wird angetippt, die bekannten Folgen[608] sind auch für
Salomo nicht mehr fern[609]. Die Bemerkung von V.24a steht im Kontrast
zu Salomos (aus dtr Sicht) lobenswerter Bedrückung der kanaanäischen
Bevölkerung. Der Anschluß von V.24a an V.23 mit אך weist auf die von
Dtr absichtlich so dargestellte Ambivalenz salomonischen Verhaltens hin.
אך kann hier adversativ mit 'jedoch' oder einschränkend mit 'nur daß'
übersetzt werden[610]. Die Behauptungen von V.20f.23 lassen erkennen, daß
Salomo die nicht-israelitische Bevölkerung als Staatsbürger minderen
Ranges behandelte, zumindest deren untere Schichten, und V.24a demonstriert die Ausnahme vom Prinzip der Behandlung der Gerim.

Die Zusammenstellung der beiden Notizen in V.24, Übersiedlung der
Pharaonentochter und Bau des Millo, könnte Dtr vorgegeben gewesen
sein, denn der Millo wird in 9,15a bereits einmal in Anschluß an den Palastbau erwähnt[611]. Die Verknüpfung beider Notizen besagt, daß die Ar-

---

[604] Vgl. C. J. Labuschagne, Art.: נתן ntn geben, ThAT II. 1976. Sp.117-141, insbes.
Sp.131.

[605] Vgl. 1.Kön 5,29f.

[606] Vgl. 1.Kön 12,4.

[607] Vgl. 1.Kön 4,5a.

[608] Dtn 7,3f hat den Sachverhalt "Nicht-JHWH-Anhängerin als Ehefrau - Abfall des
Ehemannes von JHWH" theologisch systematisiert.

[609] Der Topos 'fremde' Frau ist in der Figur Jesebels von Dtr idealtypisch ausgestaltet
worden; vgl. J. A. Soggin, *Jezabel*, oder die fremde Frau, in A. Caquot/ M. Delcor (eds.),
Melanges bibliques et orientaux en l'honneur de M. H. Cazelles, AOAT Bd.212, 1981, 453-
459. Die Pharaonentochter ist unter diesem Aspekt eine ihrer ideellen Vorläuferinnen.

[610] Vgl. GK §153; KBL³, 44. Das einleitende אך ist nur dann schwer verständlich
(Noth, *Könige*, 202h), wenn man meint, einen Sachzusammenhang zwischen der Übersiedlung der Pharaotochter und dem Bau des Millo herstellen zu müssen (vgl. Würthwein, *Könige*, 109) oder auf der Bedeutung von 'fürwahr' beharrt. Die Annahme von DeVries, daß
der Palast der ägyptischen Gemahlin außerhalb von Stadt und Palastbezirk gelegen hätte,
ringt der Leserin lächelndes Verständnis für das leicht eingängige Motiv ab, denn "... it may
very well have occurred because the queen grew tired of the hubbub of city life and deman-
ded a quiet retreat somewhere else." (ders., *Kings* I, 133), sie ist aber leider spekulativ.

[611] 1.Kön 3,1 kann für Dtr nicht der Grund der Verknüpfung gewesen sein, da hier vom
Mauerbau die Rede ist.

beiten am Millo in dem Jahr unternommen worden sind oder begonnen wurden, in dem die Ägypterin umzog. Das konkrete Ereignis Umzug dürfte der genaueren Datierung gedient haben[612]. Die Notiz über die im religiösen Sinne bedrohlich[613] nahe gerückte ägyptische Ehefrau[614] wird austariert durch die Mitteilung von V.25a, daß Salomo seiner dreimaligen Opferpflicht pro Jahr (Dtn 16,16f) regelmäßig nachkam[615].

V.25b (ושלם את הבית) hat den Argwohn der Exegeten erregt. Gelegentlich wird die Aussage uminterpretiert[616], konjeziert[617] oder als Zusatz ausgeschieden[618]. Die schlichte Wiedergabe "Und er vollendete das Haus"[619] scheint dem Kontext wenig angemessen. Es wäre indes die Möglichkeit zu erwägen, daß ושלם nicht unbedingt als Konsekutivform zu lesen ist, und das waw kausal interpretierbar wäre[620]. Der Satz würde dann den implizit, durch die Erwähnung des salomonischen Altares angedeuteten, Sachverhalt explizieren und wäre mit "Denn er hatte das Haus vollendet." wiederzugeben. Eine Übergangsfunktion hat V.25b unabhängig von der Deutung. Ansonsten würde der Themenwechsel von den JHWH-Opfern (V.25a) zum Schiffbau (V.26a), JHWH-Opfer und Handelsunternehmung in unmittelbaren Zusammenhang bringen. V.25b setzt gleichsam einen Punkt nach den Aussagen von V.25a, markiert die Zäsur zwischen den Aktivitäten und ermöglicht so den Übergang zu einem anderen Sachverhalt.

---

[612] Vgl. Am 1,1; zu 1.Kön 9,24 vgl. Noth, *Könige*, 219; Gray; *Kings*, 252.

[613] D. Jobling (Forced *Labor*: Solomon's Golden Age and the Question of Literary Representation. Semeia 54. 1992, 52-76) meint zeigen zu können, daß zur positiven Darstellung der goldenen Zeit Salomos die Nichterwähnung jeglicher Sexualität gehöre. Zum einen muß Jobling sich fragen lassen, ob dieser Aspekt für einen antiken Verfasser ähnlich bedeutsam war wie für den Leser aus der letzten Dekade des 20.Jh, zum anderen war die Thematik weder implizit noch explizit bisher angezeigt. Die Sexualität des Herrschers gehört nicht zu den gattungsspezifischen Elementen derartiger Darstellungen. Im übrigen wird die salomonische Sexualität implizit durch die Erwähnung der ägyptischen Ehefrau in 1.Kön 9,24 angedeutet, also noch vor dem Ende der goldenen Zeit Salomos, das von Jobling erst mit 1.Kön 11,1 erwartet wird.

[614] LXX läßt die Mitteilung von der Übersiedlung der Ägypterin direkt auf JHWHs Mahnrede in 9,1-9 folgen. LXX befindet sich hier in Übereinstimmung mit den frühen rabbinischen Auslegungstradition (Midrasch Rabbah, Num 10,4; Lev [Shemini] 12,5 - nach D. W. Gooding, The Septuagint's *Version* of Solomon's Misconduct, VT 15, 1965, 325-335, insbes. 328; ders., *Text-Sequence* and Translation-Revision in 3 Reigns IX,10-X,33. VT 19.1969. 448-463), derzufolge Tempeleinweihung und ägyptische Heirat zeitlich aufeinander folgen. bNidda 70b verknüpft mit der ägyptischen Heirat die Verwerfung Jerusalems. bSanh 21b wird Rabbi Jishaq zitiert: "In der Stunde, als Šᵉlomo die Tochter des Pharao heiratete, kam Gabriel und steckte ein Rohr in das Meer; dieses brachte eine Sandbank hervor, auf der die große Stadt Rom erbaut wurde."

[615] Selbst wenn man die Konjektur von Klostermann (*Samuelis*, 331) אשו את für das nahezu unverständliche אשר אתו akzeptiert (so u.a. Noth, *Könige*, 203. k-k; Gray; *Kings*, 254; DeVries, *Kings I*, 130), ergibt sich aus der Äußerung nicht, daß Salomo priesterliche Rechte wahrnimmt. Keiner der so argumentierenden Ausleger würde behaupten, daß Salomo allein die Nahrungsmittellieferungen an Hiram besorgt habe (1.Kön 5,25 נתן שלמה) oder daß die zahlreichen ihm zugeschriebenen Bauten von ihm persönlich aufgemauert worden seien, wo es doch immer so passend ויבן שלמה heißt.

[616] Noth *(Könige)* 201) übersetzt "damit erfüllte er den Zweck des Hauses."

[617] Gray *(Kings)*, 254) schlägt die Lesung נדריו für הבית vor.

[618] So Würthwein, *Könige I*, 114 Anm. 2.

[619] So Hentschel, *1. Könige*, 69; Rehm, *Könige I*, 104; Würthwein, *Könige I*, 114.

[620] GK §158a.

Geht man mit Noth davon aus, daß die Informationen über Salomos kultische Pflichterfüllung eher auf allgemeinen Vorstellungen basieren als daß sie auf konkreten historischen Daten beruhen[621], und bedenkt, daß eingangs in 1.Kön 3,1.3 ebenfalls die legitimen JHWH-Opfer Salomos der Nachricht von der ägyptischen Heirat folgten und diese neutralisierten[622], dann spricht viel dafür, daß Dtr sie verfaßt hat. Jedenfalls trägt das dtr Salomobild in 9,1-25 ähnlich ambivalente Züge[623] wie in 1.Kön 3,1.3. Salomo, der sich vor der entscheidenden Intervention JHWHs im Spannungsfeld der beiden Pole 'fremde Frau' und 'JHWH-Kult' befand, nähert sich diesem bedrohlichen Zustand wieder. Seine Situation ist gegenüber der früheren dadurch verändert, daß JHWH in der Zwischenzeit sichtlich auf seine Seite getreten war und seine, wenn auch kritische, Aufmerksamkeit Salomo weiterhin gewährt. Dazu gewinnt jetzt ein Faktor an Relevanz, der in 3,1.3 noch nicht präsent war, in der Zwischenzeit dank JHWHs Unterstützung sich entwickeln konnte und das vermeintliche Gleichgewicht zwischen 'fremder Frau' und nunmehr 'ungeteilter JHWH-Verehrung' ins Wanken bringen wird: Salomos Reichtum und die Konzentration all seiner Regierungsgeschäfte darauf, diesen zu vermehren.

Der Kurzbericht 9,26-28 eröffnet den Reigen salomonischer Geschäftsunternehmungen. Salomo und Hiram gründen eine gemeinsame Handelskompagnie zur See und beschaffen sich im Handel auf dem roten Meer Gold, Edelhölzer und Edelsteine (10,11.12a).

10,11.12a gehört zu den Notizen von 9,26ff und hat diese möglicherweise einmal direkt fortgesetzt, was durch die Saba-Geschichte verdeckt wird. Der Umstand, daß in 10,11f nur von Hirams Schiffahrt[624] die Rede ist, widerspricht der eulogisierenden Tendenz späterer Bearbeiter der Salomo-Erzählung und deutet eher auf eine vordtr Überlieferung hin.

Die lukrative Zusammenarbeit zur See wird von beiden im Seehandel mit Tarschisch fortgesetzt (V.22)[625], von wo ebenfalls Gold, Silber, Elfenbein und exotische Tiere[626] importiert wurden. Salomo erwirbt die klassischen Prestigegüter der Großkönige. Sie werden zum einen für die The-

---

[621] Noth, *Könige*, 220.

[622] Vgl. dazu oben S.262ff.

[623] Gooding (*Version*) hat gezeigt, daß die Umstellungen der betreffenden Textpassagen in der LXX einen Versuch darstellen, die Ambivalenz teils aufzuheben, teils durch Spätdatierung zu entschärfen.

[624] Vgl. hierzu A. Lemaire, Les *Phéniciens* et le commerce entre la mer rouge et la mer méditerranée. in: E. Lipiński (ed.), *Phoenicia*, OLA 22, 1987, 48-60.

[625] Die Untersuchung von K. Galling (Der *Weg* der Phöniker nach Tarsis in literarischer und archäologischer Sicht, ZDPV 88, 1972, 1-18.140-181) zum Seehandel der Phönizier im westlichen Mittelmeer belegt allerdings, daß dieser schwerlich vor dem 8. Jh. v.Chr. erfolgte, was auch neueren Auswertungen der archäologischen Grabungen in Südwestspanien bestätigt wird (vgl. hierzu den Überblicksartikel von M. E. Aubet Semmler, *Spain*, in: Moscati (ed.), The Phoenicians, Mailand 1988, 226-242). Gallings Vermutung, daß die Angaben von 9,26-28; 10,11f.22 die Erträge entsprechend dem steigenden Wert der Fahrten präsentierten und diese Zusammenstellung auf einen gelehrten Autor des 7.Jh. hinweise (a.a.O. 11-14), haben einiges an historischer Plausibilität für sich.

[626] Zu den Tieren und ihrer Funktion als Statussymbol assyrischer und ägyptischer Könige vgl. Montgomery/Gehman, *Kings*, 223ff.

saurierung angeschafft, zum anderen um den Reichtum zur Schau zu stellen. Bevor wir erfahren, was Salomo mit seinem ungeheuren Reichtum angefangen hat, wird er uns beim Besuch der Königin von Saba in Jerusalem bereits vorgeführt (10,1-9.13). Salomos Reichtum und Weisheit leuchten weltweit, wie wir aus dem Munde der Königin entnehmen können. Der legendäre Charakter dieser Erzählung ist unumstritten. Fraglich hingegen ist, wann und von wem sie in den vorliegenden Kontext eingebracht worden ist.

Die Mehrheit der Forscher geht davon aus, daß die Erzählung über den königlichen Besuch aus Saba bereits Dtr vorgelegen hat und von ihm übernommen wurde[627]. Als Indiz dafür gilt Noth die Einleitung der Erzählung, für die er freilich auf die von Klostermann[628] vorgeschlagene Konjektur in V.1a (ואת שמע אשר בנה בית שלמה) zurückgreift[629]. Allerdings betrachten viele Exegeten die zur Konjektur herausfordernde enigmatische Aussage לשם יהוה als Glosse[630]. Da diese Möglichkeit recht wahrscheinlich ist, das typisch Deuteronomistische zudem nur auf vermuteter Ergänzung des Textes beruht[631], dürfte das Noth'sche Argument weniger Evidenz besitzen. Die Gegenposition wird von Scott und Würthwein vertreten, denen zufolge die Erzählung in nachdtr Zeit von einem Ergänzer eingefügt worden ist[632]. Sie argumentieren, daß die Saba-Legende formal nicht in den Sachzusammenhang von 9,26-10,29 passe und sprachlich wie inhaltlich den glorifizierenden Hofgeschichten der Bücher Esther und Daniel nahe stehe. Vor allem Scott hat gezeigt, daß 10,1-9.13 auf einer Ebene mit dem gleichfalls literarisch als nachdtr zu klassifizierenden Stück in 1.Kön 5,9-14 liegt und der Illustration der Aussagen von 5,14 dient[633]. Die Thematisierung der Weisheit Salomos als enzyklopädisches Wissen folgt dem Verständnis von Weisheit in 1.Kön 5,9-14. Diese Vorstellung von Weisheit baut, wie Scott zeigt[634], auf den beiden anderen Konzeptionen von Weisheit als Regierungskompetenz und als Urteilsvermögen des Richters auf[635].

Vor allem der Vergleich der dtr Fassung des Hiram-Briefes (1.Kön 5,21) mit der in bezeichnender Weise veränderten Version der Chronik (2.Chr 2,10f) und den inhaltlich verwandten Aussagen der Sabäerin (1.Kön

---

[627] Vgl. u.a. Šanda, *Könige I*, 296; Montgomery/Gehman, *Kings*, 215f; Noth, *Könige*, 223f; Jones, *Kings I*, 221ff; Rehm, *Könige I*, 111.

[628] Klostermann, *Samuelis*, 332.

[629] Noth, *Könige*, 203 p-p.

[630] Vgl. u.a. Šanda, *Könige I*, 274; Montgomery/Gehman, *Kings*, 228f; Gray, *Kings*, 257; Jones, *Kings I*, 222; Rehm, *Könige I*, 110.

[631] V.9 gilt den betreffenden Kommentatoren als dtr.

[632] Scott, *Solomon*, 264ff; Würthwein, *Könige I*, 115.

[633] Scott, *Solomon*, 266ff. Die inhaltlichen Beziehungen zwischen 5,9-14 und 10,1-9.13 werden auch von anderen Kommentatoren gesehen, vgl. u.a. Rehm, *Könige I*, 110; Long, *I Kings*, 120; Šanda, *Könige I*, 296.

[634] Scott, *Solomon*, 270f.

[635] Die vermeintlich dtr Sprache von V.9 kann Scott als nachdtr Adaption entlarven, vgl. ders., *Solomon*, 271 Anm.2.

10,6-9) belegt, daß die sabäische Laudatio der chronistischen Rühmung Salomos wesentlich näher steht als der dtr Konturierung der Salomo-Figur[636]. Eine wesentliche Differenz liegt in der jeweils unterschiedlich strukturierten Vorstellung von der Liebe JHWHs zu Israel. Nach 1.Kön 10,9 ist JHWHs Liebe zu Israel der Grund, daß Salomo eine Mittlerposition zur Verwirklichung von Recht und Gerechtigkeit erhalten hat. Inhaltlich verwandte Aussagen zur Liebe JHWHs in Dtn 7,8.13 und 23,6 begründen mit dieser immer ein direktes Handeln JHWHs an Israel. Die Vorstellung, daß JHWH nach dem Tode Moses noch eines Mittlers bedurft hätte, ist unvereinbar mit dem Tora-Verständnis von Dtr. Dtr veranschaulicht gerade in seiner Ausführung der Josua-Figur, daß ein Israel unter der Tora keines dazwischentretenden Mittlers in seiner Beziehung zu JHWH mehr bedarf. Die Phrase לעשות משפט וצדקה mag ein Reflex altorientalischer Königsideologie sein, was sie gerade nicht als typisch dtr ausweist. Das Üben von Recht und Gerechtigkeit ist wohl das Erkennungszeichen eines guten Königs[637] und wird den Königen beständig als Forderung von den Propheten präsentiert[638], dieser Aufruf gilt gleichfalls anderen Individuen[639]. JHWH bedarf keines Königs, um Recht und Gerechtigkeit in Israel zu verwirklichen[640]. Dtr Geschichtstheorie zufolge ist das Königtum gerade nicht Ausdruck der Liebe JHWHs zu seinem Volk, sondern vielmehr eine ihm abgerungene Konzession[641]. Überdies paßt die Verherrlichung Salomos nicht in diese nach Dtr negativ endende Bewährungsperiode. Aus den genannten Gründen[642] wird hier die Position von Scott und Würthwein aufgenommen und die Erzählung vom Besuch der Königin von Saba beim König Salomo in Jerusalem samt ihrem Ausgang[643] als nachdtr Beitrag angesehen.

Die Notizen (V.11.12a) zu den von Hiram in Ophir eingehandelten Edelsteinen und Ebenhölzern liegen auf einer Ebene mit den Angaben von 9,26-28. Sie dürften Dtr ebenso wie jene vorgelegen haben. V.12b ist

---

[636] Zum Verständnis von באהבת יהוה vgl. Bergman, J. / Haldar, A./ Wallis, G., Art.: אהב, in: ThWAT I, 1973, Sp.105-128, insbes. Sp.124.

[637] Vgl. 2.Sam 8,15.

[638] Jer 22,3.15; 23,5; 33,15; Ez 45,9.

[639] Ez 18,5.19.27; 33,14.16.19.

[640] Dtn 6,24f; Jer 9,23.

[641] 1.Sam 8,7-9; Dtn 17,14ff.

[642] Zu bedenken sind auch die Argumente von E. A. Knauf (Midian: Untersuchungen zur Geschichte Palästinas und Nordarabiens am Ende des 2. Jahrtausends v.Chr., ADPV, Wiesbaden 1988, insbes. 29-31), daß judäisch-sabäische Handelskontakte vor dem 8. Jh.v.Chr. nicht nachweisbar sind; ferner die mitgebrachten Gaben (Aromata) an die kultischen Bedürfnisse späterer Zeit erinnern (ders., a.a.O. 29 Anm.153).

[643] Die vielfältige Wirkungsgeschichte dieser bezaubernden Legende ist leider kein hinreichender Grund, sie in die vorliegende Untersuchung einzubeziehen. Zur Wirkungsgeschichte vgl. den Artikel von E. Ullendorff (The Queen of Sheba, BJRL 45, 1963, 486-504), sowie die Bände von J. B. Pritchard (Solomon and Sheba, London 1974) und von R. Beyer (Die Königin von Saba. Engel und Dämon. Der Mythos einer Frau, Bergisch Gladbach 1987).

eine die Saba-Legende in den 'Geschäftsbericht', unter Benutzung der Aussagen von V.11-12a, einbindende editorische Bemerkung, trefflich geeignet, den jeden Rahmen sprengenden Reichtum Salomos anzudeuten[644]. V.14-15 liegen auf derselben Linie wie V.12b. Die Salomo attestierte Jahreseinnahme in Höhe von 666 Talenten Gold entspringt rühmender Phantasie[645] und dürfte die in der antiken Welt mit damaligen Mitteln mögliche Goldproduktion weit übertroffen haben, von den Transport- und Bewachungsproblemen ganz zu schweigen[646].

V.16-20a berichten im Anschluß an die Angaben von 9,26-28; 10,11.12a.22*[647] dann von der Verarbeitung der Luxusgüter. Salomo stellt mit den Hölzern, Edelmetallen und Edelsteinen demonstrativ seinen Reichtum zur Schau. Innenausstattung von Palast und Tempel zeugen davon (V.12aα), die Hofkapelle erhält entsprechend kostbare Instrumente (V.12aß), goldene Schauwaffen werden im Arsenal deponiert (V.16f) und die unlösbare Verbindung von Macht, Reichtum und Selbsterhebung in der Anfertigung eines kunstvollen, reichgeschmückten elfenbeinernen Thrones wird vorgeführt (V.18-20a). Letzterer erlaubt dem König etliche Stufen über seinen israelitischen Brüdern zu thronen. Die Ausschmückung von Thron und treppenartigem Aufgang mit Löwen kann als Verstoß gegen das Bilderverbot gewertet werden[648].

Die Beschreibung der Rückenlehne, ראש עגל לכסה מאחריו, ist vieldeutig. Die vom MT abweichenden Textvarianten, sowohl die der Chronik-Parallele (2.Chr 9,18) wie jene der Textzeugen zur Stelle, haben zu einer phantasievollen Diskussion geführt, ausführlich referiert von Canciani/Pettinato[649], die ihrerseits nach Abwägung der Argumente contra עֵגֶל und pro עָגֹל[650] für עָגֹל plädieren. Der Vergleich der Textaussagen mit archäologisch belegten Throntypen spricht ihrer Meinung nach dafür, daß der salomonische Thron dem Typus nach einem ägyptischen Thron mit eingerollter Rückenlehne aus der Zeit des neuen Reiches am nächsten steht. Daher wäre das ראש עגל Beschreibung des runden Oberteils

---

644 Vgl. Šanda, *Könige I*, 296.

645 Die Behauptung, daß Salomo unvorstellbar große Mengen an Edelmetallen hortete, korrespondiert mit jenen Angaben zur Ausstattung des Tempels mit goldenen Geräten (1.Kön 7,48-50) und der Feststellung von 1.Kön 7,47, daß Salomo wegen der Menge der verwendeten Erze alle bronzenen Geräte ungewogen ließ.

646 Setzt man das Talent mit 34,273 kg bis 41,126 kg an (so nach A. Strobel, *Maße* und Gewichte, BHHW II, Sp.1159-1169 , Sp.1166), dann handelt es sich um 22 825 kg (= 152 Kamellasten) bzw. 27 390 kg (= 183 Kamellasten).

647 V.22 wird von vielen Kommentatoren in eine Reihe mit den anderen Notizen zu den erhandelten Sachgütern gestellt, vgl. u.a. Greßmann, *Geschichtsschreibung*, 215; Montgomery/Gehman, *Kings*, 219; Rehm, *Könige I*, 272. Die Ausführungen von Galling (*Weg*, 11ff) lassen vermuten, daß kein authentisches amtliches Material hierin zu finden ist.

648 Die Verwendung von Löwen als Thronwächter könnte ein Indiz auf das Trägertier einer anderen Gottheit sein, z.B. Ischtar oder Sachmet. Der Löwe wird häufig in der altorientalischen Ikonographie mit Göttinnen in Verbindung gebracht.

649 F. Canciani/ G. Pettinato, Salomos *Thron*. Philologische und archäologische Erwägungen, ZDPV 81. 1965. 88-108; vgl. ebenfalls M. Metzger, *Königsthron* und Gottesthron. Thronformen und Throndarstellungen in Ägypten und im Vorderen Orient im dritten und zweiten Jahrtausend vor Christus und deren Bedeutung für das Verständnis von Aussagen über den Thron im Alten Testament, AOAT 15, Kevelaer 1985, insbes. 298-301.

650 Canciani/Pettinato, *Thron*, 91-97.

des Thrones[651]. Die bildliche Demonstration des ägyptischen Thrones scheint alle weiteren Anfragen zu erübrigen. Doch bleibt offen, warum der Verfasser von 1.Kön 10,19 eine relativ einfache Konstruktion so umständlich beschrieben hat, einfacher und eindeutiger wäre ein גב עגול מסעד gewesen, und das die Phantasie bewegende ראש hätte sich erübrigt.

Der von Dtr zusammengestellte Text fährt nach V.16-20a.22[652] mit V.26 fort[653]. Salomo nutzt sein Vermögen zur Anschaffung und zum Unterhalt von Wagentruppen im größeren Umfange[654]. Salomo demonstriert seine Macht und seinen Reichtum[655]. Die den Zusammenhang von 1.Kön 9,26-28; 10,11-12a.16-20a.22.26 abschließende Bemerkung von V.28-29[656] zeigt Salomo, je nach Interpretation des Verhältnisses der Aussagen von V.28 und V.29 zueinander, entweder als Waffenhändler oder immer noch damit beschäftigt, Luxusgüter zu erwerben.

Die Ausführungen sind dunkel. Die Herkunftsorte קוה und מצרים nicht eindeutig lokalisierbar, wiewohl in Beziehung zu den erworbenen Pferden und Wagen zu setzen. Die meisten Ausleger gehen davon aus, daß die Ortschaften in Kleinasien liegen[657], und Salomo von dort die Streitwagenpferde bezog, während die Wagen selbst aus Ägypten kamen. Daß Salomo sich für die genannten Militaria ein Transitmonopol gesichert haben sollte, halten einige für unwahrscheinlich[658], da weder die syrischen Staaten noch Ägypten für diese Güter auf die Vermittlung des israelitischen Königs angewiesen waren. Die Aussagen von V.29b würden sich dann nicht auf im Transithandel erzielte Preise beziehen, sondern Salomos praktische Klugheit demonstrieren, die begehrten Rüstungsgüter für denselben Preis erhandeln zu können, wie die näher an der Quelle befindlichen Könige der Hethiter und Aramäer[659]. Diese Interpretaton ist in einer neueren Untersuchung von Ikeda[660] in Zweifel gezogen worden. Ausgehend von der Beobachtung, daß in V.29 nicht der übliche Begriff für Streitwagen (רכב), sondern jener steht, der auch für Prunkwagen gebräuchlich ist (מרכבה) und den recht hohen Preisen, die hier für Pferd und Wagen erzielt werden, kommt er zu dem Schluß, daß Salomo aus Ägypten Luxuswagen und speziell für Prozessio-

---

[651] Canciani/Pettinato (*Thron*, 106f), deren Vorschlag auf Zustimmung bei Noth (*Könige*, 230f) und Metzger (*Königsthron*, 300) stößt.

[652] V.20b.21 gehört einer eulogistischen Hand an, zu V.20b vgl. Noth, *Könige*, 231; Würthwein, *Könige I*, 125; zu V.21 vgl. Montgomery/Gehman, *Kings*, 223 und Würthwein, *Könige I*, 126.

[653] V.23-25 sind in Stil und Tendenz 1.Kön 5,14 ähnlich, vgl. hierzu Benzinger, *Könige*, 75; Würthwein, *Könige I*, 127; DeVries, *Kings I*, 138.

[654] Dtn 17,16a und 1.Kön 10,26.28-29 lesen sich im kanonischen Zusammenhang wie Voraussage und negative Erfüllung, literarisch dürfte die Abhängigkeitsrichtung umgekehrt verlaufen, sofern überhaupt eine literarische Abhängigkeit vorliegt. Außer dem Stichworten סוסים und מצרים weisen die beiden Texte keine terminologischen Berührungen auf.

[655] bSanh 21b bezieht die entsprechenden Verbote des Königsgesetzes auf Salomo.

[656] V.27 ist von einer späteren, Salomo über alles menschliche Maß erhebenden Hand, vgl. u.a. Benzinger, *Könige*, 75; Montgomery/Gehman, Kings, 225; DeVries, *Kings I*, 138.

[657] Vgl. u.a. Noth, *Könige*, 234f; Würthwein, *Könige I*, 128f; A. D. Crown, Once again *1 Kings* 10:26-29, Abr-Nahrain XV (1974/75), 35-38; P.T. Crocker, "*Solomon* Imported Horses from ... Kue", Buried History, 27. 1991, 83-88, ebenda 83f.

[658] Vgl. Noth, *Könige,* 236f; Crown, *1 Kings*, 36f; Würthwein, *Könige* I, 129; Jones, *Kings I*, 230f; Schley, D.G. Jr., *1 Kings* 10:26-29: A Reconsideration, JBL 106. 1987, 595-601.

[659] Vgl. Crown, *1 Kings*, 37.

[660] Y. Ikeda, Salomon's *Trade* in Horses and Chariots in its International Setting, in: T. Ishida, *Studies*, 215-238.

nen trainierte Pferde bezog und weiterlieferte[661]. Seine Annahme, daß die Ausagen von
V.29 nicht denselben Sachverhalt meinen, wie jene von V.28 wird auch durch den unter den
altorientalischen Königen üblichen 'Geschenkhandel' mit diesen Gütern gestützt[662]. Die
Möglichkeit, daß Salomo mit diesen ägyptischen Luxusgütern handelte, besteht. Allerdings
ist gleichfalls zu bedenken, daß Dtr die Aussagen so interpretiert hat, da sie seiner Tendenz
entgegenkommen[663].

Wie dem auch gewesen sein mag, Transithandel und Monopol auf Of-
fensivwaffen im größeren Maßstab oder nur Importhandel mit Prestigegü-
tern, 10,28-29 weisen Salomo aus dtr Perspektive als klugen, ausschließlich
auf den eigenen Vorteil bedachten Geschäftsmann aus. Die nachdtr Bearbeitung des Textes von 1.Kön 9,10-10,29 hat den von Dtr zusammengestellten Textzusammenhang soweit redigiert, daß aus einer auf ihr negatives Ende zulaufenden Bewährungszeit eine vorbehaltlose Darstellung
und Entschuldigung des salomonischen Strebens nach Reichtum und seiner Machtpolitik wurde. Die Anführung und Demonstration seiner
sprichwörtlichen Weisheit taucht die von Dtr präsentierten harten Realitäten seiner Regierung in ein milderes Licht. Diese nachdtr Hand hat, teils
literarisch gekonnt, das Urteil über Salomo, wo es ihr ambivalent oder negativ erschien, zurecht gerückt.

ENDZEIT UND ENDE SALOMOS

Dtr beginnt in 1.Kön 11 seinen Bericht über die Endzeit Salomos mit der
überschriftartigen Aussage, daß Salomo viele ausländische Frauen liebte.
Bereits diese Eröffnung signalisiert, daß die Bewährungszeit Salomos end-
gültig abgelaufen ist. Alle im folgenden noch aus Salomos Regierungszeit
erzählten Ereignisse dienen dazu, die Reaktion JHWHs auf Salomos
Fremdheiraten und deren Auswirkungen auf seine religiöse Haltung zu
illustrieren. Zunächst wird der kritische Sachverhalt dargelegt, die ausländischen Heiraten und Salomos Religionsfrevel (V.1-8), dann folgen Ur-

---

[661] Ikeda, *Trade*, 231.

[662] Vgl. Ikeda, *Trade*, 221ff.

[663] Vgl. dazu M. Noth, Das Reich von *Hamath* als Grenznachbar des Reiches Israel,
(1937), wieder abgedruckt in: ders., *ABLAK II*, 1971, 148-160; W. Rudolph, *Chronikbücher*,
HAT 21, Tübingen 1955, 219; J. M. Myers, *II Chronicles*, AncB 13, (1965¹) 1986², 47f; P.
Welten, *Geschichte* und Geschichtsdarstellung in den Chronikbüchern, Neukirchen 1973,
35f. Die Angabe von zwei Preisen, getrennt nach Wagen und Pferden, und die zweimalige
Erwähnung der Ausfuhr (V.29a מרכבה ותצא, V.29b יצאו בידם) könnten entgegen der
Vermutung von Ikeda, daß Prunkwagen und Gespanne gleichzeitig aus Ägypten importiert
wurden, andeuten, daß sie aus verschiedenen Gegenden kamen. Paraphrasierend könnte
V.29 wie folgt verstanden werden: Er kostete, wenn ein Wagen aus Ägypten herauskam,
um 600 Schekel, dagegen das Gespann Pferde um 150 Schekel, und so war es für alle Könige der Hethiter und die Könige von Aram, durch deren Hände/Vermittlung sie ausführten.
Bezieht man das Suffix 3.Pers.pl. schlicht auf das nächstgelegene Substantiv, dann lösen
sich Interpretationsprobleme.

teil und erste Reaktion JHWHs (V.9-13), dem schließt sich die Schilderung dreifacher politischer Bestrafung an (V.14-40). Das Urteil JHWHs
wird nur teilweise zu Lebzeiten Salomos verwirklicht. JHWHs Ankündigung (V.12ff), wie auch die Beschreibung des Jerobeam-Aufstandes machen Salomo seiner Sünde wegen verantwortlich für jene einschneidenden
Ereignisse, die nach seinem Tod zur Teilung des Reiches führen. Der Bericht schließt mit den stereotypen Schlußnotizen zur Regierungszeit Salomos (V.41-43).

"Auf das Ganze gesehen ist das Kapitel 1.Kön 11 in seiner vorliegenden
Gestalt unter einem einheitlichen Gesichtspunkt komponiert."[664] Gegen
die von Noth und Nachfolgern vertretene Position ist neuerdings von
Würthwein[665] und anderen[666] eingewandt worden, daß aus dem Vorliegen
mehrerer Einheiten, die sich sachlich und sprachlich voneinander unterscheiden, auf mindestens drei dtr Verfasser, ungeachtet der nachdtr Ergänzungen und Glossen, zu schließen sei[667]. Das Auftreten der von Würthwein herausgestellten Differenzen läßt sich jedoch im Sinne Noths leicht
als Ergebnis der dtr Interpretation vorgegebener Tradition erklären[668].
Die folgenden Überlegungen gehen davon aus, daß Dtr den Bericht über
die Endphase der salomonischen Herrschaft ausschließlich unter theologischen Gesichtspunkten gestaltet hat. Dieser Sachverhalt wird besonders dort evident, wo er der Tradition entgegen neue Sachzusammenhän-
ge und Zeitabläufe konstruierte[669].

Dtr entwickelt in 1.Kön 11,1-13 sein Schlußurteil über Salomo in wohl
bemessenen, aufeinander abgestimmten Schritten. In 1.Kön 10,29 hatte er
Salomos harmonische Beziehungen zu den hethitischen und aramäischen
Königen vorgeführt. Die Behauptung, daß Salomo viele ausländische Ehefrauen[670] liebte[671] neben der ägyptischen Ehefrau (V.1a), setzt diese Linie
fort, die scheinbar wertneutrale Aufzählung der Nationalitäten (V.1b)

---

[664] Noth, *Könige*, 244; so schon Wellhausen, *Composition*, 272f; Benzinger, *Könige*, 71ff;
Greßmann, *Geschichtsschreibung*, 218. Von den neueren Kommentatoren schließen sich
dem an Rehm *(Könige*, 122ff), DeVries *(Kings I*, 142ff) und Long *(Kings*, 122ff).

[665] Würthwein *(Könige* I, 130ff) nimmt tendenziell die Position von Hölscher *(Könige*,
174f) auf.

[666] So Dietrich, *Prophetie*, 15ff; Hentschel, *1. Könige*, 73ff; Jones, *Kings I*, 232ff.

[667] Die Zahl der Deuteronomisten scheint bei Würthwein nach oben offen zu sein, wie
die wechselnde Rede zeigt von "drei DtrN Schichten" (Würthwein, *Könige I*, 132), einem
späteren DtrN im Gegensatz zu DtrN (a.a.O., 133), einem jüngeren Dtr, der DtrN erweitert hat (a.a.O., 104), Dtr und spätere Dtr (a.a.O., 102). Die Reihe zu unterscheidender
Deuteronomisten bei Würthwein ließe sich noch fortsetzen.

[668] Vgl. ebenfalls H.-D. Hoffmann, *Reform*, 47ff.

[669] Spätere Zusätze werden im Kontext erörtert.

[670] Die Klassifizierung der Ehefrauen als נכריות ist kein späterer Zusatz, wie das
Fehlen in LXX anzudeuten scheint. LXX korrigiert so den erst durch die Einfügung von
V.3 entstandenen Eindruck, daß Salomo in seinem Harem nur ausländische Frauen gehabt
habe.

[671] Das Stichwort אהב charakterisierte bisher die JHWH-Salomo-Beziehung, vgl
2.Sam 12,24b und 1.Kön 3,3.

entpuppt sich durch den nachfolgenden Verweis auf das von JHWH ausgesprochene, auf diese Völker zu beziehende, Verbot des Konnubiums als
erster expliziter Anklagepunkt gegen Salomo[672].

נשים נכריות רבות ist eine zusammenfassende Beschreibung aller ausländischen Frau-
en. Der Beginn der Aufzählung mit nur einer, der Pharaonentochter, wird durch LXX und
Targum bezeugt, ebenso der von Noth[673] als formal ungeschickt betrachtete Anschluß mit
ואת. Die Worte ואת בת פרעה gelten in der Literatur teils als Randglosse[674], als Nachtrag eines Glossators[675] oder als die Einleitung Dtr's bei der Aufzählung der 'Frauen
fremder Nationen'[676]. Die Frage, ob dem Text von 1.Kön 11,1-7 Archivdaten über den salomonischen Harem zugrundelagen, kann hier auf sich beruhen bleiben. Zu fragen ist, ob
die Worte ואת בת פרעה Teil des von Dtr verfaßten Textes sein können oder ob sie aufgrund formal-syntaktischer Bedenken nur als Glosse verständlich werden. Der syntaktisch
elegantere Text ist kein Beweis dafür, daß der vorliegende Text ungrammatisch ist. Betrachtet man ואת בת פרעה als zweites Objekt des Satzes, würde dieses die Anfügung mit
ואת erklären. In der Regel erfordert die Anfügung des zweiten Objektakkusativs die Setzung von ואת[677]. "An dieser oder jener Stelle kann auch an ואת 'sammt' gedacht sein."[678]
A. M. Wilson[679] wies darauf hin, daß את beim ersten Objekt fehlen kann, dann aber bei
einem folgenden "Accusative of Subordination" steht. Diesen Fall sieht Wilson in 1.Kön
11,1 als gegeben an[680].

Ein Blick in die Konkordanz zeigt, daß das auf das Verb אהב folgende Objekt fügungslos, mit nota accusativi oder mit Präposition angeschlossen werden kann. Erweist sich somit
der Satz in 1.Kön 11,1a als grammatisch korrekt, so gibt doch die unverbundene Anreihung
der 5 Nationalitäten zu denken. In den sogenannten kanaanäischen Völkerlisten können die
Objektakkusative ohne את stehen (Dtn 7,1; 20,17) bzw. es ab der zweiten Position fallenlassen, sie werden aber in der Regel mit waw verbunden (Ex 33,2; 34,11; Ri 1,4). Die fügungslose Reihe von 1.Kön 11,1b erinnert formal an die Aufzählung der Völker von 1.Kön
9,20, deren Namen gleichfalls (bis auf die letzte Position) ohne Konjunktion aufeinander-
folgen. Da 1.Kön 11,1b die Voraussetzungen für die Ausführungen von 11,2 schafft, könnte
V.1b eine dtr Erweiterung von V.1a sein, die an das Stichwort נכריות anknüpfte, sofern es
nicht im Zuge der Erweiterung in V.1a eingefügt wurde[681].

Die von diesen ausländischen Frauen ausgehende religiöse Gefahr war
Salomo, jedenfalls aus dtr Sicht, durch die Tora bekannt. Salomo hat mit

---

[672] Von den in 11,1b angeführten Nationalitäten finden sich in Ex 23,23; 34,11 und Dtn
7,2 nur die Hethiter. Die Hethiter werden gleichfalls in 1.Kön 9,20 genannt. Dtn 23,3 ver-
wehrt Ammonitern und Moabitern strikt die Möglichkeit des Eintritts in die Kultgemeinde,
während Edomiter und Ägypter in der dritten Generation zugelassen werden.

[673] *Könige*, 247.

[674] So Kamphausen, 481.

[675] Würthwein, *Könige I*, 132; vgl. ebenfalls u.a. Hölscher, *Könige*, 175 Anm.1; Noth,
Könige, 247; Gray, *Kings*, 274.

[676] DeVries, *Kings*, 142.

[677] Vgl. hierzu *GK*, §117a; Brockelmann, *Syntax*, §96; Jouon, *Grammaire*, §125e-j.

[678] König, *Lehrgebäude*, §288i.

[679] The Particle את in Hebrew, Hebraica 6, 1890, 139-150.212-224, insbes. 221f.

[680] Ebenda 222.

[681] Die Möglichkeit einer Glosse läßt sich natürlich nicht mit letzter Evidenz abweisen.
Dazu bedürfte es einer vergleichenden Untersuchung aller mit ואת angeschlossenen Objektakkusative in ähnlichen syntaktischen Kontexten. Z.B. wird in Ri 20,44 das zweite Ob-
jektakkusativ nur mit את angeschlossen, doch liegt hinsichtlich der beiden Objekte Perso-
nidentität vor.

diesen Heiraten wissentlich und willentlich[682] gegen ein zu Israels Schutz erlassenes Gebot der Tora verstoßen. Sein Verhalten läßt sich als Hybris verstehen[683]. Die Folgen seiner Selbstüberschätzung holten Salomo nach Ansicht Dtr's erst im Alter ein (V.4)[684], in dem er dann der Verführung seiner fremden Frauen zur Verehrung anderer Gottheiten nichts mehr entgegenzusetzen hat (V.4a)[685], so daß Dtr Salomos teilweisen Abfall von JHWH, d.h. die Verletzung des ersten Gebotes, konstatieren muß (V.4b)[686]. Salomo beginnt im Alter, Astarte, die Göttin der Sidonier[687], und Milkom, den Gott der Ammoniter, zu verehren (V.5). Dieser Tatbestand allein nötigt Dtr zur Verurteilung des salomonischen Verhaltens als schlecht in JHWHs Augen (V.6a)[688]. Die Bewertung wird gestützt durch den kontrastierenden Vergleich mit Davids Beziehung zu JHWH[689]. Die Verurteilung folgt hier bereits auf das alltägliche Verhalten des Individuum Salomo und nicht erst auf das des Königs, der mit staatlichen Mitteln seinen kultischen Präferenzen Ausdruck verleiht. So garantiert Dtr, daß die kritische Schwelle für Salomo dort bleibt, wo sie gleichfalls für den normalen Israeliten liegt, in der Wahrung des ersten Gebotes im Alltagsleben[690]. Darüber hinaus baut er Kulthöhen für Kemosch, den Gott der

---

[682] Vgl. E. Jenni, Art.: דבק dbq anhangen, ThAT I, Sp.431-432, insbes. Sp.432; Gen 2,24 bezeichnet דבק die unauflösbar enge Beziehung zwischen Mann und Frau; Jos 23,12 wird vor dem so bezeichneten Verkehr mit den verbotenen Völkern und den religiösen Folgen des Konnubiums gewarnt.

[683] bSanh 21b erörtert Rabbi Jiṣḥaq die beiden Fälle (Dtn 17,16; 17,17a), in denen die Tora Gründe für die Befolgung des Gebotes angibt und vertritt am Beispiel Salomos die Position, daß die Begründungen zur Übertretung reizten: "Es heißt: er soll sich nicht viele Frauen halten; Šᵉlomo aber sagte, er werde sie sich halten und doch nicht abwendig werden, und es heißt: als nun Šᵉlomo alt geworden war, verführten seine Frauen sein Herz. Ferner heißt es: er soll sich nicht viele Rosse halten; Šᵉlomo aber sagte, er werde sie sich halten und doch nicht zurückkehren, und es heißt: und es wurde ein Wagen aus Miṣrajim herausgebracht..." Demnach wurde Salomo als typisches Beispiel für Selbstüberhebung betrachtet.

[684] V.3 dürfte ein nachdtr Zusatz sein, der Salomos Versagen durch die hohe Zahl von 1000 Frauen erklären und entschuldigen möchte. Gegen die Bestimmung von V.3 als Annalennotiz kann mit Montgomery/Gehmann eingewandt werden: "...chroniclers do not mention such private items, which in the Orient are the gentlemans own business." (Kings, 234).

[685] Die Wendung נטה לבב (hiph.) kommt auch in 1.Kön 8,58 vor. 1.Kön 8,57f hatte der Verfasser Salomo JHWH mit den Worten anrufen lassen: אל יעזבנו ואל יטשנו להטות לבבנו אליו.

[686] In 1.Kön 8,23 hatte der Verfasser Salomo sagen lassen, daß JHWH denen die Treue hält, die בכל לבבם vor JHWH wandeln.

[687] Zur Verehrung phönizischer Gottheiten im Jerusalemer Tempel vgl. H. J. Katzenstein, Phoenician Deities Worshipped in Israel and Judah during the Time of the First Temple. in: Lipiński, E. (ed.), Bible, 187-191.

[688] Das positive Urteil aus 1.Kön 3,10 wird hier in sein Gegenteil verkehrt.

[689] Das Stichwort מלא erinnert an die Aussagen von 1.Kön 8,15.24 und fordert zum Vergleich des Verhaltens von JHWH und Salomo auf.

[690] Vgl. ebenfalls Hoffmann, Reform, 54f.

Moabiter[691], und Milkom, den Gott der Ammoniter[692]. Mit diesen Bauten hat Salomo die ihm von der Tora gesetzten Grenzen weit überschritten und JHWHs Reaktion herausgefordert[693].

JHWHs Zorn[694] richtet sich direkt gegen Salomo (V.9a). Bevor JHWH das Urteil spricht (V.11-13), läßt Dtr die besondere Beziehung zwischen JHWH und Salomo am Leser vorbeiziehen (V.9b-10), so das Unvermeid-

[691] Die Lokalisierung der Kulthöhe des Kemosch außerhalb Jerusalems (V.7aß) könn-te, aber muß nicht, ein Zusatz aus 2.Kön 23,13 sein, der Jerusalem von heidnischen Kult-stätten rein erklären möchte. In diesem Sinne argumentieren Würthwein (*Könige* I, 131 Anm.5) und Gray (*Kings*, 279), während Noth (*Könige*, 249) diese Vermutung abweist, vgl. ebenfalls die Ausführungen von Hoffmann (*Reform*, 50ff) zum Verhältnis der Kultnotizen von 1.Kön 11,5.7 und 2.Kön 23,13.

[692] Die zweimalige Erwähnung des ammonitischen Gottes könnte ein Indiz für die Position Naamas, der ammonitischen Mutter Rehabeams, am Hofe Salomos sein, sofern man in V.5.7 historische Reminiszenzen vermutet. H. Seebaß (Die Verwerfung Jerobeams I. und Salomos durch die Prophetie des Ahia von Silo, WO 4 [1967/8], 163-182, insbes. 176) sieht in diesen kultischen Bauten einen Reflex politischer Bevorzugung der Moabiter und Ammoniter.

[693] V.8b ist ein nachdtr Zusatz (vgl. Šanda, *Könige* I, 304), der die Aussagen von V.3 voraussetzt und ihre Tendenz weiterführt. Ein vergleichbarer, fügungsloser Anschluß einer Partizipialkonstruktion liegt in dem nachdtr Vers in 1.Kön 5,1 vor. Vergleichbar sind ebenfalls die partizipialen Appositionen von 2.Kön 10,6 und 2.Kön 19,2 (*GK* § 131h Anm.1). Der Interpolator versucht, die aktive Ausübung der heidnischen Kulte (V.8b) auf die Ehefrauen zu beschränken, so daß Salomo durch seine Bauten nur noch Beihilfe zu diesen Kulten geleistet hätte. Ein inhaltlich ähnlicher, nachdtr Zusatz, der Salomo von kul-tischen Verfehlungen frei spricht, findet sich in 1.Kön 3,2. bŠabbat 56b wird Salomos Ver-fehlung in seiner mangelnden kultischen Aufsicht über seine Ehefrauen gesehen. Nach M.Cohen (maqtîrôt ûm°zabb°hôt lē'lôhêm. VT 41. 1991. 332-341) wären מְקַטִּירוֹת וּמְזַבְּחוֹת falsch vokalisiert worden, es wäre zu lesen "les autels (mizb°hôt) et les encensoirs (miqṭārôt)." (ebenda 338). Die Umvokalisation ist zwar sinnvoll, aber vom Textzusammen-hang nicht zwingend. Die Determination der Partizipien ist nicht notwendig, wie die ge-nannten Parallelen zeigen. Zudem bildet V.8a zusammen mit dem V.1a durch die Stich-worte נכריות נשׁים einen Rahmen für den Bericht über Salomos Abfall. Die Aussage von V.8a ist notwendig, da bisher nicht berichtet wurde, daß Salomo auch für seine hethitischen und edomitischen Gattinnen, sowie für die ägyptische, entsprechende Kulthöhen eingerich-tet hatte. Tertium comparationis sind die genannten Kulthöhen (V.7), wie der Anschluß von V.8a mit עשׂה וכן zeigt. Der Anschluß mit עשׂה כן weist in der Regel auf die Identi-tät von Handlungen hin, bzw. auf die Übereinstimmung von Plan und Ausführung, vgl. u.a. Jos 10,37; 11,15; 2.Kön 16,11.

[694] Das Verb אנף beschreibt ausschließlich JHWHs Zürnen. Die Aussagen von Ps 2,12 sind auf JHWH zu beziehen, nicht auf den König, wie J. Bergman/ E. Johnson (Art. אנף, ThWAT I. 1973. Sp.376-389, insbes. Sp.381) irrtümlich annehmen. In der Regel wird auf der Seite des vom göttlichen Zorn betroffenen Menschen ein Verstoß gegen JHWH vor-ausgesetzt (vgl. Dtn 9,8.20; 1.Kön 8,46 2.Kön 17,18), dem die göttliche Bestrafung unmittel-bar folgt. Wird JHWHs Zürnen mit אנף umschrieben (innerhalb des DtrG), dann hat der davon Betroffene radikale Konsequenzen zu gewärtigen (vgl. Dtn 1,37; 4,21), sofern nicht ein Mose dazwischentritt (Dtn 9,8.20). Zu bedenken ist, daß Salomo selbst im Tempel-weihgebet (8,46-50) gezeigt hatte, wie die von Gottes Zorn (אנף) eingeholten Israeliten sich zu verhalten haben. Der Verfasser läßt Salomo in 1.Kön 11,11-13 nicht im Unklaren über Gottes Zorn wie auch über das Verständnis der folgenden politischen Ereignisse. Sa-lomo wird hier als jemand präsentiert, der seinen eigenen Einsichten nicht folgt.

liche, die Verwerfung Salomos, vorbereitend. Das gegenwärtige Verhältnis Salomos zu JHWH, Salomo hat sich von JHWH abgewandt (V.9bα)[695], steht im eklatanten Widerspruch zu JHWHs vormaligen Bemühungen um Salomo. JHWH ist Salomo zwei Mal erschienen (V.9bß) und hat ihm dabei ausdrücklich befohlen, nicht anderen Göttern hinterherzulaufen (V.10a)[696]. Salomo hat gegen JHWHs eindeutigen Befehl gehandelt (V.10b). Nachdem der Tatbestand vom Verfasser in all seinen strafbegründenden und -verschärfenden Aspekten ausgeleuchtet worden ist, kann sich die JHWH-Rede auf das Wesentliche, das Urteil, konzentrieren. JHWH deutet den Tatbestand nur allgemein an (V.11a)[697], betont hingegen Salomos persönliche Verantwortung[698] für den Verstoß gegen Bund und Gebot (V.11aß)[699] und verkündet die Strafe: Entzug der Herrschaft und Übergabe derselben an einen Knecht Salomos (V.11b). Der zunächst ohne Einschränkung angedrohte Entzug der Herrschaft[700] besagt, daß Salomo zu diesem Zeitpunkt seine von JHWH garantierten Ansprüche als Nachfolger Davids bereits verspielt hat. Außerdem wird JHWHs Zusage, daß es David nie an einem Nachfolger auf dem Throne Israels fehlen solle, durch Salomos Abfall zunichte. Die Strafe entspricht der Schuld, daher muß erst das volle Strafmaß zugemessen werden, ehe unter Anrechnung theologischer Guthabenposten, im Interesse einer Angleichung an den historischen Verlauf, sozusagen ein Nachlaß gewährt wird.

Anschließend läßt Dtr JHWH die Strafandrohung dem historischen Verlauf entsprechend präzisieren. Um der Einhaltung der David gegebenen Verheißung willen trifft die Strafe erst Salomos Sohn (V.12)[701]. Nur

---

[695] V.9b bietet aus anderer Perspektive eine Entsprechung zu dem Verhalten nach V.5 und betont durch Übertragung der formelhaften Aussage נטה לבב auf das Subjekt Salomo dessen Verantwortlichkeit, so das eingangs vermerkte Motiv als Entschuldigung entwertend. נטה לבבו מעם יהוה deutet an, daß Salomo sein Verhalten mit Absicht änderte, vgl. H. Ringgren, Art.: נטה nātāh, ThWAT V. 1986. Sp.409-416 , insbes. Sp.412.

[696] V.10a ist Rückverweis auf 1.Kön 9,6, was sogar Würthwein konzediert (Könige I, 134), obwohl ihm zufolge doch 9,6-9 von einem erst auf DtrN folgenden jungen Dtr stammen soll (Würthwein, Könige I, 104). Der Rückbezug ist ein weiteres Indiz dafür, daß 9,1-9 von einer Hand formuliert worden ist.

[697] Seit Thenius (Könige, 170) wird zum Verständnis der Wendung יען אשר היתה זאת עמך auf Hiob 10,13 verwiesen, und so herausgelesen, daß Salomo heimlich den Vorsatz gehegt hätte, JHWHs Geboten ungehorsam zu werden, vgl. Noth, Könige, 250. Eine weitere Parallele liegt in dem Anfang der in 1.Kön 8,18 zitierten JHWH-Rede (יען אשר היה עם לבבך) vor, die allerdings ein positives Urteil über Davids Ansinnen nach sich zieht. Die gleichlautenden Wendungen dürften einen kontrastierenden Vergleich zwischen David und Salomo intendieren.

[698] V.11aγ ist Rückverweis auf 9,4; 6,12; 3,14.

[699] Der Vorwurf wird in 2.Kön 17,15 in gleichlautender Formulierung gegen Israel erhoben. Die Übereinstimmung spricht eher gegen Grays Annahme (Kings, 279), daß 1.Kön 11,11aß auf den Davidbund anspiele. 1.Kön 8,23 hatte allgemein von "deinen Knechten" gesprochen, deren Lebenswandel Voraussetzung für JHWHs Bündnistreue war.

[700] Vgl. 1.Kön 9,5.

[701] Die Figur David taucht in 11,12f erstmals in ihrer Funktion als Zeichen andauernder Gnade JHWHs auf. Diese Symbolisierung Davids wird vorbereitet durch die Aussagen

so kann JHWH die David gegebene Dynastiezusage halten. Salomos Nachfolge auf dem Thron Israels erfüllte die Verheißung für seinen Vater David[702], für ihn selbst ist sie noch offen. Daher muß die Aufhebung der Dynastieverheißung den Sohn und Nachfolger Salomos treffen[703]. Doch wird dem Sohn Salomos die Herrschaft über einen Stamm belassen werden, um Davids[704] und Jerusalems, der erwählten Stadt, willen (V.13)[705]. Die Strafandrohung ruft zwar die Erinnerung an Samuels Verdikt über Saul wach[706], ihre Ausführungsbestimmung berücksichtigt dann aber die David gegebene Zusage, daß sein ihm auf dem Thron nachfolgender Sohn für seine Sünde nicht wie Saul, sondern mit menschlicher Rute gezüchtigt werden wird (2.Sam 7,14f)[707]. Aus der ihm überlieferten Tradition hat sich Dtr drei Ruten herausgesucht, deren Einsatz er als JHWHs Strafvollzug an Salomo sehen möchte.

Würthwein[708] und ihm folgend Jones[709] vertreten neuerdings die Position, daß die beiden Erzählungen über Hadad von Edom und Reson von Damaskus erst nachdtr eingefügt worden seien. Für die Aufnahme durch Dtr spricht neben dem bereits von Noth dargelegten Sachverhalt (beide Erzählungen illustrieren den teilweisen Herrschaftsverlust Salomos), die übereinstimmende Bezeichnung der Gegner als שטן in den Einleitungen 11,14.23[710] und die Korrespondenz mit der Aussage von 1.Kön 5,18[711]. 1.Kön 11,14.23 demonstrieren, daß die in 5,18 konstatierte Zeit unangefochtener Herrschaft Salomos end-

---

in 1.Kön 3,6, die entsprechenden Bitten Salomos im Tempelweihgebet (8,24-26) und der Schlußaussage des Einweihungsberichtes über das Handeln JHWHs an David und Israel (8,66). Die Symbolisierung Davids könnte in engem Zusammenhang mit der durch Ahia erfolgenden Verheißung, die den Davididen die Macht in Jerusalem garantiert (11,36), stehen. Dieser Sachverhalt würde die These, daß das Ahia-Orakel Ersatz für die Nathan-Weissagung sei, die von Lohfink vorgetragen wurde, unterstützen, vgl. N. Lohfink, Welches *Orakel* gab den Davididen Dauer? Ein Textproblem in 2.Kön 8,19 und das Funktionieren der dynastischen Orakel im deuteronomistischen Geschichtswerk, in: U. Struppe (ed.), *Studien* zum Messiasbild im Alten Testament, SBAB 6, Stuttgart 1989, 127-154.

702 Vgl. die entsprechenden Aussagen von 1.Kön 8,20 und dazu oben S.302f.

703 Vgl. ebenfalls Lohfink, *Orakel*.

704 Die Differenzierung der David beigelegten Epitheta "dein Vater" (V.12), "mein Knecht" (V.13) erfolgt je nach Aussageintention.

705 Die Erwählung Jerusalems wird hier erstmals innerhalb des DtrG positiv und unter ausdrücklicher Erwähnung des Stadtnamens ausgesprochen. 1.Kön 8,16 war dieser Sachverhalt implizit angedeutet worden. 1.Kön 8,44.48 war der Name 'Jerusalem' nicht gefallen. Der Umgang mit dem Namen Jerusalems im Tempelweihgebet entspricht jenem der von JHWH für seinen Namen erwählten Stätte in Dtn 12.

706 Zu den Anspielungen auf 1.Sam 15,28 vgl. Noth, *Könige*, 250.

707 Vgl. Rehm, *Könige I*, 128.

708 *Könige I*, 130ff.

709 *Kings I*, 232ff.

710 J. Hoftijzer (Philological Notes on 1 Kings XI 14, OTS 25. 1989. 29-37) hat - in Auseinandersetzung mit Vanonis grammatisch begründeten These, daß 1.Kön 11.14*.23* Zusätze seien - , gezeigt, daß der asyndetische Anschluß in V.14 wie in V.23 grammatisch möglich ist, und darauf abzielt, die Aufmerksamkeit auf Hadad bzw. Rezon als 'Widersacher' zu ziehen. Vgl. G. Vanoni, *Literarkritik* und Grammatik. Untersuchung der Wiederholungen und Spannungen in 1.Kön 11-12, Arbeiten zu Text und Sprache im Alten Testament 21, St. Ottilien 1984, ebenda 266f.

711 5,18 rechnet Würthwein jedenfalls seinem DtrN zu (*Könige I*, 53f).

gültig aufgehört hat. Der Widerspruch zwischen der Datierung der Strafankündigung in die
Zeit des alternden Salomo und den offenkundig aus früherer Zeit stammenden Vasal-
lenunruhen, wird nicht dadurch verständlicher, daß man einen nachdtr Redaktor mit ihm
behaftet. Der Widerspruch ist jedoch eher impliziter Natur. Schon früheren Kommentato-
ren[712] war aufgefallen, daß der für die Einfügung der Hadad-Erzählung verantwortliche
Redaktor am Schluß der Erzählung jede genauere Angabe über Hadads Rückkehr nach
Edom vermeidet[713], ein Umstand, der sich gut in das theologisch-chronologische System
Dtr's einfügt. Bezieht man die Zeitangabe in V.25a mit M. Weippert[714] auf Hadad von
Edom, dann läßt sich כל ימי שלמה schon aufgrund des berichteten Ablaufes ungezwun-
gen auf die restliche Lebenszeit Salomos beziehen. Versteht man dieselbe Angabe als Da-
tierung der Ereignisse der Kurzerzählung über Reson von Damaskus[715], so gilt für ihr
Verständnis gleichfalls der von 11,11-13 bereitgestellte zeitliche Rahmen. Ein Widerspruch
liegt nur vor, wenn man diese Angabe isoliert von den dtr Vorgaben in 11,11ff betrachtet.
In 1.Sam 7,13 findet sich eine vergleichbare Angabe כל ימי שמואל die sich ebenfalls auf
die noch ausstehende Lebenszeit Samuels bezieht, ebenso wie die entsprechende Angabe
von 1.Sam 14,52. Der dtr Verfasser hat sich jedenfalls bemüht, die ursprünglichen sachli-
chen und zeitlichen Zusammenhänge recht undeutlich werden zu lassen.
Im übrigen schließt die Jerobeam-Erzählung (V.26ff) ohne Überleitung an die Reson-
Erzählung an, das Fehlen einer literarischen Überleitung deutet an, daß Jerobeam in die
Reihe der Widersacher gestellt werden sollte. Seine ausdrückliche Apostrophierung als
Widersacher verbot sich aber, angesichts des unterschiedlichen Ausganges seiner Erhebung
und insbesondere der ihm im folgenden qua Prophetenwort zugedachten Rolle.
   Am Anfang seiner Regierung setzte sich Salomo gegen drei Feinde
durch, am Ende sieht er sich wiederum drei Feinden gegenüber[716]. Der
Verfasser bezeichnet sie als שטן, Widersacher, die JHWH gegen Salomo
geschickt hat. Salomos Vasallen im Süden und Norden des Reiches erheben sich und befreien ihre Länder von der salomonischen Vorherrschaft,
quasi im Auftrage JHWHs. Die Aufstandsbewegung in den Randbezirken
des Imperiums gipfelt nach dtr Sicht in der Rebellion Jerobeams, der als
einer der führenden Mitarbeiter Salomos vorgestellt wird.
   1.Kön 11,26-40 ist von Dtr unter Einbezug der ihm überlieferten historischen Fragmen-
te als Einheit gestaltet worden[717]. Allerdings ist mit einigen späteren Zusätzen zu rechnen,
zu denen die V.32[718].33bß.35bß.39 gehören[719]. In V.33 sind die Verben im Singular zu le-

---

[712] Vgl. Thenius, *Könige*, 173; Klostermann, *Samuelis*, 340.

[713] Historisch wahrscheinlich dürfte, wenn überhaupt, ohnehin nur die Wiederherstel-
lung eines reduzierten edomitischen Reiches gewesen sein, wie die diesbezüglichen Untersuchungen von M. Weippert (*Edom*, insbes. 292.295ff) und J. R. Bartlett (An *Adversary*
against Solomon, Hadad the Edomite, ZAW 88, 1976, 205.226 ; Ders., *Edom* and the
Edomites, JSOT. S 77, Sheffield 1989, 107ff) wahrscheinlich machen. Neuerdings stellen A.
Lemaire (Hadad l'Edomite ou Hadad l'Araméen?, BN 43. 1988. 14-18) und E. A. Knauf
(Supplementa Ismaelitica 13, Edom und Arabien, BN 45, 1988, 62-81; insbes. 68ff) die Existenz eines edomitischen Staates in 10. Jh.v.Chr. in Frage und damit gleichfalls die Historizität der Überlieferung von 1.Kön 11,14-17.

[714] *Edom*, 303.

[715] So die meisten Kommentatoren, vgl. u.a. Noth, *Könige*, 255; Würthwein, *Könige I*,
138; DeVries, *Kings I*, 150.

[716] In 1.Kön 2,13ff wird dieses exemplarisch an Adonja, Joab und Simei vorgeführt.
1.Kön 11,14ff ist das Gegenstück zu 1.Kön 2,13ff; vgl. ebenfalls Parker, *Wisdom*, 100-102.

[717] So mit Montgomery/Gehman, *Kings*, 242ff; Noth, *Könige*, 255ff; Gray, *Kings*, 288ff;
DeVries, *Kings I*, 148ff.

[718] Vgl. hierzu Dietrich, *Prophetie*, 16f.

sen[720] und die Aussage ist entsprechend auf Salomo zu beziehen. Da von Dietrich[721], Würthwein[722], Vanoni[723] und anderen[724] Zweifel bezüglich der Einheitlichkeit der Komposition, insbesondere der V.29-38abα[725] vorgetragen werden, soll, zu den von Noth bereits vorgetragenen Argumenten[726] auf einige literarische Indizien hingewiesen werden, die für eine einheitliche Gestaltung von 1.Kön 11, insbesondere der V.26-40, sprechen. Die Kongruenz zwischen den Aussagen der JHWH-Rede an Salomo (V.11-13) und denen des Ahia-Wortes an Jerobeam (V.31.33*.34-35*.36)[727] spricht für einen Verfasser dieser Tex-

719 Vgl. zit. Kommentare, dazu Würthwein, *Könige I*, 139f; H. Seebaß, Zur *Teilung* der Herrschaft Salomos nach I Reg 11,29-39, ZAW 88. 1976. 363-376, insbes. 363f.

720 So mit LXX, Syrer, Targum, vgl. Thenius, *Könige*, 176; Gray, *Kings*, 291 Anm.c.

721 Dietrich, *Prophetie*, 15ff.

722 Würthwein, *Könige I*, 139ff.

723 G. Vanoni, *Literarkritik*, 100ff.218ff.257ff. Vanonis ausführliche literarische Analyse von 1.Kön 11, die auf der Verbindung von literarkritischer Beobachtung mit grammatischer und syntaktischer Argumentation beruht, kann hier nicht Gegenstand der Untersuchung sein, das würde den Umfang der vorliegenden Studien sprengen. Grundsätzlich ist zu seinem Ergebnis (Vanoni unterscheidet in 1.Kön 11,31b-39 mindestens vier literarische Ebenen plus Ergänzungen) anzumerken, daß er nicht den spezifischen literarischen Stil des dtr Verfassers in Rechnung stellt. Dtr bevorzugt bei der Darstellung komplexer Sachverhalte die Gegenüberstellung gegensätzlicher Perspektiven und differierender Aspekte.

724 Vgl. Jones, *Kings I*, 232f; J. C. Trebolle Barrera, *Salomón* y Jeroboán. Historia de la recensión y redacción de I Reyes 2-12,14, BSal.D 13, Salamance/Jerusalem 1980, 143ff.

725 Die von A. Caquot (*Aḥiyya* de Silo et Jéroboam Ier, Semitica 11. 1961. 17-27) und I. Plein (*Erwägungen* zur Überlieferung von 1 Reg 11,26-14,20, ZAW 78. 1966. 8-24, insbes. 18ff) erwogene Möglichkeit, daß den Kern der Erzählung von V.29ff ein überliefertes Prophetenwort bildete, wird damit nicht ausgeschlossen. H. Weippert hat der Entstehungsgeschichte von 1.Kön 11,29-39 eine ausführliche Studie gewidmet (H. Weippert, Die *Ätiologie* des Nordreiches und seines Königshauses [1 Reg 11,29-40], ZAW 95, 1983, 344-375). Sie geht aus von der Annahme eines ursprünglichen Überlieferungskernes (V.29-31.37.38bβ. 40ab), der als Legitimationslegende des Jerobeam-Hauses zu bestimmen sei, und in dessen Mittelpunkt ein klassisches Königsorakel stehe (a.a.O. 346-354). Die Untersuchung von M. Weippert (Assyrische *Prophetien* der Zeit Asarhaddons und Assurbanipals, in: F. M. Fales (ed.), Assyrian Royal Inscriptions: New Horizons in Literary, Ideological and Historical Analysis. Papers of a Symposion held in Cetona (Siena) June 26-28 1980, Orientis Antiqui Collectio 17, 1981, 71-115) könnten als Indiz für die frühe Entstehung eines derartigen Orakels gelten. Da in H. Weipperts Ausgangshypothese implizit die Zusatzannahme enthalten ist, daß die Legende bereits in ihrer frühesten Form schriftlich überliefert worden ist, ist dann der Schluß unvermeidlich, daß bereits vor der Endredaktion, Korrekturzusätze eingetragen wurden (V.34a.35a.36a.40bβ), die dem tatsächlichen Geschichtsverlauf Rechnung trugen. So verbleiben für die Endredaktion die V.32.34b.36b.38ab, während sie, wie allgemein üblich, die V.33.38b.39 zum späteren Nachtrag rechnet. Ihre Analyse zeigt, daß die unser Thema tangierende Gegenüberstellung von Salomo und Jerobeam erst auf der Ebene der Endredaktion nachweisbar ist.

726 Vgl. Noth, *Könige*, 244f.255ff.

727 Das Ahia-Wort ist in den betreffenden Passagen weder eine bloße Wiederaufnahme des Samuel-Wortes aus 1.Sam 15,27f, noch ist das Verhältnis beider Szenen als das von Vorlage und Nachbildung zu bestimmen, wie H. Weippert (*Ätiologie*, 351ff) in Auseinandersetzung mit den diesbezüglichen Behauptungen von Dietrich (*Prophetie*, 16) gezeigt hat. Eine Untersuchung der Bezüge zwischen der Verwerfung Sauls durch Samuel und der Berufung Jerobeams durch Ahia sollte 1.Sam 15f und 1.Kön 11 insgesamt vergleichen, wobei die entsprechenden Passagen aus der Nathan-Weissagung (2.Sam 7,14f) sowie die von David an Salomo übermittelte Form (1.Kön 2,4) einbezogen werden müßten. Zu Funktion

te. Der differenzierende Gebrauch von ממלכה (V.11b.13a.31b.34a) und מלוכה (V.35b) fand sich so gleichfalls in den dtr Aussagen von 1.Kön 2,12.46[728]. Zu dieser subtil differenzierenden Argumentation gehört, daß die gegenwärtige Position Salomos positiv wie negativ beschrieben wird (V.34) und die Ansprüche des Salomo-Sohnes und Jerobeams sorgsam gegeneinander abgegrenzt werden (V.35abα.36f). Daß einer globalen Herrschaftsermächtigung (V.37) sogleich eine bedingte Beistandszusage und Dynastieverheißung folgen (V.38), entspricht der dtr Nachfolgekonzeption. In dieser Vorstellung sind immer zwei, einander entgegengerichtete Faktoren miteinander auszugleichen, die Sicherung der Kontinuität von Herrschaft, Ernennung des Nachfolgers, und die Bindung der Herrschaft des Nachfolgers an die Tora. Die Kontinuität von Herrschaft wird am ehesten gesichert, wenn der Nachfolger die neue Dynastie fortsetzt. Der kritische Anspruch der Tora, der die Dynastieverheißung konditionalisieren muß, wird dadurch gewahrt, daß die Verwirklichung der Dynastiezusage an die toragerechte Herrschaft des zum Nachfolger Bestimmten gebunden wird. Die Tradition dient hier zur Kontrolle des Charisma. Die bedingte Dynastiezusage an Jerobeam (V.38abα) stellt diesen nicht nur im Anfang David gleich, sie demonstriert auch JHWHs Freiheit gegenüber der auf seine Dynastiezusage sich berufenden davidischen Dynastie. Im übrigen entsprechen die genannten Bedingungen nur denen, die Dtr sorgsam für Salomos Regierung herausgearbeitet hat[729], so daß ein Rückgriff auf sie innerhalb der Verheißung für Jerobeam zu erwarten ist. Aus den genannten Gründen halte ich die Aufteilung von V.29-39 auf zwei dtr Verfasser/Redaktoren für nicht plausibel[730].

Dtr stellt den Aufstand Jerobeams als prophetisch inspiriert vor, was in Anbetracht des JHWH-Wortes an Salomo theologisch konsequent ist. Das Ahia-Wort verlegt Jerobeams Nachfolge in der Herrschaft über Israel[731] wohlweislich erst in die Zeit nach Salomo, und unterstreicht dieses gegenüber Jerobeam. Daher entspricht das Fehlen weiterer Nachrichten über den Aufstand Jerobeams nur Dtr's theologischer Deutung dieser Vorkommnisse. Der in die Position Davids versetzte Jerobeam hätte aus dtr Perspektive den Ablauf des göttlich initiierten Geschehens in aller Ruhe auf seinem Posten abwarten können, ganz wie seinerzeit David. Eine im Anschluß an die prophetische Designation als Nachfolger berichtete erfolgreiche Rebellion Jerobeams widerspräche der prophetischem Beauftragung. Jerobeam wird zum Nachfolger bestimmt und gleichzeitig in den Wartestand versetzt. Seine Designation in diesem Kontext ist durch das JHWH-Wort an Salomo unausweichlich geworden (V.11b), da in diesem Wort Verwerfung Salomos und Bestimmung des Nachfolgers als zwei Sei-

---

und Position von 2.Sam 7 innerhalb des DtrG vgl. u.a. G. von Rad (*Geschichtstheologie*) und D. J. Mc Carthy (*II Samuel 7* and the Structure of the Deuteronomic History, JBL 84. 1965. 131-138). Eine neue Deutung zum Verhältnis von Nathan-Weissagung und Ahia-Orakel hat Lohfink vorgelegt (ders., *Orakel*). Demnach hätte die Nathan-Weissagung mit der Reichsteilung theologisch ausgedient und wäre von Dtr durch das Ahia-Orakel ersetzt worden.

[728] Vgl. dazu oben 250f.

[729] Vgl. 1.Kön 3,14; 9,4; 11,11.

[730] Vgl. ebenfalls J. Debus, Die *Sünde* Jerobeams, FRLANT 93, 1967, 8ff und Seebaß, *Teilung*, 63f.

[731] Die Debatte über die Zahl der Mantelfetzen, Zahl und Identität der an Jerobeam und Rehabeam zugewiesenen Stämme und den Zusammenhang zwischen der Anzahl der Fetzen und der Stämme kann hier nicht aufgenommen werden, vgl. insbes. Debus, *Sünde*, 13ff und C. H. J. de Geus, The *Tribes* of Israel: An Investigation into Some of the Presuppositions of M. Noth's Amphictyony Hypothesis, SSN 18, Amsterdam 1976, insbes. 115ff.

ten eines Vorganges angekündigt worden waren. So wird zwar Salomo mit der Schuld für die drohende Reichsteilung behaftet, doch JHWH hält mit dem bereits ernannten neuen König Jerobeam ein Mittel bereit, um die politischen Folgen für Israel erträglich zu gestalten und den nach Salomos Tod drohenden Bürgerkrieg zu verhindern[732]. Dtr schließt den Bericht über die Endzeit Salomos mit der Mitteilung, daß Salomo versuchte, Jerobeam zu töten, dieser jedoch bis zu Salomos Tod Zuflucht in Ägypten suchte (V.40). Danach folgen die typisch dtr Schlußnotizen[733]. Salomos letzte Tat erschient so als unmittelbare Reaktion auf die prophetische Designation Jerobeams[734], mithin als Ungehorsam gegenüber JHWHs Wort[735]. Salomo stirbt im Ungehorsam gegen JHWH. Die offene Rechnung, die er hinterläßt, wird sein Sohn für ihn begleichen müssen.

Der erste Nachfolger Davids ist kein David würdiger Nachfolger gewesen. Salomo hat die von David akzeptierte Grundlage der Herrschaft der Davididen über Israel (Erfüllung des Willens JHWHs und Umkehr des Königs, so JHWH ihn auf falschem Wege antrifft) negiert und ist der Hybris des seiner eigenen Machtvollkommenheit gewissen Monarchen erlegen. In 1.Kön 9-11 arbeitet Dtr mit jeder neuen Mitteilung über Salomos Regierung nur deutlicher die Züge des Individuums heraus, das seine ihm von Gott gesetzten Grenzen nicht mehr wahrhaben will. Die Figur Salomos ist ein negativ geführter Beweis für die Notwendigkeit eines Königsgesetzes, dessen Bestimmungen den König eindeutig einer Gottesordnung unterstellen, damit er nicht der Gefahr der Macht erliegt. Bei der Ausgestaltung der Figur des Monarchen Salomo haben Motive eine Rolle gespielt, die dann in Dtn 17,14-20 zur Formulierung der einzelnen Ge- und Verbote beitrugen, und die später in Dtn 8 zur Vorstellung des Individuums führten, das über JHWHs reichen Gaben vergißt, wem es sie zu verdanken hat. Der Mensch vergißt über JHWHs Geschenken dessen Gebote, beachtet sie nicht mehr und verehrt verbotene Gottheiten. Salomo hat alle Warnungen der Tora und die persönlichen Mahnungen JHWHs souverän mißachtet. Er ist hinter die von ihm öffentlich vertretenen religiösen Forderungen zurückgefallen und hat der eigenen Einsicht zuwidergehandelt[736]. JHWHs Urteil beugt er sich nicht, die Strafen sind ihm kein Anlaß

---

732 Die judäische Gegenseite wird dann vom Propheten Schemaja über JHWHs Absichten aufgeklärt, 1.Kön 12,22-25.

733 Zu der in Hinblick auf die besonderen Umstände des Anfanges der Regierungszeit Salomos vorgenommenen Variation der Formel vgl. Noth, *Könige*, 262f; Würthwein, *Könige I*, 146.

734 Vgl. Trebolle Barrera, *Salomón*, 170.

735 In der Konzeption des Übergangs der Herrschaft von Salomo auf Jerobeam liegen Parallelen vor zu jener von Saul auf David. Vgl. die Beobachtungen zur Redaktionsgeschichte der Komplexe Saul-David und Samuel-Saul von M. Weippert (*Fragen* des israelitischen Geschichtsbewußtseins, VT 23, 1973, 415-442, insbes. 438).

736 1.Kön 11,9a kann als Anspielung auf die in 1.Kön 8,46 beschriebene Situation gelesen werden. Nach 1.Kön 8,46ff hat der betreffende Sünder die Chance, JHWHs Zorn abzuwenden, wenn er zur Einsicht und Umkehr kommt. Die Formulierung der Anklage in 11,9b weist auf Salomos entsprechende Bitte in 1.Kön 8,58a zurück.

zur Umkehr. Die Gefahr, die er gesucht hat, läßt ihn unzugänglich für das
Gotteswort werden[737].

DIE JHWH-WORTE UND DIE DARSTELLUNG DER SALOMO-
GESCHICHTE

Geburt und Tod Salomos werden durch JHWH-Worte markiert. Am
Anfang seines Lebens stehen die beiden Heilsnamen Salomo und Jedidja,
einer davon wird auf ein JHWH-Wort zurückgeführt (2.Sam 12,24f). Das
Ende seines Lebens wird durch ein Unheilswort JHWHs eingeleitet
(1.Kön 11,11-13). Das letzte JHWH-Wort hebt das erste JHWH-Wort auf.
Das erste JHWH-Wort versichert Salomo der uneingeschränkten Liebe
Gottes. Die offizielle Übermittlung dieses Gotteswortes durch den Hof-
propheten Nathan läßt an die große Zukunft dieses Kindes denken. Das
letzte JHWH-Wort widerruft förmlich JHWHs Zuneigung und beschnei-
det nicht nur die Zukunft Salomos, sondern ebenfalls die seines Nachfolgers Rehabeam. Vom letzten Gotteswort her betrachtet, scheint es kein
Zufall mehr zu sein, daß das erste Wort in 2.Sam 12,25 nur umschrieben,
aber nicht zitiert wird. Eine konditionalisierte Zusage JHWHs ist nicht
geignet als verheißungsvolles Omen für ein Neugeborenes. Aber eine un-
bedingte Verheißung stände dem bekannten Ende Salomos entgegen. Die
indirekte Andeutung einer göttlichen Verheißung für Salomo ermöglicht
ein Umgehen dieses Dilemmas.

Die beiden Gottesworte bilden die theologischen Eckpunkte der Darstellung des salomonischen Lebens und seiner Regierung. Dazwischen
stehen drei weitere JHWH-Reden (1.Kön 3,11-14; 6,11-13; 9,3-9), die inhaltlich charakteristisch unterschiedene Regierungsperioden abgrenzen
bzw. pointieren.

1.Kön 3,11-14[738] grenzt die düstere Anfangszeit des Königs Salomo ab
von dem Teil der Regierungszeit, der für alle Wohlstand, Frieden und un-
gebrochene Übereinstimmung zwischen König, Gott und Volk bringt. Das
zweite JHWH-Wort ist Teil eines Dialoges zwischen JHWH und Salomo.
Der Dialog veranschaulicht, daß JHWHs erste Zusage für Salomo wohl

---

[737] Selbst wenn man bedenkt, daß Dtr in gewissem Maße dem faktischen Geschichtsverlauf Tribut zollen mußte, war er durch diesen nicht gezwungen, Salomo die Rolle des
religiösen Erzschurken auf den Leib zu schreiben. Eine kleine theologische Ehrenrettung
nach dem Muster des chronistischen Manasse (2.Chr 33,10ff) wäre historisch möglich gewesen. In 1.Kön 9-11 gibt Dtr Salomo nicht die geringste Chance, auf seinem zunehmend
abschüssiger werdenden Wege innezuhalten, Gelegenheiten, die sein Vater David regelmäßig erhält. Die Figur Salomos ist, hinsichtlich der Schilderung der Salomo-JHWH-
Beziehung, bewußt im Gegensatz zur Figur Davids entwickelt worden.

[738] Das Wort ist sehr eng mit dem Kontext verbunden, vgl. dazu oben S.272ff.

auf Resonanz beim Empfänger gestoßen ist[739], doch ist der Empfänger offenkundig noch nicht fähig, die ihm zugedachten Aufgaben entsprechend dieser Liebe Gottes zu erfüllen. Das zweite JHWH-Wort verwandelt Salomo in einen Herrscher nach JHWHs Plan. Gleichzeitig erinnert es Salomo an die letzten Worte Davids und die Grundbedingung einer erfolgreichen Herrschaft[740]. Der abstrakte Maßstab Davids für seinen Nachfolger, die Tora Moses, wird von JHWH konkretisiert als die Lebensführung Davids[741].

Das dritte JHWH-Wort (1.Kön 6,11-13) ergeht nach dem ersten Bauabschnitt des Tempel. Es wiederholt die drei entscheidenden Kriterien der König-Gott-Beziehung, dabei werden die entsprechenden Stichworte aus 2,3 und 3,14 aufgenommen. Der Hauptakzent liegt jetzt auf der Einlösung der Bedingungen[742]. In Anspielung auf die Nathansverheißung[743] wird die im Testament Davids erwähnte Dynastiezusage (2,4), deren Bestätigung durch JHWH noch aussteht, von JHWH auf Salomo unter den genannten Konditionen übertragen. Die Bedingungen der Erfüllung bleiben dieselben. Dazu wird eine weitere Aussage beglaubigt, die in den bisherigen Reden nur im Munde Salomos zu hören war, die aber die JHWH-Israel-Beziehung charakterisiert: עמך אשר בחרת (3,8aß). Diese Behauptung wird angesichts der durch den Tempelbau eingetretenen Situation konkretisiert und ist die Ausgangsbasis der Zusage JHWHs: ושכנתי בתוך בני ישראל ולא אעזב את עמי (6,13)[744]. Die Konkretion parallelisiert das Wohnen Israels und JHWHs, in Weiterführung des Gedankenganges von 2.Sam 7,4-11a[745]. Aber JHWHs Wohnort wird nicht der Tempel sein, sondern er wird inmitten seines Volkes wohnen. Diese kleine Gottesrede entwertet Salomos Tempelbau noch vor seiner Fertigstellung und spricht dem Tempel die religiöse Relevanz ab. 1.Kön 6,11-13 stimmt in dieser Tendenz mit dem Tempelweihgebet Salomos überein.

---

[739] Vgl. ויהוה אהבו (2.Sam 12,24bß) mit ויאהב שלמה את יהוה (1.Kön 3,3aα). Diese beiden Aussagen korrespondieren miteinander und bilden den Beziehungshintergrund des Gespräches in 1.Kön 3,6-14.

[740] Vgl. ושמרת את משמרת (1.Kön 3,14aα) mit ואם תלך בדרכי לשמר חקי ומצותה יהוה אלהיך ללכת בדרכיו לשמר חקתיו מצותיו ומשפטיו... (1.Kön 2,3a).

[741] Vgl. כאשר הלך דוד אביך (1.Kön 3,14aß) mit ככתוב בתורת משה(1.Kön 2,3bß).

[742] Vgl. אם תלך בחקתי ואת משפטי תעשה ושמרת את כל מצותי ללכת בהם (6,12a) mit לשמר חקי ומצותה (3,14aα) und ללכת בדרכיו לשמר חקתיו מצותיו ומשפתיו... (1.Kön 2,3a).

[743] Vgl. והקמתי את דברי אתך אשר דברתי אל דוד אביך (6,12b) mit את זרעך אחריך (2.Sam 7,12aß).

[744] Die Zusage ist eine positive Umkehrung des Sachverhalts von Ex 33,3b (JHWH entzieht sich) und der Ersatzlösung des אהל מעד (Ex 33,7-11).

[745] vgl. 2.Sam 7,10 שכן. 2.Sam 7,4-11a stellt das Mitgehen JHWHs auf dem bisherigen Weg Israels heraus. Die Argumentation endet aber mit dem Versprechen, daß Israel in Ruhe im Lande wohnen können wird. Etwaige Schlußfolgerungen für JHWHs 'Begleitung' im Lande werden daraus nicht gezogen, sind aber implizit im Gedankengang enthalten. 1.Kön 6,13 bringt diesen Gedankengang zum Abschluß.

Das vierte JHWH-Wort (1.Kön 9,3-9) stellt ebenso wie alle bisherigen
Gottesworte eine Reaktion JHWHs auf ein unmittelbar zuvor geschilder-
tes Geschehen dar. Die Einleitung in 9,2 stellt diese JHWH-Erscheinung
ausdrücklich jener zu Gibeon gleich (3,4-15). In ihrer dreiteiligen Struktur
ähnelt diese JHWH-Rede jener aus 1.Kön 6,11-13. Zuerst geht JHWH auf
den Tempelbau ein[746], dann wendet er sich Salomos Interessen zu[747] und
schließlich jenen des Volkes[748]. Es finden sich zahlreiche weitere Anspielungen an die vorangehenden JHWH-Worte sowie David- und Salomo-
Worte[749]. Zum Teil führen die Aussagen jene aus dem voranstehenden
dritten JHWH-Wort fort, zum Teil aber halten sie Bekanntes für Salomo
und Israel fest. Weitergeführt wird der Gedankengang aus 6,13 in 9,6-9.
Israel wird vor Augen geführt, welche Auswirkungen 'JHWHs wohnen
inmitten Israels" haben wird, wenn Israel JHWH ungehorsam wird. Nach
6,13 hatte JHWH zugesagt, daß er sein Volk nicht verlassen werde (עזב);
nach 9,6-9 droht JHWH Israel und dem Tempel Vernichtung an, wenn Israel JHWH verlassen wird (עזב). Das vierte JHWH-Wort wirkt wie eine
verdeutlichende Zusammenfassung der anderen JHWH-Worte.

Das fünfte und letzte JHWH-Wort hat ebenso wie das vierte eine be-
ziehungsreiche Einleitung. Die Behauptung ויתאנף יהוה בשלמה (11,9a)
erklärt das erste JHWH-Wort ויהוה אהבו (2.Sam 12,24bß) für unwirk-
sam. Die Begründung der Unheilsansage in 11,11a verweist explizit auf die
vorigen Ermahnungen[750] zurück. Das Unheilswort selbst hebt die Dynastieverheißung für Salomo auf.

JHWH-Worte und JHWH-Reden bilden ein Aussagensystem, das die
Kriterien zur Beurteilung der Herrschaft Salomos bereitstellt[751]. Gleichzeitig erscheint JHWH durch seine wiederholten direkten Interventionen
im Leben Salomos als ein über alle Maßen großzügiges und langmütiges
göttliches Gegenüber. In diesen Reden löst JHWH das David gegebene
Versprechen ein: "Ich will ihm Vater sein, und er soll mir Sohn sein; wenn
er sich vergeht, dann will ich ihn mit menschlicher Rute und menschlichen
Schlägen strafen." (2.Sam 7,14). JHWH läßt Salomo nie im Unklaren über
seine Beziehung zu ihm, und was er von ihm erwartet. JHWH nimmt das
Kind Salomo bedingungslos an, greift korrigierend in das Leben des jun-

---

[746] Vgl. 1.Kön 6,11a הבית הזה אשר אתה בנה mit הבית הזה אשר בנתה in 1.Kön
9,3a. In 6,12a bleibt JHWHs Haltung zum Tempel offen, in 1.Kön 9,3 "adoptiert" JHWH
den Tempel.

[747] Vgl. 1.Kön 6,12a אם תלך בחקתי mit ואתה אם תלך לפני in 1.Kön 9,4a.

[748] Vgl. 1.Kön 6,13 mit 1.Kön 9,6-9.

[749] Vgl. 9,4 mit 3,6.14a (David als Maßstab). Das Stichwort והקמתי, auf die Herrschaftsnachfolge bezogen in 9,5, verweist über die Aussage von 6,12b zurück auf 2.Sam
7,12aß. Der Rückverweis כאשר דברתי על דוד אביך von 1.Kön 9,5bα führt über 6,12
zu 2,4.

[750] Vgl. 9,4; 6,12b; 3,14a.

[751] Zu diesen Aussagensystem gehört das Tempelweihgebet und das Testament Davids.
Beide sind mit den JHWH-Reden durch geprägte Wendungen (vgl. שמר מצותיו וחקתיו
ומשפטיו; ללכת בכל דרכיו) und die Vorstellung, daß David das Vorbild an Gottesgehor-
sam war, verbunden.

gen Königs ein, bewahrt ihn vor einer falschen religiösen, auf den Tempel
sich gründenden Sicherheit und warnt Salomo nachdrücklich, als dieser an
den religiösen Wendepunkt seiner Herrschaft gekommen ist. Sogar die
Verurteilung Salomos durch JHWH und die erst nacheinander einsetzenden Strafen bieten Salomo nach dtr Ansicht, die Dtr bezeichnenderweise
hatte Salomo äußern lassen (1.Kön 8,46-50), noch eine letzte Chance zur
Umkehr.

SCHLUSS

Josua, der ideale Nachfolger und Salomo, der mißratene Nachfolger

Die Untersuchung der alttestamentlichen Überlieferungen zu Josua und Salomo hat gezeigt, daß beide ihre literarische Gestalt dem Bemühen dtr Theologie verdanken, die Tora und ihre Wirksamkeit im Alltagsleben zu veranschaulichen. 'Josua' und 'Salomo' sind Ausprägungen eines ihnen zugrundeliegenden Idealtypus 'Nachfolger'. Das Interesse an der Gestalt der Nachfolger der beiden herausragenden Charismatiker der Geschichte Israels, Mose und David, dürfte zeitbedingt sein. Die Ausbildung idealisierter Gestalten ist Ergebnis der theologischen Reflexion der Krise der damaligen politischen und gesellschaftlichen Ordnung Judas auf dem Hintergrund des Niedergangs des assyrischen Imperiums und den folgenden Auseinandersetzungen zweier Großreiche um die Vorherrschaft über Syrien-Palästina. Der 'Nachfolger' kann als ein Beitrag der dtr Denkschule zur Bewältigung dieser Periode verstanden werden. Er ist entwickelt worden auf dem Hintergrund der Vorstellung der Tora als der von JHWH verbindlich erlassenen Lebensordnung für Israel. Die Tora beansprucht, das Alltagsleben Israels zu regulieren. Der Geltungsanspruch der Tora läßt die Frage aufkommen, ob und in welchem Maße deren Anspruch für den Führer Israels gilt. Modellhaft wird dieses Problem anhand des Idealtypus Nachfolger vorgeführt und gelöst.

Ein Charismatiker nach Art des Mose kann als Autorität nicht neben der Tora auftreten, ohne diese in ihrem Geltungsanspruch zu gefährden. Aus diesem Grunde erfolgt die Verkündigung der Tora am Vorabend des Todes Mose. 'Mose' und 'Tora' sind zwei Verkörperungen von Autorität, die nicht nebeneinander bestehen können. Solange Mose lebte, bedurfte Israel keiner Tora. Sobald die Tora proklamiert ist, bedarf Israel Moses nicht mehr. Der Tod des Mose nach Bekanntgabe der Tora und vor der Einwanderung nach Kanaan ist theologisch wohl bedacht. Die Konstituierung Israels nach der Niederlassung in Kanaan als Bundesgemeinschaft mit und unter JHWH kann nur auf der Grundlage der Tora gelingen und unter der Führung eines der Tora unterstellten 'Josua'. Der Charismatiker Mose gefährdet JHWHs Anspruch, die einzige, absolute Führungsautorität für Israel im Lande zu sein, wenn er sozusagen in letzter Minute vor der Proklamation der Tora JHWH bittet, mit in das Land ziehen zu dürfen (Dtn 3,23-25). Überlebt der Verkünder der Tora deren Verkündigung und begleitet deren Realisierung im Alltagsleben Israels, dann treten unlösbare Autoritätskonflikte zwischen Tora und Mose, Mose und JHWH auf. Der Verkünder der Tora kann und darf nicht der erste Ausleger der Tora werden, denn die Verbindung beider Aufgaben in einer Person würde ihm einen nahezu göttlichen Rang verleihen.

Das theologische Motiv des Todes Mose hat in der von den biblischen Verfassern konstruierten gesellschaftlichen Übergangssituation sein soziologisches Pendant. Charismatisch begründete und geleitete Gemeinschaften, deren Verbandsbildung sich im Übergang zu festeren und verbindlicheren Formen der Organisation befindet, ausgedrückt durch die allgemeine Annahme einer Grundordnung, bedürfen nicht mehr einer charismatischen Führung, sondern einer an der neuen Ordnung sich orientierenden Führung. Die Autorität des zweiten Anführers einer solchen Gruppierung ist daher im Gegensatz zu jener des ersten Anführers mittelbare Autorität. Sie hat sich im Rahmen der neuen Ordnung zu bewähren. In der Regel wird die Autorität des Zweiten vom Ersten delegiert. Die Frage der Legitimität des Anspruches stellt sich erst dort, wo der Anführer, der im Rahmen einer Ordnung berufen und auf dieselbe verpflichtet worden ist, dieser Ordnung im Alltag Geltung zu verschaffen sucht. So ist für die Demonstration der Tora als Lebensgrundlage Israels im Lande die Figur des Nachfolgers weit geeigneter als jene des Begründers.

'Josua' und 'Salomo' erfüllen beide die klassischen Anforderungen an den Nachfolger. Ihre Figuren markieren in der dtr Darstellung der Geschichte Israels jeweils einen Wendepunkt. Josua leitet den Übergang von der Exodus-Weggemeinschaft zu der israelitischen Siedlungsgemeinschaft. Salomo etabliert den zentral organisierten israelitischen Staat. Beider Autorität ist vom Vorgänger delegiert worden, der seinerseits als Charismatiker in seine Führungsposition gelangte. Josua und Salomo gelangen unter einer als gültig betrachteten Grundordnung in ihre Position. Sie werden beide auf die Einhaltung der Tora verpflichtet und an ihr gemessen. Ihre Karriere steht nach dem Tode des Vorgängers unter dessen Schatten, der stets als Vorbild hingestellt wird. Allerdings hat dieser 'Schatten' des Vorgängers für die Gestaltung der Figur Josua eine andere Funktion als für die des 'Salomo'.

Josuas Bedeutung wird in allen Texten, in denen er explizit oder implizit mit Mose verglichen wird, gegenüber der Moses als minderen Ranges dargestellt. Das gilt sowohl für die JHWH-Josua-Beziehung wie für das Verhältnis zwischen Josua und Israel. Ansprüche einzelner Israeliten an Josua werden durch Berufung auf die Autorität Moses vorgebracht. Die ihm verliehene Macht setzt Josua ausschließlich im Interesse Israels ein. Die Verfolgung eigener Interessen auf Kosten der Allgemeinheit kann Josua in keinem Fall nachgesagt werden. Mose hat Josua den Handlungsrahmen vorgegeben, den Josua ausfüllt und einhält. Aussagen über die Mose-Ähnlichkeit Josuas zeigen, daß Josua nur delegierte Autorität zukommt, die entgegen der Autorität des Mose von menschlicher Herkunft ist. Doch bewirkt die durchgängige Orientierung Josuas an dem Vorbild Moses und an der Tora, daß der Vergleich Mose-Josua zu einer positiven Bewertung Josuas führt. Die Relation Josua-Mose ist unter dem Gesichts-

punkt der Bewertung beider Figuren konstant. Die Gestalt des Josua wird
der Gestalt des Mose angenähert, so daß es in den für die Beziehung
JHWH-Israel wichtigen Bereichen zu positiven Entsprechungen zwischen
beiden Gestalten, 'Mose' und 'Josua', kommt. Am Ende seines Lebens hat
sich Josua das Ehrenprädikat der Erzväter und Moses verdient und wird
von seinem literarischen Schöpfer עבד יהוה genannt (Jos 24,29).

Das Verhältnis zwischen den Figuren Salomo und David entwickelt sich
nicht so geradlinig wie das zwischen 'Josua' und 'Mose'. Salomo beansprucht im Gegensatz zu Josua die ungeschmälerte Machtposition seines
Vorgängers. In dieses Bild fügt sich gut ein, daß David erst kurz vor seinem Tode, aber nach der Inthronisation Salomos, die Tora als die für Salomos Herrschaft verbindliche Ordnung bezeichnet. David markiert die
Grenzen für Salomo, der sich scheinbar daran hält. Doch bekunden seine
ersten Regierungsmaßnahmen (Ermordung der Gegner, Verbannung Ebjathars), daß Salomo die ihm verliehene Autorität zur Durchsetzung eigener Interessen mißbraucht. Die Tora als gültige Verfassung wird von Salomo nach seinem Gutdünken interpretiert. Als JHWH Salomo entgegentritt, vergleicht Salomo sich mit David, eine Vorstellung, die der Gestalt
'Josua' (Vergleich mit Mose) fremd ist. Salomo erkennt angesichts
JHWHs die qualitative Differenz an, die ihn von seinem Vorgänger noch
trennt, und 'David' wird im Munde Salomos zum Ideal des Monarchen.

Im Verhältnis Salomo-Israel spielt der Vorgänger David gleichfalls eine
erhebliche Rolle. Sieht man von der Selbstverständlichkeit ab, daß die ge-
nealogische Beziehung und der erklärte Willen des Vorgängers hier das
Nachfolgeverhältnis begründen, dann dient die Figur 'David' im Munde
Salomos fast ausschließlich dazu, gegenüber Israel die Legitimität seines
Handelns bzw. die Berechtigung geäußerter Wünsche zu begründen. 'Sa-
lomo' tritt aus seiner Perspektive in den Relationen JHWH-David, Israel-
David und Hiram-David an die Stelle Davids und kann aufgrund dieses
Umstandes eine Fortsetzung dieser Relationen beanspruchen. Die Aus-
gangsbasis wird von den anderen Partnern akzeptiert, die vorgetragenen
Erwartungen werden nicht enttäuscht, doch setzen zumindest JHWH und
Hiram eigene Akzente in ihren Beziehungen zu Salomo.

JHWH weist Salomo auf die JHWH-David-Beziehung hin, David hat
JHWHs Gebote befolgt[1], und verpflichtet Salomo, ein Gleiches zu tun. Im
Gegenzug erhält Salomo die Zusage, daß Salomo alle Vorgänger und
Nachfolger überragen wird, d.h. er wird sogar seinen Vorgänger David in
den Schatten stellen. Ein derartiges Versprechen ist für Josua undenkbar.
Diese Differenz zwischen den Beziehungen Mose-Josua und David-
Salomo deutet ebenso auf die einzigartige Position Moses wie auf diejeni-
ge Salomos hin. Die Berufung Salomos auf David im Gespräch mit JHWH
korrespondiert mit der Berufung JHWHs auf David gegenüber Salomo.
Die Behauptung, daß der Vorgänger das Beispiel der Einhaltung von

---

[1] 1.Kön 3,14 wird erstmals der Weg Davids gleichgesetzt mit der Einhaltung von
JHWHs Geboten; 1.Kön 9,4 nimmt diese Identifikation auf und führt sie weiter.

JHWHs Willen und Bestimmungen bietet, wird in beiden Fällen innerhalb von JHWH-Reden vorgetragen[2]. In der JHWH-David-Salomo-Relation hat 'David' in einer Hinsicht dieselbe Funktion wie in der Relation Salomo-David-JHWH, 'David' ist der Grund der Relation. In der Josua-Mose-JHWH-Relation ist Mose nur Vermittler. Die Funktion, die 'David' für 'Salomo' hat, wird hier von Israel übernommen, das Grund der Beziehung zwischen Josua und Gott ist. Während aber die Berufung Salomos auf den Grund der Beziehung für Salomo positive Aussichten eröffnet (1.Kön 3,6-9; 8,15-26), ändert die Größe 'David' im Munde JHWHs ihre Funktion. 'David' wird zum Maßstab JHWHs, der an Salomo angelegt wird (1.Kön 3,14; 6,12; 9,4; 11,12).

Der Mose-Josua-Vergleich dient in der JHWH-Rede (Jos 3,7), nach einer ersten Erinnerung (Jos 1,7), ebenso wie in den Aussagen des Erzählers (Jos 11,15) und Josuas (Jos 22,2) dazu, Josuas Position gegenüber Israel zu festigen. Der David-Salomo-Vergleich begleitet Salomos Lebensweg in den JHWH-Reden eher wie eine offene Frage (1.Kön 3,14; 6,12; 9,4), deren negative Beantwortung durch den Erzähler (1.Kön 11,4) die Verurteilung Salomos durch JHWH (1.Kön 11,11-13) vorbereitet. Die Vorwegnahme der Antwort als Aussage des Erzählers - erwartet hätte man ein entsprechendes Statement zu Beginn des JHWH-Wortes - ermöglicht hier, die durch die Gleichungen von 1.Kön 3,14; 6,12 und 9,4 heraufbeschworene enge Verbindung der beiden Größen 'David' und 'Tora' so aufzulösen, daß sie innerhalb der Verurteilung intentional entgegengesetzt eingesetzt werden können. JHWH begründet die Verwerfung Salomos mit dessen Verstoß gegen das erste Gebot, motiviert dann indes die Aufschiebung der Bestrafung durch den Sachverhalt, "David, dein Vater" ist "David, mein Knecht" (1.Kön 11,12a.13bα). Auf der Habenseite wird zugunsten Salomos noch die Erwählung Jerusalems verbucht (1.Kön 11,13bβ), da Salomo ihr im Tempelbau sichtbar Gestalt verliehen hatte.

Das Bild der Nachfolger Josua und Salomo unterscheidet sich noch in einem weiteren Punkte grundlegend. 'Josua' ist in dem Augenblick, in dem er die Nachfolge Moses antritt, als Gestalt in allen Charakterzügen und denkbaren Verhaltensweisen soweit ausgebildet, daß seine künftige Laufbahn vorhersagbar scheint. 'Josua' verkörpert von Beginn seiner Führungsübernahme an das Ideal des an der Tora orientierten israelitischen Anführers. Diese ideale Persönlichkeit ist nicht die Folge des Eingreifens JHWHs in sein Leben, sondern Ergebnis der Erziehung Josuas durch Mose für seine künftige Tätigkeit. Mose hat sich den noch jugendlichen Josua als Diener und Begleiter ausgesucht, ihm die Gelegenheit gegeben, in allen wichtigen Führungsangelegenheiten dabei zu sein, sowie ihn seiner Fähigkeit entsprechend eingesetzt, ihn aber auch dort, wo es notwendig war, in seine Schranken verwiesen. Mose hat sich in weiser Voraussicht seinen Nachfolger erzogen. Er vermittelt Josua die Führungskompetenz, legt in Abstimmung mit JHWH dessen künftigen Aufgabenbereich fest

---

2 Vgl. Jos 1,7 mit 1.Kön 3,14 und 9,4.

und setzt Josua erst öffentlich ein, nachdem die Tora für ganz Israel als verbindliche Lebensordnung bekanntgegeben worden ist. Daß Mose die noch unerledigten Führungsaufgaben nicht unmittelbar nach JHWHs letzter Aufforderung, die Führung an Josua zu übergeben, delegiert (Dtn 3,21-28), sondern erst in Angriff nimmt, nachdem die Tora öffentlich vorgetragen worden ist (Dtn 31,7f), ist theologisch wohl begründet. Die Bekanntgabe der Tora muß vor der Ernennung des neuen Anführers erfolgen. Der Zweite kann nur auf eine Lebensordnung verpflichtet werden, die er kennt.

Eine Vorbereitung Salomos auf seine künftigen Aufgaben als Monarch kennen unsere Texte nicht. David hat sich weder um die entsprechende Ausbildung Salomos noch um die eines anderen potentiell als Nachfolger in Frage kommenden Sohnes gekümmert. Der Hinweis anläßlich der Geburt Salomos, daß JHWH ihn liebte (2.Sam 12,24bß), ist Salomos einzige, ihn für die spätere Führungstätigkeit auszeichnende Qualifikation. Daher ist es nicht überraschend, wenn JHWH in der Begegnung zu Gibeon quasi wie ein Vater gegenüber Salomo auftritt, ihn durch spezifische Begabung 'nacherzieht' und seine Persönlichkeit umgestaltet. Erst nach dem korrigierenden Eingriff JHWHs in sein Leben befindet Salomo sich auf dem rechten Pfad. Solange Salomo sich an JHWHs Geboten und dem Vorbild seines Vaters David orientiert - beides wird ihm bei passender Gelegenheit von JHWH nahegebracht, Josua bedarf derartiger Erinnerung nicht -, solange ändert sich das von ihm entworfene Charakterbild nicht. Salomo der Tempelbauer ist der ideale Nachfolger Davids. Doch als Salomo die ihm vorherbestimmte Aufgabe des Tempelbaues ausgeführt hat, tritt er nicht hinter seine Aufgabe zurück wie Josua nach der Landverteilung. Salomo bescheidet sich nicht damit, Recht und Ordnung zu garantieren, sondern sucht sich neue Betätigungsfelder, die ihm unabhängig von JHWH Ansehen und Reichtum versprechen. JHWH warnt Salomo vorher (1.Kön 9,1-9), dennoch verliert Salomo über seinen Erfolgen die Orientierung und vergißt, daß er alles JHWH verdankt (1.Kön 3,13).

Als Josua sich auf dem Höhepunkt seiner Macht befindet, in der Zeit der Landverteilung, wird deutlich, daß der Nachfolger Moses keine Vorrechte beansprucht, denn sein Landanteil wird Josua von den Israeliten zugeteilt (Jos 19,49f). Die Texte wissen weder von späteren politischen und ökonomischen Erfolgen Josuas zu berichten, noch schreiben sie ihm zahlreiche Frauen und Söhne, wie Gideon (Ri 8,30) oder Jair (Ri 10,4), zu. Der Landbesitz der Sippe Josuas ist nicht größer als jener anderer Sippen. Das Vorbild, das Josua Israel nach der Einwanderung bietet, gewährleistet, daß Israel im Einklang mit JHWH lebt (Jos 24,31//Ri 2,7). Das Vorbild des König Salomo dagegen unterminiert die gottgelegte Basis der israelitischen Gesellschaft.

Nachdem Salomo mit der Tempelweihe aus theologischer Perspektive den Höhepunkt seiner Regierungszeit erreicht hat, von JHWH sichtbar gesegnet und ausgezeichnet, wendet er sich Neuem zu. Salomo bewährt sich nicht. Die dritte Periode seines Lebens läßt den machtbewußten, ei-

gennützigen Potentaten der Anfangszeit wieder erscheinen. Erst als diese
Entwicklung nach der fruchtlosen Warnung JHWHs und nach beträchtli-
cher Wartefrist nicht mehr umkehrbar scheint, ergeht ein letztes JHWH-
Wort an Salomo, das, da es keine Beachtung findet, Salomos Endzeit ein-
läutet. Salomos Leben endet aus der Perspektive Dtr's anders als es begonnen hat. JHWH hatte ihn von Anbeginn an geliebt, doch Salomo suchte, nachdem die Liebe JHWHs ihn über alle seine Mitmenschen hinaus-
gehoben hatte, nicht mehr danach, sich der Liebe JHWHs durch seinen
Lebenswandel würdig zu zeigen, sondern nach dem, was Menschen vor
Menschen auszeichnet: die Macht in all ihren Erscheinungsweisen. Salomos Endzeit ist der Anfang vom Ende der Herrschaft der davidischen Dynastie über Israel und Juda.

JHWHs Geschichte mit Israel geht weiter, sie war und ist nicht an die
Existenz einer Dynastie gebunden. Die Gestalt Josuas zeigt, daß die für
Israel maßgebliche Größe in der Beziehung zu JHWH nicht der jeweilige
Führer sein darf, sondern die Tora sein soll. Selbst Monarchen sind, wenn
sie ihr Amt recht versehen, nur Vollzugsgehilfen der Tora. Könige kön-
nen, dort wo ihre Hybris sie über alle Menschen erhebt, Israel auf falsche
Wege führen. Doch beenden können diese Wege nicht JHWHs Weg mit
Israel. Die Tora ist nicht den Königen gegeben worden, sondern ganz Is-
rael.

In seiner grundlegenden Studie zur Legitimation der israelitischen Könige hat T. N. D.
Mettinger die Königsideologie in den biblischen Texten untersucht[3]. Dabei widmete er der
Vorstellung vom Davidbund und den Verheißungen ewiger Dauer der davidischen Dynastie sein besonderes Augenmerk. Zu den in unserem Kontext bemerkenswerten Er-
gebnissen gehört der Nachweis, daß "DtrH does not refer to the Davidic promise as a
b^erît"[4]. Ferner seien alle poetischen Texte, die eine Anspielung auf das Dynastie-
versprechen enthalten, später als die Redaktion von 2. Sam 7, die hier das Dynastiever-
sprechen eintrug[5]. Die Deuteronomisten seien verantwortlich für die Konditionalisierung
der Verheißung in 2. Sam 7 und allen weiteren Texten[6]. Erst in nachdtr Texten finde sich
die Vorstellung eines ewigen Davidbundes (ברית עולם)[7].

Angesichts der monarchischen Verfassung Israels in vorexilischer Zeit
und der vermutlich im Volk verbreiteten Traditionen, die Könige wie Saul,
David oder auch Salomo verherrlichten, sowie der dtr Grundüberzeugung,
daß JHWH Herr von Geschichte und Gegenwart Israels war und ist, konnte Dtr das Königtum und die einzelne Könige verherrlichenden Überlieferungen weder ausblenden noch gänzlich umschreiben. Doch zeigt das
dtr Verständnis der Entstehung des Königtums[8], daß Dtr das Königtum

---

3 Vgl. T. N. D. Mettinger, *King*.
4 Mettinger, *King*, 275, vgl. ferner ders., "The Last *Words* of David". A Study of Structure and Meaning in II Samuel 23:1-7. SEÅ. 41-42, 1976/77, 147-156.
5 Vgl. ders., *King*, 52ff zur dynastischen Redaktion, 254ff. zu den poetischen Texten und
2. Sam 7 als deren Bezugsbasis.
6 Mettinger, *King*, 276ff.
7 Mettinger, *King*, 282f.
8 Vgl. insbes. 1.Sam 8,7f; 12,14f.19.25 und Noth, *ÜSt*, 54ff; Boecker, *Beurteilung*, 77ff;
Veijola, *Königtum*, 87ff, 97.102.

unter einen prinzipiellen Vorbehalt gestellt wissen wollte.die überwiegend negativen Beurteilungen, die er über fast alle Könige nach David abgibt (uneingeschränkt positiv werden nur Hiskia und Josia bewertet), können auf dem Hintergrund seiner grundsätzlichen Haltung zum Königtum nur als Ablehnung dieser politischen Verfassung für die Zukunft Israels betrachtet werden.

Das für die Könige gültige Auswahlprinzip, Verwandtschaft mit dem Vorgänger, hat als Bestimmungsmoment für den Führer Israels versagt. JHWH hat sozusagen in den getrennt verlaufenden Geschichten Israels und Judas alle möglichen Varianten der Bestimmung von Königen zugelassen, von der prophetischen Designation, der Ablösung bei Versagen durch das Wahlrecht des Heeres, Dynastie auf Bewährung und unbedingtes Festhalten an einer Dynastie. Das Ergebnis war in allen Fällen gleich. Israel und Juda entfernten sich immer weiter von JHWH und der Tora, sie sind mit ihrem jeweiligen König dezimiert worden(1. Sam 12, 25).

Die Erfahrungen mit dem nationalen Königtum und die politische Großwetterlage ließen angeraten sein, die nationale Identität nicht weiter über das als Irrweg erkannte nationale Königtum zu definieren. JHWHs Angebot an Israel, sein Volk zu sein, mit und unter seiner Tora zu leben, ist die Alternative zum Königtum. Dtr's Führungsideale dürften ihre Konkretisierung weniger in der Königsbüchern als in seiner Darstellung der vormonarchischen Periode Israels gefunden haben.

Dtr stellt die Traditionsgeschichte Israels quasi auf den Kopf, indem er an ihren Anfang die Tora als die Lebensordnung des nach Kanaan einwandernden Volkes stellt. Dtr zeigt auf diese Art und Weise, daß Leben im Lande ohne einen König und seinen Apparat möglich war. Ein Volk, das im Besitz der Tora ist, und sich ausschließlich an ihr orientiert, das bedarf eines Nationalkönigtums zur Aufrechterhaltung seiner Identität nicht. Die Tora ist ohne Monarchen verwirklichbar. Der ideale Führer Israels unter der Tora ist 'Josua', der ganz in seiner Rolle als Nachfolger Moses und dessen Erfüllungsgehilfe aufgeht. 'Josua' folgt Mose in mehrfacher Hinsicht nach: als der zweite Leiter Israels, als derjenige, der das Vermächtnis Moses ausführt und als der Knecht JHWHs. 'Josua' demonstriert, wie verantwortliches Führungshandeln nach den Kriterien der Tora auszusehen hat. Das Handeln, des in konkreten Entscheidungssituationen vorgeführten Nachfolgers Moses wird zum Modell und nimmt paradigmatischen Charakter für das Führungshandeln im Alltagsleben an[9].

Gerade da 'Josua' keine monarchische Gestalt ist, kann sie einen größeren und sozial differenzierten Kreis von Handlungsträgern auf ihre Verantwortung für die Leitung des Volkes ansprechen und als Vorbild für Leitungshandeln dienen. Die bewußte Herabstufung 'Josuas' auf die Ebene des Nachfolgers Moses, das Festhalten dieses Aspektes im Josuabuch, obwohl doch Josua Israel in das verheißene Land führt, ist ein Mittel, kei-

---

[9] Wenn Mose Entscheidungen von allgemeiner Bedeutung trifft, dann werden Gesetze aus ihnen abgeleitet oder Ordnungen, vgl. Lev 24,10-23; Num 15,32-36; Num 27,1-11.

ne falschen Aspirationen bei jenen zu wecken, denen 'Josua' als nachahmenswerte Leitfigur angeboten wird. Diejenigen, die in der Nachfolge 'Josuas' stehen, streben nicht nach dem Aufbau einer eigenen Machtbasis und der Alleinherrschaft. Josuas Position wird als eine notwendige für das Funktionieren der israelitischen Gemeinschaft in einer genau gekennzeichneten Situation beschrieben. Sie ist ableitbar aus den Umständen der Einwanderung und Eroberung des Landes. Die Position des Königs ist nicht notwendig für den Bestand Israels als Gemeinschaft. Sie entspringt nicht aus den Israel von JHWH vorgegebenen Lebensbedingungen, vielmehr entsteht sie allein aus dem Wunsch Israels, zu sein wie alle Völkers ringsum (Dtn 17,14; 1. Sam 8,5).

Die Wahrnehmung der mit der Position 'Josuas' verbundenen Aufgaben bedeutet Übernahme von Verantwortung, Rechenschaftspflicht gegenüber JHWH und Israel. Sie bringt keine ökonomischen Vorteile für ihren Träger. In einer Führungsrolle sich als 'Josua' erweisen, heißt in Übereinstimmung mit der Tora 'regieren' und JHWHs erklärten Willen, daß Israel sein Volk ist, ein Volk von Geschwistern, achten. Der Nachfolger Moses ist der erste Diener Moses und der erste Diener Israels.

Das Josua-Bild konnte Dtr relativ frei entwerfen, da die vordtr Josua-Überlieferung nur fragmentarisch erhalten war, ihr Zustand möglicherweise zum literarischen Ausbau aufforderte. Die Vorstellung, daß Josua der Nachfolger Moses war, dürfte literarisch auf Dtr zurückgehen. Alle als vordtr Josua-Überlieferungen infragekommenden Erzählungen kennen diese Verknüpfung beider Figuren noch nicht[10].

'Salomo' ist ein Plädoyer gegen die Monarchie als politische Verfassung Israels. Dieser König wird zum negativen Spiegelbild Josuas und zu einer der negativen 'Vorlagen' des Königsgesetzes (Dtn 17, 14-20). JHWH gibt Salomo jede denkbare Chance zur Bewährung, Salomo nutzt alle in seinem Interesse, doch macht er an der ihm von der Tora gesetzten Grenze nicht halt. Nach Erfüllung seiner ihm von JHWH vorgegebenen Lebensaufgabe des Tempelbaus bescheidet er sich nicht mit dem einem König obliegenden Alltagsgeschäft, Garantierung innerer und äußerer Sicherheit, Verwirklichung von Recht und Gerechtigkeit entsprechend den Geboten der Tora. Salomo erhebt sich über das Volk, beutet es aus und bereichert sich im unvorstellbaren Maße. Auf die Selbsterhöhung, die eine Mißachtung des konstitutiven Prinzips des Volkes JHWHs ist, eine Gemeinschaft von gleichrangigen und gleichberechtigten Geschwistern zu sein, folgt die Hinwendung zu anderen Göttern, ein flagranter Bruch des ersten Gebotes.

'Salomo' verspielt fast allen Kredit, den sein Vater David für seinen Nachfolger gesammelt hatte. David gilt Dtr als Inkarnation des idealen Königs, da er, sobald JHWHs Willen seinem entgegenstand, sich JHWH fügte. Die Verwirklichung dieses Königsideals in der Kontinuität einer Dynastie scheitert in der historischen Realität. Von den zwanzig Nachfah-

---

10 Vgl. Jos 9,1-10, 15; 17,14-18.

ren Davids auf dem Thron in Jerusalem kommen nur zwei, Hiskia und
Josia, dem Ideal gleich. Nur jeder zehnte Davidide ist ein König nach dem
Herzen JHWHs und befolgt die Tora Moses. Die dynastisch begründete
Nachfolge auf dem Jerusalemer Thron führt Juda in den Untergang, da
das Interesse des Königs an der Sicherung der eigenen Machtposition der
ihm gebotenen Orientierung an der Tora entgegenläuft. Der Nachfolger
Moses Josua markiert eine Heilszeit für Israel. 'Josua' als Führer Israels
kann die Tora im Alltagsleben verwirklichen, da er nicht auf die Wahrung
dynastischer Interessen bedacht ist.

Israel hat in der Tora bereits eine Lebensordnung, die es von den Königen unabhängig sein läßt. Ein König ist, das zeigt das Beispiel Salomos
überdeutlich, hinderlich für die Verwirklichung der Tora. Dtr ist bei der
Ausgestaltung der Figur Salomos nicht in den Fehler schlechter Propa-
gandisten verfallen, seinen Anti-Helden durchgehend schwarz zu überma-
len. Die Figur Salomo ist differenziert geschildert worden. Dtr führt Salomo als einen Charakter vor, der sich entwickelt und dessen Entwicklung
mit den aufeinanderfolgenden Phasen seiner Regierungszeit korrespondiert. Der kaltblütig handelnde Machtpolitiker der Anfangszeit wird, bedingt durch JHWHs Erscheinen, abgelöst von dem weisen Richter, Ver-
waltungsorganisator und Tempelbauer; dem folgt der Monarch auf der
Höhe seines Ansehens und seiner Macht, der ihrer Verführung nach und
nach sichtbar erliegt, bis vor des Lesers geistigem Auge das Bild des der
Hybris anheimfallenden und von JHWH abfallenden Salomo ersteht, der
schließlich im offenen Ungehorsam gegen JHWH stirbt.

Die Konstruktion von aufeinanderfolgenden Salomo-Bildern erlaubt
Dtr die Einbeziehung positiver wie negativer Traditionen über Salomo,
ohne daß Dtr sich in einen offenen Widerspruch zu den Überlieferungen
begeben muß. Dtr kann Salomo ungeschmälert die für seine Theologie so
wichtige Ausführung des Tempelbaues lassen, ohne seine Überzeugung
preisgeben zu müssen, daß das Königtum nach dem Tempelbau für Israel
keine lebensnotwendige Einrichtung darstellt.

Zusammenfassung der Ergebnisse

Eine Zusammenfassung der wichtigsten Ergebnisse sieht sich immer der
Gefahr ausgesetzt, ihrer abstrakten Formulierungen wegen scheinbar
axiomatische Ansprüche zu erheben. Exegetische Untersuchung und Zusammenfassung sind einander als literarische Gattungen fremd. Die Ergebnisse der vorliegenden Studie, die in detaillierten Arbeiten an den Texten gewonnen wurden, sind nur im Kontext der Exegesen und der hier
vorgenommenen Horizontsetzungen, die immer zugleich Perspektivenbe-
grenzungen sind, nachvollziehbar. Ein Wechsel der Perspektive erhellt
wahrscheinlich andere Aspekte der Texte. Die folgende Zusammenfassung möchte daher als Versuch verstanden werden, in wenigen Schritten
einen Überblick zum Gegenstand dieser Arbeit zu geben.

Das Thema "Autorität und Legitimität des Nachfolgers im Alten Testament" wurde an zwei Nachfolgegestalten 'Josua' und 'Salomo' konkretisiert. Im ersten Teil der Arbeit werden Begrifflichkeit und alttestamentliche Bezugsbasis geklärt, der zweite Teil ist Josua als Nachfolger Moses und der dritte Teil Salomo als Nachfolger Davids gewidmet. Ein Vergleich beider Figuren beschließt die Studien.

Die durch die Themenstellung vorgegebene Perspektive erforderte, daß zunächst die drei Begriffe Autorität, Legitimität und Nachfolger, die als heuristische Mittel dienen, in ihrer hier verwendeten Bedeutung expliziert werden (Teil I.A)

Der Charakter von "Auctoritas - Autorität" ist durch das Fehlen von Entscheidungsmacht und Befehlsgewalt geprägt. Entschlüsse, die auf der Basis von Autorität gefaßt werden, bedürfen zu ihrer Realisierung des Zusammenwirkens aller Beteiligten. Autorität im Sinne von "auctoritas" eignet sich zur Beschreibung von Machtbeziehungen, in denen der Inhaber der Machtposition seine Macht aus herrschaftsfremden Motiven beschränkt und seinen Einfluß mittels Überzeugung der ihm unterworfenen Personen durchsetzen möchte. Daher ist der Begriff Autorität hervorragend geeignet zur Beschreibung aller möglichen Relationen zwischen JHWH, Mose, Israel und der Tora, ohne die Unterschiede der Positionen zu verwischen. Das von J.M. Bochénski entwickelte Strukturmodell der Logik von Autorität diente im folgenden dann dazu, die Autoritätsrelationen, die zwischen den untersuchten literarischen Gestalten nachweisbar sind, genauer zu erfassen.

Die "Überlegungen zu Begriff und Erscheinung von Legitimität" gingen von der Funktion von Legitimitätskonzeptionen aus, den Konsensus über eine geltende Ordnung durch Bezug dieser Ordnung auf übergeordnete, von allen akzeptierte Normen zu ermöglichen. In der biblischen Überlieferung liegen mit den Verfassungsentwürfen von Deuteronomium 16,18 - 18,22 und Ezechiel 40-48 zwei rationale Entwürfe von gesellschaftlichen Ordnungen vor, die instrumental auf übergeordnete Werte bezogen worden sind. Die Legitimation eines konkreten Herrschaftsanspruches ist ein spezifisches Problem der Nachfolge und aus der israelitischen und judäischen Königsgeschichte wohlbekannt. Legitimitätsprinzipien, die die Grundstruktur von biblischen Gesetzen wie dem Königsgesetz (Dtn 17,14-20) oder dem Prophetengesetz (Dtn 18,9-22) bestimmen, liegen in der Voraussetzung der nicht diskutablen übergeordneten Norm und der Vorstellung von der Begrenzung menschlicher Verfügungsgewalt über Menschen.

Die Behandlung von "Vorstellungen zur Nachfolge in der Antike" nahm ihren Ausgang von dem Modellfall für Nachfolge, dem Erbrecht. Die dann folgende Betrachtung des römischen und des griechischen Begriffes für Nachfolger (successor bzw. διαδόχος) wird durch den Sachverhalt begründet, daß das biblische Hebräisch keinen eigenen Begriff für den nicht genealogisch bestimmten Nachfolger ausgebildet hat. Zwischen der römischen und der griechischen Vorstellung vom Nachfolger besteht eine deutliche Differenz. Der successor wird im wesentlichen anhand formaler Kriterien bestimmt. Die Bezeichnung als διαδόχος hängt von einer inhaltlich bestimmten Beziehung zwischen Vorgänger und Nachfolger ab, die als Nachahmung des Vorgängers und Angleichung an dessen Vorbild beschrieben werden kann. Die Vorstellung von der Orientierung des Nachfolgers am Vorbild seines Vorgängers scheint bei der Institutionalisierung des antiken jüdischen Lehrhauses eine wichtige Rolle gespielt zu haben.

Das biblische Hebräisch verwendet in den Verheißungen der Vätergeschichten in der Genesis den Ausdruck זרע אחרי als Umschreibung für leibliche Nachkommen in genealogisch distanten Positionen. Der Wendung liegt die Vorstellung zugrunde, daß zwischen den 'Vätern' und dem 'Samen' nicht nur eine physische Kontinuität besteht, sondern gleichfalls eine Kontinuität der in der Beziehung zu JHWH Stehenden, eine alle Zeiten übergreifende Gemeinschaft. Ein Verb 'nachfolgen' als terminus technicus ist nicht nachweisbar. Doch kann eine Reihe von Verben, insbesondere in Verbindung mit der Präposition אחרי die Bedeutung 'nachfolgen' annehmen. Nachfolge wird hier zum Ausdruck der Stellung von Personen und Gruppen zueinander.

In der politischen Sphäre dient die Herausstellung von Nachfolgebeziehungen dem Nachweis der Kontinuität von Herrschaft und Herrschaftsverband. Diesen Zweck erfüllen die entsprechenden formelhaften Aussagen in den Notizen zu den kleinen Richtern und den Schlußnotizen zu den Regierungszeiten der Könige. Besondere Aufmerksamkeit kommt hier der Variation der Schlußnotizen der Könige zu, ebenso ihrem Vergleich mit den Mitteilungen über die Richter. An ihnen lassen sich die Legitimitätsurteile der biblischen Schriftsteller ebenso ablesen wie der Ursprung der Autorität der Richter bzw. der Könige. Bemerkenswert ist das Fehlen des Kontinuitätshinweises "PN regierte an seiner Statt" im Falle der Nachfolgebeziehungen Saul - David, Ischboschet - David und David - Salomo. Die Aussagen über die 'David - Salomo Nachfolge' sind literarisch differenzierter als die über andere monarchische Nachfolgebeziehungen. Ähnlich facettenreich wird in der hebräischen Bibel nur noch die 'Mose - Josua Nachfolge' dargestellt.

Gegenstand von Teil I.B ist die "alttestamentliche Textbasis" für die Vorstellungen von Autorität und Legitimität.

Der Sachverhalt "Göttliche und menschliche Autorität im Deuteronomium" wird anhand ausgewählter Passagen analysiert. Die Ausführungen über das Sinai-Geschehen in Dtn 4, 10-14 und 5, 2-5. 23-31 strukturieren die komplexen Autoritätsrelationen von 'JHWH - Mose - Israel' auf dem Hintergrund der Tora. Israel ist Ansprechpartner Gottes und wird zum Zeugen der Beauftragung Moses, die Tora zu verkünden. Die Aussonderung Moses zu diesem Zweck schafft eine Distanz zwischen Israel und JHWH, die indes Voraussetzung für die Gabe der Tora ist. Nur die Tora kann die Grundlage zu einer Verstetigung des Gottesverhältnisses Israels werden. Das Handeln des sich offenbarenden Gottes setzt einen Grund - die Tora - aus sich heraus, von dem aus die Offenbarung wirksam erinnert

werden kann. Die Grundstruktur der Autoritätsrelationen zwischen
'JHWH - Mose - Israel - Tora' innerhalb des Horeb-Geschehens wird in
Dtn 4 und Dtn 5 gleich dargestellt. Doch herrschen über die Entstehung
der Relationen unterschiedliche Ansichten vor. In Dtn 4,9ff ist die Tora
Moses Auslegung des Dekalogs. Sie wird durch Mose legitimiert. In Dtn
5,23ff sind Tora und Dekalog ihrem Charakter nach unmittelbare göttliche
Offenbarung. Mose wird als Empfänger der Tora gegenüber Israel privi-
legiert. Die Lehre der Tora legitimiert Mose, nicht Mose die Tora.

Nach dem Tode Moses nimmt in den Autoritätsrelationen 'JHWH -
Mose - Israel - Tora' nicht Josua die Position Moses ein, sondern das Buch
der Tora. Personautorität wird auf dem Gebiet der Lebensordnung Israels
durch Sachautorität abgelöst. Autoritätsträger wird Josua nach deuteronomischer Sicht nur im Hinblick auf die Eroberung und Verteilung des
Landes und aufgrund einer doppelten Delegation. JHWH delegiert Mose,
dieser delegiert Josua. Josua aber ist im Gegensatz zu Mose als Anführer
Israels der Tora unterstellt.

Der "Verfassungsentwurf im Deuteronomium" wird im Anschluß daran
erörtert. Eine Überprüfung seiner Stellung innerhalb der deuteronomischen Gesetzessammlung anhand der deuteronomischen Überschriften
und der historisierenden Gebotseinleitungen zeigt, daß Dtn 16,18-18,22
Ausdruck theologischer Reflexion der Gesellschaftsverfassung Israels unter der Prämisse ihrer Reorganisation in exilischer Zeit ist.

"Königsgesetz und Prophetengesetz - Eckpfeiler der deuteronomistischen Verfassung für Israel" werden im folgenden Kapitel untersucht. Es
kann gezeigt werden, daß beide Gesetze in der Tendenz übereinstimmen,
die Einrichtung zentraler Machtpositionen zu verhindern. Absolute Autorität ist für den König wie für den Propheten die Tora. Das Handeln beider hat sich an der Tora als legitim auszuweisen. Der Versuch, prophetische, d.h. charismatische Autorität einer für alle einsehbaren, rational begründeten Wirklichkeitsnorm zu unterstellen, dürfte innerhalb der altorientalischen Geschichte bis zur Zeit der Abfassung dieser Gesetze ohne
Parallele sein. Im Deuteronomium werden Kriterien entwickelt und festgehalten zur Beurteilung der öffentlichen Wirksamkeit von Trägern politischer wie religiöser Autorität. Die Autoren dieser Texte gehören zur deuteronomistischen Schule.

Teil II der Studie befaßt sich mit "Josua - der Nachfolger Moses". Es
werden alle Texte innerhalb des Pentateuch analysiert, in denen Josua erwähnt wird, dazu neben Jos 1 jene Passagen aus dem Josuabuch, in denen
Josua und Mose gemeinsam genannt werden. Die Untersuchung der Josua-Texte folgt ihrer kanonischen Reihenfolge.

Im ersten Kapitel "Kriegsheld - aber Mose untertan" werden die Texte
Ex 17,8-16; 24,13f; 32,17f; 33,11 und Num 11,25-29 analysiert.

Die Exegese von Ex 17,8ff zeigte, daß die Erzählung, abgesehen von
V.14, von einer Hand stammt. Der Text stellt Josua in seiner später für ihn
typischen Rolle als Heerführer Israels vor. Josua ist Mose eindeutig untergeordnet und von dessen Weisungen abhängig. Josua ist der Zweite nach

Mose, solange beide gleichzeitig nebeneinander auftreten. Der eingefügte V.14 setzt die Gestaltung Josuas als Nachfolger Moses voraus. V.14 bringt als neue Autoritätsgröße ein Buch ein, das, wie der Verweis auf Dtn 25,17-19 belegt, nur das Buch der Tora sein kann. Der Verfasser von V.14 stellt sogleich nach Josuas erstem öffentlichen Auftritt sicher, daß dessen künftige Führung nach dem Tode Moses entsprechend den Geboten der Tora verläuft. Die Erzählung Ex 17, 8-16 ist in der vorliegenden Gestalt eine Reflexion über das Rangverhältnis zwischen Mose und Josua. Sie deutet an, daß Josua der Nachfolger Moses sein wird und ist bemüht, ihn gleichzeitig an die Befolgung der Tora zu binden.

Die Präsentation Josuas vor dem großen Abfall Israels von JHWH, dem Tanz um das goldene Kalb (Ex 32), wirft die Frage auf, ob Josua an dieser Kardinalsünde Israels beteiligt war. So überrascht es nicht, daß die nächsten Aussagen über Josua diese Frage zu beantworten suchen. Die in Ex 24,12f und 32,17f betonte Abwesenheit Josuas vom Lager wird dann in Ex 33,11 inhaltlich qualifiziert. Ex 33,11bß behauptet, daß Josua als der Diener Moses, wenn Mose im Lager weilte, sich ständig im Zelt der Begegnung befand, das außerhalb des Lagers aufgeschlagen war. Diese Aufgabe zeichnet Josua religiös vor allen anderen Israeliten aus. Gleichzeitig erklärt sie, daß Josua an der blutigen Bestrafung Israels (Ex 32,25-29) keinen Anteil hatte. Die drei Texte verfolgen dieselbe theologische Absicht, dem künftigen Führer Israels seine religiöse Lauterkeit zu bestätigen.

Die nächste Passage über Josua (Num 11,25b-29) baut auf dieser Behauptung auf. Die Aussagen sind eingefügt in den Schluß der Erzählung von der Geistbegabung der siebzig Ältesten am Zelt der Begegnung. Der Sachverhalt läßt fragen, ob Josuas Anwesenheit im Zelt impliziert, daß er bereits zu den Trägern des Geistes gehört. Die Antwort hierauf gibt Josuas Forderung an Mose, dem Prophezeien der zwei im Lager verbliebenen Ältesten Einhalt zu gebieten (Num 11,28b). Moses scharfe Abweisung dieses Ansinnens (V.29a) läßt die Differenz zwischen Mose und Josua offenkundig werden. Josua ist nicht wie Mose und hat zu diesem Zeitpunkt noch keinen Anteil am Geist Moses. Die Szene in Num 11,25b-29 könnte von derselben Hand stammen wie Ex 33,11bß. Denkbar ist gleichfalls, daß die Aussagen der Vorbereitung des Auftretens Josuas als Kundschafter in Num 13-14 dienen. Nicht ausgeschlossen werden kann, daß ein noch späterer Schriftsteller die Figur Josuas dazu benutzt hat, die Lösung eines Autoritätskonfliktes exemplarisch vorzuführen.

Die Exegesen des zweiten Kapitels "Kundschafter und Nachfolger" befassen sich mit den Texten Num 13-14; 26,65; 27,12-23; 32,12.28 und 34,17.

P reiht Josua unter dem Namen Hosea in die Gruppe der Kundschafter ein (Num 13,8.16), die ihrem Rang nach zu den "Sprechern" (נשיאים) Israels gehören. Diese soziale Prestigeposition Josuas muß mit der P überlieferten Rolle Josuas als Diener Moses vermittelt werden. P verhindert den Widerspruch zwischen der Überlieferung und seiner Interpretation, indem er die bisherige Abhängigkeitsbeziehung zwischen Mose und Josua auf eine andere Ebene verlagert. Mose verleiht Hosea bin Nun einen neuen, programmatischen Namen und benennt ihn um in 'Josua'. Der Kundschafter Josua tritt gemeinsam mit Kaleb dem ungehorsamen Volk entgegen. Beide versuchen, Israel gegen den Rat der Mehrheit der Kundschafter zu der von JHWH befohlenen Einwanderung nach Kanaan zu überreden. Mit Kaleb und Josua stellt P zwei potentiell geeignete Nachfolgekandidaten für Mose vor. Seine Argumentation kann als theologische Korrektur der ihm vorliegenden Nachfolgekonzeption gelesen werden. JHWH hat allein die Wahl des Nachfolgers, eine Vorauswahl durch Mose wird negiert. Der Vorrang JHWHs wird ebenfalls in der Verleihung des neuen Namens an Hosea vor der Aussendung der Kundschafter festgehalten. JHWH ist mit Josua (Num 13,16), darum kann Josua sich auf die Seite JHWHs gegen das widerspenstige Volk stellen (Num 14,6ff). Folglich kann P Josua zusammen mit Kaleb begründet von der allgemeinen Strafe, Tod der Exodusgeneration in der Wüste ausnehmen (14,30.38).

Num 26,65 ruft diesen Sachverhalt in Erinnerung und bereitet die Bitten Moses um *einen* Nachfolger in der Führung Israels vor. Num 27,12-23 führt anschließend vor, wie die von P vorbereitete Alternative 'Josua oder Kaleb' zugunsten Josuas entschieden wird. Die Exegese des Stückes ergab, daß zu der ersten Fassung der Erzählung die V.12-20.22-23 gehören, hingegen V.21 Nachträge enthält. Die Erzählung besteht aus einem Gespräch zwischen JHWH und Mose, das von JHWH eröffnet und beendet wird (V.12-20), und dem Bericht über die Ausführung der von JHWH angeordneten Einsetzung Josuas durch Mose (V.22f). Die Nachfolgeproblematik wird durch JHWHs Ankündigung, daß Moses Tod bevorsteht (V.12-14), akut. JHWHs Schweigen über einen Nachfolger Moses ermöglicht es Mose, JHWH um *einen* Mann als Nachfolger für sich zu bitten (V.15-17). JHWH begründet durch die Nennung des Kandidaten Josua dessen Autorität (V.18). Doch da JHWH sich bei der Ernennung und Einsetzung von Josua Moses als Vermittler bedient (V.18-20), wird Josua keine charismatische Autorität zugesprochen. Hier werden zwei soziologisch verschiedene Arten der Lösung der Nachfolgerfrage miteinander verbunden: Offenbarung durch Gottesentscheid und Nachfolgerdesignation durch den Vorgänger. Die Autoritätsbeziehung zwischen Mose und Josua wird in Num 27,18.20 ähnlich definiert wie in Num 13,16b. Josua bleibt Mose nachgeordnet. Mose soll nur einen Teil seiner Autorität an Josua delegieren. Israel wird Josua gehorchen, weil Josua Anteil an der Autorität Moses hat.

Auf der ersten Stufe des Nachtrages wird Josua in der Ausübung seiner Führungsaufgaben dem Priester Eleasar unterstellt (V.21aαb*). Ein weiterer Überarbeiter korrigiert dieses durch Umdeutung der Unterstellung in die Pflicht des Heerführers, vor Kriegsbeginn ein Orakel des Priesters einzuholen. Die logische Analyse der Autoritätsstrukturen, die in V.12-20.22f und jener, die in V. 21aαb* vorliegen, zeigt, daß diese different sind; sie bestätigt den exegetischen Befund. Num 27,12ff führt idealtypisch vor, wie der Übergang der Führung von Mose auf Josua vorstellbar ist. Das deutlich hervortretende Interesse an einem geregelten Verfahren kennzeichnet die priesterschriftliche Nachfolgekonzeption.

Josua wird im Buch Numeri noch dreimal genannt. Num 32,12 ist eine kontextbedingte Erwähnung. Num 32,28 und 34,17 steht Josuas Name an zweiter Stelle hinter jenem des Priesters Eleasar, als Mose die für die Fragen der Landeroberung zuständigen Personen benennt. In der Rangfolge ist Josua eindeutig Eleasar nachgeordnet. Theologisch betrachtet hat Mose als die von JHWH eingesetzte oberste menschliche Autorität für Israel keinen Nachfolger. Alle Josua betreffenden Aussagen zwischen Num 13 und Num 34 haben sich als nachdeuteronomistisch erwiesen und gehören zur Priesterschrift. Josua als Nachfolger Moses war P vorgegeben.

Das dritte Kapitel "Josua im Deuteronomium" befaßt sich mit den Ausführungen über Josua in Dtn 1,37f; 3,21-28; 31,1-23; 32,44 und 34,9. Die Texte führen in aufeinander abgestimmten Schritten die offizielle Berufung Josuas zum Nachfolger Moses vor.

Die Abhängigkeit Josuas von Mose ist in Dtn 3,21-28, verglichen mit jener nach Dtn 1,37f, auf ein Minimum reduziert. Seine Führungsaufgabe wird auf den militärischen Bereich eingeschränkt. Josua soll Mose als Führungsfigur ersetzen, doch wird sein Kompetenzbereich sehr viel enger umschrieben. Dtn 3,28 äußert unmißverständlich, daß die Position Moses Josua nicht zufallen wird. Bevor Josua in seine neue Position öffentlich eingewiesen werden kann, muß Mose die Tora verkünden (Dtn 5-28) und ganz Israel auf ihre Einhaltung verpflichten (Dtn 29-30). Die Ernennung Josuas erfolgt nach der Bekanntgabe der Tora und der Verpflichtung aller auf die Tora vor den Augen des Volkes (Dtn 31,7f). Ermutigung und Verheißung werden in gleichlautenden Aussagen Israel (31,6) und Josua (31,8) zugesprochen. Israel und Josua stehen im Hinblick zu JHWH auf einer Ebene. Josua gebührt kein Vorrang.

Die Aussagen von Dtn 31,14f.19.23 und Dtn 32,44b verfolgen eine andere Tendenz. Josua steht nahezu gleichrangig neben Mose. JHWH spricht ihm direkt die Führung zu. Mose ist nur noch Zeuge des Vorganges und nicht mehr Delegator der Autorität. Dagegen konstatiert Dtn 34,9 wiederum die Singularität der JHWH - Mose - Beziehung. Josuas Geistbegabung wird ausdrücklich darauf zurückgeführt, daß Mose ihm die Hand aufgelegt hat. Der Gehorsam Israels gegenüber Josua beruht nur auf dem Umstand, daß Israel erfüllt, was JHWH Mose geboten hat.

Die deuteronomistischen Verfasser der Aussagen von Dtn 1,37f; 3,21-28; 31,1-8 scheinen weitgehend die von Ex 17 bis Num 11 reichende Argumentation zu kennen. Hingegen liegt in den Aussagen von Dtn 31,14f.19.23; 32,44b eine nachdeuteronomistische Bearbeitung vor, die inhaltlich mit der P-Version von Num 13-14 verwandt ist. Dtn 34,9 liegt der P-Text von Num 27,12ff zugrunde.

An den Pentateuchtexten ließen sich einige bemerkenswerte literarische Sachverhalte und theologische Tendenzen demonstrieren. Keine der Passagen über Josua gehört einer vordeuteronomistischen Überlieferung an. Die Josua-Abschnitte des Pentateuch stehen in Bezug zueinander und führen dem Leser vor, wie Mose sich seinen Nachfolger "heranzieht". Die priesterschriftlichen Texte bauen auf den dtr Aussagen auf und modifizieren die dort vorgetragene Sicht Josuas. Ihre Aussagen korrigieren die theologische Tendenz der dtr Texte in einem wichtigen Punkt: sie überlassen eindeutig JHWH die Wahl des Nachfolgers Moses. Die Exegese der Pentateuchtexte begründet die These, daß 'Josua' seine literarische Gestalt erst als Nachfolger Moses gewinnt.

Das vierte Kapitel "Der Nachfolger, seine Aufgabe und die Tora" befaßt sich mit der Darstellung der Figur Josua als Nachfolger Moses im Josuabuch. Die Josua-Aussagen in Dtn 1,37f; 3,21-28 und 31,1-8 und Jos 1 gehören 'einer' Hand an. Jos 1 wiederum setzt die Theorie von der Tora als die für alle Leiter Israels verbindliche Autorität voraus. Dieses Kapitel führt das Verhältnis zwischen Josua, Israel und Tora idealtypisch vor. Josuas Autorität unterscheidet sich in zwei wesentlichen Punkten von jener des Mose: sie ist nur delegierte Autorität und zudem durch die "Größe" Tora begrenzt.

Josua wird zur Leitfigur einer Gesellschaft im Übergang. Als Idealfigur ist 'Josua' so konzipiert worden, daß diese, ungeachtet der ihr zugesprochenen Aufgabe der Herrschaftsausübung, nicht als Prototyp eines Monarchen dienen kann. 'Josua' verkörpert den idealen Leiter Israels in einem Zeitabschnitt, der den biblischen Autoren als Idealzeit der Beziehung zwischen JHWH und Israel gilt (Jos 24,31; Ri 2,7). 'Josua' liefert Vergleichspunkte für die Erfassung und Beurteilung politischer und religiöser Wirklichkeit. 'Josua' wird in ein Ideal verwandelt, das veranschaulicht, wie Orientierung im Alltagsleben Israels mittels der Tora möglich ist. Die Historisierung der Figur unterstützt dabei, im Rahmen einer von traditionalen Werten bestimmten Gesellschaft, ihre Ausbildung als normativen Charakter mit autoritativem Anspruch. 'Josua' ist Demonstration der Praktikabilität der Tora. Nachdem diese anschaulich wurde, können die Konstituenten dieses Modells - "ausschließliche JHWH-Verehrung", "Anerkennung JHWHs als oberster Autorität innerhalb des Gemeinwesens", "Organisation der gesellschaftlichen Realität entsprechend den Prinzipien der Tora" - als Kriterien zur Beurteilung der folgenden Geschichte Israels verwendet werden. Die These, daß Josua als Nachfolger Moses eine literarische Schöpfung am Deuteronomium orientierter Kreise ist, erklärt den Zusammenhang der Josua-Texte und ihre Anordnung im Pentateuch.

"Salomo - der Nachfolger Davids", die zweite große Nachfolgergestalt des deuteronomistischen Geschichtswerkes, ist Gegenstand der Untersuchungen von Teil III.

Nach einigen Anmerkungen zum Verhältnis der beiden Figuren Salomo und Josua behandelt das Kapitel über "Salomos Anfänge" die Texte 2.Sam 12,24f und 1.Kön 1-2. Salomos Geburt wird von Dtr unter einen guten Stern gestellt. Ein JHWH-Wort verleiht ihm einen Heilsnamen. Salomo kommt ohne eigenes Zutun und ohne eigene Schuld auf den Thron. Aber David bestimmt ihn nicht nur zum Nachfolger, sondern legt in einer letzten Verfügung die Grundbedingungen für eine JHWH-wohlgefällige Herrschaft Salomos fest (2.Kön 2,1-4). Salomo tritt die Herrschaft unter ihm wohl bekannten Bedingungen an. Salomos erste Regierungsmaßnahmen

lassen einen entschieden handelnden König erkennen, der mit sicherem
Machtinstinkt reagiert und gegebenenfalls seine Gegner ermorden läßt
(1.Kön 2,13-46). Der Salomo von 1.Kön 2 bewegt sich hart am Rande der
Tora. Der dtr Verfasser versucht diesen Sachverhalt so weit wie möglich
zu verschleiern.

"JHWHs erste Intervention" markiert den ersten Einschnitt in der Karriere Salomos (1.Kön 3,11-15). Herausgefordert durch weitere Verstöße
gegen die Tora (1.Kön 3,1-3), erscheint JHWH Salomo in Gibeon. Die
Traumbegegnung mit JHWH verwandelt den König. Salomo akzeptiert
die Voraussetzung seiner Herrschaft über Israel: Einhaltung der Tora und
in der JHWH-König-Beziehung Orientierung an David. JHWH spricht
ihm Herrschaftscharisma zu und legitimiert die David-Salomo-Nachfolge.
Nach dem Erscheinen JHWHs ist aus dem Machtmenschen Salomo ein
aufgeklärter, gottesfürchtiger und friedliebender Herrscher geworden. Dtr,
der für die Komposition von 1.Kön 3,1-15 verantwortlich ist, hat Salomo in
diesem Stück zum idealen König umgeschaffen, dabei aber nicht vergessen, die Kriterien zur Beurteilung seiner Regierungszeit klarzustellen.

"Die Bewährung des Charisma" wird in 1.Kön 3,16-8,66 auf vielfältige
Art und Weise vorgeführt. Salomo zeigt sich auf den Gebieten von Recht,
Verwaltung und Bautätigkeit als idealer Herrscher und gestaltet die äußeren Beziehungen so, daß Israel eine lange Friedensperiode erlebt. Höhepunkt seiner Karriere und seiner ungetrübten guten Beziehung zu JHWH
sind Tempelbau und Tempeleinweihung. Dtr, der die Grundzüge dieser
Einheit gestaltet hat, versäumt nicht, an geeigneter Stelle, Salomo an die
theologische Basis seines Tempelbauens zu erinnern. Eine kurze, prägnan-
te JHWH-Rede pointiert das 'Richtfest', den Übergang vom Rohbau zur
Ausstattung des Baues (6,11-13). Die Überführung der Lade in den Tempel und das mehrteilige Tempelweihgebet Salomos zeigen Salomo im
Zenit seiner Karriere im Einklang mit Gott und Volk. Das Tempelweihgebet ist von Dtr als Einheit unter Verwendung traditionellen alttestamentlichen und altorientalischen Materials gestaltet worden und schreibt
die Grundstrukturen der JHWH-Israel-Tempel-Beziehung fest. Bemerkenswert ist, daß weder dem Tempel noch dem König eine konstitutive
Rolle in dem JHWH-Israel-Verhältnis zugestanden wird. Die JHWH-
Israel-Beziehung hängt allein an JHWHs grundsätzlicher Bereitschaft, sich
bei seiner Erwählung Israels behaften zu lassen. Die Israel-JHWH-
Beziehung hat dieses zur Voraussetzung und ist nur abhängig von Israels
aufrichtiger, ungeteilter Hinwendung zu JHWH.

"Die Antwort JHWHs" (9,1-9) auf die Bittfragen des salomonischen
Tempelweihgebetes markiert das Ende der Idealzeit Salomos. In dieser
JHWH-Rede treten bereits die mahnenden Töne in den Vordergrund.
Diese Gottesrede ruft König und Volk die relevanten Ereignisse in der
gemeinsamen Geschichte in Erinnerung. Sie betont die Irrelevanz des
Königstempels gegenüber den Grunddaten allgemeiner wie partikularer
Heilsgeschichte. Dtr schreibt für den König wie für das Volk in dieser Re-
de fest, daß die Erwählung Israels sich allein in der an JHWH ausgerichte-

ten Lebensführung zu bewähren hat. Die Salomo wiederholt genannten Kriterien eines gottwohlgefälligen Lebens werden noch einmal hervorgehoben.

"Salomos Bewährungszeit" könnte als Überschrift über 1.Kön 9,10-10,29 stehen. Die in diesem Abschnitt dann geschilderten Aktivitäten Salomos sind entlang einer evaluativen Linie aufgereiht, die von ambivalent-positiv zu beurteilenden bis zu ambivalent-negativ zu beurteilenden Unternehmungen reicht. Salomo präsentiert sich nach Erfüllung seiner Hauptaufgabe (Tempelbau) nur noch als ein auf den eigenen Vorteil bedachter Potentat und Geschäftsmann und wird so zur monarchischen Ausgabe menschlicher Hybris. Die nachdtr Bearbeitung des Textes von 1.Kön 9,10-10,29 hat den von Dtr zusammengestellten Textzusammenhang soweit redigiert, daß aus einer auf ihr negatives Ende zulaufenden Bewährungszeit eine vorbehaltlose Darstellung und Entschuldigung des salomonischen Strebens nach Reichtum und seiner Machtpolitik wurde.

"Endzeit und Ende" Salomos wird durch den Bericht über Salomos unvergebbares Sakrileg, den Verstoß gegen das 1. Gebot (1.Kön 11,1-8), und die notwendig folgende Reaktion JHWHs (11,9-13) eingeleitet. Die besondere Beziehung zwischen JHWH und Salomo wird noch einmal reflektiert, und Salomos persönliche Verantwortung für die Verstöße gegen JHWHs Gebote werden herausgestellt. Die Strafandrohungen (1.Kön 11,11-13) und ihre partielle Verwirklichung zu Lebzeiten Salomos (1.Kön 11,14-38) tragen nicht nur dem historischen Verlauf in groben Zügen Rechnung - Salomo starb schließlich als Herrscher -, sie enthalten theologisch die implizite Möglichkeit der Umkehr Salomos nach der Verurteilung durch JHWH. Diese theologische Fiktion, die sich aus der inhaltlichen Parallelität der von Salomo anläßlich der Tempeleinweihung geschilderten Strafen für den potentiellen Abfall und der immer möglichen Umkehr Israels (1.Kön 8,46ff) sowie den von Salomo erfahrenen Strafen ergibt, weicht mit der letzten Aussage über Salomo (er sucht seinen von JHWH designierten Nachfolger zu töten) der historischen Realität.

Salomos letzte Tat, der Mordversuch an dem von JHWH designierten Nachfolger, führt vor, daß der vormalige Liebling JHWHs im offenen Ungehorsam gegen diesen stirbt. Salomo, der Nachfolger Davids, hat als Nachfolger versagt. Salomo hat die von David und ihm selbst akzeptierte Grundlage der Herrschaft der Davididen über Israel negiert, obwohl sie JHWH ihm persönlich mehrfach in Erinnerung gerufen hat. Salomo ist der Hybris des seiner eigenen Machtvollkommenheit gewissen Monarchen erlegen.

Geburt und Tod Salomos werden durch JHWH-Worte markiert. Die beiden Gottesworte von 2.Sam 12,25 und 1.Kön 11,11-13 bilden die theologischen Eckpunkte der Darstellung des salomonischen Lebens und seiner Regierung. Dazwischen stehen drei weitere JHWH-Reden (1.Kön 3,11-14; 6,11-13; 9,3-9), die inhaltlich charakteristisch unterschiedene Regierungsperioden abgrenzen bzw. pointieren. JHWH-Worte und JHWH-Reden bilden ein Aussagensystem, das die Kriterien zur Beurteilung der

Herrschaft Salomos bereitstellt. In diesen Reden löst JHWH das David gegebene Versprechen ein: "Ich will ihm Vater sein, und er soll mir Sohn sein; wenn er sich vergeht, dann will ich ihn mit menschlicher Rute und menschlichen Schlägen strafen." (2.Sam 7,14).

Die Salomo-Überlieferung dient den biblischen Verfassern, im Gegensatz zur Josua-Tradition, der Veranschaulichung eines Nachfolgers, der sich in mancherlei Hinsicht von seinem Vorgänger negativ abhebt. Salomo als Nachfolger ist der Gegentypus zu Josua als Nachfolger. Der Nachfolger Moses, Josua, erreicht das ihm gesteckte Ziel, da er sich nicht an der Person Moses orientiert, sondern an der Mose vorgegebenen und Josua weitergegebenen Norm, der nach dem Tode Moses schriftlich vorliegenden Tora. Der Nachfolger Davids, Salomo, verfehlt das Ziel, denn er richtet sich weder nach dem, was vorbildhaft war an seinem Vater, dessen ungeteilte JHWH-Verehrung und dessen Gehorsam JHWH gegenüber, noch beachtet Salomo die ihm von David explizit anempfohlene Tora. Dtr gestaltet die Salomo-Überlieferung so, daß aus seiner Komposition am Schluß das Negativbild eines Nachfolgers herausschaut.

Die Studie suchte zu zeigen, daß die literarischen Gestalten 'Josua' und 'Salomo' dem Bemühen dtr Theologie zu verdanken sind, Notwendigkeit und Praktikabilität der Tora zu demonstrieren. Die Ausbildung des Idealtypus Nachfolger und seine Realisierung in einer normgerechten und einer normwidrigen Figur ist Ergebnis der theologischen Reflexion der Krise der gesellschaftlichen und politischen Ordnung Judas um die Wende des 7.Jh.v.Chr. Das Denken in alternativen Kategorien gehört zu den charakteristischen Merkmalen dtr Theologie. Besonders ausgeprägt ist es in der Fiktion, daß Israel von JHWH vor die Wahl zwischen Leben und Tod gestellt wird. 'Salomo' und 'Josua' stehen symbolisch für die beiden Wege von Tod und Leben.

נתתי לפניך הברכה והקללה
למען תחי אתה וזרעך
ובחרת בחיים

LITERATURVERZEICHNIS*

Abel, F. M., *Géographie* de la Palestine, Paris, Band I, 1933, Band II, 1938

Abou-Assaf, A./ Bordreuil, P./ Millard A. R., La *Statue* de Tell Fekherye et son inscription bilingue assyro-araméenne. Etudes assyriologiques, 7. Paris 1982, Editions Recherches sur les civilisations

Abravanel, I., On the *Pentateuch*, Jerusalem 1979

Ackerman, J.S., Knowing Good and Evil: A Literary Analysis of the *Court History* in 2 Samuel 9-20 and 1 Kings 1-2, JBL 109. 1990. 41-60

Ackroyd, P. R., The *Succession Narrative* (so called), Interpretation 35. 1981. 383-396

----, The Jewish *Community* in the Persian Period, in: Davies, W. D./ Finkelstein, L., (eds.), The Cambridge History of Judaism. Vol.I Introduction. The Persian Period, Cambridge 1984, 130-161

Adorno, T., *Studies* in the Authoritarian Personality (1950), in: ders., Gesammelte Schriften Band 9-1: Soziologische Schriften II. Erste Hälfte, Frankfurt/M. 1975, 143-509

Aharoni, Y., Das *Land* der Bibel. Eine historische Geographie, Neukirchen-Vluyn 1984

Ahlström, G. W., *Solomon*, the Chosen One, HR 8, 1968, 93-110

----, *Heaven* on Earth - at Hazor and Arad. in: B. A. Pearson (ed.), Religious Syncretism in Antiquity, Missoula 1975, 67-83

Ahmed, S. S., Southern *Mesopotamia* in the Time of Ashurbanipal, The Hague/Paris, 1968

Albeck, Sh./ Rothkoff, A./ Hirschberg, H. Z./ Davis, E./ Bayer, B., Art.: *Solomon*, EJ 15, Sp. 96-111

Albertz, R., Persönliche *Frömmigkeit* und offizielle Religion, Religionsinterner Pluralismus in Israel und Babylon, CThM 9, Stuttgart 1978

----, Die *Intentionen* und die Träger des Deuteronomistischen Geschichtswerks, in: R. Albertz/ F. W. Golka/ J. Kegler (eds.), Schöpfung und Befreiung. Für Claus Westermann zum 80. Geburtstag, Stuttgart 1989, 37-53

Albertz, R./ Westermann, C., Art.: רוח ruᵃh Geist, THAT II. 1976. 726-753

Alderson, A. D., The *Structure* of the Ottoman Dynasty, Oxford 1956

Aleppo Codex, The *Aleppo Codex*, edited by M.H. Goshen-Gottstein, Jerusalem 1976

Alt, A., Israels *Gaue* unter Salomo (1913), in: ders. *KS II*, München 1953, 76-89

----, Die *Staatenbildung* der Israeliten in Palästina (1930), in: ders., *KS II*, München 1953, 1-65

----, *Josua* (1936), in: ders., *KS I*, München 1953, 176-192

----, Die *Weisheit* Salomos, (1951), in: ders. *KS II*, München 1953, 90-99

----, Das *Königtum* in den Reichen Israel und Juda (1951), in: ders. *KS II*, München 1953, 116-134

----, Die *Heimat* des Deuteronomiums (1953), in: ders., *KS II*, München 1953, 250-275

----, Kleine Schriften zur Geschichte Israels. (= *KS*) 3 Bde. München (1953-1959[1]), 1978[4]

Alter, R./ Kermode, F. (ed.), The Literary *Guide* to the Bible, Cambridge, Mass. 1987

Ammassari, A., Lo *statuto* matrimoniale del re di Israele (Deut 17,17) secondo l'esegesis del "Rotolo del Tempio" (57,15-19) e le risonanze neotestamentarie (Ef 5,23-33; Apoc 21,9-10), in: Euntes Docete XXXIV/1. 1981. 123-127

Amsler, S., Art.: עמד 'md *stehen*, THAT II. 1976. Sp. 328-332

---

* Das Literaturverzeichnis umfaßt, abgesehen von wenigen Ausnahmen, nur die zitierte Literatur. Die Abkürzungen folgen S. Schwertner, Internationales Abkürzungsverzeichnis für Theologie und Grenzgebiete, Berlin/New York 1992[2]. Die übrigen Abkürzungen finden sich am Ende des Literaturverzeichnis.

André, G., Art.: פָּקַד pāqad, ThWAT VI. 1989. 708-723

Ap-Thomas, D. R., All the King's *Horses*. A Study of the Term פָרָשׁ (I Kings 5.6 [EVV., 4.26]), in: J. I. Durham/ R. Porter (eds.), Proclamation and Presence. Old Testament Essays in Honour of G.H. Davies, London 1970, 135-151

----, *Notes* on Some Terms Relating to Prayer, VT 6. 1956. 225-241

Arendt, H., What Was *Authority?*, in: C. J. Friedrich (ed.), Authority, Nomos I,2, Cambridge, Mass.,1958, 81-112

Aristoteles, *Politeia*, Editio W. L. Newman, The Politics of Aristotle, 4 Bde. (1887-1902), Repr. Oxford 1950

Assmann, A., Einheit und Vielfalt in der Geschichte: Jaspers Begriff der Achsenzeit neu betrachtet. in: S. N. Eisenstadt (ed.), Kulturen der Achsenzeit. Bd II.3. 330-340, Frankfurt am Main 1992

Aubet Semmler, M. E., *Spain*, in: S. Moscati (ed.), The Phoenicians, Mailand 1988, 226-242

Auerbach, E., Wüste und Gelobtes Land. Geschichte Israels von den Anfängen bis zum Tode Salomos. Berlin (1932[1]) 1938[2]

Auld, A. G., *Joshua*, Moses and the Land. Tetrateuch - Pentateuch - Hexateuch in a Generation since 1938, Edinburgh 1980

----, *Salomo* und die Deuteronomisten - eine Zukunftsvision? ThZ 48. 1992. 345-355

----, *Solomo* at Gibeon: History Glimpsed, EI 24. 1993. Avraham Malamat Volume, 1*-7*

Aurelius, E., Der *Fürbitter* Israels. Eine Studie zum Mosebild im Alten Testament, CB.OT 27, Lund 1988

Auvergne, Wilhelm von, *Opera* Omnia, Tomus Primus, Paris 1674, unveränd. Nachdruck Frankfurt am Main 1963

Bächli, O., *Israel* und die Völker. Eine Studie zum Deuteronomium, AThANT 41, Zürich 1962

Baentsch, B., *Exodus* - Leviticus - Numeri, HAT I,2, Tübingen 1900-1903

Bailey, R. C., *David* in Love and War. The Pursuit of Power in 2 Samuel 10-12, JSOT.S 75, Sheffield 1990

Baker, R. G., The Human and Ideal *David* in the Deuteronomic History, Ph. D. 1982, The Southern Baptist Theological Seminary, Louisville/Kentucky

Ball, E., The *Co-Regency* of David and Solomon (1. Kings 1), VT 27. 1977. 268-279

Balogh, J., *Voces* Paginarum: Beiträge zur Geschichte des lauten Lesens und Schreibens, Philologus 82. 1927. 84-109 und 202-240

Baltzer, K., Das *Bundesformular*, WMANT 4, Neukirchen-Vluyn 1960, 1964[2]

----, Die *Biographie* der Propheten, Neukirchen-Vluyn 1975

Balzer, H., Die *Umwandlung* göttlicher und menschlicher Verhältnisse. Zur Semantik der Verbindung des pi. der Wurzel dbr mit der Präposition ʿl im Alten Testament, Diss.theol. Marburg 1987

Bammel, E., Jesu *Nachfolger*. Nachfolgeüberlieferungen in der Zeit des frühen Christentums, Studia Delitzschiana, 3. Folge, I, Heidelberg 1988

Bar-Efrat, S., *Narrative Art* in the Bible, JSOT.S 70, Sheffield 1989

Barth, Ch., *Mose*, Knecht Gottes, in: E. Busch (ed.), Parrhesia. FS K. Barth, Zürich/München 1966, 68-81

----, Die *Antwort* Israels, in: H. W. Wolff (ed.), *Probleme*, 44-56

Bartlett, J. R., The Edomite *King-List* of Genesis xxxvi 31-39 and 1.Chron. I 43-50, JThS, N.S. 16. 1965. 301-314

----, An *Adversary* against Solomon, Hadad the Edomite, ZAW 88. 1976. 205-226

----, *Edom* and the Edomites, JSOT.S 77. Sheffield 1989

Barton, G. A., The Royal *Inscriptions* of Sumer and Akkad, Library of Ancient Semitic Inscriptions 1, New Haven 1929

Beattie, J. H. M., Art.: *Kingship*, in: IESS. 8. 1968. 386-389

Beer, G., *Exodus*. Mit einem Beitrag von K. Galling, HAT I,3, Tübingen 1939

Beer, M., Art.: *Academies* in Babylonia and Erez Israel, EJ 2, 199-205

Begrich, J., Die *Chronologie* der Könige von Israel und Juda und die Quellen des Rahmens der Königsbücher, BHTh 3, Tübingen 1929

Beltz, W., Die *Kalebtraditionen* im Alten Testament, BWANT 18, Stuttgart 1974

Benzinger, I., Die Bücher der *Könige*, KHC 9, Tübingen/Leipzig 1899

Berger, P. L./ Luckmann, T., Die gesellschaftliche *Konstruktion* der Wirklichkeit, Frankfurt am Main 1970

Bergman, J./ Botterweck, J. G., Art.: ידע jāḏa ThWAT III. 1982. Sp. 479-512

Bergman, J./ Haldar, A./ Ringgren, H./ Koch, K., Art.: דרך dæræḵ, ThWAT. II. 1977. Sp. 288-312

Bergman, J./ Haldar, A./ Wallis, G., Art.: אהב, ThWAT I. 1973. Sp. 105-128

Bergman, J./ Johnson, E., Art.: אנף, ThWAT I. 1973. Sp.376-389

Bernhardt, K. H., Das *Problem* der altorientalischen Königsideologie im Alten Testament unter besonderer Berücksichtigung der Geschichte der Psalmenexegese dargestellt und gewürdigt, VT.S 8, Leiden 1961

Bertholet, A., *Deuteronomium*. Übersetzt und erklärt, KHC 5, Tübingen/Leipzig 1899

Beuken, W. A. M., No Wise *King* without a Wise Woman (I Kings III 16-28), OTS 25. 1989. 2-10

Beyer, R., Die *Königin* von Saba. Engel und Dämon. Der Mythos einer Frau, Bergisch Gladbach 1987

Beyerlin, W., *Herkunft* und Geschichte der ältesten Sinaitraditionen, Tübingen 1961

Bietenhard, H. (ed.), Midrasch *Tanhuma* B: R. Tanhuma über die Tora, genannt Midrasch Jelammedenu Bd.1, Bern/Frankfurt am Main/Las Vegas 1980, Bd.2 1982

Bietenhard, H./ Ljungman, H., *Sifre* Deuteronomium, JudChr 8, Bern/Frankfurt am Main 1984

Bin-Nun, S., *Formulas* from Royal Records of Israel and of Judah, VT 18. 1968. 414-432

Blau, P. M., *Exchange* and Power in Social Life, New York 1964

----, Art.: *Social Exchange*, in: IESS. 7. 1968. 452-458

Blenkinsopp, J., *Theme and Motif* in the Succession History (2. Sam XI,2ff) and the Yahwist Corpus, in: J. A. Emerton (ed.), Volume du Congrès Genève 1965, VT.S 15. 1966. 44-57

----, The *Structure* of P, CBQ 38. 1976. 275-292

----, *Prophecy* and Canon. A Contribution to the Study of Jewish Origins, Notre Dame/London, 1977

Blum, E., Die *Komposition* der Vätergeschichte, WMANT 57, Neukirchen-Vluyn 1984

----, *Studien* zur Komposition des Pentateuch, BZAW 189. Berlin 1990

Bobzin, H., Überlegungen zum althebräischen *Tempussystem*, WO 7. 1973/74. 141-153

Boccacio, P., I *termini* contrari come espressioni della totalità in ebraico (I), Bib. 33. 1952. 173-190

Bocheński, J. M., Was ist *Autorität*? Einführung in die Logik der Autorität, Freiburg 1974

Boecker, H. J., *Redeformen* des Rechtslebens im Alten Testament, WMANT 14, Neukirchen-Vluyn (1964[1]) 1970[2]

----, Die *Beurteilung* der Anfänge des Königtums in den deuteronomistischen Abschnitten des 1. Samuelbuches. Ein Beitrag zum Problem des "deuteronomistischen Geschichtswerks", WMANT 31, Neukirchen-Vluyn 1969

----, *Recht* und Gesetz im Alten Testament und im Alten Orient, Neukirchen-Vluyn (1976[1]) 1984[2]

Boer, P. A. H. de, *2.Samuel* 12:25, in: W.C. van Unnik/ A. S. van der Woude (eds.), Studia biblica et semitica, FS Th. Ch. Vriezen, Wageningen 1966, 25-29

Boling, R./ Wright, G. E., *Joshua*, AncB 6, Garden City, New York 1982

Boman, Th., Das hebräische *Denken* im Vergleich mit dem griechischen, Göttingen (1952[1]) 1968[5]

Bordreuil, P., À propos de *Milkou*, Milkart et Milk 'Ashtart. in: E. M. Cook (ed.), Sopher Mahir. FS S. Segert, Winona Lake/Indiana 1990, 11-21

Born, A. van den, *Samuel* uit de grondtekst vertaald en uitgelegd, BOT IV/1, Roermond 1956

----, Zum *Tempelweihspruch* (1Kg viii 12f), OTS 14. 1965. 235-244

Bovensiepen, R., Art.: *Rechtsnachfolge*, in: Handwörterbuch der Rechtswissenschaft IV. 1927. 711-715

Braulik, G., Die *Ausdrücke* für "Gesetz" im Buch Deuteronomium, Bib. 51. 1970. 39-66 (= ders., *Studien* zur Theologie des Deuteronomiums, Stuttgart, 1988, 11-38)

----, *Spuren* einer Neubearbeitung des deuteronomistischen Geschichtswerkes in 1.Kön 8,52-53.59-60, Bib. 52. 1971. 20-33

----, *Weisheit*, Gottesnähe und Gesetz. Zum Kerygma von Deuteronomium 4,5-8, (1977), in: ders., *Studien* zur Theologie des Deuteronomiums, SBAB 2, Stuttgart 1988, 53-94

----, Die *Mittel* deuteronomischer Rhetorik erhoben aus Dtn 4,1-40, AnBib 68, Rom 1978

----, *Literarkritik* und archäologische Stratigraphie. Zu S. Mittmanns Analyse von Deuteronomium 4,1-40, Bib. 59. 1978. 351-383

----, *Gesetz* als Evangelium. Rechtfertigung und Begnadigung nach der deuteronomischen Tora, ZThK 79. 1982. 127-160

----, Die *Freude* des Festes. Das Kultverständnis des Deuteronomiums - die älteste Festtheorie (1983), in: ders., Studien zur Theologie des Deuteronomiums, Stuttgart 1988, 161-218

----, Zur deuteronomistischen Konzeption von *Freiheit* und Frieden, in: Congress Volume Salamanca 1983, VT.S 36. 1985. 29-39

----, Die *Abfolge* der Gesetze im Deuteronomium 12-26 und der Dekalog, in: N. Lohfink (ed.), Das Deuteronomium, BEThL 68, 1985, 252-272

----, *Deuteronomium* 1-16,17, NEB.AT 15, Würzburg 1986; *Deuteronomium II*. 16,18-34,12. NEB.AT 15, Würzburg 1992

----, Zur Abfolge der Gesetze in Deuteronomium 16,18-21,23. Weitere *Beobachtungen*, Bib. 69. 1988. 63-92

----, Die *Entstehung* der Rechtfertigung in den Bearbeitungsschichten des Buches Deuteronomium. Ein Beitrag zur Klärung der Voraussetzungen paulinischer Theologie, ThPh 64. 1989. 321-333

----, Literarkritik und die *Einrahmung* von Gemälden. Zur literarkritischen und redaktionsgeschichtlichen Analyse von Dtn 4,1-6,3 und 29,1-30,10 durch D. Knapp, RB 96, 1989, 266-286

Breasted, J. H., Ancient *Records* of Egypt, Vol.1-5 (1906-1907), 2. Druck, Chicago/Illinois 1920-1923 (*ARE*)

Brekelmans, C., Die sogenannten deuteronomischen *Elemente* in Gen-Num. Ein Beitrag zur Vorgeschichte des Deuteronomiums, VT.S 15. Leiden 1966. 90-96

Brekelmans, C./ Lust, J. (eds.), Pentateuchal and Deuteronomistic *Studies*. Papers Read at the XIIIth IOSOT Congress Leuven 1989, BEThL 94, Leuven 1990,

Brentjes, B., *Kriegswesen* im Alten Orient, Altertum 32. 1986. 133-142

Brettler, M., The *Structure* of 1 Kings 1-11, JSOT 49. 1991. 87-97

Breuer, S., Der archaische *Staat*. Zur Soziologie charismatischer Herrschaft, Berlin 1990

Bright, J., *Jeremiah*, AncB 21, Garden City, New York (1965), 1984[2]

Brockelmann, C., Hebräische *Syntax*, Neukirchen 1956

Brongers, H. A., Die *Partikel* lmʿn in der biblisch-hebräischen Sprache, OTS 18. 1973. 84-96

----, *Bemerkungen* zum Gebrauch des adverbialen wᵉʿ attah im Alten Testament. Ein lexikographischer Beitrag. VT 15. 1965. 289-299

Brovarski, E., The *Doors* of Heaven, Or 46. 1977. 107-115

Brueggemann, W., *David's Truth* in Israel's Imagination and Memory, Philadelphia 1985

----, At the *Mercy* of Babylon: a Subversive Reading of the Empire. JBL 110. 1991. 3-22

Brunner, H., Das hörende *Herz*, ThLZ 79. 1954. Sp.697-700

----, Altägyptische *Erziehung*, Wiesbaden 1957

----, Die religiöse *Wertung* der Armut im alten Ägypten, Saec 12. 1961. 319-344

----, *Gebet*, LÄ II. 1977. Sp.452-459

Brunner, O., *Bemerkungen* zu den Begriffen "Herrschaft" und "Legitimität", in: K. Oettinger (ed.), Festschrift für Hans Sedlmayr, München 1962, 116-133

Buber, M., *Moses*, Zürich 1948

Buccellati, G., The *Enthronement* of the King and the Capital City in Texts from Ancient Mesopotamia and Syria, in: R. D. Biggs/ J. A. Brinkman (eds.), Studies Presented to A. Leo Oppenheim, Chicago/Illinois 1964, 54-61

Buchholz, J., Die *Ältesten* Israels im Deuteronomium, GTA 36, Göttingen 1988

Budde, K., Die Bücher *Samuel*, KHC VIII, Tübingen/Leipzig 1902

Buis, P., *Rezension* von: G. Seitz, Redaktionsgeschichtliche Studien zum Deuteronomium (1971), ThPhil 48. 1973. 243-245

Buis, P./ Leclercq, J., Le *Deutéronome*, Sources Bibliques, Paris 1963

Burkolter-Trachsel, V., Zur *Theorie* sozialer Macht. Konzeptionen, Grundlagen und Legitimierung, Theorien, Messung, Tiefenstrukturen und Modelle, Bern/Stuttgart 1981

Burstein, S. M., The *Babyloniaca* of Berossus, Sources and Monographs, Sources from the Ancient Near East (Sane) Vol. I Fasc. 5, Malibu 1978

Busolt, G., Griechische *Staatskunde*. Dritte, neugestaltete Auflage der "Griechischen Staats- und Rechtsaltertümer". Erste Hälfte: Allgemeine Darstellung des griechischen Staates, Handbuch der Altertumswissenschaft IV/1.1, München 1920

Butler, T. C., *Joshua*. Word Biblical Commentary, Waco, Texas 1983

Canciani, F./ Pettinato, G., Salomos *Thron*. Philologische und archäologische Erwägungen, ZDPV 81. 1965. 88-108

Caquot, A., *Remarques* sur la "loi royale" du Deutéronome 17,14-20, Sem 9. 1959. 21-33

----, *Ahiyya* de Silo et Jéroboam Ier, Semitica 11. 1961. 17-27

Carlson A./ Ringgren, H., Art.: דוד dāwid, ThWAT II. 1977. Sp. 167-181

Carlson, R. A., *David*, the Chosen King. A Traditio-Historical Approach to the Second Book of Samuel, Uppsala/Göteborg 1964

Carmichael, C. M., The *Laws* of Deuteronomy, Ithaca/London 1974

Carroll, R. P., The *Elijah-Elisha* Sagas: Some Remarks on Prophetic Succession in Ancient Israel, VT 19. 1969. 400-415

----, From *Chaos* to Covenant, London 1981

Caspari, W., Der *Stil* des Eingangs der israelitischen Novelle, ZWTh 53. 1911. 218-253

----, *Tronbesteigungen* und Tronfolge der israelitischen Könige, in: B. Meissner (ed.), Altorientalische Texte und Untersuchungen I.3, Leiden 1917, 143-254

----, Die *Samuelbücher*, KAT VII, Leipzig 1926

Cassin, E./ Bottéro, J./ Vercoutter, J. (eds.), Die Altorientalischen Reiche I. Vom Paläolithikum bis zur Mitte des 2. Jahrtausends, Fischer Weltgeschichte Band 2, Frankfurt am Main 1965

Cassuto, U., A Commentary on the Book of *Exodus*, Jerusalem 1967

Cazelles, H., Les *Nombres*, in: La Sainte Bible traduite en français sous la direction de l'École Biblique de Jérusalem, Paris 1958²

----, Art.: משה mošæh, ThWAT V. 1986. 28-46

Chapman, W. J., Zum *Ursprung* der chronologischen Angabe in 1.Reg 6,1, ZAW 53, 1935, 185-189

Chiesa, B., La *Promessa* di un Profeta (Deut. 18,15-22), BeOr 15. 1973. 17-26

Childs, B. S., *Exodus*, OTL, London (1974¹) 1987⁶

Cholewiński, A., *Heiligkeitsgesetz* und Deuteronomium. Eine vergleichende Studie, AnBib 66, Rom 1976

----, Zur theologischen *Deutung* des Moabbundes, Bib. 66. 1985. 96-111

Clements, R. E., The World of Ancient Israel. Sociological, Anthropological and Political Perspectives. Cambridge/New York/Melbourne/Sidney 1989

Coats, G. W., *Rebellion* in the Wilderness. The Murmuring Motif in the Wilderness Tradition of the Old Testament, Nashville 1968

----, Moses versus *Amalek*. Aetiology and Legend in Exod. xvii 8-16, VT.S 28. 1975. 29-41

----, *Parable*, Fable and Anecdote. Storytelling in the Succession Narrative, Interpretation 35. 1981. 368-382

Coats, G. W., *Humility* and Honor: A Moses Legend in Numbers 12, in: Clines, D. J. A./ Gunn, D. M./ Hauser, A. J. (eds.), Art and Meaning: Rhetoric in Biblical Literature, JSOT.S 19, Sheffield 1982, 97-107

----, *Moses*: Heroic Man, Man of God, JSOT.S 57, Sheffield 1988

Cogan M./ Tadmor H. *II Kings*. A new Translation with Introduction and Commentary, AncB 11, Garden City/New York 1988

Cohen, A., Political *Anthropology*: The Analysis of the Symbolism of Power Relations, Man 4. 1969. 215-235

Cohen, M., מִקְתָרוּת - מִקְטְרוֹת - מקטירות. BetM 35. 1989/90,261-269

----, "maqṭîrôt ûmᵉzabbᵉḥôt lēʾlōhêhen (1 Rois xi 8b), VT 41. 1991. 332-341

Conrad, J., Der *Gegenstand* und die Intention der Geschichte von der Thronnachfolge Davids, ThLZ 108. 1983. Sp. 161-176

Conrad, J., Art.: נדב ndb, ThWAT V. 1986. 237-245

Conroy, C., *Absalom* Absalom! Narrative and Language in 2 Sam 13-20, AnBib 81, Rom 1978

Cook, A., *'Fiktion'* and History in Samuel and Kings, JSOT 36. 1986. 27-48

Cornill, C. H., *Einleitung* in die kanonischen Bücher des Alten Testament, Tübingen 1913[7]

Cortese, E. *Theories* concerning Dtr: A Possible Rapprochement, in: C. Brekelmans/ J. Lust (eds.), Pentateuchal and Deuteronomistic Studies. Papers Read at the XIIIth IOSOT Congress Leuven 1989, BEThL 94, Leuven 1990, 170-190.

Craigie, P. C., The Book of *Deuteronomy*, NIC, London/Sydney 1976

Crocker, P. T., "*Solomon* Imported Horses from ... Kue", Buried History, 27. 1991, 83-88

Cross, F. M., The *Ideologies* of Kingship in the Era of the Empire: Conditional Covenant and Eternal Decree, in: ders., Canaanite Myth and Hebrew Epic, Cambridge, Mass. 1973, 219-273

----, The *Themes* of the Book of Kings and the Structure of the Deuteronomistic History, in: ders., Canaanite Myth and Hebrew Epic, Cambridge, Mass. 1973, 274-289

Crown, A. D., Once again *1 Kings* 10:26-29, Abr-Nahrain XV. 1974/75. 35-38

Crüsemann, F., Der *Widerstand* gegen das Königtum, WMANT 49, Neukirchen-Vluyn 1978

----, *Israel* in der Perserzeit. Eine Skizze in Auseinandersetzung mit Max Weber, in: Schluchter, W. (ed.), Max Webers Sicht des antiken Christentums, Frankfurt am Main 1985, 205-232

----, Der *Pentateuch* als Tora. Prolegomena zur Interpretation seiner Endgestalt, EvTh 49. 1989. 250-267

----, Die *Tora*. Theologie und Sozialgeschichte des alttestmentlichen Gesetzes. München 1992

----, "*Theokratie*" als "Demokratie". Zur politischen Konzeption des Deuteronomiums. in: K. Raaflaub, (ed.), Anfänge politischen Denkens in der Antike. Schriften des historischen Kollegs 24, München 1993, 119-214

Curto, S., Art.: *Standarten*, in: LÄ V. 1984. Sp. 1255-1256

Dahl, R. A., Art.: *Power*, in: IESS 12. 1968. 405-415

Dandamayev, M. A., The Social *Position* of Neo-Babylonian Scribes, in: Schriften zur Geschichte und Kultur des Alten Orient 15, 1982, 35-39

Daube, D., *Law* in the Narratives, in: ders., Studies in Biblical Law, Cambridge 1947, 1-73

----, The *New Testament* and Rabbinic Judaism, London 1956

----, *Rechtsgedanken* in den Erzählungen des Pentateuch, in: J. Hempel (ed.), Von Ugarit nach Qumran. FS O. Eißfeldt, BZAW 77, Berlin 1958, 32-41

----, The *Preponderance* of Intestacy at Rome, in: Tulane Law Review 39. 1964/65. 253-262

Debus, J., Die *Sünde* Jerobeams. Studien zur Darstellung Jerobeams und der Geschichte des Nordreichs in der deuteronomistischen Geschichtsschreibung, FRLANT 93, Göttingen 1967

Deist, F. E., *David*: A Man after God's Heart? An Investigation into the David Character in the so-called Succession Narrative, in: W. C. Wyk (ed.), Studies in the Succession Narrative, Pretoria 1986, 99-129

Delekat, L., *Tendenz* und Theologie der David-Salomo-Erzählung, in: F. Maass (ed.), Das ferne und nahe Wort, FS L. Rost, BZAW 105.Berlin 1967, 26-36

Deller, K.-H., *Rezension* von R. de Vaux, Les Sacrifices de l'Ancien Testament, Or 34, 1965, 382-386

Deurloo, K. A., The King's Wisdom in Judgement: Narration as Example (1Kings iii), OTS 25.1989. 11-21

Dever, W. G., Art.: *Gezer*, New Encyclopedia of Archaeological Excavations in the Holy Land, Vol. II. (London 1976[1]) Jerusalem 1993[2].496-506

DeVries, S. J., 1 *Kings*, Word Biblical Commentary, Vol. 12, Waco, Texas 1985

Diakonoff, I. M., Some *Remarks* on the "Reforms" of Urukagina, RA 52. 1958 1-15

Diepold, P., *Israel*s Land, BWANT 95, Stuttgart 1972

Dietrich, W., *Prophetie* und Geschichte. Eine redaktionsgeschichtliche Untersuchung zum deuteronomistischen Geschichtswerk, FRLANT 108, Göttingen 1972

----, *David*, Saul und die Propheten. Das Verhältnis von Religion und Politik nach den prophetischen Überlieferungen vom frühesten Königtum in Israel. BWANT 122, Stuttgart, (1989[1]) 1992[2]

Dillmann, A., Die Bücher *Exodus* und Leviticus, *KEH 12*, Leipzig 1880[2]

----, Die Bücher *Numeri, Deuteronomium* und *Josua*, *KEH 13*, Leipzig 1886[2]

Diodorus, Siculus. *Diodorus* of Sicily in Twelve Volumes. LCL London/Cambridge Mass., Vol.I with an English Translation by C.H. Oldfather, 1933; Vol.IX, with an English Translation by R. M. Geer, 1947

Dion, P.-E. La *RWH* dans l'Heptateuque. La protestation pour la liberté du prophétisme en Nb 11,26-29. ScEs 42. 1990. 167-191

----, Deuteronomy 13: The Suppression of Alien Religous Propaganda in Israel during the Late Monarchical Era. in: B. Halpern/ D. W. Hobson (eds.), Law and Ideology in Monarchic Israel. JSOT. S 124. Sheffield 1991, 147-216

Dohmen, C., Der *Tod* des Mose als Geburt des Pentateuch. in: Dohmen, C./ Oeming, M. (eds.), Biblischer Kanon, warum und wozu? Eine Kanontheologie. QD 137, Freiburg 1992, 54-68

Dohmen, C./ Hossfeld, F. L./ Reuter, E., Art.: ספר sepær, ThWAT V. 1986. Sp.929-944

Dommershausen, W., Art.: גורל, ThWAT I. 1973. Sp.991-998

Donner, H., The *Interdependence* of Internal Affairs and Foreign Policy during the Davidic-Solomonic Period (with special Regard to the Phoenician Coast), in: Ishida, T., (ed.), Studies, 205-214

----, *Geschichte* des Volkes Israel und seiner Nachbarn in Grundzügen, ATD Ergänzungsreihe 4/1, 1984; Bd.4/2, Göttingen 1986

Donner, H./ Rölling, W., Kanaanäische und aramäische Inschriften. Mit einem Beitrag von O. Rössler, 3 Bde., Wiesbaden (1964[1]) 1966-1969[2] (=*KAI*)

Drazin, N., *History* of Jewish Education From 515 B.C.E. to 220 C.E. (During the Periods of the Second Commonwealth and the Tannaim), Baltimore 1940

Driver, G. R./ Miles, J. C., The Babylonian *Laws* I-II, Oxford 1956-1960[2]

Driver, S. R., A Critical and Exegetical Commentary on *Deuteronomy*, ICC, 1902[3]. Nachdruck Edinburgh 1925

----, *Notes* on the Hebrew Text and the Topography of the Books of Samuel, Oxford 1913[2]

Du Cange, C., *Glossarium* mediae et infimae latinitatis, Bd. IV-V, Nachdruck der Ausgabe 1883-1887, Graz 1954

Dumermuth, F., *Josua* in Ex. 33,7-11, ThZ 19. 1963. 161-168

Dus, J., *Gibeon* - Eine Kultstätte des ŠMŠ und die Stadt des benjaminitischen Schicksals, VT 10. 1960. 353-374

Dux, G., *Strukturwandel* der Legitimation, Freiburg/München 1976

Easton, D., A *System* Analysis of Political Life, New York 1965

Ebach, J. H., *Kritik* und Utopie: Untersuchungen zum Verhältnis von Volk und Herrscher im Verfassungsentwurf des Ezechiel (Kap. 40-48), Diss. theol., Hamburg 1972

Eben-Schoschan, A., קונקורדנציא חדשה לתורה נביאים וכתובים, 3 Bde. Jerusalem 1982

Eckstein H./ Gurr, T. R., *Patterns* of Authority. A Structural Basis for Political Inquiry, New York 1975

Eder, K., Zur *Systematisierung* der Entstehungsbedingungen von Klassengesellschaften, in: ders. (ed.), Seminar: Die Entstehung von Klassengesellschaften, stw 30, Frankfurt am Main 1973, 15-29

----, Zur logischen *Struktur* des evolutionären Prozesses der Entstehung von Klassengesellschaften, in: ders. (ed.), Seminar: Die Entstehung von Klassengesellschaften, stw 30, Frankfurt am Main 1973, 215-221

Edinger, L. J., Political *Science* and Political Biography. Reflections on the Study of Leadership, Journal of Politics 26. 1964. 423-439; 648-676

Edzard, D. O./ Renger, J., *Königsinschriften*, RLA VI. 1980-1983. 59-77

Edzard, D. O./ Seux, M.-J., Art.: *Königtum*, RLA VI. 1980-1983. 140-173

Edzard, D. O./ Szabó, G./ Strommenger, E./ Nagel, W., Art.: *Herrscher*, RLA IV. 1972-75. 335-376

Eerdmans, B. D., Alttestamentliche *Studien* III. Das Buch Exodus, Göttingen 1910

----, The *Composition* of Numbers, OTS 6. 1949. 101-216

Efrati, N./ Rothkoff, A., Art.: Bet (Ha)-Midrash, in: EJ 4. 751-752

Ehrenberg, V., Der *Staat* der Griechen, Zürich 1965[2]

----, Von den *Grundformen* griechischer Staatsordnung (1961), in: ders., Polis und Imperium. Beiträge zur Alten Geschichte, Zürich/Stuttgart 1965, 105-138

Ehrlich, A. B., *Randglossen* zur Hebräischen Bibel. Textkritisches, Sprachliches und Sachliches, Leipzig 1908-1914, Nachdruck Hildesheim 1968, Bd.1: Genesis und Exodus, 1908; Bd.2: Leviticus, Numeri, Deuteronium, 1909; Bd.3: Josua, Richter, I. u. II. Samuelis, 1910; Bd.7: Hohes Lied, Ruth, Klagelieder, Koheleth, Könige, Chronik, Nachträge und Gesamtregister, 1914

Ehrlich, E. L., Der *Traum* im Alten Testament, BZAW 73, Berlin 1953

Eichrodt, W., *Heilserfahrung* und Zeitverständnis im Alten Testament, ThZ 12. 1956. 103-125

Eisenstadt, S. N., The Political *Systems* of Empires, New York 1963

----, *Revolution* und die Transformation von Gesellschaften. Eine vergleichende Untersuchung verschiedener Kulturen, Opladen 1982

----, *Tradition*, Wandel und Modernität, Frankfurt am Main 1979

Eißfeldt, O., Hexateuch-*Synopse*. Die Erzählung der fünf Bücher Mose und des Buches Josua mit dem Anfange des Richterbuches, (Leipzig 1922), Nachdruck Darmstadt 1973

----, *Lade* und Stierbild (1940/41), in: ders., *KS II*, Tübingen 1963, 282-305

----, Die *Umrahmung* des Mose-Liedes Dtn 32,1-43 und des Mose-Gesetzes Dtn 1-30 in Dtn 31,9-32,47 (1954/55) in: ders., *KS III*, Tübingen 1966, 322-334

----, *Einleitung* in das Alte Testament unter Einschluß der Apokryphen und Pseudepigraphen sowie der apokryphen- und pseudepigraphen Qumrān- Schriften. Entstehungsgeschichte des Alten Testaments, Tübingen 1964[3]

----, *Israels Führer* in der Zeit vom Auszug aus Ägypten bis zur Landnahme (1966), in: ders., *KS IV*, Tübingen 1968, 296-404

----, *Umnennungen* im Alten Testament, in: ders., *KS V*, Tübingen 1973, 68-76

----, Kleine Schriften. 6 Bde. (= *KS*), hrg. von R. Sellheim/ F. Maass, Tübingen 1962-1979

Eitan, I., Two Unknown *Verbs*. Etymological Studies, JBL 42. 1923. 22-28

Ellwein, Th., Art.: *Autorität*, EKL 1. 1956. 275f.

Engnell, I., Studies in Divine *Kingship* in the Ancient Near East, Uppsala 1943[1], Oxford 1967[2]

Eschenburg, Th., Über *Autorität*, Frankfurt am Main (1965[1]) 1976[2]

Eslinger, L., Into the *Hands* of the Living God. JSOT.S 84. Sheffield 1989

Fabry, H.-J., Art.: לב leb, ThWAT IV. 1984. 413-451

Fach, W./ Degen,U., Politische *Legitimität*, Frankfurt am Main/New York 1978

Falkenstein, A., *Gebet* I, RLA III, 1957-71, 156-160

Falkner, M., *Gebetsgebärden* und Gebetsgesten, RLA III, 1957-71, 175-177

Farber, W., Art.: *Kampfwagen* (Streitwagen). A. Philologisch, RLA V. 1976-80. 336-344

Ferrero, G., *Macht*, Bern 1944

Fishbane, M., Biblical Interpretation in Ancient Israel. Oxford 1985

Fikentscher, W./ Franke, H./ Köhler, O. (eds.), *Entstehung* und Wandel rechtlicher Traditionen, Freiburg, München 1980

Fischer, G./ Lohfink, N., "Diese *Worte* sollst Du summen.", ThPh 62, 1987, 59-72

Flanagan, J. W., *Court History* or Succession Document? A Study of 2 Samuel 9-20 and 1 Kings 1-2, JBL 91. 1972. 172-181

----, David's Social *Drama*: A Hologramm of Israels early Iron Age, JSOT.S 73. Sheffield 1988

Floß, J. P., *Jahwe* dienen - Göttern dienen, BBB 45, Bonn 1975

Foerster, W., Art.: κληρονόμος, συγκληρονόμος, κληρονομέω, κατακληρονομέω, κληρονομία, ThWNT III. 1938. 766-767

Fokkelmann, J. P., *Narrative Art* and Poetry in the Books of Samuel. A Full Interpretation Based on Stylistic and Structural Analyses, Bd.1: King David (II Samuel 9-2O + Kings 1-2), Assen 1981

Forcellini, A./ Furlani, J./ Corradini, F./ Perin,J. (eds.), Lexicon Totius Latinitatis, Bd. 1-6. Padua 1940

Foresti, F., *Storia* della redazione di Dtn. 16,18-18,22 e le sue connessioni con l'opera storica deuteronomistica, in: Teresianum 39/1. 1988. 1-199

Fox, W. S./ Payne, D. E./ Priest, T. B./ Philliber, W. W., *Authority* Position, Legitimacy of Authority, in: Social Forces 55, Baltimore 1976/77, 966-973

Frankfort, H., *Kingship* and the Gods. A Study of Ancient Near Eastern Religion as the Integration of Society and Nature, Chicago/Illinois (1948[1]) 1958[3]

Friedman, R. E., The *Exile* and Biblical Narrative, HSM 22, Chico/ California 1981.

Friedrich, C. J. (ed.), *Authority*, Nomos I, Cambridge Mass. 1958

----, *Authority*, Reason, and Discretion, in: ders., (ed.), Authority, Nomos 1. 1958. 28-48

----, Die *Legitimität* in politischer Perspektive, PVS 1. 1960. 119-132

----, Political *Leadership* and the Problem of Charismatic Power, in: Journal of Politics 23. 1961. 3-24

----, Art.: *Monarchy*, in: IESS. 10. 1968. 412-415

Friis, H., Ein neues *Paradigma* für die Erforschung der Vorgeschichte Israels?, DBAT 19. 1984. 3-22

Frisch, A., *Structure* and its Significance: The Narrative of Solomon's Reign (1 Kings 1-12.24), JSOT 51. 1991. 3-14

----, The *Narrative* of Solomon's Reign: A Rejoinder, JSOT 51. 1991. 22-24

Fritz, V., *Israel* in der Wüste. Traditionsgeschichtliche Untersuchung der Wüstenüberlieferung des Jahwisten, WMANT 47. Neukirchen-Vluyn 1970

Fueyo, J., Die *Idee* der 'auctoritas'. Genesis und Entwicklung, in: H. Barion (ed.), Epirrhosis. FS C. Schmitt, Bd.I, Berlin 1968, 213-235

Fuhs, H. F., Art.: ירא jāre', ThWAT III. 1982. Sp.869-893

----, Art.: נער na'ar, ThWAT V. 1986. 507-518,

Furlani, G./ Otten, H., Gebet und Hymne in Ḫatti: RLA III. 1957-1971, 170-175

Fuß, W., Die sogenannte *Paradieserzählung*. Aufbau, Herkunft und theologische Bedeutung, Gütersloh 1968

----, Die deuteronomistische *Pentateuchredaktion* in Exodus 3-17, BZAW 126, Berlin 1972

Gablentz, O. H. von der, Religiöse *Legitimation* politischer Macht, in: C.-J.Friedrich (ed.), Staat und Politik. Festgabe für D. Sternberger zum 60.Geburtstag, Heidelberg 1968, 165-188

Gadd, J. C., Incribed Barrel *Cylinder* of Marduk-Apla-Iddina II, Iraq 15. 1953. 123-134

Galling, K., Das *Königsgesetz* im Deuteronomium, ThLZ 76. 1951. Sp.133-138

----, Die *Ausrufung* des Namens als Rechtsakt in Israel, ThLZ 81. 1956. Sp. 65-70

----, Der *Weg* der Phöniker nach Tarsis in literarischer und archäologischer Sicht, ZDPV 88. 1972. 1-18.140-181

Gamper, A., Die heilsgeschichtliche Bedeutung des salomonischen *Tempelweihegebetes*, ZThK 85. 1963. 55-61

García López, F., Un *profeta* como Moisés. Estudio crítico de Dt 18,9-22, in: Simposio Biblico Español (Salamanca 1982), Universidad Complutense (1984) 289-308

----, Le *roi* d'Israël: Dt 17,14-20, in: N. Lohfink (ed.), Das Deuteronomium, BEThL 68, Leuven 1985, 277-297

----, Art.: צוה ṣwh, ThWAT VI. 1989. Sp.936-959

Garsiel, M., *Puns* upon Names as Literary Device in 1 Kings 1-2, Bib. 72. 1991, 379-386

Garelli, P. (ed.), Le *Palais* et la Royauté (Archéologie et Civilisation), XIXième Rencontre Assyriologique Internationale 1971, Paris 1974

Georges, K. E./ Georges, H., Ausführliches Lateinisch-Deutsches *Handwörterbuch* aus den Quellen zusammengetragen und mit besonderer Bezugnahme auf Synonymik und Antiquitäten unter Berücksichtigung der besten Hilfsmittel, unveränd. Nachdruck der 8., verb. und verm. Aufl. (1913), Darmstadt 1988

Gerleman, G., Art.: שלם šlm, THAT II. 1976. Sp. 919-935

Gerstenberger, E. S., *Wesen* und Herkunft des 'apodiktischen' Rechts, WMANT 20, Neu-kirchen-Vluyn 1965

----, Der bittende *Mensch*. Bittritual und Klagelied des Einzelnen im Alten Testament, WMANT 51, Neukirchen-Vluyn 1980

Gese, H., Die *Sühne*, in: ders., Zur biblischen Theologie, München 1977[1], Tübingen 1983[2], 85-106

Gesenius, W./ Kautzsch, E., Hebräische Grammatik, Leipzig 1909[28] (= *GK*)

Geus, C. H. J. de, The *Tribes* of Israel: An Investigation into some of the Presuppositions of M. Noth's Amphictyony Hypothesis, SSN 18, Amsterdam 1976

Ginzberg, L., The *Legends* of the Jews, Vol.I-VII (1909-1938) Repr. Philadelphia 1968

Girndt, H., Drei kritische *Thesen* zur Legitimationstheorie von Jürgen Habermas, in: Kiel-mansegg, P. Graf von (ed.), *Legitimationsprobleme*, 62-71

Göbel, Ch., "Denn bei dir ist die *Vergebung*..." slh im Alten Testament, Theologische Versu-che VIII, Berlin 1977, 21-33

Görg, M., Das *Zelt* der Begegnung. Untersuchungen der sakralen Zelttraditionen Altisra-els, BBB 27, Bonn 1967

----, Die *Gattung* des sogenannten Tempelweihespruchs (1.Kön 8,12f), UF 6. 1974. 55-63

----, Gott-König-Reden in Israel und Ägypten, BWANT 105, Stuttgart 1975

----, *Ausweisung* oder Befreiung, Kairos N.F. 20. 1978. 272-280

----, *Nes* - ein Herrschaftssymbol?, BN 14. 1981. 11-17

----, Pharaos *Tochter* in Jerusalem oder: Adams Schuld und Evas Unschuld?, Bamberger Universitätszeitung IV/5 (1983), 4-7

----, "Persönliche *Frömmigkeit*" in: ders. (ed.), Fontes atque Pontes, FS H. Brunner, ÄATS, Wiesbaden 1983, 162-183

----, *Josua*. NEB.AT 26. Würzburg 1991

----, Zur *Darstellung* königlicher Baumaßnahmen in Israel und Assur, BN 59. 1991. 12-17

----, *Aegyptiaca*-Biblica. Notizen und Beiträge zu den Beziehungen zwischen Ägypten und Israel. Ägypten und Altes Testament. Bd 11. Wiesbaden 1991

Goetze, A., An *Inscription* of Simbar- Šīḫu, JCS 19. 1965. 121-135

Gold, J., *Deuteronomy* and the Word: The Beginning and the End, in: Polzin, R./ Rothman, E. (eds.), The Biblical Mosaic. Changing Perspectives, Ottawa Conference, Oct. 1977, SBL Semeia Studies 10, Philadelphia, Chico 1982, 45-59

Good, E. M., Art.: Joshua, *Book* of, in: IDB 2. 1962. 988-995

----, Art.: *Joshua* Son of Nun, in: IDB 2. 1962. 995-996

Goodblatt, D. M., Rabbinic *Instruction* in Sassanian Babylonia, Studies in Judaism in Late Antiquity 9, Leiden 1975

Gooding, D. W., The Septuagint's *Version* of Solomon's Misconduct, VT 15. 1965. 325-335

----, The *Shimei* Duplicate and its Satellite Miscellanies in 3 Reigns II, JSS 13. 1968. 76-92

----, *Text-Sequence* and Translation-Revision in 3 Reigns IX,10-X,33, VT 19. 1969. 448-463

Gordis, R., *Knowledge* of Good and Evil in the Old Testament and the Dead Sea Scrolls, in: ders. Poets, Prophets and Sages: Essays in Biblical Interpretation, Blooming-ton/Indiana 1971, 198-216

Gordon, C. H., Ugaritic Textbook, AnOr 38. Rom 1968

Gosse, B., La *sagesse* de Salomon en 1 Rois 5,21, BN 65. 1992. 15-19

Gottwald, N., The *Hebrew Bible* - A Socio-Literary Introduction, Philadelphia 1985

Gradwohl, R., Zum *Verständnis* von Ex. xvii, 15f., VT 12. 1962. 491-494

Gray, G. B., A Critical and Exegetical Commentary on *Numbers*, ICC, 1903[1]; Nachdruck Edinburgh 1976

Gray, J., *I & II Kings*. A Commentary, London (1964[1]) 1985[3]

Grayson, A. K., Assyrian and Babylonian Chronicles (= *ABC*), Texts from Cuneiform Sources 5, Locust Valley/ New York 1975

----, Assyrian Royal Inscriptions (= *ARI*), Bd. I From the Beginning to Ashur-resha-ishi I., Wiesbaden 1972; Bd.II, From Tiglath-pileser I to Ashur-nasi-apli II, Wiesbaden 1976

Green, A. R., Solomon and Siamun: A Synchronism between Early Dynastic Israel and the Twenty-first Dynasty of Egypt. JBL 97. 1978. 353-367

----, Israelite Influence at Shishak's Court?, BASOR 233. 1979, 59-62

Greenberg, M., The Hebrew *Oath Particle* ḥay/ḥē, JBL 76. 1957. 34-39

Greenspoon, L. J., Textual *Studies* in the Book of Joshua, HSM 28, Chico/California 1983

Gregory, M. W., *Narrative Time* in the Keret Epic and the Succession Narrative, Ph. D. The Southern Baptist Theological Seminary, Louisville/ Kentucky

Greßmann, H., Das salomonische *Urteil*, Deutsche Rundschau Bd. II, 1906/7, 175-191

----, *Mose* und seine Zeit. Ein Kommentar zu den Mosesagen, FRLANT 18, Göttingen 1913

----, Die *Lade* Jahves und das Allerheiligste des Salomonischen Tempels, Forschungsin-stitut für Religionsgeschichte, Israelitisch-Jüdische Abteilung, Heft 5, Berlin 1920

----, Die älteste *Geschichtsschreibung* und Prophetie Israels (von Samuel bis Amos und Hosea), SAT Abt. II.1, Göttingen (1910[1]) 1921[2]

----, Die *Anfänge* Israels (Von 2. Mose bis Richter und Ruth), SAT I.2, Göttingen 1914[1], 1922[2]

----, (ed.), Altorientalische Bilder zum Alten Testament,(= *AOB*) Berlin/Leipzig (1909[1]) 1927[2]

Grønbaek, J. H., *Juda* und Amalek. Überlieferungsgeschichtliche Erwägungen zu Exodus 17,8-16, StTh 18. 1964. 26-45

Groß, W., *Verbform* und Funktion. Wayyiqtol für die Gegenwart, ATS 1, St. Ottilien 1976

----, Zur Funktion von qatal. Die *Verbfunktionen* in neueren Veröffentlichungen, BN 4. 1977. 25-38

----, Die *Pendenskonstruktion* im Biblischen Hebräisch. Studien zum althebräischen Satz I, ATS 27, St.Ottilien 1987

Gulkowitsch, L., Die *Bildung* von Abstraktbegriffen in der hebräischen Sprachgeschichte, Leipzig 1931

Guillaume, A., The *Use* of חלש in Exod. XVII, 13; Isa. 14, 12 and Job XIV, 10, JThSt N.S. 14. 1963. 91-92

Gunkel, H., Das *Märchen* im Alten Testament, Tübingen 1921

Gunn, D. M., *David* and the Gift of Kingdom, Semeia 3. 1975. 14-45

----, The *Story* of King David: Genre and Interpretation, JSOT.S 6, Sheffield 1978

----, *Joshua* and Judges, in: Alter, R./ Kermode, F. (eds.), The Literary Guide to the Bible, Cambridge/Mass. 1987, 102-121

Gunneweg, A. H. J., *Sinaibund* und Davidsbund, VT 10. 1960. 335-341

----, *Anmerkungen* und Anfragen zur neueren Pentateuchforschung, ThR NF 48. 1983. 227-253; ThR NF 50. 1985. 107-131.

----, Das *Gesetz* und die Propheten. Eine Auslegung von Ex 33,7-11; Num 11,4-12,8; Dtn 31,14f; 34,10, ZAW 102. 1990. 169-180

Habermas, J., *Legitimationsprobleme* im Spätkapitalismus, es 623, Frankfurt am Main 1973

----, Legitimationsprobleme im modernen Staat, in: Kielmansegg, P. Graf von (ed.), *Legitimationsprobleme*, 39-61

----, Antwort, in: Kielmansegg, P. Graf von (ed.), *Legitimationsprobleme*, 76-80

----, *Theorie* des kommunikativen Handelns. Bd. I: Handlungsrationalität und gesellschaftliche Rationalisierung; Bd. II: Zur Kritik der funktionalistischen Vernunft, Frankfurt am Main 1981[1], 1985[3]

Hagan, H., *Deception* as Motif and Theme in 2 Sam 9-20, 1 Kings 1-2, Bib. 60. 1979. 301-326

Halpern, B., The *Constitution* of the Monarchy in Israel, HSM 25, Chico, California 1981

Halpern, B./ Levenson, J. D. (eds.), *Traditions* in Transformation. Turning Points in Biblical Faith, FS F.M. Cross, Winona Lake/ Indiana, 1981

Hamlin, E. J., The Joshua *Tradition* Reinterpreted, SEAJT 23. 1982. 103-108

Haran, M., The Divine *Presence* in the Israelite Cult and the Institutions, Bib. 50, 1969, 251-267

----, The *Nature* of the "ʾohel moʿedh" in Pentateuchal Sources, JSSt 5. 1960. 50-65

Hardmeier, Ch., *Prophetie* im Streit vor dem Untergang Judas. Erzählkommunikative Studien zur Entstehungssituation der Jesaja- und Jeremiaerzählungen in IIReg 18-20 und Jer 37-40, BZAW 187, Berlin 1990

Hartfiel, G./ Hillmann, K.-H., *Wörterbuch* der Soziologie, KTA 410 (1982[3]), 429-430

Hartmann, B., *Gold* und Silber im Alten Testament, SThU 28, 1958, 29-33

Hartmann, B./ Jenni, E. (eds.), Hebräische Wortforschung. FS Walter Baumgartner, VT.S 16. 1967.

Hartmann, H., Funktionale *Autorität*. Systematische Abhandlung zu einem soziologischen Begriff, Stuttgart 1964

Hasel, G. F., Art.: נָגִיד nāgȋd, ThWAT V. 1986. Sp. 203-219

Hauser, R., Art.: *Autorität*, in: Herders Staatslexikon Bd.1. 1957. 808-826

Hausmaninger, H./ Selb, W., Römisches *Privatrecht*, Köln 1981[1]; Wien 1989[5]

Hausmann, J., Art.: סלח sālaḥ, ThWAT V. 1986. Sp.859-867

Heinze, R., *Auctoritas* (1925), in: ders., Vom Geist des Römertums, Leipzig/Berlin 1938, 1-24

Helfmeyer, F. J., Die *Nachfolge* Gottes im Alten Testament, BBB 29, Bonn 1968

----, Art.: אַחֲרֵי, ThWAT I. 1973. 220-224

----, Art.: הָלַךְ hālak, ThWAT II. 1977. 415-433

Heller, J., *God* Knows, London 1985

Hempel, J., Die *Schichten* des Deuteronomiums. Ein Beitrag zur israelitischen Literatur und Rechtsgeschichte, Beiträge zur Kultur- und Universalgeschichte 33, Göttingen 1914

Hengel, M., Nachfolge und Charisma, BZNW 34, Berlin 1968

----, *Judentum* und Hellenismus. Studien zu ihrer Begegnung unter besonderer Berücksichtigung Palästinas bis zur Mitte des 2. Jh.s v.Chr., WUNT 10, (1969[1]), Tübingen 1973[2]

Hennen, M./ Prigge, W.-U., *Autorität* und Herrschaft, EdF 75, Darmstadt 1977

Hennis, W., *Legitimität* - Zu einer Kategorie der bürgerlichen Gesellschaft, in: Kielmansegg, P. Graf von (ed.), *Legitimations- probleme*, 9-38

Hentschel, G., *1. Könige*. NEB.AT 10. Würzburg 1984, *2.Könige*, NEB.AT 11. Würzburg
1985

Hentschke, R., *Satzung* und Setzender, BWANT 83, Stuttgart 1963

Herion, G. H., The Social *Organisation* of Tradition in Monarchic Judah, Ph.D., University
of Michigan, Michigan 1982

Hermann, A., Die ägyptische *Königsnovelle*, LÄS 10, Glückstadt 1938

Herodot, *Historien*. Griechisch-deutsch, J. Feix (ed.), München 1963

Herrmann, S., Die *Königsnovelle* in Ägypten und Israel, WZ (L), 1953/54 Bd.3 GS Heft 1,
33-44

----, *Mose*, EvTh 28. 1968. 301-328

----, Die konstruktive *Restauration*. Das Deuteronomium als Mitte biblischer Theologie,
in: H. W. Wolff (ed.), *Probleme*, 155-170

Herrmann, W., Das *Buch* des Lebens, in: Altertum 20. 1974. 3-10

Hertzberg, H. W., Die *Nachgeschichte* alttestamentlicher Texte innerhalb des Alten Testaments, in: P. Volz/ F. Stumper/ J. Hempel (eds.), Werden und Wesen des Alten Testaments, BZAW 66, Berlin 1936, 110-121

----, Die Bücher *Josua*, Richter, Ruth, ATD 9, Göttingen 1953[1], 1969[4]

----, Die *Samuelbücher*, *ATD 10*, Göttingen (1956[1]) 1986[7]

Hesse, F., Art.: חזק ḥāzaq, ThWAT II. 1977. Sp.846-857

Heydte, F. A., Frhr. von der, *Legitimität*, in: Herders Staatslexikon Bd.V, 1960, 333-335

Heym, S., Der *König* David Bericht, München 1972

Hoebel, E. A., *Authority* in Primitive Society, in: C. J. Friedrich (ed.), Authority, Nomos 1.
New York 1958. 222-234

Hölscher, G., Die *Profeten*. Untersuchungen zur Religionsgeschichte Israels, Leipzig 1914

----, *Komposition* und Ursprung des Deuteronomiums, ZAW 40. 1922. 161-255

----, Das Buch der *Könige*, seine Quellen und Redaktion, in: H. Schmidt (ed.), Eucharisterion. Studien zur Religion des Alten und Neuen Testament, FS Hermann Gunkel,
Bd.I, FRLANT 19, Göttingen 1923, 158-213

Höver-Johag, I., Art.: טוב ṭôb, ThWAT III. 1982. Sp. 315-339

Hoffmann, A., *David*. Namensdeutung zur Wesensdeutung, BWANT 1OO, Stuttgart 1973

Hoffmann, H.-D., *Reform* und Reformen, AThANT 66, Zürich 1980

Hoffmann, I., Der Erlaß Telipinus. Heidelberg 1984

Hoffner, H., Ancient *Views* of Prophecy and Fulfillment: Mesopotamia and Asia Minor,
JETS 30. 1987. 257-266

Hofmann, H., Legalität, Legitimität, in: HWPh Bd.V, 1980, 161-166

Hoftijzer, J., Das sogenannte *Feueropfer*, in: Hartmann, B./ Jenni, E. (eds.), Hebräische
Wortforschung. *FS Walter Baumgartner*, VT.S 16. 1967. 114-134

----, Philological Notes on 1 Kings XI 14, OTS 25. 1989. 29-37

Holzinger, H., *Einleitung* in den Hexateuch, Bd.I Text, Bd.II Tabellen, Tübingen 1893

----, *Exodus*, KHC II, Tübingen/Leipzig 1900

----, Das Buch *Josua*, KHC VI, Tübingen/Leipzig 1901

----, *Numeri*, KHC IV, Tübingen/Leipzig 1903

Horst, F., Das *Privilegrecht* Jahwes. Rechtsgeschichtliche Untersuchungen zum Deuteronomium, (1930) in: ders., Gottes Recht. Studien zum Recht im Alten Testament, hg.
von H. W. Wolff, TB 12, München 1961, 17-154

----, Der *Eid* im Alten Testament (1957), in: ders., Gottes Recht. Studien zum Recht im
Alten Testament, hg. von H.W. Wolff, TB 12, München 1961, 292-314

Hossfeld, F.-L., Wahre und falsche *Propheten* in Israel, BiKi 38. 1983. 139-144

Houtman, C. "*YHWH* is my Banner"-"A 'Hand' on the 'Throne' of YH".OTS 25. 1989. 110-
120

LITERATURVERZEICHNIS

Hruška, B., Die *Reformtexte* Urukaginas. Der verspätete Versuch einer Konsolidierung des Stadtstaates von Lagaš, in: Garelli, P. (ed.), Le Palais et la Royauté, Paris 1974, 151-161

Hülsmann, H., Art.: *Gelten*, Geltung, HWPh Bd.III. 1974. 232-235

Hurowitz, V., I Have Built You An Exalted House. Temple Building in the Bible in Light of Mesopotamian and Northwest Semitic Writings. JSOT.S 115, Sheffield 1992

Ikeda, Y., Solomon's *Trade* in Horses and Chariots in its International Setting, in: T. Ishida (ed.), *Studies*, 215-238

Irsigler, H., *Einführung* in das Biblische Hebräisch *Bd.I*: Ausgewählte Abschnitte der althebräischen Grammatik, ATS 9/1, St. Ottilien 1978[1], 1981[2]

Ishida, T., The Royal *Dynasties* in Ancient Israel, BZAW 142, Berlin 1977

----, The *Structure* and Historical Implications of the Lists of Pre-Israelite Nations, Bib. 60. 1979. 460-490

----, (ed.), *Studies* in the Period of David and Solomon and other Essays. Papers read at the international Symposion for Biblical Studies, Tokyo 5.-7. Dec. 1979, Tokyo 1982

----, Solomon's *Succession* to the Throne of David. A Political Analysis, in: ders. (ed.), *Studies*, 175-187

----, '*Solomon* who is greater than David'. Solomon's Succession in 1 Kings i-ii in the Light of Kilamuwa, King of yʾdy- Šamʾal, in: Congress Volume Salamanca, VT.S 36, Leiden 1985, 145-153

----, *Adonija* the Son of Haggith and his Supporters. in: R. E. Friedman/ H. G. Williamson (eds.), The Future of Biblical Studies. The Hebrew Scriptures. Atlanta/Georgia 1987, 165-187

Jackson, J. J., *David's Throne*: Patterns in the Succession Story, CJT 11. 1965. 183-195

Janowski, B., *Sühne* als Heilsgeschehen. Studien zur Sühnetheologie der Priesterschrift und zur Wurzel KPR im Alten Orient und im Alten Testament, WMANT 55, Neukirchen-Vluyn 1982

Jaspers, K., Vom Ursprung und Ziel der Geschichte. (1949), Neuausgabe München 1983

Jeffers, A., *Divination* by Dreams in Ugaritic Literature and in the Old Testament, IBSt 12. 1990. 167-183

Jellinek, G., Allgemeine Staatslehre, Berlin (1905[1]), 1913[3]

Jenni, E., Zwei Jahrzehnte *Forschung* an den Büchern Josua bis Könige, ThR NF 27. 1961. 1-32. 97-146

----, Art. אהב ʾhb lieben, THAT I, 1975[2], Sp.60-73

----, Art.: דבק dbq anhangen, THAT I, 1975[2], Sp.431-432

----, Art.: יום jōm Tag, THAT I, 1975[2],Sp.707-726

----, Art.: יצא jṣʾ hinausgehen, THAT I, 1975[2], 755-761

Jepsen, A., Die *Quellen* des Königsbuches, Halle (1953[1]), 1956[2]

----, Art.: *Salomo*, BHHW III, 1966, Sp. 1651-1653

Jepsen, A./ Hanhart, R., *Untersuchungen* zur israelitisch-jüdischen Chronologie, BZAW 88, Berlin 1964

Jobling, D., Forced *Labor*: Solomon's Golden Age and the Question of Literary Representation. Semeia 54. 1992, 52-76

Johnson, B., Art.: משפט mišpāt, ThWAT V. 1986. Sp.93-107

----, Art.: צדק ṣādaq, ThWAT VI. 1989. Sp.898-924

Jonas, F., *Sozialphilosophie* der industriellen Arbeitswelt, Stuttgart 1960

Jones, G. H., 1 and 2 *Kings*. Vol. 1: 1. Kings 1-16,34 (=*Kings I*); Vol. 2: 17,1-2 Kings 25,30 (=*Kings II*), NCBC, Grand Rapids/London 1984

----, The *Nathan* Narratives, JSOT.S 80, Sheffield 1990

Jonkers, L.C., hyh mwšl: An Exegetical Note on the Use of the Participle Active in 1 Kings 5:1 (MT), JNWSL 14. 1988, 135-141

Josephus, Flavius, *Antiquitates* V-VIII, in: H. S. J. Thackeray/ R. Marcus, (eds.), Josephus with an English Translation, LCL Bd.V, London, Cambridge/Mass. (1934) Nachdruck 1950

Joüon, P., *Grammaire* de l'Hébreu Biblique, Rom 1947

Jouvenel, B. de, Über *Souveränität*. Auf der Suche nach dem Gemeinwohl, Neuwied 1963

Kaiser, O., Den Erstgeborenen deiner Söhne sollst du mir geben. Erwägungen zum *Kinderopfer* im Alten Testament, in: ders. (ed.), Denkender Glaube. FS C.H. Ratschow, 1976, 24-48

----, *Einleitung* in das Alte Testament. Eine Einführung in ihre Ergebnisse und Probleme, Gütersloh 1984[5]

----, Art.: נדר, nāḏar, næḏær, ThWAT V. 1986. Sp.261-274

----, Beobachtungen zur sogenannten *Thronnachfolgeerzählung* Davids, EThL 64. 1988. 5-20

Kaiser, O. in Gemeinschaft mit Borger, R./ Delsman, W. G./ Dietrich, M. et alii, Texte aus der Umwelt des Alten Testaments. (= *TUAT I*), Bd.I Rechts- und Wirtschaftsurkunden. Historisch-chronologische Texte, Gütersloh 1982-1985

Kaiser, O. (ed.), in Gemeinschaft mit Borger, R./ Delsman, W. C./ Dietrich, M./ Hecker, K. et alii, Texte aus der Umwelt des Alten Testament. (= *TUAT II*), Bd.*II* Religiöse Texte, Lieferung 1-5, 1986-1989

Kallai, Z., Historical *Geography* of the Bible. The Tribal Territories of Israel, Jerusalem/Leiden 1986

Kalugila, L., The Wise *King*. Studies in Royal Wisdom as Divine Revelation in the Old Testament and its Environment, CB.OTS 15, Lund 1980

Kamphausen, A., Die Bücher der *Könige*, in: E. Kautzsch (ed.), Die Heilige Schrift des Alten Testaments, Bd. I,1 Mose bis Ezechiel, Tübingen 1909[3], 458-548

Karsten, A., Das *Problem* der Legitimität in Max Webers Idealtypus der rationalen Herrschaft, Diss. jur. Hamburg 1960

Kaser, M., Die *Beziehung* von lex und ius und die XII Tafeln, in: Studi in Memoria Guido Donatuti. Istituto Editorial Cisalpino. Milano, Bd II, 1973, 523-546

----, Römisches *Privatrecht*, (1955[1]), München 1989[15]

Kasowski, Ch. J., *Thesauris* Talmudis. Concordantiae verborum quae in Talmude Babylonico reperiuntur, Jerusalem 1954-1982

Katzenstein, H. J., Phoenician *Deities* Worshipped in Israel and Judah during the Time of the First Temple. in: E. Lipiński (ed.), *Bible*, OLA 44. 1991, 187-191

Keel, O., Die *Welt* der altorientalischen Bildsymbolik und das Alte Testament. Am Beispiel der Psalmen, Neukirchen-Vluyn 1972[1], 1977[2]

----, Wirkmächtige *Siegeszeichen* im Alten Testament. Ikonographische Studien zu Jos 8,18-26; Ex 17,8-13; 2.Kön 13,14-19 und 1.Kön 22,11, OBO 5, Freiburg/Schweiz 1974

Kegler, J., Politisches *Geschehen* und theologisches Verstehen. Zum Geschichtsverständnis in der frühen israelitischen Königszeit, CThM A 8, Stuttgart 1977

Keller, C. A., Artikel šbʿ ni. schwören, THAT II, 1976, Sp.855-863

Kenik, H. A., *Design* for Kingship. The Deuteronomistic Narrative Technique in 1 Kings 3:4-15, SBLDS 69, Chico/California 1983

Kessler, R., *Silber* und Gold, Gold und Silber. Zur Wertschätzung der Edelmetalle im Alten Testament, BN 31, 1986, 57-69

Keys, G., The So-called *Succession* Narrative: A Reappraisal of Rost's Approach to Theme in II Samuel 9-20 and I Kings 1-2, IBSt 10. 1988. 140-155

Kielmansegg, P. Graf von (ed.), *Legitimationprobleme* politischer Systeme, Tagung der deutschen Vereinigung für politische Wissenschaft in Duisburg, Herbst 1975, Opladen 1976, PVS Sonderheft 7/1976

----, *Legitimität* als analytische Kategorie, in: PVS 12. 1971. 367-401

Kienle, W. von, Die *Berichte* über die Sukzessionen der Philosophen in der hellenistischen und spätantiken Literatur, Diss. phil. Berlin 1961

Kilian, R., Die vorpriesterlichen *Abrahams-Überlieferungen*. Literarkritisch und traditions-geschichtlich untersucht, BBB 24, Bonn 1966

King, J. A., The *Role* of Solomon in the Deuteronomic History, Ph. D., The Southern Baptist Theological Seminary, Louisville/Kentucky 1978

Kippenberg, H. G., *Religion* und Klassenbildung im antiken Judäa, StUNT 14, Göttingen (1978[1]) 1982[2]

Kittel, G., Art.:ἀκολουθέω, ἐξ-, ἐπ-, παρ-, συνακολουθέω, ThWNT I. 1933. 210-216

Klein, J., Art.: *Wahrhaftigkeit*, in: RGG[3] VI. 1962. Sp. 1511-1515

Kleinert, P., Das *Deuteronomium* und der Deuteronomiker. Untersuchungen zur alttestamentlichen Rechts- und Literatur- geschichte, Bielefeld 1872

Klíma, J., Die juristischen *Gegebenheiten* in den Prologen und Epilogen der mesopotamischen Gesetzeswerke, in: M. Boertien et alii (eds.), Travels in the World of the Old Testament, FS M.A. Beek, Amsterdam/Assen 1974, 146-169

Klíma, J./ Petschow, H./ Cardascia, G./ Korošec, V., Art.: *Gesetze*, RLA III. 1957-1971. 243-297

Klostermann, A., Die Bücher *Samuelis* und der Könige, KK. Nördlingen 1887

Knapp, D., *Deuteronomium* 4, GTA 35, Göttingen 1987

Knauf, E. A., *Midian*: Untersuchungen zur Geschichte Palästinas und Nordarabiens am Ende des 2. Jahrtausends v.Chr., ADPV, Wiesbaden 1988

----, *Supplementa* Ismaelitica 13, Edom und Arabien, BN 45, 1988, 62-81

Knierim, R., Art.: מעל m'l treulos sein, THAT I 1975[2].Sp. 920-922

----, Art.: מרה mrh widerspenstig sein, THAT I 1975[2], Sp. 928-930.

Knight, D. A., Moral *Value* und Literary Traditions. The Case of the Succession Narrative, Semeia 34. 1985. 7-23

Knoppers, G.N., "There Was None Like Him": Incomparability in the Books of Kings, CBQ 54. 1992. 411-431

Knudtzon, J. A., *Die El-Amarna-Tafeln*, Anmerkungen und Register bearbeitet von O. Weber und E. Ebeling. Teil I: Die Texte, VAB 2, 1, Leipzig 1907/1915. Teil II: Anmerkungen und Register, VAB 2, 2, Leipzig 1909/1915

Koch, K., Gibt es ein *Vergeltungsdogma* im Alten Testament?, ZThK 52. 1955. 1-42

----, Der *Spruch* "Sein Blut bleibe auf seinem Haupt", VT 12. 1962. 396-416 (wieder abgedruckt in: ders. [ed.], Um das Prinzip der Vergeltung in Religion und Recht des AT, WdF 125, Darmstadt 1972, 432-456)

----, Das *Prophetenschweigen* des deuteronomistischen Geschichtswerks, in: J. Jeremias/ L. Perlitt (eds.), Die Botschaft und die Boten, FS H. W. Wolff, Neukirchen-Vluyn 1981, 115-128

----, Art.: כון kûn, ThWAT IV. 1984. Sp. 95-107

Koehler, L./ Baumgartner, W., Hebräisches und aramäisches Lexikon zum Alten Testament, 4 Bde., 3. Auflage, 1967-1990 (=KBL)

König, E., Historisch-kritisches *Lehrgebäude* der Hebräischen Sprache mit comparativer Berücksichtigung des Semitischen überhaupt, 2.Hälfte, Syntax, Leipzig 1897

Köppel, U., Das deuteronomistische *Geschichtswerk* und seine Quellen. Die Absicht der deuteronomistischen Geschichtsdarstellung aufgrund des Vergleichs zwischen Num 21,21-35 und Dtn 2,26-3,3. EHS.T XXIII/122, Bern/Frankfurt am Main/Las Vegas 1979

Koopmans, W. T., *Joshua* 24 as Poetic Narrative, JSOT.S 93. Sheffield 1990

----, The *Testament* of David in 1 Kings ii 1-10, VT 41. 1991. 429-449

Kopp, M./ Müller, H.-P., *Herrschaft* und Legitimität in modernen Industriegesellschaften. Eine Untersuchung der Ansätze von Max Weber, Niklas Luhmann, Claus Offe, Jürgen Habermas, München 1980

Kosmala, H., *Nachfolge* und Nachahmung Gottes. I. Im griechischen Denken, in: ASTI 2. 1963. 38-85; II. Im jüdischen Denken, in: ASTI 3. 1964. 85-110; wiederabgedruckt in: ders., Studies, Essays and Reviews II, Leiden 1978, 138-231.

Kottsieper,I., Artikel שָׁבַע šāba', שְׁבֻעָה šᵉḇuʿāh, THWAT VII. 1993. Sp.974-1000

Kramer, S. N., *Kingship* in Sumer and Akkad: The Ideal King, in: P. Garelli (ed.), Le Palais et la Royauté, Paris 1974, 163-176

Kraus, F. R., Ein *Edikt* des Königs Ammi-Saduqa von Babylon, Studia et Documenta 5, Leiden 1958

Kraus, H.-J., *Gesetz* und Geschichte (1952), wiederabgedruckt in: ders., Biblisch-theologische Aufsätze, Neukirchen-Vluyn 1972, 50-65

----, *Gottesdienst* in Israel, (1954¹) München 1962²

----, *Psalmen* I, BK XV/1 und Psalmen II, BK XV,2, (1961¹) 1966³

Kronholm, T., Art.: עת ʿeṯ עתה ʿattāh, ThWAT VI. 1989. Sp.463-482

Kuan, J. K., Third Kingdoms 5,1 and Israelite-Tyrian Relations during the Reign of Solomon, JSOT 46. 1990, 31-46

Kuhn, K. G., *Sifre* zu Numeri. Der Tannaitische Midrasch, Rabbinische Texte II/3, Stuttgart 1959

Kuschke, A., Die *Menschenwege* und der Weg Gottes im Alten Testament, StTh 5. 1952. 106-118

Labuschagne, C. J., Art.: נתן ntn geben, THAT II. 1976. Sp.117-141

Labuschagne, C. J. Art.: קרא qr' rufen THAT II. 1976. Sp.666-674

----, C., (ed.), Webster's New World *Thesaurus*, New York 1982

Lambert, W. G., *Destiny* and Divine Intervention in Babylon and Israel, in: The Witness of Tradition, OTS 17. 1972. 65-72

Lang, B., Art.: נכר nkr, ThWAT V. 1986. Sp.454-462

Langdon, S., Sumerian and Babylonian *Psalms*, Paris 1909

----, Die neubabylonischen *Königsinschriften*, VAB 4, Leipzig 1912

Langlamet, F., Pour ou contre *Salomon*? La Rédaction prosalomonienne de I Rois I-II, RB 83. 1976. 321-379. 481-528

Leach, E., The *Legitimacy* of Solomon. Some Structural Aspects of Old Testament History, Arch Europ Soc 7. 1966. 58-101

Leeuw, G. van der, *Phänomenologie* der Religion, Tübingen, (1933¹), 1970³

Leeuwen, C., van, Art.: עד ʿēd Zeuge, THAT II. 1976. Sp.209-221

Lehmann, M. R., Biblical *Oaths*, ZAW 81. 1969. 74-92

Leibowitz, N., *Studies* in Devarim. Deuteronomy, Jerusalem (1980¹) 1986⁵

Lemaire, A., Les *Phéniciens* et le commerce entre la mer rouge et la mer méditerranée. in: E. Lipiński (ed.), Phoenicia. OLA 22. 1987. 48-60

----, *Hadad* l'Edomite ou Hadad l'Araméen?, BN 43. 1988. 14-18

----, *Asher* et le royaume de Tyr. in: E. Lipiński (ed.), Bible, OLA 44. 1991. 135-152

Lemaire A./ Durand,J. M., *Appendice* I. Un problème d'équivalence semantique Assyro-Hebraique. in: dies. Les Inscriptions Araméennes de Sfiré et l'Assyrie des Shamshi-ilu. HEO 20. Genève/Paris 1984, 91-106

Lenski, G. E., *Power* and Privilege. A Theory of Social Stratification, New York 1966

----, *Macht* und Privileg. Eine Theorie der sozialen Schichtung, stw 183, Frankfurt am Main 1977

Levenson, J. D., From *Tempel* to Synagogue: 1 Kings 8, in: Halpern, B./ Levenson, J. D., (eds.), Traditions in Transformation. Turning Points in Biblical Faith, FS F. M. Cross, Winona Lake/Indiana 1981, 143-166

----, The *Paronomasia* of Solomon's Seventh Petition. HAR 6. 1982. 131-135

Levin, C., Der *Sturz* der Königin Athalja. Ein Kapitel zur Geschichte Judas im 9.Jh. v.Chr., SBS 105, Stuttgart 1982

Levine, B., Art.: מצוה miswāh, ThWAT IV. 1984. Sp. 1085-1095

Lévi-Strauss, C., Les *structures* élémentaires de la parenté, Paris 1949

----, Das *Ende* des Totemismus, Frankfurt am Main 1965

----, Das wilde *Denken*, Frankfurt am Main 1968

Levy/ Milgrom, J./ Ringgren, H./ Fabry, H.-J., Art.: עדה ʿeḏāh, ThWAT V. 1986. 1079-1093

Lewin, K., *Feldtheorie*. in: Graumann, C.F. (ed.), Kurt-Lewin-Ausgabe, Bd. 4, Bern/Stuttgart 1982

Lewis, T. J., *Cults* of the Dead in Ancient Israel and Ugarit, HSM 39, Atlanta/Georgia 1989

L'Hour, J., Les *interdits* Toʿeba dans le Deutéronome, RB 71. 1964. 481-503

Liedke, G., *Gestalt* und Bezeichnung alttestamentlicher Rechtssätze, WMANT 39, Neukirchen-Vluyn 1971

----, Art.: ישר jšr gerade, recht sein, THAT I. 1975². Sp.790-794

----, Art.: שפט špṭ richten, THAT II. 1976. Sp.999-1009

Lingen, A. van der, bwʾ -yṣ ("*to go out* and to come in") as a Military Term. VT 42. 1992. 59-66

Lindgren, T., Bathseba, München 1987

Lipiński, E., *Nāgīd.* Der Kronprinz, VT 24. 1974. 497-499

----, (ed.), *Phoenicia* and the East Mediterranean in the First Millenium B.C., Studia Phoenicia V. OLA 22. 1987, Leuven

----, עם ʿam, ThWAT VI. 1989. Sp.177-194

----, The Territory of Tyre and the Tribe of Asher, in: ders. (ed.), *Bible*, OLA 44. Leuven 1991, 153-166

----, (ed.), Phoenicia and the *Bible*. Studia Phoenicia XI. OLA 44. Leuven 1991

Littauer, M. A./ Crouwel, J. H., Wheeled *Vehicles* and Ridden Animals in the Ancient Near East, HO Abt. 7, Bd. 1, Abschnitt 2, B, Lfg. 1, 1979

Littauer, M. A./ Crouwel, J. H., Art.: *Kampfwagen* (Streitwagen). B. Archäologisch, RLA V. 1976-80. 344-351.

Lloyd, R. R., The Canonical *Function* of Deuteronomy 34:9-12 (Moses), Th.M. 1985. The Southern Baptist Theological Seminary. Louisville/Kentucky

Loader, J. A., *Jedidiah* or: Amadeus. Thoughts on the Succession Narrative and Wisdom, in: W. C. van Wyk (ed.), Studies in the Succession Narrative, Pretoria 1986, 167-201

Loewenstamm, S. E., The Divine *Grants* of Land to the Patriarchs, JAOS 91. 1971. 509-510

Lohfink, N., *Darstellungskunst* und Theologie in Dtn 1,6-3,29, Bib. 41. 1960. 105-134 (Nachdruck in: ders. *Studien I*, 15-44

----, *Individuum* und Gemeinschaft in Dtn 1,6-3,29, Scholastik 35. 1960. 403-407; Nachdruck in: ders., *Studien I*, 45-51.

----, Der *Bundesschluß* im Land Moab. Redaktionsgeschichtliches zu Dt 28,69-32,47, BZ NF 6. 1962. 32-56

----, Die deuteronomistische Darstellung des *Übergangs* der Führung Israels von Moses auf Josue, Scholastik 37. 1962. 32-44; Nachdruck in: ders. *Studien I*, 83-97

----, Das *Hauptgebot*. Eine Untersuchung literarischer Einleitungsfragen zu Dtn 5-11, AnBib 20, Rom 1963

----, Dt 26,17-19 und die "*Bundesformel*" ZkTh 91. 1969. 517-553; Nachdruck in: ders. *Studien I*, 211-261

----, Die *Ursünden* in der priesterlichen Geschichtserzählung, in: Bornkamm, G./ Rahner, K. (eds.), Die Zeit Jesu. FS H. Schlier, Freiburg 1970, 38-57; Nachdruck in: ders., *Pentateuch*, 169-189

----, *Beobachtungen* zur Geschichte des Ausdrucks יהוה עם, in: Wolff, H. W. (ed.), Probleme biblischer Theologie, FS Gerhard von Rad, München 1971, 275-305

----, Die *Sicherung* der Wirksamkeit des Gotteswortes durch das Prinzip der Schriftlichkeit der Tora und durch das Prinzip der Gewaltenteilung nach den Ämtergesetzen des Buches Deuteronomium (Dt 16,18-18,22). (1971), in: ders. *Studien I*, 305-324

----, *Gott* im Buch Deuteronomium, in: J. Coppens (ed.), La Notion biblique de Dieu, BEThL 41, Louvain 1976, 101-126; Nachdruck in: ders. *Studien II*, 25-53

Lohfink, N., *Gewaltenteilung*. Die Ämtergesetze des Deuteronomiums als gewaltenteiliger Verfassungsentwurf und das katholische Kirchenrecht, in: ders., Unsere großen Wörter, Freiburg 1977, 57-75.

----, Die *Gattung* der "Historischen Kurzgeschichte" in den letzten Jahren von Juda und in der Zeit des Babylonischen Exils. ZAW 90. 1978. 319-347; Nachdruck in: ders. *Studien II*, 73-81

----, Die *Priesterschrift* und die Geschichte (1978), in: ders., *Pentateuch*, SBAB 4, 1988, 213-253

----, Hos. XI 5 als *Bezugstext* von Dtn. XVII 16, VT 31. 1981. 226-228; (Nachdruck in: ders. *Studien II*,143-145)

----, *Kerygmata* des Deuteronomistischen Geschichtswerks, (1981), Nachdruck in: ders. *Studien II*,125-142

----, Art.: ירש jāraš, ThWAT III. 1977-1982. Sp.953-985

----, Die *Schichten* des Pentateuch und der Krieg, in: ders., (ed.), Gewalt und Gewaltlosigkeit im Alten Testament, QD 96, 1983, 51-110; Nachdruck in: ders., *Pentateuch*, 255-315

----, Die *Bedeutung* von hebr. jrš qal und hif., BZ NF 27. 1983. 14-33

----, Zur deuteronomischen *Zentralisationsformel*, Bib. 65. 1984. 297-329; Nachdruck in: ders. *Studien II*, 147-177

----, Zur neueren *Diskussion* über 2.Kön 22-23: in: ders. (ed.), Das Deuteronomium, Entstehung, Gestalt und Botschaft, BEThL 68, 1985, 24-48; Nachdruck in: ders., *Studien II*,179-207

----, *Rez.* von D. Knapp, Deuteronomium 4, ThR 84. 1988. 279-281

----, Studien zum *Pentateuch*. SBAB 4. Stuttgart 1988

----, Dtn 12, 1 und Gen 15, 18: Das dem *Samen* Abrahams geschenkte Land als der Geltungsbereich der deuteronomischen Gesetze, in: M. Görg (ed.), Die Väter Israels. FS Josef Scharbert zum 70. Geburtstag, Stuttgart 1989, 183-210

----, Zum "*Numeruswechsel*" in Dtn 3, 21f., BN 49. 1989. 39-52

----, Die ḥuqqîm ûmišpāṭim im Buch Deuteronomium und ihre *Neubegrenzung* durch Dtn 12,1, Bib. 70. 1989. 1-30; Nachdruck in : ders. Studien II, 229-256

----, Welches *Orakel* gab den Davididen Dauer? Ein Textproblem in 2.Kön 8,19 und das Funktionieren der dynastischen Orakel im deuteronomistischen Geschichtswerk, in: U. Struppe (ed.), *Studien* zum Messiasbild im Alten Testament, SBAB 6, Stuttgart 1989, 127-154.

----, Zum rabbinischen *Verständnis* von Dtn 12,1, in: Die alttestamentliche Botschaft als Wegweisung. FS H. Reinelt, Stuttgart 1990, 157-161; Nachdruck in: *Studien II*, 287-292

----, Das deuteronomische Gesetz in der *Endgestalt* - Entwurf einer Gesellschaft ohne marginale Gruppen, BN 51. 1990. 25-40

----, Das Deuteronomium: *Jahwegesetz* oder Mosegesetz? Die Subjektzuordnung bei Wörtern für 'Gesetz' im Dtn und in der dtr Literatur, ThPh 65. 1990. 387-391,

----, *Studien* zum Deuteronomium und zur deuteronomistischen Literatur. Bd *I*. SBAB 8. Stuttgart 199o

----, *Studien* zum Deuteronomium und zur deuteronomistischen Literatur. Bd *II*. SBAB 12. Stuttgart 1991

----, Die *Väter Israels* im Deuteronomium. OBO 111. Freiburg,Schweiz/Göttingen 1991

----, 'd(w)t im Deuteronomium und in den Königsbüchern, BZ 35. 1991. 86-93

----, Zur *Fabel* in Dtn 31-32. in: Bartelmus, R./ Krüger, Th./ Utzschneider, H. (eds.), Konsequente Traditionsgeschichte. FS für Klaus Baltzer. OBO 126. Freiburg, Schweiz/Göttingen 1992, 255-279

----, Die *Ältesten Israels* und der Bund. Zum Zusammenhang von Dtn 5,23; 26,17-19; 27,1.9f und 31,9. BN 67. 1993. 26-42

Lohse, E., Die *Ordination* im Spätjudentum und im Neuen Testament, Göttingen 1951

Long, B. O., Two Question and Answer *Schemata* in the Prophets, JBL. 90. 1971. 129-139

----, *Artistry* in Hebrew Historical Narrative: Observations on 1-2 Kings, Proceedings of the Eighth World Congress of Jewish Studies, Division A, Jerusalem 1982, 29-34

----, *I Kings*, with an Introduction to Historical Literature. The Forms of the Old Testament Literature 9, Grand Rapids/ Indiana 1984

Loretz, O., Neues *Verständnis* einiger Schriftstellen mit Hilfe des Ugaritischen, BZ 2. 1958. 287-291

Loretz, O., Der *Torso* eines kanaanäischen-israelitischen Tempelweihspruches, UF 6,1974, 478-480

Luckenbill, D. D., Ancient Records of Assyria and Babylonia (= *ARAB*) I-II, Chicago 1926-1927

Luhmann, N., *Legitimation* durch Verfahren, Neuwied 1969

Macholz, G. Ch., *Israel* und das Land, Habil. theol. masch. Heidelberg 1969

----, Die *Stellung des Königs* in der israelitischen Gerichtsverfassung, ZAW 84. 1972. 157-182

----, *NAGID* - der Statthalter, "praefectus", in: K. Rupprecht (ed.), Sefer Rendtorff, FS R. Rendtorff, DBAT Beih.1, Dielheim 1975, 59-72

----, *Bemerkungen* zum Erzähl-Stil und zur "Tendenz" von 1.Kön 1. Festgabe für H. Thyen, Heidelberg 21.4.1977, 62-72

Maiberger, P., Art.: פגע pāgaʿ, ThWAT VI. 1989. Sp. 501-508

Maier, J., *Thora*, Lex und Sacramentum, in: Wilpert, P. (ed.), Lex et Sacramentum im Mittelalter, Miscellanea Mediaevalia 6, Berlin 1969, 65-83

Mainzer, K., Art.: *Gültigkeit*, HWPh Bd.III. 1974. 934-937

Malamat, A., *Doctrines* of Causality in Hittite and Biblical Historiography: A Parallel, VT 5. 1955. 1-12

----, *Aspects* of the Foreign Policies of David and Solomon, JNES 22. 1963. 1-17

----, The *Kingdom* of David and Solomon in its Contact with Egypt and Aram Naharaim, (1958) Nachdruck in: BAR 2. (1964[1]), 1977[3] 89-98

----, *Longevity*: Biblical Concepts and Some Ancient Near Eastern Parallels, AO Beiheft 19, 1982, 215-224

----, *Silver*, Gold and Precious Stones from Hazor". Trade and Trouble in a New Mari Document, Essays in Honour of Yigael Yadin, JJSt 33. 1982. 71-79

----, Das davidische und salomonische *Königreich* und seine Beziehungen zu Ägypten und Syrien. Zur Entstehung eines Großreichs, Österreichische Akademie der Wissenschaften, Phil. Hist. Kl. Sitzungsberichte 407, Wien 1983

----, *Mari* and the Early Israelite Experience, The Schweich Lectures on Biblical Archaeology 1984, Oxford 1989

----, A New Prophetic *Message* from Aleppo and its Biblical Counterparts. in: Auld, A. G. (ed.), Understanding Poets and Prophets. FS G. W. Anderson, JSOT.S 152 Sheffield 1993, 236-241

Malfroy, J., *Sagesse* et loi dans le Deutéronome, VT 15. 1965. 49-65

Mandelkern, S., Veteris Testamenti *Concordantiae* Hebraicae atque Chaldaicae. Post F. Margolinii et M. Gottsteinii Editiones, Editio octava aucta atque emendata, Jerusalem, Tel Aviv 1969

Mantel, H., *Ordination* and Appointment in the Period of the Temple, HThR 57. 1964. 325-346

----, The *Development* of the Oral Law during the Second Temple Period, in: M. Avi-Yonah/ Z. Baras (eds.), Society and Religion in the Second Temple Period, WHJP VIII, Jerusalem 1977, 41-64. 325-337

Marconcini, B., *Giosuè* 1-12: Etiologia storica in prospettiva religiosa, Bibbia e oriente 14. 1972. 3-12

Marti, K., Das Buch *Jesaja*, KHC X, Tübingen 1900

Martin, R., The *Sociology* of Power, London/Boston 1977

Martin, W. J., Dischronologized *Narrative* in the Old Testament, Congress Volume Rome, VT.S 17. 1969. 179-186

Martin-Achard, R., נֵכָר nēkār *Fremde*, THAT II.1976. Sp.66-68

Martin-Pardey, E., Art.: *Wesir*, Wesirat, LÄ 6. 1986. Sp. 1227-1235

Matthews, V. H., The King's Call to Justice, BZ 35. 1991. 204-216

Matuz, J., Das osmanische *Reich*. Grundlinien seiner Geschichte, Darmstadt 1985

Mathys, H.-P., Dichter und Beter. Theologen aus spätalttestamentlicher Zeit. OBO 132. Freiburg,Schweiz/Göttingen 1994

Mayer, G./ Bergman, J./ Soden, W. von, Art.: ידה jdh, ThWAT III. 1982. Sp.455-474

Mayer, W./ Alonso-Schökel, L./ Ringgren, H., Art.: ישר jāšar, ThWAT III. 1982. Sp. 1059-1070

Mayes, A. D. H., *Deuteronomy*, NCBC, Grand Rapids, London 1979

----, The *Story* of Israel between Settlement and Exile. A Redactional Study of the Deuteronomistic History, London 1983

McCarter, P. K., *I Samuel*. AncB, Vol.8, Garden City, New York, (1980[1]) Unveränderter Nachdruck 1984

McCarthy, D. J., II Samuel 7 and the *Structure* of the Deuteronomic History, JBL 84. 1965. 131-138

----, An *Installation* Genre?, JBL 90. 1971. 31-41

----, The Theology of *Leadership* in Josh. 1-9, Bib.52. 1971. 165-175; Nachdruck in: ders., Institution and Narrative. Collected Essays, AnBib 108, Rom 1985, 193-203

----, *Treaty* and Covenant, Rom 1963[1] AnBibl 21, Rom 1978[2], AnBibl 21a.

McConville, J. G., *Narrative* and Meaning in the Books of Kings, Bib. 7o. 1989. 31-49

----, 1 Kings viii 46-53 and the Deuteronomic Hope, VT 42. 1992. 67-79

McEvenue, S. E, A Source-Critical *Problem* in Num 14,26-38, Bib. 50. 1969. 453-465

----, *Word* and Fulfilment: A Stylistic Feature of the Priestly Writer, Semitics 1. 1970. 104-110

----, The Narrative *Style* of the Priestly Writer, AnBib 50, Rom 1971

McKenzie, J. L., The Historical *Prologue* of Deuteronomy, in: Proceedings of the Fourth World Congress of Jewish Studies, Vol.I, Jerusalem 1967, 95-101

McKenzie, S. L., The Chronicler's Use of the Deuteronomistic History. HSM 33. Atlanta/Georgia 1985

----, The Prophetic History and the Redaction of Kings, HAR 9. 1985, 203-220

----, 1 Kings 8: a Sample Study into the Texts of Kings Used by the Chronicler and Translated by the Old Greek, BIOSCS 19. 1986, 15-34

----, The *Trouble* with Kings. The Composition of the Book of Kings in the Deuteronomistic History. VT.S 42. Leiden 1991

McLain Carr, D., *From D to Q*. A Study of Interpretations of Solomon's Dream at Gibeon. SBL.MS 44. Atlanta/ Georgia 1991

Merendino, R. P., Das deuteronomische *Gesetz*. Eine literarkritische, gattungs- und überlieferungsgeschichtliche Untersuchung zu Deuteronomium 12-26, BBB 31, Bonn 1969

Merwe, C. H. J. van der, The *Particle* גם in the Succession Narrative. The Application of Reconsidered Linguistic Methodology, in: W. C. van Wyk, Studies in the Succession Narrative, Pretoria 1986, 301-320

----, The *Old Hebrew* Particle gam. A Syntactic-Semantic Description of gam in Gen - 2. Kings, ATS 34, St. Ottilien 1990

Mettinger, T. N. D., Solomonic *State* Officials. A Study of the Civil Government Officials of the Israelite Monarchy, CB.OT 5, Lund 1971

----, *King* and Messiah. The Civil and Sacral Legitimation of the Israelite King, CB.OT 8, Lund 1976

----, "The Last Words of *David*". A Study of Structure and Meaning in II Samuel 23:1-7, in: H. Riesenfeld (ed.), FS H. Ringgren, SEÅ 41-42, 1976/77, 147-156

----, The *Dethronement* of Sabaoth: Studies in the Shem and Kabod Theologies, CB.OT 18, Lund 1982

----, *YHWH Sabaoth* - The Heavenly King on the Cherubim Throne, in: Ishida, T. (ed.), *Studies*, Tokyo 1982, 110-138

Metzger, M., Himmlische und irdische *Wohnstatt* Jahwes, UF 2, 1970, 139-158

----, *Königsthron* und Gottesthron, Thronformen und Throndarstellungen in Ägypten und im Vorderen Orient im dritten und zweiten Jahrtausend vor Christus und deren Bedeutung für das Verständnis von Aussagen über den Thron im Alten Testament, 2 Teile, AOAT 15, Kevelaer 1985

Meyer, E., Die *Israeliten* und ihre Nachbarstämme, Halle/Saale 1906

Meyer-Gossner, L. (ed.), Rechtswörterbuch, 10. neubearbeitete Aufl. München 1990

Meyers, C., The Israelite *Empire* : In Defense of King Solomon, in: O'Connor, M. P./ Freedman, D. N., (eds.), The Bible and it's Traditions. = Michigan Quarterly Review 22. 1983. 412-428

Michaeli, F., Le Livre de l'*Exode*, CAT 2, Neuchâtel 1974,

Michel, D., *Begriffsuntersuchung* über sädäq-s^e daqa und 'æmæt-'æmuna, Habil. Theol. Masch., Heidelberg 1965

Miethke, J./ Mau, R./ Amelung, E./ Beintker, H., Art.: *Autorität*, TRE 5. 1980. 17-51

Milgrom, J., Art.: *Sacrifices* and Offerings, OT, in: IDB Suppl., (1962[1]) 1982[3], 763-771

----, The *Structure* of Numbers: Chapter 11-12 and 13-14 and their Redaction: Preliminary Gropings, in: J. Neusner (ed.), Judaic Perspectives on Ancient Israel, Philadelphia 1987, 49-61

Milgrom, J./ Harper, L., Art.: משמרת mišmæræt, ThWAT V. 1986. Sp.78-85

Millard, A. R., *Texts* and Archaeology: Weighing the Evidence. The Case for King Solomon. PEQ 122. 1991. 23-27

----, *Solomon*: Text and Archaeology. PEQ 122. 1991. 117-118)

Miller, J. M., *Solomon*: International Potentate or Local King? PEQ 122. 1991. 28-31

Mitchell, G., *Together* in the Land. A Reading of the Book of Joshua. JSOT.S 134. Sheffield 1993

Mittmann, S., *Deuteronomium* 1,1-6,3 literarkritisch und traditionsgeschichtlich untersucht, BZAW 139, Berlin 1975

Möhlenbrink, K., *Josua* im Pentateuch, ZAW 59. 1942/43. 14-58

Moenikes, A., Zur *Redaktionsgeschichte* des sogenannten Deuteronomistischen Geschichtswerks. ZAW 104. 1992. 333-348

Mommsen, Th., Römisches *Staatsrecht*, Handbuch der Römischen Altertümer, Bd. I-III, Leipzig 1887/1888[3] (Nachdruck Graz 1952/53)

----, *Judicium* legitimum (1891), Nachdruck in ders., Gesammelte Schriften III, Berlin 1907, 356-374

Montgomery, J. A./ Gehman, H. S., A Critical and Exegetical Commentary on the Books of *Kings*, ICC, Edinburgh (1951[1]) 1976

Moran, W. L., The Ancient Near Eastern *Background* of Love of God in Deuteronomy, CBQ 25. 1963. 77-87

Morenz, S., *Gott* und Mensch im alten Ägypten, Heidelberg 1965

Moscati, S./ Ribichini, S. Il *sacrificio* dei Bambini: un aggiornamento. in: Accademia Nazionale dei Lincei. Rom 1991. No 266. Problemi attuali di scienza e di cultura. 3-44

Mowinckel, S., Israelite *Historiography*, ASTI II. 1963. 4-26

Muilenburg, J., The Biblical *View* of Time, HThR 54. 1961. 225-252

----, The Linguistic and Rhetorical *Usages* of the Particle כי in the Old Testament, HUCA 32. 1961. 135-160

Müller, H.-P./ Krause, M., Art.: חכם ḥākam, ThWAT II. 1977. 920-944

Münch, R. *Legitimität* und politische Macht, Opladen 1976

Murvar, V., *Patrimonialism*, Modern and Traditionalist: a Paradigm for Interdisciplinary Research on Rulership and Legitimacy, in: ders. (ed.), Theory of Liberty, Legitimacy and Power, London 1985, 40-85

Myers, J. M., *I Chronicles*, AncB Vol.12, Garden City/ New York (1965[1]) 1983[2], 8. Druck; *II Chronicles*, AncB Vol.13, (1965[1]) 1986[2]

Nachmanides, Commentary on the Tora, transl. and annotated by C. B. Chavel, New York, Vol.II: *Exodus*, 1973; Vol.IV: *Numbers*, 1975; Vol.V: *Deuteronomy*, 1976

Negoiță, A., Art.: הגה hāgāh, ThWAT II. 1977. Sp.343-347

Nelson, R. D., *Josiah* in the Book of Joshua, JBL 100. 1981. 531-540

----, The Double *Redaction* of the Deuteronomistic History, JSOT.S 18, 1981

Newing, E. G., The Rhetoric *Altercation* in Numbers 14, in: E. W. Conrad/ E. G. Newing (eds.), Perspectives on Language and Text. FS F.I. Andersen, Winona Lake/Indiana 1987, 211-228

Newman, K. S., *Law* and Economic Organization. A Comparative Study of Preindustrial Societies, Cambridge, Mass./London/NY, Cambridge University Press 1983

Newsom, C., The *'Psalms'* of Joshua' from Qumran Cave 4, JJS 39. 1988. 56-73

Nicholson, E. W., *Deuteronomy* and Tradition, Oxford 1967

Niehr, H., Art.: נשׂיא nāsî', in ThWAT V. 1986. Sp.647-657

----, *Herrschen* und Richten. Die Wurzel špṭ im Alten Orient und im Alten Testament, FzB 54, Würzburg 1986

----, Ein unerkannter *Text* zur Nekromantie in Israel. Bemerkungen zum religionsgeschichtlichen Hintergrund von 2.Sam 12,16a. UF 23. 1991. 301-306

Nielsen, E., Some Reflections on the *History* of the Ark, VT.S 7. 1960. 61-74

----, *Moses* and the Law. VT 32. 1982. 87-98

Niermeyer, J. F., Mediae Latinitas Lexicon Minus, Leiden 1976

Nötscher, F., Das *Angesicht* Gottes schauen, Würzburg (1924[1]), Darmstadt 1969[2]

----, *Gotteswege* und Menschenwege in der Bibel und in Qumran, Bonn 1958

Noort, E., *Untersuchungen* zum Gottesbescheid in Mari. Die 'Mariprophetie' in der alttеstamentlichen Forschung. AOAT 202. Neukirchen-Vluyn 1977

----, De *naamsverandering* in Num 13:16 als facet van het Jozuabeeld, in: F. García Martínez (ed.), Profeten en profetische Geschriften, FS A. van der Woude, Kampen 1987, 55-70

Nordheim, E. von, *König* und Tempel: Der Hintergrund des Tempelbauverbotes in 2. Samuel VII, VT 27. 1977. 434-453

Noth, M., Die israelitischen *Personennamen* im Rahmen der gemeinsemitischen Namengebung, BWANT III/10, Stuttgart 1928

----, Das *System* der zwölf Stämme Israels, BWANT IV/1, Stuttgart 1930

----, Das Reich von *Hamath* als Grenznachbar des Reiches Israel, (1937) in: ders., *ABLAK II*, Neukirchen-Vluyn 1971, 148-160

----, Das Buch *Josua*, HAT 7, Tübingen (1938[1]), 1953[2]

----, Der *Wallfahrtsweg* zum Sinai (Nu 33), (1940) in: ders., ABLAK I, 1971, 55-74

----, *Überlieferungsgeschichtliche* Studien. Erster Teil. Die sammelnden und bearbeitenden Geschichtswerke im Alten Testament, 1943, (= *ÜSt*), Nachdruck Darmstadt 1963

----, *Überlieferungsgeschichte* des Pentateuch (= *ÜP*), Stuttgart 1948, 3. Aufl. Darmstadt 1966

----, Das *Amt* des "Richters Israels" (1950), in: ders., Gesammelte Studien zum Alten Testament II, TB 39, München 1969, 71-85

----, Die *Bewährung* von Salomos göttlicher Weisheit, (1955), in: ders. Gesammelte Studien zum Alten Testament, TB 39, München 1969, 99-122

----, *David* und Israel in 2.Samuel 7 (1957), in: ders., Gesammelte Studien zum Alten Testament, 2., erw. Aufl. TB 8, München 1960, 334-345

----, Das zweite Buch Mose. *Exodus*, ATD 5, Göttingen 1959

----, Das vierte Buch Mose. *Numeri*, ATD 7, Göttingen 1966

----, *Könige*, BK IX/1, Neukirchen 1968

----, Aufsätze zur biblischen Landes- und Altertumskunde. hg von H. W. Wolff. 2 Bde, Neukirchen-Vluyn 1971 (*ABLAK*)

Noth, M./ Thomas, D. W., (eds.), *Wisdom* in Israel and in the Ancient Near East, VT.S 3. 1955

Nowack, W., *Richter*, Ruth und Bücher Samuelis, HK I/4, Göttingen 1902

O'Brien, M., The Deuteronomistic *History* Hypothesis: A Reassessment. OBO 92. Freiburg,Schweiz/Göttingen 1989

Olson, D. T., The *Death* of the Old and the Birth of the New: The Framework of the Book of Numbers and the Pentateuch, Brown Judaic Studies 71, Chico/California 1985

Orlinsky, H. M., The Hebrew Vorlage of the Septuagint of the Book of Joshua. VT.S 17. 1969. 187-195

Otto, Eberhard, Die biographischen *Inschriften* der Ägyptischen Spätzeit, Leiden 1954

----, *Legitimation* des Herrschens im pharaonischen Ägypten, Saec. 20. 1969. 385-411

----, *Biographien*, in: HO 1. Bd. Ägyptologie, 2. Abschnitt, Literatur, 1970, 179-188

Otto, Eckart, Das *Mazzotfest* in Gilgal, BWANT 107,Stuttgart 1975

----, *Rechtssystematik* im altbabylonischen 'Codex Ešnunna' und im altisraelitischen 'Bundesbuch'. Eine redaktionsgeschichtliche und rechtsvergleichende Analyse von CE §17; 18,22-28 und Ex 21,18-32; 22,6-14; 23;1-3.6-8, UF 19. 1987. 175-197

----, Wandel der Rechtsbegründungen in der Gesellschaftsgeschichte des antiken Israel. Studia Biblica 3. Leiden 1988

----, *Rechtsgeschichte* der Redaktionen im Kodex Ešnunna und im "Bundesbuch". Eine redaktionsgeschichtliche und rechtvergleichende Studie zu altbabylonischen und altisraelitischen Rechtsüberlieferungen, OBO 85. Freiburg,Schweiz/ Göttingen 1989

Ottosson, M., *Tradition* and History, with Emphasis on the Composition of the Book of Joshua, in: K. Jeppesen/ B. Otzen (eds.), The Production of Time, Sheffield 1984, 81-106. 141-143

----, *Josuaboken* - en programskrift för davidisk restauration. AUU. Studia Biblica Upsaliensia 1. Uppsala 1991

Pace, J. H., The Caleb *Traditions* and the Role of the Calebites in the History of Israel, Ph.D. diss. Emory University, Atlanta/Georgia 1976

Pardee, D./ Whitehead, J. D./ Dion, P.-E./ Sperling, S. D., (eds.), *Handbook* of Ancient Hebrew Letters, Chico/California 1982

Parker, K. I., *Repetition* and Structuring Device in 1 Kings 1-11, JSOT 42. 1988. 19-27

----, The *Limits* to Solomon's Reign: A Response to Amos Frisch, JSOT 51. 1991. 15-21

----, *Wisdom* and Law in the Reign of Solomon. Lewiston/New York. 1992

Parsons, T., *Authority*, Legitimation and Political Action, in: C. J. Friedrich (ed.), Authority, 1958, 197-221; wieder abgedruckt in: ders., Structure and Process in Modern Societies, Glencoe, Ill. 1960, 170-198

----, On the *Concept* of Political Power, in: Proceedings of the American Philosophical Society 107. 1963. 232-262

----, *Gesellschaften*. Evolutionäre und komparative Perspektiven, (engl. 1966), Frankfurt am Main 1975

Patte, D., What is Structural *Exegesis*?, Philadelphia 1976

Peabody, R. L., Art.: *Authority*, in: IESS 1. 1968. 473-477

Pedersen, J., Der *Eid* bei den Semiten, Straßburg 1914

----, *Israel*. Its Life and Culture Bd.I-II (1926), Bd.III-IV (1940), London/Kopenhagen

Perdue, L. G., The *Testament* of David and Egyptian Royal Inscriptions, in: W. W. Hallo/ J. C. Moyer/ L. G. Perdue (eds.), Scripture in Context II. More Essays on the Comparative Method, New York 1983, 79-96

Perlitt, L., *Bundestheologie* im Alten Testament, WMANT 36, Neukirchen-Vluyn 1969

----, *Mose* als Prophet, EvTh 31. 1971. 588-608

----, "Ein einzig *Volk* von Brüdern". Zur deuteronomischen Herkunft der biblischen Bezeichnung "Bruder", in: Lührmann, D./ Strecker, G. (eds.), Kirche. FS G. Bornkamm, Tübingen 1980, 27-52

----, *Deuteronomium* 1-3 im Streit der exegetischen Methoden, in: N. Lohfink (ed.), Das Deuteronomium, BEThL 68, Leuven 1985, 149-163

----, *Priesterschrift* im Deuteronomium?, ZAW 100 Suppl., 1988, 65-88

Péter, R., *L'imposition* des mains dans l'Ancient Testament, VT 27. 1977. 48-55

Piaget, J., Der *Strukturalismus*, Olten 1973

Plath, S., *Furcht Gottes*. Der Begriff jr' im Alten Testament, AzTh II/2, Stuttgart 1963

Platon, ΠΟΛΙΤΕΙΑ - Der *Staat*. Werke in acht Bänden, hg. von Gunther Eigler, Bd.4 bearbeitet von D. Kurz. Griechischer Text von Emile Chambry. Deutsche Übersetzung von F. Schleiermacher, WB Darmstadt 1971

Plein, I., *Erwägungen* zur Überlieferung von 1 Reg 11,26-14,20, ZAW 78. 1966. 8-24

Plöger, J. G., Literarkritische, formgeschichtliche und stilkritische *Untersuchungen* zum Deuteronomium, BBB 26, Bonn 1967

Plutarchus, *Vitae* Parallelae, Vol. III (ed. C. Lindskog/K. Ziegler), rev. ed. K. Ziegler, BSGRT, Leipzig 1971[2]

Podella, Th., Sôm - *Fasten*. Kollektive Trauer um den verborgenen Gott im Alten Testament. AOAT 224. Kevelaer/Neukirchen-Vluyn 1989

Polzin, R., Biblical *Structuralism*: Method and Subjectivity in the Study of Ancient Texts, Philadelphia/Penns. 1977

----, *Moses* and the Deuteronomist. A Literary Study of the Deuteronomistic History, New York 1980

----, Reporting *Speech* in the Book of Deuteronomy: Toward a Compositional Analysis of the Deuteronomic History, in: Halpern, B./ Levenson, J. D. (eds.), Tradition in Transformation, FS F.M. Cross, Winona Lake/Indiana 1981, 193-211

----, *Samuel* and the Deuteronomist. A Literary Study of the Deuteronomic History. Part Two. I Samuel, San Francisco 1989

Polzin, R./ Rothman, E., The Biblical *Mosaic*. Changing Perspectives, Ottawa Conference 1977, SBL Semeia Studies 10, Philadelphia/Chico 1982

Popitz, H., *Prozesse* der Machtbildung. Recht und Staat in Geschichte und Gegenwart, Heft 362/363, Tübingen 1968

----, *Phänomene* der Macht: Autorität - Herrschaft - Gewalt - Technik, Tübingen 1986

Porten, B., The *Structure* and Theme of the Solomon Narrative (1. Kings 3-11), HUCA 38. 1967. 93-128

Porter, J. R., The *Succession* of Joshua, in: J. L. Durham/ J. R. Porter (eds.), Proclamation and Presence. FS G. H. Davies, London 1970, 102-132

Preuß, H.-D., "...ich will mit dir sein!", ZAW 80. 1968. 139-173

----, Art.: זרע zāráʿ, זרע zæráʿ, ThWAT II. 1977. Sp.663-686

----, Art.: יצא jāsāʾ, ThWAT III. 1982. Sp.795-822

----, *Deuteronomium*, Darmstadt 1982 EDF 164

----, Art.: נגף nāgap, ThWAT V. 1986. Sp.227-230

----, Art.: עולם ʿôlām, עלם ʿalām, ThWAT V. 1986. Sp.1144-1159

----, Zum deuteronomistischen *Geschichtswerk*. ThR 58. 1993. 229-264.341-395

Pritchard, J. B., Ancient Near Eastern Texts Relating to the Old Testament, (*ANET*), Princeton/New Jersey (1950[1]) 1955[2]

----, The Ancient Near Eastern Supplementary Texts and Pictures Relating to the Old Testament (*ANET.Suppl.*) Princeton, New Jersey 1969

----, (ed.), *Solomon* and Sheba, London 1974

Provan, I. W., *Hezekiah* and the Books of Kings. BZAW 172. Berlin 1988

Pury, A. de, Osée 12 et ses implications pour le débat actuel sur le Pentateuque, LeDiv. 151. 1992. 175-197

Quell, G., ἀγαπάω, ἀγάπη, ἀγαπητός, A. Die Liebe im AT. ThWBNT I, Stuttgart 1933, 20-34

Rabast, K., Das apodiktische *Recht* im Deuteronomium und im Heiligkeitsgesetz, Berlin 1948

Rabe, H., Art.: Autorität, in: *GGB* 1. 1972. 382-406

----, *Autorität*. Elemente einer Begriffsgeschichte, Konstanzer Universitätsreden 21, Konstanz 1972

Rad, G. von, Das *Gottesvolk* im Deuteronomium (1929), wiederabgedruckt in: ders., Gesammelte Studien zum Alten Testament II. TB 48. München 1973,9-108

----, Art.: βασιλεύς, מֶלֶךְ und מַלְכוּת im AT, ThWNT I. 1933. 563-569

----, "Es ist noch eine *Ruhe* vorhanden dem Volke Gottes" (1933), in: ders., Gesammelte Studien zum Alten Testament, TB 8, München 1971[4], 101-108

----, Die falschen *Propheten* (1933), in: ders., Gesammelte Studien zum Alten Testament II, TB 48, 1973, 212-223

----, Die *Priesterschrift* im Hexateuch, BWANT IV/13, Stuttgart 1934

----, Der Anfang der *Geschichtsschreibung* im Alten Testament (1944), in: ders., Gesammelte Studien zum Alten Testament I, TB 8, München 1971[4], 148-188

----, Das judäische *Königsritual* (1947), in: ders., Gesammelte Studien zum Alten Testament, TB 8, München 1971[4], 205-213

----, *Deuteronomium-Studien* (1947), in: ders., Gesammelte Studien zum Alten Testament II, TB 48, München 1973, 109-153

----, Die deuteronomistische *Geschichtstheologie* in den Königsbüchern (1947), in: ders., Gesammelte Studien zum Alten Testament, TB 8, München 1971[4], 189-204

----, Der Heilige *Krieg* im alten Israel, Göttingen (1951[1]), 1965[4]

----, Theologie des Alten Testaments Bd. I, Die Theologie der geschichtlichen Überlieferungen Israels, 1966[5] (= *Theologie I*); Bd.II, Die Theologie der prophetischen Überlieferungen Israels, 1968[5] (= *Theologie II*)

----, Das fünfte Buch Mose. *Deuteronomium*, ATD 8, Göttingen (1964[1]), 1978[3]

Radbruch, G., *Rechtsphilosophie*, hg. von E. Wolf, Leipzig 1914[1]; Stuttgart 1956[5]

Radjawane, A. N., Das deuteronomistische *Geschichtswerk*. Ein Forschungsbericht, ThRNF 38, 1974, 177-216

Rahner, K., *Autorität*, in: F. Boeckle (ed.), Christlicher Glaube in moderner Gesellschaft. Encyclopädische Bibliothek in 30 Themenbänden und sieben Quellenbänden, Teilband 14, Freiburg/ Basel/Wien 1982, 5-36

Ramsey, G. W., Is *Name-Giving* an Act of Domination in Genesis 2:23 and elsewhere?, CBQ 50. 1988. 24-35

Rapoport, D. C., *Moses*, Charisma and Covenant. The Western Political Quarterly 32 No 2, June 1979, 123-145

Raschi, The *Pentateuch* and Rashi's Commentary, ed. by A. Ben Isaiah and B. Sharfman, Vol. I-V (1949/1950) Philadelphia 1976/77[2]

Ratschow, C. H., *Anmerkungen* zur theologischen Auffassung des Zeitproblems, ZThK 51. 1954. 360-387

Ratschow, C. H./ Albertz, R./ Hoffmann, L. A./ Berger, K./ Baumeister, Th./ Frank, I. W./ Schulz, F./ Müller, G./ Bloth, P. C., Art.: *Gebet*, TRE 12. 1984. 31-103

Rechtswörterbuch, Deutsches, Wörterbuch der älteren deutschen Rechtssprache, in Verbindung mit der Akademie der Wissenschaften, Bd.8, Heft 5/6, bearb. von H. Speer, Weimar 1988

Redford, D. B., *Studies* in Relations between Palestine and Egypt during the First Millennium B.C. The Taxation System of Solomon, in: Wevers, J. W./ Redford, D. B., Studies on the Ancient Palestinian World, Presented to Prof. F. V. Winnet on the occasion of his retirement 1 July 1971, Toronto

Rehm, M., Das *erste* Buch der *Könige*. Ein Kommentar, Würzburg 1979; Das *zweite* Buch der *Könige*. Ein Kommentar, Würzburg 1982

Reimer, D. J., Concerning *Return* to Egypt: Deuteronomy xvii 16 and xxviii 68 reconsidered, in: J. A. Emerton (ed.), Studies in the Pentateuch. VT.S 41. 1990. 217-229

Rendtorff, R., Die *Gesetze* in der Priesterschrift, FRLANT 62, Göttingen 1954[1], 1963[2]

----, *Studien* zur Geschichte des Opfers im Alten Israel, WMANT 24, Neukirchen-Vluyn 1967

----, *Beobachtungen* zur altisraelitischen Geschichtsschreibung anhand der Geschichte vom Aufstieg Davids, in: H. W. Wolff (ed.), *Probleme*, 428-439

----, Das überlieferungsgeschichtliche *Problem* des Pentateuch, BZAW 147. Berlin 1976

----, Das Alte Testament: Eine *Einführung*, Neukirchen-Vluyn (1983[1]) 1992[4]

----, *Leviticus*, BK III/1, 1985

Renger, J., *Untersuchungen* zum Priestertum in der altbabylonischen Zeit, ZA 58. 1967. 110-188; ZA 59. 1969. 104-230;

----, Örtliche und zeitliche *Differenzen* in der Struktur der Priesterschaft babylonischer Tempel, in: Le temple et le culte, Publications de l'Institut Historique et Archéologique de Stamboul Vol.37, Leiden 1975, 108-115

Renger, J., Art.: *Inthronisation*, RLA V. 1976-1980. 128-136

Reventlow, H. Graf von, "Sein *Blut* komme über sein Haupt", VT 10. 1960. 311-327

----, *Gebet* im Alten Testament, Stuttgart 1986

Reviv, H., The *Traditions* Concerning the Inception of the Legal System in Israel: Significance and Dating, ZAW 94. 1982. 566-575

Reymond, Ph., Le *rêve* de Salomon (1 Rois 3,4-15), in: D. Lys (ed.), "Maqqél shâqédh. La Branche d'amandier". Hommage à W. Vischer, Montpellier 1960, 210-215

Ribichini, S., *Beliefs* and Religious Life, in: S. Moscati (ed.), The Phoenicians, Mailand 1988, 104-125

Riccobono, S. (ed.), *Fontes* iuris Romani antejustiniani, Vol. I: Leges, Florenz 1941

Richter, W., Die nāgîd- *Formel*, BZ 9. 1965. 71-84

----, Zu den *Richtern* Israels, ZAW 77. 1965. 40-72

Ricoeur, P., *Hermeneutik* und Strukturalismus. Der Konflikt der Interpretationen I, München 1973, Hermeneutik und Strukturalismus. Der Konflikt der Interpretationen II, München 1974

----, *Philosophische* und theologische Hermeneutik, in: P. Ricoeur/ E. Jüngel, Metapher, EvTh Sonderheft, München 1974, 24-45

Ridout, G. P., *Prose* Compositional Techniques in the Succession Narrative (2 Sam. 7,9-20; 1 Kings 1-2), Ph.Diss., Berkeley/ California 1971

Ries, G., Prolog und Epilog in Gesetzen des Altertums, MBPF, 76, München 1983

Riesener, I., Der Stamm עבד im Alten Testament, BZAW 149, 1979

Ringgren, H., Art.: חיה ḥājāh, ThWAT II. 1977. 874-898

----, Art.: חקק ḥāqaq, ThWAT III. 1982. Sp. 149-157

----, Art.: מעל māʿal, ThWAT IV. 1984. Sp.1038-1042

----, Art.: נטה nāṭāh, ThWAT V. 1986. Sp.409-416

----, Art.: עמד ʿāmad, ThWAT VI. 1989. Sp. 194-204

Ringgren, H./ Rüterswörden U./ Simian-Yofre, H., עבד ʿābad, עבד æbæd, עברה ʿabodāh, ThWAT V. 1986. Sp. 982-1012

Ringgren, H./ Seybold, K./ Fabry, H.-J., Art.: מלך mælæk, ThWAT IV. 1984. Sp. 926-957

Ritschl, D., Art.: *Autorität*, EKL 1 (³1986) 346-348

Robertson, R., Aspects of *Identity* and Authority in Sociological Theory, in: R. Robertson/ B. Holzner (eds.), Identity and Authority: Explorations in the Theory of Society, Oxford 1980, 218-265

Robertson, R./ Holzner, B., (eds.), *Identity* and Authority: Explorations in the Theory of Society, Oxford 1980

Robinson, B. P., *Israel* and Amalek. The Context of Exodus 17.8-15, JSOT 32. 1985. 15-22

Röllig, W., Der den *Schwachen* vom Starken nicht entrechten läßt, der der Waise Recht schafft ... Gleich und ungleich im Denken des Alten Orients, in: G. Kehrer (ed.), "Vor Gott sind alle gleich". Soziale Gleichheit, soziale Ungleichheit und die Religionen, Düsseldorf 1983, 42-52

----, Zur *Typologie* und Entstehung der babylonischen und assyrischen Königslisten, in: W. Röllig (ed.), FS W. Frh. v. Soden, AOAT, Kevelaer 1969, 265-277

Rösel, H. N., *Erwägungen* zu Tradition und Geschichte in Jos 24 - ein Versuch. BN 22. 1983. 41-46

Röttgers, K./ Lichtblau, K./ Goerdt, W./ Rodingen, H./ Mühlmann, W. E./ Seigfried, A./ Hauser, R., Art.: *Macht*, HWPh V. 1980. Sp.585-631

Rogers, J. S., *Narrative Stock* and Deuteronomistic Elaboration in 1 Kings 2, CBQ 50. 1988. 398-413

Rose, M., *Deuteronomist* und Jahwist. Untersuchungen zu den Berührungspunkten beider Literaturwerke, AThANT 67, Zürich 1981

Rosenberg, J., *David* without Diagramms: Beyond Structure in the Davidic History, in: ders., King and Kin: Political Allegory in the Hebrew Bible, Bloomington/Indiana 1986, 99-199

----, 1 and 2 *Samuel*, in: Alter, R./ Kermode, F. (eds.), The Literary Guide to the Bible, Cambridge/Mass. 1987, 122-145

Rost, L., Die Überlieferung von der *Thronnachfolge* Davids, BWANT Stuttgart III,6, 1926

----, Die *Bezeichnungen* für Land und Volk im Alten Testament (1934), in: ders., Das kleine Credo und andere Studien zum Alten Testament, Heidelberg 1965, 76-101

----, Die *Vorstufen* von Kirche und Synagoge im Alten Testament, BWANT IV,24, Stuttgart 1938

----, *Sinaibund* und Davidsbund, ThLZ 72. 1947. Sp.129-34

Roth, W., The Deuteronomic *Rest* Theology: A Redaction-Critical Study, in: Biblical Research 21. 1976. 5-14

Rowlett, L., *Inclusion*, Exclusion and Marginality in the Book of Joshua. JSOT 55. 1992. 15-23

Rudolph, W., Der "*Elohist*" von Exodus bis Josua, BZAW 68. Berlin 1938

----, *Chronikbücher*, HAT 21, Tübingen 1955

----, *Hosea*, KAT 13/1, Gütersloh 1966

----, *Jeremia*, *HAT* 12, Tübingen 1968³

Rüterswörden, U., Die *Beamten* der israelitischen Königszeit, Stuttgart/Berlin/Köln 1985

----, Von der politischen *Gemeinschaft* zur Gemeinde. Studien zu Dtn 16,18-18,22, BBB 65, Frankfurt am Main 1987

Rupprecht, K., *Nachrichten* von Erweiterung und Renovierung des Tempels in 1.Kön 6, ZDPV 88. 1972. 38-52

----, Der *Tempel* von Jerusalem, BZAW 144, Berlin 1976

Sacchi, P., Considerazione sulla spiritualità giudaica del Secondo Templo, Henoch 13. 1991. 3-17

----, *Giosuè* 1,1-9: dalla critica storica e quelle letteraria. in: Garrone, D./ Israele, F. (eds.), Storia e tradizione di Israele. Scritti in onore di J. Alberto Soggin Brescia 1991, 237-254

Sacon, K. K., A *Study* of the Literary Structure of the "Succession Narrative", in: T. Ishida (ed.), *Studies*, 27-54

Safrai, S., The *Land* of Israel in Tannaitic Halacha, in: G. Strecker (ed.), Das Land Israel in biblischer Zeit, Göttingen 1983, 201-215

Sallust, *Werke* und *Schriften*. Lateinisch-deutsch, Herausgegeben und übersetzt von W. Schöne unter Mitwirkung von W. Eisenhut, (1950¹) 1975⁵

Šanda, A., Die Bücher der *Könige*, in: EHAT 9,1.2 Münster 1911

Sauer, G., Art.: הלך hlk gehen, THAT I. 1975². Sp.486-493

----, Art.: יעד j‘d bestimmen, THAT I. 1975². Sp.742-746

Savran, G., *1 and 2 Kings*, in: R. Alter/ F. Kermode (eds.), The Literary Guide to the Bible, Cambridge/Mass. 1987, 146-164

Schaefer, H., Politische *Ordnung* und individuelle Freiheit im Griechentum, in: F. Gschnitzer (ed.), Zur griechischen Staatskunde, WdF 96, Darmstadt 1969, 139-160

Schäfer-Lichtenberger, C., *Stadt* und Eidgenossenschaft im Alten Testament. Eine Auseinandersetzung mit Max Webers Studie "Das antike Judentum", BZAW 156, Berlin/New York 1983

----, *Exodus 18* - Zur Begründung königlicher Gerichtsbarkeit in Israel-Juda, DBAT 21. 1985. 61-85

----, Das gibeonitische *Bündnis* im Lichte deuteronomischer Kriegsgebote. Zum Verhältnis von Tradition und Interpretation in Josua 9, BN 34. 1986. 58-81

----, *Joschua* und Elischa - Idealtypen von Führerschaft in Israel, in: M. Augustin/ K.-D. Schunck (eds.), "Wünschet Jerusalem Frieden". Collected Communications to the XIIth Congress of the International Organization for the Study of the Old Testament. Jerusalem 1986. Frankfurt am Main 1988, BEAT 13, 273-282

----, 'Josua' und 'Elischa' - eine biblische *Argumentation* zur Begründung der Autorität und Legitimität des Nachfolgers, ZAW 101. 1989. 198-222

----, Göttliche und menschliche *Autorität* im Deuteronomium, in: C. Brekelmans/ J. Lust (eds.), Pentateuchal and Deuteronomistic Studies. Papers read at the XIIIth IOSOT Congress. Leuven 1989, BEThL 94, Leuven 1990, 125-142

----, *David* und Jerusalem - ein Kapitel biblischer Historiographie. EI 23, Avraham Malamat Volume, Jerusalem 1993, 197*-211*

----, *Bedeutung* und Funktion von Herem in biblisch-hebräischen Texten, im Erscheinen, BZ 38. 1994

----, Israel und die Völker aus der Perspektive von Dtn 7, im Erscheinen, BZ 39. 1995

Scharbert, J., Art.: בָּרֵךְ, ThWAT I. 1973. Sp. 808-841

Schart, A., Mose und Israel im Konflikt.Eine redaktionsgeschichtliche Studie zu den Wüstenerzählungen, OBO 98. Freiburg,Schweiz/Göttingen 1990

Schauerte/ Hossfeld, F. L./ Kindl, E. M./ Lamberty-Zielinsky, H./ Dahmen, U., Art.: קָרָא qārā', ThWAT VII. 1990. Sp.117-147

Schilling, O., *Amt* und Nachfolge im Alten Testament und in Qumran, in: Bäumer, R./ Dolch, H. (eds.), Volk Gottes. Zum Kirchenverständnis der katholischen, evangelischen und angelikanischen Theologie. FS J. Höfer, Freiburg 1967, 199-214

Schley, D. G. Jr., *1 Kings* 10:26-29: A Reconsideration, JBL 106. 1987. 595-601

Schmid, H. H., Der sogenannte *Jahwist*. Beobachtungen und Fragen zur Pentateuchforschung, Zürich 1976

Schmid, Herbert, *Erwägungen* zur Gestalt Josuas in Überlieferung und Geschichte, Jud.24. 1968. 44-57

----, *Mose*. Überlieferung und Geschichte, BZAW 110, Berlin 1968

Schmidt, L., *König* und Charisma im Alten Testament, KuD 28. 1982. 73-87

Schmidt, W. H., *Königtum* Gottes in Ugarit und Israel, BZAW 80, Berlin (1961[1]) 1966[2]

----, *Einführung* in das Alte Testament, Berlin 1982[2]

----, *Exodus*, Sinai und Mose, EdF 191, Darmstadt 1983

Schmitt, C. H., Die *Geschichte* vom Sieg über die Amalekiter Ex 17,8-16 als theologische Lehrerzählung, ZAW 102. 1990. 335-344

Schmitt, R., *Zelt* und Lade als Thema alttestamentlicher Wissenschaft, Gütersloh 1972

Schnabl, H., Die *Thronnachfolgeerzählung* Davids. Untersuchungen zur literarischen Eigenständigkeit und Intention von 2.Sam 21,1-14; 9-2O; 1.Kön 1-2, Regensburg 1988

Schnutenhaus, F., Die *Entstehung* der Mosetraditionen, Diss. theol. Heidelberg 1958

Schottroff, W., "*Gedenken*" im Alten Orient und im Alten Testament, Neukirchen, (1964[1]) 1967[2]

----, Art.: פקד pqd heimsuchen, THAT II. 1976. Sp.466-486

Schreiner, J., Art.: אָמַץ, ThWAT I, 1973, Sp.348-352

----, *Sion* - Jerusalem. Jahwes Königssitz, StANT VII. München 1963

Schürer, E., The *History* of the Jewish People in the Age of Jesus Christ (175 B.C. - A.D. 135). A New English Version Revised and Edited by G. Vermes/ F. Millar, Vol.I-III, Edinburgh, G.B. 1973-1987

Schulman, A. R., The Egyptian *Chariotry*: A Reexamination, Journal of the American Research Center in Egypt 2. 1963. 75-98

Schulte, H., Die Entstehung der *Geschichtsschreibung* im alten Israel, BZAW 128, Berlin 1972

Schulz, A., *Nachfolgen* und Nachahmen, StANT 6, München 1962

Schulz, H., Das *Todesrecht* im Alten Testament, Studien zur Rechtsform der Mot-Jumat-Sätze, BZAW 114. Berlin 1969

Schulz, W., Stilkritische *Untersuchungen* zur deuteronomischen Literatur, Diss. theol. Tübingen 1974

Schwartz, R. M., *Adultery* in the House of David: the Metanarrative of Biblical Scholarship and the Narratives of the Bible, Semeia 54. 1991. 35-55

Schweizer, H., Metaphorische *Grammatik*. Wege zur Integration von Grammatik und Textinterpretation in der Exegese, ATS 15, St.Ottilien 1981

Schwienhorst, L., Art.: מָרָה mārāh, ThWAT V. 1986. 6-11

Scott, R. B. Y., *Solomon* and the Beginning of Wisdom in Israel, in: Noth, M./ Thomas, D. W. (eds.), Wisdom in Israel and the Ancient Near East, FS H. H. Rowley, VT.S 3. 1955. 262-279

Seebaß, H., *Mose* und Aron, Sinai und Gottesberg, Bonn 1962

----, Die *Verwerfung* Jerobeams I. und Salomos durch die Prophetie des Ahia von Silo, WO 4.1967/8. 163-182

----, Zur *Teilung* der Herrschaft Salomos nach I Reg 11,29-39, ZAW 88. 1976. 363-376

----, Num. XI, XII und die *Hypothese* des Jahwisten, VT 28. 1978. 214-233

----, Die *Erzählung* von der Krise des Staates Davids, in: ders., David, Saul und das Wesen des biblischen Glaubens, Neukirchen-Vluyn 1980, 11-55

----, *Vorschlag* zur Vereinfachung literarischer Analysen im dtn Gesetz. BN 58. 1991. 83-98

Seeligmann, I. L., Hebräische *Erzählung* und biblische Geschichtsschreibung, ThZ 18. 1962. 305-325

----, Zur *Terminologie* für das Gerichtsverfahren im Wortschatz des biblischen Hebräisch, in: B. Hartmann/ E. Jenni (eds.), Hebräische Wortforschung, FS W. Baumgartner, VT.S 16. 1967. 251-278

Seitz, Ch., *Mose* als Prophet. Redaktionsthemen und Gesamtstruktur des Jeremiabuches, BZ 34. 1990. 234-245

Seitz, G., Redaktionsgeschichtliche *Studien* zum Deuteronomium, BWANT 93, Stuttgart 1971

Sekine, M., *Erwägungen* zur hebräischen Zeitauffassung, Congress Volume Bonn 1962, VT.S 9. 1963. 66-82

Sellin, E./ Fohrer, G., *Einleitung* in das Alte Testament, 1965[10]

Seow, C. L., The Syro-Palestinian *Context* of Solomon's Dream, HTR 77. 1984. 141-152

Seux, M.-J., *Epithètes* royales akkadiennes et sumériennes, Paris 1967

Seybold, K., Zur *Vorgeschichte* der liturgischen Formel 'Amen'. ThZ 48. 1992. 109-117

Shaviv, S., *NĀBĪ'* and *NĀGÎD* in I Samuel IX 1-X 16, VT 34. 1984. 108-113

Shils, E., *Charisma*, Order and Status, Am Soc Rev 30. 1965. 199-213

----, *Center* and Periphery. Essays in Macrosoiology, Chicago/London 1975

----, *Tradition*, Chicago 1981.

Silver, D. J., *Moses* our Teacher was a King", JLA 1. 1978. 123-132

Simian-Yofre, H./ Ringgren, H., Art.: עוּד ʿwd, ThWAT V. 1986. Sp. 1107-1130

Simons, E., Drei kritische *Zusatz-Thesen* zur Legitimationstheorie von J. Habermas, in: Kielmansegg, P. Graf von (ed.), *Legitimationsprobleme*, 72-75

Simson, W. von, Zur *Theorie* der Legitimität, in: Commager, H. S./ Doecker, G. (eds.), Festschrift für Karl Loewenstein aus Anlaß seines 80.Geburtstages, Tübingen, 1971, 459-473

Skweres, D. E, Das Motiv der *Strafgrunderfragung* in biblischen und neuassyrischen Texten, BZ 14. 1970. 181-197

----, Die *Rückverweise* im Buch Deuteronomium, AnBib 79, Rom 1979

Smend, R., Die *Bundesformel* (1963), in: ders., Die Mitte des Alten Testaments, Gesammelte Studien Bd.1. 1986. 11-39

----, *Elemente* alttestamentlichen Geschichtsdenkens (1968), in: ders., Die Mitte des Alten Testaments, Gesammelte Studien Bd.1. 1986. 160-185

----, Das *Gesetz* und die Völker. Ein Beitrag zur deuteronomistischen Redaktionsgeschichte, in: H. W. Wolff (ed.), Probleme biblischer Theologie. FS G. von Rad, München 1971, 494-509

----, Die *Entstehung* des Alten Testaments, Stuttgart 1984³

Smith, H.P., Critical and Exegetical Commentary on the Books of *Samuel*, 1898¹, Reprint Edinburgh 1977

Smith, M., The So-called '*Biography* of David' in the Books of Samuel and Kings, HThR 44. 1951. 167-169

Snijders, L. A. / Fabry, H.-J., Art.: מָלֵא māle', ThWAT IV. 1984. 876-887

Soden, W. von, *Gebet* II, RLA III, 1957-71, 160-170

----, Kleine *Beiträge* zum Ugaritischen und Hebräischen, in: B. Hartmann/ E. Jenni (eds.), Hebräische Wortforschung, FS W. Baumgartner, VT.S 16. 1967. 291-300

Soggin, J. A., Das *Königtum* in Israel. Ursprünge, Spannungen, Entwicklungen, BZAW 104, Berlin 1967

----, Le livre de *Josué*, CAT V/a, Neuchâ tel 1970

----, Art.: מלך mælæk König, THAT I. 1975². Sp. 908-925

----, *Jezabel*, oder die fremde Frau, in: A. Caquot/ M. Delcor (eds.), Mélanges bibliques et orientaux en l'honneur de M. H. Cazelles, AOAT Bd.212, Kevelaer/Neukirchen-Vluyn 1981, 453-459

----, Compulsory *Labor* under David and Solomon, in: Ishida, *Studies*, 259-267

----, A *History* of Israel, London 1984

----, *Introduction* to the Old Testament, London 1989³

----, *Einführung* in die Geschichte Israels und Judas. Von den Ursprüngen bis zum Aufstand Bar Kochbas. Darmstadt 1991

Speer, H., *Herrschaft* und Legitimität. Zeitgebundene Aspekte in Max Webers Herrschaftssoziologie, Berlin 1978

Stade, J., *Miscellen*. ZAW 5. 1885. 275-300

Spieckermann, H., *Juda* unter Assur in der Sargonidenzeit, FRLANT 129, Göttingen 1982

Stähli, H.-P., Art.: ירא jr' fürchten, ThAT I. 1975². Sp. 765-778

----, *Knabe* - Jüngling - Knecht. Untersuchungen zum Begriff נער im Alten Testament, Bern/Frankfurt am Main/ Las Vegas 1978

Stallberg, F. W., *Herrschaft* und Legitimität. Untersuchungen zur Anwendung und Anwendbarkeit zentraler Kategorien Max Webers, Meisenheim am Glan 1975

Stamm, J. J, Der *Name* des Königs David (1960), in: ders. *Beiträge* 25-43

----, Der Name des Königs *Salomo* (1960), in: ders. *Beiträge*, 45-57

----, Hebräische *Frauennamen*, (1967), in: ders. *Beiträge*, 97-135

----, *Beiträge* zur hebräischen und altorientalischen Namenskunde. Zu seinem 70. Geburtstag herausgegeben von E. Jenni/ M. A. Klopfenstein, OBO 30. Freiburg/Schweiz 1980

Steible, H., Die altsumerischen *Bau- und Weihinschriften*, FAOS 5, Wiesbaden 1982

Steiner, G., Der 'reale' *Kern* in den 'legendären' Zahlen von Regierungsjahren der ältesten Herrscher Mesopotamiens, ASJ 10. 1988. 129-152

Stendebach, F. J., Art.: סוס sûs, ThWAT V. 1986. Sp.782-791

Sternberg, M., The *Poetics* of Biblical Narrative. Ideological Literature and the Drama of Reading, Bloomington/Indiana 1985

Sternberger, D., *Autorität*, Freiheit und Befehlsgewalt, Tübingen 1959

----, *Herrschaft* und Vereinbarung. Eine Vorlesung über bürgerliche Legitimität (1964), in: ders., Herrschaft und Vereinbarung, Schriften III, Frankfurt am Main 1980, 113-134

----, Art.: *Legitimacy*, in: IESS 9, 1968, 244-248

Steuernagel, C., Das *Deuteronomium* übersetzt und erklärt, HK I,3,1, Göttingen (1898[1]) 1923[2]

----, Übersetzung und Erklärung der Bücher Deuteronomium und *Josua* und allgemeine Einleitung in den Hexateuch, HAT I,3, Göttingen 1900

Stoebe, H. J., Art.: חסד hǽsæd Güte, THAT I. 1975[2]. Sp.600-621

Stone, G. R., Running at the Wheel. in: Buried History, 26, 1990, 29-30

Strauss, L., On *Abravanel's* Philosophical Tendency and Political Teaching, in: J. B. Trend / H. Loewe (eds.), Isaac Abravanel, Six Lectures, Cambridge 1937, 93-129

Streck, K. M., *Assurbanipal* und die letzten assyrischen Könige bis zum Untergang Niniveh's II, VAB 7, Leipzig 1916

Strobel, A., *Maße* und Gewichte, BHHW II, Sp.1159-1169

Ström, A. V./ Zenger, E./ Jacobs, L./ Lindemann, A./ Mau, R./ Beintker, M./ Walther, C., Art.: *Herrschaft Gottes*/Reich Gottes, TRE 15. 1986. 172-244

Talmud, Der Babylonische Talmud. Neu übertragen durch Lazarus Goldschmidt, (1897-1935[1]) 1980[3]

Talstra, E., Solomon's Prayer: Synchrony and Diachrony in the Composition of 1 Kings 8:14-61, Kampen 1993

Thenius, O., Die Bücher der *Könige*, Leipzig 1873[2]

Thesaurus Linguae Latinae Vol. VII, L-Lyxipyretos, Leipzig 1970-1979

Thiel, W., *Rezension* von: G. Seitz, Redaktionsgeschichtliche Studien zum Deuteronomium (BWANT 5. Folge Bd. 13, 1971), ThLZ 97. 1972. Sp. 825-827

----, Die deuteronomistische Redaktion von *Jeremia 1-25*, WMANT 41, Neukirchen-Vluyn 1973

----, Die deuteronomistische Redaktion von *Jeremia 26-45*. Mit einer Gesamtbeurteilung der deuteronomistischen Redaktion des Buches Jeremia, WMANT 52, Neukirchen-Vluyn 1981

Thielicke, H., Art.: *Autorität*, RGG[3] 1. 1957. 792-794

Thompson, L. L., The *Jordan* Crossing: Sidqot Yahweh and World Building, JBL 103. 1981. 343-358

Timm, S., Die *Dynastie* Omri. Quellen und Untersuchungen zur Geschichte Israels im 9. Jahrhundert vor Christus, FRLANT 124, Göttingen 1982

Tov, E., The *Growth* of the Book of Joshua in the Light of the Evidence of the LXX Translation, in: S. Japhet (ed.), Studies in Bible 1986, Jerusalem 1986, 321-339

Trappe, P., Ausserrechtliche *Normsysteme*, in: K. Eichenberger et alii (eds.), Grundfragen der Rechtsetzung, Social Strategies Vol.11, Basel 1978, 149-171

Trebolle Barrera, J. C., *Salomón* y Jeroboán. Historia de la recensión y redacción de I Reyes 2-12,14, BSal.D 13,

Salamanca 1980

Tropper, J., Nekromantie. Totenbefragung im Alten Orient und im Alten Testament. AOAT 223. Kevelaer/Neukirchen-Vluyn 1989

Tsevat, M., *Marriage* and Monarchical Legitimacy in Ugarit and Israel, JSS 3. 1958. 237-243

----, The *House* of David in Nathan's Prophecy, Bib. 46. 1965. 353-356

Turner, C. A., Apostolic *Succession*, in: H. B. Swete (ed.), Essays on the Early History of the Church and the Ministry, London 1918, 197-214

Ullendorff, E., The *Queen* of Sheba, BJRL 45, 1963, 486-504

Ungern-Sternberg, R. von, *Redeweisen* der Bibel. Untersuchungen zu einzelnen Redewendungen des Alten Testaments, BSt 54, Neukirchen-Vluyn 1968

Urbach, E. E., Art.: *Sages*, EJ 14, Sp.636-655

Utzschneider, H., *Hosea*, Prophet vor dem Ende. Zum Verhältnis von Geschichte und Institution in der alttestamentlichen Prophetie, OBO 31, Freiburg,Schweiz/Göttingen 1980

Valentin, H., *Aaron*. Eine Studie zur vor-priesterschriftlichen Aaron-Überlieferung, OBO 18, Freiburg/Schweiz 1978

Vanoni, G., *Literarkritik* und Grammatik. Untersuchung der Wiederholungen und Spannungen in 1.Kön 11-12, Arbeiten zu Text und Sprache im Alten Testament 21, St. Ottilien 1984

Van Seters, J., *Problems* in the Literary Analysis of the Court History of David, JSOT 1. 1976. 22-29

----, In *Search* of History. Historiography in the Ancient World and the Origins of Biblical History, New Haven/Conn., London 1983

----, The So-called Deuteronomistic Redaction of the Pentateuch, in: J. A. Emerton (ed.), Congress Volume Leuven 1989, VT.S 43. 1991. 58-77

Vaulx, J. de, Les *Nombres*, Paris 1972

Vaux, R. de, Les Livres de *Samuel*. La Sainte Bible. Traduit en français sous la direction de l'École biblique de Jérusalem, Paris (1953[1]) 1961[2]

----, Das Alte Testament und seine *Lebensordnungen*, Bd. I-II, Freiburg 1960-1962

----, Le *Roi* d'Israël, Vassal de Yahvé, in: Melanges Eugène Tisserant I, Citta del Vaticano 1964, 119-133

----, Le *lieu* que Yahvé a choisi pour y établir son nom, in: F. Maass (ed.), FS L. Rost, Das ferne und das nahe Wort, BZAW 105, Berlin 1967, 219-228

Veijola, T., Die ewige *Dynastie*. David und die Entstehung seiner Dynastie nach der deuteronomistischen Darstellung, AASF B 193, Helsinki 1975

----, Zur *Ableitung* und Bedeutung von HĒ ʿID I im Hebräischen. Ein Beitrag zur Bundesterminologie, UF 8. 1976. 343-351

----, Das *Königtum* in der Beurteilung der deuteronomistischen Historiographie. Eine redaktionsgeschichtliche Untersuchung, AASF B, 198, Helsinki 1977

----, *Salomo* - der Erstgeborene Bathsebas (1979), in: ders., David: gesammelte Studien zu den Davidüberlieferungen des Alten Testaments. SESJ 52. Helsinki 1990, 84-105

----, *Principal Observations* on the Basic Story in Deuteronomy 1-3, in: M. Augustin/ K.-D. Schunck, "Wünschet Jerusalem Frieden", Collected Communications to the XIIth Congress of the International Organization for the Study of the Old Testament. Jerusalem 1986. Frankfurt am Main 1988, BEAT 13, 249-259

----, *Verheißung* in der Krise. Studien zur Literatur und Theologie der Exilszeit anhand des 89. Psalms, AASF.B 220, Helsinki 1982

Veit, W./ Rabe, H./ Röttgers, K., Art.: Autorität, in: HWPh 1. 1971. Sp.724-733

Vetter, D., Art.: הוד hōd Hoheit, THAT I. 1975[2]. Sp.472-474

Vogels, W., The Literary *Form* of the Question of the Nations, EeT 11. 1980. 159-176

Vieweger, D., "... und führte euch aus dem Eisenschmelzofen, aus Ägypten,..." in: P. Mommer/ W. H. Schmidt/ H. Strauß (eds.), Gottes Recht als Lebensraum. FS H. J. Boekker. Neukirchen-Vluyn 1993, 265-276

Vogels, W., The *Spirit* of Joshua and the Laying on of the Hands of Moses. Num 27:18-23-Deut 34:9, LTP 38 [1982] 3-7

Vorster, W. S., Reading, Readers and the Succession Narrative. An Essay on Reception, ZAW 98. 1986. 351-362

Vriezen, T. C., Einige *Notizen* zur Übersetzung des Bindewortes kî, in: J. Hempel/ L. Rost (eds.), Von Ugarit nach Qumran, BZAW 77. Berlin 1961, 266-273

Waetzoldt, H., Der *Schreiber* als Lehrer in Mesopotamien, in: Joh. G. Prinz von Hohenzollern/ M. Liedke (eds.), Schreiber, Magister, Lehrer. Schriftenreihe zum Bayerischen Schulmuseum Bd.8, 1989, 33-50.

Wagner, S., Die *Kundschaftergeschichten* im Alten Testament, ZAW 76. 1964. 255-269

Walzer, M., Exodus and Revolution, New York 1985

Warmuth, G., Art.: הוד hōḏ, ThWAT II. 1977. Sp.375-379

----, Art.: נקה nāqāh, ThWAT V. 1986. Sp.591-602

Watanabe, K., Die adê -Vereidigung anläßlich der Thronfolgeregelung Asarhaddons, Baghdader Mitteilungen, Beiheft 3, Berlin 1987

Watson, A., The Law of Property in the Later Roman Republic, Oxford 1968

----, The Law of Succession in the Later Roman Republic, Oxford 1971

----, Rome of the XII Tables. Persons and Property, Princeton N.J. 1975

Weber, M., Gesammelte Aufsätze zur Wissenschaftslehre, Tübingen 1951, 2. Aufl. (= GAW)

----, Wirtschaft und Gesellschaft, Bd.I-III hrsg. von J. Winckelmann, Tübingen 1976⁵, (= WuG)

Weimar, P., Untersuchungen zur Redaktionsgeschichte des Pentateuch, BZAW 146, Berlin 1977

Weinfeld, M., Deuteronomy and Deuteronomic School, Oxford 1972[1], unveränderter Nachdruck Oxford 1983

----, The Worship of Molech and the Queen of Heaven and its Background, UF 4. 1972. 133-154

----, On 'Demythologization and Secularisation' in Deuteronomy, IEJ 23. 1973. 230-233

----, 'Justice and Righteousness' in Ancient Israel against the Background of 'Social Reform' in the Ancient Near East, in: Nissen, H. J./ Renger, J. (eds.), Mesopotamien und seine Nachbarn, Berlin 1982, 491-519

----, Deuteronomy 1-11. (Dtn), AncB 5. Garden City/ New York 1991

Weippert, H., Die deuteronomistischen' Beurteilungen der Könige von Israel und Juda und das Problem der Redaktion der Königsbücher, Bib. 53. 1972. 301-339

----, Art.: Feldzeichen, BRL², 1977, 77-79

----, Art.: Pferd und Streitwagen, BRL². 1977. 250-255

----, "Der Ort, den Jahwe erwählen wird, um dort seinen Namen wohnen zu lassen." Die Geschichte einer alttestamentlichen Formel, BZ 24. 1980. 76-94

----, Die Ätiologie des Nordreiches und seines Königshauses (1 Reg 11,29-40), ZAW 95. 1983. 344-375

----, Das deuteronomistische Geschichtswerk. Sein Ziel und Ende in der neueren Forschung, ThR 50. 1985. 213-249

----, Palästina in vorhellenistischer Zeit. Handbuch der Archäologie, Vorderasien II,1, München 1988

----, Geschichten und Geschichte: Verheißung und Erfüllung im deuteronomistischen Geschichtswerk. in: J. A. Emerton (ed.), Congress Volume Leuven 1989. VT.S 43. 1991. 116-131

Weippert, H. und M., Zwei Frauen vor dem Königsgericht. Einzelfragen der Erzählung vom "Salomonischen Urteil", in: B. Becking/ J. van Dorp/ A. van der Kooj (eds.), Door et Oogvan de Profeten, FS C. van Leeuwen, Utrecht 1989, 133-160

Weippert, M., Edom. Studien und Materialien zur Geschichte der Edomiter auf Grund schriftlicher und archäologischer Quellen, Diss. theol. Tübingen 1971

----, "Heiliger Krieg" in Israel und Assyrien. Kritische Anmerkungen zu Gerhard von Rads Konzept des "Heiligen Krieges im alten Israel", ZAW 84. 1972. 460-493

----, Fragen des israelitischen Geschichtsbewußtseins, VT 23. 1973. 415-442,

----, Assyrische Prophetien der Zeit Asarhaddons und Assurbanipals, in: F. M. Fales (ed.), Assyrian Royal Inscriptions: New Horizons in Literary, Ideological and Historical Analysis. Papers of a Symposion held in Cetona (Siena) June 26-28 1980, Orientis Antiqui Collectio 17, 1981, 71-115

Weiser, A., Die Tempelbaukrise unter David, ZAW 77. 1965. 153-68

Welch, A. C., Deuteronomy. The Framework to the Code. London 1932

Wellhausen, J., Die *Composition* des Hexateuchs und der historischen Bücher des Alten Testaments, Berlin 1894[3], Nachdruck Berlin 1963

Welten, P., *Geschichte* und Geschichtsdarstellung in den Chronikbüchern, Neukirchen-Vluyn 1973

----, *Naboths* Weinberg (1. Könige 21), EvTh 33. 1973. 18-32

Wenham, G., The Deuteronomic *Theology* of the Book of Joshua, JBL 90. 1971. 140-148

Werblowsky, R. J. Z., *Tora* als Gnade, Kairos 15. 1973. 156-163

----, Das "Land" in den Religionen, in: G. Strecker (ed.), Das Land Israel in biblischer Zeit, Göttingen 1983, 1-6

Westermann, C., Das Buch *Jesaja*. Kapitel 40-66, ATD 19, (1961[1]) 1981[4]

----, Art.: ידה jdh hi. preisen, ThAT I. 1975[2]. Sp.674-682

----, Art.: שרת šrt pi. dienen, THAT II. 1976. Sp. 1019-1022

----, *Genesis*, BK I,1-3, 1974-1982

----, *Bedeutung* und Funktion des Imperativs in den Geschichtsbüchern des Alten Testaments, in: R. Mosis/ L. Ruppert (eds.), Der Weg zum Menschen: Zur philosophischen und theologischen Anthropologie. FS Alfons Deissler, Freiburg i.B./Basel/ Wien 1989, 13-27

Whedbee, J. W., A *Question*-Answer-Schema in Haggai 1. The Form and Function of Haggai 1,9-11, in: G. A. Tuttle (ed.), Biblical and Near Eastern Studies. FS W. LaSor, Grand Rapids/Indiana 1978, 184-194

White, H., Auch *Klio* dichtet oder Die Fiktion des Faktischen. Studien zur Tropologie des historischen Diskurses. Mit einer Einführung von R. Kosselleck, Stuttgart 1986

Whitelam, K. W., The Just *King*: Monarchical and Judical Authority in Ancient Israel, JSOT.S 12, Sheffield 1979

Whybray, R. N., The *Succession Narrative*, SBT 2.Ser.9, London 1968

Widengren, G., *Aspetti* simbolici dei tempoli e luoghi di culto del Vicino Oriente antico, Numen 7, 1960, 1-25

----, Sakrales *Königtum* im Alten Testament und im Judentum, Franz-Delitzsch-Vorlesungen 1952, Stuttgart 1955

----, *King* and Covenant, JSS 2. 1957. 1-32

Wieacker, F., *Lex* publica, Gesetz und Rechtsordnung im römischen Freistaat, in: ders., Vom römischen Recht, Leipzig 1944[1]; Stuttgart 1961[2], 45-82

Wilcke, C., Zum Königtum in der Ur III-Zeit, in: P. Garelli (ed.), Le Palais et la Royauté, Paris 1974, 175-201

Wilcoxen, J. A., Narrative *Structure* and Cult Legend. A Study of Joshua 1-6, in: J. C. Rylaarsdam (ed.), Transitions in Biblical Scholarship, London 1968, 43-70

Wildavsky, A., The Nursing Father: *Moses* as a Political Leader, Alabama 1984

Wildberger, H., *Jesaja* 1-12, BK X/1, 1972; Jesaja 13-27 BK X,2, 1978; Jesaja 28-39 BK X,3, 1982. Neukirchen-Vluyn

Winckelmann, J., *Legitimität* und Legalität in Max Webers Herrschaftssoziologie. Mit einem Anhang: Max Weber, Die drei reinen Typen der legitimen Herrschaft, Tübingen 1952

Wiseman, D. J., *Nebuchadrezzar* and Babylon, The Schweich Lectures of the British Academy 1983, Oxford 1985

----, The Vassal *Treaties* of Esarhaddon, Iraq 20. 1958. 1-99

Wittenberg, G. H., *Ideology* Critique and the Succession Narrative, in: W. C. van Wyk (ed.), Studies in the Succession Narrative, Pretoria 1986, 354-374

Wolff, H. W., Das *Kerygma* des deuteronomistischen Geschichtswerkes, ZAW 73. 1961. 171-186

----, (ed.), *Probleme* biblischer Theologie, FS G. von Rad, München 1971

----, *Anthropologie* des Alten Testaments, München (1973[1]) 1977[3]

----, Dodekapropheton 1: *Hosea*, BK 14/1, Neukirchen-Vluyn (1956-1961[1]), 1976[3]

Wood, J. R., Legitimate *Control* and 'Organizational Transcendence', in: Social Forces 54. 1975. 199-211

Woude, A. S. van der, Art.: אמץ 'ms̱ stark sein, THAT I. 1975². Sp.209-211

----, Art.: חזק ḥzq fest sein, THAT I. 1975². Sp.538-541

----, Gab es eine Theologie des Jahwe-Namens im Deuteronomium? in: H. A. Brongers/ R. Frankena et alii (eds.), Übersetzung und Deutung. Studien zu dem Alten Testament und seiner Umwelt. FS A. R. Hulst, Nijkerk 1977, 204-210

----, *Haggai* - Maleachi, POT, Nijkerk 1982

Woudstra, M. H., The Book of *Joshua*, NIC. London 1981, repr. 1985

Wright, D. R./ Milgrom, J./ Fabry, H.-J., Art.: סָמַךְ sāmak̲, ThWAT V. 1986. Sp. 880-889

Würtenberger, T., Die *Legitimität* staatlicher Herrschaft. Eine staatsrechtlich-politische Begriffsgeschichte, Berlin 1973

----, Art.: Legitimität, *Legalität*, in: GGB 3. 1982. 677-740

Würthwein, E., Die *Erzählung* von der Thronfolge Davids - theologische oder politische Geschichtsschreibung?, ThST 115, Zürich 1974

----, Die Bücher der Könige. 1.Kön 1-16, ATD 11,1, (1977¹) Göttingen 1985² (=*Könige I*); 1.Kön 17-2.Kön 25, ATD 11,2, Göttingen 1984 (=*Könige II*)

Wyatt, N., 'Jedidiah' and Cognate Forms as a Title of Royal Legitimation, Bib. 66. 1985. 112-125

Wyk, Wouter C. van, *Studies* in the Succession Narrative (27th/28th Old Testament Congress of the Pretoria Old Testament Society 1984/86) Pretoria: Old Testament Society of South Africa 1986

Xenophon, *Anabasis*. Griechisch und deutsch mit kritischen und erklärenden Anmerkungen, Verlag Wilhelm Engelmann, Leipzig 1858

Yadin, Y., The Art of *Warfare* in Biblical Lands in the Light of Archaeological Discovery, London 1963

----, (ed.), The *Temple Scroll*, Vol. *II*: Text and Commentary, Jerusalem 1983

Young, D. W., The *Influence* of Babylonian Algebra on Longevity among the Antediluvians, ZAW 102. 1990. 321-335

Younger, K. L. Jr., The Figurative *Aspect* and the Contextual Method in the Evaluation of the Solomonic Empire (1 Kings 1-11), in: D. J. A. Clines/ S. E. Fowl/ S. E. Porter (eds.), The Bible in three Dimensions, JSOT.S 87, Sheffield 1990, 157-175

Zatelli, I., La *Comunicazione* verbale nel "Deuteronomio" in Rapporto all'espressione del divino, in: Atti e memoire dell'Academia Toscana di scienze e lettere La Colombaria Vol. XLIV - Nuova serie - XXX. 1979. 3-13

Zawadzki, S., The *Fall* of Assyria and Median-Babylonian Relations in Light of the Nabopolassar Chronicle, Delft 1988

Zedler, H.-P., Zur *Logik* von Legitimationsproblemen. Möglichkeiten der Begründung von Normen, München 1976

Zenger, E., *Israel* am Sinai. Analysen und Interpretationen zu Exodus 17-34, Altenberge (1982¹) 1985²

Zimmerli, W., *Erkenntnis* Gottes nach dem Buche Ezechiel. Eine theologische Studie (1954), wiederabgedruckt in: ders., Gottes Offenbarung, TB 19, München 1963, 41-119

----, Der עבד יהוה im AT, ThWBNT V. 1954, 655-672

----, Der "neue *Exodus*" in der Verkündigung der beiden großen Exilspropheten (1960), in: ders., Gottes Offenbarung, TB 19, München 1963, 192-204

----, *Ezechiel*, BK XIII/1-2, Neukirchen-Vluyn (1969¹), 1979²

----, Der "*Prophet*" im Pentateuch, in: G.Braulik (ed.), Studien zum Pentateuch. FS W. Kornfeld, Wien/Freiburg/Basel 1977, 197-211

Zobel, H.-J., Art.: חסד ḥæsæd, ThWAT III. 1982. Sp.48-71

----, Art.: *Josua*/Josuabuch, TRE 17. 1988. 269-278

Abkürzungen

ABC   Grayson, A. K., Assyrian and Babylonien Chronicles. Texts from Cuneiform Sources 5, Locust Valley/ New York 1975

ABLAK   Noth, M. Aufsätze zur biblischen Landes- und Altertumskunde. hg von H. W. Wolff. 2 Bde, Neukirchen-Vluyn 1971

ARAB   Luckenbill, D. D., Ancient Records of Assyria and Babylonia. I-II, Chicago 1926-1927

ARE   Breasted, J. H., Ancient *Records* of Egypt, Vol.1-5 (1906-1907), 2. Druck, Chicago/Illinois 1920-1923

ARI   Grayson, A. K., Assyrian Royal Inscriptions, Bd. I From the Beginning to Ashur-resha-ishi I., Wiesbaden 1972; Bd.II, From Tiglathpileser I to Ashur-nasi-apli II, Wiesbaden 1976

GK   Gesenius, W./ Kautzsch, E., Hebräische Grammatik, Leipzig 1909[28]

KS   Kleine Schriften

BIBELSTELLENREGISTER

Ex 23,23ff 58ff;66f
Ex 23,24 63; 67
Ex 23,27ff 108
Ex 23,33 333
Ex 24 122
Ex 24,4 51; 115
Ex 24,5 127f
Ex 24,12 51
Ex 24,12f 368
Ex 24,12-15 123
Ex 24,13 121f; 126
Ex 24,13f 122; 124; 129f;
  152; 168; 367
Ex 24,14 110; 130
Ex 25,2 64
Ex 28,43 37
Ex 31,15 252
Ex 32,7-14 174
Ex 32,8 76
Ex 32,11-14 319
Ex 32,15f 51
Ex 32,17 122; 124; 168
Ex 32,17f 123; 129f; 152;
  367f
Ex 32,18 124
Ex 32,22 134
Ex 32,25-29 368
Ex 32,32 133
Ex 33,1 174
Ex 33,1-6 125
Ex 33,2 333; 343
Ex 33,3 125; 353
Ex 33,7-11 125; 182; 353
Ex 33,9-11 125
Ex 33,11 48; 124; 126-130;
  132; 136; 152; 168; 202;
  367f
Ex 33,11.23 176
Ex 34,1 51
Ex 34,6 270
Ex 34,11 343
Ex 34,19 88
Ex 34,27 115
Ex 34,27f 51
Ex 35,2 252
Ex 40,16 160

Leviticus
Lev 2 60
Lev 6 60
Lev 7,16 61
Lev 8,4 160
Lev 10,20 272

Lev 13,19 81
Lev 14,9 81
Lev 14,33 64
Lev 14,33ff 59ff; 71
Lev 14,34 61; 63-66
Lev 14,35 67
Lev 15,25 257
Lev 16,21 155; 229
Lev 18,21 88ff
Lev 19,23 61; 63-67
Lev 19,23ff 59ff; 66f; 71
Lev 20,10-18 98
Lev 20,1-9 90
Lev 20,2-5 88
Lev 20,24.26 311; 318
Lev 21,9 128
Lev 22,10 128
Lev 22,12f 128
Lev 22,18 61
Lev 22,21 61
Lev 23,10 62-65; 67
Lev 23,10ff 59ff; 71
Lev 24,10-16 159
Lev 24,10-23 362
Lev 24,16 252
Lev 25,1f 64
Lev 25,1ff 59; 67; 71
Lev 25,2 63ff; 67
Lev 27,33 273

Numeri
Num 8,5ff . 156
Num 8,10 156f
Num 8,20 160
Num 9,19 257
Num 10,4 335
Num 11 111; 181
Num 11-12 107
Num 11,4 93
Num 11,4-12 182
Num 11,4-34 130
Num 11,14 268; 272
Num 11,16.24ff 176
Num 11,16f.24.25 132
Num 11,17 136
Num 11,17.25 158
Num 11,25-29 135f; 186;
  367f
Num 11,25f 187
Num 11,26-29 130; 152;
  168
Num 11,28 130; 141; 368
Num 11,28f 136

Num 11,29 136; 189
Num 12,2 47
Num 12,3 134f
Num 12,7 92; 134
Num 12,11 98; 134
Num 12,13 152
Num 13 108
Num 13-14 181
Num 13,1-17.21b.25.26.32
  137
Num 13,2 163
Num 13,3 139f
Num 13,3-16 138
Num 13,8.16 368
Num 13,16 139; 142; 157;
  163; 165; 186; 369
Num 13,21 149
Num 13,30 144
Num 14 107; 152
Num 14,1.2.5-7.10.26-39
  137
Num 14,3f 75
Num 14,4 140
Num 14,5 141
Num 14,6-9 140; 144
Num 14,6ff 163; 369
Num 14,7 139
Num 14,7-9 141
Num 14,7ff 142
Num 14,9 141
Num 14,11-17 174
Num 14,11-23 138
Num 14,13-19 319
Num 14,23 76
Num 14,24 162
Num 14,24.30 162
Num 14,26ff 142f
Num 14,30 138; 164
Num 14,34 294
Num 14,38 140f;144
Num 14,41 147; 202
Num 14,41-43 108
Num 15,1 64
Num 15,1ff 59-62
Num 15,2 61; 63; 65f
Num 15,3 61f
Num 15,4 67
Num 15,17 63
Num 15,17f 64
Num 15,17-21 59
Num 15,17ff 67; 71
Num 15,18 64ff
Num 15,19 67

SUPPLEMENTS TO VETUS TESTAMENTUM

34. BARSTAD, H.M. *The religious polemics of Amos*. Studies in the preachings of Amos ii 7B-8, iv 1-13, v 1-27, vi 4-7, viii 14. 1984. ISBN 90 04 07017 6
35. KRAŠOVEC, J. *Antithetic structure in Biblical Hebrew poetry*. 1984. ISBN 90 04 07244 6
36. EMERTON, J.A. (ed.). *Congress Volume*, Salamanca 1983. 1985. ISBN 90 04 07281 0
37. LEMCHE, N.P. *Early Israel*. Anthropological and historical studies on the Israelite society before the monarchy. 1985. ISBN 90 04 07853 3
38. NIELSEN, K. *Incense in Ancient Israel*. 1986. ISBN 90 04 07702 2
39. PARDEE, D. *Ugaritic and Hebrew poetic parallelism*. A trial cut. 1988. ISBN 90 04 08368 5
40. EMERTON, J.A. (ed.). *Congress Volume*, Jerusalem 1986. 1988. ISBN 90 04 08499 1
41. EMERTON, J.A. (ed.). *Studies in the Pentateuch*. 1990. ISBN 90 04 09195 5
42. McKENZIE, S.L. *The trouble with Kings*. The composition of the Book of Kings in the Deuteronomistic History. 1991. ISBN 90 04 09402 4
43. EMERTON, J.A. (ed.). *Congress Volume*, Leuven 1989. 1991. ISBN 90 04 09398 2
44. HAAK, R.D. *Habakkuk*. 1992. ISBN 90 04 09506 3
45. BEYERLIN, W. *Im Licht der Traditionen*. Psalm LXVII und CXV. Ein Entwicklungszusammenhang. 1992. ISBN 90 04 09635 3
46. MEIER, S.A. *Speaking of Speaking*. Marking direct discourse in the Hebrew Bible. 1992. ISBN 90 04 09602 7
47. KESSLER, R. *Staat und Gesellschaft im vorexilischen Juda*. Vom 8. Jahrhundert bis zum Exil. 1992. ISBN 90 04 09646 9
48. AUFFRET, P. *Voyez de vos yeux*. Étude structurelle de vingt psaumes, dont le psaume 119. 1993. ISBN 90 04 09707 4
49. GARCÍA MARTÍNEZ, F., A. HILHORST AND C.J. LABUSCHAGNE (eds.). *The Scriptures and the Scrolls*. Studies in honour of A.S. van der Woude on the occasion of his 65th birthday. 1992. ISBN 90 04 09746 5
50. LEMAIRE, A. AND B. OTZEN (eds.). *History and Traditions of Early Israel*. Studies presented to Eduard Nielsen, May 8th, 1993. 1993. ISBN 90 04 09851 8
51. GORDON, R.P. *Studies in the Targum to the Twelve Prophets*. From Nahum to Malachi. 1994. ISBN 90 04 09987 5
52. HUGENBERGER, G.P. *Marriage as a Covenant*. A Study of Biblical Law and Ethics Governing Marriage Developed from the Perspective of Malachi. 1994. ISBN 90 04 09977 8
53. GARCÍA MARTÍNEZ, F., A. HILHORST, J.T.A.G.M. VAN RUITEN, A.S. VAN DER WOUDE. *Studies in Deuteronomy*. In Honour of C.J. Labuschagne on the Occasion of His 65th Birthday. 1994. ISBN 90 04 10052 0
54. FERNANDÉZ MARCOS, N. *Septuagint and Old Latin in the Book of Kings*. 1994. ISBN 90 04 10043 1
55. SMITH, M.S. *The Ugaritic Baal Cycle*. *Volume 1*. Introduction with text, translation and commentary of KTU 1.1-1.2. 1994. ISBN 90 04 09995 6
56. DUGUID, I.M. *Ezekiel and the Leaders of Israel*. 1994. ISBN 90 04 10074 1
57. MARX, A. *Les offrandes végétales dans l'Ancien Testament*. Du tribut d'hommage au repas eschatologique. 1994. ISBN 90 04 10136 5
58. SCHÄFER-LICHTENBERGER, C. *Josua und Salomo*. Eine Studie zu Autorität und Legitimität des Nachfolgers im Alten Testament. 1995. ISBN 90 04 10064 4
59. LASSERRE, G. *Synopse des lois du Pentateuque*. 1994. ISBN 90 04 10202 7